Venedig & Venetien

„Hat man sich erst einmal zum Reisen entschlossen, ist das Wichtigste auch schon geschafft.

Also, los geht's!"

TONY WHEELER, GRÜNDER VON LONELY PLANET

PETER DRAGICEVICH, PAULA HARDY

Inhalt

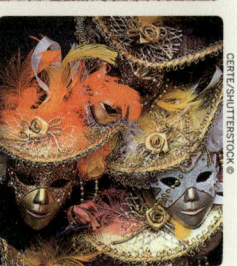

(Links) **Basilica di San Marco S. 58** Hauptfassade am Markusplatz

(Oben) **Verona S. 198** Blick über die Etsch

(Rechts) **Carnevale S. 21** Kunstvoll gestaltete Masken

Murano, Burano & die nördlichen Inseln S. 166

Cannaregio S. 119

San Polo & Santa Croce S. 100

Dorsoduro S. 81

San Marco S. 56

Castello S. 135

Giudecca, Lido & die südlichen Inseln S. 154

Willkommen in Venedig & Venetien

Wie tollkühn müssen die Gründer von Venedig einst gewesen sein, dass sie eine Stadt aus Marmor mitten in eine Lagune setzten – und das war erst der Anfang.

Verschwenderische Pracht

Nie trug eine Wasserstraße einen so passenden Namen wie der Canal Grande, dessen Ufer die Meisterwerke venezianischer Architektur in Form von 50 Palazzi und sechs Kirchen säumen. Am Ende dieses Wasserwegs stehen der Palazzo Ducale und die Basilica di San Marco. Und was versteckt sich in den Seitengassen? Pfarrkirchen mit Marmor bergen Meisterwerke von Veronese, in Klöstern entdeckt man Bellinis, Deckenfresken von Tiepolo schmücken eine Unterkunft für Obdachlose und ein Bild von Tizian bringt eine Kathedrale zum Leuchten.

Tafelfreuden

Garteninseln und Aquakulturen in der Lagune versorgen die Stadt mit frischem Gemüse und köstlichen Meeresfrüchten. Hier versteht man festlich zu tafeln; schon Heinrich III. von Frankreich musste das angesichts eines Mahls mit 1200 Speisen und 200 Desserts einräumen. Miniaturausgaben dieser Fülle servieren heutige Bars während der Happy Hour, wenn reichlich *cicheti* (venezianische Tapas) aufgetischt werden. Am besten sucht man sich einen Platz in einem Bistro mit Blick aufs Wasser und genießt dort frische Meeresfrüchte. Dazu schmeckt Prosecco, das Lieblingsgetränk aller Venezianer.

Das Leben genießen

Die Piazza San Marco ist Venedigs Top-Sehenswürdigkeit. Man braucht aber viel mehr Zeit, um Venedigs Attraktionen zu entdecken. Wer über Nacht bleibt, entdeckt die Vorzüge der *bea vita* (des schönen Lebens), die nur den Einheimischen bekannt sind: den Weckruf des Gondoliere am Morgen, einen *spritz* am Vormittag auf einem *campo* (Platz), ein Mittagsmahl in einem *bacaro* (Bar) und den Sonnenuntergang.

Unkonventionelles

Brillen, Plateauschuhe oder ungeschnürte Kleider: All das war venezianischer Stil, und Kritiker spotteten, einem derartigen Unfug würden sich andere Europäer niemals anschließen ... Tatsächlich sind es Venezianer gewohnt, Trends zu setzen – sei es nun mit umstrittener Kunst an der Punta della Dogana, bei Operninszenierungen im La Fenice oder im Bereich technischer Start-ups. Die Lust am Unkonventionellen findet sich aber auch in den Werkstätten der Kunsthandwerker, wo man Schuhe für den roten Teppich ebenso bekommt wie Geldbörsen aus Samt mit Seidenbesatz oder gläserne Juwelen, die wertvollere Steine in den Schatten stellen. In einer Welt der normierten Fabrik- und Fertigwaren fällt Venedig aus dem Rahmen.

Warum ich Venedig liebe

Von Paula Hardy, Autorin

Meine Liebe zu Venedig beginnt schon bei der Lagune. Kaum einer denkt daran, doch diese 550 km² große Schüssel ist als Ingenieursleistung nicht weniger bewundernswert als die goldenen Kuppeln von San Marco. Jeder Palast und jeder Mensch spiegelt sich im grünblauen Wasser; so entsteht jenes „Doppelbild", dem die Stadt einen Teil ihrer Magie verdankt. Die Spiegelungen haben die außerordentliche Architektur Venedigs inspiriert, aber sicher auch zu den vielen Erfindungen beigetragen, die hier gemacht wurden: Wer hier lebt, ist schlicht unkonventioneller und kreativer als mancher andere.

Mehr Informationen über die Autoren gibt es auf S. 334.

Basilica di Santa Maria della Salute (S. 86)

Venedigs & Venetiens
Top 10

Basilica di San Marco *(S. 58)*

1 Frühaufsteher freuen sich, wenn die Morgensonne Millionen Mosaiksteinchen in ein märchenhaftes Licht taucht. Auch die Halbedelsteinböden sind atemberaubend. Romantiker drängen eher darauf, bei Sonnenuntergang am Markusplatz zu verweilen, bis die untergehende Sonne die Mosaiken des Eingangsportals in goldenes Licht hüllt. Egal zu welcher Stunde man die Basilika betrachtet, sie ist ein Wunderwerk. Zwei Augen reichen nicht aus, um die 800 Jahre alte Architektur und die Fläche von 8500 m² mit Mosaiken ganz zu begreifen – die Basilica di San Marco stellt alles in den Schatten.

◉

Palazzo Ducale *(S. 61)*

2 Andere Städte haben ihre Verwaltungsgebäude, Venedig hat seinen Dogenpalast. Um in die Hallen der Macht vorzudringen, muss man zunächst die Scala dei Censori (Treppe der Zensoren) erklimmen und das mit 24-karätigem Gold geschmückte Treppenhaus von Sansovino durchschreiten, um dann in einer von Palladio entworfenen Halle mit Blick auf Tiepolos *Neptun* zu warten. Veroneses *Juno überschüttet Venedig mit Gaben* ziert den Sitzungssaal des Consiglio dei Dieci (Rats der Zehn). Oben in den Piombi liegt das Gefängnis, in dem Casanova 1756 bis zu seiner Flucht festgehalten wurde.

◉

WUTANG PHOTOGRAPHER/SHUTTERSTOCK ©

ANSHARPHOTO/SHUTTERSTOCK ©

3

4

Tintorettos Meisterwerke
(S. 102)

3 In Venedigs düstersten Zeiten des Schwarzen Todes blitzte ein Genie auf. Tintorettos Pinsel zuckt auf 50 spektakulären Deckengemälden wie ein Blitzstrahl am Horizont: so etwa im Inneren der Scuola Grande di San Rocco. Er war ein Hoffnungsschimmer in der langen dunklen Nacht der Pest, die in Venedig ein Drittel der Bevölkerung dahinraffte. Unten schmücken Szenen aus dem Leben der Jungfrau Maria die riesige Aula: Los geht es mit *Mariä Verkündigung* und endet mit der zum Nachdenken anregenden *Himmelfahrt,* bei der Engel Maria inmitten eines turbulenten, stürmischen Wettergeschehens in den Himmel heben.

Oper im Teatro La Fenice *(S. 70)*

4 Bevor sich der Vorhang hebt, hat das Theater im La Fenice eigentlich schon begonnen. In den unteren Rängen schimmert Schmuck aus Murano-Glas; in den oberen *loggie* (Balkonen) sagen Opernkritiker voraus, welche Sänger bei guter Stimme sind und welche Ersatzsänger weitere Förderung verdienen. Nebenher diskutieren Architekturliebhaber, ob die Restaurierung des Theaters nach dem Brandanschlag von 1996 ihre 90 Millionen wert war. Zur Ouvertüre sind dann alle urplötzlich still. Niemand möchte hier auch nur eine Note der Aufführung verpassen.

☆

Gallerie dell'Accademia
(S. 83)

5 Sie wurden zensiert und gestohlen, erregten Entsetzen und Wohlwollen – spätestens in der Accademia wird man den Wirbel um die venezianischen Gemälde verstehen. Die Inquisition schätzte die venezianischen Varianten der biblischen Geschichten nicht – am wenigsten Veroneses *Letztes Abendmahl* mit Trunkenbolden, die mit den Aposteln ein wildes Gelage feierten. Napoleon dagegen heimste sie als Kriegsbeute ein. Kriege und Hochwasser forderten ihre Opfer, aber internationale Spenden haben dazu beigetragen, dass der krönende Glanz der Sala dell'Albergo wiederhergestellt werden konnte: Tizians *Mariä Tempelgang* mit einer jungen Madonna.

La Biennale di Venezia (S. 47)

6 Als Venedig erstmals die Welt einlud, um seine Meisterwerke zu zeigen, nahmen Delegationen von Australien bis Venezuela diese Herausforderung an. Heute ist die Biennale di Venezia die weltweit renommierteste Bühne für Kunst und Architektur; hinzu kommen alljährlich die Internationalen Filmfestspiele. Der freundschaftliche Wettbewerb unter den verschiedenen Ländern wird in den Pavillons der Giardini Pubblici offenbart. Hier werden architektonische Vorlieben gezeigt, von magischem Zauber (Österreich-Ungarn) bis zur industrieller Kühle (Korea). ITALIENISCHER PAVILLON, GIARDINI PUBBLICI (S. 140)

Basilica di Santa Maria Assunta (S. 168)

7 Nirgendwo kommt Venedigs Vergangenheit mehr zum Ausdruck als auf der Insel Torcello, einst Ernest Hemingways beliebter Unterschlupf. Die Insel ist noch immer zauberhaft bewachsen und beherbergt in ihrem Zentrum die faszinierende mittelalterliche Basilika Santa Maria Assunta, die durch und durch mit goldenen Mosaiken bedeckt ist. Auf dem Glockenturm wird man mit einem atemberaubenden Blick über die sumpfige Landschaft belohnt und erlebt so, wie sich Venedig den frühen Festlandsflüchtlingen präsentiert haben muss.

Venezianisches Kunsthandwerk

(S. 49)

8 In Venedig ist man nicht nur in guten, sondern auch in höchst geschickten Händen. Wie vor Jahrhunderten gehen Kunsthandwerker hier ihren Tätigkeiten nach: Glasbläserei, Marmorpapierherstellung und das Schnitzen von Rudergabeln. Während altes Handwerk anderswo verschwindet, haben die venezianischen Künstler ihre Produktion lebendig gehalten. Ein moderner Kronleuchter aus Murano-Glas verwandelt sich in einen intergalaktischen Oktopus, aus Marmorpapier werden Handtaschen und Rudergabeln für Rock-and-Roll-Legenden werden zu Skulpturen, die es locker mit Marmorbüsten aufnehmen können.

Die Scrovegni-Kapelle in Padua *(S. 184)*

9 Beim Anblick von Giottos Fresken (1303–1305) in der Cappella degli Scrovegni kann man die Renaissance schon erkennen. Statt der glotzenden byzantinischen Engel sind Giottos biblische Figuren Menschen von heute: eine Mutter mittleren Alters (Anna) mit einem Wunderbaby (Maria), ein Vater (Josef), der beim Anblick seines kleinen Jungen (Jesus) einnickt, ein gerissener Verschwörer (Judas), der einen vertrauensseligen Freund (Jesus) per Luftkuss verrät. Giotto fängt die menschliche Natur in all ihrer fehlerhaften und komplexen Schönheit ein.

Verona *(S. 198)*

10 Verona – das ist Shakespeares Stadt der tragisch Verliebten und eines der romantischsten Reiseziele Italiens. Geprägt wird sie von einem engmaschigen Netz mittelalterlicher Straßen am Ufer des glitzernden Flusses Etsch. Obwohl die Stadt als Inbegriff sommerlicher Opernerlebnisse unterm sternenbeglänzten Himmel gilt, gibt es nichts Schöneres als die mit Fresken verzierten Kirchen, die Renaissance-Gärten, hübsche Museen und Galerien, Jazzbands und Weinkonzerte sowie Dutzende hervorragende *osterie* (einfache Esslokale). Und im Sommer, wenn sich die Hitze auf die historische Altstadt legt, lockt eine Floß- oder Paddeltour auf dem wunderschönen Fluss.

Was gibt's Neues?

Ocean Space
Die Benediktinerkirche San Lorenzo liegt schon seit fast einem Jahrhundert verfallen da, wurde jetzt restauriert und beherbergt das Museum Ocean Space, das sich durch Kunst und Kultur mit der Erforschung des Klimawandels beschäftigt. (S. 143)

Palazzo Grimani
Dieser mit Fresken verzierte Palazzo wurde für die griechisch-römische Sammlung Kardinal Grimanis angelegt, die nach 430 Jahren in den Palast zurückgekehrt ist. (S. 141)

Venezia Autentica
Wer auf Einheimische treffen und heimische Geschäfte unterstützen will, schaut sich auf dieser Website um, auf der Restaurants, Shops und Touren verzeichnet sind, die von Venezianern geführt werden. Es gibt eine Ermäßigungskarte für „Freunde", die sich registriert haben. (S. 29)

Classic Boats Venice
Das junge Team von CBV hat eine Leidenschaft für den Erhalt der traditionellen Flachbodenboote Venedigs entwickelt, eine alte Flotte solcher Boote restauriert und mit Elektromotoren ausgestattet. (S. 286)

V-A-C Foundation
Dieses Kulturhaus am Canal Grande beherbergt avantgardistische Ausstellungen und bietet einen schönen gemeinsamen Arbeitsbereich und interessante levantinische Gerichte in seinem Restaurant. (S. 89)

Salone Nautico
Eine Bootsausstellung zieht nautische Firmen an, die versuchen, die historische Schiffswerft der Stadt wiederzubeleben, indem sie die Geschichte der Seefahrt zeigt. (S. 22)

Künstlerviertel Giudecca
Die von vielen zeitgenössischen venezianischen Künstlern so bevorzugte Heimat ist das neue Künstlerviertel auf der Insel Giudecca, das das erste dauerhafte Künstlerquartier der Stadt ist. (S. 157)

Fairbnb Venedig
Fairbnb ist eine neue Plattform fürs Homesharing, das die Flucht der Einheimischen aus der Stadt eindämmen soll. Wenn man hier bucht, gehen 50 % der Buchungsgebühren in wichtige lokale Projekte, die man besuchen kann. (S. 220)

Music in Venice
Ein Onlineshop für den Ticketkauf zu allen Musikevents in der Stadt. Die Plattform bietet Infos zu Aufführungen und außerdem praktische Stadtpläne. (S. 46)

Feelin' Venice
Ein Shop mit venezianischen Souvenirs, die von Absolventen der Universität Ca' Foscari entworfen wurden. (S. 132)

Weinbergstouren in der Lagune
Unter Leitung der Sommeliers von Venetian Vine geht's in die Lagune zu einer Weinbergstour mit Verkostungen auf einigen der weniger bekannten Inseln. (S. 43)

Neue Foodtrends
Angesichts der Geschichte der Stadt als Handelszentrum ist es erstaunlich, dass man hier so wenig kulinarische Vielfalt vorfindet. So langsam ändert sich das jedoch.

Mehr Tipps und Empfehlungen finden sich unter **lonelyplanet.com/venice**

Gut zu wissen

Weitere Hinweise unter „Allgemeine Informationen" (S. 288).

Währung
Euro (€)

Sprache
Italienisch, teilweise auch venezianischer Dialekt

Geld
Geldautomaten sind fast überall vorhanden; Kreditkarten werden in den meisten Hotels, Pensionen und Geschäften akzeptiert. Um Geld wechseln zu können, ist die Vorlage eines Ausweises nötig.

Handys
GSM- und Dreibandhandys können in Italien mit einer italienischen SIM-Karte benutzt werden. Ansonsten können die in Mitteleuropa üblichen Mobiltelefone verwendet werden.

Zeit
Mitteleuropäische Zeit wie in Deutschland, Österreich und der Schweiz. Von März bis Oktober wird die Uhr auf Sommerzeit umgestellt.

Touristeninformation
Die Vènezia Unica (☎041 24 24; www.veneziaunica.it) betreibt alle Touristenbüros in Venedig.

Tagesbudget

Preiswert: unter 120 €
➡ Schlafsaalbett: 35–60 €
➡ Basilica di San Marco (Markusdom): gratis
➡ *Cicheti* im All'Arco: 5–15 €
➡ Chorus-Pass: 12 €
➡ *Spritz:* 2,50–4 €

Mittelteuer: 140–250 €
➡ Doppelzimmer in einem B&B: 70–180 €
➡ Städtischer Museumspass: 24 €
➡ Happy Hour auf der Piazza San Marco: 10–16 €
➡ Konzertkarte: 21–28 €
➡ Abendessen in einer Osteria: 40–50 €

Teuer: über 250 €
➡ Doppelzimmer in einem Boutiquehotel: ab 200 €
➡ Gondelfahrt: 80 €
➡ Kombikarte für den Palazzo Grassi und die Punta della Dogana: 18 €
➡ Abendessen im Antiche Carampane: 55–65 €
➡ Theaterkarte im La Fenice: ab 80 €

Reiseplanung

Zwei Monate vorher sollten in der Hauptsaison Unterkünfte, Vorzugskarten für den Markusdom und den Campanile sowie Karten für Opern in La Fenice, für Premieren der Internationalen Filmfestspiele und die Eröffnung der Biennale gebucht werden.

Drei Wochen vorher Events unter www.unospitedivenezia.it und www.veneziadavivere.com. Man sollte Bootstouren und Guides buchen.

Eine Woche vorher sollte man Plätze in gehobenen Restaurants reservieren; mit Kartenbuchungen für die Hauptattraktionen, Ausstellungen und Events entgeht man den Schlangen an den Kassen. Online-Buchungen auf www.veneziaunica.it.

Websites

Lonely Planet (www.lonely planet.com/venice) Geprüfte Reisetipps.

Vènezia Unica (www.venezia unica.it) Das Haupttouristenportal mit Infos zu Museen, Kirchen und Events. Hier gibt es auch Fahrkarten für den öffentlichen Nahverkehr und Touristenkarten.

Venezia da Vivere (www.venezia davivere.com) Musikveranstaltungen, Vernissagen, Nachtleben und Events für Kinder.

Venice Comune (www.comune. venezia.it) Seite der Stadt mit Infos (u. a. Hochwasserwarnungen).

REISEZEIT

Im Frühling ist es feucht. Im Sommer ist es voll, heiß und teuer. Im Herbst gibt es warme Tage und weniger Touristen. Der Winter kann kühl sein.

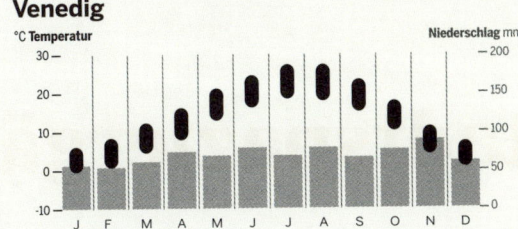

Venedig

Ankunft

Marco Polo Airport Wasser-Shuttles (15 €) und Wassertaxis (ab 110 € oder ab 25 € pro Person in Sammeltaxis) legen vom Fähranleger am Flughafen ab. Busse (einfache Fahrt 8 €) fahren alle 30 Minuten (5.20 bis 24.50 Uhr) zum Piazzale Roma. Ein Taxi kostet 40 €.

Treviso Airport Busse fahren zum Piazzale Roma (einfache Fahrt 12 €, 1 Std.) oder nach Tronchetto (ab dort mit der Einschienenbahn zum Piazzale Roma). Zum Bahnhof von Treviso fahren ebenfalls Busse, um dort die Züge zum Bahnhof Santa Lucia zu erreichen. Taxis kosten 80 €.

Piazzale Roma (Parkplätze und Busbahnhof) *Vaporetti* (Wasserbusse) fahren von den Anlegestellen des Piazzale Roma zu verschiedenen Zielen in der Stadt.

Bahnhof Venezia Santa Lucia *Vaporetti* fahren vom Anleger am Bahnhof Ferrovia ab.

Bahnhof Venezia Mestre Umsteigemöglichkeit in Züge zum Venezia Santa Lucia.

Venezia Terminal Passeggeri Andockende Kreuzfahrtschiffe bringen Passagiere nach Venedig hinein; ansonsten fahren Taxis und Vaporetti vom Ufer ab.

Unterwegs vor Ort

➡ **Vaporetto** Diese Personenfähren oder Wasserbusse sind das Hauptverkehrsmittel. Eine einfache Fahrt kostet 7,50 €; wer öfter fährt, nimmt am besten eine Karte, mit der man innerhalb eines bestimmten Zeitraums unbegrenzt fahren kann (1/2/3/7-Tageskarten kosten 20/30/40/60 €). Einzel-und Zeitkarten gibt es an den Kartenbuden von ACTV am Kai und an Fahrkartenautomaten oder im Tabakladen.

➡ **Gondel** Tagsüber kostet eine 40-minütige Gondelfahrt bis zu 80 € (Maximum: sechs Passagiere) und von 19 bis 8 Uhr sogar 100 € für 40 Minuten. Gesang (der getrennt ausgehandelt werden muss) oder Trinkgeld sind nicht im Fahrpreis enthalten.

➡ **Traghetto** Diese öffentliche Gondel nutzen die Einheimischen tagsüber, um den Canal Grande zwischen zwei Brücken überqueren zu können (2 €).

➡ **Wassertaxi** Teakholzboote bieten einen Taxidienst für einen Grundbetrag von 15 € plus 2 € pro Minute; für eine vorreservierte oder nächtliche Fahrt und für Gepäck oder Gruppen gibt es noch mal einen Aufschlag von 5 €. Das Taxameter sollte funktionsfähig sein.

Schlafen

Viele Venezianer haben ihre Häuser für Übernachtungsgäste geöffnet, sodass man sich dort fast wie ein Einheimischer fühlen kann. In der Hochsaison sind die guten Hotels schnell voll. Im Sommer machen sich viele Menschen zum Lido aus dem Staub, wo die Preise moderater sind und man sich nach einem heißen Tag im Rialto-Viertel in die Fluten stürzen kann.

Websites

➡ **Fairbnb Venice** (https:// fairbnb.coop/venice) Plattform für Homesharing, auf der 50 % der Buchungsgebühren einheimischen Projekten zugutekommen.

➡ **Lonely Planet** (lonelyplanet.com/italy/venice/hotels) Expertentipps, Nutzer-Feedback, Internetbuchung.

➡ **Luxrest Venice** (www.luxrest-venice.com) Auswahl an Apartments.

➡ **Venice Prestige** (www.veniceprestige.com) Ferienapartments in Palästen.

➡ **Views on Venice** (www.viewsonvenice.com) Apartments, die wegen ihres Charmes und Aussicht ausgesucht wurden.

Mehr zur **Anreise** auf S. 280.

Unterwegs vor Ort auch auf S. 284.

Tipps zum **Schlafen** auf S. 212.

Stadtspaziergänge

1. Tag

San Marco (S. 56)

 Start mit einer Führung durch den **Palazzo Ducale**, dann einen Espresso an der Theke im **Grancaffè Quadri**, bevor die Goldmosaiken in der **Basilica di San Marco** dran sind. Empfehlenswert ist das Museum oben, in dem die Kuppel und die vier Originalpferdebronzen zu sehen sind.

> **Mittags** Feinkost im Rosa Salva (S. 72).

San Marco & Dorsoduro (S. 56 & S. 81)

Am Nachmittag kann man das **Museo Fortuny** oder die **Gallerie dell'Accademia** besuchen. Wer sich für Letztere entscheidet, macht eine Pause auf dem **Ponte dell'Accademia**, um ein Foto vom **Canal Grande zu** machen. Danach bummelt man am **Squero di San Trovaso,** um zu beobachten, wie Gondeln gebaut werden. Dann bieten sich Blicke auf Palladios **Chiesa del Santissimo Redentore** an der Uferstraße **Zattere**. Ein Stopp an der **Chiesa di San Sebastiano** empfiehlt sich, um die Bilder von Veronese zu sehen. Danach geht es an der Calle Lunga San Barnaba von Boutique zu Boutique, um zur Cocktailstunde am **Campo Santa Margherita** zu sein.

> **Abends** Leckere Meeresfrüchte aus der Lagune im Zanze XVI (S. 112).

Dorsoduro (S. 81)

 In der **Scuola Grande dei Carmini,** der sinnträchtigen Kulisse für klassische Konzerte der **Musica in Maschera,** wird man in die 1700er-Jahre zurückversetzt. Alternativ kann man den Abend beim Saxofon im **Venice Jazz Club** beenden.

2. Tag

San Polo & Santa Croce (S. 100)

 Morgens ein Besuch des **Rialto-Markts**, danach ein Abstecher in die **Drogheria Mascari**, um dort regionale Weine zu kaufen und bei **All'Arco** einen Prosecco zu trinken. Boutiquen und Kunstgewerbeläden säumen die Straße zum Campo San Rocco, wo **I Frari** (Frarikirche) mit einem Altarbild von Tizian liegt. Dann besucht man noch kurz die **Scuola Grande di San Rocco**, um Werke aus der Zeit Tintorettos anzuschauen.

> **Mittags** Marktfrische Speisen und makellose Weine im Estro (S. 91).

Dorsoduro (S. 81)

In der **Peggy Guggenheim Collection** erkundet man die Kunst, die das 20. Jh. in Unruhe versetzt hat, und vergleicht sie mit den Werken der heutigen Zeit in der **Punta della Dogana**. Danach geht es in die **Basilica di Santa Maria della Salute**, um dort ihre Heilkräfte zu erleben und Tizians Werke zu bewundern.

> **Abends** Venezianische Küche der Superlative im Riviera (S. 92).

San Marco & Dorsoduro (S. 56 & S. 81)

In der Opernsaison sind die begehrtesten Eintrittskarten der Stadt die für **La Fenice**, aber Freunde der klassischen Musik sollten die faszinierenden Konzerte mit historischen Partituren, die vom **Venice Music Project** aus der Versenkung gerettet wurden, nicht verpassen. Sie finden in der anglikanischen St. George's Church statt.

KRZYSTOF DYDYNSKI/LONELY PLANET ©

REISEPLANUNG STADTSPAZIERGÄNGE

Mosaik in der Basilica di Santa Maria Assunta (S. 168)

3. Tag

Castello (S. 135)

 Der Tag beginnt mit einem Bummel die **Riva degli Schiavoni** hinab, von wo aus sich Ausblicke über die Lagune auf Palladios **San Giorgio Maggiore** eröffnen. Danach macht man Carpaccios Heilige in der **Scuola Dalmata di San Giorgio degli Schiavoni** und Bellinis *Madonna mit Heiligen* in der **Chiesa di San Francesco della Vigna** ausfindig. Auf dem Weg zur Kirche **Zanipolo** mit 25 Dogengrabmalen hüpft man an der Barbaria delle Tole von einem Studio ins nächste.

> **Mittags** Mit Einheimischen *cicheti* im Ossi di Seppia genießen (S. 147).

Cannaregio (S. 119)

In der **Chiesa di Santa Maria dei Miracoli** kann man in die Zeit der Renaissance eintauchen. Die Kirche ist ein vielfarbiges Wunderwerk aus Marmor. Dann geht es in Baron Franchettis atemberaubende Kunstsammlung in der **Ca' d'Oro**, bevor danach Richtung Norden die **Chiesa della Madonna dell'Orto**, die gotische Kirche voller Meisterwerke Tintorettos, lockt.

> **Abends** Einfallsreiche venezianische Küche im Anice Stellato (S. 126).

Cannaregio (S. 119)

 An den Kanalufern der Fondamenta Ormesini und Fondamenta Misericordia laden die Happy Hours Venedigs ein. Alternativ legt man zu einer romantischen **Gondelfahrt** durch die Kanäle von Cannaregio ab, die fast so aussehen, als seien sie extra erbaut worden, um das Mondlicht größer erscheinen zu lassen.

4. Tag

Murano, Burano & die nördlichen Inseln (S. 166)

 In einem *vaporetto* verlässt man die Lagune und fährt ins grün-goldene **Torcello**. Man folgt dort dem Pfad der Schafe und gelangt zur byzantinischen **Basilica di Santa Maria Assunta** von Torcello, in der eine goldene Madonna in der Apsis still auf die blauen Teufel auf der anderen Seite hinabschaut. Mit dem Boot geht es zurück nach Burano, um dort die Farbgebung der Häuser und im **Museo del Merletto** handgefertigte Spitzen zu bewundern.

> **Mittags** Herzhafte Lagunengerichte in der Trattoria al Gatto Nero (S. 178).

Murano & Giudecca (S. 166 & S. 154)

In Muranos legendären *fornaci* (Glasbrennereien) kann man die feurige Leidenschaft der Glasbläser live erleben und einige der schönsten Werke im wunderschön angelegten **Museo del Vetro** (Glasmuseum) bestaunen. Wenn die Schauräume schließen, fährt man nach **Giudecca**, um Wellness im **Palladio Spa** und unschlagbar schöne Blicke über das glitzernde Wasser auf San Marco zu genießen.

> **Abends** In der Trattoria Altanella (S. 162) mit Künstlern tafeln.

San Marco (S. 56)

 Den Abschluss findet die Tour durch die Lagune mit einem Prosecco und Tango an der Piazza San Marco im traditionsreichen **Caffè Florian**.

Wie wär's mit ...

Kuriositäten

Museo del Manicomio Das „Museum der Tollheit" ist tatsächlich so unheimlich, wie es mit seinem Namen andeutet. Es zeigt verschiedene „Heilmethoden", die es in der heutigen Zeit glücklicherweise nicht mehr gibt. (S. 159)

Museo di Storia Naturale di Venezia Das Museum präsentiert verschiedene Dinosaurier, monströse japanische Seespinnen und andere bizarre wissenschaftliche Exemplare, die von unerschro-ckenen venezianischen Forschern hierher gebracht wurden. (S. 108)

Museo d'Arte Orientale Ein ungewöhnlicher Ort: Auf dem Dachboden der Ca' Pesaro liegt dank einer extravaganten Kauflust eines Prinzen eine japanische Samurai-Ausrüstung versteckt. (S. 107)

Fondazione Vedova Von Architekt Renzo Piano entworfene Roboter zeigen Emilio Vedovas abstrakte Leinwände, die sie dann wieder ins Magazin zurückbefördern. (S. 90)

Mode

Museo Fortuny Besucher sollten unbedingt einmal einen Blick in das palastartige Modehaus werfen, das die Frauen vom Korsett befreite und den bohemehaften Schick erneuerte - ein interessanter Einblick in die Geschichte der Mode. (S. 65)

Palazzo Mocenigo In diesem Palast voller venezianischem Glamour von Turnüren und Kniebundhosen bis zu schneidigen Westen findet man viele Inspirationen. (S. 108)

Museo di Storia Naturale di Venezia (S. 108)

Pied à Terre Hier kann man sich mit bonbonfarbenen Slippern für Gondoliere aus Samt und Damast eindecken, die auch eines Dogen würdig wären. (S. 117)

Nicolao Atelier Stilvolle Unikate aus luxuriösen Stoffen, mit Edelsteinen besetzt, lassen jeden als etwas Besonderes aus den karnevalistisch verkleideten Menschenmassen hervorstechen. (S. 133)

Bottega d'Arte Giuliana Longo Hier taucht man in ein historisches Hutmachergeschäft ein, um handgemachte Einzelstücke von Louise Brooks Glockenhüten bis zu echten Gondolierehüten bewundern zu können. (S. 80)

Arnoldo & Battois Handgefertigte Handtaschen in kühnen Farben, mit butterweichem Leder und coolen Formen. (S. 79)

Boote

Salone Nautico Diese Bootsausstellung im Juni lässt Venedigs legendäre Schiffswerft Arsenale zu neuem Leben erwachen. (S. 22)

Squero di San Trovaso Hier kann man bei der Herstellung der Gondeln zuschauen: Sie sind auf Größe und Gewicht des jeweiligen Gondoliere zugeschnitten. (S. 90)

CBV Hier steuert man sein eigenes altes (aber elektrisches) Boot und gleitet lautlos durch die blaugrüne Lagune. (S. 286)

Le Fórcole di Saverio Pastor Hier lockt das denkwürdigste Souvenir der Stadt: eine Rudergabel aus Walnussholz. (S. 97)

Gilberto Penzo Modellgondeln für die Badewanne und Bastelsets für den eigenen Gondelbau, die von einem meisterhaften Kunsthandwerker entworfen wurden. (S. 118)

Row Venice Hier lernt man wie ein Gondoliere im Stehen zu fahren. (S. 171)

Verborgene Schätze

Chiesa di Santa Maria dei Miracoli Eine kleine Kirche nach den großen Ideen der Renaissance und mit wertvollstem Marmor. (S. 124)

Ocean Space Eine innovative Galerie mit Labor, die mit Künstlern und Wissenschaftlern zusammenarbeitet, um das Thema der globalen Erwärmung anzugehen. (S. 143)

Palazzo Grimani Ein mit Fresken ausgestatteter Renaissance-Palast, der dazu angelegt wurde, die erstklassige Skulpturensammlung Kardinal Grimanis zu zeigen. (S. 141)

Synagogen im jüdischen Viertel Bei Führungen, die das Museo Ebraico durchführt, muss man schon mal auf Dächer steigen, um zu den dort befindlichen Synagogen zu kommen. (S. 121)

Scala Contarini del Bovolo Eine in einem alten Innenhof versteckte Wendeltreppe bietet eine ideale Kulisse für einen heimlichen Kuss. (S. 68)

Chiesa di San Francesco della Vigna Venezianisches Juwel der Kunst und gleichzeitig Palladios erster Auftrag. (S. 143)

Für den süßen Zahn

VizioVirtù Von essbaren Masken der Pestdoktoren bis hin zu Pralinen mit Weinfüllung, fertigt dieser Schokoladenkünstler kalorienhaltige Köstlichkeiten. (S. 153)

Suso Cremiges, saisonal wechselndes Eis, hausgemachte

Weitere Top-Erlebnisse in Venedig:
➡ Essen (S. 33)
➡ Ausgehen & Nachtleben (S. 41)
➡ Unterhaltung (S. 45)
➡ Shoppen (S. 49)

Hörnchen und verführerische Pistaziencreme machen das Suso zu einer der besten Eisdielen der Stadt. (S. 72)

Panificio Volpe Giovanni Eine koschere Bäckerei, die himmlische Backwaren mit dem Segen des Rabbiners feilbietet. (S. 126)

Pasticceria Tonolo Flockiger Apfelstrudel und kleine, mit Haselnuss-Schokoladenmousse gefüllte Windbeutel. (S. 90)

Magiche Voglie Wie wär's bei einem Päuschen mit einem *cajá*-Eis (eine brasilianische Frucht) in der besten Eisdiele des Lido? (S. 163)

Versteckte Bars

All'Arco Preiswerte, leckere-*cicheti* (venezianische Tapas), die täglich neu mit den frischesten Zutaten vom Rialto Markt erfunden werden; dazu der perfekte Wein. (S. 109)

Vino Vero Venedigs einziger *bacaro* (Weinbar mit Esslokal) mit Bio-Weinen und dazu Bar-Häppchen vom Feinsten. (S. 129)

Cantine del Vino già Schiavi Ein legendärer einheimischer *bacaro* am Canal Grande mit unvergesslichen *cicheti*. (S. 90)

Salvmeria Eine *cichetteria* für Gourmets mit treuer einheimischer Gästeschar auf der sonnigen Seite der Via Garibaldi. (S. 146)

Cantina Aziende Agricole Ein bewährter einheimischer

bacaro, wo es preisgünstige *ombre* (halbe Gläser Wein) und großzügige Portionen *cicheti* gibt. (S. 126)

Ziele der Einheimischen

Strände auf dem Lido Wenn die Temperaturen die 29°C-Marke erreichen, fahren die Venezianer per Vaporetto (Wasserbus) zu den sandigen Stränden des Lido. (S. 160)

Campo San Giacomo da l'Orio bars Kinder toben auf dem *campo* (Platz) umher, während die Eltern ihnen durch ein Glas natürlich hergestellten Prosecco zuschauen. (S. 115)

Rialto-Markt Hier, wo Großmütter und Sternköche mit gewitzten Gemüsehändlern um die besten Angebote feilschen, können sich die Besucher Appetit holen. (S. 105)

Via Garibaldi Venezianische Berufstätige nehmen sich auf dem Heimweg immer Zeit für einen letzten *spritz* in den Bars an der Via Garibaldi. (S. 146)

Giudecca Auf zu dieser einzigartigen Insel mit ehemaligem Industriegebiet, um mit jungen Nachwuchskünstlern im Künstlerviertel Giudecca zusammenzutreffen! (S. 157)

Murano Hier verweilt man nach einem Tagesausflug, um Zerstreuung bei einem beruhigenden Gläschen Lugana-Wein und Venedigs bester Pizza zu finden. (S. 169)

Monat für Monat

Februar

Gelegentlich fällt sogar auch etwas Schnee in Venedig, der die Gondeln und den Markusdom in ein ungewohntes weißes Kleid hüllt. Samtkostüme und Weinbrunnen nehmen den Februarnächten ihre Kälte und Nachtschwärmer feiern ausgelassen auf Maskenbällen.

 **Carnevale**

Etwas mehr als zwei Wochen lang vor Karnevalsdienstag feiern bunt verkleidete Menschen auf den Straßen. Eintrittskarten für die großen Maskenbälle kosten dann bis zu etwa 800 € pro Person, allerdings gibt es in der Stadt auch viele weniger kostspielige Unterhaltungsmöglich-keiten zur Karnevalszeit, wie z. B. verschiedene Kostümwettbewerbe auf der Piazza San Marco oder Flotillen auf dem Kanal in Cannaregio.

März

Da die Zeit zwischen Karneval und Ostern Gott sei Dank ruhiger ist, ist der März ideal geeignet zum Sightseeing. Kleidungstechnisch muss man allerdings für jedes Wetter gerüstet sein: es gibt sonnige Himmel und kalte Nächte.

◉ **Arte Laguna Prize**

Dieser zunehmend berühmte zwei Wochen andauende Kunstwettbewerb (S. 138) zielt darauf ab, zeitgenössische Kunst zu fördern und stellt im Lagerhaus des Arsenale über hundert großflächige internationale Werke aus.

April

Die für Besucher angenehme Verbindung von optimalem Wanderwetter und erschwinglichen Zimmerpreisen dauert bis Ostern, Dann fallen jedoch scharenweise Kunstge-schichtskurse und Schulkinder, die nun Ferien haben, ein.

⚜ **Festa di San Marco**

Das Fest am 25. April zum Gedenken an den Schutzheiligen von Venedig ist ebenfalls sehenswert: Venezianische Männer tragen einen *bocolo* (Rosenknospe) in einer Prozession über den Markusplatz und schenken sie dann der Frau, die sie lieben.

Mai

So wie der Sommer näher kommt, beginnt die Zeit der schlagzeilenträchtigen zeitgenössischen Kunst und einer ganze Schwärme von Booten die Lagune bevölkern. Es ist auch die malerischte Zeit im Jahr, weil alles in Blüte steht.

⚜ **La Biennale di Venezia (Biennale)**

Die Biennale (S. 47) ist das größte Ereignis der Stadt und läuft in den Monaten von Mai bis November. In ungeraden Jahren wird zeitgenössische Kunst ausgestellt, in geraden Jahren geht es um Architektur.

Dazu gibt es noch jede Menge avantgardistische Tanz-, Theater- und Musikaufführungen.

Festa della Sensa

Jedes Jahr seit 1000 n. Chr. werden bei dem Sposalito del Mar (Hochzeit mit dem Meer) Eheversprechen kundgetan. Zu den Feierlichkeiten gehören Bootsregatten, Märkte unter freiem Himmel und eine Messe am Lido. Das Event findet jeweils an Christi Himmelfahrt statt.

Vogalonga

Dies ist weniger ein Wettbewerb als vielmehr ein Ausdauertest (S. 171). Die 32 km lange Ruderstrecke beginnt mit über 1500 Booten vor dem Dogenpalast, schlängelt sich dann an Burano und Murano vorbei und endet mit viel Applaus und Prosecco an der Punta della Dogana. Findet im Mai oder Juni statt.

Juni

So wie das Wetter langsam wärmer wird, erblühen die Gärten, und die Stadt erfreut sich ihres mildesten Klimas. In Castello sind alle in Festivalstimmung, und die ehemalige Kathedrale Venedigs wird zur Partykulisse.

Salone Nautico

Diese Bootsausstellung findet in der ältesten Werftanlage der Welt statt und zeigt die fortschrittlichsten Schiffe, aber auch traditionelles Handwerk. Es gibt auch Bootsrennen, Ausstellungen und Vorführungen zur venezianischen Ruder- und Segelkunst.

 Festa de San Piero de Casteo

Das Festival von San Piero de Casteo findet in der letzten Juniwoche vor der Kirche statt, die einst die Kathedrale der Stadt war. Es gibt heilige Messen, Spiele, Puppentheater, herzhafte Landkost und Rock-Tribute-Bands sorgen für eine gute Stimmung unter den Besuchern.

Juli

Milde Sommernächte auf der Giudecca werden von Feuerwerk und gelegentlich auch Sommergewittern über der Lagune erleuchtet, und Jazz-Rhythmen lassen sonnige Tage musikalisch enden.

☆ Jazz Festival Venedig

Internationale Jazzlegenden von Wynton Marsalis bis Buena Vista Social Club bringen das Haus La Fenice zum Toben, während Publikumslieblinge in den verschiedensten Locations wie der Peggy Guggenheim Collection und der Punta della Dogana auftreten. Der Veranstaltungskalender gibt Auskunft über ganzjährige Auftritte in Vicenza, Verona und Treviso.

Festa del Redentore

Jeweils am dritten Samstag und Sonntag im Juli geht es über eine recht wackelige Pontonbrücke über den Giudecca-Kanal zur Il Redentore. Empfehlenswert sind das schwimmende Picknick an der Zattere sowie das opulente Feuerwerk.

September

Die großen Weltstars der Kinoleinwand präsentieren sich im goldenen Herbstlicht auf den roten Teppichen der Filmfestspiele, und Regatten machen das beste aus dem optimalen Wetter in der Lagune.

Regata Storica

Hier ist es egal, wer gewinnt; was zählt, ist das Drumherum: Bei der Regata Storica (www.regatastoricavenezia.it) werden Kostüme aus dem 16. Jh. zur Schau gestellt und Gondeln mit acht Ruderern spielen die Ankunft der Königin von Zypern in Venedig nach. Eine schwimmende Parade bildet den Auftakt für vier Bootsrennen, bei denen Kinder und Erwachsene um die Wette rudern.

Burano Regata

Die Fischerinsel Burano versucht am dritten Sonntag im September Aufmerksamkeit zu erhaschen, wenn die einzige gemischte Ruderregatta Venedigs (Frauen und Männer) stattfindet (www.isoladiburano.it). Sie ist die letzte Regatta der Rudersaison; die Sieger werden bei einer anschließenden Feier auf der Insel geehrt.

☆ Internationale Filmfestspiele Venedig

Das Einzige, was zu dieser Zeit des Jahres noch heißer ist als die Strände des Lido, sind die roten Teppiche bei den mit Stars gespickten Filmfestspielen, die Ende August oder Anfang September beginnen und elf Tage andauern.

Oktober

Die Hochsaison neigt sich nun dem Ende zu, die Festivalbesucher ziehen sich zurück und die Hotelpreise in der Stadt normalisieren sich.

 Festa del Mosto

Ein echtes Volksfest auf der „Garteninsel" Sant'Erasmo (www.veneziaunica.it), das am ersten Sonntag im Ok-

tober stattfindet. Die Weinlese wird mit einem Umzug, Gourmet-Essständen, Livemusik und kostenlosem *vino* zelebriert.

November

Venedig dankt immer wieder für sein wundersames Überleben, bevor dann am 1. Januar wieder ein neues Festjahr beginnt, das alle sehnsüchtig erwarten.

Festa della Madonna della Salute

Wer sogar die Pest und die österreichische Invasion überlebt hat, muss das einfach feiern. Seit dem 17. Jh. überqueren die Bewohner Venedigs an jedem 21. November eine Pontonbrücke über den Canal Grande, um aus Dankbarkeit eine Kerze in der Santa Maria della Salute zu entzünden und ein Vermögen für Süßigkeiten auszugeben.

Reisen mit Kindern

Erwachsene meinen, Venedig gehöre ihnen alleine; Kinder wissen es aber besser. Hier werden Märchen wahr, Gefangene flüchten durch das Dach eines Palastes und Murano-Glasbläser hauchen winzigen Meeresdrachen Leben ein, auf deren Schwänzen ein verzauberter Fisch sitzt.

Museo Storico Navale (S. 145)

Attraktionen

Am frühen Morgen lockt schon eine Tasse köstliche heiße Schokolade im Caffè Florian (S. 75) Kinder und ihre Eltern an; das Ambiente hier ist einfach märchenhaft und könnte direkt aus einem riesigen Märchenbuch stammen. Dann geht es in den Palazzo Mocenigo (S. 108), um dort die Kleidermoden aus der Zeit des Aschenputtel zu erkunden, um dann durch das geheime Dachbodengefängnis im Palazzo Ducale (S. 61) zu streifen und sich danach für einen Kunstworkshop in der Peggy Guggenheim Collection (S. 85) anzumelden.

Wer aber lieber eine Vorliebe für ausgefallene Dinge hat, sucht sich die riesigen Samurai-Schwerter im Museo d'Arte Orientale der Ca' Pesaro (S. 107) und die gigantischen Seeungeheuer und Dinosaurier im Museo di Storia Naturale (S. 108) aus. Alternativ schnappt man sich im Museo Storico Navale (S. 145) einfach eine Matrosenmütze und ruft lauthals „Schiff Ahoi!". Das Museum ist vollgestopft mit zahlreichen goldenen Lastkähnen, Modellkriegsschiffen und so vielen Kanonen, dass jeder Pirat bei deren Anblick eigentlich nervös werden muss.

Atemberaubende Ausblicke auf die Stadt und die sumpfige Lagune schaffen es immer wieder, den Betrachter in Erstaunen zu versetzen. Besonders tolle Rundumblicke hat man vom Campanile (S. 65), den Glockentürmen der Chiesa di San Giorgio Maggiore (S. 156) und der Basilica di Santa Maria Assunta (S. 168) auf der Insel Torcello sowie von der oberen Aussichtsplattform des Fondaco dei Tedeschi (S. 79).

Outdoor-Aktivitäten

Strände & Picknick

Die schönen Strände am Lido und ein Picknick an der Lagune auf Torcello, La Certosa und Le Vignole geben der ganzen Familie Zeit, auszuspannen und wieder neue Energie zu tanken.

Boot- & Kajakfahren

Im eigenen Boot von CBV (S. 286) gleitet man durch das türkisfarbene Wasser oder paddelt mit einem Kajak von Venice Kayak (S. 173) durch die Lagune.

Fotospaziergänge & Malen

Teens mögen besonders die Venice Photo Tour (S. 29) mit Marco Secchi, vor allem wenn sie wegen seiner Profi-Tipps für ihre Instagram-Fotos von all ihren Freunden und Followern aus den sozialen Medien umgehend nach deren Veröffentlichung beneidet werden. Alternativ freuen sich angehende Künstler über ihre Outdoor-Malstunden bei Painting Venice (S. 133).

Radfahren auf den Inseln

Man findet sich jeweils zu zweit zu Tandem-Radtouren auf dem Lido zusammen oder macht sich mit dem Fahrrad auf den Weg in die Natur der Garteninsel Le Vignole.

Learning by Doing
Rudern & Segeln

Kinder, die groß und stark genug sind, ein Ruder zu halten, können bei Row Venice (S. 171) lernen, wie die echten *gondolieri* zu rudern.

Alternativ kann man sich auch bei Vento di Venezia (S. 176) für einen einwöchigen Segelkurs durch die Lagune anmelden. Die Kurse sind für angehende Matrosen von sieben bis 13 Jahren, aber auch für ältere Teenager.

Kunst & Handwerk

Kinder, die sich durch das Beobachten venezianischer Künstler und Kunsthandwerker inspirieren lassen wollen, können in der Ca' Macana (S. 96) und La Bauta (S. 117) ihre eigenen Karnevalsmasken anfertigen lassen, ihre eigenen Gondeln mit einem Modellbausatz von Gilberto Penzo (S. 118) bauen und sich bei Fallani Venezia (S. 133) und Plum Plum Creations (S. 133) an Drucken und Radierungen versuchen.

Selber Nudeln machen

Morgens betrachtet man auf dem Rialto-Markt (S. 105) Kreaturen aus der Lagune, die wie in einem Science-Fiction-Film aussehen, und geht dann zur Kochschule Acquolina (S. 165), um dort die Kunst der Herstellung von Nudeln und, was noch wichtiger ist, von Tiramisu, zu erlernen. Für Teens.

Sprachkurse

Ein Eis bestellen zu können, ist eine ganz wichtige Fähigkeit. Somit sollte man den Kindern einen lustigen Anfängerkurs ermöglichen, der morgens an der Venice Italian School (S. 116) läuft. Für Kinder ab fünf.

Essen

Wenn Kinder keine Lust mehr zum Laufen haben und auch sonst müde werden, gibt es überall viel Pizza und Pasta, um sie wieder mobil zu bekommen. Für einen spontanen Zwischenstopp bietet sich das Rosa Salva (S. 152) und das Serra dei Giardini (S. 140) mit frischen Brownies und anderen süßen Leckereien an. Wenn die Kinder nicht sehr experimentierfreudig sind, ist es vielleicht schwierig, mit ihnen *cicheti* (venezianische Tapas) zu essen. Das Basegò (S. 110) versucht es jedoch, angehende Feinschmecker mit einem Tisch und Malutensilien anzulocken.

Der beste Kompromiss ist ein Restaurant, das volle Menüs, aber auch *cicheti* serviert. Der Lido ist ein Paradies für Pizzafreunde und Eisliebhaber. Andere beliebte Orte für einen preiswerten, schnellen Imbiss sind z. B. Antico Forno (S. 110), Toletta Snack-Bar (S. 90), Cip Ciap (S. 147), Didovich (S. 146), Pizzeria alla Strega (S. 146) and Osteria al Duomo (S. 177). Als Nachtisch bietet man den angehenden

GUT ZU WISSEN

Wickelmöglichkeiten gibt es auf allen öffentlichen Toiletten. Eine Liste gibt es auf www.venezia unica.it.

Notfallversorgung bietet das Hauptkrankenhaus von Venedig (S. 290).

Kinderbetreuung Bessere Hotels und einige B&Bs können Babysitter organisieren.

Kinderwagen & Babytragen Die Benutzung von Kinderwagen ist eine Herausforderung. Besser ist hier vielleicht eine ergonomische Babytrage. Venice Rental Services (S. 286) verleiht beides und darüber hinaus noch Reisebettchen und andere Dinge.

Feinschmeckern Feigen-Walnusseis im Gelato di Natura (S. 111) oder Suso (S. 72).

Viele Familien empfinden es angesichts der Preise fürs Essengehen als dringend erforderlich, ein Apartment mit Selbstversorgung zu mieten. Das bietet nicht nur die Möglichkeit, die eigene Küche zu pflegen, sondern auch das Einkaufserlebnis auf den schwimmenden Lebensmittelkähnen in Rialto oder in der Innenstadt als ein unvergessliches Kulturerlebnis würdigen zu können. Views on Venice (S. 220) haben ein gutes Angebot an familienfreundlichen Apartments.

Eintrittspreise

In den meisten Attraktionen in Venedig werden reduzierte Eintrittspreise für Kinder gewährt. Städtische Museen (www.visitmuve.it) geben in der Regel 60 bis 70 % Nachlass für Besucher zwischen sechs und 14 Jahren. Wer fünf und jünger ist, kann gratis hinein. Staatliche Museen sind für Besucher unter 18 frei. In privaten Einrichtungen wird freier Eintritt oft nur für Kinder unter 12 Jahren gewährt, zwischen 12 und 18 gibt es Ermäßigungen.

Venedig gratis

*Trotz seines Rufes als Tummel-
platz der Oberen Zehntausend
sind einige der schönsten Attraktionen Venedigs kostenlos, so etwa
die Mosaiken in der Basilica di
San Marco oder die stimmungsvollen Vesperfeiern in der Basilica
di Santa Maria della Salute.*

Historische Stätten

Einige der bedeutsamsten Schauplätze
venezianischer Geschichte sind gratis: der
Rialto-Markt (S. 105), die Basilica di Santa
Maria della Salute (S. 86) und die Basilica
di San Marco (S. 58), die Apotheose des
venezianischen Jahrtausends der brillan-
ten Selbsterfindung. Die Basilica di Santa
Maria della Salute bietet am Nachmittag
kostenlose Orgelvespern an.

Kunst & Architektur

Der Eintritt zu den Kunst- und Architek-
turdarbietungen der Biennale und den
Premieren bei den Filmfestspielen ist nicht
frei, aber dafür zu den Tanz-, Musik-, Kino-
und Kunstevents. Kunstkenner schätzen
die (oft kostenlosen) Ausstellungen im
Palazzo Franchetti (S. 70) und Ocean Space
(S. 143), einem Museum mit dem Ziel, die
Wahrnehmung des Klimawandels durch
Kunstaktionen zu schärfen. Kommerzielle
Kunstgalerien sowie die Ausstellungs-
räume für Murano-Glas darf man ohne

Eintrittsgeld genießen. Staatsmuseen wie
die Gallerie dell'Accademia (S. 83) und
Ca' d'Oro (S. 123) sind während der Muse-
umswoche im März gratis. Dann gibt es
noch Venedigs spektakuläre Architektur
wie die Palazzi (Herrenhäuser) am Canal
Grande, die man bereits für den Preis einer
Wasserbusfahrkarte (Vaporetto) zu sehen
bekommt, oder die versteckten Schätze wie
die Scala Contarini del Bovolo (S. 68) beim
Stadtrundgang durch San Marco (S. 73).

Inselparadiese

Am Lido (S. 160) gibt es sechs kostenfreie
Strände, in Malamocco eine Mini-Ausgabe
der Stadt Venedig, einen Markt am Dienstag (S. 164) und Sommerkonzerte. Giudecca bietet Ausblicke, Galerien, eine Kirche
aus dem 14. Jh. und den Ausstellungsraum
im Fortuny (S. 164). Empfehlenswert ist
die Friedhofsinsel San Michele (S. 169). Auf
Murano kann man Glasbläsern bei der Arbeit zusehen und Drachenknochen in den
byzantinischen Mosaiken von San Donato
(S. 169) entdecken. Eine Foto-Expedition
zur Insel Burano ist super, und ebenso ein
Besuch bei Meisterwerken der Kunst in der
Chiesa di San Martino (S. 171). Grünflä-
chen finden sich auf Torcello, Mazzorbo, La
Certosa, Sant'Erasmo und Le Vignole.

Kosten sparen

Mit dem Chorus-Pass (S. 288) erhält man
Zutritt zu Kunstwerken, die auf 16 Kirchen
(I Frari, Chiesa di Santa Maria dei Miracoli, Chiesa di San Sebastiano und Chiesa
della Madonna dell'Orto) verteilt sind. Für
28,90 € gibt es den San Marco City Pass,
der den Palazzo Ducale, das Museo Correr,
Museo Archeologico Nazionale und die
Biblioteca Nazionale Marciana umfasst.
Für einen Aufpreis von 24 € erhält man
mit dem Civic Museum Pass Eintritt zu elf
städtischen Museen.

Den Preis von 80 € für eine Gondelfahrt
kann man sich sparen, wenn man beim
Überqueren des Canal Grande auf einem
traghetto (öffentliche Gondel) steht (2 €
pro Fahrt). Oder man fährt am frühen
Morgen oder Abend für nur 7,50 € mit dem
Vaporetto 1 den Canal Grande entlang und
genießt die wunderschöne Architektur.

Geführte Touren

Wer Venedig gründlich kennenlernen möchte, sollte die Lagunenstadt vom Wasser aus betrachten. Ein paar Blicke hinter die Kulissen des venezianischen Lebens fern vom Touristenrummel lassen sich dann auf einem Streifzug durch die Gassen mit all ihren versteckten Treppen erhaschen.

Ausflüge auf dem Wasser

Die verschiedenen Ausflugsmöglichkeiten bieten Wasserabenteuer auf den Kanälen und in der Lagune.

Wichtig ist bei der Vorbereitung der Ausflüge, im Voraus zu reservieren, Sonnenschutzmittel mitzunehmen und die Wettervorhersage zu beachten.

Rudern

Unter fachkundiger Anleitung führender Regatta-Ruderer von Row Venice (S. 171) lernt man, eine von Hand gefertigte venezianische *batellina coda di gambero* (ein Boot mit „Krabbenschwanz") im Stehen anzutreiben.

Es werden auch nächtliche Unterrichtsstunden auf dem Canal Grande und eine Kombination aus Rudern und Bar-Hopping mit *cicheti* (venezianische Tapas) geboten.

Kajakfahren & Paddeln

Venice Kayak (S. 173) bietet eine einzigartige Art und Weise an, die Lagune und ihre stilleren Inseln zu erkunden. Es gibt Gruppen- und Einzeltouren, entweder für einen halben oder einen ganzen Tag. Man sollte schwimmen können und etwas Paddel-Erfahrung haben. Anfänger fahren mit einem erfahrenen Paddler in einem Zweier-Kajak.

Beherzte Paddler über 14 können auch Stand-up-Paddleboard-Touren bei SUP in Venice (S. 173) machen. Es gibt eine zweistündige Tour durch die ruhigeren Kanäle von Castello und Cannaregio oder eine Lagunentour von Insel zu Insel.

Segeln

Eolo Cruises (☎349 7431551; www.cruising-venice.com; Ganztagstörn für 4–6 Pers. 350–450 € pro Pers.) segelt mit einem zweimastigen *bragozzo* (flachbodiges Fischerboot) von 1946 durch die Lagune. Es gibt ein- bis achttägige Törns (350 bis 450 € pro Person, für bis zu sechs Personen); mit Koch-Workshops an Bord.

Bootsausflüge

Die umweltbewusste Firma Terra e Acqua (S. 173) bietet wilde Fahrten zu den Randgebieten der Lagune. Auf dem Programm können verlassene Inseln, Angelplätze, Stellen zum Beobachten von Vögeln und das Kloster San Francesco del Deserto stehen. Mittagessen gibt es an Bord eines motorisierten *bragozzo* oder in einer Trattoria.

Beherztere Seefahrer können auch auf eigene Faust durch die Lagune schippern, und zwar in einem restaurierten Flachbodenboot von CBV (S. 286). Vor der Fahrt wird man kurz eingewiesen und bekommt ein GPS-Gerät mit, damit man sich nicht verirren kann. Eine gehobene Alternative ist eine Tagestour mit Lagunenexperte Francesco Calzolaio auf der luxuriösen Linseen-Jacht von **Lagunalonga** (☎380 305 30 78; www.lagunalonga.com; Rundfahrt für 6 Pers. ab 2430 €; ☉Mitte März–Okt.).

Ausflüge an Land

Viele der Hauptsehenswürdigkeiten bieten Führungen an, u. a. die zehn städtischen Museen (www.visitmuve.it), darunter der Dogenpalast, das Museo Correr, die Ca' Rezzonico, die Ca' Pesaro, das Museo del Vetro, das Museo del Merletto, der Palazzo Mocenigo, der Palazzo Fortuny, die Casa di Carlo Goldoni und das Museo di Storia Naturale di Venezia. Meist können daran Gruppen zwischen vier und 25 Personen teilnehmen. Die Führungen müssen im Voraus gebucht werden.

Die einzige Möglichkeit, die Torre dell'Orologio (S. 65) und die Fondazione Giorgio Cini (S. 158) von innen zu sehen, ist im Rahmen einer vorgebuchten Führung. Führungen durch die Basilica di San Marco (S. 58) werden von der Diözese angeboten, müssen jedoch per E-Mail an turismo@patriarcatovenezia.it vorbestellt werden. Alternativ bietet **Walks of Italy** (☎069 480 4888; www.walksofitaly.com/venice-tours; Führungen 69–150€ pro Pers.) hervorragende Führungen durch die Basilika, sogar auch als Abendführung (ab 89 €). Von Experten geleitete Gruppenführungen durch La Fenice (S. 70) (150 €) sind ebenso möglich.

Touristenbüros können den Kontakt zu zugelassenen Guides herstellen und verschiedenste Führungen bei anerkannten Anbietern buchen. Ansonsten schaut man auf die Website **Best Venice Guides** (http:/ /bestveniceguides.it; 65–85 € pro Std.) nach, auf der die besten Guides gelistet sind.

Kulturelle Führungen

Das internationale Franchise-Unternehmen **Context Travel** (☎800 691 60 36; www. contexttravel.com; Gruppenführungen ab 300 €; ♿) bietet eine Auswahl an venezianischen „Seminaren" mit Dozenten und Spezialisten an. Die Gruppen sind nicht größer als sechs Personen, und die Themen reichen von Politik bis Kunst, Geschichte und Ökologie. Andere Kulturführungen werden von Luisella Romeo bei **See Venice** (☎349 084 8303; www.seevenice.it; Führungen 75 € pro Std.) angeboten. Sie deckt alle großen Sehenswürdigkeiten ab, aber auch Ziele abseits der Touristenpfade, auch in den Bereichen „Kunst" und „Kunsthandwerk".

GUT ZU WISSEN

➡ **Barrierefreiheit** Eine Liste mit erfahrenen Tourenveranstaltern, die Ausflüge für Reisende mit Behinderung organisieren, gibt Accessible Italy (www.accessibleitaly.com) heraus.

➡ **Kinder** Nicht alle historischen Stätten und Boote sind kindersicher. Deshalb sollte man sich bereits vor einer Reservierung erkundigen, ob für Kinder eine Altersbeschränkung besteht.

Für künstlerisch Veranlagte bietet sich Getty-Fotograf Marco Secchis fotoreiche **Venice Photo Tour** (☎041 852 02 62; www. venicephototour.com; 2-/3-/5-stündige Rundgänge für bis zu 4 Pers. 220/300/500 €) an, bei es durch die versteckten Winkel der Stadt geht und man professionelle Foto-Tipps bekommt. Besonders erlebnisreich sind auch die Führungen von **Venezia Autentica** (https://veneziaautentica.com). Da gibt es Nachtspaziergänge mit Einheimischen, begleitete Joggingtouren und Kneipenbummel.

Stadtrundgänge

Venicescapes (☎041 850 57 42; www.venic escapes.org; 4–6-stündige Führung für 2 Erw. 280–320 US$, jeder zusätzl. Erw. 60 US$, jede zusätzl. Pers. unter 18 Jahre 30 US$), ein gemeinnütziger historischer Verein, veranstaltet Stadtrundgänge, die unter einem Motto stehen, so etwa „A City of Nations", bei dem die Vielvölkerstadt Venedig durch die Jahrhunderte beleuchtet wird. Erlöse gehen in die Geschichtsforschung der Stadt.

Walks of Italy bietet einige spitzenmäßige Führungen durch den Dogenpalast, Markusdom und Rialto-Markt. Ähnlich hat **Walks Inside Venice** (☎041 524 17 06; www.walksinsidevenice.com; 3- bis 4-stündige Führungen 170–420 €, Lagunentour 420–830 €; ♿) ein engagiertes Team, das bei der Erkundung der wichtigsten Sehenswürdigkeiten der Stadt und den versteckten Winkeln behilflich ist. Ähnlich gute Führungen zu guten Preisen werden von **L'Altra Venezia** (www.laltravenezia.it; Rundgänge 70 € pro Std., thematische Führungen ab 200 €, Bootstouren ab 400 €), angeboten. Sie sind auf Musik, Theater und Essen spezialisiert.

Kulinarische Führungen

Venice Urban Adventures (☑ 348 980 85 66; www.veniceurbanadventures.com; Gruppen-führungen 90–94 €; ☺ Führungen Mo–Sa 11.30 & 17.30 Uhr) und **Monica Cesarato** (www. monicacesarato.com; 3-stündige Führung 40 €;

⛵) bieten das ganze Jahr über geführte Bar-Bummel mit kulinarischen Kostpro-ben (*cicheti*; Bar-Snacks) in fünf bis sechs abgelegenen *bacari* (winzige Bars) an. Geführte Weinverkostungen mit ausge-bildeten Sommeliers bekommt man bei **Venetian Vine** (S. 43). Alternativ bietet dieser Veranstalter auch Tagestouren zu den Weingütern der Lagune. Darin inbe-griffen ist ein fantastisches Mittagessen auf einer Insel.

Den Massen ein Schnippchen schlagen

In letzter Zeit hat Venedig wegen der überfüllten Kanäle und riesigen Kreuzfahrtschiffe Schlagzeilen gemacht. Während der Hochsaison ist das Gedränge an der Riva degli Schiavoni und auf dem Markusplatz oft unerträglich, doch ein Stück weiter gibt es noch Gegenden, die vom Massentourismus unbeeinträchtigt sind.

ick von einem schmalen Kanal auf den Ca' Pesaro (S. 107)

SAFRAN MEDIA/SHUTTERSTOCK ©

Beste Reisezeit

März, Mai, Oktober bis Dezember bieten sich für einen Besuch in Venedig an, denn in diese Monate fallen weder Schulferien noch wichtige kirchliche Feiertage. Die Hochsaison von Juni bis August sollte man meiden – dann stellen sich Urlauber aus aller Welt ein, und die Preise steigen ins Astronomische. In den Sommermonaten ist zudem mit drückender Hitze und lästigen Mücken zu rechnen. Wer sich zu dieser Zeit in der Stadt aufhält, sollte auf den luftigeren äußeren Inseln Murano, Burano, Lido oder Giudecca Quartier beziehen.

Weitere Zeiten, zu denen es hoch hergeht (und teuer ist), sind der Karneval (zwei Wochen im Jan. oder Feb.), die Oster- und Weihnachtsferien, die erste Woche der Biennale (Mai) und die Internationalen Filmfestspiele Anfang September. Vor allem am Wochenende platzt die Stadt dann aus allen Nähten mit Tausenden Tagesgästen.

Sehenswertes ohne Trubel

Die Medien berichten vor allem von den Menschenschlangen, die sich um den Markusdom, den Campanile und den Palazzo Ducale erstrecken; Venedig ist jedoch eine Stadt voller Museen von Weltrang – und viele davon sind sogar nur wenig besucht.

Museo Fortuny

Ein Museum, das viele Einheimische schätzen, ist das Museo Fortuny (S. 65); es präsentiert perfekt kuratierte, kreative Ausstellungen in den Salons des Jugendstil-Designers Mariano Fortuny.

Galleria Giorgio Franchetti alla Ca' d'Oro

Die beeindruckende, mit Meisterwerken nur so vollgestopfte Galerie (S. 123) befindet sich in einem der schönsten Gebäude am Canal Grande. Unbedingt den Blick von den Sälen im ersten Stock genießen.

Ca' Pesaro

Venedigs Museum für Moderne Kunst (S. 107) präsentiert u. a. Werke von Matisse, Rodin, Chagall, Kandinsky, Lichtenstein und Wildt – und stellt die bekanntere Peggy Guggenheim Collection in den Schatten.

GUT ZU WISSEN

➡ **Voraborientierung** Mit cleverer Planung lassen sich Warteschlangen und Menschenmassen umgehen. Umfassende Informationen finden sich bei Vènezia Unica (S. 291).

➡ **Flott voran ohne Anstehen** Es macht Sinn, Eintrittskarten im Voraus zu buchen, um sich nicht in die Warteschlangen am Markusdom, am Campanile, am Palazzo Ducale, an der Accademia und an der Peggy Guggenheim Collection einreihen zu müssen.

➡ **Unterwegs vor Ort** Wer vermeiden möchte, mit öffentlichen Verkehrsmitteln Zeit zu verplempern, lädt sich die praktische Transport-App daAaB (www.daaab.it) herunter

Scuola Grande di San Giovanni Evangelista

Das von einem Flagellantenorden gegründete Verbandshaus der Johannesbruderschaft (S. 105) ist extravagant mit bedeutenden Kunstwerken geschmückt und beeindruckt im Saal des Apostels Johannes mit einem sagenhaften Marmorboden.

Ocean Space

Die neue Akademie (S. 143), eine Kombination von Kunst und Wissenschaft, präsentiert interdisziplinäre Ausstellungen zum Thema Klimawandel im herrlich restaurierten Raum der Chiesa di San Lorenzo.

Palazzo Grimani

In diesem mit Fresken geschmückten Palast (S. 141) gibt es die beeindruckende Sammlung griechisch-römischer Skulpturen von Kardinal Grimani zu entdecken.

Casa dei Tre Oci

Das Fotomuseum (S. 157) in einem neugotischen Gebäude zeigt das Werk des modernistischen venezianischen Fotografen Mario de Maria sowie Wechselausstellungen zu zeitgenössischer Fotografie.

Das Ghetto

Das Ghetto von Venedig (S. 121) ist ein lebendiges Denkmal: Hier wohnt die jüdische Gemeinde, die ihre Geschichte in den alten Synagogen zu neuem Leben erweckt.

Chiesa di San Sebastiano

Die auf den ersten Blick bescheidene Gemeindekirche (S. 88) ist mit Meisterwerken von Paolo Veronese geschmückt.

Monastero di San Lazzaro degli Armeni

In diesem Inselkloster (S. 149) lebt bis heute eine Kongregation armenischer Mönche, die ihr Domizil einmal am Tag für eine Führung öffnet, darunter die wertvolle Bibliothek, in der der englische Dichter Lord Byron sechs Monate lang sein englisch-armenisches Wörterbuch konzipierte.

Die Lagune

Venedig liegt inmitten von einem Wassergarten – hier scheinen die Menschenmassen weit weg. Spaß macht es, mit einem Nostalgieschiff von CBV (S. 286) hinzufahren.

Know-how vor Ort

Die besten Fremdenführer

Wer die Touristenattraktionen und -gegenden mit einem Best Venice Guide (S. 29) besucht, kann den Menschenmassen entgehen. Diese Tour Guides wissen genau, was man wann am besten besichtigt.

Immer schön ortsverbunden

Das neue Start-up Fairbnb (S. 220) ist ein von der Gemeinde gefördertes Home-Sharing-Portal. Man bucht seinen Aufenthalt dort und spendet Geld für lokale Projekte, an denen man dann während des Venedig-Aufenthalts teilnehmen kann.

Authentische Erlebnisse

Durch Venezia Autentica (S. 29) besteht die Möglichkeit, den Touristenmassen zu entkommen und Einheimische kennenzulernen, die von ihrer Stadt begeistert sind.

Event-Planung

Music in Venice (S. 46) ist die Institution für Musik-Events. Die Informationen sind aktuell, und buchen kann man in Echtzeit.

Die schönsten Tagesausflüge

Wenn das Bedürfnis nach einem Tapetenwechsel übermächtig wird, sollte man einen Tagesausflug in Betracht ziehen.

Cicheti

Essen

Geschwächt durch die überwältigenden kulturellen Eindrücke in Venedig greifen die meisten hungrigen Besucher nach dem nächsten panino. Aber La Serenissima bietet viel mehr als nur einfache Nahrungsaufnahme. Seit Jahrhunderten verwöhnt Venedig seine Besucher mit einfallsreichen Schlemmereien. Heutige Besucher genießen die geradezu süchtig machenden cicheti und den Reichtum der Lagune an köstlichen Meeresfrüchten.

Die venezianische Küche

Das neueste Glaubensbekenntnis der Feinschmecker – „einheimische Zutaten" – ist in Venedig absolut nichts Neues. Auf den Inseln um die Stadt wächst Obst und Gemüse, die Lagune liefert frische Meeresfrüchte. Viele der einheimischen Spezialitäten schaffen es nie aufs Festland, denn sie werden direkt noch am gleichen Tag in venezianischen *bacari* (winzigen Kneipen) und *osterie* (Gasthäusern) angeboten. In einer Stadt mitten in der Lagune überwiegen natürlich Fisch und Meeresfrüchte, dazu kommt das eine oder andere Fleisch vom Festland und natürlich die traditionellen, lokalen Favoriten Polenta und Reis sowie die klassischen italienischen Nudeln und Gnocchi. Die Beilagen mit venezianischem Gemüse sind oft genauso gut wie die Hauptgerichte und Frühaufsteher können Venezianer beobachten, die fast unter Einsatz ihres Lebens *violetti di Sant'Erasmo* (zarte violette Babyartischocken), *radicchio trevisano* (krausen, bitteren roten Endiviensalat) und preisgekrönten weißen Spargel aus Bassano del Grappa von Händlern auf überladenen Lastkähnen kaufen.

Und auch multikulturelle Fusion-Küche ist kein neues Thema in der Stadt von Marco

GUT ZU WISSEN

Öffnungszeiten

Café-Bars haben von 7 bis 20 Uhr geöffnet, manche auch länger, verwandeln
sich dann aber in Treffs für trinkfreudige
Zeitgenossen. Die Küchen der Restaurants
sind in der Regel zum Mittagessen von 12
bis 14.30 oder 15 und von 19 bis 22 oder
23 Uhr zum Abendessen geöffnet.

Preise

Mit Ausnahme von *cicheti*, Sandwiches,
Pizza und Eis besteht eine typische Mahlzeit in Venedig aus zwei Gängen, einem
Glas Hauswein und *pane e coperto* (Brot
und Gedeck). Die Kennzeichnung bedeutet:

€	unter 25 €
€€	25–40 €
€€€	über 45 €

Reservierung

Vor allem mittags in der Hochsaison ist es
ratsam, nach Möglichkeit in einem Restaurant oder einer Osteria zu reservieren.
Man findet vielleicht noch einen Platz,
wenn man spontan ein Restaurant betritt.
Allerdings richten manche Restaurants ihren Lebensmitteleinkauf jedoch nach der
Anzahl der Reservierungen – und wenn
das Essen zur Neige geht, werden unan-
gemeldete Gäste weggeschickt. *Cicheti*
(Barsnacks) sind daher immer eine gute
und vor allem schmackhafte Alternative.

Pane e Coperto

Bei am Tisch servierten Speisen liegt der
Zuschlag für Brot und Gedeck (*pane e
coperto*) in den meisten Restaurants zwischen 1,50 und 6 €.

Zuschläge und Trinkgeld

Der Service ist entweder im Zuschlag
pane e coperto enthalten (besonders
in einfachen Osterias) oder wird auf die
Rechnung aufgeschlagen (in besseren
Bistros und bei Gruppen). Bevor man ein
zusätzliches Trinkgeld gibt, sollte man das
Kleingedruckte lesen.

Polo. In venezianischen Kochbüchern aus
dem 13. Jh. findet man Rezepte für Fisch
mit Galgant, Safran und Ingwer; noch
heute inspiriert diese Tradition die Küche

in Restaurants wie Zanze XVI (S. 112), Bistrot de Venise (S. 74) und Osteria Trefanti
(S. 112). Manche venezianischen Gerichte
schmecken auch eher türkisch oder grie-
chisch als typisch italienisch und zeugen so
von den mehr als tausendjährigen Handelspartnern Venedigs. Die köstlichen Gewürze
des Mittelmeeres und der Gewürzroute
finden sich z. B. in typisch venezianischen
Gerichten wie *sarde in saor,* bei dem
Sardinen in einer würzigen Zwiebelsoße
mit Pinienkernen und Rosinen verfeinert
werden.

Auch aus anderen Teilen Italiens finden
schmackhafte Zutaten ihren Weg in die venezianische Küche, darunter Rindersteaks
aus der Toskana, weiße Trüffel aus Alba,
aromatische Zitronen aus Amalfi und Pistazien und Blutorangen aus Sizilien. Aber
bitte auf keinen Fall nach Pesto fragen: Die
Knoblauch-Basilikum-Paste stammt nämlich aus Genua, dem größten Handelskon-
kurrenten Venedigs über 300 Jahre, und
einige Venezianer haben immer noch etwas
gegen die Stadt.

Cicheti

Cicheti sind eine der besten kulinarischen
Errungenschaften Italiens. Sie werden
mittags angeboten sowie abends zwischen
18 und 20 Uhr, dazu gibt es fantastische
offene Weine aus dem Veneto. Die Auswahl
an *cicheti* reicht von einfachen Barsnacks
(pikante Fleischbällchen, frische Bruschet-
ta mit Tomate und Basilikum) bis hin
zu raffinierten Kombinationen – einige
Beispiele: weißer Spargel aus Bassano mit
prallen, in Pancetta gewickelten Shrimps
aus der Lagune im All'Arco (S. 109); Fasso-
ne-Rindfleisch mit Paprika im Salvmeria
(S. 146); cremige Monte-Veronese-Käsesor-
ten im Malvasia all'Adriatico Mar (S. 92);
Wildschweinsalami bei Vino Vero (S. 129);
gemischte Gemüseplatten mit gedünsteten
Muscheln bei Ossi di Seppia (S. 147) oder
wohlduftende, mundgerechte Brötchen mit
Thunfisch, Chicorée und Meerrettich bei Al
Mercà (S. 115).

Die Preise beginnen bei 1 € für pikante
Fleischbällchen, während die Spanne bei
kulinarischen Kreationen mit exotischen
Zutaten von 3 bis 6 € reicht. Cicheti ver-
zehrt man üblicherweise im Stehen oder
auf einem Hocker an der Bar. Sättigende *cicheti* wie *crostini, panini* und *tramezzini*
(Sandwich aus weichem Weißbrot, häufig
mit Mayonnaise) kosten zwischen 1,50 und

6 €. Die abendlichen *cicheti* können häufig eine ganze Mahlzeit ersetzen.

Hungrig? An den folgenden Orten in den Stadtvierteln findet man gute *cicheti*:

Cannaregio An der Fondamenta dei Ormesini und abseits der Strada Nova.

San Polo & Santa Croce Rund um den Rialto Markt und Ruga Ravano.

Castello Via Garibaldi und Calle Lunga Santa Maria Formosa.

San Marco Rund um den Campo San Bartolomeo, den Campo Santo Stefano und den Campo della Guerra.

Das Menü

Sogar in einfachen venezianischen Osterias und *bacari* kosten die meisten Gerichte einige Euro mehr als anderswo in Italien. Kein Wunder, wenn man bedenkt, dass alles mit dem Boot gebracht werden muss. *Cicheti* sind eine gute Alternative zu Fastfood, doch irgendwann taucht der Wunsch auf, sich mit einem Restaurantbesuch zu belohnen. Wer sich an die Touristenmenüs klammert, wird mit Sicherheit enttäuscht. Wer sich jedoch traut, saisonale Spezialitäten zu bestellen, wird reich belohnt und zahlt oft sogar weniger.

PIATTI

Niemand erwartet von Besuchern, dass sie ein mehrgängiges Menü plus Antipasti und Dessert schaffen, aber einen Versuch ist es wert, wenn man an die vielen verlockenden *piatti* auf der Speisekarte denkt. À la carte gibt es folgende Möglichkeiten:

Antipasti (Vorspeisen) bestehen aus gebratenen *moeche* (kleine, weichschalige Krabben) und frischen *crudi* (venezianische Sushi) aus der Lagune wie süße Mantisgarnelen oder klassischer *baccalà mantecato* (aufgeschlagener Stockfisch mit Olivenöl) sowie Vorspeisentellern mit Käse und Aufschnitt.

Primi (erster Gang) bestehen normalerweise aus Pasta oder Risotto; eine typisch venezianische Spezialität sind *bigoli*, dicke Vollkornnudeln, die oft mit *salsa* (mit salzigen Anchovis, Zwiebeln aus Chioggia und schwarzem Pfeffer) serviert werden. Genauso beliebt sind *pasta e fagioli*, eine cremige Mischung aus Pasta und Borlotti-Bohnen, und *risi e bisi*, ein Risotto mit Erbsen, Pancetta und Parmesan. Viele venezianische Restaurants bieten auch eine herzhafte Spezialität aus Verona an: Gnocchi. Typisch venezianisch ist dagegen Polenta, weißer oder gelber Maisgrieß, der entweder nach dem Kochen noch gebraten wird oder noch weich und dampfend serviert wird. Ein venezianisches Sprichwort heißt: „*Xe non xe pan, xe poenta*" (Wenn es kein Brot gibt, gibt es immer noch Polenta).

Secondi (zweiter Gang oder Hauptgerichte) sind üblicherweise Gerichte mit Fleisch oder Meeresfrüchten. Mutige Touristen werden das klassisch venezianische *secondo trippa* (Kutteln) oder *fegato alla veneziana* (gebratene, in Streifen geschnittene Kalbsleber mit Zwiebeln und einem Spritzer Rotwein) versuchen. Wer kein Freund von Innereien ist, findet auf den meisten Speisekarten *manzo* (Rindfleisch), *agnello* (Lamm) und *vitello* (Kalbfleisch). Überzeugte Fleischesser sollten unbedingt Carpaccio probieren – dünn geschnittenes rohes Rindfleisch, das mit einer Soße aus gewürfelten Tomaten, Sahne, Senf und Worcestershire-Soße serviert wird. Erfunden wurde das Ganze in Harry's Bar (S. 75) und benannt wurde es nach dem venezianischen Maler Vittore Carpaccio, der berühmt für seine großzügige Verwendung von blutroter Farbe ist. Beliebt ist auch *fritto misto*, eine goldene Mischung von frittiertem Fisch und Meeresfrüchten, zu dem manchmal auch gebackenes Gemüse im Bierteig gehört.

Contorni (Beilagen) bestehen hauptsächlich aus *verdure* (Gemüse). Vegetarier sollten hier zuerst nachschauen; aber auch für die Fleischfans ist diese Rubrik wichtig, denn die *secondi* werden häufig ohne Beilagen serviert. Besonders gut schmecken naturgemäß immer die saisonalen Gemüsesorten.

Dolci (Dessert) sind in Venedig oft *fatti in casa* (hausgemacht), dazu gehören das aus dem Veneto stammende Tiramisu, die wienerischen *bigne* (Windbeutel) und Strudel, außerdem mit Safran gewürzte *esse* (S-förmige Kekse) aus Burano. Und dann gibt es immer noch die *Gelaterie* (Eisdielen) mit verlockenden Angeboten für 1,50 bis 5 €.

TAGESGERICHTE

Vorweg ein narrensicherer Tipp, um eine seriöse venezianische Osteria von einer Touristenfalle zu unterscheiden: Lasagne, Spaghetti Bolognese und Pizza sind keine venezianischen Spezialitäten. Wenn alle drei auf einer Speisekarte erscheinen, kann man sicher sein, dass dies eine Touristenfalle ist. Viel besser sind Lokale, wo es keine Karte gibt oder nur eine schnell auf eine Tafel hingekritzelte oder mit einem Drucker auf Italienisch hergestellte Speisekarte – gerne auch mit Tippfehlern. Das ist ein Zeichen dafür, dass der Koch jeden Tag einen neuen Speiseplan aufstellt, je nachdem, was er am Morgen auf dem Markt so alles entdeckt hat.

Auch wenn immer mehr Fisch und Meeresfrüchte importiert werden, sind viele venezianische Restaurantbesitzer stolz darauf, dass sie nur frische, einheimische Erzeugnisse verwenden, selbst wenn das bedeutet, dass sie dafür in aller Herrgottsfrühe aufstehen und auf die Pescaria (Fischmarkt) gehen müssen. Der Wechsel der Gezeiten in der Lagune und der Jahreszeiten auf der nahe gelegenen Gemüseinsel Sant'Erasmo spiegelt sich im Angebot auf dem Rialto-Markt und deckt großzügig die Tische Venedigs.

Vorsicht vor Speisekarten mit vielen Sternchen: Sie bedeuten, dass die Produkte *surgelati* (tiefgefroren) sind. Meeresfrüchte, die von weit her eingeflogen werden, sind nicht nachhaltig und auch geschmacklich nicht überzeugend.

GETRÄNKE

Keine venezianische Mahlzeit wäre komplett ohne mindestens eine *ombra* (Glas Wein), das betrifft auch das Mittagessen. Morgens um 9 Uhr helfen die Fischhändler in der Pescaria den Landratten auf die Sprünge, indem sie erst einmal eine Flasche *prosecco* (Schaumwein), Venedigs beliebtes Blubberwasser, öffnen, um auf den Tagesfang anzustoßen. Mittags wartet eine Menge Arbeit, denn die umfangreiche Speisekarte muss systematisch studiert werden: zarter Tintenfischsalat, Risotto mit Tintenfischtinte und *granseola* (Seespinne), dazu gibt es natürlich die obligatorischen *ombre*.

Zu vielen venezianischen Gerichten wird ein passender Wein gereicht, der den Geschmack abrundet, besonders bei empfindlichen Meeresfrüchten aus der Lagune, die durch zu viel Zitronensaft leiden könnten. Manche *enoteche* (Weinlokal) und *Osterias* haben ein Weinsortiment auf Lager, bei dem die Sorten in die Hunderte gehen. Man sollte keine Hemmungen haben, den Kellner bei der Auswahl um Rat zu fragen. (Oder man besucht einen Einführungskurs zu venezianischen Weinen; S. 43.)

Natürlich ist keine Mahlzeit vollständig ohne ein Glas von Venedigs eigenem Feuerwasser: Grappa. Dabei gibt es nicht nur einfache Rachenbrenner, sondern anspruchsvolle Destillate von so renommierten Brennereien wie Poli (S. 78) aus Bassano del Grappa, die Grappasorten herstellen, die weich und aromatisch sind.

Vegetarier & Veganer

Selbst in einer Stadt, die für Meeresfrüchte bekannt ist, müssen Vegetarier nicht verzweifeln: Mit etwas Geschick finden sie in Venedig vielleicht sogar mehr Auswahl als zu Hause. Die auf den nahen Inseln gezogenen Produkte sind der Stolz vieler venezianischer Restaurants. Und zu *primi* (erster Gang) wie Polenta, Pasta und Risotto passen *contorni* (Gemüsebeilagen) wie die einheimischen Spezialitäten Spargel, Artischocken, Radicchio und *bruscandoli* (wilder Hopfen). Zu den venezianischen *contorni* gehören auch gegrilltes einheimisches Gemüse und Salate, bei den *cicheti* (Barsnacks) bieten sich mariniertes Gemüse und Käse aus dem Veneto an.

La Tecia Vegana (S. 91) ist Venedigs einziges veganes Restaurant mit Speisen in Bio-Qualität; Le Spighe (S. 147) und das Sullaluna (S. 126) servieren vegetarisches und veganes Essen. Ansonsten gibt es Lokale, die ein gutes Angebot an fleischlosen Gerichten in allen Preisklassen haben. Fleisch- und käsefreie Pizza ist überall erhältlich; *gelaterie* bieten milchfreies *sorbetto* (Sorbet) und Eis mit *latte di soia* (Sojamilch). Selbstversorgung ist eine Alternative für Veganer und Menschen, die auf eine bestimmte Ernährung angewiesen sind. Wenn die Gäste rechtzeitig im Voraus Bescheid sagen, bemühen sich viele Restaurants und Osterias, Diäten zu berücksichtigen.

Selbstversorgung

Auf den meisten *campi* (Plätzen) in der Stadt ist das Picknicken nicht erlaubt – so soll Müll vermieden werden, denn jeder Müll muss per Schiff abtransportiert werden. Man kann aber in seinem B&B, Apartment oder Hotel eine Art kleines Picknick veranstalten. Ideale Picknickplätze mit einem faszinierenden Blick über die Lagune finden sich auf den Stränden am Lido, in den Biennale-Gärten oder auf den nördlichen Inseln Mazzorbo, Torcello, Le Vignole und Sant'Erasmo.

BAUERNMÄRKTE

Der Rialto-Markt (S. 105) bietet fantastische einheimische Erzeugnisse; Meresfrüchte aus der Lagune gibt es in der jahrhundertealten Pescaria (S. 105). An zweiter Stelle steht der Dienstagsmarkt auf dem Lido, der Mercato Settimanale del Lido (S. 165), und am Donnerstagmorgen kann man auf Giudecca verschiedenste Bio-Erzeugnisse auf dem Mercato della Prigione Femminile

(S. 164) aussuchen, die direkt aus dem Biogarten des Frauengefängnisses stammen. Schwimmende Märkte gibt es in Form von Lastkähnen, die auf dem Rio di Sant'Anna am Ende der Via Garibaldi in Castello oder am Campo San Barnaba in Dorsoduro unweit des Ponte dei Pugni vor Anker liegen.

LEBENSMITTELGESCHÄFTE

In der Umgebung des Rialto-Marktes befinden sich Feinkost- und Spezialitätengeschäfte. I Tre Mercanti (S. 152) hat eine hervorragende Auswahl an Spezialitäten aus der Region, darunter auch Wein, auf Lager. Nahe dem Piazzale Roma gibt es einen **Coop** (Karte S. 319; ☏041 296 06 21; Fondamenta di Santa Chiara 507b; ⊙8.30–21 Uhr; ⬚Piazzale Roma), das Lebensmittelgeschäft einer Agrargenossenschaft mit einer guten Feinkostabteilung. Weitere Filialen befinden sich in der ganzen Stadt, u. a. am Campo San Giacomo da l'Orio. Die kleine Supermarktkette **Rizzo** (Karte S. 320; ☏041 528 99 08; www.rizzovenezia.it; Strada Nova 3832a; ⊙7–22 Uhr; ⬚Ca' D'oro) bietet an ihren Feinkosttheken Sandwiches an; Rosa Salva (S. 72) und Didovich (S. 146) verkaufen Feinkostgerichte zum Mitnehmen, und die Rosticceria Gislon (S. 72) tischt Brathähnchen zum Mitnehmen auf.

Kochkurse

Wer durch all die Märkte und Traditionen Lust am Kochen bekommt, kann in Venedig auch an einem Kochkurs teilnehmen. Acquolina Cooking School (S. 165) bietet vier- und achtstündige Kurse an, der Ganztags-Kurs beinhaltet auch einen Einkauf auf dem Rialto-Markt. Außerdem gibt es mehrtägige Kurse inkl. Unterkunft. Der Einkaufsbummel über den Markt steht auch bei **Cook in Venice** (www.cookinvenice.com; Touren 40–60 €, Kurse 150–350 €) auf dem Plan; hier kann bei den ein- bis dreitägigen Kochkursen auf Wunsch auch gluten- und laktosefrei gekocht werden.

Essenszeiten

Restaurants und Bars sind an einem Tag in der Woche geschlossen, normalerweise sonntags oder montags. Knurrt der Magen außerhalb der offiziellen Essenszeiten, bleiben noch Cafés und Bars. Sie sind normalerweise zwischen 7 und 20 Uhr geöffnet und bieten den ganzen Tag Snacks.

Prima colazione (Frühstück) gibt es zwischen 7 und 10 Uhr. Venezianer setzen sich selten zum Frühstücken, sondern trinken auf dem Weg zur Arbeit einen schnellen Cappuccino in einer Bar und essen ein *brioche* (süßes Brötchen) oder ein anderes Gebäckstück (*pastine*) dazu.

Pranzo (Mittagessen) wird zwischen 12 und 14.30 Uhr serviert. Das Mittagessen ist normalerweise die Hauptmahlzeit des Tages und manche Geschäfte und Firmen schließen deswegen mittags für zwei bis drei Stunden. Man sollte sich die Zeit gönnen und ein richtiges Essen genießen, dann reichen abends wahrscheinlich auch ein paar *cicheti* (Barsnacks).

Cena (Abendessen) wird zwischen 19 und 22.30 Uhr serviert. Die Öffnungszeiten variieren, die meisten Restaurants füllen sich gegen 19.30 Uhr und nur wenige nehmen nach 22.30 Uhr noch Bestellungen an.

Tipps fürs Essengehen

Tausende Besucher strömen täglich durch Venedig und wollen auch ihren Hunger stillen, da kann die Bedienung schon mal langsam oder genervt sein. Wer jedoch Interesse daran zeigt, was Venedig so alles auf den Tisch bringt, wird aufmerksamer bedient, wird beraten und erlebt ein unvergessliches Mahl. Die Gunst der Bedienung und der Küchenchefs gewinnt man mit den vier folgenden Gesten, die zeigen, dass man *una buona forchetta* („eine gute Gabel" oder ein guter Esser) ist:

Einfach die Speisekarte ignorieren. Den Kellner nach Spezialitäten der Saison und des Hauses fragen, dann zwei Gerichte auswählen, die sich interessant anhören, und schließlich den Kellner nach einer Empfehlung fragen. Anschließend die Speisekarte zuklappen und sagen „*Allora, facciamo cosi, per favore!*" (Okay, dann machen wir das bitte so!). Jetzt ist der Kellner beeindruckt und der Koch geschmeichelt – gute Voraussetzungen für ein gelungenes Mahl.

Gute Getränke bestellen. Es muss kein abgefülltes Wasser in der Flasche sein; *acqua del rubinetto* (Leitungswasser) ist gut trinkbar und aus Umweltgründen sehr zu empfehlen. Aber ein gutes Essen verlangt einen guten Wein, der oft auch offen oder als halbe Flasche ausgeschenkt wird. Kein Problem, wenn man den Wein nicht kennt: Die besten kleinen Weingüter der Region machen keine Werbung und exportieren nicht (häufig nicht mal in andere Gegenden Italiens), weil ihre Ernte von den venezianischen Osterias und *enoteche* aufgekauft wird.

Primi ohne Würzmittel essen. Die Erleichterung und das Entzücken des Kellners werden unübersehbar sein. Ein venezianisches Risotto oder Pasta mit Meeresfrüchten besitzt so viel Eigengeschmack, dass man keinen Parmesan oder eine scharfe Soße dazu braucht.

Meeresfrüchte der Lagune genießen. Niemand erwartet von Touristen, dass sie Antipasti oder ein *secondo* bestellen, aber wenn man das tut, ist die Prüfung für jeden Gast Antipasti mit Meeresfrüchten der Saison oder *frittura* (frittierte Meeresfrüchte). Man sollte die Meeresfrüchte unbedingt zuerst *senza limone* (ohne Zitrone) probieren: Die Venezianer glauben, dass zum feinen Geschmack der Meeresfrüchte aus der Lagune eigentlich nur Salz, Pfeffer und Gewürze von der Gewürzstraße wie Sternanis passen. Stattdessen trinkt man zu den Meeresfrüchten die leicht zitronigen Weißweine des Veneto, die den salzigen Geschmack nicht unterdrücken, sondern verstärken.

Heiße Tipps für Gourmets

Seit Jahrzehnten existiert das Gerücht, dass man in Venedig unmöglich gut und günstig essen kann. Daher klammern sich Tagesausflügler in San Marco krampfhaft an tiefgekühlte und wieder aufgewärmte Pizza. Sie ahnen nicht, dass sie, nur eine Brücke entfernt, für das gleiche Geld *crostini* (belegte Brote) mit Scampi und gegrillten Baby-Artischocken oder mit Thunfisch-Tatar und wilden Erdbeeren und einer Balsamico-Reduktion bekommen könnten. Glücklicherweise findet sich in den Bars immer noch ein Plätzchen um köstliche *cicheti* zu essen und auch in den besten Restaurants sind Reservierungen fast immer möglich, insbesondere abends, nachdem die Tagesausflügler abgereist sind.

Wer wirklich die gute venezianische Küche finden will, sollte die Restaurants in der Umgebung von San Marco, dem Bahnhof und an den Hauptrouten meiden. Besser sind die nachfolgend angegebenen Bezirke:

Cannaregio Entlang der Fondamenta Savorgnan, Fondamenta della Sensa und Calle Larga Doge Priuli.

San Polo & Santa Croce Rund um den Rialto Markt.

Castello Entlang der Via Garibaldi, rund um Campo Bandiera e Moro und Zanipolo.

San Marco Entlang der Calle delle Botteghe, Calle Spezier und Frezzeria.

Dorsoduro Entlang der Calle Lunga San Barnaba, Calle della Toletta und Calle Crosera.

Giudecca Entlang der Fondamenta delle Zitelle.

Essen in den Stadtvierteln

➡ **San Marco** (S. 72) *Panini*, *cicheti* und exklusive, klassische Restaurants.

➡ **Dorsoduro** (S. 90) Gemütliche Bistros, Kleinigkeiten in den Bars auf einem *campo* und immer eine günstige Pizza zum Mitnehmen.

➡ **San Polo & Santa Croce** (S. 109) Marktinspirierte Küche, kreative *cicheti*, Pizza und vegetarisches Essen.

➡ **Cannaregio** (S. 126) Traditionelle *cicheti*, authentische Osterias und Restaurants am Wasser.

➡ **Castello** (S. 146) Mutige, kreative Küche; Pizza und günstige *cicheti*.

➡ **Giudecca, Lido & die südlichen Inseln** (S. 162) Traditionelle Küche mit Meeresfrüchten in Restaurants am Wasser.

➡ **Murano, Burano & die nördlichen Inseln** (S. 176) Ganz frisch in der Lagune gefangene Meeresfrüchte in Gartenrestaurants.

Top-Restaurants

Ristorante Quadri (S. 74) Eine Michelin-Stern gekrönte Küche in opulenter Umgebung mit herrlichem Ausblick auf San Marco.

Zanze XVI (S. 112) Einfallsreiche venezianische Degustationsmenüs eines mit einem Michelin-Stern ausgezeichneten Chefkochs.

Riviera (S. 92) Die besten venezianischen Meeresfrüchte bei einem fotoreifen Sonnenuntergang.

Trattoria Corte Sconta (S. 148) Allerbeste Antipasti mit Meeresfrüchten, einfallsreiche Nudelgerichte in raffinierter moderner Umsetzung.

Preiswerte Restaurants

€

Cantine del Vino già Schiavi (S. 90) Superleckere *panini* und schmackhafte *cicheti*.

Salvmeria (S. 146) *Cicheti* für Gourmets und erlesene Platten mit Sesamthunfisch.

Al Theatro (S. 72) Mini-*Panini* mit Auflage, die genau richtig sind für ausgehungerte Opernbesucher.

€€

Osteria Bakán (S. 91) Hausgemachte Pasta in einer gemütlichen Taverne.

CoVino (S. 147) Einfallsreiche Gerichte mit Zutaten, die als Slow Food gelten.

Osteria Trefanti (S. 112) Intime, schlichte Eleganz trifft auf erstklassige Zutaten, Beschaffenheit und faszinierende Weine.

€€€

Ristorante Quadri (S. 74) Aufwendige Küche, bestens ausgeführt vom Sternekoch Alajmos.

Zanze XVI (S. 112) Feine, einfallsreiche Küche in einem modernen Bistro.

Riviera (S. 92) In diesem schicken Restaurant am Wasser spielen Meeresfrüchte die Hauptrolle auf der Speisekarte.

Gute Küche

Klassisch venezianisch

Trattoria Altanella (S. 162) Frische, wohlschmeckende Meeresfrüchte auf der Insel Giudecca.

Trattoria al Gatto Nero (S. 178) Das beste Meeresfrüchterestaurant auf einer Fischerinsel.

Da Codroma (S. 91) Durch und durch authentische venezianische Küche, die als Slow Food anerkannt ist.

Osteria da Pampo (S. 147) Hervorragendes *fritto* (frittierter Fisch) in einem altmodischen Ambiente.

Trattoria da Bepi Già '54' (S. 127) Eine beliebte Eck-Trattoria, die gut gemachte Klassiker serviert.

Einfallsreich venezianisch

Zanze XVI (S. 112) Kulinarischer Zauber des ehemaligen Chefkochs aus dem Noma.

Venissa Osteria (S. 177) In der Insellandschaft laben sich die Gäste an Gerichten, die von der Lagune inspiriert sind.

Glam (S. 114) Moderne Versionen venezianischer Klassiker, die von einem Sternekoch zubereitet werden.

Anice Stellato (S. 126) Venedig definiert das Bistro um die Ecke mit dieser einfallsreichen Speisekarte ganz neu.

CoVino (S. 147) Ein winziger Showroom für Slow-Food-Zutaten, die kreativ zubereitet werden.

Die besten Cicheti

Cantine del Vino già Schiavi (S. 90) Wohlüberlegte Geschmackskombinationen mit hervorragenden, dazu passenden Weinen.

All'Arco (S. 109) Stets marktfrische Häppchen und dazu ein schwungvoller Prosecco dicht am Rialto-Markt.

Vino Vero (S. 129) Einfallsreiche *cicheti* zu Naturweinen.

Salvmeria (S. 146) Unerwartet gute Erfindungen und sonnige Außengastronomie.

Ossi di Seppia (S. 147) Eine winzige Bar mit äußerst guten *cicheti* und witzigem Thekengeplänkel.

Internationale Küche

Gibran (S. 147) Erstklassiges orientalisches Essen in venezianisch angehauchtem Ambiente.

Africa Experience (S. 91) Venedigs erstes afrikanisches Restaurant, in dem die neuen Migranten als Bedienung arbeiten.

Die schönsten Restaurants am Wasser

Trattoria Altanella (S. 162) Wein trinken, essen und genießen auf einem Balkon, der direkt über dem Wasser schwebt.

Riviera (S. 92) Perfekte Lage am Zattere für blutrote Sonnenuntergänge und Romantik pur.

La Palanca (S. 162) Essen mit schönem Panoramablick direkt am Wasser, und das zu erschwinglichen Preisen.

Trattoria al Gatto Nero (S. 178) Frische Meeresfrüchte am Canal mit Burano als pastellfarbene Kulisse.

Mirai (S. 127) Ein elegantes japanisches Restaurant mit einer Terrasse am Canal Grande.

Ideal für Vegetarier

Bistrot de Venise (S. 74) Restaurant mit gehobener Küche und einem ausgezeichneten Angebot für Vegetarier.

Osteria La Zucca (S. 112) Das Angebot auf dem Markt bestimmt die Gerichte in diesem gemütlichen Schlupfwinkel am Canal Grande.

Ossi di Seppia (S. 147) Ein niedlicher *bacaro* mit einer hervorragenden Auswahl an vegetarischen *cicheti*.

La Tecia Vegana (S. 91) Verschiedene vegane Bio-Gerichte, darunter auch eine erstklassige

Auswahl an leckeren Nachspeisen.

Frary's (S. 110) Pan-mediterrane und orientalische Aromen im Schatten eines gotischen Giganten.

Bar Terrazza Danieli (S. 151)

Ausgehen & Nachtleben

Wenn die Sirenen zur Ankündigung von acqua alta (Hochwasser) heulen, schließen die Venezianer ihre Geschäfte und eilen nach Hause, um ihren Hochwasserschutz in Stellung zu bringen – dann ziehen sie ihre Gummistiefel an und sind schon wieder fort. Warum sollte Hochwasser ihre gute Stimmung stören? Es ist nicht nur eine leere Phrase: Egal, was kommt, Hölle oder Hochwasser, Venezianer schaffen es immer, sich zu amüsieren.

Happy Hour

Die glücklichste Stunde beginnt in Venedig etwa gegen 18 Uhr mit Getränken und *cicheti* (venezianischen Tapas) in *bacari* (winzigen Bars). Wer pünktlich ist, schafft noch vor dem Massenansturm *un'ombra* (einen Schatten; ein kleines Glas Wein), das man im wirklich nur küchenschrankgroßen Bacareto da Lele (S. 115) schon ab 0,70 € bekommt. Außerdem erwischt man so auch *cicheti*, die ganz frisch sind. Osterias und *enoteche* (Weinlokale) sind auch bekannt für ihre netten Häppchen, die zum *vino* gereicht werden.

Giro d'Ombra

Eine stilechte venezianische *giro d'ombra* (Tour von Bar zu Bar) beginnt gegen 21 Uhr rund um die Pescaria, dabei kann man mit hart arbeitenden Fischern mit Prosecco auf einen Arbeitstag anstoßen, der um 3 Uhr begann. Für Faulenzer bietet Venedig gegen Mittag rund um den Rialto-Markt eine zweite Chance auf einen *giro* mit *cicheti* in *bacari*. Danach beginnt eine vierstündige Trockenzeit bis zur nächsten *giro d'ombra* rund um den belebten Campo Santa Margherita in Dorsoduro, Fondamenta dei Ormesini in

GUT ZU WISSEN

Öffnungszeiten

Die Café-Bars haben normalerweise zwischen 7 und 20 Uhr geöffnet; manche haben auch länger geöffnet und werden dann eher zu Kneipen. Kneipen und Weinlokale schließen zwischen 1 und 2 Uhr.

Nächtliche Ruhestörung

Nach 22 Uhr sollte man sich mit der Lautstärke zurücknehmen, denn Venedig ist hellhörig. Noch schlimmer als eine polizeiliche Verwarnung wegen Ruhestörung ist es, von einer venezianischen *nonna* (Großmutter) ausgeschimpft zu werden.

Cannaregio, Campo Santa Maria Formosa und Via Garibaldi in Castello und im Gewirr der *calli* (Gassen) um Campo San Bartolomeo und Campo Manin in San Marco.

Was darf es sein?

In Venedig scheinen keine Regeln zu gelten was Getränke angeht. Keine Spirituosen mit Wein mischen? Venedigs klassischer Cocktail deutet auf etwas anderes hin; jeder Besucher sollte einen *spritz* probieren, der aus Prosecco, Sodawasser und bitter-süßem Aperol, bitterem Campari oder kräuterhaltigem Cynar besteht. Der Preis ist kein Qualitätshinweis – man kann 2,50 € für einen soliden *spritz* bezahlen oder bedauert es, einen 16 € teuren Bellini bestellt zu haben. Wem der Drink nicht schmeckt, lässt ihn stehen und wandert zum nächsten *bacaro*.

WAHL DER EINHEIMISCHEN

Prosecco Der frische, prickelnde Weißwein, der zu jeder Party in Venedig gehört – vom einfachen jahrgangslosen Schaumwein bis zum DOCG Conegliano Prosecco Superiore. Ausdauernde Schaumperlen und strohgelbe Farbtöne.

Spritz Ein gutes Getränk zu einem guten Preis. Der Cocktail mit Prosecco ist ein Hit bei Studenten und Rentnern in Bars – außer in *enoteche*.

Soave Ein gut ausbalancierter Weißwein aus den Garganega-Trauben des Veneto; als junger Wein perfekt zu Meeresfrüchten oder als Gesprächsthema in der vielschichtigen Classico-Version.

Amarone Der Tizian unter den Weinen: ein fundierter, stimulierender Roter aus Valpolicella Corvina Trauben. Komplex und kostspielig (6 bis

18 € pro Glas), aber er hinterlässt einen mitreißenden Eindruck.

Ribolla Gialla Ein schwerer Weißer aus Friuli-Venezia Giulia, der Wein wird mit zunehmendem Alter immer üppiger; unwiderstehlich zu buttrigem Fisch, Gnocchi und Käse.

Valpolicella Eine vielseitige Traube, die voll zur Geltung kommt mit einem hellen, jungen gleichnamigen DOC Rotwein, der besser zum Essen passt als ein Amarone, einer strukturierten, älteren Version, dem DOG Valpolicella Ripasso und dem süßen, spät gelesenen DOCG Recioto della Valpolicella.

Lugana Ein gut strukturierter, mineralreicher Weißer aus Trebbiano-Trauben, die an der Grenze von Veneto und Lombardei wachsen; besonders beliebt bei Gastronomen.

Refosco dal Peduncolo Rosso Stark und sinnlich, ein Tropfen mit einer besonderen Note. Wer ihn bestellt, riskiert einen wohlwollenden Blick des Sommeliers und eine hohe Rechnung.

Raboso Einer der roten Spitzen-Italiener voll Reife, reich an Tannin und Aroma und mit einem Bouquet von würzigen Kirschen. Perfekt zu altem Käse, Wild und gegrilltem dunklen Fleisch.

Cafés

Vor der nächsten *giro d'ombra* (Kneipentour) sollte man sich eine gute Grundlage mit Kaffee und Gebäck verschaffen. Venedigs legendäre Café-Bars lohnen einen Besuch. Besser als ein milchiger Cappuccino ist der stärkere *macchiatone* (Espresso mit einem „großen Fleck" heißer Milch). Eine lokale Spezialität ist in der Torrefazione Cannaregio (S. 130) *noxea*: Die Kaffeebohnen werden mit Haselnüssen geröstet. Auch im Caffè del Doge (S. 115) gibt es hauseigene, vor Ort geröstete Mischungen.

Die historischen, barocken Cafés rund um die Piazza San Marco wie das Caffè Florian (S. 75) und das Grancaffè Quadri (S. 75) bieten Kaffee und heiße Schokolade mit Kaffeehausmusik; oft beginnt das Herzklopfen so richtig beim Anblick der Rechnung. Tipp: Im Caffè Lavena (S. 76) gibt es an der Theke den Espresso für 1,50 €.

Enoteche

Wer *qualcosa di particolare* (etwas Interessantes) bestellt, bekommt wahrscheinlich vom Sommelier eine Flasche eines sortenreinen oder innovativen Weines aus dem Veneto. Sogar einfache sortenreine Weine nehmen ganz spezielle Charakteristika

WEIN & CICHETI

Prosecco, Soave und Amarone sind nicht die einzigen Weine in der Stadt. Es gibt gute Möglichkeiten, seine Kenntnisse über die Weine des Veneto zu vertiefen. Angeboten werden Touren durch die *bacari* (Weinbars), z. B. begleitet von einem Sommelier von **Venetian Vine** (https://venetianvine.org; Weinprobe 70 € pro Person). Die Verkosterin Nan ist auch Fachfrau beim *voga* (traditionelle venezianische Art des Ruderns) und ist eine Tutorin von Row Venice (S. 171). Teilnehmer ihrer **Cichetto Row** werden die 2½-stündige Ruderfahrt genießen, die zu Bars am Kanal führt (240/280 € für 2/4 Personen).

Alle, die tiefer in die Welt der venezianischen Weine eintauchen möchten, sollten die von Venetian Vine angebotene Tour **Vines of the Venetian Lagoon** (400 € für 2 Personen, 50 € für jede weitere Person, max. 6 Personen) in einem Sanpierota-Boot wahrnehmen. Auf der Fahrt zu den Inseln, z. B. San Michele, lernt man auch Laguna nel Bicchiere (www.lagunanelbicchiere.it) kennen, eine Organisation, die sich der Wiedergewinnung bzw. Bewahrung historischer Rebsorten, traditioneller Weinbaumethoden und alter Weingüter widmet. Weinverkostungen finden u. a. in einem ehemaligen Kloster statt und auf einem Gut der Insel Sant'Erasmo werden kulinarische Köstlichkeiten zum Wein gereicht.

Landratten schließen sich besser einer *Bacaro*-Tour mit viel Spaß und *cicheti* (venezianische Tapas) an. Geleitet wird die Führung von der Venezianerin Monica Cesarato (Cook in Venice; S. 37), die die Teilnehmer so richtig mit Wein, *cicheti* und Anekdoten zu füttern weiß, u. a. mit in Grappa getränkten Trauben und Schokoladensalami.

Venice Urban Adventures (S. 30) hat eine 2½-stündige Tour im Programm, die von englischsprechenden, erfahrenen Einheimischen geführt wird. Die Tour kostet 90 € pro Person (bis zu 12 Teilnehmer), mit *ombre* (glasweiser Weinausschank) und *cicheti* in vier *bacari* ... und eine beschwipste Rialto-Gondel-Überfahrt (wetterabhängig). Die Startpunkte variieren jahreszeitlich (siehe Website).

ihres Weinbergs an, der alles von sumpfig bis bergig sein kann.

Spezialitäten-*enoteche* wie Vino Vero (S. 129), Estro (S. 91), Malvasia all'Adriatico Mar (S. 92), Salvmeria (S. 146), Ossi di Seppia (S. 147), Al Prosecco (S. 115), El Sbarlefo (S. 93) und La Cantina (S. 131) halten Venedigs alte Tradition des glasweisen Ausschanks aufrecht. So kann man gut neue Lieblingsweise entdecken.

DOC kontra IGT

In Italien kennzeichnen die offiziellen DOC *(denominazione di origine controllata)* und noch mehr DOCG (DOC *garantita* – garantiert) Bezeichnungen normalerweise Weine von erstklassiger Qualität. DOCG Weine, die das Veneto für Weinkenner ganz besonders interessant machen, kann man in den Weingütern in Valdobbiadene und Conegliano *(prosecco),* Soave (Soave Superiore und Recioto di Soave) und Valpolicella (Amarone und Valpolicella) kennenlernen.

Und doch, so erfolgreich diese Weine auch sind, das Veneto widersetzt sich auch dem DOC/DOCG System. Viele der kleineren Weingüter können sich nicht um diese äußeren Bewertungskriterien kümmern, häufig verkaufen sie ihre ganzen Erträge

an Osterias und *enoteche* in Venedig. Daher bevorzugen einige Top-Winzer das Qualitätssiegel IGT *(indicazione geografica tipica)*, das die Verwendung typischer Trauben der Region garantiert, aber dem Winzer Gestaltungsraum für Experimente mit neuen Verschnitten und Methoden, wie der Vergärung mit Spontanhefe, ermöglicht.

Ausgehen & Nachtleben in den Stadtvierteln

➡ **San Marco** (S. 74) Teure Cocktails und DOC Weine mit DJs.

➡ **Dorsoduro** (S. 92) Günstige Getränke, geschäftige Osterias und jede Menge *spritz*.

➡ **San Polo & Santa Croce** (S. 114) Wunderbare *ombre* (offene Weine) und *cicheti* in *bacari*.

➡ **Cannaregio** (S. 129) Sonnige Plätze an den Kanalufern für die Happy Hour.

➡ **Castello** (S. 150) Hier kann man in den *bacari* wie ein Seemann trinken oder sich den *artistes* bei Pre-Biennale Cocktails anschließen.

➡ **Giudecca, Lido & die südlichen Inseln** (S. 163) Filmfestival im Herbst, Beachclubs im Sommer und das ganze Jahr über Happy Hour.

Top-Tipps

Vino Vero (S. 129) Brillante Weine von kleinen Winzern oder Bio-Weingütern, erstklassige *cicheti* (kleine Snacks) und eine entspannte, coole Atmosphäre.

Bar Longhi (S. 75) Die wohl schönste Cocktailbar in der Stadt: Drinks und Aussicht sind gleichermaßen fantastisch.

Malvasia all'Adriatico Mar (S. 92) Beste Weine aus natürlicher Reifung und leckere Röstbrote.

Marciano Pub (S. 129) Selbst gebrautes, Craft-Biere, gute Spirituosen und Burger aus nachhaltiger Fleischproduktion.

Cantine del Vino già Schiavi (S. 90) Kleine Bierflaschen und viele Nachbarn sorgen dafür, dass die historische Kneipe am Kanal bestens läuft.

Al Timon (S. 129) Tische am Kanal, *crostini* (belegte Röstbrote), Karaffen mit gutem Hauswein und gelegentlich Livemusik.

Die besten Plätze für eine Happy Hour

Al Mercà (S. 115) Köstliche DOC-Weine, günstige Häppchen und Gesellschaft im Freien neben Venedigs beliebtestem Markt.

Al Timon (S. 129) Schlürfen auf einem vertäuten Schiff zusammen mit Einwohnern.

Cantine del Vino già Schiavi (S. 90) Appetitanregende *cicheti* und eine gute Mischung von Einheimischen an einem Kanal in Dorsoduro.

Cantina Aziende Agricole (S. 126) Liebenswerter *bacaro* mit großer Auswahl in Cannaregio.

Bacareto da Lele (S. 115) Günstige *ombre*, kleine *panini* (Sandwiches) und viele Stammgäste.

Die schönsten Weinlokale

Vino Vero (S. 129) Seltene und Bio-Weine in einem Spitzenweinlokal in Cannaregio.

Malvasia all'Adriatico Mar (S. 92) Weine aus dem Veneto, begleitet von großartigen Käse- und Schinkenplatten.

Estro (S. 91) Bietet 500 handverlesene Weine, dazu sorgfältig ausgewählte Käse, *salumi* (Aufschnitt) und eine zum Wein passende Karte.

Salvmeria (S. 146) Durchdachte Auswahl an regionalen Weinen sowie außergewöhnliche Gourmet-*cicheti* in einem alten Delikatessenladen.

Al Prosecco (S. 115) Bio-Trauben, Gärung mit wilder Hefe und biodynamische Methoden.

Gute Bierkneipen

Marciano Pub (S. 129) Craft-Biere aus aller Welt werden am blitzblanken Holztresen ausgeschenkt.

Birreria Zanon (S. 130) Beliebtes Lokal mit bernsteinfarbenem Fassbier; an einem sonnigen Kanal gelegen.

Il Santo Bevitore (S. 131) Trappistenbiere, saisonales Bier und laufende Fußballspiele im Fernsehen.

Die besten Cocktails

Harry's Bar (S. 75) Der trockenste Klassiker der Stadt ist Harry's Gin-lastiger Martini (ohne Olive).

Londra Bar (S. 150) Perfekt ausbalancierte Manhattans in einer Bar, die so schick ist wie eine millionenteure Jacht.

Bar Longhi (S. 75) Erstklassige Cocktails wie der Orange Martini in einem Schmuckkästchen.

Locanda Cipriani (S. 178) Harry's berühmter Bellini mit weißem Pfirsich schmeckt im Ableger auf der Insel noch besser.

Bar Terrazza Danieli (S. 151) Hier trinkt man Aprikosen- und Orangensaft mit Gin und Grenadine bei Mondlicht.

Die besten Cafés

Caffè Florian (S. 75) Als wäre man im 18. Jh. direkt an der Piazza San Marco.

Torrefazione Cannaregio (S. 130) Die traditionsreiche Kaffeerösterei ist berühmt für den Espresso mit Haselnuss-Aroma.

Caffè del Doge (S. 115) Eine gute Auswahl an Kaffee, dazu zählt auch der seltene Kopi Luwak („Katzenkaffee").

Ideal für Weinproben

La Strada del Prosecco (S. 194) Venetos Epizentrum der Prosecco-Produktion.

Soave (S. 205) Mittelalterliche Mauern und frische Weißweine warten östlich von Verona.

Valpolicella (S. 206) Nordwestlich von Verona befindet sich die gefeierte Heimat des begehrten roten Amarone.

Bars mit der schönsten Aussicht

Bar Longhi (S. 75) Exquisite Cocktails und fantastische Sicht auf die Basilica di Santa Maria della Salute.

Bar Terrazza Danieli (S. 151) Cocktails am Spätnachmittag mit Blick auf das glitzernde Wasser und die Palazzi.

L'Ombra del Leoni (S. 76) Besonders während der Biennale der Treffpunkt am Canal Grande.

MARCO SECCHI/GETTY IMAGES ©

Bei den Opernfestspielen von Verona

Unterhaltung

Nach dem Untergang des venezianischen Schifffahrtsimperiums öffnete sich der Vorhang für die Musikszene der Stadt. Seit vier Jahrhunderten ist Venedig ein Anziehungspunkt für Freunde klassischer Musik, und noch immer füllen sich die Palazzi der Stadt mit Arien, Kantaten und Freestyle-Saxophon. Die jährlich stattfindende Biennale bringt außerdem eine Fülle moderner Musik, Theater und Tanz in die Stadt.

Oper

Venedig ist die Heimat moderner Oper und des legendären La Fenice (S. 76). Seit der Erbauung 1792 ist es eines der wichtigsten Opernhäuser der Welt – hier wurden Giuseppe Verdis *Rigoletto* und *La Traviata* uraufgeführt. Die Musik endet hier nie, auch wenn La Fenice in die Sommerpause geht: Opernstars aus der ganzen Welt treten zwischen Juni und Anfang September unter den Sternen von Veronas römischer Arena (S. 199) bei Italiens wichtigsten sommerlichen Opernfestspielen auf. Heute kann man Oper so erleben, wie das die Venezianer vor

Jahrhunderten taten: in einem skurrilen Musiksaal im Palazetto Bru Zane (S. 116), in Salons am Canal Grande bei Musica a Palazzo (S. 77), unter himmlischen Fresken in der Scuola Grande di San Giovanni Evangelista (S. 106) und in der Scuola Grande dei Carmini (S. 89) in historischen Kostümen. In Vicenza kann man klassische Konzerte und Opern im einzigartigen, von Palladio entworfenen Teatro Olimpico (S. 191) genießen.

DIE OPERNFESTSPIELE VON VERONA

An milden Sommerabenden, wenn 14 000 Musikliebhaber bei den Opernfestspielen die

GUT ZU WISSEN

Öffnungszeiten

Die Veranstaltungen beginnen zu unterschiedlichen Zeiten, meistens zwischen 19 und 20.30 Uhr. Die Lärmschutzbestimmungen sind streng; Veranstaltungen mit Livemusik sind beschränkt, viele enden um 23 Uhr.

Vorverkauf

Im Sommer sind die Veranstaltungen schnell ausverkauft, deswegen empfiehlt sich der Kartenkauf auf der Website der Veranstaltung, bei www.veneziaunica.it oder www.musicinvenice.com. Karten gibt es auch an den Vorverkaufsstellen oder bei den Infobüros von Vènezia Unica, die sich in der Nähe von San Marco, am Bahnhof und auf dem Piazzale Roma befinden.

Veranstaltungskalender

Einen Veranstaltungskalender, ein Verzeichnis venezianischer Schallplatten und Online-Karten gibt es bei www.musicinvenice.com. Eröffnungen, Konzerte, Vorführungen und andere kulturelle Veranstaltungen findet man unter www.veneziadavivere.com (auf Italienisch) und unter www.venezianews.it. Anschauen kann man sich auch www.veneziaunica.it und www.musicinvenice.com.

Eintrittsgeld

In den Bars ist der Eintritt meistens frei, aber bei bekannten Veranstaltungsorten zahlt man zwischen 10 und 25 € für den Eintritt. Kassiert wird entweder am Eingang oder im Voraus.

Kostenlose Events

Im Sommer darf man auf keinen Fall das Jazz Festival von Venedig verpassen; es findet im Freien statt. Dazu gibt es kostenlose Konzerte am Strand auf dem Lido oder in Lido di Jesolo. Ganzjährig finden bei gutem Wetter gelegentlich Happy Hour Shows im Freien rund um den Campo San Giacomo da l'Orio und Fondamenta dei Ormesini statt.

römische Arena füllen und bei Sonnenuntergang ihre Kerzen anzünden, bekommt man schon eine Gänsehaut, bevor die Vorstellung überhaupt beginnt. Die **Festspiele** (☎045 800 51 51; www.arena.it; Via Dietro Anfiteatro 6; ☺Ende Juni-Ende Aug.) wurden 1913 ins Leben gerufen und sind heute weltweit das größte lyrische Opernevent unter freiem Himmel. Sie ziehen internationale Stars an, und die Aufführungen sind legendär – zu den Highlights zählen Franco Zeffirellis Inszenierungen von *Carmen* und *Aida*.

Die Preise schnellen am Wochenende in die Höhe und gehen von 25 € auf unreservierten Steintreppen bis zu 208 € für die goldenen Sitzplätze in der Mitte. Die Aufführungen beginnen in der Regel um 20.45 oder 21 Uhr. Einheimische reservieren in Lokalen einen Tisch für die Zeit nach der Aufführung. Auf den unreservierten Steinstufen darf man vor der eigentlichen Vorstellung ein mitgebrachtes Picknick verzehren. Wein kann man in eine Plastikflasche umfüllen (denn Gläser und Messer sind nicht erlaubt). Man sollte früh erscheinen, kann ein Kissen ausleihen und sich auf einen unvergesslichen Abend freuen.

Klassische Musik

Venedig ist der Ort, um Barockmusik an den alten Veranstaltungsorten zu hören; dabei steigen im Palazzetto Bru Zane (S. 116) die Noten empor zu den Decken mit Fresken von Sebastiano Ricci, schweben durch die Salons im Palazzo Querini Stampalia und hallen durch La Pietà (S. 145), den ursprünglichen Aufführungsort Vivaldis. Zwischen den Spielzeiten der Oper werden im Opernhaus von La Fenices Philharmonischem Orchester Sommersymphonien aufgeführt, einige im angeschlossenen Teatro Malibran (S. 132).

Ständig wechselnde Klassik- und Jazzkonzerte werden von unterschiedlichen Orchestern und Bands in Palazzi und Kirchen der ganzen Stadt gespielt. **Music in Venice** (☎348 190 8939; www.musicinvenice.com) gibt Infos zu Aufführungen, und verkauft online Eintrittskarten.

Musik wird bei den Orgel-Vespern in der Basilica di Santa Maria della Salute (S. 86) mit all ihren Kunstwerken venezianischer Meister zu einer religiösen Erfahrung. Genauso geht es den Zuhörern, wenn das Venice Music Project (S. 95) in der St George's Anglican Church lange verloren geglaubte Partituren aus dem 17. und 18. Jh. spielt.

Jazz, Rock & Pop

Venedigs Jazz Festival im Juli bietet Stars wie Keith Jarrett, Cassandra Wilson und

BIENNALE VON VENEDIG

Der Name von Europas erstklassigem Schaufenster für Kunst seit 1907 ist etwas irreführend: Die **Biennale von Venedig** (www.labiennale.org; Giardini della Biennale; ⊙Mitte-Mai–Nov.; 🚇Giardini Biennale) findet tatsächlich jedes Jahr statt, aber der Schwerpunkt wechselt zwischen Kunst (in ungeraden Jahren) und Architektur (in geraden Jahren). Die im Sommer stattfindende Kunstbiennale ist ein Publikumsmagnet: Mehr als 300 000 Besucher schauen sich die Ausstellungen zu zeitgenössischer Kunst in 30 Länderpavillons in den Giardini an. Dazu kommen weitere Ausstellungsorte überall in der Stadt. Die Architekturbiennale füllt die riesigen Bootshäuser der ehemaligen Schiffswerft Arsenal mit avantgardistischen Konstruktionen und ist eine tolle Gelegenheit, die normalerweise verschlossene Anlage zu sehen.

Aber damit ist die Biennale noch nicht zu Ende. Die von der Stadt unterstützte Organisation veranstaltet auch das Internationale Festival für zeitgenössischen Tanz, nicht zu vergessen die berühmten Internationalen Filmfestspiele von Venedig. Parallel zur Biennale finden immer mehr Veranstaltungen auch zu Randgebieten der Kunst statt, die eine Möglichkeit bieten, versteckte Ecken der Stadt zu sehen, die normalerwiese für die Öffentlichkeit nicht zugänglich sind. Besonders erwähnenswert ist die neue **Design.Ve** (www.designve.org; ⊙Mai–Juni), kuratierte Veranstaltungen rund um das Thema Design. Auf der Website der Biennale findet man alle anstehenden Events, Veranstaltungsorte und Eintrittskarten.

Jack Savoretti auf, die an Veranstaltungsorten in der Stadt, dazu gehören auch La Fenice und die Peggy Guggenheim Collection, auftreten. Das Veranstaltungskomitee VenetoJazz (www.venetojazz.com) bietet das ganze Jahr über Konzerte in unterschiedlichen Orten des Veneto, dazu gehören Padua und Bassano del Grappa. Vicenza veranstaltet im Mai sein eigenes Jazz-Festival (S. 189).

Eine Hommage an Miles Davis, Chet Baker und Charles Mingus gibt es ganzjährig in Venedigs engagiertem Jazzclub, dem Venice Jazz Club (S. 95). In einigen Bars findet gelegentlich Livemusik statt, meistens Rock, Reggae, Folk und *leggera* (Pop). Veranstaltungen mit Rock und Punk findet man im Laboratorio Occupato Morion (S. 152). Zu den Bars mit Livemusik gehören Paradiso Perduto (S. 131), Al Timon (S. 129), El Sbarlefo (S. 93), Bacarando (S. 76) und Il Santo Bevitore (S. 131). Die städtischen Lärmbestimmungen erlauben Konzerte in den Bars nur bis 23 Uhr.

Im Sommer werden an den Stränden des Lido und in Lido di Jesolo Konzerte veranstaltet – Informationen stehen in der lokalen Presse im Juli und August.

Theater & Tanz

Auch wenn das ganze Jahr über in Venedig Tanzvorführungen stattfinden, gibt es doch während der Biennale beim Internationalen Festival für zeitgenössischen Tanz, das in den ersten beiden Juniwochen stattfindet, besonders viele. Ballettvorführungen finden im Teatro Goldoni (S. 76) statt, in dem auch moderne Theaterstücke und Shakespeare, auf Italienisch, aufgeführt werden.

Kino

Internationale Stars und italienische Mode erstürmen die roten Teppiche auf dem Lido während des Filmfestivals in Venedig, bei dem die Filme im Original gezeigt werden. Ganzjährig werden Filme in der Multisala Rossini (S. 77), einem Kino mit drei Sälen und digitalem Sound mitten in San Marco, gezeigt. Im La Casa del Cinema (S. 116) in Santa Croce befindet sich das Filmarchiv, hier gibt es Arthouse- und Independent-Filme (einige davon in den Originalsprachen).

Unterhaltung in den Stadtvierteln

➡ **San Marco** Oper, klassische Musik, Tanz, Theater und Kino.

➡ **Dorsoduro** Jazz.

➡ **San Polo & Santa Croce** Kino und Livemusik am Abend.

➡ **Cannaregio** Konzerte, Livemusik am Abend, Kino und Casino.

➡ **Castello** Klassische Musik und alternative Livemusik am Abend.

➡ **Giudecca, Lido & die südlichen Inseln** Kino und Strandpartys mit DJs am Lido.

Top-Tipps

Biennale Venedig (S. 47) Europas wichtigste Kunst- und Architekturbiennalen locken Scharen von internationalen Besuchern, im Sommer treten dazu Musiker und Tänzer auf.

Teatro La Fenice (S. 76) Diven erreichen neue Höhen in diesem kostbaren und legendären Theater, für das weniger als 1000 Zuschauer eine Eintrittskarte ergattern können.

Palazzetto Bru Zane (S. 116) Klassische Musik von Weltrang unter himmlischen Fresken.

Internationale Filmfestspiele Venedig (S. 22) Ein Spektakel voller Paparazzi mit Stars der Leinwand und internationalen Premieren.

Römische Arena von Verona (S. 199) Legendäre Tenöre lassen das römische Amphitheater von Juni bis Anfang September erbeben und bringen die Fans zu lauten Bravo-Rufen.

Top-Musik-Events

Jazz Festival Venedig (S. 189) Erstklassige Namen treten in Theatern, Palazzi und Galerien auf.

Biennale Venedig (S. 47) Ein gerammelt volles Programm mit neuen Werken, darunter auch viele Weltpremieren.

Laboratorio Occupato Morion (S. 152) Eine drastische Kulisse für regionale Rockbands.

Teatrino di Palazzo Grassi (S. 70) Topaktuelle Musikaufführungen.

Die besten Opern

Teatro La Fenice (S. 76) Hochrangige Inszenierungen in einem der eindrucksvollsten Theater Italiens.

Römische Arena von Verona (S. 199) Sommerliche Arien in einem antiken römischen Stadion.

Musica a Palazzo (S. 77) Historische Kompositionen in der Kulisse eines prunkvollen Palazzo.

Scuola Grande di San Giovanni Evangelista (S. 106) Sopranistinnen schmettern barocke Stücke an einem Ort, wo sich einst Flagellanten selbst auspeitschten.

Scuola Grande dei Carmini (S. 89) Kostümierte Opernsänger in einer hübschen ehemaligen Herberge.

Teatro Olimpico (S. 191) Heimelige Opernaufführungen in Palladios kleinem Opernhaus von Vicenza.

Gute Orte für klassische Musik

Palazzetto Bru Zane (S. 116) Berühmte Musiker und selten gespielte Kompositionen in Gegenwart kecker Putten.

Teatro La Fenice (S. 76) Ein solides Programm mit großen Symphonien und Chorkonzerten.

Teatro Malibran (S. 132) Heimelige Kammermusikkonzerte in einem Theater aus dem 17. Jh.

Venice Music Project (S. 95) Archäologie im Bereich der Musik erweckt verlorene Partituren zu neuem Leben; sie werden auf historischen Instrumenten zu Gehör gebracht.

Theater & Tanz

Biennale Venedig (S. 47) Großes Gedränge beim internationalen Tanzfestival.

Teatro Goldoni (S. 76) Geballte Klassiker im beeindruckenden Theater.

Teatrino di Palazzo Grassi (S. 70) Ungewöhnliche, moderne Tanz- und Theatervorstellungen in einem wunderschönen Theaterhaus.

Die schönsten Kinos

Internationale Filmfestspiele Venedig (S. 22) Premieren mit rotem Teppich und Hollywood-Größen auf dem Lido.

Multisala Rossini (S. 77) Venedigs größte Kinoleinwand bietet auch Filme im Original.

Circuito Cinema Giorgione Movie d'Essai (S. 132) Favoriten der Filmfestspiele auf zwei Leinwänden, dazu gibt es Klassiker und Zeichentrickfilme.

Tolle Livemusik am Abend

Laboratorio Occupato Morion (S. 152) Weltmusik-, Hip-Hop- und Folkrock-Bands bringen Venedig in Schwung.

Paradiso Perduto (S. 131) Jazz, Salsa und alte Größen in einer auf Kunst ausgerichteten Taverne der alten Schule.

Venice Jazz Club (S. 95) Tribut an die Großen des Jazz und sinnliche Latino-Rhythmen.

Il Santo Bevitore (S. 131) Gelegentlich Pop, Blues und Funk in einem Paradies für Biertrinker.

 # Shoppen

Inmitten der weltberühmten Museen und Bauten verpassen viele das best-gehütete Geheimnis Venedigs: das Einkaufen. Keine Shopping-Karriere ist komplett ohne einen Besuch in dieser Stadt mit ihren einzigartigen Schätzen. Die vielen T-Shirts und kitschigen Masken sind nicht mehr als Köder für Amateure. Wer sich intensiver umschaut, findet die wirklich vortrefflichen Stücke – authentisch, einheimisch und inspirierend.

Kunsthandwerkliche Spezialitäten

„Es ist ein Original und ich habe den Künstler persönlich getroffen" hört sich angeberisch an. Aber Venedig hat seine kunsthandwerklichen Traditionen seit Jahrhunderten am Leben erhalten (Glas, Papier, Textilien und Holzarbeiten).

WERKSTATTBESUCHE

In den Werkstätten kann man beobachten, wie alte Techniken verwendet werden, um Reisetagebücher aus *carta marmorizzata* (marmoriertem Papier) herzustellen oder wie Wasserfälle aus Muranoglas zu Halsketten werden. Die Werkstätten sammeln sich oft in Gruppen – wer etwas Besonderes sucht, braucht nur in bestimmte Bezirke zu gehen: San Polo rund um die Calle Seconda dei Saoneri; Santa Croce rund um den Campo Santa Maria Mater Domini; San Marco an der Frezzeria und Calle de la Botteghe; Castello entlang der Barbaria de le Tole; Cannaregio entlang der Fondamenta dei Ormesini; Dorsoduro rund um die Peggy Guggenheim Collection und Murano In den Ateliers mit Glas stehen oft die Schilder „*non toccare*" (nicht berühren) – die Mitarbeiter um Hilfe bitten, bevor es Glasbruch gibt. Oft wird man auch vom Künstler selbst bedient.

Venezianische Einkaufs-Highlights

Der italienische Schick hat sich seinen guten Ruf durch tadellose Proportionen, ins Auge springende Details, edle Stoffe und leuchtende Farben verdient – aber Venedig geht noch einen Schritt weiter mit vielschichtigen Mode-Statements, außerordentlich kreativen kunsthandwerklichen Accessoires, Sonnenbrillen in limitierten Auflagen und unbegrenzten Mengen Antiquitäten.

KLEIDUNG

An der Larga XXII Marzo und Marzaria in San Marco findet man die italienischen Designermarken von Armani bis Zegna. Wer originelle Mode zu günstigeren Preisen sucht, sollte sich in die Seitenstraßen begeben. Die Chancen, dass man bei einer Büroparty eine Kollegin im gleichen Göttinnenkleid von Venetia Studium (S. 80), mit dem Seidenjackett von SV Lab (S. 79) oder einem ausgestellten Kleid von Arnoldo & Battois (S. 79) trifft, sind gering. Abgerundet wird das Outfit dann mit einem flotten wollenen *tabarro* (venezianischer Umhang) von Barena (S. 78).

ACCESSOIRES

Venezianische Kunsthandwerker sind keine Designer: Ihre Handarbeiten gehen nicht in Massenproduktion und stechen in einer globalisierten Welt der Mode deutlich hervor. Die neueste Pariser It-Bag scheint, verglichen mit einer handgefertigten ledernen Umhängetasche von Il Grifone (S. 95) oder den „Perlen"ketten aus handbemalten Papierkügelchen bei Paperoowl (S. 118), fantasielos.

Und tatsächlich ist die Auswahl an in Venedig hergestellten Sachen so vielschichtig wie verführerisch: handgehämmerte Kupfer- und Silberarmreifen von Bottega Orafa ABC (S. 118) (das Muster erinnert an die gekräuselten Wellen der Lagune), handgenähte venezianische Pantoffeln von Pied à

GUT ZU WISSEN

Öffnungszeiten

Die Geschäfte sind meist montags bis samstags von 10 bis 13 und 15.30 bis 19 Uhr geöffnet. Geschäfte in Touristengegenden haben täglich durchgehend von 10 bis 19 Uhr geöffnet; kleinere Geschäfte bleiben manchmal Montagvormittag geschlossen. Die Ausstellungsräume für Muranoglas schließen um 18 Uhr. Zahlreiche Läden machen an den wichtigsten italienischen Feiertagen und im August und Januar teilweise oder ganz zu.

Transport

Keine Sorge wegen der Grenzen bei Fluggepäck: Die meisten Geschäfte mit Glas und Inneneinrichtung organisieren den Versand zu vernünftigen Preisen, insbesondere innerhalb Europas. Beim Kauf von Neuwaren fällt u. U. Steuer im Heimatland an – am besten erkundigt man sich vor dem Kauf.

Steuern

Reisende von außerhalb der EU bekommen eventuell die Mehrwertsteuer erstattet (S. 293).

Terre (S. 117), leuchtende, mit Naturfarben gefärbte Stiefel von Kalimala (S. 153) und japanisch angehauchte Schlauchschals von Anatema (S. 118). Dazu kommen die kaskadenförmigen Perlenketten aus mundgeblasenem Glas von Marina e Susanna Sent (S. 179) oder Ohrringe aus Muranoglas und Halbedelsteinen von Designs 188 (S. 96).

BRILLEN

Schon Jahrhunderte vor den langweiligen Gestellen von heute wurden die ersten Brillen Europas um 1348 im Veneto getragen. Seitdem haben venezianische Optiker Linsen mit der Hand geschliffen und schicke Gestelle entworfen. Man kann mit seinem Rezept zu Ottica Carraro (S. 78) in San Marco oder zu Ottica Vascellari (S. 117) in San Polo gehen oder man gönnt sich eine der Nachbildungen von Peggy Guggenheims Gestellen im Peggy Guggenheim Museum Shop (S. 85) in Dorsoduro.

ANTIQUITÄTEN

Venedigs Faible für die Vergangenheit geht weit über byzantinische Kuppeln und barocke Salons hinaus. Die Stadt ist ein Speicher voll seltenem Krimskrams und Schätzen: von Postkarten und Lithografien aus dem 19. Jh. bis zu jahrhundertealten ledergebundenen Büchern. Dorsoduro ist ein guter Ausgangspunkt für die Jagd nach Antiquitäten; ob man nun nach Lampen im Vintagestil bei L'Angolo del Passato (S. 96) sucht, nach venezianischen Drucken aus der Zeit der Jahrhundertwende, erotischer Literatur oder barocken Kartenspielen bei Segni nel Tempo (S. 96) oder Miniaturen aus dem Fin-de-Siècle und umgearbeiteten Ohrringen bei Claudia Canestrelli (S. 96). Bücherfreunde suchen nach seltenen Drucken und antiquarischen Büchern in der Libreria Linea d'Acqua (S. 77) und La Stamperia del Ghetto (S. 132), zu dessen Inventar z. B. Emanuele „Lele" Luzzatis höchst sammelnswerte Illustrationen im Stil Chagalls gehören.

Älteren Schmuck und Haushaltsartikel findet man bei Antichità al Ghetto (S. 133) in Cannaregio, zu dessen Sammlung auch jüdische liturgische Objekte gehören sowie Damast und Kameen. Gegenüber in Castello befindet sich Ballarin (S. 152), dessen Sortiment alles Mögliche von altem Spielzeug bis zu Drucken und handbemalten Glasartikeln umfasst. Schließlich gibt es noch den Mercatino dell'Antiquariato (S. 80) in San Marco, einen Flohmarkt, der an mehreren Wochenenden im Jahr auf dem Campo San Maurizio stattfindet. Hier gilt: Der frühe Vogel fängt den Wurm.

Shoppen in den Stadtvierteln

→ **San Marco** (S. 77) Kunstgalerien, internationale Designer und Kunsthandwerker.

→ **Dorsoduro** (S. 95) Antiquitätengeschäfte und trendbewusste Boutiquen.

→ **San Polo & Santa Croce** (S. 116) Kunsthandwerker: Glas, Papier, Mode, Gondeln.

→ **Cannaregio** (S. 132) Einzelhandelsgeschäfte und günstiges Kunsthandwerk.

→ **Castello** (S. 152) Innovatives Kunsthandwerk und außergewöhnliche Kuriositäten.

→ **Giudecca, Lido & die südlichen Inseln** (S. 164) Alte Stoffe, Design aus Papier und Strickwaren.

→ **Murano, Burano & die nördlichen Inseln** (S. 178) Handgefertigte Spitze und die besten Glaswaren der Welt.

Top-Tipps

Chiarastella Cattana (S. 77) In der Region gewebtes Leinen in modernem, aber traditionell inspiriertem Design in den typischen Farben der Stadt.

Paolo Olbi (S. 96) Handelsübliche Reisemagazine können mit Herrn Olbis schön gebundenen Büchern nicht mithalten.

ElleElle (S. 178) Muranoglass zwischen Tradition und Moderne.

Ca' Macana (S. 96) Kunstvolle Karnevalsmasken von einem Kunsthandwerksmeister.

Oh My Blue (S. 117) Auffallender moderner Schmuck und Accessoires, kuratiert mit venezianischem Geschick.

Artisti Artigiani del Chiostro (S. 164) Ein Zusammenschluss verschiedener Kunstgewerbestudios in einem Kreuzgang eines alten Konvents.

Venezianische Souvenirs

Ca' Macana (S. 96) Masken von Meistern ihrer Kunst.

Il Pavone di Paolo Pelosin (S. 116) Geriffelte blaue Skizzenbücher.

Fonderie Valese (S. 78) Miniatur-Markuslöwen aus Kupfer und Messing.

Paolo Brandolisio (S. 153) Miniatur-*forcole* (geschnitzte Rudergabeln für die Gondeln).

Inneneinrichtung

Bevilacqua Fabrics (S. 79) Lieferant für die feinsten Brokatstoffe und Quasten der Welt.

Chiarastella Cattana (S. 77) Elegante Leinenstoffe für die Neugestaltung des eigenen „Palastes".

Atelier Alessandro Merlin (S. 152) Porzellan, das bestimmt Gesprächsthema wird, wenn es für eine Tasse Kaffee verwendet wird.

Giobagnara (S. 78) Unmengen Muranoglas und Lederaccessoires für Schreibtische.

Top-Modegeschäfte

Venetia Studium (S. 80) Delphos-Tunikakleider und handbedruckte, seidig-samtige Geldbörsen.

Venetian Dreams (S. 79) Von der Lagune inspirierte Halsketten mit antiken Rocailleperlen.

SV Lab (S. 79) Topaktuelle Mode mit venezianischem Touch.

Fiorella Gallery (S. 80) Aufsehenerregende Mode für Stilrebellen.

Barena (S. 78) Lieferant der feinsten Wollmäntel der Lagune.

L'Armadio di Coco Luxury Vintage (S. 79) Vintage Designermode zu bezahlbaren Preisen.

Antiquitäten

Ballarin (S. 152) Eine Schatztruhe voller Stilmöbel, Lampen, Glas und mehr.

Claudia Canestrelli (S. 96) Ein Kuriositätenkabinett mit Drucken, Miniaturen, und umgearbeiteten antiken Ohrringen.

Antichità al Ghetto (S. 133) Eine nostalgische Mischung aus venezianischen Landkarten, Kunst und Schmuck.

Libreria Linea d'Acqua (S. 77) Der beste antiquarische Buchladen der Stadt, der aber auch einige wunderschöne moderne Bücher hat.

Segni nel Tempo (S. 96) Unmengen seltener Bücher, Drucke und historischer Kuriositäten.

Schöner Schmuck

Marina e Susanna Sent (S. 179) Moderne Stücke, die es ins MoMA schaffen könnten.

Sigfrido Cipolato (S. 78) Faszinierende Stücke voll Einfallsreichtum und Geschick.

Oh My Blue (S. 117) Topaktuelle Kreationen von einheimischen und ausländischen Designern.

Materialmente (S. 80) Zierlicher, moderner Schmuck, der im Laden hergestellt wird.

Top-Lederwaren

Atelier Segalin di Daniela Ghezzo (S. 79) Maßgefertigte Schuhe aus seltenem Leder und in bewährtem Schnitt.

Arnoldo & Battois (S. 79) Handgefertigte Taschen mit Liebe zum historisch inspirierten Detail.

Balducci Borse (S. 133) Schuhe und Taschen aus Meisterhand.

Il Grifone (S. 95) Umhängetaschen und Gürtel, handgefertigt aus toskanischem Leder.

Top-Papierwaren

Paolo Olbi (S. 96) Einer der letzten Meister der Papier-, Druck- und Buchbindekunst.

Gianni Basso (S. 133) Selbst gedruckte Visitenkarten von einem Kunsthandwerker, der auch die großen Stars beliefert.

Paperoowl (S. 118) Ausgeklügelter Schmuck aus Papier und zierliche Papierglockenspiele.

La Stamperia del Ghetto (S. 132) Eine Fundgrube mit Kupferstichen und Illustrationen von Lele Luzzati.

Plum Plum Creations (S. 133) Handgemachte Radierungen, Linolschnitte und Aquarelle, die sich ideal als Souvenir anbieten.

Venedig & Venetien erkunden

VENEDIG
HIGHLIGHTS

Stadtviertel im Überblick

❶ San Marco S. 56

San Marco bietet so viele großartige Sehenswürdigkeiten, dass manche Besucher das Stadtviertel nicht verlassen – und andere trauen sich aus Angst vor den Menschenmassen gar nicht erst hierher. Aber warum sollte man auf zwei der berühmtesten Bauwerke, die Basilica di San Marco und den Palazzo Ducale, verzichten – nicht zu vergessen das Museo Correr und Venedigs berühmtes Schatzkästchen, das Opernhaus La Fenice? Aber anschließend unbedingt weitergehen, denn die Nebenstraßen sind voll von Galerien, Boutiquen und *bacari* (Weinstuben).

❷ Dorsoduro S. 81

Dorsoduro bietet eine erstklassige Lage am Canal Grande sowie die goldene Pracht der

Ca' Rezzonico, die moderne Peggy Guggenheim Collection, die Renaissance-Schönheiten der Gallerie dell'Accademia und die Kunstinstallationen in der Punta della Dogana. Auf dem Zattere kann man den Tag genießen, der Campo Santa Margherita lädt zu einem *spritz* (ähnlich einem Aperol Spritz) und einem Flirt ein.

❸ San Polo & Santa Croce S. 100

Himmlische Hingebung und irdische Genüsse existieren Seite an Seite in San Polo und Santa Croce, wo sich göttliche Kunst direkt neben dem alten Rotlichtbezirk befindet, in dem heute Kunsthandwerker und Osterias (Gasthäuser) locken. Auf keinen Fall darf man die Meisterwerke zweier bedeutender Künstler verpassen: Tizians leuchtende Madonna in I Frari und Tintorettos Bilderzyklus in der Scuola Grande di San Rocco. Ungewöhnliche Museen füllen

die Palazzi am Canal Grande mit Mode und naturwissenschaftlichen Kuriositäten, landwirtschaftliche Erzeugnisse von der Insel kauft man auf dem Rialto-Markt.

❹ Cannaregio S. 119

Zwischen der Chiesa della Madonna dell'Orto, der Chiesa di Santa Maria dei Miracoli und der kleinen Ghetto-Insel, einem Denkmal für den großen Beitrag der jüdischen Gemeinde in Venedig, verstecken sich einige der besten Restaurants und *Cicheti*-Bars der Stadt.

❺ Castello S. 135

Die riesigen, mit Zinnen versehenen Wände des Arsenale beherrschen immer noch das größte Stadtviertel Venedigs. Aber während hier früher die Handwerker Venedigs Kriegsmarine versorgten, steht es heute für Kunst- und Architekturfreunde während der Biennale offen. Die Riva degli Schiavoni ist Venedigs Top-Promenade am Wasser, wer sich aber einen Schritt zurück in das Labyrinth der dahintergelegenen Gassen wendet, findet dort nette kleine Cafés an sonnigen Plätzen.

❻ Giudecca, Lido & die südlichen Inseln S. 154

Die stimmungsvollsten Inseln in Venedigs Süden sind nur kleine Flecken mit einem Kloster, wie z. B. San Giorgio Maggiore, dessen Kirche von Palladio den Hintergrund für traumhafte Ansichten der Lagune liefert. Auch die Giudecca besitzt ein Bauwerk von Palladio. Auf dem Lido ist Venedigs 12 km langer Strand und das Filmfestival – ein Relikt aus jener Zeit, als hier einer der glamourösesten Ferienorte Europas war.

❼ Murano, Burano & die nördlichen Inseln S. 166

Wenn es in der Stadt mal wieder viel zu wild zugeht, bieten sich diese alten Siedlungen als Zufluchtsorte an. Auf Murano gibt es einmalige Glaskunst. Auf den Inseln Burano und Mazzorbo locken ausgiebige Schlemmereien mit Meeresfrüchten und auf Torcello bieten goldene Mosaike einen Einblick in den Himmel.

ola di San Michele

Canale delle Navi

N 0 —————————— 1 km

Darsena Grande

Isola di San Pietro

Arsenale

Bacino di San Marco

Giardini Pubblici

Darsena di Sant'Elena

Sant'Elena

Laguna Veneta

Parco delle Rimembranze

Isola di Sant'Elena

❻ Lido di Venezia (1 km)

STADTVIERTEL IM ÜBERBLICK

San Marco

Highlights

❶ Basilica di San Marco
(S. 58) Bei dem Besuch
von Venedigs Dom in das
Gemurmel der Besucher
einstimmen und die Engel
bestaunen, die auf dem
8500 m² großen goldenem
Mosaik zu sehen sind.

❷ Palazzo Ducale (S. 61)
Protzige Staatsgemächer,
dunkle Geheimnisse, Ge-
fängnisse und erstklassige
Ausstellungen hinter rosa-
roten Fassaden entdecken.

❸ La Fenice (S. 70) Mit
einem lauten „Da capo!"
oder „Bravo!" aus einer Loge
in Venedigs Schmuckstück,
dem Opernhaus, nach einer
Zugabe verlangen.

❹ Museo Correr (S. 69)
Einen der von Veronese
oder Tintoretto gemalten
Philosophen als persönli-
chen Begleiter für die Biblioteca Nazionale Marciana
auswählen.

❺ Caffè Florian (S. 75)
Beim Sonnenuntergang
einen Tango auf der Piazza
San Marco zu den reizenden
Klängen des Kaffeehaus-
orchesters tanzen.

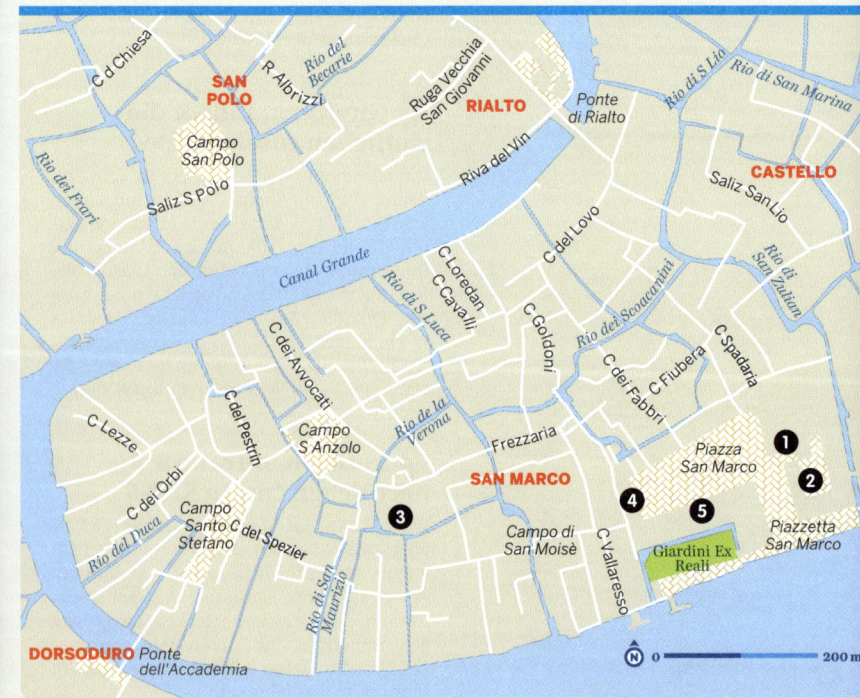

Mehr Details siehe Karte S. 312.

San Marco erkunden

Das Stadtviertel von San Marco ist das älteste und berühmteste Viertel von Venedig. Hier begann alles, als der Doge Partecipazio im 9. Jh. in der Nähe der Rialto-Brücke (Ponte di Rialto) die Siedlung Venedig gründete. Kurz darauf wurde die Basilika gebaut, um die Gebeine des Evangelisten Markus zu beherbergen.

Mit all den Palästen, Gefängnissen und Regierungsgebäuden, der Münzanstalt und Bibliothek, die sich rund um die Basilika drängen, war die Piazza San Marco der Dreh- und Angelpunkt der venezianischen Macht und zieht noch heute Scharen von Besuchern an. Hier könnte man Tage zubringen – es lohnt sich, frühmorgens aufzubrechen und sich eine bedeutende Sehenswürdigkeit vorzunehmen, bevor man sich zur Ponte dell'Accademia (S. 70) begibt. Genau wie in alten Zeiten wird der Weg vom Campo San Moisè bis zum Campo Santo Stefano von Geschäften mit Luxuswaren gesäumt, vor denen sich die Schaulustigen drängen. In den engen *calli* (Gassen) verlieren sich die Massen bis sie sich, geblendet vom Sonnenlicht, auf die sonnenüberfluteten *campi* (Plätze) mit den prächtigen Kirchen Santa Maria del Giglio (S. 68), San Maurizio und Santo Stefano (S. 65) gelangen; letzterer lädt mit seinen vielen Cafés zu einer Pause ein.

Abends locken die roten Teppiche und goldenen Logen von La Fenice (S. 70) und dem Teatro Goldoni (S. 76) Musik- und Theaterliebhaber zu erstklassigen Opernaufführungen, klassischen Konzerten, Ballett oder *opera buffa*. Eine Alternative bieten ein Drink auf der Terrasse des Gritti Palace mit Blick auf den Sonnenuntergang oder ein Bummel durch die engen *calli* nahe der Rialto-Brücke, wo es einladende Trattorien gibt.

Lokalkolorit

➜ **Gottesdienst besuchen** Venedigs berühmte Kirchen sind mehr als nur Museen; hier werden Messen gehalten, z. B. am Sonntag.

➜ **Kulturelle Highlights** Einheimische Kunstliebhaber trifft man bei den Ausstellungen im Museo Fortuny (S. 65) und im Teatrino di Palazzo Grassi (S. 70).

An- & Weiterreise

➜ **Vaporetto** San Marco hat sechs Haltestellen (Rialto, Sant'Angelo, San Samuele, Giglio, San Marco Vallaresso und San Marco Giardinetti) – wenn man Accademia auf der anderen Seite dazu zählt, sogar sieben. Die Linie 1 tuckert zu fast allen Stationen. Die schnellere Linie 2 hält in Rialto, San Samuele und San Marco Giardinetti, die Linie 10 in San Marco Giardinetti.

➜ **Traghetto** Von **Santa Maria del Giglio** fährt eine Gondola-Fähre über den Canal Grande.

Top-Tipp

Für den Besuch im Palazzo Ducale und im Museo Correr gibt es ein Kombiticket; wer für 5 € mehr einen Museums-Pass kauft, kann sieben städtische Museen besuchen (dazu gehören auch das Glasmuseum in Murano, das Spitzenmuseum in Burano und der wunderbare Palazzo Ca' Rezzonico).

 Gut essen

➜ Ristorante Quadri (S. 74)
➜ Taverna La Fenice (S. 74)
➜ Bistrot de Venise (S. 74)
➜ Trattoria da Fiore (S. 74)
➜ Rosa Salva (S. 72)
➜ Suso (S. 72)

Details siehe S. 72. ➡

 Nett ausgehen

➜ Caffè Florian (S. 75)
➜ Bar Longhi (S. 75)
➜ Grancaffè Quadri (S. 75)
➜ Osteria All'Alba (S. 75)
➜ Le Café (S. 75)

Details siehe S. 74. ➡

 Die schönste Ausstattung

➜ Museo Correr (S. 69)
➜ Palazzo Ducale (S. 61)
➜ Museo Fortuny (S. 65)
➜ Negozio Olivetti (S. 68)
➜ Palazzo Grassi (S. 69)

Details siehe S. 63. ➡

HIGHLIGHTS
BASILICA DI SAN MARCO

Obwohl eigentlich die ganze Stadt voller architektonischer Wunder steckt, ist die Basilica di San Marco mit ihrer eindrucksvollen Erscheinung und der bombastischen Pracht nicht zu toppen. Der Legende nach schmuggelten einfallsreiche venezianische Kaufleute im Jahr 828 den Leichnam des hl. Markus in einem Fass voll Schweinefleisch aus Ägypten heraus – so entgingen sie der Prüfung durch die muslimischen Behörden. Die Venezianer errichteten anschließend eine Basilika für den gestohlenen Heiligen.

Aufbau

Die Kirchenoberen in Rom waren von Venedigs Neigung, sich selbst und Gott im gleichen Atemzug zu glorifizieren, nicht sehr erfreut, dennoch errichtete die Stadt für ihren Dogen trotzig eine Privatkapelle, die Venedigs offizielle Kathedrale – die Basilica di San Pietro in Castello – in jeder vorstellbaren Art und Weise übertraf.

Nachdem der erste Markusdom während eines Aufstandes niederbrannte, musste die Basilika noch zweimal neu errichtet werden (im Zuge dessen wurden die Gebeine des Heiligen verlegt, sie wurden aber letztendlich wiedergefunden). Das heutige Bauwerk wurde im Jahr 1094 fertiggestellt und spiegelt mit den byzantinischen Kuppeln, einem griechischen Kreuzgrundriss und Wänden, die mit geplündertem Marmor aus Syrien, Ägypten und Palästina verkleidet wurden, die großen kosmopolitischen Einflüsse in der Stadt wider.

Aber erst im Jahr 1807 – nach dem Ende der Republik Venedig – ersetzte die Basilica di San Marco die Basilica di San Pietro als offizielles Gotteshaus der Stadt Venedig.

NICHT VERSÄUMEN

➡ Pala d'Oro
➡ Kuppel der Schöpfungsgeschichte
➡ Loggia dei Cavalli
➡ Himmelfahrtskuppel
➡ Sarkophag des hl. Markus

PRAKTISCH & KONKRET

➡ Markusdom
➡ Karte S. 54
➡ ☏ 041 270 83 11
➡ www.basilicasan marco.it
➡ Piazza San Marco
➡ Eintritt frei
➡ ⏱ im Sommer Mo–Sa 9.30–17, So 14–17 Uhr, im Winter So 14–16.30 Uhr
➡ 🚉 San Marco

Fassade

Die Vorderseite des Markusdoms türmt sich wie eine Welle in die Höhe, die fünf, sich in Nischen befindenden Portale sind mit glänzenden Mosaiken und Steinbögen bekrönt. Kurz vor Sonnenuntergang ist sie besonders prächtig, dann entflammen die letzten Sonnenstrahlen die goldenen Mosaike. Das mittlere Portal ist das beeindruckendste; es besitzt einen verzierten Dreifachbogen aus purpurnen ägyptischen Porphyrsäulen und komplizierte Steinreliefs aus dem 13. und 14. Jh. Das älteste Mosaik an der Fassade stammt von 1270 und befindet sich am Portal ganz links: Es zeigt die Ankunft des gestohlenen Leichnams des hl. Markus in der Kirche. Das Thema wiederholt sich in drei anderen Lünetten; dazu gehören auch die im Jahr 1660 geschaffenen Mosaike über dem zweiten Portal von rechts. Sie zeigen osmanische Beamte mit Turban, die vor dem Korb mit Schweineschmalz, in dem die Leiche des Heiligen steckte, zurückschrecken.

In der Nähe des Palazzo Ducale befindet sich in einer Ecke an der Südwand des Domes eine bedeutende antike römische Statue, die in Konstantinopel geraubt wurde. Sie wurde aus rotem Porphyr gearbeitet und zeigt Diokletian (ironischerweise ein strenger Verfolger der Christen) und seine drei Mitherrscher während der kurzen Periode der Tetrarchie (293–313 n. Chr.).

Die Deckenmosaike

Wer die rund 8500 m² großen glänzenden Mosaiken im Dom das erste Mal erblickt, kneift unwillkürlich die Augen zusammen. Viele Mosaiksteine sind aus 24-karätigem Blattgold, das mit Glas verschmolzen wurde, um das göttliche Licht darzustellen. Direkt im Narthex (Kirchenvorhalle) funkeln die ältesten Mosaike der Basilika, **Apostel mit der Madonna**, sie stehen seit mehr als 950 Jahren Wache am Hauptportal. In der mittelalterlichen **Kuppel der Schöpfungsgeschichte** wird die Trennung von Himmel und Erde dargestellt. In der Kirche selbst kämpfen drei goldene Kuppeln um die Aufmerksamkeit der Besucher. Die Reihenfolge der Mosaike verläuft vom Altar bis zum Eingang; die **Kuppel der Propheten** leuchtet über dem Hauptaltar, während das **Jüngste Gericht** im Gewölbe über dem Eingang zu sehen ist. Am dichtesten an der Tür befindet sich die **Pfingstkuppel** mit dem heiligen Geist in Form einer Taube, die Feuerzungen auf die ihn umgebenden Heiligen aussendet. In der zentralen **Himmelfahrtskuppel** (13. Jh.) umringen Engel die im Zentrum stehende Christusfigur, die von Sternen umgeben ist. Szenen aus dem Leben des hl. Markus säumen den Hauptaltar, in dem der **Sarkophag** des Heiligen liegt.

GOTTESDIENSTE

Wer einfach nur beten oder die Messe besuchen möchte, kann den Dom durch die Porta dei Fiori an der Nordseite der Kirche betreten. Für die Vesper, vor der abendlichen Hauptmesse, kann man den Dom nach den offiziellen Besuchszeiten betreten. Jeder, der sich angemessen benimmt, ist willkommen.

TOP-TIPPS

➡ Der Dom und der abgetrennte Innenbereich können gratis besichtigt werden.

➡ Angemessene Bekleidung (Knie und Schultern bedeckt), größere Taschen müssen im **Ateneo San Basso Gepäckdepot** (Piazza San Marco; max. 1 Std. gratis; 9.30–17 Uhr; San Marco) deponiert werden.

➡ Wer von April bis Oktober die Warteschlangen vermeiden möchte, sollte die Eintrittskarten online reservieren (pro Pers. 3 €; Kinder unter 5 Jahren gratis) und geht direkt zum Eingang. Die Tickets müssen dort vorgezeigt werden.

➡ Lange Schlangen lassen sich vermeiden, wenn man noch vor der Öffnung eintrifft.

➡ Bei den offiziellen **Führungen** (041 241 38 17; Mitte Sept.–Okt. Mo–Sa 11.30 Uhr; gratis; San Marco) werden die Mosaiken erklärt.

BASILICA DI SAN MARCO

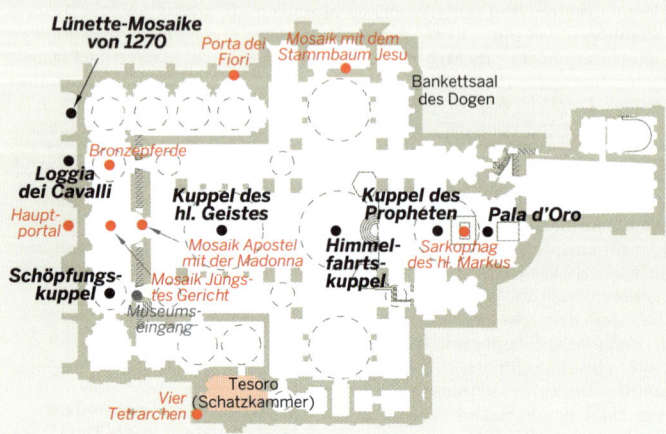

Lünette-Mosaike von 1270
Porta dei Fiori
Mosaik mit dem Stammbaum Jesu
Bankettsaal des Dogen
Bronzepferde
Loggia dei Cavalli
Kuppel des hl. Geistes
Kuppel des Propheten
Pala d'Oro
Haupt- portal
Mosaik Apostel mit der Madonna
Himmel- fahrts- kuppel
Sarkophag des hl. Markus
Schöpfungs- kuppel
Mosaik Jüngs- tes Gericht
Museums- eingang
Tesoro (Schatzkammer)
Vier Tetrarchen

Schatzkammer

Gebeine und Beutestücke aus den Kreuzzügen füllen den **Tesoro** (Eintritt 3 €), dazu zählen eine Kristalllampe (4. Jh.), ein Kristallkrug (10. Jh.) mit geflügelten Füßen, der für Fatimiden-Kalif al-'Aziz-bi-llah gefertigt wurde, und ein byzantinischer Emaillekelch (10. Jh.). Auf keinen Fall verpassen darf man die mit Edelsteinen verzierte Ikone des Erzengels Michael (12. Jh.). In einem separaten Raum befinden sich Kästen mit den sterblichen Überresten von heilig gesprochenen Dogen, zudem diverse Reliquien: der Oberschenkelknochen des hl. Rochus, die Waffe, mit der der hl. Georg den Drachen tötete, und eine Haarlocke von Maria.

Pala d'Oro

Hinter dem **Hochaltar** (Eintritt 2 €) befindet sich dieses fantastische goldene Altarbild, das mit Smaragden, Amethysten, Saphiren, Rubinen, Perlen und anderen Edelsteinen verziert ist. Faszinierend sind Bibelfiguren in leuchtendem Cloisonné, mit deren Arbeit 976 in Konstantinopel begonnen wurde und die von venezianischen Goldschmieden 1209 fertiggestellt wurden. Die emaillierten Heiligen mit ihren wilden, struppigen Bärten blicken mit großen Augen auf Jesus, der zur Seite auf den hl. Markus schaut, während Maria die Hände zum Himmel hebt.

Museum

Eine enge Treppe führt von der Vorhalle des Doms zum **Museo di San Marco** (Karte S. 312; ☎041 2730 8311; www.basilicasanmarco.it; Basilica di San Marco; Erw./erm. 5/2,50 €; ◷9.45–16.45 Uhr; San Marco), von dem aus man zur **Loggia dei Cavalli** gelangt, der Terrasse über der Hauptfassade. Die vier Bronzepferde sind Kopien; die Originale, einst aus Konstantinopel geraubt, stehen im Museum. Mosaikfragmente (13.–16. Jh.) zeigen den Propheten Abraham. Über einem Balkon im Inneren befindet sich das Mosaik von Salviati (1542–1552) mit dem **Stammbaum Mariens**. Ein Gang führt zum Palazzo Ducale mit dem **Bankettsaal des Dogen**.

HIGHLIGHTS
PALAZZO DUCALE

Man sollte sich nicht von der zierlichen gotischen Eleganz täuschen lassen – hinter der filigranen, rosa-weißen Fassade verbirgt der Dogenpalast Stärke und einen eisernen Willen zu überleben. Mehr als sieben Jahrhunderte war hier der Sitz der venezianischen Regierung, das Machtzentrum überstand Stürme, Zusammenbrüche und Verschwörungen – wurde allerdings von Casanova ausgetrickst, dem notorischen Verführer, der aus dem Gefängnis im Dachboden entkommen konnte.

Äußeres

Der offizielle Sitz der Dogen war wahrscheinlich bereits im 10. Jh. hier, allerdings erhielt der gegenwärtige Komplex erst um 1340 sein heutiges Aussehen. 1424 wurde der Flügel zur Piazzetta San Marco hinzugefügt und der Palast nahm seine endgültige Form an. Die **Loggia** zur Piazzetta im ersten Stock diente einem ernsten Zweck: Hier wurden zwischen den beiden dunkleren Säulen (neunte und zehnte von links) die Todesurteile verkündet. Angrenzend an die Basilica di San Marco befindet sich die 1443 von Zane und Bartolomeo Bon erbaute **Porta della Carta** (Papiertür), ein eleganter Eingang für die Honoratioren, der gleichzeitig als Anschlagtafel für Regierungserlasse diente.

Der Innenhof

Wer den mit Säulen umgebenen Innenhof betritt, erblickt Sansovinos Statuen *Mars* und *Neptun*, die die **Scala dei Giganti** (Treppe der Giganten) von Antonio Rizzo flankieren. Bei den kürzlich erfolgten Restaurierungen erhielten die hübschen Cherubinen an den Säulen ihren Charme zurück, die rutschigen, verzierten Marmorstufen dürfen allerdings nicht betreten werden. Neben dem Innenhof

NICHT VERSÄUMEN

➡ Sala del Maggior Consiglio (Saal des Großen Rates)
➡ Sala dello Scudo (Landkartensaal)
➡ Scala d'Oro
➡ Anticollegio (Ratsvorzimmer)
➡ Scala dei Giganti (Treppe der Riesen)

PRAKTISCH & KONKRET

➡ Dogenpalast
➡ Karte S. 54
➡ ☎041 271 59 11
➡ www.palazzoducale.visitmuve.it
➡ Piazzetta San Marco 1
➡ Erw./erm. inkl. Museo Correr 20/13 €, oder mit Museumspass
➡ ⏰im Sommer 8.30–19 Uhr, im Winter 8.30–17.30 Uhr
➡ 🚤San Zaccaria

DER VERSCHWUNDENE DOGE

Ein Fries entlang der Decke der Sala del Maggior Consiglio bildet die ersten 76 Dogen von Venedig ab, aber es gibt eine Lücke: Der Doge Marin Falier fehlt, weil er 1355 wegen Verrats geköpft wurde.

TOP-TIPPS

➡ Eintrittskarten im Voraus buchen, um Wartezeiten zu vermeiden.

➡ Die Karten (3 Monate gültig) berechtigen auch zum Eintritt in das Museo Correr (S. 69). Für 5 € zusätzlich bekommt man auch einen Museumspass, mit dem man mehrere erstklassige städtische Museen besuchen kann.

➡ Letzter Einlass eine Stunde vor Ende der Besuchszeit.

➡ Nicht zu spät kommen, denn einige Bereiche, wie z. B. das Gefängnis, schließen oft bereits früher.

➡ Wer frühzeitig hierher kommt, kann die großen Gruppen vermeiden, die meistens zwischen 9.30 und 10 Uhr eintreffen.

befindet sich in einem Flügel zum Hof das **Museo dell'Opera**, in dem Säulen und Kapitele aus früheren Bauphasen ausgestellt werden.

Der Hauptrundgang

Eine Eintrittskarte berechtigt zur Besichtigung der Staats- und Regierungsräumlichkeiten des Palastes sowie des Arsenals und der Gefängnisse.

Zweiter Stock

Von der Loggia aus führt die mit 24-karätigem Gold verzierte Stucktreppe **Scala d'Oro** (Goldtreppe) von Sansovino nach oben in die prunkvollen Räume. In der von Palladio entworfenen **Sala delle Quattro Porte** (Saal der vier Türen) warteten die Gesandten auf Audienzen des Dogen. Dabei fiel ihr Blick auf eine Darstellung der venezianischen Tugenden von Giovanni Cambi, dessen übertriebenes Stuckwerk ihm den Spitznamen Bombarda einbrachte. Abgesandte warteten im **Anticollegio** (Ratsvorzimmer), wo Tintoretto Parallelen zwischen den römischen Göttern und der venezianischen Regierung zog.

Nur wenige erhielten eine Audienz im von Palladio entworfenen **Collegio** (Ratszimmer), dessen Deckenbild mit der *Tugenden der Republik* von Veronese (1575–1578) Venedig als Blondine zeigt, die ihr Zepter wie einen Zauberstab über Gerechtigkeit und Frieden schwingt. Jacopo und Domenico Tintoretto versuchten sich in ähnlichen Schmeicheleien und zeigten Venedig gemeinsam mit Apollo, Mars und Merkur in ihrem *Triumph Venedigs* an der Decke der **Sala del Senato** (Senatssaal).

Vertuschungen der Regierung wurden nie so reizvoll unternommen wie in der **Sala Consiglio dei Dieci** (Gerichtssaal des Zehnerrats), wo Venedigs Rat unter Veroneses Gemälde *Juno überschüttet Venedig*, einer strahlenden Göttin, die Goldtaler ausschüttet, Ränke spann. Über dem Schlitz, durch den Denunzianten Anklagen in die **Sala della Bussola** (Kompassraum) anonym einwerfen konnten, befindet sich Veroneses Deckengemälde des hl. Markus. Der Weg führt weiter in das **Arsenal**.

Erster Stock

Hinter dem Arsenal führt eine Treppe hinunter zu den Sälen der **Quarantia Civil Vecchia** (Rat der Vierzig), einer Art Gericht, das sich in unterschiedlichen Abteilungen mit Strafsachen, Zivilstreitigkeiten zwischen Venezianern sowie zwischen Venedig und seinen Provinzen beschäftigte.

Danach folgt die riesige, von 1419 stammende **Sala del Maggior Consiglio** (Saal des Großen Rats). Hier stand früher der Thron des Dogen vor dem überwältigenden 22 mal 7 m großen Gemälde *Paradies* (von Tintorettos Sohn Domenico), das eher

PALAZZO DUCALE

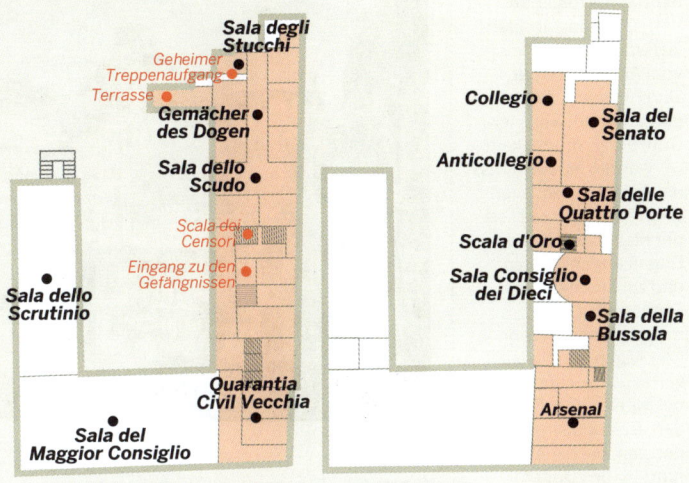

Geheimer
Treppenaufgang
Terrasse
Sala degli Stucchi
Gemächer des Dogen
Sala dello Scudo
Scala dei Censori
Eingang zu den Gefängnissen
Sala dello Scrutinio
Quarantia Civil Vecchia
Sala del Maggior Consiglio

Collegio
Anticollegio
Sala del Senato
Sala delle Quattro Porte
Scala d'Oro
Sala Consiglio dei Dieci
Sala della Bussola
Arsenal

Erster Stock   **Zweiter Stock**

politisch korrekt als schön ist: Im Himmel wimmelt es von 500 prominenten Venezianern, darunter auch Tintorettos Gönner.

Der Saal öffnet sich zur etwas kleineren **Sala dello Scrutinio** (Wahlsaal), die für die Wahl des Dogen und der Staatsräte vorgesehen war. Von hier aus führt der Weg zurück durch mehrere Räume, darunter auch die Sala della Quarantia Civil Vecchia, und dann weiter zu den berüchtigten Gefängnissen.

Gefängnisse & Loggia-Ebene

Die Besucher folgen dem Weg, den die einstmals Verurteilten nehmen mussten, über den Ponte dei Sospiri (S. 71) zu den im 16. Jh. erbauten **Priggione Nove** (Neue Gefängnisse). Nasskalte Zellen, an deren Wände zahlreiche Unschuldsbezeugungen gekritzelt sind, verteilen sich über drei Stockwerke, dazu gehört auch ein Innenhof. In einem der Räume werden archäologische Funde gezeigt. Nach dem Rückweg über die Brücke führt der Weg hinunter auf die Höhe der Loggia und durch die Gemächer der **Zensoren**, **Staatsanwälte** und **Marinekapitäne**.

Die Privatgemächer des Dogen

Die privaten Gemächer des Dogen nehmen einen großen Teil der Fläche des ersten Stocks über der Loggia ein. Die 18 Löwen, die die **Sala degli Stucchi** schmücken, erinnern daran, dass Venedigs mächtigster Repräsentant wie ein eingesperrter Löwe in seiner goldenen Suite lebte, die er ohne Erlaubnis nicht verlassen durfte. Aber in welcher Pracht – ein terrassenartiger Garten mit eigenem Eingang zur Basilica di San Marco sowie ein Dutzend Räume mit prächtigen Marmorkaminen von Tullio und Antonio Lombardo.

Der faszinierendste Raum ist die **Sala dello Scudo** (Landkartensaal), der mit Landkarten bedeckt ist, die das Herrschaftsgebiet Venedigs 1483 und 1762 dokumentieren. Die Karte der Neuen Welt platziert Kalifornien neben der *Terra*

TOD EINES DOGEN

Starb ein Doge, gab der Rat die folgende Verlautbarung ab: „Mit viel Unmut haben wir vom Ableben seiner Durchlaucht erfahren, eines Mannes von viel Güte und Frömmigkeit; wir werden jedoch einen neuen ernennen." Der Siegelring, Symbol seiner Macht, wurde dem Dogen abgenommen und zerbrochen. Die Familie des Dogen musste innerhalb von drei Tagen den Palast verlassen und ihre Möbel mitnehmen. Es wurden drei Inquisitoren berufen, die die Amtsführung des Dogen eingehend prüften und, falls nötig, seine Erben für alle Vergehen oder Betrug bestraften.

DER LÖWENMUND

Auf der Terrasse auf Höhe der Loggia kann man einen grimmig schauenden Mann mit offenem Mund entdecken. Dieser *bocca di leoni* (Löwenmund) war ein Briefkasten für anonyme Anschuldigungen, z. B. Verleumdungen wegen Fluchens oder Steuerhinterziehung (entschuldbar), aber auch wegen Freimaurerei (Todesstrafe). Die Denunziationen mussten von zwei Anklägern unterschrieben sein, dann ermittelte die Geheimpolizei Venedigs, die unter der Aufsicht des Zehnerrats stand.

Palazzo Ducale

Incognita d'Antropofagi (Unbekanntes Land der Menschenfresser), das heißt Kanada, wo sich anscheinend auch Cuzco befindet.

Die Räume werden heute für erstklassige Wechselausstellungen genutzt, für die gesondert Eintritt bezahlt werden muss (etwa 10 €).

Geheime Wege

Weitere Räume, die für große Touristenmassen zu klein sind, können während einer 75-minütigen **Führung** (Karte S. 312; ☎041 4273 0892; Erw./erm. 20/14 €; ☺Führungen auf Englisch 9.55, 10.45 & 11.35 Uhr) besichtigt werden. Die Tour führt durch die feuchten Zellen im Untergeschoss, die **Pozzi** (Brunnen), und durch einen Geheimgang nach oben in die **Zentrale des Zehnerrats**. Dahinter befindet sich die große **Kanzlei**, in deren Aktenschränken sich zahllose Geheimakten befinden, u. a. Berichte des Spionagenetzwerks, Denunziationen oder Justizurteile. Die Angeklagten wurden in die fensterlose **Folterkammer** gebracht, in der bis 1660 Geständnisse erpresst wurden. In den oberen Geschossen befinden sich die **Piombi** (Bleikammern), die im Sommer wegen der unerträglichen Hitze gefürchtet waren. In einer der Zellen wurde Giacomo Casanova 1755 eingekerkert. Wie in seinen Memoiren beschrieben, gelang Casanova seine Flucht aus der Zelle, indem er einen Wächter überzeugte, dass er ein Beamter sei, der aus Versehen über Nacht im Palast eingeschlossen wurde. Später kehrte Casanova als ein Spion für den Consiglio dei Dieci nach Venedig zurück.

⊙ SEHENSWERTES

Die bedeutendsten Sehenswürdigkeiten Venedigs befinden sich rund um die Piazza San Marco, dazu gehören der Palazzo Ducale, die Basilica di San Marco mit ihrem *campanile* (Glockenturm) sowie das Museo Correr. Der zungenförmige Bezirk erstreckt sich von hier aus Richtung Westen, in seinem Zentrum befindet sich das Opernhaus La Fenice. Überall gibt es sehenswerte Kirchen sowie einige kleinere Museen.

BASILICA DI SAN MARCO   KIRCHE
Siehe S. 58.

PALAZZO DUCALE   MUSEUM
Siehe S. 61.

CHIESA DI SANTO STEFANO   KIRCHE
Karte S. 312 (☏ 041 522 50 61; www.chorus
venezia.org; Campo Santo Stefano; Museum 3 €, oder mit Chorus Pass; ⊙ Mo–Sa 10.30–16.30, So 10.30–19 Uhr; ☗ Sant'Angelo) GRATIS Der frei stehende Glockenturm, den man vom Platz dahinter sieht, neigt sich bedenklich, aber die gotische Ziegelkirche steht seit dem 13. Jh. fest. Die Anerkennung für die tadellose Pracht mit dem Eingangsportal aus Marmor gehört Bartolomeo Bon; die riesige hölzerne Kielbogendecke, *carena di nave*, die an eine umgedrehte Arche Noah erinnert, wurde allerdings von venezianischen Schiffsbauern gefertigt.

Das Museum in der Sakristei zeigt drei sehenswerte düstere Tintorettos von 1575–1580: *Das letzte Abendmahl* mit einem gespenstischen Hund, der um Brot bettelt; das dräuende Unheil des *Christus am Ölberg* und die fast abstrakte, überwiegend schwarze *Fußwaschung*. Die Kirche hat auch einen kleinen Kreuzgang.

MUSEO FORTUNY   MUSEUM
Karte S. 312 (☏ 041 520 09 95; www.fortuny.visit
muve.it; Campo San Beneto 3958; Erw./erm. 10/
8 €; ⊙ Mi–Mo 10–18 Uhr; ☗ Sant'Angelo) Wer sich für Design interessiert, ist im prunkvollen Zuhause des Jugendstildesigners Mariano Fortuny y Madrazo (1871–1949) genau richtig. Seine schockierenden, lose hängenden Delphos-Kleider lösten einen Trend in der Bohème aus. Die Wände im ersten Stockwerk sind vielschichtige Moodboards: Mode von Fortuny und Wandteppiche aus Isfahan, Familienporträts und kunstvoll bröckelnder Gipsputz. Interes-

sante Wechselausstellungen erstrecken sich vom Keller bis zum Dachgeschoss, viele beziehen die Stimmung einer untergegangenen Zeit geschickt mit ein.

Wer noch mehr sehen möchte, sollte Fortuny Tessuti Artistici (S. 164) in Giudecca besuchen; hier werden die Stoffe immer noch nach Fortunys streng geheimen Methoden handbedruckt.

★ CAMPANILE   TURM
Karte S. 312 (www.basilicasanmarco.it; Piazza San Marco; Erw./erm. 8/4 €; ⊙ im Sommer 8.30–21 Uhr, im Winter 9.30–17.30 Uhr, letzter Einlass 45 Min. früher; ☗ San Marco) Der 99 m hohe Glockenturm der Basilica di San Marco musste seit seiner ersten Errichtung (888–911) zweimal wieder aufgebaut werden. Galileo Galilei testete hier 1609 sein Fernrohr, die heutigen Besucher genießen von der Spitze den 360-Grad-Blick über die Lagune und die enge Bekanntschaft mit Marangona, der dröhnenden Bronzeglocke, die ursprünglich den Beginn und das Ende des Arbeitstages der Arbeiter *(marangoni)* in den Werften des Arsenale signalisierte. Heute schlägt sie zweimal am Tag: zur Mittagszeit und um Mitternacht.

Das charakteristische Profil des Turmes stammt von Bartolomeo Bon, dessen Entwurf im 16. Jh. zuerst als plump kritisiert wurde. Als der Glockenturm jedoch im Jahr 1902 unerwartet einstürzte, bauten ihn die Venezianer wieder haargenau so auf, wie er gewesen war – Ziegel um Ziegel.

Sansovinos klassische Marmorloggia am Fuß des Campanile ist ausgesprochen mythisch – sie zeigt Bronzeskulpturen der altrömischen Gottheiten Minerva, Apoll und Merkur sowie Frieden.

In der Hochsaison bilden sich lange Schlangen vor dem Campanile, denn der kleine Fahrstuhl kann immer nur wenige Besucher nach oben bringen. Deswegen lohnt es sich zwischen April und Oktober für 5 € extra auf der Website des Doms eine Besuchszeit zu reservieren. Da dafür pro Stunde nur 12 Plätze vorhanden sind, muss man frühzeitig reservieren.

TORRE DELL'OROLOGIO   WAHRZEICHEN
Karte S. 312 (Uhrturm; ☏ 041 4273 0892; www.
museicivicivenezian.it; Piazza San Marco; Erw./
erm. 12/7 €; ⊙ Führungen in Englisch Mo–Mi 11 & 12, Do–So 14 & 15 Uhr; ☗ San Marco) Die beiden fleißigsten Arbeiter Venedigs leisten ihre Pflicht auf dem Dach neben der Uhr und tragen keine Hosen. Die „Do Mori"

Canal Grande

TOUR AUF DEM WASSER

Die 3,5 km lange Strecke des Vaporetto (Personenfähre) Nr. 1, die an ungefähr 50 Palazzi, sechs Kirchen und atemberaubenden Kulissen aus vier James-Bond-Filmen vorbeiführt, ist ein glamouröser öffentlicher Personennahverkehr.

Der Canal Grande beginnt mit einer Kontroverse: Der ❶ **Ponte di Calatrava**, eine funkelnde Brücke aus Glas und Stahl, kostete dreimal so viel wie die ursprünglich veranschlagten 4 Mio. €. Dahinter folgen der schlossähnliche ❷ **Fondaco dei Turchi**, das historische türkische Handelskontor; der aus der Renaissance stammende ❸ **Palazzo Vendramin**, in dem sich das Spielcasino befindet, und die ❹ **Ca' Pesaro** mit Doppelarkaden. Auf keinen Fall übersehen sollte man ❺ die **Ca' d'Oro**, ein filigranes gotisches Schmuckstück von 1430.

Die Venezianer sind stolz auf die ❻ **Pescaria**, die 1907 an der Stelle erbaut wurde, wo die Fischhändler schon seit 600 Jahren frischen Fisch verkaufen, und auf den benachbarten ❼ **Rialto-Markt**, wo regionale Produkte angeboten werden. Die Marmorpracht des 1592 erbauten ❽ **Ponte di Rialto** hat die Zeiten überdauert.

Die beiden nächsten Biegungen des Kanals strotzen nur so vor architektonischen Schmuckstücken: Nach dem ❾ **Palazzo Grimani** (Michele Sanmicheli) und dem ❿ **Palazzo Corner Spinelli** (Mauro Codussi) folgen der ⓫ **Palazzo Grassi** (Giorgio Massari) und das Barockjuwel ⓬ **Ca' Rezzonico** (Baldassare Longhena).

Der hölzerne ⓭ **Ponte dell'Accademia** wurde 1930 als provisorische Brücke erbaut, aber das geliebte Wahrzeichen blieb erhalten. Löwen aus Stein flankieren die ⓮ **Peggy Guggenheim Collection**, in der die amerikanische Erbin nicht nur Kunst, sondern auch Liebhaber sammelte. Auf keinen Fall übersehen kann man die Kuppel von Longhenas ⓯ **Chiesa di Santa Maria della Salute** oder die ⓰ **Punta della Dogana**, Venedigs ehemaliges Zollamt, das zu einer Sammlung zeitgenössischer Kunst umgestaltet wurde. Das große Finale am Canal Grande bilden der ⓱ **Palazzo Ducale** und der ⓲ **Ponte dei Sospiri**.

Palazzo Grassi
Der französische Magnat François Pinault schockierte Paris, als er seine Sammlung zeitgenössischer Kunst hierher verlegte und sie in der von Gae Aulenti und Tadao Ando entworfenen Galerie ausstellte.

Ca' Rezzonico
In diesem Kunstmuseum aus dem 18. Jh. mit Deckengemälden von Tiepolo, mit Seide ausgestatteten Boudoirs und einer hauseigenen Apotheke kann man sehen, in welch barocker Pracht die Venezianer einstmals lebten.

Ponte dell'Accademia

Peggy Guggenheim Collection

Chiesa di Santa Maria delle Salute

Punta della Dogana
Der minimalistische Architekt Tadao Ando funktionierte verlassene Handelskontore sehr kreativ um zu Galerien, in denen sich jetzt zeitgenössische Kunstinstallationen aus der Sammlung von François Pinault befinden.

Fondaco dei Turchi
Leicht erkennbar an den Doppelkolonnaden, Wachttürmen und dem Einbaum, der vor der Loggia im Erdgeschoss des Museo di Storia Naturale steht.

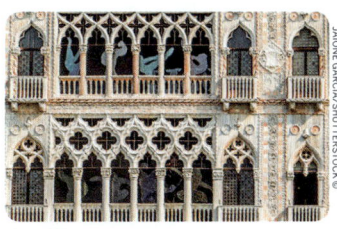

JAIONE GARCIA/SHUTTERSTOCK ©

Ponte di Calatrava
Die Brücke mit ihrem stromlinienförmigen Design in Form einer Fischflosse war 2008 die erste Brücke seit mehr als 75 Jahren, die über den Canal Grande gebaut wurde.

Ca' d'Oro
Hinter den dreifachen gotischen Arkaden befinden sich großartige Meisterwerke: Gemälde von Tizian, ein seltener Mantegna und Mosaikfußböden aus Halbedelsteinen.

② ③ **Palazzo Vendramin**

④ ⑤

⑥ **Pescaria**

⑦ **Rialto-Markt**

Palazzo Grimani

⑩ ⑨

Palazzo Corner-Spinelli

⑧ **Ponte di Rialto**

Ponte dei Sospiri

⑰ ⑱

Palazzo Ducale

Ca' Pesaro
Der von Baldassare Longhena entworfene Palazzo wurde 1898 der Stadt als Unterkunft für die Galleria d'Arte Moderna und das Museo d'Arte Orientale geschenkt.

Ponte di Rialto
Antonio da Ponte erhielt den Zuschlag für den Bau dieser Brücke, aber die Kosten explodierten auf 250 000 Venezianische Dukaten – das würde heute einem Wert von ungefähr 19 Mio. € entsprechen.

(Zwei Mohren), die den Elementen hoch oben auf dem Torre dell'Orologio schutzlos ausgeliefert sind, sind aus Bronze und ihre Hammerschläge auf die Glocke laufen sozusagen wie ein Uhrwerk. Unterhalb der Mohren befindet sich eine aus dem 15. Jh. stammende, mit Gold verzierte Uhr, die die Mondphasen anzeigt. Der Turm kann nur mit einer Führung besichtigt werden; Reservierung erforderlich.

Das Uhrwerk erforderte konstante Wartung, sodass bis 1998 ein *temperatore*, eine Kombination aus Uhrmacher und Turmwächter, mit seiner Familie im Turm lebte. Nach einer neun Jahre dauernden Restaurierung wird das Uhrwerk jetzt digital überwacht – 132 Glockenschläge verkünden die Tageszeit, sich bewegende Walzen zeigen die Stunden und Minuten auf dem Zifferblatt (1753) an. Holzfiguren der Heiligen Drei Könige und Engel erscheinen jedes Jahr am Dreikönigstag und zu Himmelfahrt beim Glockenspiel. Bei einer Führung steigt man am Uhrwerk vorbei auf einer steilen Wendeltreppe vier Stockwerke bis zur Dachterrasse hoch und kann dort die Mohren in Aktion beobachten.

Kinder müssen für eine Turmbesteigung älter als sechs Jahre sein; die Besteigung ist auch für Schwangere und Personen, die an Höhenangst oder Klaustrophobie leiden, keinesfalls zu empfehlen.

NEGOZIO OLIVETTI
ARCHITEKTUR

Karte S. 312 (Olivetti-Geschäft; ☎041 522 83 87; www.negoziolivetti.it; Piazza San Marco 101; Erw./erm. 8/5 €; ☺Feb.–Dez. Di–So 10–18.30 Uhr; ⛴San Marco) Als würde man einen Revolver unter einem Petticoat hervorziehen – das ultra-moderne Negozio Olivetti war eine echte Provokation, als das Geschäft im Jahr 1958 in den aufgeputzten Arkaden der Procuratie Vecchie auftauchte.

Hightech-Pionier Adriano Olivetti (1901–1960) beauftragte den venezianischen Architekten Carlo Scarpa (1906–1978) einen engen, dunklen Souvenirladen in einen Showroom für seine schicke Schreibmaschinen und Rechenmaschinen – zu sehen sind mehrere Modelle aus den Jahren zwischen 1948 und 1954 – umzubauen.

Anstatt die Elemente zu verscheuchen, lud Scarpa sie in die Räume ein. Er entfernte Wände, um das Licht hineinzulassen, installierte ein riesiges Pflanzgefäß für hohe Gräser und errichtete einen Springbrunnen aus schwarzem Marmor, eine Anspielung auf *acque alte* (Hochwasser).

Halbrunde Fenster in Bullaugenform blicken wie weit geöffnete Augen auf die historische Piazza und auf moderne Bauten der Architektur-Biennale.

GALLERIA CATERINA TOGNON
GALERIE

Karte S. 312 (☎041 520 15 66; www.caterina tognon.com; Corte Barozzi 2158; ☺Di–Sa 10–19 Uhr; ⛴San Marco Vallaresso) Die abseits der geschäftigen Via XXII Marzo versteckte Galerie lohnt einen Besuch – die interessanten Ausstellungen zeigen internationale Künstler, die hauptsächlich mit Glas arbeiten. Während des ganzen Jahres finden regelmäßig Ausstellungen statt; genauere Informationen gibt es auf der Website.

SCALA CONTARINI DEL BOVOLO
SEHENSWERTES BAUWERK

Karte S. 312 (☎041 309 66 05; www.gioiellinascos tidivenezia.com; Calle Contarini del Bovolo 4299; Erw./erm. 7/6 €; ☺10–18 Uhr; ⛴Sant'Angelo) Während der Zeit der Republik durften nur die Kirche und der Staat Türme errichten, da diese für militärische Zwecke hätten genutzt werden können. Um das Jahr 1400 ließ die Familie Contarini, die ihren Reichtum und ihre Macht zeigen wollte, diesen „Nicht-Turm" errichten. Er kombiniert venezianische Gotik mit byzantinischen Elementen und solchen der Renaissance. Das romantische, 26 m hohe Treppenhaus sieht durch einen Trick höher aus, als es ist – denn je höher das Treppenhaus steigt, desto kleiner werden die Bögen.

Vom **Belvedere** ganz oben bietet sich ein wunderbarer Blick über die Dächer bis San Marco. Im Eintritt inbegriffen ist der Besuch der Galerie des **Tintorettosaals** am zweiten Treppenabsatz.

CHIESA DI SANTA MARIA DEL GIGLIO
KIRCHE

Karte S. 312 (Santa Maria Zobenigo; www.chorus venezia.org; Campo di Santa Maria del Giglio; 3 € oder mit Chorus Pass; ☺Mo–Sa 10.30–16.30 Uhr; ⛴Giglio) Die ursprünglich im 9. Jh. errichtete Kirche wurde im 17. Jh. komplett neu errichtet. Die Kirche zeichnet sich aus durch eine Serie von sechs Reliefs auf ihrer Fassade, die Rom und fünf Städte, die damals zu Venedig gehörten, zeigt: Padua, die kroatischen Städte Zadar und Split und die griechischen Städte Heraklion und Korfu. Auch innen besticht die Kirche durch mehrere faszinierende Meisterwerke.

Zwei Gemälde von Tintoretto, jedes zeigt zwei der vier Evangelisten, flankieren die

Orgel. In der Molin-Kapelle befindet sich eine kleine Schatzkammer, das eigentliche Juwel allerdings ist Peter Paul Rubens barbusige *Jungfrau mit Kind und dem hl. Johannes* – darauf ist ein zauberhaft pummeliges Jesuskind zu sehen.

Admiral Antonio Barbaro beauftragte Giuseppe Sardi mit dem Umbau der Kirche zu Ehren der Jungfrau Maria, Venedigs und natürlich seinem eigenen Ruhm – seine Statue befindet sich an prominenter Stelle an der Fassade und die abgebildeten Städte sind Orte, in denen er gedient hatte. Diese selbstverherrlichende architektonische Dreistigkeit erzürnte den im 19. Jh. lebenden Architekturkritiker John Ruskin derart, dass dieser von einer „Manifestation anmaßenden Atheismus" sprach.

PALAZZO GRASSI GALERIE
Karte S. 312 (☎041 200 10 57; www.palazzograssi.it; Campo San Samuele 3231; Erw./erm. inkl. Punta della Dogana 18/15 €; ◷Mitte März–Nov.

Mi–Mo 10–19 Uhr; ◉San Samuele) Wer von einer Gondel auf dem Canal Grande einen ersten Blick auf die massigen Skulpturen von zeitgenössischen Künstlern vor dem klassizistischen Palazzo von Giorgio Masari wirft (erbaut 1748–1772), muss erst einmal schlucken. Die provokante Kunstsammlung des französischen Milliardärs François Pinault beansprucht den gesamten Palazzo Grassi, dazu kommen klug ausgewählte zeitgenössische Wechselausstellungen, aber auch schamlose Wichtigtuerei mit berühmten Namen. Trotz allen künstlerischen Glamours stiehlt Tadao Andos kreative Inneneinrichtung allem die Show.

Die postmoderne Architektin Gae Aulenti ließ das Rokoko-Dekor zugunsten von Masaris muskulösem Klassizismus 1985/86 zurücktreten, 2003–2005 fügte der minimalistische Architekt Ando bühnenreifes Drama durch von hinten beleuchtete Stoffbahnen und strategisch platzierte Lichtkegel hinzu. Andos Design leitet die Auf-

HIGHLIGHTS
MUSEO CORRER

Napoleon errichtete seinen Palast an der Piazza San Marco, füllte ihn mit den Schätzen der Dogen und entführte die Reichtümer Venedigs später nach Frankreich. Kaum ein Jahr später jedoch verlor er die Herrschaft über Venedig an die Österreicher.

Die Habsburger liebten Luxus und die **Wohnräume von Kaiserin Sissi**, der Gattin Kaiser Franz Josephs, zeigen ihre Vorliebe für Brokatvorhänge, Seidentapeten und Deckenfresken – typisch für das 19. Jh., aber schockierend, wenn man an die Armut der venezianischen Bevölkerung zur damaligen Zeit denkt.

Der napoleonische Flügel verbindet die aus dem 16. Jh. stammenden **Procuratie Vecchie** an der Nordseite des Platzes mit den **Procuratie Nuove** im Süden. Letztere wurden von Palladio als der prächtigste Palast, der jemals gebaut wurde, beschrieben und sind heute in das Museum einbezogen. Zum Museum gehören die prächtige **Biblioteca Nazionale Marciana**, die wahrscheinlich erste öffentliche Bücherei Europas, die von Jacopo Sansovino im 16. Jh. entworfen wurde und von Veronese, Tizian und Tintoretto mit Fresken berühmter Philosophen ausgeschmückt wurde. Daneben befindet sich das **Museo Archeologico Nazionale**, das eine außergewöhnliche Auswahl an antiken Skulpturen und Kameen zeigt, die Venedig erfolgreich von Frankreich zurückgefordert hat. Im oberen Stockwerk befindet sich die **Pinacoteca** mit einer großen Sammlung hauptsächlich religiöser Meisterwerke aus vier Jahrhunderten.

TOP-TIPPS

➜ Letzter Einlass eine Stunde vor Ende der Öffnungszeit.

➜ Nicht zu spät kommen, denn einige Abteilungen schließen bereits früher.

PRAKTISCH & KONKRET

➜ Karte S. 312, F5
➜ ☎041 240 52 11
➜ www.correr.visitmuve.it
➜ Piazza San Marco 52
➜ Erw./erm. inkl. Palazzo Ducale 20/13 €, oder mit Museumspass
➜ ◷April–Okt. 10–19 Uhr, Nov.–März 10–17 Uhr
➜ ◉San Marco

merksamkeit auf die zeitgenössische Kunst ohne von den barocken Deckengemälden abzulenken. Nicht verpassen sollte man das Café mit Blick auf den Canal Grande, der Raum wird von zeitgenössischen Künstlern bei jeder Ausstellung neu gestaltet.

Nebenan befindet sich das **Teatrino di Palazzo Grassi** (Karte S. 312; ☎041 240 13 08; www.palazzograssi.it; Salizzada San Samuele 3260; 🚣San Samuele) im ehemaligen Garten des Palazzo. Auch hier hat Ando Wunder bewirkt und den Innenraum in einen üppigen Zuschauerraum mit rund 220 Plätzen umgewandelt; heute finden hier Konzerte, Konferenzen und Filmvorführungen statt.

PALAZZO FRANCHETTI   PALAST
Karte S. 312 (Istituto Veneto di Scienze Lettere ed Arti; ☎041 240 77 11; www.palazzofranchetti.it; Campo Santo Stefano 2842; ⏰Mo–Fr 10–18 Uhr; 🚣Accademia) Der aus dem 16. Jh. stammende Palazzo ging schon durch viele venezianische Hände, bevor ihn Erzherzog Friedrich von Österreich erwarb und anfing, ihn zu modernisieren. Der Graf von Chambord (auch bekannt als der französische König Henri V. im Exil) setzte die Arbeiten fort, während die Familie Franchetti, die nach der Unabhängigkeit hier lebte, dem Palast sein gotisches Märchenschloss-Aussehen zurückgab. Außerdem erhielt er ein fantastisches Jugendstil-Treppenhaus, in dem es nur so von Drachen wimmelt. Heute wird er für Kunstausstellungen genutzt, allerdings müssen sich die Kunstwerke die Aufmerksamkeit der Besucher mit beeindruckenden Kronleuchtern aus Murano teilen.

PONTE DELL'ACCADEMIA   BRÜCKE
Karte S. 312 (zw. Campo di San Vidal & Campo della Carità; 🚣Accademia) Der hölzerne Ponte dell'Accademia, der sich wie ein Katzenbuckel über den Kanal krümmt, wurde 1933 als provisorischer Ersatz für eine eiserne Brücke von 1854 gebaut, ist aber bis heute eine sehr beliebte Sehenswürdigkeit. Der Ingenieur Eugenio Miozzi baute Gebäude wie z. B. das Casino del Lido, aber keines überdauerte die Zeiten wie die elegante Fußgängerbrücke – und kürzlich erfolgte bauliche Verbesserungen haben sie für die nächsten Jahrzehnte bewahrt.

HIGHLIGHTS
TEATRO LA FENICE

Als Venedigs Herrschaft über die Weltmeere endete, entdeckte die Stadt die Macht des Hohen „C", engagierte den Chorleiter des Markusdoms Claudio Monteverdi, Vater der modernen Oper, und eröffnete 1792 La Fenice (Phönix). Rossini, Donizetti und Bellini führten hier ihre Opern auf und erweckten den Neid ganz Europas auf La Fenice – bis das Opernhaus 1836 in Flammen aufging.

Venedig ohne Opernhaus war undenkbar und innerhalb eines Jahres wurde das Haus wieder aufgebaut. Verdis *Rigoletto* und *La Traviata* wurden hier uraufgeführt und internationale Größen wie Strawinsky, Prokofjew und Britten komponierten für das Opernhaus. Aber im Jahr 1996 brannte La Fenice erneut ab; zwei Elektriker, die mit Reparaturarbeiten im Rückstand waren, wurden wegen Brandstiftung verurteilt. Eine zig Millionen teure Rekonstruktion des Opernhauses aus dem 19. Jh. wurde Ende 2003 eröffnet (allerdings hatten sich auch einige Kritiker für das Avantgarde-Design von Gae Aulenti ausgesprochen). Die Neueröffnung mit Verdis *La Traviata* war eine Sensation.

Die Opernsaison läuft von Januar bis Juli und von September bis Oktober. Es lohnt sich sehr, eine **Aufführung** (S. 76) zu besuchen, man kann das Opernhaus aber auch mit einem Audio Guide besichtigen. Im **Teatro Malibran** (S. 132), das zu La Fenice gehört, finden Kammermusikkonzerte statt.

TOP-TIPPS

➡ Wer während des Karnevals eine Aufführung besucht, erlebt ein maskiertes und kostümiertes Publikum.

➡ Schick anziehen; ein Smoking ist nicht unbedingt Pflicht, kann aber gerne getragen werden.

PRAKTISCH & KONKRET

➡ Karte S. 312, D5
➡ ☎041 78 66 75
➡ www.teatrolafenice.it
➡ Campo San Fantin 1977
➡ ⏰9.30–18 Uhr
➡ 🚣Giglio

CHIESA DI SAN VIDAL KIRCHE

Karte S. 312 (www.interpretiveneziani.com; Campo di San Vidal 2862; 9–18 Uhr; Accademia) GRATIS Die Chiesa di San Vidal wurde im 11. Jh. vom Dogen Vitale Falier erbaut und wurde in den Jahren zwischen 1706 und 1714 im Stil Palladios erneuert, um die Erinnerung an die Siege des Dogen Francesco Morosoni (1618–1694) im Venezianischen Türkenkrieg zu bewahren. Im Inneren befindet sich das Meisterwerk *Der hl. Vitalis zu Pferd* von Vittore Carpaccio in seiner typischen ampelroten Farbe und der Sorgfalt eines Miniaturisten fürs Detail. Die entwidmete Kirche dient heute als Ausstellungsraum für historische Musikinstrumente und als Konzerthalle für die Interpreti Veneziani (S. 77).

MUSEO DELLA MUSICA MUSEUM

Karte S. 312 (041 241 18 40; www.museodellamusica.com; Campo San Maurizio 2603; 9.30–19 Uhr; Giglio) GRATIS In der restaurierten klassizistischen Chiesa di San Maurizio befindet sich die Sammlung seltener Musikinstrumente aus dem 17. bis 20. Jh. zusammen mit einer informativen Ausstellung über Leben und Werk des in Venedig geborenen Antonio Vivaldi (1678–1741).

Wer diese alten Instrumente gerne einmal hören oder live erleben möchte, sollte im Kiosk nach CDs sowie Konzertkarten für die Interpreti Veneziani (S. 77) fragen, die dieses Museum leiten.

CHIESA DI SAN MOISÈ KIRCHE

Karte S. 312 (041 528 58 40; Campo di San Moisè; Mo–Sa 9.30–12.30 & 15.30–19, So 9.30–11 & 14.30–19 Uhr; San Marco) GRATIS Die Moses geweihte Kirche besitzt eine Fassade aus den 1660er-Jahren, die mit ihren steinernen Zuckergussverzierungen absolut zum Anbeißen wirkt, auch wenn der Architekturkritiker John Ruskin im 19. Jh. die Zuckertortenerscheinung „ungenießbar" fand. In technischer Hinsicht hatte Ruskin recht: Mehrere Statuen mussten im 19. Jh. entfernt werden, um die Fassade vor dem Zusammenbruch unter deren Gesamtgewicht zu bewahren.

Die verbliebenen Statuen des deutschen Bildhauers Heinrich Meyring (oder Enrico Merengo auf Italienisch) bestehen kaum aus frommen Werken, sondern aus etlichen unterwürfigen Hommagen an die Patrone der Kirche. Zu den überwältigenden Werken im Innenraum gehören Tin-

torettos *Fußwaschung* im Altarraum links vom Hauptaltar und Palma Il Giovane *Abendmahl* gegenüber.

SÄULE DES SAN TEODORO DENKMAL

Karte S. 312 (Piazzetta di San Marco; San Marco) Dies ist eine der beiden Granitsäulen auf der Piazzetta di San Marco, die mit Statuen der Stadtheiligen geschmückt sind. Auf dieser Säule steht der Kriegsheilige San Teodoro, der erste Schutzheilige Venedigs. Er hält einen Speer in seiner Hand und posiert auf einem Krokodil, das einen getöteten Drachen darstellen soll.

SÄULE DES MARKUSLÖWEN DENKMAL

Karte S. 312 (Piazzetta di San Marco; San Marco) Dies ist die andere der beiden Granitsäulen auf der Piazza di San Marco, die mit den Statuen der Stadtheiligen geschmückt sind. Auf der östlichen Säule befindet sich ein geflügelter Löwe – ein berühmtes Symbol sowohl für den hl. Markus als auch für die Stadt Venedig.

PONTE DEI SOSPIRI BRÜCKE

Karte S. 312 (Seufzerbrücke; San Zaccaria) Eine der am meisten fotografierten Sehenswürdigkeiten Venedigs – die Seufzerbrücke verbindet den Palazzo Ducale mit den aus dem 16. Jh. stammenden Priggione Nove (Neues Gefängnis). Ihre unwahrscheinliche Popularität verdankt sie dem britischen Freigeist Lord Byron (1788–1824), der sie in seinem Gedicht *Childe Harolds Pilgerfahrt* erwähnte. Es heißt, dass die verurteilten Gefangenen seufzten, als sie über die geschlossene Brücke gingen und ein letztes Mal die Schönheit der Lagune erblickten. Heute stammen die Seufzer hauptsächlich von jenen Passanten, die versuchen, den fotografierenden Massen auszuweichen.

CHIESA DI SAN ZULIAN KIRCHE

Karte S. 312 (041 523 53 83; Campo San Zulian 604; 8.30–19 Uhr; Rialto) GRATIS Die Kirche wurde im Jahr 829 gegründet und später von Sansovino neu gestaltet. Das Geld dazu stammte von dem Arzt Tomasso Rangone, der sein Vermögen mit dem Verkauf von Heilmitteln gegen die Syphilis und einem Buch machte, das die Geheimnisse enthüllt, wie man über 100 Jahre alt wird (er starb mit 84). Der Arzt ist in Bronze über dem Portal verewigt – mit Sarsaparilla, seinem „Wunderkraut" zur Behandlung von Geschlechtskrankheiten. Im Inneren der Kirche befinden sich unter der bemalten Decke Werke von Palma Il Giovane sowie Veroneses *Der tote Christus und Heilige*.

CHIESA DI SAN SALVADOR
KIRCHE

Karte S. 312 (☑041 523 67 17; www.chiesasan salvador.it; Campo San Salvador 4835; ◷Mo–Sa 9–18, So 15–19 Uhr; ⊠Rialto) GRATIS Ein wahr gewordener Traum: San Salvador wurde im 7. Jh. entworfen nachdem Jesus dem schlafenden Bischof Magnus erschienen war und ihm den Punkt auf einer Lagunenkarte gezeigt hatte, an dem er eine Kirche bauen sollte. Es gab jedoch ein kleines technisches Problem: Die Stadt Venedig gab es noch gar nicht und die Gegend bestand hauptsächlich aus Schlammbänken. Doch Bischof Magnus war zuversichtlich, dass nach dem Bau der Kirche die Gemeindemitglieder schon folgen würden – und heute beweist die Kirche auf einem lebhaften *campo* (Platz), dass er Recht hatte.

San Salvador, dessen Grundriss drei lückenlos aneinandergelegten griechischen Kreuzen entspricht, wurde in den vergangenen Jahrhunderten mehrfach umgestaltet und ausgeschmückt; die heutige Fassade stammt von 1663. Unter den sehenswerten Kunstwerken im Kirchenschiff befinden sich zwei Gemälde von Tizian: die *Verklärung* hinter dem Hauptaltar sowie die spektakuläre *Verkündigung* am Sansovino-Altar (dritter von vorne auf dem Weg zum Hauptaltar) – ein errötender junger Engel überbringt einer erschrockenen Maria die gute Nachricht, und über allem schwebt eine strahlende Taube.

✖ ESSEN

Die teuersten Restaurants Venedigs befinden sich in San Marco – einige, darunter das von Michelin ausgezeichnete Quadri, sind das Geld wert, aber viele sind einfach nur überteuert. Es lohnt sich, nach Lokalen abseits der Touristenrouten Ausschau zu halten, die überschaubare Speisekarten haben und den Fokus auf lokale Produkte legen. Wer nur einen kleinen Snack sucht, findet fantastische Bäckereien und *cicheti* (venezianische Tapas).

★ SUSO
EIS €

Karte S. 312 (☑348 564 65 45; www.gelatovenezia. it; Calle de la Bissa 5453; Kugel 1,60 €; ◷10–24 Uhr; ⊠Rialto) 🍦 Das Eis im Suso wird vor Ort hergestellt und enthält keine künstlichen Farbstoffe. Angeboten werden außergewöhnliche jahreszeitliche Kreationen wie Mascarpone mit Feigensoße und Walnüssen; es gibt auch glutenfreie Waffeln.

★ ROSA SALVA
BÄCKEREI €

Karte S. 312 (☑041 521 05 44; www.rosasalva. it; Calle Fiubera 951; Gebäck 1,30–7,50 €; ◷8–20 Uhr; ⊠Rialto) Mit frisch gebackenem Strudel und solidem Cappuccino sorgt Rosa Salva seit über einem Jahrhundert für einen guten Grund, dass die Venezianer sich bereits frühmorgens aus dem Bett quälen. Gut gelaunte, effiziente Bedienungen sorgen hinter dem makellosen Tresen für einen kräftigen Espresso und Pistazien-Profiteroles, die Kraft für die Überquerung der nächsten 30 Brücken bringen. Mittags wird das süße Gebäck von deftigen Sandwiches und warmen Speisen abgelöst.

AL THEATRO
CAFÉ €

Karte S. 312 (☑041 522 10 52; www.altheatro. it; Campo San Fantin 1917; Snacks 6–16 €; ◷8–22.30 Uhr; ☎; ⊠) Versteckt in einem unscheinbaren Gebäude neben La Fenice liegt dieses sehr gute Café und Restaurant, das Opernbesucher vor dem Verhungern bewahrt. Aufgepasst: Al Theatros Tresen ist gefüllt mit köstlichen *tramezzini* (kleinen dreieckigen Sandwiches) mit Schinken und Ei, geräuchertem Lachs mit Pesto oder Garnelen und Paprika. Außerdem gibt es Salate, Crostini und *pizzette* (Minipizzas) sowie sonnige Sitzplätze im Freien.

ROSTICCERIA GISLON
VENEZIANISCH, DELIKATESSEN €

Karte S. 312 (☑0415 22 35 69; Calle de la Bissa 5424; Gerichte 15–25 €; ◷Di–So 9–21.30, Mo 9–15.30 Uhr; ⊠Rialto) Schon seit den 1930er-Jahren essen in dieser schnörkellosen *rosticceria* (eine Art Imbisslokal mit gegrillten und frittierten Speisen) die Arbeiter aus San Marco: Im Erdgeschoss befindet sich ein ultramarinblauer Tresen im Kantinenstil, im oberen Stock ein kleines Restaurant. Auf den Tisch kommen *arancini* (Reisbällchen), frittierte Mozzarellakugeln, Kroketten und gebratener Fisch. Niemand hat behauptet, dass es hier ernährungstechnisch ausgewogen zugeht!

AI MERCANTI
ITALIENISCH €€

Karte S. 312 (☑041 523 82 69; www.aimercanti. it; Calle Fuseri 4346a; Gerichte 35–40 €; ◷Di–Sa

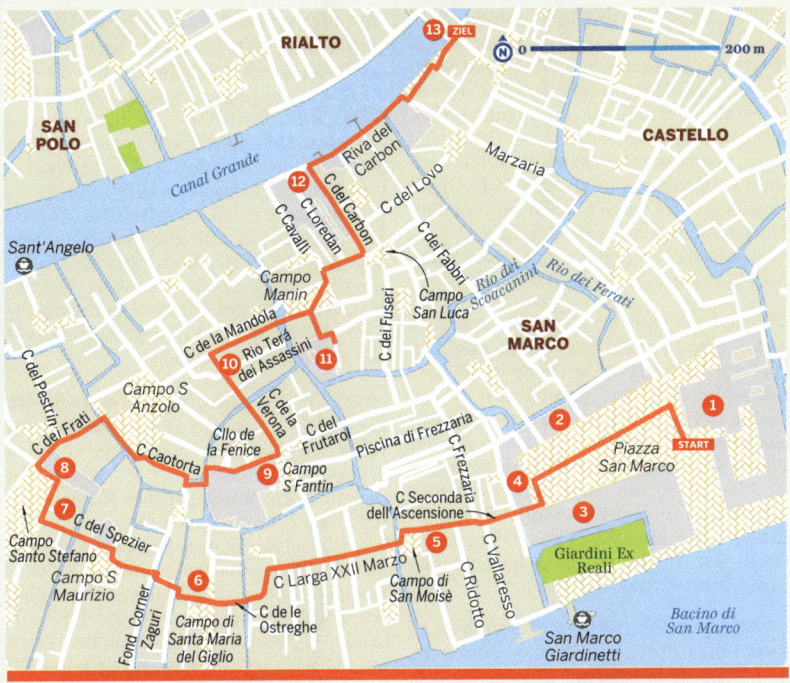

Stadtspaziergang
Highlights in San Marco

START PIAZZA SAN MARCO
ZIEL PONTE DI RIALTO
LÄNGE/DAUER 2 KM; 2 STUNDEN

Wer bereits um 7 Uhr auf der Piazza San Marco eintrifft, erlebt die ❶ **Basilica di San Marco** (S. 58) ohne Touristenhorden und Souvenirverkäufer. Außerdem bietet sich ein ungestörter Blick auf die von Mauro Codussi erbauten ❷ **Procuratie Vecchie** und die von Scamozzi entworfenen und von Longhena vollendeten ❸ **Procuratie Nuove**, die die Seiten der Piazza flankieren. Heute befinden sich das Museo Correr in den Procuratie Nuove und der ❹ **Ala Napoleonica**, der Palast, für dessen Bau Napoleon die Kirche San Geminiano schleifen ließ. Weiter geht es durch die Arkade und über Venedigs nobelste Einkaufsstraße vorbei an der ❺ **Chiesa di San Moisè** (S. 71) und der ❻ **Chiesa di Santa Maria del Giglio** (S. 68). Der Weg führt über die Brücken von drei Kanälen auf den Campo Santo Stefano. Hier lohnt sich eine Pause

im ❼ **Le Café** (S. 75). Weiter geht es auf der Calle dei Frati vorbei an der ❽ **Chiesa di Santo Stefano** (S. 65). Auf dem Campo San Anzolo biegt man rechts in die Calle Caotorta, überquert den Kanal und geht links über den Rio de le Ostreghe und steht vor ❾ **La Fenice** (S. 70). Weiter geht es durch die Calle de la Verona in die ❿ **Calle dei Assassini**. Hier wurden früher so viele Leichen gefunden, sodass Venedig 1128 das Tragen von Vollbärten, die viele Mörder zur Tarnung trugen, verbot. An der Calle de la Mandola biegt man rechts auf den Campo Manin. Auf der Calle de Vida oder de le Locande kommt man zur ⓫ **Scala Contarini del Bovolo** (S. 68). Es geht zurück zum Campo Manin mit der Salizada San Luca in der Nordecke des Platzes. Vor dem Campo San Luca biegt man links in die Calle del Carbon. Sie führt an der ⓬ **Ca' Loredan**, Venedigs Rathaus, vorbei. An der Seite zur Calle del Carbon befindet sich eine Plakette zu Ehren von Elena Cornaro Piscopia, der ersten Frau, die 1678 promovierte. Die Riva del Carbon führt bis zur ⓭ **Rialto-Brücke**.

11.30–15 & 19–22, Mo 19–23 Uhr; 🚊Rialto) Wände in Kürbistönen, glänzendes goldenes Zubehör und pechschwarze Tische und Stühle – das Ai Mercanti schafft mühelos eine romantische Stimmung. Kein Wunder, dass hier verliebte Pärchen sehr gerne bei einem Wein zusammensitzen und die große Auswahl an Gerichten im modernen Bistrostil genießen. Auch wenn der Schwerpunkt auf Meeresfrüchten und Fleischgerichten liegt, gibt es in diesem Lokal einige wunderbare Angebote auch für Vegetarier.

OSTERIA DA CARLA VENEZIANISCH €€

Karte S. 312 (📞041 523 78 55; www.osteriadacarla.it; Corte Contarina 1535a; Gerichte 40–45 €; ⏱Mo–Sa 9–22.30 Uhr; 🚊San Marco) Eingeweihte treffen sich in dem etwas versteckt gelegenen Hof – weniger als 100 m von der Piazza San Marco entfernt –, um *cicheti* an der Theke oder aber ein köstliches romantisches Essen zu genießen. Das Ambiente ist modern und altmodisch zugleich; es gibt offene Backsteinwände und auch interessante Kunstwerke zu erblicken.

OSTERIA AL BACARETO VENEZIANISCH €€

Karte S. 312 (📞041 528 93 36; https://bacareto.it; Crosera de le Boteghe; Gerichte 35–40 €; ⏱8–16 & 18.30–22.30 Uhr; 🚊San Samuele) Die traditionelle Trattoria bietet unbeirrt aller modischen Strömungen klassische venezianische Küche. Es gibt große Teller voll Buchweizen-*bigoli* (venezianische Nudeln) mit eingelegten Sardinen und Stielmus, Tintenfisch mit Polenta sowie ein großes Angebot an frischem Fisch aus der Lagune.

Wer jedoch keine Zeit für ein Essen im Sitzen hat, kann an der Bar eine Auswahl an schmackhaften *cicheti* genießen.

⭐RISTORANTE QUADRI ITALIENISCH €€€

Karte S. 312 (📞041 522 21 05; www.alajmo.it; Piazza San Marco 121; Menü 140–225 €; ⏱Di–So 12.30–14.30 & 19.30–22.30 Uhr; 🚊San Marco) Wenn es um venezianischen Glamour geht, ist das historische, mit einem Michelin-Stern ausgezeichnete Restaurant an der Piazza San Marco nicht zu schlagen. Eine kleine Schar Servicepersonal begleitet die Gäste, wenn sie an ihren Tisch geführt werden. Der Raum besticht durch Damasttischdecken, Goldfarben, bemalte Balken und Kronleuchter aus Muranoglas. Das Essen ist vorzüglich; geschickt werden venezianische Eigenheiten mit modernen italienischen Speisen kombiniert.

⭐TAVERNA LA FENICE ITALIENISCH €€€

Karte S. 312 (📞041 522 38 56; www.ristorante lafenice.it; Campiello de la Fenice 1939; Gerichte 45–60 €, Tagesgericht 25–30 €; ⏱12–24 Uhr; ❄; 🚊Santa Maria del Giglio) 🍴 In dem historischen Restaurant mit der Kassettendecke aus Holz, dem glänzenden Terrazzoboden und der rot-goldenen Tapete fühlt man sich in eine andere Zeit versetzt. Die Taverna La Fenice ist der offizielle Caterer für alle Events in La Fenice und bietet eine raffinierte Karte mit Köstlichkeiten wie Rinderfilet in Barolo, Trüffelravioli und wunderbares Haselnusseis. Ein echtes Erlebnis – wie ein Abend in der Oper.

⭐BISTROT DE VENISE VENEZIANISCH €€€

Karte S. 312 (📞041 523 66 51; www.bistrotde venise.com; Calle dei Fabbri 4685; Gerichte 47–78 €; ⏱12–15 & 17–1 Uhr; 📝; 🚊Rialto) In diesem Bistro mit gehobener Küche kann man eine Zeitreise unternehmen, denn der Küchenchef Bartolomeo Scappi hat Rezepte aus der Renaissance wiederbelebt. In dem rot-goldenen Speisesaal fühlt sich der Gast wie ein Doge, wenn geschmorte Ente mit Wildapfel-Zwiebel-Creme oder die Pasta auf jüdische Art mit Gans, Rosinen und Pinienkernen serviert werden. Sogar die Desserts sind von betörender Exotik.

TRATTORIA DA FIORE VENEZIANISCH €€€

Karte S. 312 (📞041 523 53 10; www.dafiore.it; Calle de le Botteghe 3461; Gerichte 40–60 €; ⏱12.30–14.30 & 19.30–22.30 Uhr; 🚊San Samuele) Rustikal-schicke Einrichtung bestimmt den Rahmen für ausgezeichnete venezianische Gerichte aus sorgfältig ausgesuchten saisonalen Zutaten von kleinen venezianischen Erzeugern. Das Restaurant ist mit Recht berühmt für seine Gerichte mit Meeresfrüchten. Nebenan befindet sich der dazugehörige Bar mit ausgezeichneten *cicheti* zu viel günstigeren Preisen.

AUSGEHEN & NACHTLEBEN

Kaum irgendwo findet man so viel altmodische Pracht wie in Venedig und San Marco bietet einige der weltweit berühmtesten und prächtigsten Cafés und Bars. Natürlich kostet der *spritz* (Cocktail mit Campari und Prosecco) auf der Piazza San Marco bis zu fünfmal

mehr als in einer abgelegenen Gasse in Cannaregio. Aber manchmal muss man sich einfach schick machen und so tun, als wäre man ein Krösus.

★ CAFFÈ FLORIAN   CAFÉ

Karte S. 312 (☎041 520 56 41; www.caffeflorian.com; Piazza San Marco 57; ⊙9–23 Uhr; 🚢San Marco) Das älteste Café Europas und eines der ersten, in dem Frauen willkommen waren – das Florian hält die alten Traditionen von 1720 am Leben (allerdings nicht die Preise): Livrierte Servicekräfte servieren Cappuccino auf dem Silbertablett, Pärchen schmusen auf Plüschbänken und das Orchester beginnt zu spielen, wenn die untergehende Sonne die Mosaike von San Marco zum Leuchten bringt. Wenn das Orchester spielt, zahlt man auf der Piazza 6 € extra, aber einem echten Romantiker kann dieser Aufpreis nichts anhaben.

★ BAR LONGHI   COCKTAILBAR

Karte S. 312 (☎041 79 47 81; www.hotelgrittipalacevenice.com; Campo di Santa Maria del Giglio 2467; ⊙11–1 Uhr; 🚢Giglio) Die wundervolle Bar Longhi im Gritti Palace ist sicherlich wahnsinnig teuer, aber die Umgebung – Stoffe von Fortuny, eine Bar mit Marmorintarsien, Spiegel aus dem 18. Jh. und millionenteure Gemälde von Piero Longhi – erklärt den Preis für den Hauscocktail Orange Martini. In den Sommermonaten muss man sich zwischen den glitzernden Innenräumen und der spektakulären Terrasse am Canal Grande entscheiden.

★ GRANCAFFÈ QUADRI   CAFÉ

Karte S. 312 (☎041 522 21 05; www.alajmo.it; Piazza San Marco 121; ⊙9–24 Uhr; 🚢San Marco) Gepuderte Perücken würden so recht in dieses barocke Café mit Bar passen, das seit 1638 besteht. Während des Karnevals feiern kostümierte Besucher, als ob es 1699 wäre – auch wenn die Preise dann explodieren und ein *spritz* bis zu 15 € kostet. Wer auf der Piazza sitzt, kann das beste Schauspiel der Stadt erleben: Die untergehende Sonne lässt die goldenen Mosaike des Doms erst richtig aufleuchten.

★ VINERIA DAI DO CANCARI   WEINLOKAL

Karte S. 312 (☎041 241 06 34; www.daidocancari.it; Calle de le Botteghe 3455; ⊙10.45–13.15 u. 14.30–23 Uhr; 🚢San Samuele) Marco Nordio hat sein proppenvolles Weinlokal in der charaktervollen Calle de le Botteghe mit ungewöhnlichen Flaschen aus dem Veneto

und Italien gefüllt, bietet aber auch einige gute preiswerte *vini sfuso* (offene Weine). Am Tresen kann man bei leckeren Käsehäppchen die Weine vor dem Kauf probieren. Marco hat viel Erfahrung und spricht auch Englisch und Französisch.

OSTERIA ALL'ALBA   WEINLOKAL

Karte S. 312 (Ramo del Fontego dei Tedeschi 5370; ⊙16–24 Uhr; 🚢Rialto) Der Lärm hinter der Rialto-Brücke zeigt, dass im All'Alba mal wieder eine Menge los ist. Einfach mit reindrängeln und leckere Salami-Sandwiches und einen guten DOC-Wein aus dem Veneto bestellen und die mit alten LPs und Danksagungen in etwa zwölf Sprachen geschmückten Wände bewundern.

LE CAFÉ   CAFÉ

Karte S. 312 (☎041 523 00 02; www.lecafevenezia.com; Campo Santo Stefano 2797; ⊙im Sommer 8–23 Uhr, im Winter 8–20.30 Uhr; 🚢San Samuele) Viel mehr als nur ein Café – denn das Le Café bietet alles von Croissants bis zu Pasta und Cocktails. Aber der Hauptgrund für einen Besuch hier ist ein Sitzplatz im Freien, von dem aus man das geschäftige Treiben sehr gut beobachten kann.

HARRY'S BAR   BAR

Karte S. 312 (☎041 528 57 77; www.harrysbarvenezia.com; Calle Vallaresso 1323; ⊙10.30–23 Uhr; 🚢San Marco) Angehende Schriftsteller drängen sich an den Tischen, an denen einst Ernest Hemingway, Charlie Chaplin, Truman Capote und Orson Welles gesessen haben und genießen dort den charakteristischen Bellini zu 21 € (das Originalrezept von Giuseppe Cipriani stammt von 1948: weißer Pfirsichsaft und Prosecco) – mit der großen Hoffnung auf künftigen Ruhm.

CAFFÈ BRASILIA   WEINLOKAL

Karte S. 312 (☎041 523 99 18; Calle dei Assassini 3658; ⊙Mo–Sa 7–2, So 11–2 Uhr; 🚢Sant'Angelo) Die freundliche kleine Bar in einer Seitenstraße ähnelt einer einfachen Kneipe – eine echte Seltenheit im noblen San Marco. Da es zudem die Stammkneipe einer aus Rechtsanwälten bestehenden Fußballmannschaft ist, befindet sich auch ein Trophäenschrank an der Wand.

BLACK-JACK   WEINLOKAL

Karte S. 312 (Campo San Luca 4267b; ⊙7.30–21 Uhr; 🚢Rialto) Liebenswürdige Kellner servieren köstliche *cicheti* an der zentralen, hufeisenförmigen Bar dieses gehobenen

Lokals im Haupteinkaufsbezirk. Ein wunderbarer Ort für einen Snack und einen Drink auf dem Weg zu La Fenice oder zum Teatro Goldoni – zudem kann man sich hier auch richtig satt essen.

BACARANDO   BAR
Karte S. 312 (☏041 523 82 80; www.bacarando. com; Corte dell'Orso 5495; ◷10.30–24 Uhr; 🚊Rialto) Wer es geschafft hat, die holzgetäfelte Bar in dem Gewirr der Gassen nahe San Bartolomeo zu finden, darf sich einen Cocktail gönnen und einen Teller voll *cicheti* bestellen. Wegen der lässigen Atmosphäre und eines lebendigen Veranstaltungskalenders mit Kultur und Livemusik ist die Bar bei jungen Leuten sehr beliebt.

L'OMBRA DEL LEONI   BAR
Karte S. 312 (☏041 521 87 11; Calle Ridotto 1364a; ◷9–21 Uhr; 🚊San Marco) Die Gäste dieses Café-Restaurants im Palazzo Ca' Giustinian können sich über die fantastische Lage mit Blick auf den Canal Grande freuen. Wer Glück hat, erwischt möglicherweise einen Platz auf der Terrasse – ein perfekter Ort, um die vorbeifahrenden Gondeln zu beobachten, den faszinierenden Hintergrund bilden die Kirchen der Stadt.

CAFFÈ LAVENA   CAFÉ
Karte S. 312 (☏041 522 40 70; www.lavena. it; Piazza San Marco 133/134; ◷9.30–23 Uhr; 🚊San Marco) Der Opernkomponist Richard Wagner hatte eine gute Idee: Wenn man in Venedig weiche Knie bekommt, sollte man sich eine Stärkung im Lavena gönnen. Ein Espresso an der verspiegelten Bar ist ein gutes Mittel – und keine Angst wegen der etwas fragwürdigen antiken Leuchter mit „Mohrenköpfen". Auch auf der Piazza lässt sich ein *caffè corretto* (Kaffee mit Alkohol „korrigiert") genießen, dazu spielen die geübten Geiger von Lavena.

ENOTECA AL VOLTO   WEINLOKAL
Karte S. 312 (☏041 522 89 45; http://enoteca alvolto.com; Calle Cavalli 4081; ◷10–16 & 18–22 Uhr; 🚊Rialto) Die Menschenmassen drängen nur so in das alte und holzgetäfelte Lokal, das an einen Schiffsbauch erinnert. Die Gäste genießen die große Auswahl an *cicheti*. An der Decke über den golden schimmernden Messinglaternen befinden sich Hunderte von Etiketten von Weinflaschen, nur einige der Flaschen, die hier jeden Abend geöffnet werden.

TEAMO   WEINLOKAL
Karte S. 312 (☏041 528 37 87; www.teamowine bar.com; Rio Terà de la Mandola 3795; ◷Fr–Mi 8.30–22.30 Uhr; 🚊Sant'Angelo) Tagsüber ist es eher ein Café, aber am Abend füllen sich die kleinen Tische mit einem bunt gemischten Publikum, das Wein trinkt und dazu *salumi* (Wurstwaren) und Käse, die auf riesigen Tellern serviert werden, verspeist.

CAFFÈ CENTRALE   COCKTAILBAR
Karte S. 312 (☏041 887 66 42; www.caffecentra levenezia.com; Piscina de Frezzaria 1659b; ◷19 Uhr bis spätabends; 🚊San Marco) Auf den schwarzen Ledersofas unter den stimmungsvollen Kronleuchtern aus Muranoglas kann man vielleicht ein oder zwei Berühmtheiten erspähen. Das Essen ist teuer und die VIP-Tische am Canal sind kühl, aber die schicke, moderne Bar zieht mit großartigen *Spritz*-Cocktails, Mitternachtssnacks, chilliger Musik von DJs und gelegentlichem Live-Jazz jede Menge Opernbesucher aus La Fenice an.

BÀCARO JAZZ   BAR
Karte S. 312 (Calle del Fontego dei Tedeschi 5546; ◷12–2 Uhr; 🚊Rialto) Eine Bar, deren Decke voller BHs hängt, kann wohl kaum als „elegant" bezeichnet werden. Wer aber einmal eine Abwechslung von all den gediegenen *Cicheti*-Bars sucht, findet im Bàcaro Jazz ein lautes, aber ziemlich trashiges Lokal, das an den Wochenenden sozusagen bis unter die Dachbalken voll ist.

⭐ UNTERHALTUNG

⭐ TEATRO LA FENICE   OPER
Karte S. 312 (☏041 78 66 54; www.teatrolafenice. it; Campo San Fantin 1977; Karten 25–250 €; 🚊Giglio) Eines der besten Opernhäuser Italiens – La Fenices Bühne bietet ein großes Angebot an Opernaufführungen, Ballett und klassischer Musik. Die Hauptspielzeit läuft von Januar bis Juli sowie September bis Oktober. Die billigsten Plätze (25 €) befinden sich naturgemäß in den obersten Rängen: Die Sicht ist stark eingeschränkt, aber man hört die Musik, sieht das Orchester, genießt die Atmosphäre – und kann auch die Leute beobachten.

TEATRO GOLDONI   THEATER
Karte S. 312 (☏041 240 20 14; www.teatrostabi leveneto.it; Calle del Teatro 4650b; 🚊Rialto)

Das nach dem großen Dramatiker Venedigs, Carlo Goldoni, benannte wichtigste Theater der Stadt bietet ein beeindruckendes Programm von Goldoni-Komödien über Shakespeare-Dramen (hauptsächlich in italienischer Sprache) bis zu Ballett und Konzerten. Man sollte sich von den riesigen Bronzetüren aus dem 20. Jh. nicht täuschen lassen – das ehrwürdige Theater stammt von 1622 und der Innenraum des Schmuckstücks fasst etwa 800 Zuschauer.

MUSICA A PALAZZO   OPER

Karte S. 312 (📞3409717272; www.musicapalazzo. com; Palazzo Barbarigo Minotto, Fondamenta Duodo o Barbarigo 2504; Eintrittskarte inkl. Getränk 85 €; ⏱ab 20 Uhr; 🚤Giglio) Besucher sollten besser ihr Prosecco-Glas festhalten und sich auf alles gefasst machen: In historischen Salons gefährden hohe Sopranstimmen die Stabilität der Gläser und donnernde Baritontöne hallen von den intarsienverzierten Fußböden wider.

Dargeboten werden Opernarien von Verdi bis Rossini, dabei erstreckt sich die Veranstaltung von Empfangsraum-Ouvertüren bis zu Wohnzimmer-Duetten mit Blick auf den Canal Grande, gefolgt vom Zweiten Akt im Speisesaal mit der Tiepolo-Decke und dem großen Finale im Schlafzimmer.

INTERPRETI VENEZIANI   KLASSISCHE MUSIK

Karte S. 312 (📞041 277 05 61; www.interpreti veneziani.com; Chiesa San Vidal, Campo di San Vidal 2862; Erw./erm. 30/25 €; ⏱Vorstellung 20 Uhr; 🚤Accademia) Eingefleischte Klassikfans zucken zusammen bei dem Gedanken, dass seit Jahrzehnten Abend für Abend Vivaldi gespielt wird, aber er bietet wirklich die passende Begleitmusik für diese Stadt der Intrigen. Man wird nie wieder die Vier Jahreszeiten hören ohne an gewaltige Sommerstürme über der Lagune zu denken oder an schneegedämpfte Schritte, die über eine Brücke eilen und hinterhältige nächtliche Machenschaften ausbrüten.

MULTISALA ROSSINI   KINO

Karte S. 312 (📞041 241 72 74; Salizada de la Chiesa o del Teatro 3997a; Erw./erm. 7,50/7 €; ⏱Vorstellungen Di–So; 🎫; 🚤Sant'Angelo) Das ganze Jahr über werden im größten Kino der Stadt preisgekrönte Spielfilme und Kassenschlager vorgeführt. Freitags und montags werden Filme in der Originalversion gezeigt, an den anderen Tagen laufen die synchronisierten Fassungen.

 SHOPPEN

San Marco ist das wichtigste Einkaufsviertel Venedigs; hier wimmelt es von teuren Geschäften. Die Haupteinkaufsstraßen führen von der berühmten Rialto-Brücke zum Campo San Anzolo und zur Piazza San Marco sowie von der Piazza Richtung Westen zum Campo di Santa Maria del Giglio.

⭐CHIARASTELLA CATTANA   HAUSHALTSWAREN

Karte S. 312 (📞041 522 43 69; www.chiarastella cattana.com; Salizada San Samuele 3216; ⏱Mo–Sa 11–13 & 15–19 Uhr; 🚤San Samuele) Jede Wohnung lässt sich mit diesen in der Region gewebten, original venezianischen Leinenwaren einen ganz neuen Charakter geben. Neckische Kissen mit pummeligen lila Nashörnern und griesgrämigen scharlachroten Elefanten scheinen direkt aus den Gemälden von Pietro Longhi entsprungen zu sein, Jacquard-Handtücher mit handgefertigten Fransen trocknen die Hände stilvoll. Wer gerne dekoriert und sich mit Design beschäftigt, kann einen ganzen Nachmittag hier verbringen und sich beispielsweise mit maßgefertigten Servietten und Gardinen beschäftigen.

⭐LIBRERIA LINEA D'ACQUA   BÜCHER

Karte S. 312 (📞041 522 40 30; https://linea dacqua.it; Calle de la Mandola 3717d; ⏱Mo–Fr 9–13 & 15–19, Sa 10–13 Uhr; 🚤Rialto) Dieser wunderschöne Laden mit antiquarischen Büchern, Erstausgaben, Karten, Skulpturen und Stichen ist viel mehr als nur ein Geschäft – er ist ein Hüter der Seele Venedigs. Der Besitzer Luca Zentilini ist Wissenschaftler und Künstler, er bewahrt Bücher und gibt eine Serie mit wunderschön illustrierten und bezahlbaren Büchern über venezianische Geschichte, Kultur, Kunst und Küche heraus. Einen Blick wert ist auch sein Online-Magazin In Time (https://intimemagazine.com).

★ BARENA   KLEIDUNG

Karte S. 312 (☎041 523 84 57; www.barena venezia.com; Rio Terà San Paternian 4260b; ⏰Mo, Di & Do–Sa 10–13 & 16–19.30, Mi 16–19.30 Uhr; 🚤Rialto) Die international bekannte venezianische Marke bringt bereits seit 1961 zeitlose, klassische Kleidung und Mäntel auf den Markt. Der Name stammt von den Sandbänken in der Lagune, die komfortable, lässige Mode in Erdtönen wird aus feinstem Garn aus dem Veneto gefertigt. Hier ersteht man auch den *tabarro,* den venezianischen Umhang, der von Königen und auch von Räubern getragen wurde.

L'OTTICO FABBRICATORE   KLEIDUNG

Karte S. 312 (L'O.FT; ☎041 522 52 63; Calle del Lovo 4773; ⏰Mo–Sa 10–13 & 15.30–19.30, So 11–17 Uhr; 🚤Rialto) Das Ehepaar Francesco und Marianna führt diesen exklusiven Laden, der einige der bekanntesten Namen der italienischen Modewelt präsentiert. Feine Seidenstoffe und Kaschmir überwiegen, grandiose Sonnenbrillen ergänzen den Look. Da überrascht es nicht, dass Francesco Optiker ist und das Geschäft einst eines der ältesten Brillengeschäfte Venedigs war.

OTTICA CARRARO   MODE & ACCESSOIRES

Karte S. 312 (☎041 520 42 58; www.otticacarraro. it; Calle de la Mandola 3706; ⏰Mo–Sa 9.30–13 & 15–19.30 Uhr; 🚤Sant'Angelo) Die Sonnenbrille am Lido verloren? Keine Sorge: Ottica Carraro fertigt eine Brille innerhalb von nur 24-Stunden an, inklusive Augenuntersuchung. Das Geschäft bietet unter dem Label „Venice" eine eigene Hausmarke an, die von Katzenaugenbrillen gegen Paparazzi reicht bis zu klobigen Holzfassungen, die den Träger wie einen bedeutenden Kritiker bei der Biennale aussehen lassen.

GIOBAGNARA   GLAS

Karte S. 312 (Il Prato Venezia; ☎041 523 11 48; www.ilpratovenezia.com; Calle delle Ostreghe

2456/9; ⏰10–19 Uhr; 🚤Santa Maria del Giglio) Das schicke Geschäft verkauft hauptsächlich Glaswaren, die schönsten Stücke stammen von Nason e Moretti, aber man findet auch innovative Gegenstände aus Holz, Metall und sogar Silikon.

FONDERIE VALESE   KUNSTHANDWERK

Karte S. 312 (☎041 522 72 82; http://valese.it; Calle Fiubera 793; ⏰Mo–Fr 10.30–18.30, Sa & So 11–18 Uhr) Wer eine schöne Erinnerung an Venedig mitnehmen möchte, sollte die Fonderie Valese besuchen, die letzte übrig gebliebene Sandguss-Gießerei für Bronze und Messing der Stadt. Hier findet man ein Wunderland voll mit glänzendem Gondelzubehör, Miniaturausgaben der Bronzepferde von San Marco, goldene venezianische Löwen, Karnevalsmasken, Türklopfer und Briefbeschwerer – alles einzigartige, erschwingliche Kunstwerke.

MARINA E SUSANNA SENT   GLAS

Karte S. 312 (☎041 521 04 14; www.marina esusannasent.com; Ponte San Moisè 2090; ⏰Mo–Sa 10–18.30 Uhr; 🚤San Marco Vallaresso) Der „briefmarkengroße" Laden auf der Brücke San Moisé lockt mit fantastischem Schmuck der beiden aus Murano stammenden Schwestern Marina und Susanna Sent, deren Entwürfe sogar im New Yorker MoMA ausgestellt sind. Zum größten Teil sind die Schmuckstücke aus Glas gefertigt, einige jedoch bestehen aus anderen Materialien, beispielsweise aus Silber.

POLI DISTILLERIE   ALKOHOL

Karte S. 312 (☎041 866 01 04; www.grappa.com; Campiello Feltrina 2511b; ⏰10–19 Uhr; 🚤Santa Maria del Giglio) Das Grappa-Geschäft bezaubert auch wegen der glänzenden Einrichtung aus Kupfer und Chrom. Die Familie Poli destilliert bereits seit 1898 Grappa und die freundlichen Mitarbeiter erklären gerne die unterschiedlichen Sorten.

SIGFRIDO CIPOLATO   SCHMUCK

Karte S. 312 (☎041 522 84 37; www.sigfrido cipolato.com; Calle de la Mandola 3717a; ⏰Mo–Sa 11–20 Uhr; 🚤Sant'Angelo) Wunderschöne Beutestücke, die jeden Piraten anlocken würden, werden in dem goldfischglasgroßen Fenster zur Schau gestellt: ein Sternbild aus Diamanten als Ring, eine kleine grüne Schlange aus Emaille, die ihre Zähne in eine Perle schlägt oder Diamantohrringe, die mit einem emaillierten Totenkopf aus Gold schließen. Obwohl die Sachen wie

Erbstücke aussehen, wurden die kleinen Wunder direkt vor Ort von dem Meisterjuwelier Sigfrido hergestellt.

BEVILACQUA FABRICS DESIGN
Karte S. 312 (☎041 241 06 62; www.bevilacqua tessuti.com; Campo di Santa Maria del Giglio 2520; ◐10–19 Uhr; ⛴Giglio) Ein Fernsehzimmer wird mit venezianischer Grandezza von Bevilacqua zum eleganten Salon. Das Unternehmen liefert feine *soprarizzo* (Brokatstoffe aus Samt und Seide), Damast und Troddeln für Europas größte Schlösser und Italiens protzigste moderne Apartments.

Die Meisterkünstler weben die feinen Stoffe immer noch in Venedig und zwar auf hölzernen Webstühlen, die noch aus dem 18. Jh. stammen; im Geschäft befindet sich lediglich eine kleine Auswahl ihrer Kunststücke. Auch Kissen und Polstermöbel werden nach Wunsch angefertigt.

ATELIER SEGALIN DI DANIELA GHEZZO SCHUHE
Karte S. 312 (☎041 522 21 15; www.daniela ghezzo.it; Calle dei Fuseri 4365; ◐Mo–Fr 10–13 & 15–19, Sa 10–13 Uhr; ⛴San Marco) Wenn die goldene Kette vor dem Eingang der historischen Werkstatt hängt, bedeutet das, dass Daniela bereits einen Kunden berät und mit ihm über kostbares Leder diskutiert, während dessen Fuß vermessen wird. Jedes Paar ist maßgefertigt, man läuft also keine Gefahr, dass eine andere Diva neue smaragdgrünen Stiefel aus Straußenleder trägt oder die getupften Budapester aus dem Leder des Mantarochen an einem Rivalen gesehen werden.

Allerdings muss man für die exklusiven Treter mit lediglich etwa 1000 € und ungefähr sechs Wochen Wartezeit rechnen.

CAIGO DA MAR HAUSHALTSWAREN
Karte S. 312 (☎041 243 32 38; www.caigodamar. com; Salizzada San Samuele 3157/A; ◐Mo–Sa 10–13 & 16–19 Uhr; ⛴San Samuele) Früher fuhren die venezianischen Seeleute nach Konstantinopel, um ihre Inneneinrichtung „räuberisch" zu erwerben – heute müssen sie nicht weiter als bis zu Caigo da Mar gehen. Diese kleine Schatzhöhle ist bis zum Rand gefüllt mit beeindruckenden Leuchtern aus schwarzem Muranoglas und Kissen von Fornasetti, dazu kommen zahlreiche Lampen in Tintenfischform und Geschirr in Nautilusmuschelform, um jedes Wohnzimmer wie das untergegangene Atlantis aussehen zu lassen.

SV LAB MODE & ACCESSOIRES
Karte S. 312 (☎041 522 05 95; www.svlab.it; Campo San Maurizio 2663; ◐Mo–Sa 10–19.30, So 11–18 Uhr; ⛴Giglio) SV Lab verkauft absolut coole Bekleidung für Männer und Frauen mit einer Rock-'n'-Roll-Sensibilität, aber mit dem untrüglichen Gespür eines Patriziers für Qualität. Die Jacketts aus Seide und Kaschmir sind besonders schön – aber leider braucht man dafür auch den Geldbeutel eines reichen Patriziers.

FONDACO DEI TEDESCHI KAUFHAUS
Karte S. 312 (www.dfs.com; Calle del Fontego dei Tedeschi 5350; ◐10–20 Uhr; ⛴Rialto) In einem der beeindruckendsten Gebäude am Canal Grande, dem ehemaligen deutschen Handelskontor aus dem 16. Jh., befindet sich das Luxuskaufhaus des Konzerns DFS. Ein Besuch lohnt sich – egal, ob man nun die Tasche mit dem vierstelligen Preisschild kaufen möchte oder nicht. Vier Stockwerke mit Säulengalerien ziehen sich um den großen Innenhof, von der Dachterrasse bietet sich ein fantastischer Ausblick.

L'ARMADIO DI COCO LUXURY VINTAGE VINTAGE
Karte S. 312 (☎041 241 32 14; www.larmadiodi coco.it; Campo di Santa Maria del Giglio 2516a; ◐10.30–19 Uhr; ⛴Giglio) Gerammelt voll mit heiß geliebten, getragenen Designerschätzen aus der letzten Saison – in dem winzigen Laden findet man klassische Chanel-Kostüme, erlesene Kaschmirmäntel und limitierte Gucci-Taschen.

VENETIAN DREAMS MODE & ACCESSOIRES
Karte S. 312 (☎041 523 02 92; www.marisa convento.it; Calle de la Mandola 3805a; ◐Mo–Sa 10.30–19 Uhr; ⛴Sant'Angelo) Bei Marisa Conventos Wasseraccessoires trifft Haute Couture auf *acqua alta* (Hochwasser). Die Operndiven von La Fenice schmachten nach ihren mit Frischwasserperlen verzierten Samttaschen und Biennale-Künstler schnappen sich Glasperlencolliers, die an Tentakel erinnern. Sind keine Kunden da, steht Marisa an ihrem Werktisch und fertigt mühsam Colliers aus antiken Murano-*conterie* (Rocailleperlen), die wie Fingerkorallen erscheinen. Wer im Karneval die Leute zum Staunen bringen will, sollte sich hier ein Kostüm anfertigen lassen.

ARNOLDO & BATTOIS MODE & ACCESSOIRES
Karte S. 312 (☎041 528 59 44; www.arnoldo ebat tois.com; Calle dei Fuseri 4271; ◐Mo–Sa

10.30–13 & 15.30–19 Uhr; Rialto) Handtaschen werden zu Erbstücken wenn sie von den venezianischen Designern Massimiliano Battois und Silvano Arnoldo stammen. Ihre handgefertigten Clutches gibt es in gewagtem türkis- und magentafarbenem Leder mit barocken Verschlüssen aus lasergeschnittenem Holz. Kunstvoll drapierte Seidenkleider in Smaragdgrün und Grafit vervollständigen das Outfit für die feierliche Eröffnung der Biennale.

VENETIA STUDIUM   MODE & ACCESSOIRES

Karte S. 312 (☎041 523 69 53; www.venetia studium.com; Calle de le Ostreghe 2427; ⏱Mo–Sa 10.30–19, So 11–19 Uhr; Giglio) Hier bekommt man alles für den „Ich bin gerade aus Monaco zu meiner Vernissage eingetroffen"-Look, den Bohemiens lieben, die sich gut verheiratet haben. In den überaus dramatischen Delphi-Tuniken sieht beinahe jede Frau wie eine aufmerksamkeitsheischende moderne Tänzerin oder Erbin aus (auch Isadora Duncan und Peggy Guggenheim zählten zu den Fans). Die handbedruckten Taschen aus Samt und Seide sind eher kunstvoll als protzig.

MATERIALMENTE   DESIGN

Karte S. 312 (☎041 528 68 81; www.material mentevenezia.com; Mercerie San Salvador 4850; ⏱Mo–Sa 10.30–19 Uhr; Rialto) Das erfolgreiche Geschwister- und Künstlerpaar, Maddelena Venier und Alessandro Salvadori, hat sein kleines Geschäft vollgestopft mit skurrilen Kreationen wie an Fischgräten erinnernde Leuchter aus Draht, Wal-Mobiles und interessantem Schmuck.

BOTTEGA D'ARTE GIULIANA LONGO   HÜTE

Karte S. 312 (☎041 522 64 54; www.giulianalongo. com; Calle del Lovo 4813; ⏱Mo–Sa 10–19 Uhr; Rialto) Giulianas Geschäft ist der wahrgewordene Traum für jeden Hutfetischisten. Die Palette ist vielfältig – von handgefertigten Montecristi-Panamahüten bis zu einer fuchsiafarbenen Filzkreation für Peggy Guggenheim, die aussieht wie der Corno Ducale, die Kappe eines Dogen. Giuliana ist die meiste Zeit persönlich anwesend, poliert Fliegerkappen aus Leder oder bringt ein breites Band an einem *baretero* an, dem breitkrempigen Hut eines Gondolieri, der am besten etwas frech schräg auf den Kopf getragen wird (ab 65 €).

FIORELLA GALLERY   MODE & ACCESSOIRES

Karte S. 312 (☎335 8200873; www.fiorellagallery. com; Campo Santo Stefano 2806a; ⏱Öffnungszeiten variieren; Accademia) Fiorella fertigt schon seit 1968 Mode für „Rebellen", aber man benötigt auch das Einkommen eines vermögenden Rockstars, um sich eine ihrer Smokingjacken aus Pannesamt in dekadenten Lavendel- oder Ochsenbluttönen kaufen zu können, die per Hand mit Totenköpfen, Pfauen oder Fiorellas Markenzeichen – eine Ratte mit weit aufgerissenen Augen – bedruckt werden.

Die Öffnungszeiten passen stilmäßig dazu, denn auf dem Türschild steht treffend: „Ich öffne irgendwann."

MERCATINO DELL'ANTIQUARIATO   FLOHMARKT

Karte S. 312 (www.mercatinocamposanmaurizio. it; Campo San Maurizio; Giglio) Dieser vielgeliebte Flohmarkt findet an mehreren Wochenenden im Jahr statt; genaue Daten sind auf der Website zu finden. Die besten Stücke, darunter alte Campari-Poster, Postkarten aus Venedig, Muranoglas und zarte Buranospitze, kann man sich in den frühen Morgenstunden schnappen.

Dorsoduro

Highlights

❶ Gallerie dell'Accademia (S. 83) Ein Intensivkurs über venezianische Malerei: In diesem ehemaligen Kloster hängen heute Meisterwerke in leuchtenden Farben, mit ehemals zensierten Themen und von großer Eleganz.

❷ Basilica di Santa Maria della Salute (S. 86) Die heilenden Kräfte von Baldassare Longhenas mystischer Architektur ausfindig machen und Tizians versteckte Wunder finden.

❸ Ca' Rezzonico (S. 87) Durch barocke Ballsäle und Boudoirs Walzer tanzen, die mit fantastischen venezianischen Kunstwerken geschmückt sind.

❹ Peggy Guggenheim Collection (S. 85) Im ehemaligen Anwesen der amerikanischen Erbin am Canal Grande Kontakt mit Picasso, Pollock und Giacometti aufnehmen.

❺ Punta della Dogana (S. 88) Mutig über zeitgenössische Kunst und Architektur diskutieren.

Mehr Details siehe Karte S. 322.

Top-Tipp

Wer verrückt nach moderner Kunst ist, sollte sich die Jahreskarte Open Pass für die Peggy Guggenheim Collection anschaffen (45 €). Damit hat man freien Eintritt, Gäste erhalten eine Ermäßigung, der Audioguide ist günstiger und im Museumscafé und -shop bekommt man Rabatt; außerdem kann man kostenlos zehn weitere große italienische Museen für moderne Kunst besuchen. Der Young Pass (25 €) bietet die gleichen Vergünstigungen für Besucher unter 26 Jahren.

 Gut essen

➜ Riviera (S. 92)
➜ Cantine del Vino già Schiavi (S. 90)
➜ Osteria Bakán (S. 91)
➜ Enoteca ai Artisti (S. 92)
➜ Da Codroma (S. 91)

Details siehe S. 90. ➜

 Nett ausgehen

➜ Malvasia all'Adriatico Mar (S. 92)
➜ Chet Bar (S. 93)
➜ El Sbarlefo (S. 93)
➜ Osteria ai Pugni (S. 93)
➜ Caffè Rosso (S. 94)

Details siehe S. 92. ➜

⊙ Die schönste Aussicht

➜ Terrasse, Peggy Guggenheim Collection (S. 85)
➜ Punta della Dogana (S. 88)
➜ Canalettos *Blick auf den Canal Grande*, Ca' Rezzonico (S. 87)

Details siehe S. 83. ➜

Dorsoduro erkunden

Dorsoduro bietet nicht nur einige der besten Kunstgalerien Venedigs, sondern auch faszinierende Kirchen voller Kunstwerke. Kunstliebhaber benötigen zwei bis drei Tage, um alles zu sehen.

Die Sehenswürdigkeiten Dorsoduros liegen verstreut: Museen flankieren den Canal Grande an der Ostseite, Bars und peppige Restaurants befinden sich rund um den Campo Santa Margherita und den Campo San Barnaba im Nordwesten. Am besten beginnt man mit den Meisterwerken in den Gallerie dell'Accademia (S. 83) und stärkt sich dann bei Prosecco und *cicheti* (venezianische Tapas) in der Cantine del Vino già Schiavi (S. 90). Mit neuer Energie kann man sich den Bildern von Pollock und den Skulpturen von Marini in der Peggy Guggenheim Collection (S. 85) widmen.

Auf dem Weg zur Basilica di Santa Maria della Salute (S. 86) aus dem 17. Jh. und zum innovativen Kunstzentrum Punta della Dogana (S. 88) wirft man einen Blick auf das Geisterhaus Ca' Dario. Alternativ geht es vom Guggenheim Richtung Nordwesten zur Ca' Rezzonico (S. 87), um alte venezianische Sozialisten zu treffen. Auf jeden Fall sollte man danach einen Bummel beim Sonnenuntergang unternehmen und sich einen *spritz* (Cocktail mit Prosecco) am Zattere gönnen.

Lokalkolorit

➜ **Cicheti-Bars** Die köstlichen Häppchen aus Brot mit leckerem Belag, die man zum Wein genießt, findet man am besten in den Lokalen am Rio di San Trovaso.
➜ **Spritz-Zeit** Wenn die Uhr *spritz* (sechs) schlägt, sieht man viele Leute auf dem Campo Santa Margherita, Venedigs abendlichem Treffpunkt.

An- & Weiterreise

➜ **Vaporetto** Dorsoduro hat drei Haltestellen am Canal Grande (Ca' Rezzonico, Accademia und Salute); die Linie 1 hält an allen. Linie 2 hält nur an der Accademia, fährt aber auch durch den Canale della Giudecca mit Haltestellen an San Basilio und am Zattere. Die Linie 5.1/5.2, die vom Lido um den äußeren Bereich Zentral-Venedigs führt, hält am Zattere und an Santa Marta. Die Linie 4.1/4.2 nach Murano hält auch an Santa Marta. Linie 6 (vom Piazzale Roma zum Lido, nur wochentags) hält an Santa Marta, an San Basilio, am Zattere und an Santo Spirito.
➜ **Traghetto** Der **Traghetto** di Santa Maria del Giglio (Karte S. 322; Calle Lanza; einfache Fahrt 2 €; ☺9–17 Uhr) ist eine Gondel, die vom Gritti Palace über den Canal Grande zum Ende der Calle Lanza führt.

HIGHLIGHTS
GALLERIE DELL'ACCADEMIA

Kaum akademisch, aber die Kunstgalerien hier enthalten mehr mörderische Intrigen, verbotene Romanzen und schamloses Paktieren als die skandalösesten venezianischen Feste. Das Gebäude der ehemaligen Scuola della Carità bewahrte über Jahrhunderte seine betont ruhige Gelassenheit, aber seit Napoleon 1807 hier seine in Venedig geraubten Kunstschätze unterbrachte – die er größtenteils bei religiösen Institutionen geplündert hatte –, herrscht hinter den Mauern ein pausenloses optisches Drama.

Anordnung & Renovierungsarbeiten in der Galerie

Die Mehrheit der Schätze der Sammlung befindet sich im ersten Stock und hier beginnt man auch am besten mit der Besichtigung. Normalerweise führt ein Rundgang durch die nummerierten Säle (jedes Stockwerk hat eine getrennte Nummerierung). Zurzeit unserer Recherche befand sich das Museum allerdings mitten in einer umfangreichen Restaurierung und mehrere Ausstellungsräume waren geschlossen. Einige der berühmtesten Meisterwerke werden vorübergehend in den Räumen für Wechselausstellungen gezeigt, allerdings sollte man nicht überrascht sein, wenn einige der hier beschriebenen Meisterwerke nicht zu sehen sind oder nicht dort hängen, wie hier angegeben.

Im Erdgeschoss finden große Ausstellungen statt, hier sind Skulpturen sowie weniger berühmte Gemälde aus den Jahren 1600 bis 1880 zu sehen. Auch diese Säle können von den Arbeiten betroffen sein. Zurzeit unserer Recherche konnten die Säle 1 bis 3 durch einen Nebeneingang hinter dem Kartenschalter betreten werden, die Säle 7 bis 13 erreichte man nur über das zentrale Treppenhaus vom ersten Stockwerk.

Erster Stock

Wer die Treppe von der großen Eingangshalle nach oben geht, sollte sich auf eine gewisse Reizüberflutung vorbereiten. In **Saal 1** breitet ein regelrechter Schwarm von Engeln seine goldenen Flügel über die Decke aus und blickt von oben auf einen mehrfarbigen Marmorfußboden. Um die Aufmerksamkeit der Besucher heischt auch eine Sammlung anschaulicher religiöser Werke aus dem 14. und 15. Jh., die Venedigs frühes Gespür für Farbe und Drama zeigen. Ein Paradebeispiel ist das vom Ende des 14. Jhs. stammende Gemälde *Apokalypse* von Jacobello Alberegno, das die auf einer Hydra reitende Hure von Babylon darstellt, aus deren Mund das Blut strömt.

Die Ankunft eines UFOs scheint unmittelbar bevorzustehen in dem furchterregenden, glühenden Himmel von Carpaccios anschaulicher *Kreuzigung und Verklärung der Zehntausend Märtyrer auf dem Berg Ararat* in **Saal 2**. Aber dafür zeigt Giovanni Bellinis *Altarbild San Giobbe* Hoffnung am Horizont in Gestalt einer sanft schauenden Maria mit Kind, die aus dem Dunkel hervortritt; währenddessen spielen Engel mit Musikinstrumenten. Zu den sie umgebenden Heiligen gehören der hl. Rochus und der hl. Sebastian, beide lassen vermuten, dass das strahlende, erhebende Gemälde aus den dunklen Tagen Venedigs während der zweiten Pestepidemie im Jahr 1478 stammt.

NICHT VERSÄUMEN

→ Bellinis *Kreuzeswunder auf der Brücke von San Lorenzo*
→ Tizians *Mariä Tempelgang*
→ Tintorettos *Schöpfung der Tiere*
→ Giorgiones *Der Sturm*

PRAKTISCH & KONKRET

→ Karte S. 322, E5
→ ☏ 041 522 22 47
→ www.gallerieaccademia.it
→ Campo de la Carità 1050
→ Erw./erm. 12/2 €
→ ⏲ Mo 8.15–14, Di–So 8.15–19.15 Uhr
→ ⛴ Accademia

DIE ARCHITEKTUR DER ACCADEMIA

Die Accademia erstreckt sich über drei miteinander verbundene Gebäude. Die **Scuola della Carità** (gegründet 1260) war die älteste der sechs *scuole grandi* (religiöse Gemeinschaften) in Venedig; das heutige Gebäude stammt von 1343. Bartolomeo Bon vollendete 1448 die gotische Fassade der **Chiesa di Santa Maria della Carità**. 100 Jahre später entwarf Palladio den **Convento dei Canonici Lateranensi**. 1949–1954 unternahm Carlo Scarpa minimalistische Umbauarbeiten; sein zurückhaltender Stil zeigt sich am deutlichsten im Haupttreppenhaus.

TOP-TIPPS

➤ Jeden ersten Sonntag im Monat ist der Besuch kostenlos.

➤ Wer die Schlangen in der Hauptsaison vermeiden möchte, sollte zu Öffnungsbeginn oder gegen Ende des Tages kommen. Letzter Einlass ist 45 Min. vor Schließung, allerdings sollte man sich 1½ Stunden Zeit nehmen.

➤ Wer die Schlangen vor dem Einlass vermeiden möchte, sollte die Karten vorher online buchen (Gebühr 1,50 €).

➤ Ein Audioguide (6 €) ist nicht wirklich nötig.

In **Saal 4** kann man zu faszinierenden Fremden Augenkontakt herstellen; Hans Memling fängt jugendliche Angst mit exakten Details in seinem *Porträt eines jungen Mannes* ein. Das Highlight ist jedoch Giovanni Bellinis elegante *Madonna und Kind mit der hl. Katharina und Maria Magdalena*.

Venedigs Renaissance wartet in **Saal 6**, hier hängen Tizian und Tintoretto. Dessen *Schöpfung der Tiere* ist ein fantastisches Bestiarium, das andeutet, dass Gott sich bei der Erfindung venezianischer Meeresfrüchte größte Mühe gegeben hat.

Saal 20 ist voll großer Gemälde aus der Scuola Grande di San Giovanni Evangelista (S. 105). Dazu gehört Gentile Bellinis *Kreuzeswunder auf der Brücke von San Lorenzo,* auf dem sich viele Kaufleute tummeln. Seine *Prozession auf dem Markusplatz* bietet einen faszinierenden Blick auf Venedigs berühmtesten Platz vor der Erneuerung im 16. Jh. Die alte Holzkonstruktion der berühmtesten Brücke der Stadt wurde von Vittore Carpaccio in seinem *Kreuzeswunder an der Rialto-Brücke* abgebildet.

Die ehemalige Kirche (**Saal 23**) ist mit ihrem Altarbild von Bellini ein Publikumsmagnet; dazu gehört Giorgiones *Das Gewitter*. Kunsthistoriker streiten immer noch über die Bedeutung der stillenden Mutter und des Soldaten mit einem Blitz im Hintergrund: Beschreibt es die Vertreibung aus dem Paradies, ist es ein Sinnbild für Alchemie oder gibt es einen Bezug zu Venedigs Eroberung von Padua? Im hinteren Bereich hängen Leinwände aus der Scuola Grande di San Marco (S. 142).

Der letzte Raum, **Saal 24**, stammt noch unverändert aus der Zeit als er der Sitzungssaal der Scuola della Carità war: die Sala dell'Albergo mit einer reich verzierten Decke und Antonio Vivarinis *Madonna mit Kind im himmlischen Garten*. Tizian beendet den Rundgang im ersten Stock mit seinem Gemälde *Mariä Tempelgang*.

Beeindruckende Meisterwerke

Zurzeit unserer Recherche wurden in Saal 15 Werke aus der Sammlung ausgestellt, die sonst im Saal 10 (im Umbau) hängen, dazu gehören Tintorettos *Der hl. Markus rettet einen schiffbrüchigen Sarazenen* (1562) und Tizians *Pietà* (1576).

Erdgeschoss

Höhepunkt im Erdgeschoss ist sicherlich Saal 2, der sich Giambattista Tiepolo widmet. Im Blickpunkt steht das große Fresko *Die Kreuzerhöhung & die hl. Helena*. Die Säle 7, 10 und 13 zeigen das Werk von Antonio Canova; dazu zählen Grabstelen, Statuen und Bildnisse der neuen Herrscher Venedigs: die Bonaparte. In Saal 9 hängt ein Canaletto.

HIGHLIGHTS
PEGGY GUGGENHEIM COLLECTION

Nachdem die Erbin Peggy Guggenheim ihren Vater auf tragische Weise auf der Titanic verloren hatte, freundete sie sich mit Dadaisten an und veränderte in ihrem herrschaftlichen Zuhause am Canal Grande die Kunstgeschichte. Peggys Palazzo Venier dei Leoni ist ein Schaukasten für Surrealismus, Futurismus und Expressionismus von 200 bahnbrechenden modernen Künstlern – dazu gehören Peggys Ex-Mann Max Ernst und Jackson Pollock (einer ihrer vielen Liebhaber).

Sammlung

Peggy sammelte nicht aus Prestige oder Stilrichtung. Zu ihrer Sammlung gehören deswegen neben Kandinsky, Picasso, Magritte, Man Ray, Rothko, Mondrian, Chagall, Miró und Dalí auch Volkskunst und weniger bekannte Künstler. Bekannte Modernisten trugen auch zur Inneneinrichtung bei, dazu gehört Alexander Calders silberner Bettschmuck im ehemaligen Schlafzimmer. In den Ecken der Haupträume findet man Fotos der Zimmer, so wie sie damals waren, als Peggy hier in ihrem legendären exzentrischen Stil lebte.

Für die Verfechterin moderner Kunst, die die Gefahren von Zensur und Parteivorschriften miterlebt hatte, sollte wahre Kunst gesehen und nach ihren Werten beurteilt werden. Die jüdisch-amerikanische Sammlerin konnte zwei Tage bevor die Deutschen Paris einnahmen fliehen und kam 1948 nach Venedig, wo sie bemerkte, dass die einst lebensfrohe Stimmung durch den Krieg verloren gegangen war. Peggy war mehr als nur stilprägend, sie wurde eine beherzte Mäzenin für die zeitgenössische italienische Kunst, die in der Ära Mussolini in Ungnade gefallen war. Sie verhalf den wichtigsten italienischen Futuristen, deren dynamischer Stil vereinnahmt worden war, zu neuem Ansehen. Dies führte zur Neubewertung von Umberto Boccioni, Giacomo Balla und Giorgio de Chirico und förderte Emilio Vedova und Giuseppe Santomaso aus Venedig.

Nie ängstlich, um für Aufsehen zu sorgen, verschaffte Peggy den vorbeifahrenden Gondolieri an ihrem Anleger eine Augenweide: Marino Marinis *L' Angelo della Città* (1948), die Bronzestatue eines nackten Reiters.

Garten & Pavillon

Der Palazzo Venier dei Leoni wurde nie fertig gebaut, aber das hinderte Peggy nicht daran, jeden nur möglichen Raum drinnen und draußen mit Kunst zu füllen. Im **Nasher Skulpturengarten** spaziert man vorbei an Bronzestatuen von Henry Moore und Alberto Giacometti sowie faszinierenden Granitkreationen von Anish Kapoor und Isamu Noguchi. Die Stadt Venedig erteilte Peggy eine Ausnahmegenehmigung ehrenhalber – sie durfte 1979 neben ihren heißgeliebten Schoßhunden begraben werden.

Das Museum hat auch die Gebäude hinter dem Garten erworben – hier gibt es ein Café, einen Buchladen, Toiletten und einen Raum für Wechselausstellungen. In der Fondamenta Venier dei Leoni befindet sich ein **Museumsshop** (Karte S. 322; ☎041 240 54 22; www. guggenheim-venice.it; Fondamente Venier dei Leoni 710; ⊙Mi–Mo 10–18 Uhr; ⛴Accademia).

TOP-TIPPS

➡ Es gibt ausgezeichnete Audioguides (7 €) auf Italienisch, Englisch, Deutsch, Französisch und Spanisch.

➡ Jeden Tag werden kostenlose Einführungen auf Italienisch und Englisch in das Leben von Peggy Guggenheim (12 und 16 Uhr) gegeben sowie in einzelne Werke der Sammlung (11 und 17 Uhr).

➡ Taschen müssen abgegeben werden; dafür gibt es kostenlose Schließfächer beim Ticketschalter.

PRAKTISCH & KONKRET

➡ Karte S. 322, G5
➡ ☎041 240 54 11
➡ www.guggenheim-venice.it
➡ Calle San Cristoforo 701
➡ Erw./erm. 15/9 €
➡ ⊙Mi–Mo 10–18 Uhr
➡ ⛴Accademia

SEHENSWERTES

Nachdem man die beeindruckenden Sehenswürdigkeiten von San Marco bei einem kräftigen Espresso verarbeitet hat, kann man sich dem künstlerisch gesinnten Dorsoduro, das sich rund um die fantastische Gallerie dell'Accademia dreht, widmen. In der Nähe befindet sich Peggy Guggenheims schicke, mit modernen Meisterwerken gefüllte Villa am Canal Grande. Neben diesen Publikumsmagneten lockt die von Veronese üppig ausgestaltete Chiesa di San Sebastian mit ihren Meisterwerken; Tiepolo und Baldassare Longhena wirkten wahre Wunder in der Ca' Rezzonico am Canal Grande, der Scuola Grande dei Carmini und La Salute – und der Meister des Minimalismus, Tadao Ando, verwandelte die Punta della Dogana von einer Zollstation zu einem modernen Ausstellungsraum von Weltrang.

GALLERIE DELL'ACCADEMIA · KUNSTGALERIE
Siehe S. 83.

PEGGY GUGGENHEIM COLLECTION · MUSEUM
Siehe S. 85.

★ BASILICA DI SANTA MARIA DELLA SALUTE · KIRCHE
Karte S. 322 (La Salute; www.basilicasalutevenezia.it; Campo de la Salute 1; Sakristei Erw./erm. 4/2 €; ⏰ 9.30–12 & 15–17.30 Uhr; 🚤 Salute) GRATIS
Baldassare Longhenas prächtige Basilika befindet sich an prominenter Stelle direkt am Eingang zum Canal Grande. Mit ihren weißen Steinen, den überbordenden Statuen und den hohen Kuppeln leuchtet sie spektakulär in der Sonne Venedigs. Die Kirche war 1630 der Dank des venezianischen Senats nach seiner Fürbitte an die Madonna, nachdem 80 000 Venezianer der Pest zum Opfer gefallen waren. Der Senat versprach der Madonna eine Kirche, wenn sie Venedig schütze – keine Kosten und Mühen sollten gescheut werden.

Die Madonna sorgte für die Inspiration, aber La Salute bezieht ihre bauliche Stärke aus einer Reihe von architektonischen und geistigen Traditionen. Architekturwissenschaftlern wird die augenscheinliche Ähnlichkeit zwischen Longhenas ungewöhnlichem achteckigen, überkuppelten Grundriss und griechisch-römischen Tempeln sowie auch jüdischen Kabala-Diagrammen

auffallen. Die Linien des Gebäudes laufen unter der Kuppel zusammen und bilden einen Wirbel auf dem mit Intarsien versehenen Marmorboden; der schwarze Punkt im Zentrum soll heilende Energie ausstrahlen.

Das Innere der Basilika wird mit Licht geflutet, das durch die schwach getönten Scheiben der unglaublich hohen Kuppel strömt. Im Zentrum der Verehrung steht der kunstvoll geschnitzte barocke Hochaltar, in dessen Mitte sich eine aus dem 12. Jh. stammende Ikone aus Kreta mit der *Madonna der Gesundheit* befindet. Ein Seitenaltar in der Nähe des Eingangs zur Sakristei zeigt *Die Herabkunft des Heiligen Geistes* (1546) von Tizian.

Der Eintritt in die Kirche ist kostenlos, aber für den Besuch der mit viel Kunst ausgestatteten Sakristei (sonntagmorgens geschlossen) muss man bezahlen. Die Sakristei ist ein eigenes Wunder innerhalb des Wunders. Hier befindet sich eine fantastische Sammlung von Meisterwerken Tizians, zu denen stimmungsvolle Deckenfresken, ein anschauliches Selbstporträt in Gestalt des hl. Markus sowie sein frühestes bekanntes Werk *Hl. Markus auf dem Thron mit den hl. Kosmas, Damian, Rochus & Sebastian* (1510) gehören.

Salutes schönste Allegorie für Venedigs wunderbares Überleben der Pest ist Palma il Giovanes Gemälde von Jonas, der dem Maul des Walfischs entkommt. Dabei stolpert der Überlebende die Zunge des Tieres herunter, als würde ein Actionheld über den roten Teppich schreiten.

Überleben zur Zeit der Pest ist ein Wunder, das gefeiert werden kann wie in Tintorettos fröhlichem Bild *Die Hochzeit zu Kana* (1561), auf dem eine Horde Venezianer mit bunten Musikanten und emsigen Weinausschenkern zu sehen ist sowie Tintoretto selbst mit einem langen Bart in der unteren linken Ecke der Leinwand.

CHIESA DI SANTA MARIA DEL ROSARIO · KIRCHE
Karte S. 322 (www.chorusvenezia.org; Fondamenta Zattere ai Gesuati 918; Erw./erm. 3/1,50 €, mit Chorus Pass frei; ⏰ Mo–Sa 7.30–19, So 9–13 & 17–19.30 Uhr; 🚤 Zattere) Venezianer haben ein gutes Gedächtnis – deswegen heißt diese Kirche bei den Einheimischen immer noch *I Gesuati*, obwohl die namensgebende Bruderschaft 1668 durch die Dominikaner ersetzt wurde. Die Dominikanermönche beauftragten Giorgio Massari damit, eine völlig neue Kirche nur ein paar Türen von

der alten entfernt zu errichten; die alte Kirche blieb jedoch erhalten. Wie nicht anders zu erwarten, erhielt der hl. Dominikus eine Hauptrolle in Tiepolos gefeiertem Deckenfresko (1738–39) in der neuen Kirche, die 1735 fertig gestellt wurde.

Übermächtiger Schmerz zeichnet Maria in Tintorettos düsterer *Kreuzigung* (1565), die sich auf dem Altar links des Hauptaltars befindet. Weitaus freundlicher erscheint Sebastiano Riccis Werk *Der hl. Petrus und Thomas mit Papst Pius V.* (1730–33), auf dem fröhliche Cherubim himmlische Purzelbäume schlagen.

CHIESA DI SAN PANTALON
KIRCHE

Karte S. 322 (Campo San Pantalon 3703; ◷10–12 & 15.30–18 Uhr; San Tomà) GRATIS Äußerlich sicher nicht die schönste Kirche, aber die kahle Backsteinfassade der Kirche aus dem 17. Jh. (mit einem besorgniserregenden Riss) verrät nichts über das Drama im Inneren. Die gesamte Decke wird von einem riesigen, überwältigenden *Trompel'œil*-Fresko von Gianantonio Fumiani ein-

genommen, das eine dunkle Kakofonie von Heiligen und Engeln zeigt, die das Dach zu durchbrechen scheinen. Das außergewöhnliche Fresko von 1704 war angeblich das letzte Werk des Künstlers: Man sagt, er sei während des Malens gestorben.

Wenn die Halsstarre gelöst ist, sollte man sich dem wunderbaren vergoldeten Kreuz aus dem 14. Jh. auf der rechten Seite widmen, dahinter befindet sich Veroneses letztes Meisterwerk – der von 1587 stammende Altar von San Pantalon.

Noch mehr Schätze verbergen sich in den Seitenkapellen links vom Hauptaltar (Eintritt 1 €). Die Kapelle des Heiligen Nagels besitzt ein außerordentlich lebendiges Bild der *Marienkrönung* (1444) von Antonio Vivarini – ein bärtiger Himmlischer Vater blickt streng auf die ekstatische Szene, ihm zur Seite stehen Reihen von Engeln und eine Horde nackter Cherubim.

In der Loreto-Kapelle befinden sich die Überreste von Fresken aus dem 18. Jh. – Pietro Longhi stellte die JungfrauMaria mit dem Jesuskind dar.

◉ HIGHLIGHTS
CA' REZZONICO

Barocke Träume werden in Baldassare Longhenas Palast am Canal Grande wahr. Eine Marmortreppe führt in einen riesigen, mit viel Gold geschmückten **Ballsaal**; die luxuriösen Räume sind mit antiken Möbeln, Gemälden, Porzellan und faszinierenden Deckenfresken ausgestattet, vier davon wurden von Giambattista Tiepolo gemalt. Als die Familie Rezzonico im Jahr 1810 das Herrenhaus verlassen musste, verschwand auch viel Pracht. Das änderte sich erst 1935 mit dem Erwerb des Hauses durch die Stadt, die es mit Gegenständen aus anderen verfallenden *palazzi* wieder neu ausstattete.

Im ersten Stock befindet sich die sehenswerte **Gemäldegalerie Portego**, die das erstaunlich detailliert gemalte Bild *Blick auf den Canal Grande* von Canaletto besitzt – eines von zwei Werken des Meisters, das in einer öffentlichen Sammlung in Venedig zu sehen ist.

Im obersten Stock locken die **Egidio Martini Gemäldegalerie** (mit Werken venezianischer Künstler aus dem 15. bis 20. Jh.) sowie eine **antike Apotheke** – die einst auf dem Campo San Stin war – mit 183 Majolika-Keramikgefäßen, die Heilmittelchen aus dem 18. Jh. enthalten. Aber anscheinend heilen auch „pharmazeutische Skorpione" nicht alle Krankheiten: Der Dichter Robert Browning starb 1889 in der Ca' Rezzonico.

TOP-TIPPS

➡ Die Eintrittskarten können online reserviert werden.

➡ Der Kartenschalter schließt eine Stunde vor Ende der Öffnungszeit.

PRAKTISCH & KONKRET

➡ Museum mit venezianischer Kunst des 18. Jhs.

➡ Karte S. 322, E3

➡ ☎041 241 01 00

➡ www.visitmuve.it

➡ Fondamenta Rezzonico 3136

➡ Erw./erm. 10/7,50 €, oder mit Museumspass

➡ ◷Mi–Mo 10–17 Uhr

➡ Ca' Rezzonico

CHIESA DI SAN SEBASTIANO
KIRCHE

Karte S. 322 (www.chorusvenezia.org; Campo San Sebastian 1687; Erw./erm. 3/1,50 €, mit Chorus Pass frei; ⏰Mo–Sa 10.30–16.30 Uhr; 🚤San Basilio) Antonio Scarpignanos relativ strenge Fassade der in den Jahren von 1508 bis 1548 erbauten Gemeindekirche lässt einen Eindruck von falscher Bescheidenheit aufkommen. Der Innenraum ist geschmückt mit deckenhohen Meisterwerken von Paolo Veronese, für die er drei Jahrzehnte benötigte. Der Legende nach soll Veronese im Jahr 1555 in San Sebastiano Zuflucht gefunden haben, als er vor einer Mordanklage aus Verona floh. Seine Werke in der Kirche drücken überschwänglichen Dank an die venezianische Gemeinde aus und sind ein besonders genialer Fußtritt für die Ankläger aus seiner Heimatstadt. Andererseits brachte ihm sein Abendmahlsbild (1573) eine – folgenlose – kritische Befragung ein.

Veronese wollte hier inmitten seiner Meisterwerke begraben werden – eine Erinnerungstafel befindet sich rechts von der Orgel. Seine Kunstfertigkeit zeigt sich überall – von den Rössern, die sich auf der Kassettendecke aufbäumen bis zu den Orgeltüren, die mit seiner *Darstellung der Maria* bemalt sind. In Veroneses *Martyrium des hl. Sebastian,* unweit vom Altar, starrt der gefesselte Heilige auf seine Peiniger inmitten einer Zuschauermenge aus venezianischen Adligen, orientalischen Händlern und eines von Veronese gern gemalten drolligen Spaniels. Der hl. Sebastian war der furchtlose Schutzpatron von Venedigs Pestopfern und Veronese deutet hier an, dass, auch wenn Stöcke und Steine seine Knochen brechen, der venezianische Tratsch ihn nicht töten kann.

Einen Blick lohnt auch die Sakristei mit Veroneses leuchtendem Deckengemälde *Marienkrönung* (1555).

Es gibt jedoch nicht nur einen Meisterkünstler in dieser Kirche – auch Tizians 1563 entstandenes Gemälde *San Nicolò,* das rechts vom Eingang zu finden ist, ist einen genauen Blick wert.

HIGHLIGHTS
PUNTA DELLA DOGANA

Fortuna, die Wetterfahne oben auf der Punta della Dogana, drehte sich 2005 in Richtung Venedig, als bürokratische Scherereien in Paris den Kunstsammler François Pinault überzeugten, seine Kunstsammlung in Venedigs aufgegebenen Zollhäusern auszustellen.

Die Zollhallen wurden im Jahr 1677 von Giuseppe Benoni erbaut, damit kein Schiff ohne Zollgebühren in den Canal Grande einlaufen konnte. Nach einem beeindruckenden Umbau von Tadao Ando eröffnete das Zollhaus 2009 wieder. Im Inneren entfernte der japanische Architekt jahrhundertealte Umbauten und kehrte zurück zu roten Ziegelsteinen und Holzbalken. In die entkernten Räume fügte Ando seine eigene zeitgenössische Vision hinzu, schnitt Fenster in Benonis alte Schleusentore um den Blick auf vorbeifahrende Schiffe freizugeben, fügte schwebende Betontreppen zu Ehren des innovativen venezianischen Modernisten Carlo Scarpa hinzu und stellte seine eigenen charakteristischen polierten Betonstelen auf.

Das Resultat ist eine bewusste dramatische Gegenüberstellung von Alt und Neu, die gleichermaßen eine Hommage an die Seefahrtsgeschichte der Stadt und ihre wechselnde Architektur ist und die einen passenden Rahmen bietet für Pinaults wechselnde Ausstellungen von ambitionierten, großrahmigen zeitgenössischen Kunstwerken von einigen der weltweit erfolgreichsten und kreativsten Künstlern.

TOP-TIPPS

➡ Wer die Eintrittskarten online reserviert, vermeidet die langen Warteschlangen bei beliebten Ausstellungen.

➡ Ein Kombi-Ticket zusammen mit dem Palazzo Grassi lohnt sich.

PRAKTISCH & KONKRET

➡ Karte S. 322, H5
➡ ☎041 200 10 57
➡ www.palazzograssi.it
➡ Fondamenta Salute 2
➡ Erw./erm. 15/10 €, inkl. Palazzo Grassi 18/15 €
➡ ⏰April–Nov. Mi–Mo 10–19 Uhr
➡ 🚤Salute

CHIESA DI SAN NICOLÒ
DEI MENDICOLI   KIRCHE

Karte S. 322 (☎041 528 45 65; Campo San Nicolò dei Mendicoli 1907; ⊙Mo–Sa 10–12 & 15–17.30, So 9–12 Uhr; ⛴Santa Marta) GRATIS Andere Kirchen mögen prächtiger sein, aber keine ist so typisch für Venedig wie diese aus dem 12. Jh. stammende Kirche, die von Anfang an Hilfe für die Armen leistete. Der Kreuzgang war ein Zufluchtsort für Frauen und der Portikus schützte die *mendicoli* (Bettler), die ihr auch den Namen gaben. Der kleine, pittoreske *campo* (Platz) vor der Kirche ist eine Miniaturausgabe von Venedig – auf drei Seiten vom Wasser umgeben und einer Säule mit dem Markuslöwen.

Der dämmrige Innenraum leuchtet durch eine aus dem 18. Jh. stammende goldene Arkade und eine Fülle an Gemälden im Fenstergeschoss, dazu gehört auch Palma il Giovanes Meisterwerk *Auferstehung* (etwa 1610) im hinteren Bereich links von der Orgel. Das Gemälde zeigt Jesus, der in einem goldenen Lichtschein aus dem Grab aufsteigt, die Menschen um ihn herum sind vor Furcht und Schrecken erstarrt. Die vordere rechte Kapelle ist eine typisch venezianische Antwort auf Roms nachdrückliche Anweisungen, Musik in den Kirchen einzuschränken: Maria mit Heiligenschein genießt sichtlich ein Konzert, bei dem Engel mit Flöten, Lauten und Violinen musizieren. Dass die Kirche in einem Seefahrer-Viertel liegt, zeigt sich in Leonardo Coronas aus dem 16. Jh. stammenden Deckengemälde *Der hl. Nikolaus führt Seefahrer durch einen Sturm.*

Filmfans erkennen vielleicht den Innenraum: In dem 1973 gedrehten Thriller von Nicolas Roeg *Wenn die Gondeln Trauer tragen* soll Donald Sutherland diese Kirche restaurieren. Auch wenn der Film Venedig sehr gespenstisch zeigt, half die öffentliche Aufmerksamkeit San Nicolò: Der britische Hilfsfond „Venice in Peril" unterstützte umfangreiche Renovierungen, die schließlich 1977 abgeschlossen wurden.

CHIESA DI SAN RAFFAELE
ARCANGELO   KIRCHE

Karte S. 322 (☎041 522 85 48; Campo de l'Anzolo Rafael 1721; ⊙Mo–Sa 10–12 & 15–17, So 9–12 Uhr; ⛴San Basilio) GRATIS Die Anwohner machten einen Aufstand – sie wollten den Dreck zurück haben: Nachdem jahrhundertealter Schmutz von den Steinengeln über dem Eingang von Francesco Continos aus dem 17. Jh. stammender Fassade entfernt wor-

den war, gab es einen lokalen Aufstand. Hatte Venedig den Respekt vor der Alterspatina verloren? Die Anwohner müssen sich jedoch keine Sorgen machen; der Ruß kehrt schon bald wieder zurück. Bei der Restaurierung der Taufkapelle blieb es ruhig – Francesco Fontebassos barocke Fresken leuchten in allen Schattierungen von Pink über Gold bis Blassgrün.

SCUOLA GRANDE
DEI CARMINI   HISTORISCHES GEBÄUDE

Karte S. 322 (☎041 528 94 20; www.scuolagrande carmini.it; Campo Santa Margherita 2617; Erw./ erm. 7/5€; ⊙11–17 Uhr; ⛴Ca' Rezzonico) Reisende im 17. Jh. müssen geglaubt haben, dass sie tot und im Himmel gelandet seien, als sie das fantastische Haus der Bruderschaft erblickten. Es ist Unserer Lieben Frau vom Berge Carmel geweiht und besitzt eine prächtige Innenausstattung von Giambattista Tiepolo und Baldassare Longhena. Die mit Blattgold verzierte Stucktreppe, von Longhena entworfen, führt nach oben zu Tiepolos neunteiligem Deckengemälde einer prächtigen *Madonna.* Der anschließende Schlafsaal ist ein wahres Wunder der *boiserie* (Holzschnitzerei).

Diese *scuola* (Bruderschaft) war die erste der sechs *scuole grandi,* die Frauen zuließ – ein Wink an die Frauen, die im 13. Jh. den Vorgänger gründeten. Die Carmini dehnten ihre Gastfreundschaft auch auf verzweifelte und auf Abwege geratene Reisende aus bis zur Besetzung Venedigs durch Napoleon. Leider vermietet die Herberge in diesem architektonischen Schmuckstück keine Betten mehr, aber an manchen Abenden finden hier Konzerte statt – **Musica in Maschera** (Karte S. 322; ☎041 528 76 67; www. musicainmaschera.it; Scuola Grande dei Carmini 2617; Konzertkarten 25–52€; ⛴Ca' Rezzonico) – und noch immer leisten die Mitglieder der Carmini Wohltätigkeitsarbeit.

V-A-C FOUNDATION   KUNSTZENTRUM

Karte S. 322 (www.v-a-c.ru; Fondamenta Zattere al Ponte Longo 1401; ⊙Sa–Di & Do 11–17, Fr 11–21 Uhr; ⛴Zattere) GRATIS Dieser wunderbare neue Ausstellungsraum für zeitgenössische Kunst befindet sich in einem großen Palazzo mit Blick über den Canale della Giudecca, der von der russischen V-A-C Foundation liebevoll restauriert wurde.

Die Ausstellungen finden regelmäßig über das ganze Jahr verteilt statt, dazu kommen manchmal Film- und sonstige Vorführungen. Auch wenn gerade einmal keine Veranstaltung stattfindet, eignet sich dieses Zentrum perfekt für eine kleine Auszeit mit kostenlosem WLAN.

SQUERO DI SAN TROVASO
HISTORISCHE STÄTTE

Karte S. 322 (Campo San Trovaso 1097; 🚤Zattere) Diese Holzhütte auf dem Rio di San Trovaso sieht wie eine verirrte Skihütte aus, ist aber eine der wenigen in Betrieb befindlichen *squeri* (Werften) in Venedig; die neulackierten Gondeln sind zum Trocknen im Hof aufgestellt. Die beste Sicht hat man von der anderen Seite des Kanals, aber wenn die Tür geöffnet sein sollte, kann man vielleicht einen Blick hineinwerfen.

FONDAZIONE VEDOVA
KUNSTGALERIE

Karte S. 322 (Magazzini del Sale; 📞041 522 66 26; www.fondazionevedova.org; Fondamenta Zattere ai Saloni 266; Erw./erm. 8/4 €; ☉Ausstellungen Mi–So 10.30–18 Uhr; 🚤Spirito Santo) Der Architekt Renzo Piano, Gewinner des Pritzker Prize, verwandelte Venedigs historische Salzkontore in eine Kunstgalerie. Auch wenn die Fassade aus den 1830er-Jahren stammt, wurden die Lagerhäuser im 14. Jh. errichtet, als das wichtige Salzmonopol Venedigs Wohlstand sicherte. Die Umwidmung der Gebäude passt nur zu gut, denn heute ist Kunst die kostbarste Ware der Stadt. Die Gebäude sind lediglich während der Ausstellungen geöffnet, die von der Stiftung veranstaltet werden; genaue Informationen finden sich auf der Website. Der Name der Stiftung ehrt den venezianischen Maler Emilio Vedova (1919–2006).

 ESSEN

Dorsoduro, das immer noch ein beliebtes Wohnviertel ist, bietet eine Vielzahl an Bars am Canal mit *cicheti* (venezianischen Tapas), günstigen *osterie* (Gaststätten) und einigen sehr guten Restaurants. Da das Viertel auch bei Studenten sehr beliebt ist, findet man rund um den Campo Santa Margherita viele Möglichkeiten für ein günstiges Essen in Cafés, Bars und Fast-Food-Restaurants, in denen es Pizza auf die Hand gibt.

⭐CANTINE DEL VINO GIÀ SCHIAVI
VENEZIANISCH €

Karte S. 322 (📞041 523 0034; www.cantinaschiavi.com; Fondamenta Priuli 992; Cicheti 1,50 €; ☉Mo–Sa 8.30–20.30 Uhr; 🚤Zattere) Vom Aussehen eher ein Weingeschäft mit Bar, aber in diesem bekannten Ort am Canal gibt es die besten *cicheti* auf dieser Seite des Canal Grande. Man kann am beeindruckenden Tresen auswählen oder sich einen Happen zusammenstellen lassen. Es herrscht ein fröhliches Chaos, die Gäste sind eine bunte Mischung von Einheimischen.

BACARO VINTIDÒ 22
VENEZIANISCH €

Karte S. 322 (📞3482603456; www.bacaro-vintido.it; Calle de la Dona Onesta; Gerichte 15–20 €; ☉Di–Do 18–23, Fr–So 12–23 Uhr; 📞; 🚤San Tomà) Daniela und Ruggero sorgen dafür, dass man sich in dieser kleinen Taverne wie zu Hause fühlt; abgetretene Teppiche, ein wackeliges Bücherregal und ein herzliches Willkommen empfangen die Gäste.

Die kleine Speisekarte auf der Schiefertafel bietet traditionelle venezianische Pasta und Risotto an; sie wird jeden Tag neu geschrieben, um sie dann den Gästen zu präsentieren. Wenn man Glück hat, spielt ein Stammgast zum Essen auf dem Klavier.

PASTICCERIA TONOLO
GEBÄCK €

Karte S. 322 (📞041 523 72 09; http://pasticceria-tonolo-venezia.business.site; Calle San Pantalon 3764; Gebäck 1–4 €; ☉Di–Sa 7.30–20, So 7.30–13 Uhr; 🚤Ca' Rezzonico) Das längliche Tonolo ist eine Legende, das sieht man schon an der nicht enden wollenden Warteschlange vor dem Laden. Weg mit den abgepackten Croissants, hier gibt es knusprigen Apfelstrudel, samtige *bignè allo zabaione* (Gebäck mit Marsala-Creme) und mächtige Schokoladencroissants. Am besten lässt man sich ein Stück gleich an der Bar mit einem Espresso schmecken – und dann nimmt man noch eins für unterwegs mit.

TOLETTA SNACK-BAR
SANDWICH €

Karte S. 322 (📞041 520 01 96; Sacca de la Toletta 1191; Sandwich 1,60–5 €; ☉7–20 Uhr; 📞; 🚤Ca' Rezzonico) Auf halbem Weg im Gedränge zwischen der Accademia und der Ca' Rezzonico befindet sich die Bar alla Toletta, die hungrige Künstler mit köstlichen, frisch getoasteten *panini* (Sandwiches) verwöhnt. Belegt sind sie u. a. mit *prosciutto crudo* (rohem Schinken) oder Rucola und Mozzarella, außerdem gibt es täglich wechselnde Angebote für Vegetarier. Auch die *tramezzini* (dreieckige Sandwiches) schmecken köstlich. Man kann die Sandwiches mitnehmen oder für eine Aufpreis von 1 € gleich am Tisch verspeisen.

Der Innenraum von der Ca' Rezzonico (S. 87)

LA TECIA VEGANA

VEGAN €

(📞041 524 62 44; www.lateciavegana.com; Calle dei Sechi 2104; Gerichte 20–26 €; 🕐Di–Sa 12–15 & 19–23, So 12–15 Uhr; 🖊; 🚤Santa Marta) Das einzige vegane Bio-Restaurant Venedigs bietet köstliche Gerichte wie thailändische Reisnudeln, *Seitan*-Lasagne und *tempeh mafè* (Erdnussbuttersoße) mit Reis. Außerdem gibt es eine große Auswahl an Desserts sowie viele glutenfreie Gerichte.

AFRICA EXPERIENCE

AFRIKANISCH €

Karte S. 322 (📞041 476 78 65; www.facebook.com/africaexperiencevenezia; Calle Lunga San Barnaba 2722; Gerichte 15–27 €; 🕐Di–So 12–15 & 18–24 Uhr; 🖊; 🚤Ca' Rezzonico) Das Personal besteht aus Flüchtlingen und Migranten aus ganz Afrika und die Speisekarte des attraktiven Restaurants spiegelt die ganze Bandbreite – von Gerichten aus Ägypten, Marokko, Senegal, Guinea, Elfenbeinküste, Kongo, Äthiopien und Eritrea bis zu Somalia. Alle Gerichte bieten viel Reis und sind vielleicht nicht unbedingt erstklassige Kochkunst, aber die Atmosphäre und das soziale Engagement zählen hier.

⭐OSTERIA BAKÁN

ITALIENISCH €€

Karte S. 322 (📞041 564 76 58; Corte Maggiore 2314a; Gerichte 36–44 €; 🕐Mi–Mo 8–15 & 18–22 Uhr; 🚤Santa Marta) Eine eigentümliche Mischung aus einer Kneipe für Einheimische und einem erstaunlich experimentierfreudigen Restaurant – das Bakán bietet mit alten Holzbalken und sanftem Jazz im Innern sowie Tischen im versteckten Innenhof sehr viel Atmosphäre. Die hausgemachten Nudeln sind fantastisch, einen Versuch wert sind aber auch *guance di vitello* (Kalbsbäckchen) oder die Garnelen in Ingwer mit Pilaw (Reisgericht).

DA CODROMA

VENEZIANISCH €€

Karte S. 322 (📞041 524 67 89; www.facebook.com/dacodroma; Fondamenta Briati 2540; Gerichte 34–42 €; 🕐Di–Sa 10–16 & 18–23 Uhr; 📞; 🚤San Basilio) In einer Stadt mit hohen Preisen und mittelmäßiger Qualität bietet Da Codroma mit den großen Holztischen eine gute Alternative. Küchenchef Nicola hält venezianische Traditionen aufrecht und serviert *il saor* (geräucherte Sardinen und Garnelen), *bigoli in salsa* (Buchweizennudeln mit Anchovis und Zwiebeln) sowie köstliches *semifreddo* (Halbgefrorenes); zu den Gästen gehören Einheimische, aber auch gut informierte Touristen.

ESTRO

INTERNATIONAL €€

Karte S. 322 (📞041 476 49 14; www.estrovenezia.com; Calle Crosera 3778; Gerichte 32–47 €; 🕐Mi–Mo 12–23 Uhr; 🖊; 🚤San Tomà) Estro ist alles, was man sich wünscht: ein Weinlokal, ein Stopp für einen *aperitivo* oder ein gemütliches Restaurant. Das große Angebot an Wein wird von den jungen ehrgeizigen Besitzern Alberto und Dario ausgesucht, deren Begeisterung für Qualität sich auch auf das Essen erstreckt – von *baccalà mantecato* (Stockfischmus) auf Polentachips über Perlhuhnlasagne bis zu üppigen Burgern mit Asiago (nordostitalienischer Käse).

DO FARAI · VENEZIANISCH €€

Karte S. 322 (☎041 277 03 69; Calle del Capeler 3278; Gerichte 32–47 €; ⊙Mo-Sa 12–14.30 & 19–22.30 Uhr; 🚢Ca' Rezzonico) Stammgäste aus Venedig füllen den roten holzgetäfelten Raum, der mit Siegermedaillen und Wimpeln der Regata Storica und Karaffen aus Muranoglas geschmückt ist. Die gemischten Vorspeisen sind ein wohlschmeckender Prolog für klassische venezianische Gerichte, beispielsweise Nudeln mit Meeresfrüchten, gegrillte *orata* (Brasse), *fegato alla veneziana* (Kalbsleber mit Zwiebeln auf Polenta) und *sarde in saor* (Sardinen in einer würzigen Zwiebelmarinade).

LA BITTA · VENEZIANISCH €€

Karte S. 322 (☎041 523 05 31; Calle Lunga San Barnaba 2753a; Gerichte 34–37 €; ⊙Mo-Sa 19–22.30 Uhr; 🍴; 🚢Ca' Rezzonico) Venedig ist für seine Meeresfrüchte bekannt, aber dieses gemütliche Bistro mit viel Holz bietet genau das Kontrastprogramm: Der Fokus der Speisekarte liegt auf Fleisch und saisonalem Gemüse. La Bitta ist eines der besten Restaurants der Stadt, um das klassische *fegato alla veneziana* (Kalbsleber mit Zwiebeln) zu probieren. Reservierung empfohlen; keine Kartenzahlung.

OSTERIA AI 4 FERI · VENEZIANISCH €€

Karte S. 322 (☎041 520 69 78; Calle Lunga San Barnaba 2754a; Gerichte 27–34 €; ⊙Mo-Sa 12.30–14.30 & 19–22.30 Uhr; 🚢Ca' Rezzonico) Die ehrliche, fröhliche *osteria* (einfache Wirtschaft) ist mit Kunstwerken von einigen bekannten Gästen geschmückt. Sie ist bekannt für schnörkellose, klassische Gerichte mit Meeresfrüchten, beispielsweise *spaghetti con seppie* (mit Tintenfisch), gegrillte *orata* (Meerbrasse) und zarte *calamari*. Der Kaffee nach dem Essen wird in einem altmodischen italienischen *caffettiera* zubereitet. Keine Kreditkarten.

★RIVIERA · ITALIENISCH €€€

Karte S. 322 (☎041 522 76 21; www.ristorante riviera.it; Fondamenta Zattere al Ponte Lungo 1473; Gerichte 67–157 €; ⊙Fr–Di 12.30–15 & 19–22.30 Uhr; 🚢Zattere) Der frühere Rockmusiker GP Cremonini konzentriert seine beträchtlichen Talente darauf, sicherzustellen, dass in diesem Spitzenrestaurant – dem besten in Dorsoduro – der Service erstklassig ist und die Meeresfrüchte, wie hausgemachte Nudeln mit Jakobsmuscheln oder pochierter Wolfsbarsch mit Garnelen, perfekt zubereitet sind. Die Lage mit Blick

über den Canal della Giudecca ist ähnlich spektakulär. Für echte Feinschmecker ist vor allem das 11-Gänge-Degustationsmenü (150 €) mit Weinbegleitung (55 €) ein unglaubliches Erlebnis.

ENOTECA AI ARTISTI · ITALIENISCH €€€

Karte S. 322 (☎041 523 89 44; www.enoteca artisti.com; Fondamenta de la Toletta 1169a; Gerichte 48–55 €; ⊙Mo-Sa 12.45–14.30 & 19–22 Uhr; 🚢Ca' Rezzonico) Auf der Karte dieser schicken *enoteca* (Weinstube) stehen häufig *maltagliati* (geschnittene Nudeln) mit Kaninchen in Curry oder Rinderbäckchen mit gebratener Polenta, dazu gibt es fantastischen Wein, der auch im Glas ausgeschenkt wird. Die Tische draußen eignen sich wunderbar zum Leutebeobachten; aber da die Plätze sowohl drinnen als auch draußen knapp sind, sollte man vorher reservieren. Achtung: Montags gibt es nur Fleischgerichte (keine Meeresfrüchte), da der Fischmarkt dann geschlossen hat.

ANTINOO'S · MEDITERRAN €€€

Karte S. 322 (☎041 3 42 81; www.sinahotels.com; Calle del Bastion 173; Gerichte 78–117 €; ⊙12.30–14.30 & 19.30–22.30 Uhr; 🚢Salute) Wer sich einen der wenigen Tische auf der Terrasse des Sina Centurion Hotel geschnappt hat, wird von allen, die auf dem Canal Grande vorbeifahren, beneidet. Aber auch der beeindruckende White Room bietet lauschige Plätze. Man sollte sich schick anziehen und sich dann vom perfekten Service und der Küche des ambitionierten Chefkochs Massimo Livan verwöhnen lassen.

🍷 AUSGEHEN & NACHTLEBEN

Die Einwohner Dorsoduros treffen sich allabendlich auf dem Campo Santa Margherita oder an der Promenade der Zattere, um einen *spritz* und den Sonnenuntergang zu genießen. Andere beliebte Gegenden sind die Fondamenta Nani mit Blick auf das Bootshaus San Trovaso, der winzige Campo San Barnaba und die Calle Crosera, wo sich die Party bis auf die Straße hinaus erstreckt.

★MALVASIA ALL'ADRIATICO MAR · WEINLOKAL

Karte S. 322 (☎041 476 43 22; www.facebook. com/MalvasiaAdriaticoMar; Calle Crosera 3771;

EIN SCHÖNER SPAZIERGANG: DIE ZATTERE

An sonnigen Tagen wird die lang gezogene Wasserfront an Dorsoduros **Canal della Giudecca,** die auch als Zattere bekannt ist, zu einer idyllischen Promenade am Wasser und zu einem perfekten Platz für einen entspannten Bummel – doch noch vor wenigen Jahrhunderten war das für viele Venezianer ein Sperrgebiet. Das beeindruckende Gebäude am Zattere 423 war früher als **Ospedale degli Incurabili** (Krankenhaus der Unheilbaren) bekannt und wurde im 16. Jh. errichtet, um mit einem Problem fertig zu werden, dass sich rasant im Intimbereich der Menschen verbreitete. Die Syphilis, euphemistisch auch als „Französische Krankheit" bezeichnet, wurde schnell ein Problem in Venedig und verbreitete sich von den rund 12 000 registrierten Prostituierten rasant durch alle Gesellschaftsschichten.

Da damals keine Medizin gegen die Syphilis bekannt war und Erblindung und Geisteskrankheit furchtbare Nebenfolgen dieser Krankheit waren, ersuchten die Venezianer den Staat, ein Krankenhaus für die Betroffenen und ihre Waisen zu erbauen. Es waren hauptsächlich die venezianischen Frauen, die diesen vorausdenkenden Ansatz unterstützten und Geldmittel dafür wurden schon früh von Prostituierten und Mätressen, die ein besonderes Interesse an dem Problem hatten, aufgebracht. Venedig war seiner Zeit weit voraus als es öffentliche Mittel für dieses Gesundheitsproblem freimachte und dennoch gab es auch Zeiten, da sogar das große Krankenhaus überbelegt war. Als mit dem Penicillin ein wirksames Medikament entdeckt worden war, wurde das Krankenhaus glücklicherweise überflüssig. Seit 2003 ist in diesem Gebäude die **Accademia delle Belle Arti** (Kunstakademie) untergebracht, die sich früher im Haus der Gallerie dell'Accademia befand.

Ganz in der Nähe befindet sich eine Gedenktafel für den Gewinner des Nobelpreises, den russisch-amerikanischen Dichter **Joseph Brodsky**, der zeitweise hier lebte und sein 1989 erschienenes Buch *Fondamenta degli Incurabili* nach der berüchtigten Stätte benannte. Bekannt ist auch sein Buch *Wasserzeichen*, das nicht nur Ebbe und Flut in Venedig einfängt, sondern auch die düsteren Tragödien und die kristalline Anmut. Auf der Plakette steht in russischer und italienischer Sprache: „Er liebte und besang diesen Ort." Brodsky starb im Jahr 1996 in New York, aber aufgrund seiner Bitte und einer Ausnahmegenehmigung der Stadt wurde er schließlich auf Venedigs Friedhof auf der Isola di San Michele bestattet.

⊙Mo 17–22, Di–So 10–22 Uhr; San Tomà) Weinliebhaber sollten unbedingt dieses kleine, gehobene und sehr einladende Weinlokal aufsuchen und sich vom Besitzer Francesco durch die Karte mit den natürlich hergestellten Weinen aus der Region führen lassen. Als Snacks gibt es u. a. köstlichen Käse und Wurstwaren auf schmackhaftem Brot. In der warmen Jahreszeit kann man auf der kleinen Terrasse herrlich sitzen und die Gondeln vorbeiziehen sehen.

CHET BAR COCKTAILBAR
Karte S. 322 (www.facebook.com/chetcocktail bar; Calle de la Chiesa 3684; ⊙17–2 Uhr; San Tomà) Die kleine Cocktailbar mit den Fliesen im Schachbrettmuster und den Grafiken aus der Zeit der Prohibition an den Wänden ist eine angesagte Location der *Spritz*-trinkenden Szene auf dem Campo Santa Margherita. Manchmal legen

hier auch DJs auf und zuweilen gibt es Silent Discos sowie Werbeveranstaltungen von führenden Spirituosenherstellern.

EL SBARLEFO BAR
Karte S. 322 (041 524 66 50; www.elsbarlefo. it; Calle San Pantalon 3757; ⊙10–23 Uhr; San Tomà) Wer unbedingt der lärmenden Studentenszene auf dem Campo Santa Margherita entkommen möchte, sollte diese schicke Bar mit anspruchsvoller Musik (am Wochenende Livemusik) und erstklassigen *cicheti* besuchen. Neben einer langen Weinkarte mit regionalen Weinen gibt es auch eine gute Auswahl an Spirituosen.

OSTERIA AI PUGNI BAR
Karte S. 322 (3469607785; www.osteriaaipugni. com; Fondamenta Gherardini 2856; ⊙Mo–Sa 8–23, So 10–23 Uhr; Ca' Rezzonico) Vor rund hundert Jahren endeten Raufereien auf der

AM CANAL GRANDE: PROTZ & BUHMÄNNER

So prächtig wie der Canal Grande sich heute zeigt, er war früher sogar noch überwältigender – Fresken von Giorgione und Tizian schmückten die Fassade des Fondaco dei Tedeschi (S. 79) und Blattgold glänzte an der Ca' d'Oro (S. 123). Und dennoch waren einige Aristokraten ganz schön verschnupft als sich zwei Muranoglasfirmen Ende des 19. und Anfang des 20. Jhs. dazu entschlossen, ihre Firmensitze am Canal Grande mit goldenen Mosaiken aufzumotzen. Der **Palazzo Barbarigo** stammt aus dem 16. Jh., bekam aber 1886 seine glanzvolle Fassade, auf der Glasbläser dargestellt sind, die ihre Arbeiten Architekten und dem Dogen zeigen. Der **Palazzo Salviati** folgte 1924 mit einem großen zentralen Mosaik, auf dem ein blondes Bildnis der Venezia in all ihrem Glanz zu bewundern ist. Bei einer Kanalfahrt kann man sie leicht auf dem Abschnitt zwischen dem Guggenheim Museum und La Salute sehen.

Ganz in der Nähe befindet sich die **Ca' Dario** (Karte S. 322; Ramo Ca' Dario 352; 🚊Salute), ein dreistöckiger Palazzo aus dem 15. Jh. mit Bogenfenstern und drei Ochsenaugen, die mit Scheiben aus buntem Marmor umgeben sind. Ihre hypnotisierenden Reflexionen wurden schon von Claude Monet gemalt, berüchtigt ist das Haus aber aus einem anderen Grund: Eine ungewöhnlich große Zahl von Bewohnern des Hauses starb eines unnatürlichen Todes – das begann bereits mit der Tochter des ersten Besitzers Giovanni Dario. Man munkelt, dass dies Woody Allen in den 1990er-Jahren davon abgehalten haben soll, das Haus zu kaufen. Der frühere Manager der Rockband The Who, Kit Lambert, zog wieder aus und beschwerte sich, dass er von Geistern des Palazzo gejagt worden sei – kurz darauf, im Jahr 1981, wurde er tot aufgefunden. Lediglich eine Woche nachdem er 2002 das Haus für einen Urlaub gemietet hatte, starb der Bassist der Who, John Entwhistle, an einem Herzinfarkt. Die Ca' Dario befindet sich direkt hinter dem ersten kleinen Kanal links vom Guggenheim.

Brücke vor diesem Lokal unweigerlich im Kanal. Heute allerding beseitigen die Venezianer Meinungsverschiedenheiten bei einem der 50 offenen Weine in dieser stets vollen Bar mit ihren Lampen aus recycelten Magnumflaschen und den Tischen aus Weinkisten. Die neuesten Weine stehen auf der Tafel, außerdem gibt es kleine Knabbereien zum *aperitivo* wie *polpette* (Fleischbällchen) und Schinken auf Brot.

CAFFÈ ROSSO   CAFÉ

Karte S. 322 (📞041 528 79 98; www.cafferosso.it; Campo Santa Margherita 2963; ⏰Mo–Sa 7–1 Uhr; 📶; 🚊Ca' Rezzonico) Das Café mit der roten Fassade wird liebevoll *Il Rosso* genannt und befindet sich bereits seit Ende der 1800er-Jahre auf dem Campo Santa Margherita. Am schönsten ist es hier am frühen Abend, wenn die Einheimischen sich auf der sonnigen Piazza treffen um einen wohlfeilen *spritz* zu genießen. Die Espressomaschine sieht aus wie eine Requisite aus einem Steampunk-Fantasyfilm.

OSTERIA AL SQUERO   BAR

Karte S. 322 (📞041 296 04 79; http://osteriaalsquero.wordpress.com; Fondamenta Nani 944; ⏰Do–Di 11–20.30 Uhr; 📶; 🚊Zattere)

Nach einem Spaziergang auf der Zattere bietet sich dieses gemütliche Lokal direkt gegenüber der ältesten, noch in Betrieb befindlichen Gondelwerkstatt an. Der Wein ist preiswert und die Auswahl an *cicheti* groß und günstig. Es wird jedoch oft sehr voll, sodass die Stammgäste sogar im Winter vor der Tür anstehen. Am besten stellt man sich mit einem Pappteller dazu.

AI ARTISTI   BAR

Karte S. 322 (📞393 9680135; Campo San Barnaba 2771; ⏰8–24 Uhr; 🚊Ca' Rezzonico) Passend zum Namen treffen sich an den Wochenenden in diesem Café-Bar und auf der Straße davor Kunststudenten. Bereits seit dem Jahr 1897 werden hier Getränke und Snacks serviert und trotz all der Veränderungen in der Stadt ist es immer noch eine typisch venezianische Institution.

BAKARÒ DO DRAGHI   BAR

Karte S. 322 (📞041 241 27 58; www.bakaro.it; Campo Santa Margherita 3665; ⏰10–1 Uhr; 🚊Ca' Rezzonico) Diese angesagte, winzige Bar sollte man nicht mit der großen Bar-Restaurant Bakarò an der Ecke verwechseln. Hier kann man gar nicht anders als den Drink auf der Straße zu genießen.

Deckengemälde in den Gallerie dell'Accademia (S. 83)

Unter einem Wirrwarr von Glühbirnen befindet sich der kleine Holztresen, über den respektable *cicheti* und etwa 45 verschiedene offene Weine wandern.

CAFÉ NOIR   COCKTAILBAR

Karte S. 322 (☏041 200 78 93; Calle Crosera 3805; ⏰So–Fr 11–2, Sa 18.30–2 Uhr; 📶; 🚤San Tomà) Gerade düster genug, um bohème-haft ohne heruntergekommen zu sein – das Lokal mit den dunklen Balken bietet eine große Auswahl an Cocktails, Guinness vom Fass und günstigen offenen Wein. Die Getränke begleiten eine große Auswahl an gut schmeckenden *panini* und *piadine* (Fladenbrote). Kein Wunder, dass sich hier gerne preisbewusste Studenten tummeln.

⭐ UNTERHALTUNG

VENICE JAZZ CLUB   JAZZ

Karte S. 322 (☏041 523 20 56; www.venicejazz club.com; Fondamenta del Squero 3102; Eintritt inkl. erstem Getränk 20 €; ⏰Mo–Mi, Fr & Sa 19–23 Uhr; 📶; 🚤Ca' Rezzonico) Der noch lange nicht ausgestorbene Jazz swingt in Dorsoduro, wo das hier beheimatete VJC Jazz Quartet regelmäßig montags, mittwochs und samstags auftritt; dienstags und donnerstags gehört die Bühne dann dem VJC Latin Jazz & Bossa Nova Quartet; die Show beginnt um 21 Uhr. Der Club ist im August, Dezember und Januar und den größten Teil des Februars geschlossen.

VENICE MUSIC PROJECT   KLASSISCHE MUSIK

Karte S. 322 (☏345 791 1948; www.venicemusic project.it; St George's Anglican Church, Campo San Vio; Erw./erm. 30/25 €; ⏰März–Juni & Sept.–Nov.; 🚤Accademia) Fans klassischer Musik sollten diese ungewöhnlichen Konzerte, die in der hübschen Anglikanischen Kirche St. George stattfinden, nicht verpassen. Historischen Barockpartituren, die aus der Vergessenheit in der Bücherei Marciana gerettet wurden, wird von einer Gruppe aus neun Musikern neues Leben eingehaucht. Zu diesen Musikern gehört auch die Sopranistin Liesl Odenweller, die nicht nur in La Fenice aufgetreten ist, sondern auch schon in der Carnegie Hall.

SHOPPEN

Venedigs Kunstviertel ist auch ein sehr beliebtes Ziel für Touristen. Deswegen wird man hier kaum günstige Geschäfte finden, aber dafür haben einige außergewöhnliche Künstler hier ihre Werkstätten, in denen sie erstklassige handgefertigte Produkte herstellen. Die wichtigsten Einkaufsgegenden befinden sich im Gebiet rund um die Accademia, Calle de le Botteghe und Calle Lunga San Barnaba.

⭐IL GRIFONE   MODE & ACCESSOIRES

Karte S. 322 (☏041 522 94 52; www.ilgrifone venezia.it; Fondamenta del Gafaro 3516; ⏰Di, Mi

& Fr 10–18, Do & Sa 10–13 & 16–19 Uhr; 🚇Piazzale Roma) Griffin stellt leuchtend bunte Gürtel, Taschen und Brieftaschen her, die hier gefertigt werden und aus traditionell gefärbtem Leder aus der Toskana bestehen. Eine Umhänge- oder Handtasche wird ein Leben lang halten – mindestens.

L'ANGOLO DEL PASSATO   GLAS

Karte S. 322 (📞041 528 78 96; Campiello dei Squelini 3276; ⏱Mo 15.30–19, Di–Sa 9.30–12.30 & 15.30–19 Uhr; 🚇Ca' Rezzonico) Das 19. Jh. trifft in diesem versteckten Eckgeschäft mit seltenem Muranoglas auf das 21. Jh. Hier gibt es Kronleuchter mit dünnen Goldfäden, die von königlichen Raumausstattern geliebt werden, aber auch sinnliche Wandleuchter aus Rauchglas, die Hollywoodstars eher helfen als Botox. Auf den Regalen stehen moderne Kreationen – von Vasen mit geometrischen Mustern bis hin zu kühnen Trinkgläsern.

PAOLO OLBI   KUNSTGEWERBE

Karte S. 322 (📞041 523 76 55; www.olbi. atspace.com; Calle Foscari 3253; ⏱März–Dez. 10.30–12.40 & 15.30–19.30 Uhr, Jan. & Feb. 15.30–19.30 Uhr; 🚇San Tomà) Gedanken, die es wert sind, zu Papier gebracht zu werden, verdienen die Tagebücher, Alben und das Schreibpapier von Paolo Olbi, zu dessen Fans auch Hollywoodstars und Politiker gehören. Normale Alben lassen sich nicht mit den Originalen von Olbi vergleichen – sie werden aus schwerem Papier handwerklich hergestellt und in exklusives Leder gebunden. Die Aquarell-Postkarten von Venedig bieten sich als schöne Souvenirs an.

SIGNOR BLUM   SPIELWAREN

Karte S. 322 (📞041 522 63 67; www.signor blum.com; Campo San Barnaba 2840; ⏱Mo–Sa 10–13.30 & 14.30–19.30 Uhr; 🚇Ca' Rezzonico) Die Kids müssen die Eltern manchmal regelrecht von den 2-D-Puzzles aus Holz und den grinsenden Holzenten im Geschäft an der Rialto-Brücke wegzerren, denn diese geschickt gemachten Spielsachen lassen Erwachsene nur so in Nostalgie schwelgen. Die Mobiles aus geschnitzten bunten Gondelbögen könnten sowohl in einem Kunstforum als auch in einem Kindergarten zu Hause sein. Ach, haben wir schon die Uhren mit Motiven aus Venedig erwähnt?

CA' MACANA   KUNSTGEWERBE

Karte S. 322 (📞041 520 32 29; www.camacana. com; Calle de le Botteghe 3172; ⏱im Sommer 10–20 Uhr, im Winter 10–18.30 Uhr; 🚇Ca' Rezzonico) Mit welchem Talent die venezianischen Karnevalsmasken gefertigt sind, ist schon sehr beachtlich. Jedenfalls haben sie Stanley Kubrick (1928–1999) so sehr beeindruckt, dass er für seinen letzten Film *Eyes Wide Shut* (1999) gleich mehrere bestellt hat. Aus dem Angebot an Charakteren aus Pappmacheé kann sich jeder das Passende aussuchen – von koketten Kurtisanen und karierten Verkleidungen als Casanova bis zu langnasigen Pestärzten. Oder man bastelt seine eigene Maske bei einem der Workshops von Ca' Macana (ab 39 €).

SEGNI NEL TEMPO   BÜCHER

Karte S. 322 (📞041 72 29 09; www.facebook. com/segnineltempolibriantichivenezia; Calle Lunga San Barnaba 2856; ⏱9.30–13.30 & 14–19.30 Uhr; 🚇Ca' Rezzonico) Nicht so sehr ein Buchladen als viel mehr eine kleine Zeitmaschine, wo sich in den vollgestopften Regalen vielleicht eine aus dem 16. Jh. stammende Ausgabe von Giovanni Pontanos *De Prudentia* oder gar eine *History of Oxford* von 1676 finden lässt.

Die meisten Bücher sind in italienischer Sprache, es gibt auch ein gutes Angebot an Büchern zur Geschichte Venedigs. Abgesehen von den wunderschönen gebundenen Büchern lassen sich hier auch alte Drucke von Venedig sowie die eine oder andere Kuriosität finden.

CLAUDIA CANESTRELLI   ANTIQUITÄTEN

Karte S. 322 (📞340 5776089; Campiello Barbaro 364a; ⏱Mo–Sa 11–13 & 15–17 Uhr; 🚇Salute) Handkolorierte Lithografien von fantasievollen Fischen der Lagune, Miniaturen aus dem 19. Jh. von Katzen in Generalsuniform und antike Manschettenknöpfe eignen sich wunderbar als Erinnerung an Venedigs große Vergangenheit.

Die Sammlerin und Künstlerin Claudia Canestrelli weckt in dieser Kuriositätensammlung eine längst vergangene Eleganz mit umgeformten antiken Ohrringen wieder zum Leben.

DESIGNS 188   SCHMUCK

Karte S. 322 (📞041 523 94 26; Calle del Bastion 188; ⏱Mo–Sa 11–19 Uhr; 🚇Salute) Die aus Amerika stammende Trina Tygrett studierte die Glasmacherkunst an der Kunstakademie und heiratete dann in eine Glasmacherfamilie aus Murano ein.

Mittlerweile arbeitet sie zusammen mit Giorgio Nason und Debora Biolo und entwirft originelle Schmuckstücke, die Halbedelsteine, Gold, Stoff und Glas auf erfrischend moderne Art mischen.

LE FÓRCOLE DI SAVERIO
PASTOR   KUNSTGEWERBE

Karte S. 322 (☏041 522 56 99; www.forcole.com; ⊙Mo–Fr 8.30–18 Uhr; 🚤Salute) Nur eine Sache bewegt sich wirklich wie Jagger: Mick Jaggers maßgefertigte *fórcola,* handgeschnitzt von Saverio Pastor. Jede Holzgabel, auf der die Ruder einer Gondel ruhen, wird individuell hergestellt, sodass sie zu Größe, Gewicht und Bewegung des jeweiligen Gondoliere passt, damit die Gondel nicht aus dem Gleichgewicht gerät.

Und Pastors Mini-*fórcole* bewegen sich im Gleichgewicht – genau das Richtige für den Kaminsims zu Hause.

1

K. SAMURKAS/SHUTTERSTOCK ©

1. I Frari (S. 104) **2.** Rialto-Markt (S. 105) **3.** Scuola Grande di San Marco (S. 142) **4.** Canal im Ghetto (S. 121)

3

FOOTTOO/SHUTTERSTOCK ©

2

Geheimnisse der Calli

Gelbe Schilder weisen den Weg zu den wichtigsten Sehenswürdigkeiten, aber die *calli* (Gassen) hinter den Hauptstraßen führen zu einer eigenen Welt von Kunsthandwerkerateliers, Hinterhof-*bacari* (Bars) und versteckten *campi* (Plätzen).

Vom Campo San Polo bis San Giacomo dall'Orio

Auf der Calle del Scalater geht es zum versteckten Campiello Sant'Agostin, wo Glasschmuck lockt. Der Weg führt weiter über die Brücke zum mittelalterlichen San Giacomo dall'Orio.

Vom Campo Bandiera e Moro zum Campo San Giovanni e Paolo

Von der Riva degli Schiavoni geht es über den Campo Bandiera und auf der Salizada San Antonin. Dann weiter durch enge *fondamente* und *calli,* bis man auf der Barbaria de le Tole ankommt. Im Schatten der Zanipolo genießt man einen Drink zum Sonnenuntergang.

Vom Rialto-Markt zum Museo di Storia Naturale

Am Rialto-Markt besorgt man sich Zutaten fürs Picknick. Von dort geht es vom Campo delle Beccarie über den Campo San Cassian bis zum Campo Santa Maria Domini und dann durch die *calli* bis zum Museo di Storia Naturale.

Von der Chiesa della Madonna dell'Orto zum Ghetto

Die Ruhe in Cannaregio ist Balsam für die Sinne; über den Campo dei Mori, die Fondamente de la Misericordia und Ormesini führt der Weg bis zum Ghetto.

4

Von der Chiesa di San Sebastiano bis I Frari

Vorbei an Osterien auf der Calle Lunga San Barnaba bis zum *campo* gleichen Namens; von hier führt die Calle delle Botteghe vorbei an Antiquitäten und Schmuck bis zu Tizians Meisterwerk.

San Polo & Santa Croce

SAN POLO | SANTA CROCE

Highlights

❶ Scuola Grande di San Rocco (S. 102) In den Gemälden der Säle zucken Blitze – für dieses Zunftgebäude schuf Tintoretto Bilder der Hoffnung in finsteren Zeiten.

❷ I Frari (S. 104) Tizians Madonna leuchtet in glühendem Rot in dieser Klosterkirche, die mit aufwendigen Denkmälern zu Ehren von Dogen und Künstlern geschmückt ist.

❸ Rialto-Markt (S. 105) Die Feldfrüchte und Erzeugnisse der Lagune, die auf dem von heimischem Gemüse überquellenden Markt präsentiert werden, machen Lust auf leckere, opulente Mahlzeiten.

❹ Ca' Pesaro (S. 107) Moderne Meisterwerke und japanische Altertümer sorgen im prachtvollen Barockpalast für Kontraste.

❺ Scuola Grande di San Giovanni Evangelista (S. 105) Die Säle tragen die Handschrift der größten Baumeister und Maler Venedigs.

Mehr Details siehe Karten S. 316 und S. 319.

San Polo & Santa Croce erkunden

So also lebt Venedig, wenn es nicht gerade damit beschäftigt ist, zu unterhalten. In diesen *sestieri* (Viertel) kann man sich beim Stöbern in Kunsthandwerkstudios und den Kirchen der Viertel schnell für Stunden im Straßengewirr verlieren, bevor man *campi (*Plätze) erreicht, wo Kinder spielen und Erwachsene in den Bars sitzen.

Der Tag beginnt mit Meisterwerken der Malerei in der Scuola Grande di San Rocco (S. 102), der Höhepunkt ist Tizians *Mariä Himmelfahrt* in der Frarikirche (S. 104). In Gassen auf dem Weg zum Rialto-Markt (S. 105) befinden sich Galerien und Ateliers, wo sich purpurrote Oktopusse oder *radicchio treviso* als Fotomotive anbieten.

Bei einer Pause im All'Arco (S. 109) können *cichetti* (venezianische Tapas) probiert werden, anschließend führt der vornehme Palazzo Mocenigo (S. 108) in eine Welt der eleganten Modesalons, Kunstwerke und Düfte ein. Eine Alternative für Wissensdurstige ist das Museo di Storia Naturale di Venezia (S. 108).

Das nächste Ziel ist der Campo San Giacomo da l'Orio zur Happy Hour im Al Prosecco (S. 115); danach spaziert man durch das einstige Rotlichtbezirk und kehrt im Antiche Carampane (S. 111) zum Abendessen ein.

Lokalkolorit

➜ **Morgendlicher Marktbesuch** Im Gedränge mit Küchenchefs und Großmüttern (*nonne*) nach frischen Produkten auf dem Rialto-Markt (S. 105) Ausschau halten.

➜ **Bacaro-Bummel** Rund um den Rialto-Markt findet man kleine *bacari* (Weinbars), in denen *cicheti* angeboten werden; besonders gut schmecken sie im Stehen mit einer *ombra* („Schatten", kleines Glas Wein).

An- & Weiterreise

➜ **Bus** Alle Busse, einschließlich des Flughafenbusses, kommen am Busbahnhof am Piazzale Roma an.

➜ **Traghetto** Gondelfähren überqueren an zwei Stellen den Canal Grande: **Rialto Mercato** (Karte S. 316; Pescaria; einfache Fahrt 2 €; ⊙Mo–Sa 7.30–18.30, So 9–18.30 Uhr) und am nahen **San Tomà** (Karte S. 316; Calle del Traghetto; einfache Fahrt 2 €; ⊙9–17 Uhr).

➜ **Vaporetto** Die meisten Wasserbuslinien enden am Piazzale Roma. In der Nähe gibt es sechs Anlegestellen am Canal Grande (Piazzale Roma, Riva di Biasio, San Stae, Rialto Mercato, San Silvestro und San Tomà); die Linie 1 hält an allen sechsen. Die schnellere Linie 2 hält am Piazzale Roma und San Tomà. Die Route 5.1/5.2, die vom Lido in einem Bogen am Rand der Innenstadt entlangführt, hält am Piazzale Roma und Riva di Biasio und führt dann durch Cannaregio.

Top-Tipp

Viele von Venedigs besten Restaurants, Kunsthandwerkstudios und *bacari* (Bars) befinden sich in Seitenstraßen von San Polo und Santa Croce – vorausgesetzt man findet sie. In diesem Teil verliert man sich schnell, weshalb man zusätzliche Zeit einplanen sollte, falls man einen Tisch reserviert oder man großen Durst hat. Hat man sich komplett verirrt, kann man den Menschenmassen zum Rialto-Markt oder den Ferrovia-Schildern oder den rot-weißen San-Rocco-Schildern folgen.

Gut essen

➜ Zanze XVI (S. 112)
➜ Osteria Trefanti (S. 112)
➜ Glam (S. 114)
➜ All'Arco (S. 109)
➜ Osteria La Zucca (S. 112)

Details siehe S. 109.➡

 Nett ausgehen

➜ Il Mercante (S. 114)
➜ Cantina Do Spade (S. 114)
➜ Osteria da Filo (S. 115)
➜ Al Prosecco (S. 115)
➜ Bacareto da Lele (S. 115)

Details siehe S. 114.➡

 Schön shoppen

➜ Process Collettivo (S. 116)
➜ Il Pavone di Paolo Pelosin (S. 116)
➜ Paperoowl (S. 118)
➜ Damocle Edizioni (S. 117)

Details siehe S. 116.➡

Es scheint, als seien die Farben der 56 dramatisch bewegten Malereien gerade erst aufgetragen worden. Tintoretto vollendete sie in den Jahren 1575–1587 für das damalige Zunftgebäude, das dem heiligen Rochus, Schutzpatron der Pestkranken, gewidmet war. Während ein Drittel der Einwohner Venedigs in den Jahren 1575–1577 der Pest zum Opfer fiel, malte Tintoretto berührende Szenen drohenden Unheils und endlicher Erlösung und gab so dem Leid eines Überlebenden einen Ausdruck von atemberaubender Eindringlichkeit.

Saal im Erdgeschoss

In der Sala Terrena sind bedeutsame Szenen aus dem Leben der Jungfrau Maria von Tintoretto zu sehen, die an der linken Wand mit *Mariä Verkündigung* beginnen, worin der Erzengel Gabriel die heilige Jungfrau an ihrem Nähtisch überrascht. *La strage degli innocenti* wirkt besonders grausam, indem das Geschehen mit allen Schrecken der Pestjahre in Verbindung gebracht wird. Tintorettos Madonnenzyklus endet mit *Mariä Himmelfahrt*; es ist ein unheilverkündendes Werk, besonders im Vergleich mit der glutvollen Version Tizians in I Frari.

Als Tintoretto diese Werke schuf, blickte Venedig einer tristen Zukunft entgegen: Die Pest hatte 50 000 Menschen den Tod gebracht, unter ihnen auch Tizian, Ursache und Heilung der Seuche sollten noch lange unentdeckt bleiben. Indem er sein ganzes Können auf die Dynamik der Linien anstatt, nach Art Tizians, auf die Farbe richtete, schuf Tintoretto bewegende Gleichnisse menschlichen Leids. Tizians Werk ist auch hier zu sehen; beim Aufstieg im Treppenhaus begegnet man dessen Bild *Mariä Verkündigung*.

TOP-TIPPS

➡ Vom Frühling bis in den Spätherbst bilden die Kunstwerke einen passenden Rahmen für klassische Konzerte.

➡ Mit einem Spiegel können Tintorettos Deckengemälde betrachtet werden, ohne Nackenschmerzen zu verursachen.

➡ Der Festtag des hl. Rochus (16. August) wird mit einer Prozession auf dem Campo San Rocco begangen.

PRAKTISCH & KONKRET

➡ Karte S. 316, A6
➡ ☎ 041 523 48 64
➡ www.scuolagrande sanrocco.org
➡ Campo San Rocco 3052
➡ Erw./erm. 10/8 €
➡ ⏱ 9.30–17.30 Uhr
➡ 🚆 San Tomà

Kapitelsaal

Das prachtvolle **Scarpagnino-Treppenhaus** führt zur Sala Capitolare hinauf, wo sich über den Köpfen der Besucher dramatische **Szenen des Alten Testaments** in den Deckengemälden abspielen. Fast glaubt man das Rauschen von Engelsflügeln zu hören, wenn man die *Speisung des Elias durch den Engel* betrachtet. Himmlische Gnade ist ein wiederkehrendes Thema, so z. B. bei Daniels Erlösung durch Engel, dem Manna in der Wüste oder bei Elischa, der den Hungernden Brot bringt.

Die Weite des Saales ist ebenso überwältigend mit seinen endlosen Fußbodenflächen mit Einlegearbeiten aus Marmor und dem vergoldeten Stuck, der die Deckenfelder umrahmt. Ein Bildnis Tintorettos mit seinen Malerpinseln verbirgt sich in einer **Skulptur**, die von Francesco Pianta im 17. Jh. aus Holz geschnitzt wurde; es ist die dritte von rechts unterhalb der meisterhaften Szenen des Künstlers aus dem Neuen Testament.

Tintorettos **Deckenszenen aus dem Neuen Testament** lesen sich wie ein Comic mit hellen Blitzen, die seine Hauptfiguren von dem Hintergrund des Schwarzen Tods abheben. Szenen aus dem Leben Christi sind nicht in chronologischer Reihenfolge: auf Geburt und Taufe folgt die Auferstehung. Das Drama nimmt seinen Lauf, wenn die Hintergrundfiguren in der sich verdunkelnden Leinwand verschwinden, bis in der Mitte von *Todeskampf im Garten* bedrohlich eine schwarze Leere prangt.

Sala dell'Albergo

Der Auftrag zur Gestaltung des Zunfthauses war begehrt, daher griff Tintoretto zu einer List: Anstatt wie sein Konkurrent Veronese Entwürfe anzufertigen, spendete er ein prachtvolles Deckengemälde des hl. Rochus – wissend, dass es weder zurückgewiesen noch von anderen Künstlern übertroffen werden konnte. Tintorettos restauriertes Werk *San Rocco in Gloria* krönt die Sala dell'Albergo, wo sich die Mitglieder der *scuola* (Bruderschaft) einst versammelten. Der Heilige ist von figürlichen Darstellungen der Jahreszeiten und der Glückseligkeit, Großzügigkeit, des Glaubens und der Hoffnung umgeben. Die Szene erhebt sich hoch über dem tumultartigen Geschehen der Wandgemälde, die den Leidensweg Christi darstellen und mit einem Gemälde der *Kreuzigung* an der hinteren Wand abschließen.

Tesoro

Durch den Seiteneingang an der Sala Capitolare gelangt man zur Treppe, die zum Tesoro hinaufführt. Zu sehen sind u. a. Reliquiare, liturgische Gefäße und ein Kerzenleuchter aus einem Korallenzweig.

ARCHITEKTUR

Scarpagninos protobarocke Fassade besitzt Fenster und Portale mit Rahmen aus geädertem Marmor, Skulpturen, die oberhalb der Kapitelle zu sehen sind, sowie Blütenkränze, die sich als Zeichen neu erwachenden Lebens nach der Pestzeit um Säulen ranken. Bartolomeo Bon begann den Bau der *scuola* 1517, danach wurden noch mindestens drei weitere Baumeister berufen, die ihn bis 1588 vollendeten.

EIN INTERRELIGIÖSER DIALOG IM KAMPF GEGEN DIE PEST

Als der Schwarze Tod in Europa wütete, nahm man in Venedig den Kampf gegen die tödliche Seuche auf. Während die Kirche für das Seelenheil der venezianischen Bürger sorgte, die Republik Venedig holte auch den Rat jüdischer und muslimischer Ärzte über vorbeugende Maßnahmen ein. So entstand die erste Quarantänestation der Welt mit Untersuchungen und einer 40 Tage dauernden Wartezeit für einlaufende Schiffe am Lazzaretto Nuovo. Dieses Verfahren etablierte neue Maßstäbe in der Gesundheitsfürsorge, durch die in den folgenden Jahrhunderten unzählige Menschenleben gerettet worden sind.

In der Kirche I Frari befindet sich die berühmte *Assunta* – dieses Altarbild ist ein Meisterwerk Tizians. Die gotische Basilika aus dem 14. Jh. ist ein hoch aufragendes Meisterwerk mit einem in den Himmel strebenden Deckengewölbe, Chorgestühl mit kunstvollen Intarsien und einer langen Reihe imposanter Denkmäler, die die hohen Backsteinwände säumen.

Architektur

Aus schlichtem Backstein wurde die Kirche im 14./15. Jh. für Franziskanermönche errichtet; I Frari besitzt keine der Stilelemente, die für die Gotik charakteristisch sind, z.B. Strebebögen, Fialen und Wasserspeier – doch die Kreuzrippengewölbe und der dreischiffige Raum mit der Grundfläche eines lateinischen Kreuzes verleihen der Basilika einen Glanz, der den Meisterwerken vollkommen gerecht wird. Die auf den Kanal ausgerichtete Fassade zeigt zarte Bogenlinien am Giebel, kontrastierende rot-weiße Friese um Fenster und Bögen sowie mehrere *okuli* (Rundfenster), die um eine große Fensterrose angeordnet sind. Der hohe Glockenturm hält sich seit 1386 kerzengerade – eine Seltenheit auf dem schwankenden Untergrund Venedigs.

Tizians Schätze

Besucher werden meist unwiderstehlich von einem großen Altarbild (6,7 mal 3,4 m) zum oberen Ende dieser weiträumigen gotischen Kirche gezogen. Die *Assunta* (Mariä Himmelfahrt) von Tizian aus dem Jahr 1518 hält den Augenblick fest, in dem die Madonna in den Himmel aufsteigt, indem sie von einer Wolke getragen wird, um so der Sterblichkeit in einem dramatischen Wirbel ihres rot-blauen Gewandes zu entkommen. Tizian übertraf sich hier selbst. Sein Altarbild von 1526 – die Madonna des Hauses Pesaro – ist auf dem vierten Altar im linken Kirchenschiff zu sehen.

Andere Meisterwerke

Als ob diese Kunstwerke für eine einzige Kirche noch nicht genügen würden, sind Giovanni Bellinis Triptychon *Madonna mit Kind* (1488) in der **Sakristei** und Bartolomeo Vivarinis *San Marco in trono* (1474) in der **Capella Corner** zu sehen. Außergewöhnlich sind auch die vergoldeten **Chorstühle**, jeder einzelne ist mit einer Heiligenfigur und Intarsien verziert. Auf der linken Seite des Kirchenschiffs wird das **Grabmal des Dogen Giovanni Pesaro** (1669) von Baldassare Longhena von vier schwarzen Mamorfiguren gestützt, gruselige Knochenhände entfalten Schriftrollen. Hinter einem geflügelten Löwen führen Stufen zum pyramidenförmigen **Mausoleum für Canova** (1827) hinauf, das zu Ehren des berühmten Bildhauers errichtet, ursprünglich aber von Canova als Denkmal für Tizian entworfen war, der 1576 der Pest im Alter von 90 Jahren zum Opfer fiel. Einer Legende nach wurden – angesichts seiner Verdienste um die Stadt – die strengen Quarantänevorschriften Venedigs gelockert, damit Tizian in der Nähe seines Meisterwerks bestattet werden konnte. 1838 gab Kaiser Ferdinand I. von Österreich das **Denkmal für Tizian** (gegenüber dem Mausoleum für Canova) in Auftrag.

TOP-TIPPS

➜ Aufs Fotografieren sollte verzichtet werden, eine angemessene Kleidung wird erwartet.

➜ Beim Kartenverkauf ist ein Plan erhältlich, mit dessen Hilfe eine selbstständige Erkundung der reichen Kunstschätze möglich ist.

➜ Ein Audioguide (2 €) ist in sechs Sprachen erhältlich.

PRAKTISCH & KONKRET

➜ Basilica di Santa Maria Gloriosa dei Frari

➜ Karte S. 316, B6

➜ ☏ 041 272 86 18

➜ www.basilicadeifrari.it

➜ Campo dei Frari 3072, San Polo

➜ Erw./erm. 3/1,50 €, mit Chorus-Pass frei

➜ ⏲ Mo–Sa 9–18 Uhr, So 13–18 Uhr

➜ 🚊 San Tomà

SEHENSWERTES

Die beiden benachbarten *sestiere* San Polo und Santa Croce überbieten einander mit charmanten und originellen Museumssammlungen in historischen Palazzi am Canal Grande: herausragende moderne Kunst und japanische Antiquitäten in der Ca' Pesaro, originale Barockmode und Parfüms im Palazzo Mocenigo und Dinosaurier im Fondaco dei Turchi. Wer eine Pause benötigt, entspannt sich am besten auf einem sonnenbeschienen *campo* wie die Stadtbewohner.

San Polo

SCUOLA GRANDE DI SAN ROCCO   HISTORISCHES BAUWERK
Siehe S. 102.

I FRARI   BASILIKA
Siehe S. 104.

SCUOLA GRANDE DI SAN GIOVANNI EVANGELISTA   HISTORISCHES BAUWERK
Karte S. 316 (☑041 71 82 34; www.scuolasan giovanni.it; Campiello de la Scuola 2454; Erw./ erm. 10/8 €; ◷9.30–17.15 Uhr; 🚲San Tomà) Die *scuola* ist eine der sechs großen Bruderschaften Venedigs. Die Laienbruderschaft des Evangelisten Johannes betätigte sich vor allem in der Armenpflege, förderte aber auch die Schönen Künste, indem sie die Säle des Zunfthauses mit Werken der berühmtesten Maler und Baumeister der Stadt ausstatten ließ.

Zu den Highlights zählen Pietro Lombardos kunstvoll geschnitztes **Portal** (1481) im Stil der Renaissance, dessen Lünette den Adler des hl. Johannes zeigt, ein von Mauro Codussi entworfenes **Treppenhaus**

HIGHLIGHTS
RIALTO-MARKT

In Restaurants überall auf der Welt wird ein Geheimnis neu entdeckt, das auf diesem Markt seit 700 Jahren offen verkündet wird: Lebensmittel schmecken besser, wenn ihre Herkunft saisonal und regional ist. Noch bevor eine Rialtobrücke oder Paläste am Canal Grande standen, gab es hier eine **Pescaria** (Fischmarkt; Karte S. 316; Campo de la Pescaria; ◷Di–So 7–14 Uhr; 🚲Rialto Mercato) und einen Obst- und Gemüsemarkt. Die Venezianer fühlen sich mit ihrem Fischmarkt so eng verbunden, dass Gespräche über die Eröffnung eines größeren Fischmarktes auf dem Festland bald wieder verstummten. Die schönsten Eindrücke gewinnt man am frühen Morgen inmitten der vielen Marktbesucher, die die Einkaufswagen vor sich herschieben.

Fischhändler rufen den tagesfrischen Fang in zwei offenen Gebäuden im Stil der venezianischen Gotik aus. Beachtenswert sind die Reliefs von Meerestieren und Fischern, mit denen die Kapitelle der Säulen verziert sind. Eine nachhaltige Fischerei ist hier auch keine neuartige Idee; auf Marmortafeln sind Vorschriften verzeichnet, die bereits seit Jahrhunderten die Mindestgrößen der gefangenen Fische angeben.

Im offenen Bereich des Marktes faszinieren *verdure* (Gemüse) aus der Region Venetien aufgrund ihrer fremdartigen Formen, u. a. *castraure* (junge Artischocken) von der Insel Sant'Erasmo, weißer Spargel aus Bassano del Grappa, *radicchio trevisano* und – im Winter – *rosa di Gorizia*, ein Radicchio in Rosenform. In den Geschäften rund um den Markt gibt es von Käse und Wein bis hin zu Pferdefleisch praktisch alles zu kaufen.

TOP-TIPPS

➡ Dienstag und Freitag sind die besten Tage für einen Marktbesuch; die Pescaria ist montags geschlossen.

➡ Die Fischstände werden gegen 14 Uhr wieder abgebaut, manche Marktstände bleiben aber bis in den Nachmittag geöffnet und bieten Gemüse, Nüsse, getrocknetes Obst und Speiseöle an.

PRAKTISCH & KONKRET

➡ Rialto Mercato
➡ Karte S. 316, G3
➡ ☑041 296 06 58
➡ Campo de la Pescaria
➡ ◷7–14 Uhr
➡ 🚲Rialto Mercato

(1498) und Giorgio Massaris prunkvolle **Versammlungshalle** (1727–1762).

Bellini und Tizian brachten Werke von Weltrang für die *scuola* hervor, die von Napoleon beschlagnahmt und später in die Gallerie dell'Accademia gebracht wurden – doch die Werke Jacopo Palma il Giovanes erhellen noch immer die Sala d'Albergo, und das Jesuskind in *L'Adorazione di Magi* von Pietro Longhi übt nach wie vor eine große Anziehungskraft in der Versammlungshalle aus. Auf der anderen Seite des Hofes steht die säkularisierte **Chiesa di San Giovanni Evangelista** (im Eintrittspreis enthalten); sie wurde 970 als Privatkapelle für die Familie der Badoer gebaut und birgt eine *Kreuzigung* von Domenico Tintoretto und Pietro Liberis Gemälde des hl. Johannes, der, eifrig auf eine Inspiration Gottes wartend, eine Schreibfeder in der Hand hält.

Die Bruderschaft wurde im Jahr 1261 von einer Gruppe von Flagellanten gegründet, einer christlichen Laienbewegung; sie zogen als Büßer durch die Stadt und vollzogen öffentliche Selbstgeißelungen. Die Bußübungen wurden im selben Jahr vom Papst als Ketzerei verdammt, die Büßer gingen daraufhin zu unblutigen Bräuchen über.

Die Scuola Grande wurde von Napoleon im Jahr 1806 aufgelöst, fand jedoch in späterer Zeit neue Aufgaben als Fürsorgeeinrichtung. Heute finden Konferenzen und Konzerte im Zunfthaus statt, das außerhalb von Veranstaltungen auch für die Allgemeinheit geöffnet ist.

PONTE DI RIALTO   BRÜCKE
Karte S. 316 (🚏Rialto) Die Rialtobrücke ist ein erstrangiges Werk der Ingenieurskunst. Der Bau von Antonio da Ponte wurde im Jahr 1592 aus istrischem Karstkalk nach dreijähriger Bauzeit fertiggestellt und verschlang 250 000 Golddukaten. Reliefs zeigen den hl. Markus und den hl. Theodor auf der nördlichen und eine Verkündigung Mariens auf der anderen Seite; die Brücke überspannt den Canal Grande an seiner schmalsten Stelle und verbindet die Stadtteile San Polo und San Marco.

Interessant ist, dass ein Neffe da Pontes, Antonio Contino, die zweite berühmte Brücke der Stadt, den Ponte dei Sospiri (Seufzerbrücke, S. 71) entwarf.

CHIESA DI SAN GIACOMO
DI RIALTO   KIRCHE
Karte S. 316 (📞348 2815492; www.chorusvenezia. org; Campo San Giacomo di Rialto 1; 🕐Mo–Sa 9–17 Uhr; 🚏Rialto Mercato) **GRATIS** Wenige Schritte von der Rialtobrücke entfernt steht die Kirche San Giacomo aus dem 12. Jh., die durch ihre große Uhr (15. Jh.) über dem Eingang der dem Platz zugewandten Fassade auffällt. Heute ist in der Kirche – wo auch Eintrittskarten für klassische Konzerte des Ensembles Interpreti Veneziani (S. 77) verkauft werden – eine Sammlung antiker Musikinstrumente untergebracht.

IL GOBBO   STATUE
Karte S. 316 (Campo San Giacomo di Rialto; 🚏Rialto Mercato) Jahrhundertelang brachte es Glück, den Bucklingen zu berühren – heute ist die Statue (1541) hinter einem Eisengitter verborgen. *Il gobbo* (der Bucklige von Rialto) diente als Podium für öffentliche Proklamationen und die Bestrafung von Missetätern: Die Beschuldigten mussten in einer Art Spießrutenlauf an höhnischen Bürgern vorbei durch die Straßen von der Piazza San Marco bis zur Piazza di Rialto laufen. Im Augenblick, in dem sie die Statue berührten, war ihre Strafe abgebüßt.

CHIESA DI SAN GIOVANNI
ELEMOSINARIO   KIRCHE
Karte S. 316 (Kirche des hl. Johannes des Almosengebers; www.chorusvenezia.org; Ruga Vecchia San Giovanni 478; 3 €, mit Chorus-Pass frei; 🕐Mo–Sa 10.30–13.15 Uhr; 🚏Rialto Mercato) Die hoch aufragende Backsteinkirche erhebt sich hinter diversen Läden; nach einem Entwurf von Scarpagnino entstand der Bau nach einem verheerenden Brand, der 1514 im Rialto-Viertel wütete. Im Innern ist das schöpferische Feuer einiger Renaissance-Meister zu bewundern: Tizians berührendes Hauptaltarbild des *Hl. Johannes des Almosengebers* (1545) und wunderschön restaurierte Kuppelfresken mit frohlockenden Engeln von Pordenone.

CHIESA DI SAN POLO   KIRCHE
Karte S. 316 (www.chorusvenezia.org; Campo San Polo 2118; Erw./erm. 3/1,50 €, mit Chorus-Pass frei; 🕐Mo–Sa 10.30–16.30 Uhr; 🚏San Tomà) Venedigbesucher gehen an der bescheidenen Kirche San Polo aus dem 9. Jh. oftmals ahnungslos vorbei. Dabei verbirgt sich unter der Schiffskieldecke (*carena di nave*) der Kirche ein aufwühlendes Gemälde: *Das letzte Abendmahl* (1569) von Tintoretto. Es zeigt die aufgebrachten Apostel nach Jesus Ankündigung, dass ihn jemand verraten werde. Giandomenico Tiepolos Gemäldezyklus *Kreuzweg* im Oratorio del

DER ANDERE RIALTO-MARKT

Niemand kann sich an den ursprünglichen Namen des **Ponte de le Tette** (Karte S. 316; San Silvestro) erinnern. Seit dem 15. Jh. ist er als „Tittenbrücke" bekannt. Damals schützten schattige Säulengänge um die Brücke herum einen festgelegten Rotlichtbereich, in dem Prostituierte aus dem Viertel dazu ermutigt wurden, sich dementsprechend im Fenster zu präsentieren, anstatt sich mit Plateauschuhen auf die Straße zu begeben. Die ambitioniertesten Mädchen zeigten sich den Freiern am liebsten mit einem Buch: Für gebildete Unterhaltungen verlangten die *cortigiane* (Kurtisanen) das Sechzigfache des sonst üblichen Honorars.

Kirchenbehörden und französische Würdenträger bekundeten wiederholt ihre Bestürzung über Venedigs lockere Haltung gegenüber der Prostitution. Doch Venedig verstand unter einem harten Durchgreifen etwas anderes: Weibliche Prostituierte durften ihre Kunden nicht in Männerkleidung ansprechen, außerdem war es Prostituierten verboten, in Zweiruderern unterwegs zu sein – zum Glück braucht man auf einer Gondel nur ein Ruder. Gebühren wurden vom Staat festgelegt und in den Rialto-Bordellen ausgehängt (Seife kostete extra); und die Preise für Edelhuren wurden in Katalogen, die ihre unterschiedlichen Vorzüge anpriesen, veröffentlicht.

Die Höhe von Plateauschuhen wurde in der Kleiderordnung auf schwindelerregende 30 cm begrenzt, um Angehörige der feinen Gesellschaft von den *cortigiane* unterscheiden zu können – allerdings mit nur geringem Erfolg.

Crocifisso (von der Rückseite der Kirche zugänglich) zeigt einen kraftvollen Christus, der sich im Deckengemälde triumphierend aus seinem Grab erhebt.

Im Hauptraum sind außerdem Werke von Giandomenicos berühmterem Vater, Giambattista Tiepolo, neben den Werken von Paolo Veronese und Jacopo Palma il Giovane zu besichtigen.

CASA DI CARLO GOLDONI
MUSEUM

Karte S. 316 (041 275 93 25; www.carlogoldoni. visitmuve.it; Calle dei Nomboli 2794; Erw./erm. 5/3,50 €, mit Museumspass frei; Do–Di 10–16 Uhr; San Tomà) Der venezianische Lustspieldichter Carlo Goldoni (1707–1793) spielte selbst viele Rollen: Der Sohn eines Arztes wandte sich den Rechtswissenschaften zu, die ihm ein Auskommen sicherten, falls eine *opera buffa* (komische Oper) beim Publikum durchfiel. Wie im ersten Stock seines Geburtshauses gezeigt wird, hatte Goldoni mit gesellschaftskritischen Satiren die größten Erfolge. Es gibt hier eigentlich nicht viel zu sehen; der Glanzpunkt ist ein Puppentheater aus dem 18. Jh.

CHIESA DI SAN ROCCO
KIRCHE

Karte S. 316 (041 523 48 64; www.scuolagrande sanrocco.org; Campo San Rocco 3053; Erw./erm. 2 €/frei; 9.30–17.30 Uhr; San Tomà) GRATIS Die wunderschöne Kirche von Bartolomeo Bon entstand von 1489 bis 1508, um die Gebeine des hl. Rochus aufzubewahren. Zwi-

schen 1765 und 1771 wurde sie im Stil des Barock umgebaut, aus dieser Zeit stammt auch das imposante Portal, flankiert von Statuen Giovanni Marchioris. Die Fensterrose des Baumeisters Bon wurde an die Seite der Kirche nahe beim ursprünglichen Seiteneingang verlegt. Auf beiden Seiten des Hauptaltars stellen vier große Gemälde von Tintoretto das Leben des hl. Rochus dar. Die Reliquien des Heiligen befinden sich oberhalb des Altars.

Santa Croce

CA' PESARO
MUSEUM

Karte S. 316 (041 72 11 27; www.capesaro.visit muve.it; Fondamenta de Ca' Pesaro 2076; Erw./ erm. 10/7,50 €, mit Museumspass frei; Di–So 10–17 Uhr; San Stae) Hinter der stattlichen Fassade des Palastes, der von Baldassare Longhena 1710 gestaltet wurde, verbergen sich zwei faszinierende Kunstmuseen, die nicht unterschiedlicher sein könnten: die **Galleria Internazionale d'Arte Moderna** und das **Museo d'Arte Orientale**.

Das erste präsentiert Werke, die auf der Biennale di Venezia gezeigt wurden, das zweite beherbergt Kunstschätze einer Sammlung von Enrico di Borbone, Herzog von Parma, die in den Jahren 1887–1889 auf einer Tour durch Asien zusammengekauft wurde. Die Kunstwerke wetteifern mit den prachtvollen Deckengemälden der Ca' Pesaro, die von der Macht und dem Ansehen der Familie Pesaro zeugen.

Die internationale Galerie für moderne Kunst umfasst zahlreiche Kunstbewegungen des 19. und 20. Jhs., darunter die Macchiaioli, Expressionisten und Surrealisten. Durch die De-Lisi-Schenkung von 1961 wurden Werke von Kandinsky und Morandi den modernistischen Meistern Chirico, Miró und Moore an die Seite gestellt. Später kamen durch die Wildt-Scheiwiller-Schenkung von 1990 weitere Schätze hinzu, darunter die außergewöhnlichen Skulpturen *Uomo che tace* (1899) und *Vir Temporis Acti* (1911) von Adolfo Wildt. Zu den Highlights der Sammlung gehören auch *Judith II* (1909) von Gustav Klimt, die rührenden Wachsbüsten von Medrado Rosso, das beunruhigende Werk *Un Fantasma percorre l'Europa* (1949) von Armando Pizzinato und die kraftvolle neokubistische *La Partigiana* (1955) von Leoncillo Leonardi, die in lebhaft gefärbter Majolika ausgeführt ist. Mit ihren Werken von Henri Matisse, Max Ernst, Auguste Rodin, Marc Chagall, Roy Lichtenstein und Jeff Koons stellt die Ca' Pesaro selbst die Guggenheim-Sammlung in den Schatten.

Eine Phalanx von Samuraikriegern flankiert die knarrenden Treppenstufen, die in das Dachgeschoss zur orientalischen Sammlung führen; hier werden Erinnerungsstücke an eine fürstliche Asienreise bewahrt. Enrico di Borbone traf zu einer Zeit in Japan ein, als die Kunst der Edo-Zeit hinter der Meiji-Zeit zurücktrat, und erwarb 30 000 Kunstobjekte, darunter *netsuke* (kleine geschnitzte Figuren) der Edo-Zeit, Waffen, Wandschirme und eine Sänfte. Die Sammlung ist zu etwa Dreivierteln japanischer Herkunft; das übrige Viertel besteht aus einer kleinen Sammlung islamischer Keramiken des 12. bis 15. Jhs. und einem kunstvoll geschnitzten chinesischen Schachspiel aus dem 18. Jh.

Wechselnde Ausstellungen finden regelmäßig auf der mittleren Ebene statt, in denen moderne und zeitgenössische Künstler präsentiert werden; der Zugang ist im Eintrittspreis enthalten.

PALAZZO MOCENIGO
MUSEUM

Karte S. 316 (☎041 72 17 98; www.mocenigo. visit muve.it; Salizada San Stae 1992; Erw./erm. 8/5,50 €, mit Museumspass frei; ☉10–16 Uhr; ☴San Stae) Als der Graf Alvise Nicolò Mocenigo 1945 der Stadt den Palast seiner Familie aus dem 17. Jh. vermachte, wurde Venedigs ohnehin großer Bestand an noblen Bauten um ein weiteres Exemplar reicher. Im Erdgeschoss finden wechselnde Ausstellungen statt, im *piano nobile* (Repräsentationsgeschoss) wird eine prächtige Sammlung historischer Mode gezeigt, darunter exquisit bestickte Herrenwesten aus Seide. Glanzvoll ist auch eine Ausstellung über die geheimnisvolle Welt des Parfüms – eine Ode an Venedigs Ruhm als europäische Hauptstadt der Parfümkunst im 16. Jh.

Die reich ausgestatteten, mit Kronleuchtern geschmückten Säle des Palazzo Mocenigo haben sich kaum verändert, seit adlige Gesellschaften des 18. Jhs. hier zusammenkamen. Doch selbst beim galanten Gespräch unter dem Deckengemälde der *Ehelichen Allegorie* (1787) von Jacopo Guarana im Grünen Salon hüteten kluge Gäste ihre Zunge. Die Mocenigos denunzierten Giordano Bruno – der Philosoph und Astronom war gelegentlich im Haus zu Gast – bei der Inquisition wegen Ketzerei. Der verratene Philosoph wurde daraufhin gefoltert und auf dem Scheiterhaufen in Rom verbrannt.

MUSEO DI STORIA NATURALE DI VENEZIA
MUSEUM

Karte S. 316 (Naturhistorisches Museum von Venedig; ☎041 275 02 06; www.msn.visitmuve.it; Salizada del Fontego dei Turchi 1730; Erw./erm. 8/5,50 €, mit Museumspass frei; ☉Di–So 10–18 Uhr; ☴San Stae) Im einstigen türkischen Handelskontor, dem Fondaco dei Turchi, gilt die Macht der Dogen nicht viel: Wissenschaftliche Neugier beherrscht das naturhistorische Museum. Das Abenteuer beginnt oben mit Dinosauriern und urzeitlichen Krokodilen und führt in Riesenschritten durch die Erdgeschichte bis in Venedigs große Zeit der Entdeckungen, als Forschungsreisende wie Marco Polo merkwürdige Dinge aus fernen Ländern mitbrachten.

Außerdem gibt es einen Innenhof mit einem reizenden Garten, der zu den Öffnungszeiten des Museums zugänglich ist – ideal für ein nettes Picknick.

Die Exponate werden gekonnt präsentiert – selbst die Fossiliensammlung wirkt faszinierend – jedoch sind viele Beschriftungen nur in italienischer Sprache. Oben sind das bisher einzige vollständige Skelett eines Ouranosaurus, eine makabre Menagerie kolonialzeitlicher Trophäen, ein Paar zweiköpfiger Kälber und die Mumie einer ägyptischen Krokodilpriesterin, flankiert von zweien ihrer schuppigen Schützlinge, zu sehen. Unten finden die Sammlungen einen etwas ernüchternden Abschluss in einem Aquarium, das die Meereswelt der Adria zeigt, aber auch einen nahen Blick auf ein großes Holzboot ermöglicht, das vor der Tür festgemacht ist. Entlang der Ausgangstreppe kann man heraldische Symbole aus Marmor von sich küssenden Tauben und Hunden mit verknoteten Schwänzen sehen, die auf die Vergangenheit des Gebäudes als Herzogspalast und Handelshaus zurückgehen. Die Herzöge von Ferrara konnten über dieses Herrenhaus aus dem 13. Jh. frei verfügen, bis sie im Jahr 1621 verdrängt wurden, um für Venedigs wichtigsten Handelspartner Platz zu machen: die Türken. Die Osmanen mieteten das Gebäude bis zum Jahr 1858; sie nutzten es als Wohn- und Geschäftshaus und als Warenlager.

CHIESA DI SAN GIACOMO DALL'ORIO · KIRCHE

Karte S. 316 (www.chorusvenezia.org; Campo San Giacomo da l'Orio 1457; Erw./erm. 3/1,50 €, mit Chorus-Pass frei; ⊙Mo–Sa 10.30–16.30 Uhr; 🚤Riva de Biasio) Die romanische Kirche San Giacomo stammt aus dem 9. Jh. und wurde mit einem Grundriss in Form eines lateinischen Kreuzes mit vorspringenden Kapellen im Jahr 1225 fertiggestellt. In der dunklen Stille des Innern sind bemerkenswerte Kunstwerke zu entdecken, darunter leuchtende Sakristeimalereien von Jacopo Palma Il Giovane, eine seltene *Madonna mit Kind und Heiligen* (1546) von Lorenzo Lotto und ein außergewöhnliches, um 1350 entstandenes Kruzifix von Paolo Veneziano.

Es gibt architektonische Besonderheiten, beispielsweise dekorative Säulen, eine *carena di nave* (Schiffskieldecke) des 14. Jhs. und eine byzantinische Säule aus dem 6. Jh. aus grünem Marmor, die auf dem berüchtigten Vierten Kreuzzug in Konstantinopel erbeutet wurde.

CHIESA DI SAN SIMEON PICCOLO · KIRCHE

Karte S. 319 (www.fsspvenezia.blogspot.com; Fondamente San Simeon Piccolo 698; ⊙8–16 Uhr; 🚤Ferrovia) **GRATIS** Von Giovanni Antonio Scalfarotto entworfen, wurde der Kuppelbau als einer der letzten Kirchenbauten Venedigs 1738 in einem klassizistischen Stil vollendet. Heute wird hier regelmäßig die Tridentinische Messe begangen.

Wer ein schauriges Erlebnis sucht, kann ausgerüstet mit einer Kerze (2 €) – und vorsichtshalber mit einigen Knoblauchknollen „bewaffnet" – in die dunkle, kreuzförmige Krypta hinuntersteigen.

CHIESA DI SAN STAE · KIRCHE

Karte S. 316 (www.chorusvenezia.org; Campo San Stae 1981; Erw./erm. 3/1,50 €, mit Chorus-Pass frei; ⊙Mo–Sa 13.45–16.30 Uhr; 🚤San Stae) Der Einfluss Palladios ist im klassizistischen Baustil der Kirche San Stae (1709 fertiggestellt) deutlich zu erkennen – von der blendend weißen, mit vielen Statuen bestückten Fassade, die auf den Canal Grande blickt, bis hin zum lichtdurchfluteten Innern. Auf der linken Seite des Hauptaltars sind das *Martyrium des hl. Bartholomäus* (1723) von Giambattista Tiepolo und die *Befreiung des hl. Petrus durch einen Engel* (1724) von Sebastiano Ricci zu besichtigen.

Es lohnt sich auch, die schönen Holzschnitzereien am Orgelgestühl über dem Hauptportal genauer anzusehen.

ESSEN

In San Polo und Santa Croce gibt es viele der heißgeliebten *Cicheti*-Bars von hoher Qualität, außerdem historische *osterie* und anspruchsvolle Hotelrestaurants. Die besten *Cicheti*-Bars finden sich in großer Zahl rund um den Rialto-Markt, von wo sie täglich ihre frischen Zutaten beziehen. Beliebte *osterie* sind in den Seitengassen der großen Plätze (*campi*) wie San Giacomo da l'Orio, San Polo und San Tomà zu finden.

✕ San Polo

ALL'ARCO · VENEZIANISCH €

Karte S. 316 (☎041 520 56 66; Calle de l'Ochialer 436; Cichetti 2–2,50 €; ⊙Mo–Sa 9–14.30 Uhr; 🚤Rialto Mercato) In dieser authentischen Stadtteilbar gibt es *cicheti* (venezianische Tapas), die zu den besten der Stadt gehören. Aus den Waren des nahen Rialto-Marktes bereiten Francesco und Matteo (Vater und Sohn) Meisterwerke im Kleinformat für ihre große erwartungsvolle Gästeschar zu, die sich drinnen und draußen vor dem Laden versammelt. Selbst mit einem Prosecco ist hier eine Mahlzeit selten teurer als 20 €.

PASTICCERIA RIZZARDINI · GEBÄCK €

Karte S. 316 (☎041 522 38 35; Campiello dei Meloni 1415; Gebäckstücke 1,30–4 €; ⊙Mi–Mo 7–20 Uhr; 🚤San Silvestro) Stolz verkündet die winzige Bäckerei ihr Bestehen „seit 1742". Ihr guter Ruf gründet sich auf Kuchen,

Gebäck und Plätzchen, und sie hat schon etliche Male Hochwasser überstanden – an der Tür sind die Höchststände der Fluten verzeichnet. Jederzeit gibt es einen gleichbleibend guten Espresso, verwöhnende heiße Schokolade, *spritz* und *pizzette* – und mit etwas Glück einen Rest vom Tiramisu.

ADAGIO
CAFÉ €

Karte S. 316 (☎339 5027619; www.facebook. com/dlpcandido; Salizzada San Rocco 3028; Cicheti 1–1,50 €; ☺8–23 Uhr; 🚊San Tomà) Hinter der Frari-Kirche versteckt, werden in diesem charmanten, freundlichen Café mit Bar köstliche, frisch gefertigte *cicheti* und Gebäck während des ganzen Tages serviert, dazu gibt es exzellenten Kaffee und Wein. Wer drinnen an den drei kleinen Tischen keinen Platz findet, kann sich an der marmornen Bar oder draußen im Freien einen ruhigen Platz suchen.

BASEGÒ
VENEZIANISCH €

Karte S. 316 (☎041 850 02 99; www.basego.it; Campo San Tomà 2863; Cicheti 1,50–3 €; ☺10–22 Uhr; 🛜🚻; 🚊San Tomà) Mit seinem Akzent auf drei wesentlichen Zutaten – gutes Essen, guter Wein und gute Musik – hat diese moderne *Cicheti*-Bar sich schnell eine treue Gästeschar erworben. Ein Genuss sind die Meerestiere der Lagune, Prosciutto, geräucherter Thunfisch, Salami und Käse, die auf kleine, frische Brotscheiben gehäuft werden. Die Sitzplätze sind hier zahlreicher als in den meisten Bars dieser Art, und es gibt eine Spielecke für Kinder.

ANTICO FORNO
PIZZA €

Karte S. 316 (☎041 520 41 10; Rugheta del Ravano 973; Pizzastücke 3–3,50 €; ☺Mo–Sa 11.30–21 Uhr; 🚊San Silvestro) Über die Theke des freundlichen kleinen Imbisses hinweg wird eine Vielfalt ofenfrischer Pizzas gereicht, die, ob mit dünnem oder dickem Boden, perfekt zubereitet werden. Wer in der Warteschlange ausharrt, kann klassische Versionen wie die Margherita oder auch erfindungsreiche Variationen – am besten im Stehen an der Theke – probieren.

LA BOTTIGLIA
SANDWICHES €

Karte S. 316 (☎041 476 24 26; www.facebook. com/labottigliavenezia; Calle de la Chiesa 2537; Sandwiches 6 €; ☺10–22.30 Uhr; 🛜; 🚊San Tomà) In einer früheren Metzgerei wurde das fotogene Weinlokal im Stil eines Feinkostladens eingerichtet. In einem eindrucksvollen Weinkeller lagern interes-

sante Weine und Craft-Biere. *Panini* von gewaltiger Größe werden nach Wunsch mit kaltem Aufschnitt, Käse und Gemüse in hervorragender Auswahl belegt, außerdem sind köstliche Vorspeisenteller zu bekommen. Dazu passt eine Weinverkostung (drei Kostproben für 9,50 €, fünf für 15 €).

GELATERIA IL DOGE
GELATO €

Karte S. 316 (www.gelateriaildoge.com; Campiello San Tomà 2815–2816; 1 Portion 1,80 €; ☺März-Okt. 10–19.30 Uhr; 🚊San Tomà) Ein Ableger der historischen (und, wie viele meinen, der besten) Gelateria Venedigs auf dem Campo Santa Margherita ist die Gelateria Il Doge, in der köstliche Geschmacksrichtungen wie Mango oder dunkle Schokolade zu entdecken sind. Außerdem gibt es vegane Sorten und eine richtig gute sizilianische *granita* mit traditionellen Aromen wie Zitrone oder mit Mandelmilch.

BAR AI NOMBOLI
SANDWICHES €

Karte S. 316 (☎041 523 09 95; Rio Terà dei Nomboli 2717c; Sandwiches 2–6; ☺So–Fr 7–21, Sa bis 15 Uhr; 🛜; 🚊San Tomà) In dieser schicken Bar treffen Professoren und Arbeiter der Stadt mit ortskundigen fremden Gästen zusammen. Knuspriges Gebäck wird mit regionalem Käse, frischen Blattgemüsen, gebratenem Gemüse, Salami, Prosciutto und Roastbeef überhäuft. Außer der üblichen Mayonnaise gibt es auch Soßen mit würzigem Senf bis hin zu wilden Brennnesseln oder Feigensalsa. Preiswert, sättigend und vor allem köstlich.

FRARY'S
ORIENTALISCH €€

Karte S. 316 (☎041 72 00 50; www.frarys.it; Fondamenta dei Frari 2559; Gerichte 24–32 €; ☺11.30–15 & 18–22.30 Uhr; 🛜📷; 🚊San Tomà) Die Aromen des Orients beherrschen das unkonventionelle Refugium, in dem orientalische und mediterrane Klassiker serviert werden. Die Vorspeisenplatte ist ein Mix aus griechischer *hortopita* (Blätterteigpastete mit Käse und Gemüse) und kurdischen *kibbeh* (Bulgur-Hackbällchen). Hauptgerichte sind z. B. die klassische Moussaka und das würzige jordanische Reisgericht *maglu'ba*. Auf der Speisekarte findet man auch eine vegane und glutenfreie Auswahl.

BIRRARIA LA CORTE
INTERNATIONAL €€

Karte S. 316 (☎041 275 05 70; www.birraria lacorte.it; Campo San Polo 2168; Pizzas 9,50–15 €, Gerichte 33–39 €; ☺April-Okt. 10–24 Uhr, Nov.–März 10–15 & 18–24 Uhr; 🛜; 🚊San Tomà)

In einem ehemaligen Viehstall wurde im 19. Jh. eine Brauerei untergebracht, um die österreichische Fremdherrschaft bei Laune zu halten, und noch immer setzt man hier auf Bier und Beef. Besonders gut ist die Pizza, daneben gehört eine große Auswahl internationaler Gerichte zum Angebot, z. B. Hamburger, Hähnchencurry, Crêpes aus Dinkelmehl und viele italienische Gerichte.

AL PONTE STORTO
VENEZIANISCH €€

Karte S. 316 (☎041 528 21 44; www.alpontestorto.com; Calle del Ponte Storto 1278; Gerichte 35–41 €; ⏱Di–So 10–15 & 18–22 Uhr; ☎; 🚤San Silvestro) Im gemütlichen „An der schiefen Brücke" hängt jede Menge Kunst an den Wänden. Das Lokal war früher ein Clubhaus von Anarchisten und serviert heute leckere *cicheti*, Brie-Quiche oder seine berühmten *polpette* (Fleischbällchen). Für eine reichhaltigere Mahlzeit setzt man sich an einen Tisch und schlemmt sich durch Empfehlungen des Hauses wie *pappardelle con scampi e radicchio* (breite Bandnudeln mit Scampi und Radicchio). In den wärmeren Monaten sollte man um einen Tisch mit Blick auf den Kanal bitten.

TRATTORIA DA IGNAZIO
VENEZIANISCH €€

Karte S. 316 (☎041 523 48 52; www.trattoriadaignazio.com; Calle dei Saoneri 2749; Gerichte 33–50 €; ⏱So–Fr 12–15 & 19–22 Uhr; 🚤San Tomà) Kellner in adretten weißen Jacken servieren tadellos gegrillten Fisch aus der Lagune, frische Pasta und Nachspeisen sind selbstverständlich hausgemacht. An trüben Tagen ersetzt eine feine, hausgemachte Pasta mit Krebsfleisch zu einem frischen Lugana-Weißwein das fehlende Sonnenlicht. An sonnigen Tagen und warmen Abenden trifft sich die ganze Nachbarschaft unter dem Weinlaub im Garten.

SACRO E PROFANO
VENEZIANISCH €€

Karte S. 316 (☎041 523 79 24; Ramo Terzo del Parangon 502; Gerichte 37–44 €; ⏱Mo–Sa 12–15 & 18–24 Uhr; 🚤Rialto Mercato) Hier kann man den Gesprächen der Musiker, Künstler und schöngeistigen Stammgäste dieses Refugiums unter dem Bogengang zur Rialtobrücke lauschen – sobald aber die hausgemachten Gnocchi auf der Bildfläche erscheinen, verebben alle Gespräche zu einem zufriedenen Murmeln. Das Restaurant wird von einem venezianischen Ska-Bandleader geführt, woraus sich auch die Trompeten an den Wänden und die beschwingte, künstlerische Atmosphäre erklären.

DA FIORE
ITALIENISCH €€€

Karte S. 316 (☎041 72 13 43; www.dafiore.net; Calle del Scaleter 2202a; Gerichte 61–87 €, feste Mittagsmenüs 39–49 €; ⏱Di–Sa 12.30–16.30 & 19.30–0.30 Uhr; 🚤San Stae) Beim letzten Besuch erfüllte der Sound von Rock- und Popmusik das von Michelin ausgezeichnete Restaurant und lenkte von der eleganten Atmosphäre ab, die u. a. von kostbaren Murano-Gläsern und der tadellosen Kleidung der Kellner ausgeht. Das Essen ist aber in jedem Fall exzellent – und sei es etwas scheinbar Einfaches wie der köstliche Caprese-Salat oder eine der kreativen Fischspezialitäten des Hauses.

ANTICHE CARAMPANE
VENEZIANISCH €€€

Karte S. 316 (☎041 524 01 65; www.antichecarampane.com; Rio Terà de le Carampane 1911; Gerichte 55–63 €; ⏱Di–Sa 12.45–14.30 & 19.30–22.30 Uhr; 🚤San Stae) Das kulinarische Juwel, das in den ehemals berüchtigten Gassen hinter dem Ponte de le Tette verborgen liegt, ist nicht ganz leicht zu finden – doch die Suche wird belohnt. Die Speisekarte ist voller marktfrischer venezianischer Klassiker, z. B. *fegato alla veneziana* (Kalbsleber venezianischer Art mit geschmorten Zwiebeln) und zahlreiche Fischgerichte. Hier ist immer eine elegante, fröhliche Gästeschar anzutreffen, eine Tischreservierung ist daher eine ausgezeichnete Idee.

✖ Santa Croce

BACARRETTO
SIZILIANISCH €

Karte S. 316 (☎041 200 76 67; www.facebook.com/bacarrettobistrot.ilsiciliano; Calle de la Chiesa 2098; Gerichte 17–29 €; ⏱Mo–Sa 12–15 & 19–22 Uhr; 🚤San Stae) Das schmucke Restaurant wird von Marco geführt, einem enthusiastischen und gründlichen Kenner der Weine und der Küche Siziliens. Die Speisekarte mit sizilianischen Klassikern ist klein, aber hervorragend, z. B. *panelle* (frittierte Teigstreifen aus Kichererbsenmehl), *pasta alla norma* (mit Aubergine und Ricotta in Tomatensoße) und *involtini di pesce spada* (gefüllte Schwertfischröllchen). Ein guter Einstieg ist die Auswahl leicht gebratener Gemüse.

GELATO DI NATURA
GELATO €

Karte S. 316 (☎340 2867178; www.gelatodinatura.com; Calle Larga 1628; 1 Portion 1,50 €; ⏱Feb.–Nov. 10.30–23 Uhr; 🐾; 🚤Riva di Biasio, San Stae) Neben vielen anderen fremden

Dingen soll Marco Polo nach seiner Entdeckungsreise nach China auch die Eiscreme in Venedig bekannt gemacht haben. Noch heute ist man in dieser Eisdiele offen für Experimente: Lieblingssorten gibt es auch als vegane Versionen, außerdem japanische Reiskuchen und die sensationell sahnige Eiscreme (in begrenzten Mengen!) mit Zutaten ausgewiesener italienischer Herkunft, z. B. Pistazien aus Bronte, Piemonteser Haselnüsse und Amalfi-Zitronen.

⭐**OSTERIA TREFANTI** VENEZIANISCH €€
Karte S. 316 (☎041 520 17 89; www.osteria trefanti.it; Fondamenta del Rio Marin o dei Garzoti 888; Gerichte 40–45 €; ⏱Di-So 12–14.30 & 19–22.30 Uhr; ☎; 🚊Riva de Biasio) Der Gewürzhandel der Serenissima hat seine Spuren in der einfachen und doch eleganten Osteria hinterlassen, wo die Gnocchi durch Zimt eine besonders interessante Note erhalten und der Steinbutt durch Mandeln und Kokosnuss bereichert wird. Der Fokus liegt auf Fischgerichten; delikat sind die „Fettucine des Dogen" mit Miesmuscheln, Garnelen und Venusmuscheln. Der kleine Raum wird mittels antiker Kupferlampen erhellt und ist zu Recht gut besucht – eine Reservierung ist daher ratsam.

MURO SAN STAE ITALIENISCH €€
Karte S. 316 (☎041 524 16 28; www.murove nezia.com; Campiello del Spezier 2048; Pizzas 7–15 €, Gerichte 30–46 €; ⏱Mo–Fr 12–15 & 18–22.30, Sa & So 12–22.30 Uhr; ☎☎; 🚊San Stae) Zeitgemäß und entspannt präsentiert sich die vielseitige Restaurant-Pizzeria. Es gibt einfallsreich gemachte Pizzas und saisonale Salate, die Hauptgerichte sind frisch und voller Geschmack. Für die fleischlichen Genüsse wird mit einer großen Auswahl an Grillgerichten gesorgt, besonders saftig ist das Carpaccio mit Rindfleisch, außerdem gibt es vegetarische Pizzas und Pastagerichte. Das Restaurant hat eine zweite Adresse in **San Polo** (Karte S. 316; ☎041 524 53 10; Rio Terà 2604b; 🚊San Tomà).

OSTERIA LA ZUCCA ITALIENISCH €€
Karte S. 316 (☎041 524 15 70; www.lazucca.it; Calle del Tentor 1762; Gerichte 32–38 €; ⏱Mo–Sa 12–14.30 & 19–22.30 Uhr; ☎; 🚊San Stae) Mit einer Speisekarte, die vegetarische Kreationen und klassische Fleischgerichte aufführt, trifft das behagliche Restaurant mit viel warmem Holz den Geschmack seiner Gäste. Kräuter und Gewürze entfalten in Gerichten wie Kürbis mit Muskat und Flan

mit geräuchertem Ricotta ihre reichen Aromen. In dem kleinen Speiseraum kann es heiß werden, in den Sommermonaten isst es sich am schönsten draußen am Kanal (vorher reservieren). Auch im Winter sollte ein Tisch reserviert werden.

IL REFOLO ITALIENISCH €€
Karte S. 316 (☎041 524 00 16; www.facebook. com/Passito76; Campiello del Piovan 1459; Pizzas 15 €, Gerichte 35 €; ⏱März–Okt. 12–23 Uhr; 🚻; 🚊Riva di Biasio) Mit Tischen im Freien, die den *campo* vor San Giacomo dall'Orio einnehmen, ist es ein sonniger Platz, um die vorbeigleitenden Gondeln zu beobachten. Das Essen ist ebenso entspannt und unkompliziert. Auf der Speisekarte stehen Pizza, Pastagerichte und leichte Speisen mit Meeresfrüchten.

Das Refolo gehört der Familie Martin, die auch das mit einem Michelin-Stern ausgezeichnete Da Fiore betreibt; hier werden die Zutaten von ausgesuchter Qualität auf hohem Niveau zubereitet.

OSTERIA MOCENIGO VENEZIANISCH €€
Karte S. 316 (☎041 523 17 03; Salizada San Stae 1919; Gerichte 25–41 €; ⏱12–15 & 19–22.30 Uhr; ☎🚻; 🚊San Stae) Die Zeiten und Speisegewohnheiten haben sich geändert, seit die Dogen den Palazzo Mocenigo mit ihrer Anwesenheit beehrten. Die gastliche, behagliche Osteria Mocenigo bietet auf völlig unprätentiöse Art Mittags- und Abendgerichte an, z. B. mit Fisch, Gemüse-Ravioli oder gegrilltem Fleisch. Es gibt gute und preiswerte Mittagsmenüs mit Pasta, Salat, Wein und Kaffee für 12 €.

AL BACCO FELICE ITALIENISCH €€
Karte S 319 (☎041 528 77 94; Calle dei Amai 197e; Pizzas 6–13 €, Gerichte 30–50 €; ⏱12–24 Uhr; 🚻; 🚊Piazzale Roma) Platzsets aus Papier, Popmusik aus dem Radio und begeisterte Gäste, deren Lobeshymnen an den Wänden zu lesen sind: Al Bacco ist eine lässige und gesellige Adresse für ziemlich gute Pizzas mit dünnem Boden, solide Pastagerichte und einfach gemachte, klassische Hauptgerichte, z. B. *scallopine* aus Kalbfleisch. Pizzas gibt es schon für 6 € – sparsame Studenten und Familien kommen gern hierher.

⭐**ZANZE XVI** VENEZIANISCH €€€
Karte S. 319 (Trattoria dalla Zanze; ☎041 71 53 94; www.zanze.it; Fondamenta dei Tolentini 231; festes Mittagsmenü 25 €, Gerichte 46–51 €; ⏱So & Di-Fr 12.30–14.30 & 19.30–22.30, Sa 19.30–

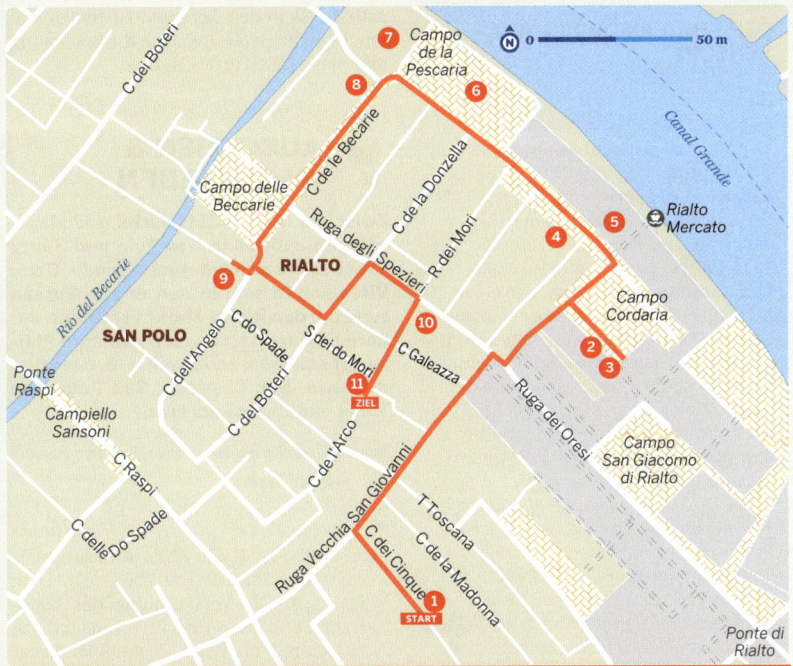

🏃 Stadtspaziergang
Kulinarischer Bummel durch Rialto

START CAFFÈ DEL DOGE
ZIEL ALL'ARCO
LÄNGE/DAUER 450 M; 1 STUNDE

In der Gegend rund um den Rialto-Markt lag seit jeher die Kraftquelle der venezianischen Kochkunst. Bei diesem Spaziergang sind Pausen für kulinarische Kostproben vorgesehen. Der Spaziergang beginnt, wie auch die Venezianer den Tag beginnen, mit einem Kaffee im ❶ **Caffè del Doge** (S. 115), dann folgt man der Ruga Vecchia zum Campo Bella Vienna. An diesem Platz am Rand des Marktes steht die ❷ **Casa del Parmigiano** (S. 117). Als Kostproben eignen sich *panini* im Miniaturformat von der traditionellen Weinbar ❸ **Al Mercà** (S. 115) gleich nebenan. Geht man auf den Markt zu, kommt man an der ❹ **Macelleria Equina** vorbei; die Metzgerei ist auf Pferdefleisch spezialisiert und liegt gegenüber den ❺ **Fabbriche Nuove** (16. Jh.). Als Nächstes folgen die Obst- und Gemüsestände des ❻ **Rialto-Markets** (S. 105),

daran angrenzend die ❼ **Pescaria** (S. 105). Beachtenswert sind die mit Meeresmotiven verzierten Kapitelle an den Gebäuden, die dem Wasser am nächsten liegen, dann führt der Weg schräg zu einem größeren Gebäude am Seitenkanal weiter. Bevor man es betritt, fällt der Blick auf eine historische ❽ **Tafel**, auf der die Mindestgrößen der gefangenen Fische angegeben wurden. Am anderen Ende des Gebäudes überquert man den Platz und nimmt die Gasse, die zur entlegenen Ecke links hinten führt. Dort geht es rechts durch eine Passage (*sotoportego*) zur ❾ **Cantina Do Spade** (S. 114; 15. Jh.). Nach dem Vorbild berühmter Gäste können die Besucher hier *cicheti* mit Meeresfrüchten bestellen. Der Weg führt zurück an das äußerste Ende der Calle de le Do Spade, dort biegt man in die dritte Seitenstraße rechts ein und erreicht die Ruga dei Spezieri, die „Gasse der Gewürzhändler". Die Traditionen werden in der ❿ **Drogheria Mascari** (S. 117) fortgesetzt. Der Spaziergang endet bei ⓫ **All'Arco** (S. 109), der besten *Cicheti*-Bar San Polos.

DER KINDERMÖRDER VON VENEDIG

Die meisten venezianischen Straßen tragen die Namen von Handwerkszünften, Heiligen oder Adelsfamilien. Der Name der sonnigen Riva di Biasio hat einen viel dunkleren Ursprung. Sie ist nach Biasio Cargnio benannt, einem Metzger des 16. Jhs., der für seine Würste und seinen Fleischeintopf *sguaséto* bekannt war, den er zur Mittagszeit an die Arbeiter der Nachbarschaft verkaufte. Eines Tages fand ein Gast in seinem Fleischgericht einen kleinen Knochen, den er bald als einen menschlichen Finger erkannte. Er lief zur Polizei, die den Metzgerladen stürmte und im Hinterhaus die Überreste ermordeter Kinder fand.

Die Bestrafung des Biasio Cargnio war nicht weniger grauenhaft: Die Hände wurden ihm abgehackt, anschließend wurde er zur Piazza San Marco geschleift und zwischen den beiden Säulen der Piazzetta enthauptet. Seine verstümmelte Leiche wurde geviertelt und in verschiedenen Stadtteilen öffentlich zur Schau gestellt.

22.30 Uhr; ✱; 🚊Piazzale Roma) Hier führen raffinierte kulinarische Abenteuerreisende zeitgemäße Neuerungen in venezianische Traditionen ein. Besonders gut schmecken die Überraschungsmenüs: *mare* (Fisch; 70 €) mit fünf Gängen, *terra* (Fleisch und regionale Zutaten; 50 €) oder das „Seelenmenü" mit acht Gängen (80 €). Für Gäste, die nicht überrascht werden möchten, gibt es eine Auswahl à la carte. Zu den Mittagsmenüs mit zwei Gängen wird auch ein Kaffee serviert.

⭐GLAM VENEZIANISCH €€€
Karte S. 316 (☎041 523 56 76; www.enrico bartolini.net; Calle Tron 1961; Gerichte 108–168 €; ⏱12.30–14.30 & 19.30–22.30 Uhr; 🚊San Stae) Aus dem Wassertaxi steigt man direkt in diesen Restaurantgarten am Kanalufer um. Das von Michelin ausgezeichnete Restaurant befindet sich im Hotel Palazzo Venart. Die moderne Speisekarte legt den Akzent auf regionale Zutaten, die klassische Küche Venetiens wird durch ungewöhnliche Gewürze bereichert, wie sie zur Zeit des Ori-

enthandels in den Rezepten zu finden waren. Eindrucksvoll sind auch die Bedienung und die Weinkarte des Hauses.

AUSGEHEN & NACHTLEBEN

Zwischen Universitätsviertel und Markt gelegen, gibt es in San Polo und Santa Croce zahlreiche hervorragende Bars. Viele halten sich in den engen Gassen rund um den Rialto-Markt versteckt, andere nehmen strategisch günstige Plätze auf sonnigen *campi* ein, z. B. Giacomo da l'Orio, San Cassiano, San Polo, San Tomà und Campo dei Frari.

 ## San Polo

⭐IL MERCANTE COCKTAILBAR
Karte S. 316 (☎041 476 73 05; www.ilmercante venezia.com; Campo dei Frari 2564; ⏱18–1 Uhr; 🚊San Tomà) Die Verwandlung des historischen Caffè dei Frari in die nächtliche „Verkleidung" als beste Cocktailbar Venedigs dauert nur eine Stunde. Wer auf der Cocktailkarte voller abenteuerlustiger Kreationen nichts Passendes findet, kann sich von den kenntnisreichen Bar-Profis eine Variation nach Wunsch kreieren lassen. Im Winter können es sich Gäste in der oberen Etage auf Samtsofas gemütlich machen.

⭐CANTINA DO SPADE WEINLOKAL
Karte S. 316 (☎041 521 05 83; www.cantinado spade.com; Sotoportego de le Do Spade 860; ⏱Mi–Mo 10–15 & 18–22, Di 18–22 Uhr; 📞; 🚊Rialto Mercato) Die Weinschänke „Zwei Schwerter" von 1488 fand Eingang in die berühmten Memoiren Casanovas. Noch immer hält sie die Venezianer mit preiswerten Triveneto- und istrischen Weinen bei Stimmung, heute wird sie von jungen Händen lässig geführt. Zu den marktfrischen *fritture* (Meeresfrüchten in Teighülle) und gegrillten Tintenfischen sollten Gäste frühzeitig herkommen. Mehr Zeit kann man den größeren Gerichten widmen, beispielsweise *bigoli in salsa* (dicke Spaghetti mit Sardellen und Zwiebeln).

CANTINA DO MORI WEINLOKAL
Karte S. 316 (☎041 522 54 01; Calle dei Do Mori 429; ⏱Mo–Fr 8–19.30, Sa bis 17 Uhr; 🚊Rialto Mercato) In eine Wirtshausszene von Rem-

brandt können sich die Gäste dieser altehrwürdigen Weinschänke versetzt fühlen. Im dunklen, rustikalen Raum der „Zwei Mohren" schimmert Kupfergeschirr von riesigen Durchmessern, hier werden rund 40 offene Weine ausgeschenkt, außerdem gibt es einen traditionsreichen Prosecco. Dazu können kleine Speisen bestellt werden, beispielsweise mit eingelegten Zwiebeln und Sardellen, saftigen *polpette* (Hackbällchen) und *pecorino*.

CAFFÈ DEL DOGE — CAFÉ
Karte S. 316 (☎041 522 77 87; www.caffedeldoge. com; Calle dei Cinque 609; ⊗7–19 Uhr; 🚣San Silvestro) Der Duft weist den Weg zum freundlichen Café des Dogen, wo Genießer eine große Auswahl importierter Kaffeespezialitäten, z. B. aus Äthiopien und Guatemala, probieren können; alle Kaffees kommen aus der Rösterei des Hauses. Fürs eigene Zuhause gibt es Espressokocher zu kaufen. Gebäck und samtige heiße Schokolade werden für Gäste bereitgehalten, die schnell eine süße Dosis benötigen.

BARCOLLO — BAR
Karte S. 316 (☎041 522 81 58; Campo Cesare Battisti già de la Bella Vienna 219; ⊗Mo–Sa 8.30–2.30, So 10–2.30 Uhr; 🕿; 🚣Rialto Mercato) Der Name („schwanken") kann täuschen, in dieser Szenebar spielen sich nicht nur Cocktailpartys und DJ-Sessions an Freitagabenden ab. Nur wenige Schritte vom Rialto-Markt entfernt, ist sie auch tagsüber eine naheliegende Adresse für einen Kaffee und einen kleinen Imbiss. Gegen Abend sorgt der preiswerte Hauswein allerdings für angeheiterte Gästescharen, die sich bis auf den *campo* hinaus ausbreiten.

CAFFÈ DEI FRARI — CAFÉ
Karte S. 316 (☎041 476 73 05; Fondamenta dei Frari 2564; ⊗9–17 Uhr; 🚣San Tomà) Der (zugeben teure) Espresso wird mit einer großen Zugabe historischer Weihe in diesem stimmungsvollen Café von 1870 mit Lampen im Tiffany-Stil und eleganten versetzten Ebenen serviert. Abends setzt es eine andere „Maske" auf und verwandelt sich in die Cocktailbar Il Mercante.

AL MERCÀ — WEINBAR
Karte S. 316 (☎346 8340660; Campo Cesare Battisti già de la Bella Vienna 213; ⊗Mo–Do 10–14.30 & 18–20, Fr & Sa bis 21.30 Uhr; 🚣Rialto Mercato) Genießer mit feinem Gaumen drängen sich an der schmalen Theke

auf einem Platz am Rialto-Markt, um einen erstklassigen Prosecco und andere offene Weine (ab 2 €) zu kosten. Dazu gibt es meistens *polpette* (Hackbällchen) oder *panini* (1,50 €) im Miniformat.

VINERIA ALL'AMARONE — WEINLOKAL
Karte S. 316 (☎041 523 11 84; www.allamarone. com; Calle dei Sbiancesini 1131; ⊗Do–Di 10–23 Uhr; 🕿; 🚣San Silvestro) Der Innenraum mit seinen warmen Holzverkleidungen und der riesigen Auswahl von Weinen aus Venetien, die offen ausgeschenkt werden, macht das freundliche Restaurant mit Bar so anziehend. Weitere Gründe, hier einzutreten, sind großzügige *Cicheti*-Teller, wärmende Gnocchi-Gerichte, saftige Rinderschmorbraten in Rotwein – und die Weinverkostungen (31–46 €), unter den Kostproben ist auch der süffige Amarone, nach dem dieses Weinlokal benannt ist.

🍷 Santa Croce

⭐OSTERIA DA FILO — BAR
Karte S. 316 (Hosteria alla Poppa; ☎041 524 65 54; www.facebook.com/osteriadafilo; Calle del Tentor 1539; ⊗Mo–Fr 16–23, Sa & So 11–23 Uhr; 🕿; 🚣Riva de Biasio) Wie ein behagliches Wohnzimmer wirkt diese Lieblingsadresse der Venezianer, komplett mit knarrenden Sofas, kostenlosem WLAN, abgegriffene Bücher und gelegentlichen Livemusik-Darbietungen. Die Getränke, die hier serviert werden, sind preiswert, die venezianischen Tapas schmackhaft.

AL PROSECCO — WEINLOKAL
Karte S. 316 (☎041 524 02 22; www.alprosecco. com; Campo San Giacomo da l'Orio 1503; ⊗Mo–Fr 10–20, Sa bis 17 Uhr; 🚣San Stae) In günstiger Lage auf dem schönsten Platz Venedigs präsentiert dieses Weinlokal seine Spezialität, *vini naturali* – naturreine Weine, die durch Spontangärung mit Hilfe natürlicher Hefen erzeugt werden – von italienischen Öko-Weinbauern. Gäste können auch ein Glas ungefilterten („wolkigen") Prosecco bestellen und diesen zusammen mit den *cicheti* wunderbar genießen.

BACARETO DA LELE — BAR
Karte S. 319 (Campo dei Tolentini 183; ⊗Mo–Fr 6–20, Sa bis 14 Uhr; 🚣Piazzale Roma) Das winzig kleine Da Lele ist stets gut besucht von Studenten und Arbeitern, die auf dem Weg vom oder zum Bahnhof zu einer preiswer-

ITALIENISCH LERNEN

Ein venezianisches Geschwisterpaar, Diego und Lucia Cattaneo, hat die **Venice Italian School** (Karte S. 316; ☎347 9635113; www.venice italianschool.com; Campo San Stin 2504, San Polo; 1-/2-wöchiger Gruppenkurs 310/550 €, Einzelunterricht 95 €; 🚤San Tomà) gegründet. Die ausgezeichneten und vertiefenden Sprachkurse finden in kleinen Gruppen von höchstens sechs Teilnehmern statt. Einzelunterricht wird ebenfalls angeboten. Die Schule vermittelt außerdem preisgünstige Unterkünfte.

ten *ombra* (kleines Glas Wein; ab 0,70 €) im Stehen hier haltmachen. Auf einer Schiefertafel sind die Weine des Tages aufgeschrieben, dazu kann ein kleiner Teller mit Salami, Käse und Brötchen (1,60 €) bestellt werden. Im August ist die Bar die meiste Zeit geschlossen.

 UNTERHALTUNG

PALAZETTO BRU ZANE KLASSISCHE MUSIK
Karte S. 316 (Centre du Musique Romantique Française; ☎041 521 10 05; www.bru-zane.com; Campiello del Forner o del Marangon 2368; Erw./erm. 15/5 €; ⊙Kasse Mo–Fr 14.30–17.30 Uhr; 🚤San Tomà) Ein Lustschlösschen kann nicht romantischer sein als dieser kleine Palast an Konzertabenden, wenn exquisite Harmonien zu den Engeln Sebastiano Riccis aufsteigen, die an den stuckverkrusteten Decken schweben. Nach einer mehrjährigen Restaurierung wurde das Musiksaal des Casino Zane aus dem 17. Jh. seiner ursprünglichen Funktion wieder zugeführt. Musiker von Weltrang zieht der Saal mit 100 Sitzplätzen wegen seiner guten Akustik an. Kostenlose Führungen durch das Gebäude finden donnerstags statt (auf Italienisch/Französisch/Englisch um 14.30/15/15.30 Uhr; keine Führungen im August).

LA CASA DEL CINEMA KINO
Karte S. 316 (Videoteca Pasinetti; ☎041 274 71 40; www.comune.venezia.it; Salizada San Stae 1990; Jahresmitgliedschaft Erw./erm. 35/25 €; ⊙Mo–Fr 9–13 & 15–22 Uhr; 🚤San Stae) Aus dem öffentlichen Filmarchiv Venedigs stammen die Autorenfilme im Originalton,

darunter einige in englischer Sprache, die den Mitgliedern in einem modernen Kinosaal mit Holzbalken und rund 50 Sitzplätzen im Palazzo Mocenigo (S. 108) gezeigt werden. Auf der Website werden Vorschauen und Neuverfilmungen mit Einführungen durch Regisseure, Schauspieler und Wissenschaftler angekündigt.

 SHOPPEN

Der Hauptverbindungsweg zwischen dem Campo San Polo und Rialto ist von kleinen Boutiquen und Ateliers gesäumt. Wer hier einen Einkaufsbummel macht, riskiert, mit schwerem Gepäck heimzureisen. Die meisten Feinkostgeschäfte gibt es rund um den Rialto-Markt mit anspruchsvollen Läden unter dem Bogengang, der zur Rialtobrücke führt. Eine große Dichte kunsthandwerklicher Läden findet man auch rund um Campo San Tomà und Calle Seconda di Saoneri, wo sich Juweliere, Glaskünstler und unabhängige Modeläden niedergelassen haben.

 San Polo

⭐**PROCESS**
COLLETTIVO GESCHENKE & SOUVENIRS
Karte S. 316 (☎041 524 31 25; www.rioterade ipensieri.org; Fondamenta dei Frari 2559a; ⊙10–20 Uhr; 🚤San Tomà) 🌱 In diesem gemeinnützigen Geschäft werden Waren verkauft, die von Strafgefangenen der Stadt im Rahmen eines Integrationsprogramms hergestellt werden. Die pflanzlichen Inhaltsstoffe der Toilettenartikel stammen z. B. aus dem Garten des Frauengefängnisses auf der Insel Giudecca, Akten- und Umhängetaschen werden von Häftlingen des Gefängnisses von Santa Croce aus wiederverwerteten Plakatwänden hergestellt.

IL PAVONE DI
PAOLO PELOSIN KUNST & KUNSTHANDWERK
Karte S. 316 (☎041 522 42 96; Campiello dei Meloni 1478; ⊙Di, Do, Sa & So 9.30–19, Mo & Fr 10.45–19 Uhr; 🚤San Silvestro) Die von Hand gebundenen Schreibhefte aus marmoriertem Papier und die Fotoalben Paolo Pelosins sind wie geschaffen zur Aufbewahrung venezianischer Reiseerinnerungen. Rezeptbücher werden von Deckeln mit Federmustern in

Violett und Gold verschlossen, wellenartige blaue Skizzenbücher erinnern an das Meer und Küstenlandschaften, Federhalter in Papierhüllen zeigen feurige Orange- und Rottöne und scheinen jeden Moment in Flammen aufzugehen.

DAMOCLE EDIZIONI   BÜCHER
Karte S. 316 (☎346 8345720; www.edizioni damo cle.com; Calle del Perdon 1311; ⏰Mo–Fr 10–13 & 15–19, Sa 10–13 Uhr; 🚤San Silvestro) Die Buchhandlung Damocle im Taschenbuchformat ist Buchgeschäft und Verlagshaus in einem; hier werden literarische Werke übersetzt und kommenden schriftstellerischen Talenten ein Forum gegeben. Die meisten Veröffentlichungen von Damocle sind zweisprachig (darunter auch englischsprachige Bücher), viele sind schön und künstlerisch gestaltet.

LA BAUTA   KUNST & KUNSTHANDWERK
Karte S. 316 (☎041 74 00 95; www.labauta.com; Campo San Tomà 2867; ⏰10.30–18 Uhr; 🚤San Tomà) Wer eine Tiermaske oder auch ein *unicorno* (Einhorn) im Steampunk-Stil sucht, wird in diesem traditionellen Atelier für Karnevalskostüme fündig. Außerdem werden Kurse veranstaltet, in denen z. B. die Maske eines Pestarztes bemalt oder eigene Masken in traditionellen Formen (Mond, Sonne, Wind, Blatt …) hergestellt werden können. Ein einstündiger Malkurs kostet z. B. 40 € (für 1–2 Pers.); hierfür ist keine Anmeldung notwendig. In einer 30-minütigen Einführung (50 € pro Gruppe) kann man viel über die Geschichte des venezianischen Karnevals lernen.

OH MY BLUE   SCHMUCK, KUNSTHANDWERK
Karte S. 316 (☎041 243 57 41; www.ohmyblue. it; Campo San Tomà 2865; ⏰11–13 & 15.30–19.30 Uhr; 🚤San Tomà) In ihrer ganz in Weiß gehaltenen Galerie zeigt Elena Rizzi moderne, aufsehenerregende Schmuckstücke, Accessoires und dekorative Objekte von venezianischen und internationalen Künstlern. Hier ist von Quarzringen und Papierhalsketten bis hin zu Handtaschenskulpturen alles nur Vorstellbare zu sehen.

ALBERTO SARRIA MASKS   KUNST & KUNSTHANDWERK
Karte S. 316 (☎041 520 72 78; www.masksvenice. com; Ruga Vecchia San Giovanni 777; ⏰10–19 Uhr; 🚤San Stae) Ladylike wie Gaga oder kokett wie Casanova: Dieses Atelier widmet sich seit über 30 Jahren der Maskenkunst.

Sarrias Masken der *commedia dell'arte* tragen Theatergruppen von Argentinien bis Osaka – finsteres schwarzes Glattleder für dramatische Rollen, bunt-geschecktes *cartapesta* (Pappmaché) für komische Partien kosten 25 € aufwärts.

Neben den Masken gibt es eine Besetzung einzigartiger Marionetten.

CASA DEL PARMIGIANO   ESSEN
Karte S. 316 (☎041 520 65 25; www.aliani-casa delparmigiano.it; Campo Cesare Battisti già de la Bella Vienna 214; ⏰Mo–Mi 8–13.30, Do–Sa bis 19.30 Uhr; 🚤Rialto Mercato) In passender Nachbarschaft zum appetitanregenden Rialto-Markt liegt die fröhliche Casa del Parmigiano mit einem großen Angebot heißgeliebter Käsesorten, vom kräftigen, drei Jahre lang gereiften *parmigiano reggiano* bis hin zum seltenen regionalen Asiago Stravecchio di Malga. Das Angebot wird von aromatischem Aufschnitt, *baccalà* (Stockfisch) und eingelegten sizilianischen Oliven harmonisch ergänzt.

DROGHERIA MASCARI   ESSEN & TRINKEN
Karte S. 316 (☎041 522 97 62; www.imascari.com; Ruga dei Speziari 381; ⏰Mo, Di & Do–Sa 8–13 & 16–19.30, Mi 8–13 Uhr; 🚤Rialto Mercato) Pyramiden aus getrockneten Tomaten, schiefe Türme aus Sternanis und Reihen von Olivenölflaschen lenken die Blicke neugieriger Feinschmecker auf die Fenster der Drogheria Mascari. Italienische Weine in kleinen Serien sind in einer Cantina im hinteren Bereich zu entdecken.

PIED À TERRE   SCHUHE
Karte S. 316 (☎041 528 55 13; www.piedaterre-venice.com; Sotoportego de Rialto 60; ⏰10–12.30 & 14.30–19.30 Uhr; 🚤Rialto Mercato) Die *furlane* (Schuhe der venezianischen Gondolieri) in leuchtenden Farben werden mit Sohlen aus alten Fahrradreifen von Hand gefertigt und sorgen perfekt für einen festen Stand auf einer Gondel. Als Obermaterialien werden Samt, Brokat oder Rohseide in leuchtenden Farben verwendet, z. B. in Senftönen oder Rubinrot, wahlweise mit Paspelierung. Die Schuhe können auch nach Maß angefertigt und versandt werden.

OTTICA VASCELLARI   MODE & ACCESSOIRES
Karte S. 316 (☎041 522 93 88; www.ottica vascellari.it; Rugheta del Ravano 1030; ⏰Mo–Sa 9–12.30 & 15–19.30 Uhr, geschl. Okt.–April Mo; 🚤San Silvestro) Die Familie Vascellari sind Optiker in der zweiten Generation

und Stylisten erster Klasse und brauchen lediglich einen kurzen Blick auf das Rezept und einen langen auf das Gesicht und den persönlichen Stil eines Kunden zu werfen, um ziemlich schnell das passende Brillenmodell zu finden.

Für eckige Gesichtsformen eignen sich Vascellaris architektonische Brillen mit handgefertigtem zweifarbigem Laminat, während feine Gesichtszüge mit geschmeidigen Brillen aus umweltfreundlichem Baumwollharz betont werden – alle Modelle kosten sogar weniger als die handelsüblichen Markenprodukte.

GILBERTO PENZO KUNST & KUNSTHANDWERK

Karte S. 316 (☏041 71 93 72; www.veniceboats. com; Calle Seconda dei Saoneri 2681, San Polo; ⊙Mo-Sa 6.30–13 & 15–18 Uhr; ⛴San Tomà) Ja, man kann tatsächlich eine Gondel in seiner Hosentasche mit nach Hause nehmen. Jeder, den die Modelle im Museo Storico Navale (S. 145) fasziniert haben, wird hier inmitten von Holzmodellen der berühmten venezianischen Boote, darunter ein paar, die angeblich seetauglich sind (oder zumindest badewannentauglich), ganz aus dem Häuschen sein. Signor Penzo fertigt beispielsweise auch Bausätze an, sodass kleine und große Kunsthandwerker sich selbst ausprobieren können.

ANATEMA MODE & ACCESSORIES

Karte S. 316 (☏041 524 22 21; www.anatema.it; Rio Terà 2603; ⊙10–19 Uhr; ⛴San Tomà) Fügt man ein venezianisches Auge für Farbe einem japanischen Flair für skulpturale Mode hinzu, hat man voilà: beige Schlaufenschals aus Mohair, die sanft das Schlüsselbein umspielen, und thailändische und italienische Faltenschals aus Seide und Taschen in schimmernden *Cangiante*-Schattierungen (zweifarbig).

Das venezianische-japanische Designerduo hinter Anatema bringt pünktlich zu jeder Saison eine brandneue Kollektion heraus – von hübschen Sonnenhüten bis zu bunten Wollfilzbroschen.

🔒 Santa Croce

PAPEROOWL KUNST & KUNSTHANDWERK

Karte S. 316 (☏041 476 19 74; www.paperoowl. com; Calle Longa 2155a; ⊙Mo–Fr 10.30–18 Uhr; ⛴San Stae) Stefania Giannici hat schon im Alter von vier Jahren mit geschickten Fingern Origami geübt. Heute ist sie eine Meisterin ihrer Kunst und faltet, bedruckt, rollt und webt eine erstaunliche Fülle von Papierkunstwerken in japanischem Stil, beispielsweise Klangspiele, *kuzudama* (Blütenkugeln) und elegante Halsketten, die wie aus Murano-Glasperlen gemacht erscheinen, aber zu einem Bruchteil des Preises zu bekommen sind.

ARTIGIANATO D'ARTE DI MAURO VIANELLO GLASKUNST

Karte S. 316 (☏041 520 18 02; www.mauro vianello.com; Calle dei Morti 2251; ⊙Mo–Sa 10.30–18 Uhr; ⛴San Stae) Wie ein Korallenriff voller filigraner Clownfische, Seepferdchen, Seesterne, Quallen und Muscheln aus Glas erscheint das Fenster des kleinen Glaskunstateliers. Alternativ gibt es auch Gartenbewohner wie die lebensecht nachgebildeten zierlichen Schmetterlinge und schimmernden Schnecken. Nach vorheriger Anmeldung können Besucher dem Künstler bei der Arbeit zusehen (Erw./erm. 30/20 €).

BOTTEGA ORAFA ABC SCHMUCK

Karte S. 316 (☏041 524 40 01; www.orafaabc. com; Calle del Tentor 1839; ⊙Di–Sa 9.30–12.30 & 15.30–19.30 Uhr; ⛴San Stae) Ein Meister des edlen Metalls ist Andrea d'Agostino, er bezieht seine Inspirationen von der japanischen Kunst des *Mokume-Gane* (wörtlich „Metall mit Holzmaserung"). Meisterhafte Beispiele dieser Schmiedekunst sind auch in der asiatischen Abteilung der Ca' Pesaro (S. 107) zu besichtigen. Hier entstehen Ringe, Anhänger und Armreifen mit wellenartigen mehrfarbigen Mustern, in denen das wechselnde Licht der Lagune für immer eingefangen zu sein scheint.

Cannaregio

Highlights

❶ Das Ghetto (S. 121) Die Insel erkunden, auf der die große jüdische Gemeinde einst lebte bzw. interniert war – eine Insel, die ihr auch Zuflucht vor der Inquisition bot.

❷ Chiesa di Santa Maria dei Miracoli (S. 124) Jenes Gotteshaus bestaunen, das einen Wendepunkt in der Kirchenarchitektur markiert.

❸ Chiesa della Madonna dell'Orto (S. 123) Dem Genie Tintorettos in seiner schlichten Gemeindekirche Respekt zollen, in der er auch begraben wurde.

❹ Ca' d'Oro (S. 123) Großartige Möglichkeiten, den Canal Grande zu fotografieren und barocke Meisterwerke in Venedigs schönstem gotischem Palazzo zu sehen.

❺ Cicheti-Bars am Kanal (S. 129) Etwa im Vino Vero an den breiten Kanalufern den beliebten venezianischen *aperitivo* genießen und dabei den Sonnenuntergang beobachten.

Mehr Details siehe Karte S. 320. ➡

Top-Tipp

Napoleon ließ einen breiten Fußgänger-Boulevard anlegen, der den Bahnhof mit Rialto verband. Diese Fußgängerzone, in der sich die Leute zur Hauptverkehrszeit durchkämpfen, hat heute schon etwas von einer Schnellstraße. Wenn viel los ist, lassen sich Staus umgehen, indem man den Weg durchs Ghetto wählt und der sonnigen, malerischen *fondamenta* (Kanalufer) folgt, die nördlich davon verläuft.

 **Gut essen**

→ Anice Stellato (S. 126)
→ Osteria Boccadoro (S. 127)
→ Pasticceria Dal Mas (S. 126)
→ Ai Promessi Sposi (S. 127)
→ Trattoria Pontini (S. 126)

Details siehe S. 126. ➡

 **Nett ausgehen**

→ Vino Vero (S. 129)
→ Al Timon (S. 129)
→ Torrefazione Cannaregio (S. 130)
→ Marciano Pub (S. 129)
→ Un Mondo di Vino (S. 130)

Details siehe S. 129. ➡

 **Schön shoppen**

→ Codex Venezia (S. 132)
→ Vittorio Costantini (S. 132)
→ La Stamperia del Ghetto (S. 132)
→ Gianni Basso (S. 133)

Details siehe S. 132. ➡

CANNAREGIO

Cannaregio erkunden

Cannaregio hat nicht die sinnliche Anziehungskraft von San Marco, das jugendliche Flair von Dorsoduro oder die Attitüde der Arbeiterschicht von Castello. Es handelt sich eher um ein wohlausgewogenes Wohnviertel mit schlichten, herrschaftlichen Palazzi, malerischen *campi* und beschaulichen Kanälen. Hier befinden sich auch einige der besten Bars, Restaurants und Läden der Stadt.

Cannaregio wurde im 15. Jh. besiedelt, als die Stadtplanung der Renaissance Auswirkungen zeigte – das Viertel ist deshalb kein Irrgarten wie das mittelalterliche Rialto; auch seine Kanäle wurden in geraden Linien angelegt samt breiten *fondamente* (Kanalufern). Die Strada Nova, die 1871 entstand, führt durch das Viertel.

Über diesen Boulevard lassen sich alle Highlights des Viertels erreichen: die Kirchen Madonna dell'Orto (S. 123), Miracoli (S. 124) und Gesuiti (S. 125), das Jüdische Ghetto (S. 121) mit den Synagogen sowie die Galleria Ca' d'Oro (S. 123). Abends kann man den Charme von Cannaregio besser genießen, dann strömen die Leute in die Lokale an Cannaregio-, Ormesini- und Sensa-Kanal.

Lokalkolorit

→ **Shoppinggeheimnisse** Am Campo Santa Maria Nova findet von Frühjahr bis Herbst monatlich im Freien ein Antiquitätenmarkt statt.

→ **Nachtleben im Viertel** Cannaregios zeitlose Ruhe wird abends durch Livemusik unterbrochen, etwa im Al Timon (S. 129), Al Parlamento (S. 131), Paradiso Perduto (S. 131) und Hostaria Bacanera (S. 130).

An- & Weiterreise

→ **Zug** Alle Züge, die vom Festland kommen, halten an der Stazione di Santa Lucia (Ferrovia). Dort gibt es einen **Deposito Bagagli** (Gepäckaufbewahrung; ☏041 78 55 31; ⏰6–23 Uhr) und eine **Touristeninformation** (Karte S. 320; ☏041 24 24; www.veneziaunica.it; ⏰7–21 Uhr).

→ **Vaporetto** Hat nach der geschäftigen Haltestelle am Bahnhof (Ferrovia) zwei weitere Stopps in Cannaregio: San Marcuola (Linien 1 und 2) und Ca' d'Oro (1). Die Linien 4.1, 4.2, 5.1 und 5.2 Fahren ab Ferrovia in den Canale di Cannaregio und weiter zu den Fondamente Nove, mit den Haltestellen Guglie, Crea (nur 4.1 und 4.2), Tre Archi (nur 5.1 und 5.2), Sant'Alvise und Orto. Die Linie 3 verkehrt direkt ab Ferrovia zu allen Haltepunkten auf Murano. Von den Fondamente Nove aus fahren die Linien 12 und 13 zu den nördlichen Inseln.

→ **Traghetto** Gondeln fahren von der **Ca' d'Oro** (Fahrt 2 €; ⏰Mo–Sa 7.30–18.30, So 9–18.30 Uhr) hin und zurück über den Canal Grande.

Im Viertel Cannaregio befand sich einst ein *getto* (Gießerei) – doch seit diese Gegend vom 16. bis 19. Jh. als ausgewiesenes Judenviertel fungierte, hat dieser Begriff eine ganz neue Bedeutung bekommen. Von 1516 an kümmerten sich jüdische Kunsthandwerker und Geldverleiher tagsüber um ihre Geschäfte in Venedig, nachts und an christlichen Feiertagen wurden sie auf ihre abgeriegelte Insel Ghetto Nuovo verbannt.

Das Leben im Ghetto

Juden lebten schon seit dem 12. Jh. in Venedig, doch erst 1516 wurden sie ins Ghetto verbannt und mit einem strengen Ausgangsverbot nach Sonnenuntergang belegt. Im Gegensatz zu den meisten anderen Städten Europas garantierte das pragmatische Venedig den jüdischen Gemeinden das Recht, bestimmte Berufe auszuüben, die für das Leben in der Stadt von existenzieller Bedeutung waren, darunter Medizin, Handel, Bank- und Verlagswesen sowie Mode.

Als die jüdischen Gemeinden 1541 durch die Inquisition aus Spanien vertrieben wurden, flohen viele ihrer Mitglieder nach Venedig. Wegen des Zustroms neuer Anwohner wurden die Häuser aufgestockt, sodass kleinere Hochhäuser entstanden. Als immer mehr Menschen kamen, wurde das Ghetto um das Gebiet des angrenzenden Ghetto Vecchio erweitert. So kam es zu der verwirrenden Tatsache, dass das ältere jüdische Gebiet als Neues (Nuovo) Ghetto bezeichnet wurde und das neuere als Altes (Vecchio).

Das Ghetto wurde zwar zum Zweck der Ausgrenzung geschaffen, entwickelte sich im Lauf der Zeit jedoch zu einem Zufluchtsort, an dem die jüdische Kultur blühte. Hier wurden so viele Publikationen in hebräischer Sprache verlegt, wie nirgendwo sonst in Europa. Die Christen strömten zu den Predigten des gelehrten Rabbi Leon da Modena, aber auch zu den derben Theaterstücken, die am Purimfest aufgeführt wurden. Die Ghetto-Bibliothek zog bedeutende Denker aller Glaubensrichtungen an.

Als Napoleon 1797 die Republik Venedig eroberte, kam die jüdische Gemeinde sechs Monate lang in den Genuss der Freiheit, bis die österreichische Verwaltung die alten Gesetze wieder in Kraft setzte. Erst als Venedig 1866 an Italien kam, erlangten die Juden die volle Gleichberechtigung. Die Rassengesetze Mussolinis (1938) bedeuteten eine Rückkehr zur früheren Diskriminierung; in den Jahren 1943 und 1944 wurden 246 Venezianer jüdischen Glaubens in Konzentrationslager deportiert. Ein **Denkmal** befindet sich an zwei Wänden am Campo del Ghetto Nuovo.

Museo Ebraico

Das **Museo Ebraico** (Jüdisches Museum; Karte S. 320; ☏041 71 53 59; www.museoebraico.it; Campo del Ghetto Nuovo 2902b; Erw./ermäß. 8/6 €, inkl. Führung 12/10 €; ⏰Juni–Sept. So–Fr 10–19 Uhr, Okt.–Mai bis 17.30 Uhr; 🚏Guglie) im Herzen des Ghettos spürt der Geschichte der jüdischen Gemeinde Venedigs nach und vermittelt, welch bedeutende Beiträge sie zur venezianischen und italienischen Geschichte geleistet hat. Das im Jahr 1955 eröffnete Museum präsentiert eine Reihe von Exponaten, die dem Gebet und der Dekoration der Synagogen dienten, aber auch Bücher aus der Renaissance.

NICHT VERSÄUMEN

➜ Campo del Ghetto Nuovo
➜ Synagogentour
➜ Museo Ebraico
➜ Gedenkreliefs

TOP-TIPPS

➜ Man kann Tag und Nacht durch dieses friedliche Viertel bummeln, aber die beste Art, das Ghetto kennenzulernen, ist eine geführte Synagogentour, die vom Museo Ebraico angeboten wird. Start ist ab 10.30 stündlich.

PRAKTISCHE INFORMATIONEN

➜ Karte S. 320, C1
➜ 🚏Guglie

SCHRIFT AN DER WAND

In der Calle del Ghetto Vecchio steht an einer Hausmauer (Nr. 1131) ein Erlass von 1704, der es Juden, die zum Christentum konvertiert sind, verbietet, das Ghetto zu betreten – unter Androhung von „Erhängen, Gefängnis, Galeerendienst, Auspeitschen … und anderen drakonischen Strafen nach Ermessen der Exzellenzen (den Vollstreckern wider die Gotteslästerer)". Der Erlass sollte Juden abhalten, pro Forma zum Christentum überzutreten, um dennoch heimlich den jüdischen Glauben zu pflegen.

PUBLIKATIONEN IM GHETTO

Trotz der Zensur, die 1553 von Rom verhängt wurde, publizierten jüdisch-venezianische Verlage weiterhin Titel, die zur Verbreitung der Ideen der Renaissance auf dem Gebiet der Philosophie, Medizin und Religion beitrugen – der Koran zählte auch dazu.

Der Besuch des Museums lässt sich mit einer Führung kombinieren (stündl. ab 10.30 Uhr); auf dem Programm steht die Besichtigung der Synagogen des Ghettos: die Grande Scola Tedesca, die Scola Canton sowie die Scola Italiana (Sommer) oder die Scola Spagnola (Winter). Das Museum organisiert auch Exkursionen zum Antico Cimitero Israelitico (Alter Israelitischer Friedhof, S. 160) am Lido.

Synagogen

Wer den **Campo del Ghetto Nuovo** von Norden kommend betritt, sollte einen Blick nach oben werfen: Über den Privatwohnungen beeindruckt die Holzkuppel der **Scola Italiana** (Italienische Synagoge) von 1575. Die Gemeindeglieder im Ghetto zu den ärmsten Bewohnern, sie waren aus dem von den Spaniern beherrschten Süditalien geflohen. Ihre Synagoge mit Schnitzereien ist dennoch sehr schön. Die **Grande Scola Tedesca** (Große Deutsche Synagoge) lässt sich am *campo* an ihren fünf langen Fenstern erkennen. Sie ist seit 1528 das Zuhause der aschkenasischen Gemeinde Venedigs. Einem venezianischen Gesetz (16. Jh.) zufolge durfte nur die deutsche jüdische Gemeinde Geld verleihen. Über der Bima (eine Art Kanzel) und den Bänken befindet sich die vergoldete ellipsenförmige Frauenempore, die einem Balkon in der Oper ähnelt.

In der Ecke des *campo,* hinter dem Eingang zum Museo Ebraico, ragt die windschiefe Holzkuppel der **Scola Canton** (Ecksynagoge) auf; die Synagoge wurde um 1531 errichtet und beeindruckt mit ihrer vergoldeten Rokoko-Ausstattung. Obwohl in europäischen Synagogen bildliche Darstellungen eigentlich vermieden werden, stellt diese Synagoge eine Ausnahme dar – zu bewundern sind acht Landschaften, die von der Heiligen Schrift inspiriert wurden.

Auf der anderen Seite der Brücke am **Campo del Ghetto Vecchio** haben sephardische Flüchtlinge zwei Synagogen errichtet, die zu den elegantesten in Norditalien gehören. Die **Scola Levantina** (Levantinische Synagoge), gegründet 1541, besitzt eine schöne Kanzel (17. Jh.). An der **Scola Spagnola** (Spanische Synagoge), gegründet um 1580, gibt es venezianische Elemente, geometrische Details, hohe Bogenfenster und barocken Marmor- und Holzzierrat.

Das Ghetto heute

Im Jahr 2016 feierte das Ghetto sein 500-jähriges Bestehen; aus diesem Anlass wurde das Museum erweitert. Bemerkenswert ist der symbolische Garten der Scola Spagnola. Informationen bekommt man beim **Jewish Community Info Point** (Karte S. 320; ☏041 523 75 65; www.jvenice.org; Calle del Ghetto Vecchio 1222; ⌚Mo–Mi 9.30–17 Uhr).

⊙ SEHENSWERTES

**Die Sehenswürdigkeiten dieses Wohn-
viertels liegen verstreut, am interessantesten ist das historische jüdische
Ghetto, das sich im Norden befindet.
Die breit angelegten Kanäle nördlich
von hier werden immer ruhiger; am
Abend können die Besucher hier den
seltenen Genuss eines Spaziergangs
am menschenleeren Kanalufer entlang
genießen. Die Ca' d'Oro, das Casino, die
Chiesa di San Geremia und die Chiesa
dei Scalzi, alle liegen an Top-Spots am
Canal Grande, südlich der Hauptge-
schäftsstraße, der Strada Nova.**

DAS GHETTO JÜDISCHE STÄTTE
Siehe S. 121.

★**CHIESA DELLA
MADONNA DELL'ORTO** KIRCHE
Karte S. 320 (www.madonnadellorto.org; Campo de la Madonna dell'Orto 3520; Erw./erm.
3/2 €; ⊙Mo–Sa 10–17 Uhr; ⛴Orto) Diese ele-
gant-schlichte gotische Backsteinkirche
von 1365 bleibt eines der bestgehüteten Geheimnisse Venedigs. Sie war die Pfarrkirche
des venezianischen Renaissance-Malers
Tintoretto (1518–1594), der in der Kapelle
rechts vom Altar bestattet wurde. Im Innenraum finden sich zwei von Tintorettos
schönsten Arbeiten: *Marias Tempelgang*
und *Das jüngste Gericht*, auf dem die verdammten Seelen versuchen, eine blaugrüne
Flutwelle zurückzuhalten, während ein Engel noch eine letzte Person aus der ultimati-
ven *acqua alta* (Hochwasser) rettet.

Es gab hier auch ein Meisterwerk von
Bellini, das 1993 gestohlen wurde; in der
Seitenkapelle ist der leere Platz zu sehen.

★**GALLERIA GIORGIO
FRANCHETTI ALLA CA' D'ORO** MUSEUM
Karte S. 320 (☎041 522 23 49; www.cadoro.
org; Calle di Ca' d'Oro 3932; Erw./erm. 8,50/2 €;
⊙Mo 8.15–14, Di–So bis 19.15 Uhr, 2. Stock Di–So
10–18 Uhr; ⛴Ca' d'Oro) Eines der prachtvolls-
ten Gebäude am Canal Grande ist die Ca'
d'Oro aus dem 15. Jh. Ihre filigrane gotische Fassade mit diversen Arkaden ist auch
ohne die originale Blattgoldverzierungen,
die dem Haus seinen Namen verliehen
(Goldenes Haus), sagenhaft schön. Baron
Franchetti (1865–1922) vermachte dieses
Kleinod samt seiner umfangreichen Sammlung von Meisterwerken der Stadt Venedig;
viele der Gemälde wurden während der

Eroberung Italiens durch Napoleon aus
den Kirchen Venetiens geraubt. Die Asche
des Barons fand unter einer alten, dun-
kelroten Porphyrsäule im herrlichen, an
den Seiten offenen Hof mit Mosaikboden
ihre letzte Ruhestätte.

Napoleon bewies einen hervorragenden
Geschmack, was seine „Souvenirs" anging,
darunter Bronzen, Wandteppiche, Gemälde
und Skulpturen, die von Kirchenaltären
gestohlen wurden. Die meisten waren im
Mailänder Brera-Museum als Kriegstrophäen gelagert, bis Venedig schließlich die
Objekte zurückforderte, um sie hier auszustellen. Zu den Höhepunkten der Sammlung (wenn sie nicht gerade irgendwo auf
der Welt gezeigt wird) gehören Tizians
glühende *Venus mit Spiegel* (um 1550) mit
geröteten Wangen sowie Mantegnas von
Pfeilen durchbohrter *Hl. Sebastian* (1490).
Außerdem befinden sich hier mehr Darstellungen der Madonna mit Kind, als man
überhaupt aufnehmen kann.

Auf jeden Fall sollte man sich auf die
beiden *loggie* (Balkone) der Ca' d'Oro begeben, denn hier bietet sich das unwidersteh-
lichste Fotomotiv der ganzen Stadt – der
herrliche Blick auf den Canal Grande, ge-
rahmt von gotischen Arkaden.

Es gibt ein Kombiticket (Erw./erm. 13/
6,50 €), das auch für den Palazzo Grimani
gültig ist. Am ersten Sonntag des Monats
ist der Eintritt frei.

CHIESA DI SAN GEREMIA KIRCHE
Karte S. 320 (☎041 716 181; www.santuariodilucia.
it; Campo San Geremia 274; ⊙Mi–Mo 9–13 &
16.30–17, Di 14.30–17 Uhr; ⛴Ferrovia) GRATIS In
dieser Kirche mit Kuppel aus dem 18. Jh.
ruhen die sterblichen Überreste der hl. Lucia (Santa Lucia), einer der bekanntesten
Märtyrerinnen der frühen Kirche, die 304
in Syrakus getötet wurde. Ihre Gebeine
wurden 1204 in Konstantinopel gestohlen
und nach San Geremia gebracht, nachdem
die Kirche Santa Lucia im 19. Jh. abgerissen wurde, um Platz für den Bahnhof zu
machen. Sie sind heute in einem Glasgefäß
in ihrer eigenen Kapelle ausgestellt (nur
bei einer vorgebuchten Tour zu sehen), ihr
Gesicht ist von einer Bronzemaske bedeckt.

CHIESA DEI SCALZI KIRCHE
Karte S. 320 (Chiesa di Santa Maria di Nazareth;
☎041 71 51 15; www.carmeloveneto.it; Fondamenta dei Scalzi 55–57; empfohlene Spende
1 €; ⊙7.30–11.50 & 16–18.50 Uhr; ⛴Ferrovia)
Einen unerwarteten Prunk barocken

Überschwangs bietet die von Longhena entworfene Kirche – erbaut von 1654 bis 1680 – mit ihrer von Giuseppe Sardi entworfenen Fassade. Dort wimmelt es von Säulen und Statuen in Nischen. Dies ist ungewöhnlich in Venedig, denn barocke Pracht ist dort meist auf das Innere von Renaissance-Gebäuden beschränkt – in der Tat war es ein bewusster Rückgriff auf den in Rom so häufigen Stil. So sollten sich die Unbeschuhten Karmeliter (*scalzi* auf Italienisch), die aus Rom hierher versetzt wurden, besser zu Hause fühlen.

Leider sind Tiepolos Fresken in zwei der Seitenkapellen beschädigt, zudem wurde sein monumentales Deckengemälde im Hauptschiff 1915 durch eine Bombe zerstört. Vor dem Hauptaltar zur Linken sieht man das Grabmal von Venedigs letztem Dogen, Ludovico Manin, der unter der Bedrohung durch Napoleon die Republik 1797 auflöste und fünf Jahre später in Schande starb. Den Altar selbst rahmen zwei gedrehte Säulen aus rotem Marmor ein. Se-henswert ist auch Longhenas Statue des hl. Sebastian in einer der Seitenkapellen.

Ein kleiner Laden, versteckt neben dem Chorraum gelegen, verkauft ätherische Öle, Liköre und Marmeladen, die von den Mönchen hergestellt werden. Es ist möglich einen Besuch des nahen umfriedeten Gartens zu organisieren.

CHIESA DI SANT'ALVISE KIRCHE

(Campo Sant'Alvise 3025; Erw./erm. 3/1,50 €, mit Chorus Pass gratis; Mo-Sa 10.30–16.30 Uhr; Sant'Alvise) Die schlichte Backsteinfassade dieser Kirche von 1388, die einem Augustinerkloster angeschlossen ist, sollte Besucher nicht täuschen. Im Inneren herrscht ein wahrer Farbenrausch, die Decke ist von großartigen *trompe l'œil*-Fresken überzogen, Gemälde sind überall zu sehen.

Besondere Beachtung verdient Tiepolos *La salita al Calvario* (Der Weg zum Kalvarienberg), eine bestürzend menschliche Darstellung von einem Sturz Christi unter der schweren Last des Kreuzes.

HIGHLIGHTS
CHIESA DI SANTA MARIA DEI MIRACOLI

Als um das Jahr 1480 Nicolò di Pietros *Madonna* in ihrem Schrein im Freien wunderbarerweise zu weinen begann, waren die Massen nicht mehr zu kontrollieren. Durch Spendenaktionen und die Verwendung von Marmor aus den Schutthalden von San Marco entstand diese wunderbare Kirche (1481–1489), um dem Gnadenbild eine Heimat zu geben. Der Entwurf von Pietro und Tullio Lombardo führte die Renaissance in den venezianischen Kirchenbau ein.

Das Vater-Sohn-Team setzte sehr kreativ den mehrfarbigen Marmor ein, der von Ägypten bis Syrien für die seitlichen Anbauten des Markusdoms geplündert worden war. Beachtenswert sind die herrlich verzierten Kapitelle und die venezianischen Schuppenmuster um die Marmorpaneele. Wer einen etwas genaueren Blick auf die Säulen auf beiden Seiten des Gotteshauses wirft, sieht Engel und Meerjungfrauen, die von Tullio Lombardo geschaffen wurden.

Das hochaufragende Gewölbe und die Kuppel über der Apsis wirken sehr leicht; sie sind Meisterwerke der Renaissance-Architektur, ohne die typisch gotischen Strebepfeiler. Ein fantastisches Beispiel für den Humanismus der Renaissance sind die Porträts von Heiligen und Propheten in venezianischer Kleidung in den 50 hölzernen Deckenpaneelen; die den Fotografien in einem Schuljahrbuch gleichen.

TOP-TIPPS

➜ Die originalen Türen der Orgel zeigen die *Verkündigung*, sie wurden in der Werkstatt von Bellini gemalt und befinden sich heute in den **Gallerie dell'Accademia** (S. 83).

PRAKTISCHE INFORMATIONEN

➜ Karte S. 320, G4
➜ Campo dei Miracoli 6074
➜ Erw./erm. 3/1,50 €, mit Chorus Pass gratis
➜ Mo-Sa 10.30–16.30 Uhr
➜ Fondamente Nove

WILMOTTE FOUNDATION GALERIE

Karte S. 320 (Fondaco degli Angeli; ☎041 476 11 60; www.wilmotte.com; Corte Nuova, Fondamenta dell'Abazia 3560; ☉Di–So 10–13.30 & 14–18 Uhr; 🚤Madonna dell'Orto) GRATIS Vom Architekten und Designer Jean-Michel Wilmotte ins Leben gerufen, ist das Ziel dieser Stiftung, mittels einer Reihe jährlicher internationaler Wettbewerbe und Ausstellungen junge talentierte Architekten zu fördern. Die Siegerarbeiten werden in dieser kaum bekannten Galerie – einer wunderbar umgebauten Werft – neben faszinierenden Architekturfotografien von Meistern wie Gio Ponti und Giorgio Massari ausgestellt.

SCUOLA GRANDE
DELLA MISERICORDIA GALERIE

Karte S. 320 (www.misericordiadivenezia.it; Fondamenta de la Misericordia 3599; ☉nur während Ausstellungen; 🚤Madonna dell'Orto) Die Misericordia, eine von Venedigs sieben großen Bruderschaften, war der Sitz der reichen Seidenweberzunft, die diesen riesigen klassischen Saal in Auftrag gab. Im Jahr 1532 wurde Jacopo Sansovino zum Baumeister berufen, der die Idee einer römischen Basilika in einem traditionellen venezianischen Rahmen einbrachte. Auch fürs Innere scheute man keine Kosten; die Fresken stammen von Veronese, Zanchi, Pellegrini und Tintoretto. 1914 wurde das Gebäude vom Basketballclub Reyer Venezia übernommen, der eine Sporthalle einbauen ließ.

I GESUITI KIRCHE

Karte S. 320 (Santa Maria Assunta; ☎041 528 65 79; Salizada dei Specchieri 4882; 1€; ☉10.30–13 & 15.30–17 Uhr; 🚤Fondamente Nove) Die glanzvolle Jesuitenkirche aus dem 18. Jh. ist selbst nach Rokoko-Maßstäben noch überbordend. Bei so viel Pomp hat der Besucher Schwierigkeiten, überhaupt alles aufzunehmen – überwältigende weiß-grüne Wände mit Marmorintarsien, die wie venezianische Velourtapeten anmuten, die über die Kanzel drapierten Marmorvorhänge sowie den Marmorteppich, der sich über die Altarstufen nach unten zieht. Die Decke präsentiert sich als eine Orgie von gold-weißen Stuckarbeiten, für etwas Erdenschwere sorgt Tizians untypisch düsteres Gemälde *Martyrium des hl. Laurentius* auf der linken Seite, wenn man die Kirche betritt.

Die Sakristei ist mit 21 beeindruckenden Arbeiten von Jacopo Palma il Giovane (um 1548–1628) ausgestaltet.

L'ORATORIO DEI CROCIFERI KAPELLE

Karte S. 320 (☎041 303 92 11; www.gioielli nascostidivenezia.it; Campo dei Gesuiti 4904; Erw./Kind 3 €/gratis; ☉Do–10–13 & 14–17 Uhr; 🚤Fondamente Nove) Dieses schlichte Armenhaus wird leider oftmals übersehen, weil die extravagante Jesuitenkirche gegenüber alle Aufmerksamkeit auf sich zieht.

Aber der Orden vom Kreuz aus dem 12. Jh., der es als Herberge für Pilger gründete, genoss den besonderen Schutz des Dogen. Er gab eine großzügige Schenkung, die verwendet wurde, um bei beim Maler Jacopo Palma il Giovane (eigentlich Jacopo Negretti) acht monumentale Leinwände und ein Deckengemälde in Auftrag zu geben. In leuchtendem Rot und Gold erzählen sie die Geschichte des Ordens und zeigen die umgebende Nachbarschaft, wie sie im 16. Jh. war, und wie sie noch heute aussieht.

LA SPEZIERIA
ALL'ERCOLE D'ORO HISTORISCHES GEBÄUDE

Karte S. 320 (☎041 72 06 00; Campo Santa Fosca 2234; ☉Mo–Fr 9–12.30 & 15–19.30, Sa 9–12.45 Uhr; 🚤Ca' d'Oro) Diese perfekt erhaltene, von außen unscheinbar wirkende *spezieria* (Apotheke) aus dem 17. Jh. vermittelt, wie in Venedig vor rund 300 Jahren medizinischer Rat in die Tat umgesetzt wurde – anhand von unzähligen Heilmitteln in antiken Majolikagefäßen, die sich auf den herrlichen handgeschnitzten Regalen aus Walnussholz aneinanderreihen. Der kunstvoll mit Holz ausgekleidete Raum ist reich geschmückt mit Kupferstichen von weisen Ärzten, die unter der vergoldeten Fachwerkdecke im Stil von Sansovino hängen.

Der Raum beherbergt heute die Nobelparfümerie **Merchant of Venice**, in der man edle Düfte in handgeblasenen Murano-Glasflaschen erstehen kann.

CAMPO DEI MORI PIAZZA

Karte S. 320 (Platz der Mauren; Campo dei Mori; 🚤Orto) Sior Rioba, ein Herr mit einem riesigen Turban, ist seit dem Mittelalter an der Ecke des Campo dei Mori zu sehen. Der Name ist irreführend, denn Rioba und seine drei Kumpane sollen die griechische Familie Mastelli repräsentieren, Kaufleute des 12. Jhs. aus Morea. Die Mastelli-Brüder waren berüchtigt für ihre übereifrige Teilnahme an der Plünderung Konstantinopels durch den Dogen Dandolo. Einer Legende zufolge verwandelte Maria Magdalena sie höchstpersönlich zu Stein.

✖ ESSEN

Cannaregio besitzt eine große Auswahl an Cafés und Restaurants, die von den Anwohnern des Viertels frequentiert werden. Ein besonderes Highlight sind die ausgezeichneten *cicheti* (venezianische Tapas) in den Bars, die sich an den sonnigen Kanalufern im Nordteil des Viertels aneinanderreihen.

★ PASTICCERIA DAL MAS BÄCKEREI €

Karte S. 320 (☎041 71 51 01; www.dalmas pasticceria.it; Rio Terà Lista di Spagna 150; Gebäck 1,30–6,50 €; ⊙7–21 Uhr; 🖉; 🚊Ferrovia) Diese historische Bäckerei mit Café in Venedig, in der es vor Spiegeln, Marmor- und Metallverzierungen nur so glänzt und funkelt, ist das passende Ambiente für das edle Gebäck, das hier ausgestellt liegt. Trotz des unaufhörlichen Gedränges am Morgen gibt das effiziente Team Kaffee vom Feinsten und *cornetti* (italienische Croissants) mit bewundernswertem Gleichmut heraus.

Wer nicht allzu spät am Vormittag hier erscheint, kann sich über die noch warmen Quiches freuen, bei denen einem das Wasser nur so im Mund zusammenläuft. Die heiße Schokolade schmeckt ebenfalls außergewöhnlich lecker – und das ist überhaupt kein Wunder, denn gleich nebenan befindet sich ein wunderbarer Schokoladenladen, das Schwestergeschäft.

★ TRATTORIA PONTINI TRATTORIA €

Karte S. 320 (☎041 71 41 23; Fondamenta Cannaregio 1268; Mahlzeiten 20–25 €; ⊙Mo–Sa 11.30–22.30 Uhr; 🕾; 🚊Guglie) Diese Trattoria ist eine tolle Entdeckung: ein freundliches, familiengeführtes Restaurant, das leckeres hausgemachtes Essen serviert. Deshalb heißt es hier nicht selten Schlange stehen, obwohl man auch schnell hineinhuschen und an der Bar *cicheti* bestellen kann. Ansonsten lohnt sich das Warten auf ausgezeichnete Antipasti mit Fisch und Meeresfrüchten, Berge von *baccalà* (Kabeljau) und Polenta sowie üppig gefüllte Teller mit Spaghetti *alla busara* (mit Krebsen in Tomatensoße und Weißwein).

GELATERIA CA' D'ORO GELATO €

Karte S. 320 (☎041 522 89 82; Strada Nova 4273b; Kugel Eis 1,80 €; ⊙10.30–22 Uhr; 🚊Ca' d'Oro) Der Fußgängerverkehr kommt hier quasi zum Erliegen, denn in dieser Eisdiele verlockt ein sagenhaft cremiges *gelato*, das täglich vor Ort hergestellt wird. Als Som-

merleckerei sollte man sich *granita di caffè con panna* (gefrorener, zerstoßener Kaffee mit Sahne) mitnehmen.

SULLALUNA BISTRO €

Karte S. 320 (☎041 72 29 24; Fondamenta de la Misericordia 2535; Mahlzeiten 15–25 €; ⊙Di–Sa 8–23, So ab 9 Uhr; 🕾🕭; 🚊Madonna dell'Orto) 🍃 Blumen auf den Fensterbrettern sind nur eines der vielen wohlüberlegten Extras in diesem Bistro und Buchladen mit aufgereihten großartigen Graphic Novels, Kinderbüchern und Kochbüchern.

Die einladende Räumlichkeit ist sonnendurchflutet; auf den Tischen stehen Blumen und in der Bar wird der Bio-Prosecco des Besitzers sowie duftende Kräutertees und kräftiger Kaffee serviert. Bei den Speisen dominieren vegetarische Gerichte, darunter Salate und Snacks.

CANTINA AZIENDE AGRICOLE VENEZIANISCH €

Karte S. 320 (☎3333458811; www.cantinaaziende agricole.com; Rio Terà Farsetti 1847a; Mahlzeiten 12 €, *cicheti* 1,50–1,80 €; ⊙9–14 & 17–22 Uhr; 🚊San Marcuola) Dieser freundliche kleine *bacaro* (Bar) serviert seinen treuen Stammgästen eine beeindruckende Auswahl lokaler Weine. Die Besucher können sich an einem Glas Raboso und einem üppigen Teller *lardo* (geräuchertem Schweinespeck), mit Honig beträufeltem Käse, *polpette* (Fleischbällchen in Tomatensoße) und frittierten Kürbisstücken gütlich tun.

PANIFICIO VOLPE GIOVANNI BÄCKEREI €

Karte S. 320 (☎041 71 51 78; www.facebook.com/ PanificioVolpeGiovanni; Calle del Ghetto Vecchio 1143; Gebäck 1,50–3 €; ⊙Mo–Sa 7–19.30, So 8.30–13 Uhr; 🚊Guglie) Neben ungesäuertem Kürbis- und Radicchio-Brot verkauft diese koschere Bäckerei auch so ungewöhnliche Leckereien wie krümelige *impade* (eine Art Biskuit mit gemahlenen Mandeln gewürzt) und *orecchiette di Amman* („Öhrchen von Amman"; Gebäck in der Form eines Ohres mit Schokoladenfüllung), aber auch die vermutlich besten *cornetti* in ganz Venedig.

★ ANICE STELLATO VENEZIANISCH €€

Karte S. 320 (☎041 72 07 44; www.osterianice stellato.com; Fondamenta de la Sensa 3272; Mahlzeiten 40–50 €; ⊙Di–Sa 12.15–14, 19.15–23 Uhr; 🚊Sant'Alvise) Metalllampen, schmucklose rustikale Tische und ein kleiner hölzerner Tresen bilden in diesem großartigen *bacaro* am Kanal die Kulisse für ausgezeichnete Gerichte aus Fisch und Meeresfrüchten sowie andere venezianische Spezialitäten. Man kann *cicheti* genießen oder ein ganzes Menü wählen mit Shrimps mit Granatapfelpüree, Fisch frisch vom Markt oder Perlhuhn, Radicchio und eine Portweinsoße. Reservierung empfohlen.

AI PROMESSI SPOSI VENEZIANISCH €€

Karte S. 320 (☑041 241 27 47; Calle d'Oca 4367; Mahlzeiten 30–40 €; ⊙Di–So 12–14.15 & 18.30–22.15, Mo 18.30–22.15 Uhr; ☻Ca' d'Oro) Scherzende Venezianer, die die Bar bevölkern, sind das einzige Dauercharakteristikum in dieser Osteria im Viertel, auf deren ständig wechselnder Speisekarte frische venezianische Meeresfrüchte und Fleisch aus Venetien zu prima Preisen stehen.

Zu den saisonalen Spitzengerichten zählen beispielsweise *seppie in umido* (Tintenfisch in Tomatensoße) und selbst gemachte Pasta. Aber man sollte mit seinen Kapazitäten haushalten, damit ein wolkenleichtes Tiramisu oder ein sagenhaftes Semifreddo auch noch Platz haben.

TRATTORIA DA BEPI GIÀ '54' VENEZIANISCH €€

Karte S. 320 (☑041 528 50 31; www.dabepi.it; Campo SS Apostoli 4550; Mahlzeiten 25–35 €; ⊙Fr–Mi 12–15 & 19–22 Uhr; ☻Ca' d'Oro) Da Bepi ist eine traditionelle Trattoria im allerbesten Sinn und ist wesentlich besser, als es aussieht. Das Innere ist ein warmer, holzverkleideter Kokon, der Service ist gut und freundlich. Die Ratschläge zu den klassischen venezianischen Gerichten sind empfehlenswert: gedämpfte Seespinnen, Schwertmuscheln, gegrillter Steinbutt mit Artischocken und hinterher ein Tiramisu, das bestimmt nicht enttäuscht.

ALLE DUE GONDOLETTE VENEZIANISCH €€

Karte S. 320 (☑041 71 75 23; www.alleduegondolette.com; Fondamente de le Capuzine 3016; Mahlzeiten 25–35 €; ⊙Mo–Sa 12.15–14.30 & 19–22 Uhr; ☻Tre Archi) An den Freitagen lohnt es sich, den Umweg zu diesem Arbeiterlokal auf sich zu nehmen; denn hier gibt es wirklich großzügige Portionen *baccalà alla veneziana* (venezianischer Stockfisch), entweder mit Olivenöl, Zitrone und Petersilie oder *alla vicentina* (geschmort mit Zwiebeln, Anchovis und Milch). Zu den weiteren Klassikern der Speisekarte zählen Pasta mit Tintenfisch, Erbsen und Minze oder Gnocchi mit Hähnchen und Pecorino.

OSTERIA ALLA VEDOVA VENEZIANISCH €€

Karte S. 320 (☑041 528 53 24; Calle del Pistor 3912; Mahlzeiten 28–30 €; ⊙Mo–Mi, Fr & Sa 11.30–14.30 & 6.30–22.30, So 6.30–22.30 Uhr; ☻Ca' d'Oro) Die kulinarischen Überzeugungen sitzen tief in dieser Osteria, die zu den ältesten in Venedig zählt (1891). Einen *spritz* wird man auf der Speisekarte nicht finden, und mehr als 2 € für eines der berühmten Fleischbällchen zahlt man auch nicht. Jedenfalls macht es Spaß, mit den Einheimischen an der Bar hervorragende saisonale *cicheti* zu verspeisen. Man kann aber auch telefonisch einen Tisch reservieren und dann die original venezianischen Gerichte genießen.

★ OSTERIA BOCCADORO VENEZIANISCH €€€

Karte S. 320 (☑041 521 10 21; www.boccadorovenezia.it; Campiello Widmann 5405a; Mahlzeiten 40–55 €; ⊙Di–So 12–15 & 19–23 Uhr; ☻Fondamente Nove) Die lieblich singenden Vögel auf diesem *campo* (Platz) warten vermutlich auf Reste und Krümel von den Tischen, aber sie haben überhaupt keine Chance. Der Besitzer und Küchenchef Lucino fertigt gemeinsam mit seinem Sohn Simone kreative *crudi* (rohen Fisch und Meeresfrüchte) – die wunderbaren Happen schmecken einfach himmlisch gut – und luftige Gnocchi oder hausgemachte Pasta, die leider viel zu schnell verspeist sind.

Der Fisch stammt aus der Lagune oder der Adria und das Gemüse kommt aus dem Küchengarten des Restaurants.

OSTERIA DA RIOBA VENEZIANISCH €€€

Karte S. 320 (☑041 524 43 79; www.darioba.com; Fondamenta de la Misericordia 2553; Mahlzeiten 46–49 €; ⊙Di–So 12.30–14.30 & 19.30–22.30 Uhr; ☻Orto) Die Osteria ist führend in Sachen frische Meeresfrüchte und Kräuter, die vom familieneigenen Bauernhof Sant'Erasmo stammen. Jedenfalls kommen im Da Rioba aus der einfallsreichen Küche nur Gerichte, die so bunt und kreativ sind wie die Kunstwerke an den Wänden. Das Restaurant bietet sich auch bestens für ein *appuntamento* (Verabredung) am Abend an. Im Winter können es sich die Gäste in der Gaststube mit Holzbalken gemütlich machen, im Sommer am Kanal draußen. Reservierung empfohlen.

MIRAI JAPANISCH €€€

Karte S. 320 (Hotel Principe; ☑041 220 65 17; www.miraivenice.com; Rio Terà Lista di Spagna

CANNAREGIO ESSEN

🏃 Stadtspaziergang
Bummel durch die Seitenstraßen

START STAZIONE DI SANTA LUCIA
ZIEL CAMPO SANTO MARIA NOVA
LÄNGE/DAUER 3 KM; 3 STUNDEN

Die ❶**Stazione di Santa Lucia** (S. 281) ist benannt nach dem Kloster, das 1861 abgerissen wurde, um für den Bahnhof Platz zu machen. Rasch geht es den Rio Terà Lista di Spagna entlang – im Vorbeigehen kann man Gebäck bei der ❷**Pasticceria Dal Mas** (S. 126) kaufen – und danach über den Canale di Cannaregio. Nach links abbiegen und die dritte Straße rechts ins Ghetto Vecchio nehmen. Die Straße führt vorbei an den Synagogen ❸**Scola Spagnola** (S. 122) und ❹**Scola Levantina** (S. 122). Beachtung verdient auch der Stolperstein vor der Nr. 1146, der an Moisè Calimani erinnert. Nächste Station ist der ❺**Campo del Ghetto Nuovo**. Der Weg führt dann nach Norden über den Kanal, rechts liegt die ❻**Fondamenta dei Ormesini**; dort kann man in die Fenster der Kunstateliers blicken. Dann spaziert man links die Cal-

le Larga entlang, über zwei Kanäle wird schließlich die ❼**Chiesa della Madonna dell'Orto** (S. 123) erreicht. Auf der Corte Vecchia Richtung Süden erreicht man die ❽**Chiesetta della Misericordia** (10. Jh.) mit ihrer Renaissance-Fassade (1659); heute dient sie als Ausstellungsraum für die Biennale. Gegenüber liegt die ❾**Scuola Grande della Misericordia** (S. 125), eines der größten Gebäude in Venedig, das einst der Seidenweberzunft gehörte. Während der Sonderausstellungen können die freskenverzierten Säle besucht werden. Weiter geht es nach Osten über den Canale de la Misericordia hinweg, links die Calle de la Rachetta hinauf und rechts auf die Fondamenta Santa Caterina. So kommt man zur Kirche ❿**I Gesuiti** (S. 125) mit ihrer hoch aufragenden Fassade. Dann führt der Weg südwärts über die Salizada Seriman zum Campiello de la Cason, kurz nach links über den Rio dei Santi zum Campo San Canzian, um schließlich das Ziel Campo Santa Maria Nova mit der ⓫**Chiesa di Santa Maria dei Miracoli** (S. 124) zu erreichen.

146; Mahlzeiten 40–50 €; ⊙Di–So 19–23 Uhr; ❄🌐; 🚤Ferrovia) Trotz seiner historischen Rolle als Tor zum Osten besitzt Venedig nur erstaunlich wenige gute asiatische Restaurants. Eine Ausnahme ist das elegante Mirai, das erste japanische Restaurant, das in der Stadt eröffnet wurde und noch immer das beste. Eine klassische Auswahl an Sushi, Sashimi, Tempura und Shisoten wird auf perfekt gegartem Reis serviert. In den Sommermonaten lockt die Terrasse mit Blick auf den Canal Grande.

TIMON ALL'ANTICA MOLA   VENEZIANISCH €€€

Karte S. 320 (📞041 71 74 92; www.altimon.it; Fondamenta dei Ormesini 2800; Mahlzeiten 50 €; ⊙Di–So 18–0.30 Uhr; 🚤San Marcuola) Nach dem riesigen Erfolg des ersten auf Fleisch spezialisierten Restaurants hat das Timon eine Filiale für Fischgerichte eröffnet.

Die Gäste können bei einem Glas Wein und köstlichen *cicheti* am Tresen stehen oder sich einen schönen Tischplatz auswählen und eine der einfallsreichen Speisen von der Speisekarte bestellen, beispielsweise Gnocchi mit schwarzem Blumenkohl und Tintenfisch oder gegrillten Aal und Rüben in Sahnesoße.

VINI DA GIGIO   VENEZIANISCH €€€

Karte S. 320 (📞041 528 51 40; www.vinidagigio. com; Fondamenta San Felice 3268a; Mahlzeiten 45–50 €; ⊙nMi–So 12–14.30 & 19–22.30 Uhr; 🚤Ca' d'Oro) In dieser stimmungsvollen Osteria am Kanal sitzen die Gäste ins Gespräch vertieft an Tischen mit hübschen Leinentischtüchern. Jahrhundertealte Holzbalken und Holzvertäfelung sorgen für das passende Ambiente. Für die Muscheln in der Schale mit einer Weinsoße oder Tintenfisch mit cremiger Polenta empfiehlt der Gastgeber den jeweils perfekten Tropfen aus seiner mehr als hundert herausragende Weine umfassenden Weinkarte.

OSTERIA L'ORTO DEI MORI   ITALIENISCH €€€

Karte S. 320 (📞041 524 36 77; www.osteriaorto deimori.com; Campo dei Mori 3386; Mahlzeiten 45–50 €; ⊙Mi–Mo 12.30–15 & 19–23 Uhr; 🚤Orto) Nicht einmal in alten Zeiten, als Tintoretto nebenan wohnte, war in dieser Gegend so viel los, und das ist dieser quirligen Osteria geschuldet. Der sizilianische Küchenchef Lorenzo bereitet täglich frische Pasta zu, darunter Tintenfisch auf *tagliolini*. Die Lampen mit dem Aussehen eines Fisches sorgen für eine verspielte Note in diesem ziemlich teuren Restaurant.

 # AUSGEHEN & NACHTLEBEN

Der Bereich entlang dem Kanal nördlich des Ghetto eignet sich wunderbar fürs Bar-Hopping, mit eleganten Wein- und *Cicheti*-Lokalen, Bierhallen und etwas heruntergekommenen Studentenkneipen. Die Szene wirkt eher quirlig als lärmig; es sind auch einige Veranstaltungsorte für Livemusik vorhanden.

★VINO VERO   WEINLOKAL

Karte S. 320 (📞041 275 00 44; www.facebook. com/vinoverovenezia; Fondamenta de la Misericordia 2497; ⊙Di–So 12–24, Mo ab 17 Uhr; 🚤San Marcuola) An den Backsteinwänden dieses Lokals am Kanal reihen sich Weine von kleinen Weingütern, darunter eine herausragende Auswahl an biologischen und biodynamischen Weinen. Die angebotenen *cicheti* sind überdurchschnittlich gut, das Sortiment an *crostini* ist wohl das beste in der Stadt, beispielsweise Wildschweinwurst mit Auberginen, Gorgonzola mit Honig beträufelt oder Baba Ghanoush (arabisches Püree aus Auberginen und Sesampaste) mit Schinken belegt.

★AL TIMON   WEINLOKAL

Karte S. 320 (📞041 524 60 66; www.altimon. it; Fondamenta dei Ormesini 2754; ⊙17–1 Uhr; 🚤San Marcuola) Am besten sucht man sich in der mit Holz ausgekleideten Bar ein nettes Plätzchen oder in den Sommermonaten auf dem Boot, das vor dem Haus am Kanal vertäut liegt, und schaut dann der bunten Parade der Zecher und Träumer zu, die wegen der Steaks und wegen der hochwertigen Weine hierherkommen; die edlen Tropfen sind als *ombra* (halbes Glas) oder als Karaffe erhältlich. Bei schönem Wetter spielen am Kanal Musikanten auf.

★MARCIANO PUB   PUB

Karte S. 320 (📞041 47 62 55; www.facebook. com/marcianopubvenezia; Calle Gheltof o Loredan 1863c; ⊙Fr–Mi 17–1 Uhr; 🚤San Marcuola) Mit dem hölzernen Tresen und den glänzenden Messingzapfhähnen wirkt diese englisch-venezianische Kneipe absolut authentisch. Im Marciano stehen zahlreiche und vielfältige alkoholische Getränke zur Auswahl – es gibt Craft-Biere aus aller Welt, darunter ein eigenes Gebräu und ein mit Meerfenchel aromatisierter Gin. Empfehlenswert sind auch die saftigen Burger

(12–16 €) und Steaks aus nachhaltiger Produktion, darunter auch Känguru und Strauß. Es gibt hier auch eine Austernbar und einen Cocktailbereich.

★ BIRRERIA ZANON BAR

Karte S. 320 (☑041 476 23 47; Fondamenta dei Ormesini 2735; ◷9–22 Uhr; ⛴Guglie) An den Fondamenta dei Ormesini entwickelt sich eine Art Bierwettbewerb und die Birreria Zanon ist der neueste Konkurrent. Sie lockt die Gäste mit einer sonnigen Lage, lässiger Atmosphäre und einer großen Auswahl an Craft-Bieren. Besonders lecker sind die *tramezzini* (dreieckige, geschichtete Sandwiches) aus Schwarzbrot, die perfekt zu einem belgischen Grimbergen-Bier passen.

UN MONDO DI VINO BAR

Karte S. 320 (☑041 521 10 93; www.unmondodivinovenezia.com; Salizada San Canzian 5984a; ◷10–24 Uhr; ⛴Rialto) Man sollte früh hierherkommen und marinierte Artischocken und *sarde in saor* (Sardinen in süßsauerer Soße) bestellen; dann lässt sich vielleicht noch eine kleine Ecke für Teller und Weinglas finden. Dutzende von Weinen werden glasweise serviert, so kann man auch außergewöhnliche Tropfen verkosten.

TORREFAZIONE CANNAREGIO CAFÉ

Karte S. 320 (☑041 71 63 71; www.torrefazionecannaregio.it; Fondamenta dei Ormesini 2804; ◷Mo–Sa 7–19.30, So 9–18 Uhr; ⛴Guglie) Dieses Café an einem sonnigen Kanalufer, die einzige Mikro-Rösterei in Venedig, ist reich gefüllt mit vor Ort gerösteten Kaffeemischungen, darunter der Caffè Remer, eine Arabica-Mischung mit einem leicht schokoladigen Nachgeschmack. Wer es kräftiger mag, wählt eine Robusta-Mischung. Außerdem gibt es einige köstliche Teespezialitäten. Die Familie Marchi röstet bereits seit den 1930er-Jahren Kaffee; Der Service ist flott, aufmerksam und effizient.

HOSTARIA BACANERA BAR

Karte S. 320 (☑041 260 11 46; Campiello de la Cason 4506; ◷Di–So 11.30–15 & 18–22.30 Uhr; ☏; ⛴Ca' d'Oro) Versteckt hinter der Kirche SS Apostoli pflegt diese Bar mit Restaurant einen zeitgenössischen Barockstil mit Holzbalken an der Decke, einer roten Bank und schwarzen Stühlen um die weit gestellten Tische. Gäste können entweder *cicheti* (venezianische Tapas) und frittierte Snacks von der Bar genießen oder im Restaurant Fisch-Tortellini, Meeresfrüchte-Risotto und

Tagliatelle mit Enten-*ragù* (Fleisch und Tomatensoße) speisen. An Dienstagabenden spielen häufig Livebands.

OSTERIA AL CICHETO WEINLOKAL

Karte S. 320 (☑041 71 60 37; www.osteria-al-cicheto.it; Calle de la Misericordia 367a; ◷Mo–Fr 11–15 & 17.30–22.30, Sa 17.30–22.30 Uhr; ⛴Ferrovia) Dieses freundliche Weinlokal rühmt sich eines kleinen, aber dafür herausragenden Restaurants – doch den Schwerpunkt bildet der Wein.

Es gibt regelmäßige Weinverkostungen, außerdem Abende, an denen nur ein einziges Lebensmittel (z. B. Kürbis) im Mittelpunkt steht. Egal, wann auch immer man die Osteria Al Cicheto besucht, es gibt immer interessante *cicheti* und ein schönes Sortiment an offenen Weinen.

A LA VECIA PAPUSSA BAR

Karte S. 320 (☑041 525 60 30; www.alaveciapapussa.it; Fondamenta de la Misericordia 2612; ◷10–1 Uhr; ⛴Orto) Diese lässige Bar mit nackten Backsteinwänden und gedämpftem Licht ist eines der wenigen Lokale im Viertel, das bis in die frühen Morgenstunden geöffnet bleibt. Man kann eine Auswahl an Drinks, Snacks und einfachen Gerichten an einem Tisch im Freien auf den quirligen *fondamente* (Kanalufer) genießen oder sich in der kleinen Bar mit den hübschen bunten Stühlen und Tischen setzen. Der Anteil an einheimischen Gästen ist hoch.

OSTERIA AI TRONCHI BAR

Karte S. 320 (☑041 528 27 27; www.facebook.com/Osteria-Ai-Tronchi; Calle del Spezier 4792; ◷Mo–Sa 7.30–23 Uhr; ⛴Fondamenta Nove) Diese kleine Bar ist bei den Einheimischen sehr beliebt; sie lockt mit einer guten Auswahl an offenen Weinen (Glas 3 bis 4 €), eine *ombra* (kleines Glas des Hausweins) kostet gerade mal 1 €. Snacks und Sandwiches (2 €) werden auch serviert.

Das Lokal liegt nur ein paar Schritte vom Campo dei Gesuiti entfernt.

IRISH PUB PUB

Karte S. 320 (☑041 099 01 96; www.theirishpubvenezia.com; Corte dei Pali Già Testori 3847; ◷10–1 Uhr; ☏; ⛴Ca' d'Oro) Wer geruhsame Weinlokale nicht wirklich mag, wird sich in diesem pub-ähnlichen Lokal sehr wohl fühlen: schäbige Möbel, Sportveranstaltungen am Fernsehen, Tische auf dem Platz, Guinness vom Fass und zehn weitere europäische Biermarken zur Wahl.

STOLPERSTEINE

Einige der bewegendsten Denkmäler im Ghetto sind so klein, dass man sie leicht übersieht: Stolpersteine (www.stolpersteine.eu), in Messing gefasste Betonwürfel, die vor Häusern in den Boden eingelassen sind, deren jüdische Bewohner in die Todeslager der Nationalsozialisten deportiert wurden. In diese „Steine" (*pietra d'inciampo*, auf Italienisch) sind die Namen Bewohner des jeweiligen Hauses eingraviert sowie die Daten der Geburt, der Deportation und des Todes. Wer erst einmal aufmerksam geworden ist, wird immer wieder innehalten. Vor den Türen einfacher Häuser machen sie sehr deutlich bewusst, wie grausam ganz normale Leben beendet und eine Gemeinde dezimiert wurden.

Der deutsche Künstler Gunter Demnig startete das Projekt 1992; er stellt jeden Stein von Hand her. Im Oktober 2018 gab es 70 000 Stolpersteine in 1200 Städten Europas, die an Opfer (jüdisch und nicht-jüdisch) des Holocaust erinnern.

In Venedig gibt es gegenwärtig 78 Steine. Die meisten finden sich im Ghetto, doch es gibt sie in der ganzen Stadt, sogar am Lido.

EL SBARLEFO
BAR

Karte S. 320 (☎041 523 30 84; www.elsbarlefo.it; Salizada del Pistor 4556c; ☺10–23 Uhr; ☎; ⊠Ca' d'Oro) Ein bunt gemischtes Völkchen zieht es in diese attraktive kleine *Cicheti*-Bar, von einheimischen Hipstern bis hin zu Kandidaten für hippe Ersatzleute, und alle kommen wegen der sagenhaften Auswahl an Weinen und der Fülle von leckeren Snacks hierher. Die Musik schwankt unvorhersehbar zwischen sanftem Jazz und frühem Elvis, ist aber glücklicherweise nie so laut, dass sie beim Plaudern stört.

BAGATELA
BAR

Karte S. 320 (☎328 7255782; www.bagatela venezia.com; Fondamente de le Capuzine 2925; ☺Mi–So 18–1 Uhr; ⊠Guglie) Die anspruchslose, aber beliebte Bar ist zu später Stunde brechend voll mit jeder Menge Einheimischer aus Cannaregio, Indierockfans und Studenten. Im Bagatela erwarten den Gast Flaschenbier, Cocktails, Brettspiele, Sportsendungen im TV und ein ziemlich beunruhigender Totenschädel hinter der Bar. Seinen alkoholischen Input sollte man am besten mit einem der legendären Rindfleisch-Burger kompensieren.

AL PARLAMENTO
BAR

Karte S. 320 (☎041 244 02 14; www.facebook.com/alParlamento; Fondamenta Savorgnan 511; ☺7.30–2 Uhr; ☎; ⊠Crea) Komplette Universitätskarrieren und Liebschaften weltweit sind dem Power-Espresso, den Cocktails zur Happy Hour (18–21 Uhr) und den hervorragenden, üppig belegten *tramezzini* im Al Parlamento zu verdanken. Die effektvoll drapierten Schiffstaue unterstreichen

den schönen Blick auf den Kanal, der sich von den großen Fenstern vorne bietet. Wer abends vorbeikommt, kann vielleicht sogar eine Liveband hören oder ein DJ-Set.

LA CANTINA
WEINBAR

Karte S. 320 (☎041 522 82 58; Campo San Felice 3689; ☺11–23 Uhr; ⊠Ca' d'Oro) Viele Gäste nehmen an den Tischen draußen hinter dem Haus Platz, um sich eine Orgie an köstlichen Meeresfrüchten schmecken zu lassen; aber es macht auch Spaß, die Auswahl an Weinen und *cicheti* an der Bar oder an einem der aus alten Weinfässern gefertigten Tische am Platz zu genießen.

IL SANTO BEVITORE
PUB

Karte S. 320 (☎335 8415771; www.ilsantobevitore pub.com; Calle Zancani 2393a; ☺16–2 Uhr; ☎; ⊠Ca' d'Oro) San Marco besitzt seine glänzende Kathedrale, doch Bierliebhaber pilgern lieber zu diesem Schrein des „Heiligen Trinkers" mit 20 Bieren vom Fass, darunter Trappisten-Ales und saisonale Stouts. Es gibt auch eine große Auswahl an Gin, Whisky und Wodka. Hinzu kommen schöne Plätze am Kanal, Fernsehübertragungen und kostenloses WLAN; gelegentlich treten hier auch Bands auf.

⭐ UNTERHALTUNG

PARADISO PERDUTO
LIVEMUSIK

Karte S. 320 (☎041 72 05 81; Fondamenta de la Misericordia 2540; ☺Do–Mo 11–13 Uhr; ⊠Orto) Das „Verlorene Paradies" ist eine Entdeckung für alle, die es in einer warmen Sommernacht nach einem kühlen Bier am Kanal gelüstet. Das Restaurant ist zwar auch beliebt, aber das Paradiso macht vor allem wegen seiner Livemusik am Montagabend von sich reden; Musiker wie Chet Baker, Keith Richards und Vinicio Capossela, sind auf dieser kleinen Bühne aufgetreten.

TEATRO MALIBRAN — THEATER
Karte S. 320 (☎041 24 24; www.teatrolafenice. it; Calle del Teatro 5873; 🚤Rialto) Das hübsche Theater stammt aus dem 17. Jh. und wurde auf den Ruinen von Marco Polos Palazzo (Herrenhaus) erbaut. Hier wird nun zusammen mit La Fenice (S. 70) ein Programm mit klassischer Musik, Oper und Ballett ausgerichtet; zudem finden hier intime Kammermusikkonzerte statt.

CASINÒ DI VENEZIA — KASINO
Karte S. 320 (Ca' Vendramin Calergi; ☎041 529 71 11; www.casinovenezia.it; Calle Vendramin 2040; Eintritt inkl. Chip 10 €; ⊙So–Fr 11–2.45, Sa bis 3.15 Uhr; 🚤San Marcuola) Das älteste Kasino der Welt, gegründet 1638, zog in den 1950er-Jahren in diesen Palast ein. Die Automaten öffnen um 11 Uhr; an die Spieltische kann man – in angemessener Kleidung – ab 15.30 Uhr kommen. Eine stilvolle Ankunft ist mit dem kostenlosen Wassertaxi ab dem Piazzale Roma möglich. Um das Kasino zu betreten, muss man mindestens 18 Jahre alt sein. Richard Wagner starb 1883 hier; das **Museo Wagner** (☎041 276 04 07; www.casinovenezia.it/en/wagner-museum; Casinò di Venezia 2040; ⊙ nach Vereinbarung) GRATIS nimmt heute seine Suite ein.

CIRCUITO CINEMA GIORGIONE MOVIE D'ESSAI — KINO
Karte S. 320 (☎041 524 13 20; Rio Terà di Franceschi 4612; ⊙Mi–Mo; 🚤Fondamente Nove) In diesem kleinen Kino werden Sieger internationaler Filmfestivals, kürzlich restaurierte Klassiker und familienfreundliche Zeichentrickfilme gezeigt. Es gibt zwei Säle (der eine mit einer winzigen Leinwand), die zwei oder drei Vorstellungen am Abend bieten, dazu Matineen am Sonntag.

🛍 SHOPPEN

An der Strada Nova, der Hauptstraße, befindet sich eine Reihe von Läden bekannter Marken und Touristenshops, darunter der vielleicht schönste Supermarkt der Welt, der im früheren Teat-

ro Italia untergebracht ist. Zahlreiche Boutiquen und Ateliers von Kunsthandwerkern säumen die Seitenstraßen und die äußeren Kanalufer.

★ CODEX VENEZIA — KUNST
Karte S. 320 (☎041 524 61 82; www.codexvenezia. it; Fondamenta degli Ormesini 2799; ⊙Mo–Fr 9.30–1.30 & 16–19.30, Sa 9.30–12.30 Uhr; 🚤San Marcuola) Nelson Kishis Studio bietet wunderbare Drucke und Originalarbeiten, vor allem in Tinte auf Papier, von denen zahlreiche typische venezianische Szenen darstellen. Kishis feine und komplexe Stadtlandschaften fangen die Schönheit und Lebendigkeit Venedigs ein.

★ VITTORIO COSTANTINI — GLAS
Karte S. 320 (☎041 522 22 65; www.vittorio costantini.com; Calle del Fumo 5311; ⊙Mo–Fr 9.30–13 & 14.15–17.30 Uhr; 🚤Fondamente Nove) Kinder und Erwachsene sind gleichermaßen fasziniert von den magischen Miniaturinsekten, -schmetterlingen, -muscheln und -vögeln, die Vittorio Costantini sehr kunstvoll aus Glas bläst. Die Körper von einigen der glitzernden Käfer bestehen aus 21 Teilen, die mit erstaunlicher Geschicklichkeit und Geschwindigkeit zusammengefügt werden müssen.

★ LA STAMPERIA DEL GHETTO — KUNSTHANDWERK
Karte S. 320 (☎041 275 02 00; Calle del Ghetto Vecchio 1185a; ⊙So–Fr 10–16 Uhr; 🚤Guglie) Hier sollte man nach der großartigen Galerie von Enzo Aboaf im Ghetto Ausschau halten, die voller Kupferstiche steckt, die das Ghetto und Venedig zeigen.

Sehr interessant sind auch die Grafiken von Emanuele „Lele" Luzzati im Stil Chagalls, die bei Sammlern äußerst begehrt sind. Luzzati war ein Jude aus Genua, der sich als Bühnenbildner einen Namen machte, aber auch Aufträge für Poster, Bücher und Keramiken annahm.

★ FEELIN' VENICE — DESIGN
Karte S. 320 (☎041 887 86 39; www.feelinvenice. com; Strada Nova 4194; ⊙9.30–20 Uhr; 🚤Ca' d'Oro) Die Venezianer Mattia und Filippo hatten es satt über die wachsende Zahl der schäbigen Souvenirshops zu jammern; sie eröffneten stattdessen einen Laden, in dem die Werke einheimischer Grafiker im Mittelpunkt stehen. Ihre coolen zeitgenössischen Designs zieren Stofftaschen, T-Shirts aus hundertprozentig biologischer Baum-

wolle, Posters, Notizbücher und Bleistifte von hoher Qualität. Wer nach einem wirklich ausgefallenen Souvenir sucht, sollte am besten hierher kommen.

GIANNI BASSO
PAPIERWAREN

Karte S. 320 (☎041 523 46 81; Calle del Fumo 5306; ⏰Mo–Fr 9–13 & 14–18, Sa 9–12 Uhr; 🚤Fondamente Nove) Gianni Basso macht keine Werbung für seine Druckerzeugnisse; die Visitenkarten im Schaufenster der Werkstatt sprechen für sich. Von den Geschäftsführern von Microsoft bis zu Berühmtheiten und Königsfamilien aus aller Welt lassen hier ihre Visitenkarten, ihre Einladungen und ihr Briefpapier drucken.

Der von den Mönchen im Armenischen Kloster ausgebildete Gianni ist der letzte Buchdrucker Venedigs. Sein kleines Druckmuseum befindet sich nebenan.

NICOLAO ATELIER
KLEIDUNG

Karte S. 320 (☎041 520 70 51; www.nicolao.com; Fondamenta de la Misericordia 2590; ⏰Mo–Fr 9.30–13 & 14–18 Uhr; 🚤San Marcuola) Wer sich fragt, wo Aschenputtel sein Ballkleid oder der Traumprinz seinen eleganten Anzug bekommen hat, wird in diesem Märchenwunderland fündig. Ein exzellentes handgearbeitetes Karnevalskostüm schlägt mit 250 bis 300 € zu Buche – und das ist nur die Leihgebühr. Außerhalb der Saison versorgt das Geschäft Theater, Opernhäuser und Filme – und zwar in aller Welt.

BALDUCCI BORSE
SCHUHE

Karte S. 320 (☎041 524 62 33; www.balducciborse. com; Rio Terà San Leonardo 1593; ⏰9.30–13 & 14.30–19.30 Uhr; 🚤San Marcuola) Venedig ist für Lederarbeiten nicht unbedingt bekannt, aber es gibt immer eine Ausnahme von der Regel – und genau das ist Franco Balducci. Wer in seinem Atelier in Cannaregio über die Türschwelle tritt, riecht schon die Qualität des handverlesenen toskanischen Leders, aus dem er vor Ort illustre Schultertaschen und Damenstiefel kreiert.

ANTICHITÀ AL GHETTO
ANTIQUITÄTEN

Karte S. 320 (☎041 524 45 92; www.antichita alghetto.com; Calle del Ghetto Vecchio 1133/4; ⏰10–19 Uhr; 🚤Guglie) Wie wäre es denn, anstatt eines T-Shirt als Andenken zu kaufen, einmal ein Erinnerungsstück an die venezianische Geschichte zu erstehen? Beispielsweise eine alte Karte vom Canal Grande, eine Radierung, die venezianische Dandys zeigt, die gerade aus einer Gondel steigen, eine Gemme aus dem 18. Jh., wie sie früher einmal überaus elegante Damen im Ghetto getragen haben.

CA' MACANA ATELIER
KUNSTHANDWERK

Karte S. 320 (☎041 71 86 55; www.camacana atelier.blogspot.it; Rio Terà San Leonardo 1374; ⏰9–20 Uhr; 🚤San Marcuola) Wer die traditionellen Masken aus Pappmachée und Leder in diesem alteingesessenen Laden mit Werkstatt gesehen hat, wird sich nicht mehr für die Karnevalsmasken aus Massenproduktion interessieren.

AKTIVITÄTEN

⭐ PLUM PLUM CREATIONS
KUNSTHANDWERK

Karte S. 320 (☎041 476 54 04; www.plumplum creations.com; Fondamenta dei Ormesini 2681; ⏰Mo, Mi, Fr & Sa 11–19, Di & Do bis 18 Uhr; 🚤San Marcuola) Im 15. Jh. genoss Venedig große Achtung als Produktionsstätte von herausragenden Druckerzeugnissen; strenge Strafen wurden gegen jene Drucker verhängt, die minderwertiges Papier verwendeten. Arianna Sautariello bewahrt diese jahrhundertealte Tradition in ihrem schönen Studio am Kanal. Dort gibt es handgemachte Stiche, Linolschnitte, Kaltnadelradierungen und zarte Aquarelle. Sie liebt ihr Handwerk und bietet auch ausgezeichnete Workshops an (70/120 € für vier/acht Stunden).

PAINTING VENICE
KUNSTHANDWERK

(☎340 5445227; www.paintingvenice.com; 120 Min. Privatstunde 100 €, 2-/4-tägige Workshops 280/450 €) Wer eine Stunde bei den ausgebildeten und ausübenden Künstlern Caroline, Sebastien und Katrin bucht, wird nach Art der klassischen *vedutisti* (Freiluftkünstler) zu den ruhigen *campi* (Plätzen) ziehen. Anfänger erwerben Grundkenntnisse, während Fortgeschrittene auf sie zugeschnittenen Unterricht bekommen. Eine großartige Art und Weise, um zur Ruhe zu kommen und die Schönheit venezianischer Ausblicke schätzen zu lernen.

FALLANI VENEZIA
KUNSTHANDWERK

Karte S. 320 (☎041 523 57 72; www.fallani venezia.com; Salizada Seriman 4875; Kurse 1 Std. 40 €, 4 Std. 100–150 €, 8 Std. 200–300 €; 🚤Fondamente Nove) Fiorenzo Fallanis Werkstatt hat sich den Ruf erworben den Siebdruck von einem Reproduktionsmedium zu einer innovativen und kreativen Kunstform erho-

134

ben zu haben. Es gibt einige Kurse, z. B. das Bedrucken des eigenen T-Shirts oder komplexere Vorgängen wie den Gebrauch verschiedener Farben und Rahmen. Wer keinen Kurs besuchen möchte, findet hier aber auch originale Kunstdrucke von Venedig.

BOTTEGA DEL
TINTORETTO   KUNSTHANDWERK
Karte S. 320 (🕿041 72 20 81; www.tintoretto venezia.it; Fondamenta dei Mori 3400; 5-tägige Kurse inkl. Mittagessen und Material 430 €;

🚇Orto) Um das Jahr 1500 betrieb der berühmte Maler Jacopo Tintoretto (1518–1594) ein Grafikatelier im Erdgeschoss seines Wohnhauses in Cannaregio.

Im Jahr 1985 restauriert und wiederbelebt, bietet diese *bottega* Künstlern wieder einen Werkraum, in dem sie sich an historischen Druckerpressen üben können.

Außerdem kann man hier auch eine ganz Reihe von Kursen belegen, beispielsweise Grafik, Buchbinden, Aquarellieren, Freskieren und Bildhauerei.

CANNAREGIO AKTIVITÄTEN

Castello

Highlights

❶ Riva degli Schiavoni (S. 141) Am frühen Morgen oder in den Abendstunden über die malerische Uferpromenade von Castello schlendern.

❷ Zanipolo (S. 139) Staunen angesichts der schieren Größe dieser Kirche aus dem 14. Jh. und die meisterhaften Gemälde und Skulpturen im Innern bewundern.

❸ Palazzo Grimani (S. 141) Bildhauerkunst betrachten in dem beeindruckenden Palazzo, der schon als Bühne für die Statuen angelegt wurde.

❹ La Biennale di Venezia S 47) Über moderne Kunst und bahnbrechende Architektur nachdenken in der fantastischen Kulisse des Arsenale.

❺ Scuola Dalmata di San Giorgio degli Schiavoni (S. 144) Sich in den Clubräumen der historischen dalmatinischen Gemeinde der Stadt im goldenen Schimmer von Carpaccios Gemälden sonnen.

Mehr Details siehe Karte S. 326.

Top-Tipp

Venedig ist früh am Morgen oder am Abend, wenn die Menschenmassen weg sind, am schönsten. Das trifft vor allem auf die **Riva degli Schiavoni** (S. 141) zu, die zwischen 11 und 19 Uhr voller Tagesausflügler ist, wenn die Massen mit den Schiffen ankommen. Schafft man es jedoch, früh genug aufzustehen, ist die Uferpromenade ein wunderbar einsamer Ort für einen Morgenspaziergang. Am Abend bekommt man einen spektakulären Sonnenuntergang zu sehen.

 **Gut essen**

➡ Salvmeria (S. 146)
➡ CoVino (S. 147)
➡ Il Ridotto (S. 148)
➡ Trattoria Corte Sconta (S. 148)
➡ Osteria da Pampo (S. 147)

Details siehe S. 146.➡

🍷 Nett ausgehen

➡ Londra Bar (S. 150)
➡ El Rèfolo (S. 151)
➡ Osteria Al Portego (S. 151)
➡ Strani (S. 151)
➡ Bar Terrazza Danieli (S. 151)

Details siehe S. 150.➡

🔒 Schön shoppen

➡ Atelier Alessandro Merlin (S. 152)
➡ Bragorà (S. 152)
➡ Ballarin (S. 152)

Details siehe S. 152.➡

 **CASTELLO**

Castello erkunden

Castello, das sich von San Marco nach Osten erstreckt, ist das weitläufigste Viertel der Stadt – wer es in Gänze auf einen Rutsch erkunden will, mutet seinen Füßen einiges zu. Am Anfang sollten die faszinierendsten Sehenswürdigkeiten stehen – die prächtige Zanipolo-Kirche (S. 139), die Galerie Ocean Space (S. 143), die Fondazione Querini Stampalia (S. 141), der freskenverzierte Palazzo Grimani (S. 141) und die herausragenden Bellini-Kunstwerke in der Chiesa di San Francesco della Vigna (S. 143) und der Chiesa di San Zaccaria (S. 143).

Nach diesem fulminanten Beginn nehmen sich die weiteren Sehenswürdigkeiten bescheidener aus, kein Wunder, denn es geht in die Arbeiterviertel rund um die Arsenale-Werft (S. 137). Die Wasserfahrzeuge, die im Padiglione delle Navi (S. 138) ausgestellt sind, vermitteln einen Eindruck von der großen Seefahrtsgeschichte der Stadt. In der Gegend rund um die Via Garibaldi sprechen noch viele Menschen den venezianischen Dialekt. Auf jeden Fall ist es ein toller Ort für einen *aperitivo*.

Venedigs Uferpromenade, die Riva degli Schiavoni (S. 141), säumt die Südseite des Viertels. Sie endet an den Giardini Pubblici (S. 140) mit den vielen Biennale-Pavillons. Venedigs erste Kathedrale (S. 145) steht im Norden des Parks auf der Insel San Pietro del Castello. Einen schönen Abschluss der Erkundungstour bildet der Rückweg entlang der Riva dei Partigiani mit weitem Blick auf San Giorgio Maggiore und den Bacino di San Marco.

Lokalkolorit

➡ **Bar in Nebengässchen** Die Einheimischen kehren bei Ossi di Seppia (S. 147), Salvmeria (S. 146) und Strani (S. 151) ein, um *cicheti* zu genießen.
➡ **Geselligkeit im Freien** *Nonne* (Großmütter) treffen sich nachmittags zu einem Schwätzchen, während ihre jungen Schutzbefohlenen auf dem Campo Bandiera e Moro, in den Giardini Pubblici (S. 140) und im Parco delle Rimembranze (S. 140) Ball spielen.

An- & Weiterreise

➡ **Vaporetto** Castello ist von Vaporetto-Anlegern umgeben: San Zaccaria, Arsenale, Giardini (Doppelhaltestelle mit Giardini Biennale) und Sant'Elena liegen im Süden, San Pietro im Osten und Bacini, Celestia und Ospedale im Norden. Die Linien 4.1 und 4.2 legen überall an, die Linien 5.1 und 5.2 an allen außer Arsenale. Linie 1 verbindet alle südlichen Stationen mit Canal Grande und dem Lido. Der meistfrequentierte Vaporetto-Halt ist San Zaccaria mit vielen Anlegern an der Riva degli Schiavoni.

HIGHLIGHTS
ARSENALE

Die meiste Zeit des Jahres kann die Öffentlichkeit das große Portal und die unpassierbaren Mauern der historischen Werft und des heute noch funktionsfähigen Schiffskomplexes nur von außen betrachten und bestaunen. In Venedigs Vergangenheit ist die Rolle des Arsenals jedoch nicht zu unterschätzen. Nach seiner Gründung im Jahr 1104 entwickelte es sich schnell zu Europas bedeutendstem Marinestützpunkt und größtem Produktionsbetrieb der Welt.

Eine industrielle Revolution

Zu seiner Blütezeit vom 15. bis 17. Jh. muss das Arsenale einen höchst eindrucksvollen Anblick geboten haben: ein unablässig lärmender Bienenstock voller Produktivität, einschließlich Metallverarbeitung, Holzzuschnitt, Herstellung von Tauwerk und jeder Menge kochendem schwarzem Pech. Tatsächlich diente es Dante als Modell für die Hölle in seiner *Göttlichen Komödie*. Viele Straßen in Castello sind bis heute nach diesen Tätigkeiten benannt: Pece (Pech), Piombo (Blei), Ancore (Anker) und Vele (Segel).

Für den laufenden Betrieb beschäftigte die Stadt bis zu 16 000 Handwerker, und die Werft, das Herzstück von Venedigs Handels- und Militärmacht, kostete die Stadt 10 % ihrer jährlichen Einkünfte. Ein einzigartiges vorindustrielles Beispiel für Massenproduktion; seine zentralisierte Organisation, standardisierten Prozesse und stringenten Qualitätskontrollen waren ihrer Zeit voraus. Das Arsenal war nicht nur in der Lage innerhalb eines Tages eine neue Galeere anzufertigen, seine Grundfläche von 45 ha nahm sogar 15 % der Stadt ein. Noch heute ist es von einer 3,2 km langen mit Zinnen versehenen Mauer umschlossen.

TOP-TIPPS

➡ Das **Ticketbüro der Biennale** (Karte S. 328; ☎ 041 521 87 11; www.labiennale. org; Campo de la Tana; ⏰ Mai–Nov. Di–So 10–17.30 Uhr; 🚤 Arsenale) liegt versteckt am Campo de la Tana, auf der Südseite des Arsenale.

➡ Außer während der Biennale und anderer besonderer Veranstaltungen sind Porta Magna und Padiglione delle Navi die einzigen öffentlich zugänglichen Bereiche der Anlage.

PRAKTISCH & KONKRET

➡ Karte S. 328, B2
➡ Campo de l'Arsenale
➡ 🚤 Arsenale

BUCINTORO

Der *bucintoro* war die Prachtgaleere des Dogen. Die extravaganteste Ausführung wurde 1727 fertiggestellt und war vollständig mit Blattgold überzogen. Sie bot 90 Sitzplätze und man benötigte 168 Ruderer um sie zu manövrieren. Im Museo Storico Navale (S. 145) steht ein maßstabsgetreues Modell mit einigen originalen Details, die gerettet werden konnten, nachdem Napoleons Truppen das Schiff 1798 zerstörten.

ARSENALE IM WANDEL

Im Arsenal befindet sich das Arsenale Vecchio (Altes Arsenal), wo der *bucintoro* untergestellt wurde. Bei der Erweiterung von 1303/04 fügte man La Tana an die Südflanke des Arsenals hinzu. Es wurde für die Herstellung von Tauen genutzt und 1579 von Antonio da Ponte umgestaltet. Das Arsenale Nuovo (Neues Arsenal) kam 1325 hinzu, das Arsenale Nuovissimo (Neustes Arsenal) 1473. Im 16. Jh. wurden für die Produktion von *galeazze* (große Kriegsschiffe) der Canale delle Galeazze und das Gaggiandre (Trockendock) angelegt.

Der vielleicht revolutionärste Aspekt des Arsenals war die Nutzung der Kanäle als Produktionsstraßen. Das im Bau befindliche Schiff bewegte sich durch die Kanäle von einer Konstruktionsbühne zur anderen – dieses System wurde in diesem Ausmaß erst im 20. Jh. mit Henry Fords Autofabrik reproduziert. Diese Innovation machte es möglich, dass 100 Galeeren zeitgleich angefertigt werden konnten. Zusätzlich halfen Fachberater, darunter Galilei, den Venezianern die Herstellung zu rationalisieren und Schiffe zu bauen, die mit zunehmend stärkeren Waffen ausgestattet werden konnten.

Porta Magna

Gekrönt von einer Löwenstatue des hl. Markus wird das landeinwärts gerichtete Tor des Arsenals als frühestes Beispiel für Renaissancearchitektur in Venedig angesehen; es wurde um 1460 erbaut. Auf einer Tafel an der Wand, wird der Sieg bei Lepanto (1571) erwähnt, die Terrasse wurde 1692 angebaut. Unter den Statuen ist eine Reihe von Löwen; der größte sitzt majestätisch aufrecht und wurde als Beutegut von Francesco Morosini aus Griechenland mitgebracht. Zur linken Flanke des Löwen befinden sich kaum sichtbare Runenzeichen, die von normannischen Söldnern zurückgelassen wurden. Dort steht, man habe in Byzanz eine Rebellion verhindert.

Schiffshalle

Der **Padiglione delle Navi** (Schiffshalle; ☎041 24 24; www.visit muve.it; Fondamenta de la Madonna 2162c; Erw./erm. 10/7,50 €, inkl. Museo Storico Navale; ☺Sommer 11–18 Uhr, Winter bis 17 Uhr), ein Nebengebäude des Museo Storico Navale, ist ganzjährig für Besucher geöffnet. In der 2000 m² großen Lagerhalle befinden sich historische Boote, u. a. venezianische Logger, Gondeln, Rennboote, Militärschiffe, Bestattungsboote und royale Motorboote. Das eindrucksvollste Schiff ist die *Scalé Reale*, mit der Vittorio Emanuele II 1866 zur Piazza San Marco gebracht wurde, als Venedig sich Italien anschloss. Zuletzt gebraucht wurde es 1959, als Papst Pius X. in der Basilica San Marco zur letzten Ruhe gebettet wurde.

Ausstellungsorte

Die Biennale sowie die **Arte Laguna Prize** (www.artelagunaprize.com; Nappe Arsenale Nord; ☺März–April 10–18 Uhr) finden in den **Konstruktionshütten** (Karte S. 328; ⛴Bacini) statt. Ausstellungen geben einen Einblick in die **Corderia** (Seilerei), die **Artiglierie** (Waffenschmiede) und in das **Gaggiandre** (Trockendock). Von Norden gelangt man von den Vaporetto-Haltestellen Celestia oder Bacini in den öffentlichen Bereich.

HIGHLIGHTS
ZANIPOLO

Die riesige Dominikanerkirche mit dem offiziellen Namen Basilica dei SS Giovanni e Paolo wird oft als Pantheon Venedigs bezeichnet. Sie ist nach zwei Soldatenmärtyrern aus dem frühchristlichen Rom benannt, Giovanni und Paolo – im venezianischen Dialekt zu Zanipolo zusammengezogen. Nach ihrer Vollendung in den 1430er-Jahren wurde sie die bevorzugte Grabeskirche der Dogen – 26 Grabmäler sind hier zu finden. Auch die überragenden Renaissancekünstler Gentile und Giovanni Bellini wurden hier begraben.

Architektur

Zanipolo, erbaut im klassischen Stil der italienischen Gotik, besitzt einen Grundriss in Form eines lateinischen Kreuzes und ähnelt der Franziskanerkirche Frari in San Polo. Beide Bauwerke weisen Fassaden aus rotem Backstein mit Zierelementen aus weißem Stein auf. Der gewaltige Innenraum mit drei Schiffen und fünf Apsiden ist offenbar so konzipiert, damit sich die Gläubigen klein fühlen und vor Ehrfurcht versinken sollen. Im 14. Jh. hätte die gesamte Bevölkerung von Castello hier Platz gehabt. Das 33 m hohe Hauptschiff wird von zehn massiven Säulen gestützt und durch eine Reihe Querbalken verstärkt – eine Maßnahme angesichts des staunassen Baugrunds in Venedig.

Das Chorgestühl wurde 1682 entfernt, um mehr Platz für offizielle Begräbnisse zu schaffen. 1797 vertrieb Napoleon die Dominikaner aus dem benachbarten Kloster; dessen Kunstwerke wurden geraubt, u. a. das *Gastmahl im Hause des Levi* (1573) von Veronese. Buntglasfenster (15. Jh.), auf Murano von Bartolomeo Vivarini und Girolamo Mocetto gefertigt, sind im südlichen Querschiff zu sehen.

Künstlerische Meisterwerke

Der Brand in der Rosenkranzkapelle im Jahr 1867 vernichtete die einstige Ausstattung. Im rechten Seitenschiff befindet sich Bellinis *Triptychon des hl. Vinzenz Ferrer mit den hll. Sebastian und Christophorus*.
Auf Guido Renis *San Giuseppe* tauschen Josef und das Jesuskind bewundernde Blicke aus. In der **Cappella del Rosario** zeigt Paolo Veroneses *Assunta* an der Decke eine rosarote Madonna, die eine gigantische Treppe hinaufsteigt, gekrönt von Cherubim.

Grabstätten der Dogen

In Zanipolo wurden ab Mitte des 15. Jhs. 26 Dogen bestattet. Bei einem Rundgang stößt man immer wieder auf Dogengräber, deren Gestaltung die stilistischen Entwicklungen – von der Spätgotik über die Renaissance bis zum Barock – widerspiegeln, z. B. Pietro Lombardos dreistöckiges Grabdenkmal für Pietro Mocenigo (1406–1476), die gotische Gruft von Michele Morosini (1308–1382) und Andrea Tiralis *Tomba dei Valier* (1708).

Die Geschichte der Stadt wird ebenfalls dargestellt. Die Gruft von Leonardo Loredan (1436–1521) zeigt, wie er Venedig mit seinem eigenen Körper gegen die Invasion der Liga von Cambrai abschirmt. Sebastiano Venier (um 1496–1578), in Venedig als Sieger von Lepanto (1571) verehrt, wurde in der Cappella del Rosario begraben.

TOP-TIPPS

➡ Um Zanipolo zu besuchen muss man sich eine separate Eintrittskarte kaufen, der Chorus Pass ist hier nicht gültig.

➡ Die Vesper in der Kirche wird an Wochentagen um 19 Uhr begangen.

➡ In einer Halle auf der Südseite der Kirche ist manchmal ein ausgezeichneter Antiquitätenmarkt zu finden.

PRAKTISCH & KONKRET

➡ Karte S. 326, D2
➡ ☎ 041 523 59 13
➡ www.basilicasantiogiovanniepaolo.it
➡ Campo Zanipolo
➡ Erw./erm. 3,50/1,50 €
➡ ⏱ Mo–Sa 9–18, So 12–18 Uhr
➡ 🚤 Ospedale

Venedigs erster öffentlicher Garten wurde auf Anweisung von Napoleon angelegt (1808–1812). Dieser entschied, dass die Stadt einen Ort zum Durchatmen brauchte – es kümmerte ihn nicht, dass ein Wohnbezirk dafür weichen musste. Der Park verläuft heute von der Via Garibaldi, vorbei an Garibaldis Denkmal, durch den napoleonischen Garten nach Sant'Elena.

Biennale-Pavillons

Im Garten finden Ausstellungen der Biennale statt, für die 1894/1895 der **Palazzo delle Esposizioni** errichtet wurde. 28 Länder präsentieren sich in ihren nationalen Pavillons, in denen Events zu internationaler Kunst (ungerade Jahre) und Architektur (gerade Jahre) stattfinden.

Die Pavillons erzählen eine faszinierende Geschichte der Architektur des 20. Jhs. – nicht zuletzt, weil der Architekt und Künstler Carlo Scarpa von 1949 bis 1972 die Biennale maßgeblich beeinflusste, indem er die Umgestaltung des Ausstellungsgeländes in bemerkenswerter Art und Weise betrieb. Scarpa ist auch für den **Venezolanischen Pavillon** aus Rohbeton und Glas und die käferförmige **Biglietteria** (Kartenverkaufsstelle) verantwortlich. Die jüngste Ergänzung ist der **Australische Pavillon** (2015; eine Black Box aus schwarzem Granit) vom Architekten Denton Corker Marshall – der erste, der im 21. Jh. in den Giardini Pubblici errichtet wurde. Der gesamte Ausstellungsbereich ist nur während der Biennale für die Öffentlichkeit zugänglich.

Serra dei Giardini

Dieses ansehnliche **Gewächshaus** aus Schmiedeeisen (☎041 296 03 60; www.serradeigiardini.org; Viale Garibaldi 1254; ⊙10–20 Uhr) GRATIS wurde 1894 erbaut, um die Palmen, die während der Biennale draußen stehen, unterzustellen. Schnell wurde es zu einem geselligen Treffpunkt: Zahlreiche der hier gezüchteten Pflanzen schmücken die städtischen Blumenbeete des Lido und die Ballsäle der aristokratischen Palazzi (Herrenhäuser). Nach der Renovierung von 2010 gibt es jetzt auch ein Café, außerdem finden Events, Ausstellungen und Workshops statt.

Denkmal für die Partisaninnen

Am Ufer der Riva dei Sette Martiri – wo 1944 sieben venezianische Partisaninnen von deutschen Soldaten öffentlich hingerichtet wurden – befindet sich die 1200 kg schwere Bronzefigur einer Frau. Die Figur von Augusto Murer liegt auf von Carlo Scarpa konstruierten Steinplatten, sodass sie in den Fluten immer wieder auftaucht und verschwindet.

Parco delle Rimembranze

Der **Gedenkpark** (Isola di Sant'Elena; ⛴; ⊠Sant'Elena) GRATIS liegt am östlichen Rand der Gärten auf der Insel Sant'Elena. Jede der Pinien in dem Park erinnert ursprünglich an einen im Ersten Weltkrieg gefallenen Soldaten. Den Besuchern dieses ruhigen Fleckchens Erde eröffnet sich eine Postkartenaussicht auf den Bacino di San Marco. Familien treffen sich hier, sitzen auf den Bänken oder nutzen die Rollschuhbahn, Rutschen und Schaukeln.

TOP-TIPPS

➡ Günstigere Frühbuchertickets für die Biennale sind bis Ende März online erhältlich.

➡ Wer die Ausstellungen an mehreren Tagen besuchen möchte, braucht ein „Plus-Ticket" oder einen Wochenpass für beliebig viele Eintritte. Beide kann man nur im Kartenbüro kaufen.

➡ Der Ausstellungsbereich ist montags geschlossen außer am ersten und am letzten Montag der Biennale.

➡ Den größten Besucherandrang gibt es während der Vernissage (erste Woche) und an verlängerten Wochenenden.

PRAKTISCH & KONKRET

➡ Karte S. 328, B4
➡ Riva dei Partigiani
➡ ⊠Giardini

⊙ SEHENSWERTES

Die meisten bedeutenden Attraktionen von Castello liegen zwischen der Piazza San Marco und dem westlichen Rand des Arsenale. Letzteres ist nur während der Biennale oder bei Sonderveranstaltungen zugänglich. Im Süden der Werft liegen die Giardini Pubblici und Giardini Biennale. Hier werden während der jährlichen Kunst- und Architekturausstellungen die Exponate in nationalen Pavillons präsentiert. Weiter östlich sind ruhige Wohnstraßen und die Basilica di San Pietro di Castello zu finden.

ARSENALE   HISTORISCHE STÄTTE
Siehe S. 137.

ZANIPOLO   BASILIKA
Siehe S. 139.

GIARDINI PUBBLICI   PARK
Siehe S. 140.

RIVA DEGLI SCHIAVONI   UFERPROMENADE
Karte S. 326 (🚢San Zaccaria) Die breite Uferpromenade, die sich von San Marco nach Osten erstreckt, zählt zu den schönsten der Welt. Schiavoni (wörtlich „Slawen") bezieht sich auf die Bewohner Dalmatiens (die Küstenregion des heutigen Kroatiens war einst ein bedeutender Bestandteil der Republik Venedig), von denen sich viele im Mittelalter in diesem Teil der Stadt ansiedelten.

Jahrhundertelang legten hier Schiffe an und löschten ihre Fracht; es herrschte eine babylonische Sprachverwirrung, denn die Händler, Würdenträger und Matrosen kamen aus den Häfen rund um das Mittelmeer und darüber hinaus. Heute ist die Promenade buchstäblich übersät mit Marktständen, an denen Souvenir-T-Shirts, Schürzen mit einem Abbild von Michelangelos *David* und Masken aus Massenproduktion an die Besucher aus noch entfernteren Weltgegenden verkauft werden.

PALAZZO GRIMANI   MUSEUM
Karte S. 326 (📞Callcenter 041 520 03 45; www. palazzogrimani.org; Ramo Grimani 4858; Erw./erm. 5/2 €, inkl. Ca' D'Oro 10/4 €; ⊙Di–So 10–19 Uhr; 🚢San Zaccaria) Die Familie Grimani erbaute ihren Renaissance-Palazzo im Jahr 1568, um dort die außergewöhnliche griechisch-römische Skulpturensammlung des Kardinals Giovanni Grimani auszustellen. Sie bildet heute den Grundstock der archäologischen Abteilung des Museo Correr (S. 69); die antiken Kunstwerke sind im Mai 2019 – nach 430 Jahren – als Leihgabe für zwei Jahre in die theatralischen, mit Fresken geschmückten Säle zurückgekehrt. Die Skulpturen wurden aus venezianischen Besitzungen aus dem ganzen Mittelmeerraum zusammengerafft und repräsentieren den Inbegriff klassischer Schönheit, den die Humanisten der Renaissance so bewunderten und die der Palazzo ins rechte Licht setzen sollte.

Ungewöhnlich für Venedig, besitzt der Palast einen Innenhof im römischen Stil, der die Innenräume und die darin ausgestellten Objekte in ein schmeichelndes Licht taucht. Man ist sich nicht ganz einig darüber, wer dieses Gebäude entworfen hat. Es ist aber sicher, dass Giovanni Grimani (1506–1593) selbst eine tragende Rolle in dem Entwurf, der absichtlich an die Größe des antiken Rom erinnert, spielte. Grimani beauftragte auch Freskenmaler, die darauf spezialisiert waren, aufwendige groteske und mythologische Szenen im pompejanischen Stil anzufertigen. Francesco Salviati brachte leuchtende Farben im Stil Raffaels auf, die man auch im Palazzo Farnese in Rom verwendet hatte, während der oberitalienische Maler Giovanni da Udine, den man zu den talentierteren Schülern von Raffael und Giorgione zählte, drei Räume den Geschichten von Ovid widmete.

Die **Sala ai Fogliami** ist der beeindruckendste Raum. Decken und Wände, bemalt von Mantovano, sind voll von realistischen Pflanzen- und Vogelwelten. Es sind sogar Arten aus der Neuen Welt, die damals den meisten Europäern noch völlig unbekannt waren, zu sehen. Darunter befinden sich zwei Pflanzen, die in Venedig wichtige Genuss- bzw. Nahrungsmittel geworden sind: Tabak und Mais.

Man erhält hier auch Kombitickets mit Zutritt zur Ca' d'Oro (S. 123).

FONDAZIONE QUERINI STAMPALIA   MUSEUM
Karte S. 326 (📞041 271 14 11; www.querini stampalia.it; Campiello Querini Stampalia 5252; Erw./erm. 14/10 €; ⊙Di–So 10–18 Uhr; 🚢San Zaccaria) Im Jahr 1869 vermachte Conte Giovanni Querini Stampalia der Stadt seinen Palazzo aus dem 16. Jh. mit der weitsichtigen Bedingung, dass die darin enthaltene 700 Jahre alte Bibliothek auch spätabends geöffnet sein sollte. Im Erdgeschoss genießen kundige Besucher ihren *aperiti-*

vo (Getränk mit Häppchen vom Büfett) in Carlo Scarpas modernistischem Garten. Die wechselnden Ausstellungen des Museums, die Salons voller Kunstwerke und die Sammlung seltener Münzen der venezianischen Münze gewähren einen interessanten Einblick, wie die venezianische Aristokratie Kunst sammelte und mit ihr lebte.

In den Apartments im Obergeschoss spiegeln sich Gefallen und Interesse des Grafen am 18. Jh. wider. Unter den Stuckdecken befinden sich jede Menge Möbel und Dekorationsstoffe, Porzellan aus Meißen und Sèvres, marmorne Büsten und etwa 400 Gemälde. Die meisten davon sind dynastische Porträts und Konversationsstücke, wie etwa Alessandro und Pietro Longhis Genrebilder von Maskenbällen, Casinos und Lebemännern des 18. Jhs. Beweis für den Reichtum dieser Sammlung ist die Tatsache, dass ein wunderschöner Tiepolo des hl. Franziskus, der ein Kreuz mit den Händen umklammert hält, in einem engen Gang quasi versteckt ist.

Ein anderes herausragendes Kunstwerk ist Giovanni Bellinis fesselnde *Darstellung Jesu im Tempel*, auf dem das unglückselige Kind in eng angelegten Windeln wie eine krabbelnde Mumie aussieht. Weitere bezaubernde Werke sind die 39 einnehmend naiven *Szenen aus dem Leben in Venedig* von Gabriele Bella (1730–1799), welche die Stadt und ihre Bräuche der damaligen Zeit darstellt. Auch wenn sie in ihrer Umsetzung primitiv wirken, ist der inhaltliche Gegenstand faszinierend.

Im November 2018 wurde das Museum um die dritte Etage erweitert; dort hat Michele de Lucchi sieben weitere Räume renoviert, um Kunstwerke der Bank Intesa Sanpaolo als ständige Leihgaben zu präsentieren. Jeder Raum ist mit passenden Kunstwerken und Möbeln der Zeit eingerichtet, so erleben Besucher Schritt für Schritt Werke von Tintoretto, Pittoni und Creti, Tiepolo, Canaletto, Caffi und Ciardi sowie Skulpturen von Arturo Martini. Ein weiteres Highlight ist die prächtige numismatische Sammlung der Bank, eine der bedeutendsten Kollektionen von Münzen der venezianischen Prägeanstalt vom späten 12. Jh. bis zu deren Schließung 1866.

CHIESA DI SANTA MARIA FORMOSA KIRCHE

Karte S. 326 (www.chorusvenezia.org; Campo Santa Maria Formosa 5267; Erw./erm. 3/1,50 €, mit Chorus Pass frei; ⏰10.30–16.30 Uhr; 🚤Rialto) Ursprünglich entstand die Kirche Santa Maria Formosa im 7. Jh. als strohgedeckter Holzbau, wurde dann aber 1492 von Mauro Codussi mit neuen barocken Kurven versehen, was gut zu ihrem Namen passt (wörtlich „wohlgeformte heilige Maria"). Der seltsame Spitzname geht angeblich auf eine Vision des hl. Magnus, Bischof von Oderzo, zurück. Ihm soll die Madonna in Gestalt einer üppigen Frau erschienen sein.

CHIESA DI SAN LIO KIRCHE

Karte S. 326 (Campo San Lio; ⏰9–12 Uhr; 🚤Rialto) `GRATIS` Giandomenico Tiepolo hatte wirklich ein Händchen dafür, einen Raum zum Leuchten zu bringen. Wenn sich die Augen an die stimmungsvolle Düsterkeit des barocken Innenraums von San Lio gewöhnt haben, schaut man hinauf zu Tiepolos prachtvollem Deckenfresko *Die Herrlichkeit des Kreuzes und der hl. Papst Leo IX*. Links nahe dem Haupteingang ist Tizians *Apostel Jakobus der Ältere* zu sehen, bekannter ist diese Kirche aber für einen anderen venezianischen Künstler: den großen *vedutista* (Landschaftsmaler) Canaletto, der hier, in seiner Gemeindekirche, getauft und beigesetzt wurde.

SCUOLA GRANDE DI SAN MARCO SEHENSWERTES GEBÄUDE

Karte S. 326 (www.scuolagrandesanmarco. it; Campo Zanipolo; ⏰Museum Di–Sa 9.30–17.30 Uhr; 🚤Ospedale) Anstelle eines einfachen Handwerksprojekts von Vater und Sohn hatten Bildhauer Pietro Lombardo und seine Söhne ehrgeizigere Ziele: eine Marmorfassade im Stil der Hochrenaissance für die bedeutendste Bruderschaft in Venedig. Mauro Codussi verpasste diesem Kleinod den letzten Schliff. Prächtige Markuslöwen lauern über den Portalen, während in den Stein gemeißelte *Trompel'œil*-Perspektiven das Auge des Betrachters narren. Heute dient die *scuola* als Haupteingangsbereich für das größte öffentliche Krankenhaus der Stadt; allerdings können die Besucher ein faszinierendes **Museum** (5 €) für medizinische Instrumente und antike Bücher in der palastartigen Galerie im Obergeschoss ansehen.

Auch wenn nur wenig Aufwand getrieben wurde, um ein Narrativ der ausgestellten Objekte zu erschaffen, ist der Anblick faszinierend, und die fantastisch ausgeschmückte Galerie ist Grund genug für einen Besuch. Hier sind außerdem über 8000 medizinische Fachbücher untergebracht, darunter Werke antiker Ärzte wie

Galen und Hippokrates. Am eindrucksvollsten ist die Abhandlung *De humani corporis fabrica* (1543) des Professors Andreas Vesalius aus Padua, ein kanonischer Text über Anatomie, der den Aufbau des menschlichen Körpers in außergewöhnlich detaillierten Holzschnitten darstellt.

OCEAN SPACE GALERIE

Karte S. 326 (Chiesa di San Lorenzo; www.tba21. org; Campo San Lorenzo 5069; ⏰ Di–So 11–19 Uhr; 🚤San Zaccaria) `GRATIS` Das österreichische Energiebündel Francesca von Habsburg hat die monumentale Kirche San Lorenzo restauriert – sie war fast ein Jahrhundert lang dem Verfall preisgegeben, nachdem sie im Ersten Weltkrieg beschädigt worden war –, um dort das Ocean Space Centre unterzubringen. Das interdisziplinäre Zentrum präsentiert die Arbeit der **TBA21 Academy** und bietet Künstlern, Wissenschaftlern und politischen Entscheidungsträgern, die sich den Herausforderungen des Klimawandels stellen, eine Plattform. Über ein Programm von Vorträgen, Workshops und Veranstaltungen hofft die Akademie, Venedig nicht als ein Überbleibsel der Vergangenheit erscheinen zu lassen, sondern in ein Zukunftslabor zu verwandeln.

Die eindrucksvollen Proportionen von San Lorenzo – einem der größten Gebäude in Venedig – verleihen den modernen großformatigen Installationen den passenden Rahmen. Die Kirche datiert bis ins 9. Jh. zurück, wurde im 16. Jh. umgebaut und war Teil des benachbarten Benediktinerklosters; die nackte Backsteinfassade wurde allerdings nie vollendet.

Der Legende nach wurden Marco Polo und sein Vater Niccolò hier begraben, doch soll der Sarkophag während des Umbaus verloren gegangen sein. Jedenfalls haben jahrelange Ausgrabungsarbeiten nicht den geringsten Hinweis auf den großen Forschungsreisenden erbracht, obgleich sein Pioniergeist für diese bahnbrechende Galerie Hoffnungsvolles verheißt.

Zur Zeit der Recherche war die Schließung der Kirche von November 2019 bis Frühling 2020 geplant, um sie weiter zu restaurieren und zu erweitern, u. a. um eine neue Buchhandlung und Werkstätten.

CHIESA DI SAN FRANCESCO DELLA VIGNA KIRCHE

Karte S. 326 (Campo San Francesco 2786; ⏰8–12.30 & 15–19 Uhr; 🚤Celestia) `GRATIS` Diese bezaubernde Kirche der Franziskaner wurde von Jacopo Sansovino entworfen und erbaut, und ist eine der am meisten unterschätzten Sehenswürdigkeiten von Venedig. Fertiggestellt wurde der Sakralbau allerdings von Andrea Palladio. Er gestaltete vor allem die Fassade mit Tempelfront und Dreiecksgiebel. Die Madonna in Bellinis *Madonna mit Heiligen* (ca. 1455) erstrahlt in der **Cappella Santa** direkt am mit Blumen übersäten Kreuzgang, während an der Tür rechts vom Altarraum schwimmende Engel und herumstolzierende Vögel im wunderbaren *Thronende Madonna* (um 1460-1470) von Antonio da Negroponte die Show stehlen. Um sie zum Leuchten zu bringen, sollte man 20 Cent parat haben.

Das Bildhauergespann aus Vater und Sohn, Pietro und Tullio Lombardo, setzen Akzente mit ihren Marmorreliefs aus dem 15. Jh. und einem Skulpturenzyklus (um 1500). Die Darstellungen in der **Cappella di San Girolamo**, links vom Altar, sind sehr beeindruckend. Die Äste der in Marmor gemeißelten Bäume scheinen sich im Wind zu wiegen und die Löwen wirken dermaßen lebensecht, als würden sie jeden Moment von der Wand springen.

Von außen sieht der frei stehende *campanile* (Glockenturm) wie der Zwilling des bekannten Turms auf der Piazza San Marco aus. Durch den Portikus mit klassischen Säulen wirkt der umgebende *campo* (Platz) wie eine richtige antike griechische *agora* (Marktplatz). Eine gesellige Stätte, ideal für Venedigs bestes jährlich stattfindendes Stadtteilfest, die **Festa di Francesco della Vigna**, bei der Wein und rustikale Speisen im Schatten der Kirchenmauern serviert werden; es findet im Allgemeinen in der dritten Juniwoche statt.

CHIESA DI SAN ZACCARIA KIRCHE

Karte S. 326 (Campo San Zaccaria 4693; ⏰Mo-Sa 10–12 & 16–18, So 16–18 Uhr; 🚤San Zaccaria) `GRATIS` Wenn die venezianischen Mädchen im 15. Jh. ein viel größeres Interesse an Seeleuten als an Heiligen zeigten, schickte man sie ins Nonnenkloster unweit von San Zaccaria. Der Reichtum dieser Kirche, der von den dankbaren Eltern der Mädchen gespeist wurde, ist offensichtlich. Meisterwerke von Bellini, Tizian, Tintoretto und Van Dyck hängen an den Wänden.

Das großartigste Kunstwerk ist zweifelsohne Giovanni Bellinis herrliche *Madonna mit Kind und Heiligen* (1505), das einen Altar zur Linken, wenn man die Kirche betritt, schmückt und leuchtet, als hätte man es an Strom angeschlossen. Bellini war schon über 70 Jahre alt, als er es malte. In dieser Zeit sah er sich mit den ersten Werken der weichen *Sfumato*-Technik („verraucht, verschwommen") konfrontiert. Bellini eignete sich diese neue Technik an. Deutlich zu erkennen ist dies bei Sonnenlicht, dann wird diesem Gemälde zusätzlich eine fromme Gläubigkeit verliehen. Das Kunstwerk ließ Napoleon 1797 bei der Plünderung der Stadt schnell nach Paris bringen, wo es zwanzig Jahre bleiben sollte.

Betritt man die **Cappella di Sant'Atanasio** (Eintritt 1,50 €), befindet sich zur Rechten Tintorettos *Die Geburt Johannes des Täufers*, während Tiepolo die Heilige Familie zeigt, wie sie in einem typisch venezianischen Boot aus Ägypten flieht. Beide Gemälde hängen über großartig geschnitzten Chorgestühlen. Hinter dieser Kapelle liegt die gotische **Cappella di San Tarasio** (auch Cappella d'Oro, die goldene Kapelle, genannt) mit eindrucksvollen Fresken im Renaissancestil von Andrea del Castagno

und Franceso da Faenza (1440er-Jahre). Am Altar kann man einige originale Mosaiken aus dem 12. Jh. sehen, während ein Teil des originalen Mosaikbodens aus dem 9. Jh. unter Glas geschützt ist. Man sollte auf jeden Fall in die ein wenig unheimliche Krypta hinabsteigen, in der sich die Grabstätten von acht Dogen befinden.

CHIESA DI SAN GIORGIO DEI GRECI
KIRCHE

Karte S. 326 (☎041 523 95 69; www.ortodossia.it; Campo dei Greci 3412; ⏰Mo & Mi–Sa 9–13 & 15–17 Uhr; ⛴San Zaccaria) GRATIS Griechisch-orthodoxe Christen, die mit dem Aufstieg des Osmanischen Reichs aus der Türkei nach Venedig geflohen waren, erbauten diese Kirche im 16. Jh. und finanzierten sie mit Steuern, die von einlaufenden griechischen Schiffen erhoben wurden. Das äußere Erscheinungsbild ist klassisch venezianisch, die Innenräume sind dagegen unverkennbar orthodox: Das Schiff ohne Mittelgang ist von hölzernen Kirchenstüh-

HIGHLIGHTS
SCUOLA DALMATA DI SAN GIORGIO DEGLI SCHIAVONI

Im 15. Jh. annektierte Venedig Dalmatien – eine Küstenregion im heutigen Kroatien – und viele dalmatinische Kroaten, die hier Schiavoni (Slawen) genannt wurden, ließen sich in der Stadt nieder. 1451 erhielten sie die Erlaubnis, ihre eigene *scuola* (religiöse Bruderschaft) zu gründen. Sie engagierten Vittore Carpaccio (der ebenfalls dalmatinischer Herkunft war) für einen außergewöhnlichen Gemäldezyklus mit Darstellungen der dalmatinischen Schutzpatrone Georg, Trifonius und Hieronymus. Obwohl Carpaccio Venedig nie verlassen hat, sind seine Szenen mit der dalmatinischen Kulisse bis ins kleinste Detail genau. Doch ihre wahre Ausstrahlung beziehen die imaginären Welten aus ihrer fesselnden erzählerischen Kraft: Der hl. Georg jagt einen echsenartigen Drachen durch eine Wüstenlandschaft voller halb aufgefressener Leichen, der hl. Hieronymus führt seinen gebändigten Löwen in ein Kloster, und der hl. Augustinus wird beim Schreiben von Briefen von einer himmlischen Stimme gestört, die ihm von Hieronymus' Tod in Bethlehem berichtet.

Im Obergeschoss befindet sich eine zweite Kapelle mit vergoldeten Verzierungen, einem Deckengemälde von Bastian de Muran und Wandbildern aus der Schule von Jacopo Palma il Giovane (der Jüngere).

Erstaunlicherweise überstand die Scuola Dalmata die Kirchenschließungen durch Napoleon. Und auch heute noch ist die Scuola eine von zwei in Funktion befindlichen Bruderschaften.

TOP-TIPPS

➡ Ein Besuch um 13 Uhr während der Mittagspause sollte vermieden werden.

➡ Letzter Einlass ist normalerweise eine Stunde vor der Schließung.

PRAKTISCH & KONKRET

➡ Karte S. 326, F5

➡ ☎041 522 88 28

➡ Calle dei Furlani 3259a

➡ Erw./erm. 5/3 €

➡ ⏰Mo 13.30–17.30, Di–Sa 9.30–17.30, So 9.30–13.30 Uhr

➡ ⛴San Zaccaria

len umstanden, und es gibt einen *matroneo* (Frauenempore). Besonders augenfällig ist jedoch die goldene Ikonostase mit ihren 46 Ikonen; die meisten wurden im 16. Jh. von dem kretischen Künstler Michael Damaskinos angefertigt.

Noch mehr faszinierende Ikonen sind im **Museo delle Icone** (Ikonenmuseum; Karte S. 326; ☑041 522 65 81; www.istitutoellen ico.org; Erw./erm. 4/2 €; ☺Sa–Mo 9–17 Uhr) zu besichtigen, das in der benachbarten *scuola* (Bruderschaftshaus) der Gemeinde untergebracht ist. Es stammt aus dem 17. Jh. und wurde von Baldassare Longhena entworfen. Die Erlaubnis für eine griechische Bruderschaft wurde im späten 15. Jh. in Anerkennung des Beitrags erteilt, den griechische Scholaren für das lukrative Druckhandwerk Venedigs geleistet hatten – und damit zu Venedigs hohem Ansehen als Hort der Gelehrsamkeit in der Renaissance.

Der separate, schlanke Glockenturm wurde in den Jahren zwischen 1582 und 1592 durch Simone Sorella hinzugefügt. Von Anfang an hatte er eine Neigung nach rechts – und heute scheint es, als könnte er jeden Augenblick in den Kanal stürzen.

LA PIETÀ
KIRCHE

Karte S. 326 (☑041 522 21 71; www.pietavenezia.org; Riva degli Schiavoni; 3 €; ☺Di–So 10–18 Uhr; ☷San Zaccaria) Der harmonische, von Giorgio Massari entworfene Kirchenbau hieß ursprünglich Chiesa di Santa Maria della Visitazione, erhielt dann aber den liebevollen Spitznamen La Pietà. Bekannt ist die Kirche wegen ihrer Verbindung zu dem Komponisten Vivaldi, der hier im frühen 18. Jh. als Konzertmeister wirkte. Die jetzige Kirche wurde zwar erst nach Vivaldis Tod erbaut, aber der ovale Grundriss mit seiner guten Akustik ehrt sein Andenken, und sie wird immer noch als **Konzertsaal** (☑041 522 11 20; www.chiesavivaldi.it; Erw./erm. 28/22,50 €; ☺Konzerte 20.30 Uhr) genutzt.

Führungen (10 €) sind von Dienstag bis Freitag und beginnen um 12 Uhr.

CHIESA DI SAN GIOVANNI IN BRAGORA
KIRCHE

Karte S. 326 (☑041 520 59 06; www.sgbattistain bragora.it; Campo Bandiera e Moro 3790; ☺Mo–Sa 9–11 & 15.30–17.30, So 9.15–11.45 Uhr; ☷Arsenale) GRATIS Die heitere Backsteinkirche aus dem 15. Jh. vereint mit erstaunlicher Leichtigkeit Stilelemente aus Gotik und Renaissance und gab damit dem jungen Antonio Vivaldi den Ton vor: Er wurde hier

getauft. Sehenswert ist Bartolomeo Vivarinis *Inthronisierte Madonna mit dem hl. Andreas und Johannes dem Täufer* (1478); es zeigt die Madonna, die ein entzücktes Jesuskind auf ihrem Knie schaukelt.

CHIESA DI SAN MARTINO
KIRCHE

Karte S. 328 (Campo San Martino 2298; ☺Mo–Sa 9.15–11.45 & 15.30–18, So bis 17.30 Uhr; ☷Arsenale) GRATIS Die Gemeindekirche von San Martino, entworfen von Sansovino, hat einen Innenraum in der Form eines griechischen Kreuzes, das von acht Kapellen gesäumt und von einer *Trompe-l'œil*-Decke von Domenico Bruni gekrönt wird.

Auf der rechten Seite der Kirche befindet sich die frühere *scuola* (Bruderschaft) der Schiffskalfaterer, geschmückt mit einem Basrelief des hl. Martin, der seinen Mantel mit einem armen Mann teilt.

MUSEO STORICO NAVALE
MUSEUM

Karte S. 328 (Museum für Geschichte der Seefahrt; ☑041 24 24; www.visitmuve.it; Riva San Biagio 2148; Erw./erm. inkl. Padiglione delle Nave 10/7,50 €; ☺Sommer 10–18 Uhr, Winter bis 17 Uhr; ☷Arsenale) Maritime Tollheiten nehmen die 42 Säle dieses Marinemuseums ein, das maßstabsgetreue Modelle in Venedig gebauter Schiffe ebenso zeigt wie Peggy Guggenheims nicht gerade minimalistische Gondel. Im Erdgeschoss finden sich Galerien mit Waffen und Dioramen von Festungen und Häfen aus dem 17. Jh. Im Obergeschoss können Besucher ein aufwendiges Modell des *bucintoro* bestaunen; das vergoldete Staatsschiff der Dogen wurde 1798 von Napoleons Truppen zerstört.

BASILICA DI SAN PIETRO DI CASTELLO
KIRCHE

Karte S. 328 (www.chorusvenezia.org; Campo San Pietro 2787; Erw./erm. 3/1,50 €, mit Chorpass frei; ☺Mo–Sa 10.30–16.30 Uhr; ☷San Pietro) San Pietro di Castello gehört sicher zu den bedeutendsten Kirchen von Venedig. In den Jahren zwischen 1451 und 1807 war sie auch die Kirche des Patriarchen von Venedig, doch schließlich traf Napoleon die Entscheidung, dass die Basilica di San Marco wohl die bessere Wahl sei. San Pietro soll der Legende nach bereits im 7. Jh. gegründet worden sein; der jetzige Bau entstand im 17. Jh., die klassische Fassade soll auf Pläne von Palladio zurückgehen.

Das faszinierendste Stück im Innern der Kirche ist der **Sessel des hl. Petrus** (Cattedra di San Pietro), auf dem der Le-

CASTELLO SEHENSWERTES

gende nach der Apostel in Antiochia gesessen haben soll – darin soll einst auch
der Heilige Gral versteckt gewesen sein.
Diese Story trägt irgendwie die Züge einer Verschwörung à la Dan Brown – denn
bei der gemeißelten Rückenlehne handelt
es sich um einen islamischen Grabstein
aus späterer Zeit. Die Geschichte scheint
trotzdem gut zu diesem historischen Ort
zu passen, wenn man bedenkt, dass die
Insel San Pietro (ursprünglich als Olivolo
bekannt) zu den ersten in Venedig gehörte,
die bewohnt waren; außerdem war die ursprüngliche Kirche bereits im Jahr 775 der
Sitz des byzantinischen Bistums.

Der elegante **Campanile** aus weißem
istrischen Stein ist älter als das heutige Gotteshaus – den Turm schuf Mauro
Codussi (um 1440–1504) im späten 15. Jh.
im Stil der Frührenaissance.

 # ESSEN

**Castello, der weitläufigste *sestiere*
(Bezirk) in Venedig, ist vor allem eine
Wohngegend. Das hat die angenehme
Folge, dass die schicken Restaurants,
die Trattorien in der Nachbarschaft und
die lauten *Cicheti*-Bars abwechslungs-
reiche und normalerweise hochwertige
Essensoptionen zu bieten haben. Die
Lokale liegen rund um *campi* (Plätze),
in den engen *calli* (Gassen) rund um das
Arsenale und entlang der Via Garibaldi.**

⭐**SALVMERIA**   VENEZIANISCH €

Karte S. 328 (☏041 523 39 71; www.salvmeria.
com; Via Garibaldi 1769; Mahlzeiten 15–25 €;
⊙Di–So 10–23 Uhr; ⛴Arsenale) Marco Gine-
pris coole *cichetteria* ist eigentlich ein
umgebauter ehemaliger Feinkostladen.
Serviert werden vollendete Speisen und im
Glasausschank ausgezeichnete Weine aus
Venetien. Zu den Gourmet-*cicheti* zählen
flaumiger *baccalà* (Stockfisch) auf Polenta,
marinierte Shrimps und Fassone-Rind mit
Paprikaschoten. Als Hauptgerichte werden
u. a. saftiger Thunfisch in einer Sesamkrus-
te, warmer Kartoffelsalat mit Radicchio
und köstliche Fischlasagne serviert. Auf die
Weinempfehlungen ist Verlass.

DIDOVICH   DELI €

Karte S. 326 (☏041 523 00 17; Campo Santa Marina 5908; Gebäck 1,10 €, Hauptgerichte
8–10 €; ⊙Mo–Sa 7–19.30 Uhr; ⛴Rialto) Mit

seinen Tischen im Freien auf dem hübschen
Campo Santa Marina bietet das fröhliche
Didovich die seltene Gelegenheit, für ein
warmes Frühstück einzukehren. Oder man
macht es wie die Einheimischen und stellt
sich an die Theke, schlürft den Kaffee und
verspeist Croissants und *fritelle* (Krapfen).
In der Mittagszeit wechselt die Speisekarte
von süß zu salzig, eine weitere Option sind
hausgemachte Pasta oder *polpette* (Fleischbällchen) zum Mitnehmen.

PIZZERIA ALLA STREGA   PIZZA €

Karte S. 326 (☏041 528 64 97; www.facebook.
com/alla.strega.venezia; Barbaria de le Tole
6418; Pizza 8–9 €, Cicheti-Teller 14–23 €; ⊙Do–
Di 12–15 & 18.45–22.30 Uhr; ⛴Ospedale) Die
äußerst beliebte Pizzeria und *cichetteria*
versorgt die Einheimischen seit Jahren mit
gutem Essen. Am bekanntesten ist das Lokal für seine Pizza, aber es gibt auch eine
breite Auswahl an herzhaften Salaten und
Bar-Snacks: die berühmten venezianischen
cicheti. Eine große Portion besteht aus typischen Gerichten wie *baccalà* (Stockfisch),
sarde in saor (gegrillte Sardinen in einer
süß-sauren Soße) und Polenta.

PASTICCERIA DA BONIFACIO   GEBÄCK €

Karte S. 326 (☏041 522 75 07; Calle dei Albanesi
4237; Gebäck 1,10-2 €; ⊙Fr–Mi 7.30–18.30 Uhr;
⛴San Zaccaria) In diese winzige Bäckerei
kommen in Scharen Gondolieri und venezianische Hausfrauen auf der Butterkekse,
frisch gebackenen Mandelcroissants und
Take-Away-Boxen, gefüllt mit venezianischen Delikatessen wie *zaletti* (Maismehl-
plätzchen mit Sultaninen). Im Lauf des
Nachmittags verwandelt sich die Bäckerei
in eine behelfsmäßige Bar, wenn die Einheimischen auf einen *spritz* des Hauses (Prosecco-Campari-Cocktail) und *mammaluc-
chi* (frittierte Teigbällchen mit kandierten
Früchten) vorbeikommen.

ACIUGHETA   VENEZIANISCH €

Karte S. 326 (☏041 522 42 92; www.aciugheta.
com; Campo SS Filippo e Giacomo 4357; Mahlzei-
ten 20–25 €; ⊙12–23 Uhr; ☎; ⛴San Zaccaria)
Nur einen Steinwurf von der Piazza San
Marco entfernt steht diese Rarität: eine
Weinbar plus Restaurant mit vernünftigen
Preisen im am stärksten von Touristen fre-
quentierten Teil der Stadt. Zu den *cicheti*
(venezianische Appetithäppchen) an der
Bar zählen Garnelen *in saor* (mariniert mit
Zwiebeln) und, ausnahmsweise, gute Pizza
aus steingemahlenem Biomehl.

CIP CIAP
PIZZA €

Karte S. 326 (☑041 523 66 21; www.cipciappiz-za.com; Calle del Mondo Novo 5799a; Pizza pro 100 g 1,50 €; ⏲Mi–Mo 9–21 Uhr; 🚢Rialto) Cip Ciap war eine der ersten Takeaway-Pizze-rias in Venedig, und die Pizzabäcker neh-men ihren Job ernst genug, um traditionel-le weiße Kochkleidung zu tragen. Der Preis wird nach Gewicht berechnet; man muss mit etwa 3,50 € für ein Stück rechnen.

LE SPIGHE
VEGETARISCH €

Karte S. 328 (☑041 523 81 73; Via Garibaldi 1341; Mahlzeiten 12–15 €; ⏲Di–Sa 10.30–14.30 & 17.30–19.30, Mo 10.30–14.30 Uhr; 🌿; 🚢Giar-dini) Alles vegetarisch, biologisch und überwiegend vegan. Dieses winzige Café mit Bioladen bietet zahlreiche Salate an. Körner werden auf den Teller geschaufelt und nach Gewicht verkauft. Man kann sein Essen mitnehmen und isst es dann im Park, oder man setzt sich an den kleinen Gemein-schaftstisch. Die veganen Schokoladenmuf-fins schmecken überraschend gut.

★ COVINO
VENEZIANISCH €€

Karte S. 326 (☑041 241 27 05; www.covinovenezia.com; Calle del Pestrin 3829; Mittagsmenü zum Festpreis 27–36 €, Abendessen 40 €; ⏲Do–Mo 12.45–14.30 & 19–24 Uhr; ☎; 🚢Arsenale) Das winzige CoVino hat nur 14 Plätze, zeigt sich aber unglaublich ambitioniert mit seiner innovativen, saisonalen Karte, die von Pro-dukten aus Venetien inspiriert ist. Speziali-täten werden von Erzeugern der Slow Food Foundation ausgewählt, und die charman-ten Servicekräfte geben begeisterte Emp-fehlungen von der Weinkarte.

Am Abend gibt es nur ein festes Drei-Gänge-Menü, mittags kann man zwischen zwei Optionen zum Festpreis wählen.

★ GIBRAN
LIBANESISCH €€

Karte S. 326 (☑375 5997676; Calle del Ca-fetier 6645; Mahlzeiten 20–35 €; ⏲11–15 & 18.30–24 Uhr; 🚢San Zaccaria) Angesichts der weitläufigen Geschichte Venedigs wird es höchste Zeit, dass die Stadt ein erstklas-siges orientalisches Lokal wie dieses hier erhalten hat. Messinglaternen mit vene-zianischen Glasperlenschnüren sorgen für warmes Licht in dem gemütlichen Innen-raum mit Holzbalken.

Zur Wahl stehen Köstlichkeiten wie knackiger Fattusch-Salat, *foul* (gekochte Bohnen mit Knoblauch und Zitrone), Hähn-chenspieß und Fisch mit Pinienkernen, Mandeln und Basmatireis.

OSSI DI SEPPIA
OSTERIA €€

Karte S. 326 (☑331 2750934; Calle Seconda de la Fava 6316; Mahlzeiten 25–30 €; ⏲Do–Di 10–15 & 18–24 Uhr; 🌿; 🚢San Zaccaria) Für diese Osteria (legere Gaststätte) lohnt sich ein Umweg. Hier versammeln sich die venezi-anischen Nachbarn, um bei einem guten Glas Valpolicella oder Malvasia Neuigkei-ten auszutauschen. Hungrige Gäste können sich an einem Teller mit gemischten *cicheti* gütlich tun, gefolgt von Schüsseln mit cre-migem und seidigem Risotto und auf den Punkt gekochten Linguine mit fetten Mu-scheln. Es gibt auch eine tolle Auswahl an vegetarischen Gerichten, daunter mit Öl beträufelter Chicoree, Ratatouille, Aubergi-nen, Zucchini und Frittata.

OSTERIA DA PAMPO
OSTERIA €€

Karte S. 328 (☑041 520 84 19; www.osteriadapampo.com; Calle Chinotto 24; Mahlzeiten 25–35 €; ⏲Do–Mo 12–14.30 & 19–22, Mi 19–22 Uhr; 🚢Sant'Elena) Diese herrlich altmodische Osteria ist hauptsächlich eine Domäne der Einwohner von Sant'Elena; sie kommen we-gen der freundlichen Atmosphäre und der guten Fischgerichte hierher. Als Start emp-fehlen sich warmer Oktopus und Kartoffel-salat, gefolgt von gebackenem Schwertfisch und Gemüse – allerdings nur, wenn man dem *fritto misto* (gemischte frittierte Mee-resfrüchte) widerstehen kann, für den das Da Pampo berühmt ist. Im Sommer kann man auch draußen sitzen.

OSTERIA ALLA STAFFA
VENEZIANISCH €€

Karte S. 326 (☑041 523 91 60; www.facebook.com/alla.staffa.it; Calle dell'Ospedale 6397a; Mahlzeiten 30–40 €; ⏲Mi–Mo 12–15 & 19–23 Uhr; 🚢Ospedale) Die venezianischen Klassiker von Küchenchef Alberto basieren auf einer schmackhaften Grundlage: fangfrischem Fisch vom Rialto-Markt sowie Bio-Gemü-se und -Käse. Hier wird die traditionelle Kochkunst auf ein neues Niveau erhoben und kunstvoll angerichtet wie es einem mo-dernistischen Meisterwerk gebührt.

HOSTARIA DA FRANZ
FISCH & MEERESFRÜCHTE €€

Karte S. 326 (☑041 522 08 61; www.hostariadafranz.com; Salizada San Antonin 3499; Mahlzei-ten 35–45 €; ⏲Mo–Fr 19–22, Sa & So 12.30–14 & 19–22 Uhr; 🚢San Zaccaria) Das Franz ist in Venedig für sein Tiramisu bekannt, aber es ist auch ein phänomenales Lokal für Fisch und Meeresfrüchte. Zwei Gerichte bleiben in Erinnerung: die butterweichen *seppie*

LIEBESGASSE

Unter dem Bogen des Fussgänger-durchgangs **Sotoportego dei Preti** (Karte S. 326; ☉Arsenale) liegt ein rötlicher, herzförmiger Stein, groß wie eine Hand, versteckt. Man erzählt sich, dass Paare, die diesen Stein zu-sammen berühren, für immer zusam-menbleiben. Noch nicht bereit für eine solche Entscheidung? Es ist auch ein schönes Plätzchen zum Küssen.

(Tintenfisch) in schwarzer Tinte und die *anguila* (Aal), nach Großmutters Geheim-rezept als gegrilltes Filet zubereitet.

OSTERIA RUGA DI JAFFA
OSTERIA €€

Karte S. 326 (☎041 241 10 62; www.osteriarugadi jaffa.it; Ruga Giuffa 4864; Mahlzeiten 15–30 €; ☉10–23.30 Uhr; ☉San Zaccaria) Die Osteria an der belebten Ruga Giuffa ist mit kunst-vollen Lampen aus Muranoglas und See-mannsutensilien dekoriert. Zu erkennen ist sie an den Gondolieri, die mittags die Tische nach draußen stellen; sie kommen, um sich Krustentiere aus der Lagune, haus-gemachte Pasta und herzhafte Portionen Schweinebraten schmecken zu lassen. An der Bar kann man zum *spritz* einen Teller mit *cicheti* bestellen.

ENOITECA MASCARETA
VENETO €€

Karte S. 326 (☎041 523 07 44; www.ostemauro lorenzon.com; Calle Lunga Santa Maria Formosa 5183; Mahlzeiten 35–45 €; ☉19–2 Uhr; ☉Rialto) Früher war das Mascareta eher eine Wein-bar als ein Restaurant, inzwischen ist es aber vor allem ein Speiselokal, das Cham-pagner und Austern serviert oder auch Handfesteres wie Perlhuhn. Mit mehr als 1000 Weinen, die glasweise ausgeschenkt werden, hält die Enoiteca Mascareta aber an ihren Wurzeln als Weinhändler der Spit-zenklasse fest.

★TRATTORIA
CORTE SCONTA
VENEZIANISCH €€€

Karte S. 326 (☎041 522 70 24; www.cortesconta venezia.it; Calle del Pestrin 3886; Mahlzeiten 45–55 €; ☉Di–Sa 12.30–14 & 19–21.30 Uhr, Jan. & Aug. geschl.; ❄☑; ☉Arsenale) Gut infor-mierte auswärtige Gäste und Einheimische besuchen sehr gerne diese mit Weinreben bewachsene *corte sconta* (versteckter Hin-

terhof) aufgrund der köstlichen Antipasti aus Meeresfrüchten und der fantasievol-len hausgemachten Pasta.

Innovative Geschmackskombinationen geben altbekannten Klassikern den nötigen Pep, beispielsweise Muscheln mit Ingwer, Linguine mit Garnelen, Zucchini und einer Prise Safran oder gebratener Aal mit ein paar Spritzern Balsamico.

IL RIDOTTO
MODERN ITALIENISCH €€€

Karte S. 326 (☎041 520 82 80; www.ilridotto. com; Campo SS Filippo e Giacomo 4509; Haupt-gerichte 70–87 €; ☉Do 6.45–23, Fr–Di 12–14.30 & 18.45–23 Uhr; ☉San Zaccaria) Die Vorspeisen, beispielsweise mit Oktopus, schmecken vorzüglich. Kein Wunder, denn dieses klei-ne und elegante Gourmetrestaurant hat einen Michelin-Stern. Küchenchef Gianni Bonaccorsi und seine Mitstreiter Ivano Mestriner und Nicolò Bonaccorsi ergänzen sich wunderbar. Zusammen kreieren sie fantasievolle Gerichte und interpretieren venezianische Fischklassiker neu.

Man kann auch im Freien auf dem Platz vor dem Lokal sitzen; die Innenräume mit ihren freigelegten Backsteinwänden wir-ken zwar schlicht, aber dafür ziemlich ge-schmackvoll eingerichtet.

MET
ITALIENISCH €€€

Karte S. 326 (☎041 524 00 34; www.metrestaurant venice.com; Riva degli Schiavoni 4149; Erleb-nis-/vegetarisches Menü 130/165 €; ☉Di–Fr 19–22.30, Sa & So 12.30–14.30 & 19–22.30 Uhr; ❄☎☑; ☉San Zaccaria) Das mit einem Michelin-Stern ausgezeichnete Restaurant des Hotels Metropole verwöhnt seine Gäs-te mit wundervollen Kreationen: Bei jedem Gang des wunderbaren Menüs kann man ein traditionell venezianisches Gericht oder aber eine moderne Interpretation dessen – bestehend aus den gleichen Zutaten – wäh-len. Die zuvorkommenden Bedienungen helfen gerne bei der Entscheidungsfindung, aber was immer man auch wählt, man kann quasi nichts falsch machen. Die Räu-me sind elegant eingerichtet. Die herrlichen Kronleuchter an den Decken stammen – natürlich – aus Murano.

LOCAL
VENEZIANISCH €€€

Karte S. 326 (☎041 241 11 28; www.ristorante local.com; Salizada dei Greci 3303; Mahlzeiten 75 €; ☉Do–Mo 12–14 & 19–22, Mi 19–22 Uhr; ❄; ☉San Zaccaria) Küchenchef Matteo Taglia-pietra ist auf der Fischerinsel Burano auf-gewachsen und hat in diversen Gourmet-

Stadtspaziergang
Nebenstraßen in Castello

START CAMPO ZANIPOLO
ZIEL GARDINI PUBBLICI
LÄNGE/DAUER 2,2 KM; 2 STUNDEN

Los gehts am Campo Zanipolo, wo die ❶ **Statue von Bartolomeo Colleoni** nicht zu übersehen ist. Colleoni hinterließ Venedig ein Vermögen unter der Bedingung, dass die Stadt ein Denkmal zu seinen Ehren auf der Piazza San Marco errichten sollte. Venedig legte die Vorgabe im eigenen Sinn aus und ließ die Statue stattdessen vor der ❷ **Scuola Grande di San Marco** (S. 142) aufstellen. Nebenan erhebt sich die Dominikaner-Bruderschaft ❸ **Zanipolo** (S. 139) zu eindrucksvoller Höhe. Einen Häuserblock weiter östlich geht es vorbei am ❹ **Ospedaletto**, das für seine Musikerinnen berühmt war. Der Spaziergang setzt sich nach Osten fort, die Barbaria de le Tole hinunter, vorbei am „Nippesparadies" ❺ **Ballarin** (S. 152) und über den Kanal vor dem ❻ **Liceo Scientifico** mit seiner Longhena-Fassade. Kurz nach links und

gleich wieder rechts erreicht man Palladios ❼ **Chiesa di San Francesco della Vigna** (S. 143). Unter der Kolonnade hindurch führt der Weg über den Rio di San Francesco. Zur Linken ist das Mauer des ❽ **Laboratorio Occupato Morion** (S. 152) zu sehen. Weiter geht es über den Campo de le Gatte und hinein in ein Gewirr von Gassen, in denen die Arbeiter des ❾ **Arsenale** (S. 137) wohnten. Am Campo de le Gorne wendet man sich nach rechts und folgt der Mauer bis zur ❿ **Chiesa di San Martino** (S. 145). Rechts neben dem Portal ist eine *bocca di leoni* (Löwenmaul) in die Wand eingelassen. Dort hinein steckte man Denunziationsbriefe. Weiter folgt man der Mauer des Arsenale bis zur ⓫ **Porta Magna** (S. 138). Dann geht es über die Holzbrücke und nach links auf den Campo de la Tana, weiter die Calle Forno hinunter bis zur Via Garibaldi. Auf der Promenade schlendert man bis vor die Tore der Giardini Pubblici, davor steht ein ⓬ **Denkmal** von Giuseppe Garibaldi. Der Weg endet vor Carlo Scarpas ⓭ **Denkmal für die Partisaninnen** (S. 140).

SANT'ELENA

Ganz am östlichen Rand der Innenstadt von Venedig liegt die Insel Sant'Elena; dorthin kommen nur wenige Touristen. Der größte Teil der Insel mit Ausnahme der Kirche und des Klosters aus dem 12. Jh., die ebenfalls nach der hl. Helena benannt sind, entstand durch Aufschüttungen, Sumpfland, das im frühen 20. Jahrhundert ausgebaggert wurde, um Schifffahrtswege zu schaffen.

Ihr heutiges Aussehen erhielt die Insel in den 1920-Jahren, als sie zum jüngsten Wohnviertel der Stadt entwickelt wurde. Die Mittelklassewohnungen, bei denen bewusst auf die modernistischen Architekturtrends der Zeit verzichtet wurde, stellen Bezüge zu den aristokratischen Palästen der Stadt her; allerdings fehlen ihnen die Eigenarten und der elegante Verfall, die das übrige Venedig kennzeichnen.

Heute ist Sant'Elena ein ruhiges Wohngebiet und – dank der schattigen Nebenstraßen und dem völligen Fehlen von Menschenansammlungen – ein beliebtes Ziel für Jogger.

restaurants wie dem Noma gekocht. Doch seine schlichte saisonale Küche ist in der Lagune verankert, und seine Gerichte sind zwar kreativ, bleiben aber ehrlich und voller Geschmack. Zu den Highlights auf der ständig wechselnden Karte zählen Gnocchi mit Ente, Makrele mit Rotkohl und das Schokoladendessert *barene* (Sandbank).

AL COVO   VENEZIANISCH €€€

Karte S. 326 (☎041 522 38 12; www.ristorante alcovo.com; Campiello de la Pescaria 3969; Mahlzeiten 42–67 €; ☺Fr–Di 12.45–15.30 & 19.30–24 Uhr; ☒; ☒Arsenale) Küchenchef und Besitzer Cesare Benelli widmet sich seit Langem der Bewahrung von traditionellen Erzeugnissen und Rezepten der Lagune. Nur der frischeste saisonale Fisch wird im Covo verarbeitet, begleitet von Artischocken, Auberginen, *Cipollini* (gelbe italienische Gourmet-Zwiebeln) und Pilzen, die von den Laguneninseln Sant'Erasmo, Vignole, Treporti und Cavallino stammen. Auch das Fleisch wird sorgfältig ausgewählt, ein Großteil stammt aus Slow-Food-Produktion.

ALLE CORONE   ITALIENISCH €€€

Karte S. 326 (☎041 523 22 22; www.hotelaireali. com; Campo della Fava 5527; Hauptgerichte 61–65 €; ☺12–14.30 & 19–22.30 Uhr; ☒Rialto) Beim Blick aus dem Fenster des Restaurants vom Ai Reali sieht man dann und wann Gondeln vorbeifahren. Das ausgezeichnete Essen, vor allem die gemischte Platte mit *cicheti* schmeckt vorzüglich. Die Speisekarte führt auch venezianische Meeresfrüchtegerichte.

ALLE TESTIERE   VENEZIANISCH €€€

Karte S. 326 (☎041 522 72 20; www.osterialle testiere.it; Calle del Mondo Novo 5801; Mahlzeiten 45–60 €; ☺Di–Sa 12.30–15 & 19–23 Uhr; ☒Rialto) Am besten reserviert man für eine der beiden Abendsitzungen in diesem winzigen Restaurant und freut sich schon mal auf einen Festschmaus mit Bruno Gavagnins wunderbar zubereiteten Fisch- und Meeresfrüchtegerichten. Raffinierte Gewürze wie Ingwer, Zimt und Orangenschale erinnern an Venedigs Handelsgeschichte.

🍷 AUSGEHEN & NACHTLEBEN

Wenn die Sonne allmählich untergeht, brechen die Einwohner von Castello zu ihrer *passeggiata* (Abendspaziergang) auf der Via Garibaldi und entlang der Uferpromenade auf und zerstreuen sich dann wieder für den *aperitivo* (Getränk mit Häppchen vor dem Abendessen). Cafés am Campo Santa Maria di Formosa, Campo Zanipolo und an der Via Garibaldi werden abends zu bevorzugten Ausgehlokalen – für Cocktails mit Aussicht empfehlen sich allerdings die Hotelbars an der Riva degli Schiavoni.

⭐ LONDRA BAR   COCKTAILBAR

Karte S. 326 (☎041 520 05 33; www.londra palace.com; Hotel Londra Palace, Riva degli Schiavoni 4171; ☺11–24 Uhr; ☎; ☒San Zaccaria) Draußen mögen die Touristen in Scharen herumlaufen, aber das Londra Palace ist ein Hort der Gelassenheit, und seine schicke Bar, in Holz und weißem Leder gehalten, erinnert an eine Erste-Klasse-Kabine auf einem luxuriösen Ozeandampfer. Was noch wichtiger ist: Meister-Barkeeper Marino Lucchetti mixt inspirierte Cocktails. Die Bar ist bei Einheimischen beliebt, die zu den regelmäßigen Konzerten und Buchpräsentationen hierher kommen.

VENEDIGS GEHEIMWAFFE: ARSENALOTTI

In einer frühen Version des Fließbands durchliefen Schiffe im Arsenal aufeinanderfolgende Konstruktionsphasen, jede mit *arsenalotti* (Arsenalarbeiter) besetzt, die auf ein spezielles Bauteil oder einen ganz bestimmten Arbeitsschritt spezialisiert waren, beispielsweise von Schiffsrümpfen über Auftragen von Pech bis zur Takelage. Frauen kümmerten sich um die Segel; Kinder absolvierten Praktika ab einem Alter von zehn Jahren und drehten die Taue aus Hanf.

Aber das war keinesfalls eine schlecht bezahlte oder eine als minderwertig angesehene Arbeit. Die *arsenalotti* wurden gut entlohnt, mit Zusatzleistungen von der Geburt bis zum Tod. Dadurch blieben sie der Republik treu ergeben. Ihre Loyalität und ihre Stärke bewiesen die Arsenalarbeiter sehr oft in der langen Geschichte Venedigs, vor allem in Kriegszeiten. Mit Hilfe ihrer ausgefeilten Schiffsbautechniken konstruierten sie auch die riesigen *Carena-di-nave-Decken* (Schiffskiel-Decken), die man in einigen venezianischen Kirchen sehen kann.

Die Anforderungen für *arsenalotti* umfassten Fingerfertigkeit, Stärke und Verschwiegenheit. Sogar in den lauten *bacari* (venzianische Bars) von Castello äußerten sich die *arsenalotti* äußerst vorsichtig über die Einzelheiten ihres Arbeitstages; nach dem Motto „Ich könnte es Dir erzählen, aber dann müsste ich Dich umbringen". Schiffsbau war streng geheim und Industriespionage wurde als Hochverrat geahndet, mit Exil oder der Todesstrafe bestraft. Jahrhundertelang schützten die mit Zinnen versehenen Mauern die fieberhaften Aktivitäten im Innern vor ungewünschten Blicken. Sogar außerhalb der Mauern blieben die *arsenalotti* überwiegend unter sich. Sie heirateten untereinander und hatten sogar ihre eigenen Gemüsemärkte, um so den Kontakt zur übrigen Stadtbevölkerung zu vermeiden.

EL RÈFOLO
BAR
Karte S. 328 (www.elrefolo.it; Via Garibaldi 1580; Di–So 11.30–0.30 Uhr; Giardini) Auch wenn eine Bar an der Via Garibaldi vielleicht so aussieht, wie jede andere, lässt die Schlange vor dem Rèfolo für einen freien Tisch im Freien genau das Gegenteil vermuten. Ein Grund für den Andrang ist sicherlich der stets freundliche Massimiliano, der italienisches Bier von Mikrobrauereien, guten Wein und schmackhafte Sandwiches serviert. In den Sommermonaten gibt es häufig Livemusik.

OSTERIA AL PORTEGO
BAR
Karte S. 326 (041 522 90 38; www.osteria alportego.org; Calle de la Malvasia 6014; 10.30–14.30 & 17.30–22.30 Uhr; Rialto) In diesem begehbaren „Kleiderschrank" schaffen es die emsigen Bedienungen irgendwie die jungen Venezianer, die bis auf die Straße hinaus stehen, mit Wein, Craft-Bier und *cicheti* zeitnah zu versorgen.

Der Wein ist verhältnismäßig günstig, ebenso die leckeren, klassischen Snacks. Wem das nicht reicht, der kann im hinteren Bereich an einem der fünf Tische Platz nehmen, wo große, üppige Meeresfrüchteplatten serviert werden.

STRANI
BAR
Karte S. 328 (041 099 14 34; Via Garibaldi 1582; Sommer 7.30–1, Winter 12–22 Uhr; Giardini) Bei Strani gibt es immer irgendetwas zu feiern, dank der ausgezeichneten Auswahl an Fassbieren, den glasweise ausgeschenkten Weinen aus Venetien zu vernünftigen Preisen und den Serviertellern mit *sopressa* (weiche Salami mit grober Körnung). Ein Überangebot an *cicheti* sorgt für eine solide Grundlage vor den Jamsessions mit den Einheimischen am späten Abend.

BAR TERRAZZA DANIELI
BAR
Karte S. 326 (041 522 64 80; www.danielihotel venice.com; Riva degli Schiavoni 4196; Mai–Sept. 15–19 Uhr; San Zaccaria) Gondeln gleiten vorüber, um am Kai festzumachen, während auf der anderen Seite der Lagune die Spiegelung, der von Palladio aus weißem Marmor erbauten Kirche San Giorgio Maggiore im Wasser des Kanals sich allmählich von Gold zu Rosa färbt: Dies ist die Szenerie, die sich am späten Nachmittag von der Bar auf der Dachterrasse des Hotels Danieli eröffnet, und sie verlangt definitiv nach einem Trinkspruch. Gäste können die Aussicht bei einem *spritz* (Getränk aus Prosecco mit Campari) oder Cocktail genießen.

BAR DANDOLO — COCKTAILBAR
Karte S. 326 (☏041 522 64 80; www.danieli
hotelven ice.com; Riva degli Schiavoni 4196;
☺9.30–1 Uhr; ☗San Zaccaria) In Schale geworfen schlendert man am Schild „Nur
für Hotelgäste" vorbei in Richtung auf die
glamouröse Bar, die den großen Saal des
Palazzo Dandolo aus dem 14. Jh. einnimmt.
Kronleuchter aus Muranoglas setzen die
seidenen Sesselbezüge mit Goldmuster ins
rechte Licht, während schick gekleidete
Servicekräfte leichtfüßig mit dem Drink
des Hauses, dem Vesper Martini, und
Schüsseln voller Snacks und Knabbereien
von Tisch zu Tisch eilen.

ROSA SALVA — CAFÉ
Karte S. 326 (☏041 522 79 49; www.rosasalva.it;
Campo Zanipolo 6779; ☺8–20 Uhr; ☗Ospedale)
Seit über einem Jahrhundert wird den Gästen im Rosa Salva, das sich am Campo Zanipolo befindet, Tee, Gebäck und Eiscreme
serviert. Im Innern fühlt man sich in die
1930er-Jahre zurückversetzt. Ladies an
marmornen Tischen sitzend verspeisen
tramezzini (dreieckige Sandwiches) und
genießen den *tè con limone* (Tee mit Zitrone). Im Freien dagegen schlürft man einen
spritz, für die Kinder gibt es Eis.

 ## UNTERHALTUNG

LABORATORIO OCCUPATO MORION — LIVEMUSIK
Karte S. 326 (www.facebook.com/laboratorioccu
patomorion; Salizada San Francesco 2951; ☗Ce-
lestia) Wenn man hier nicht gerade allzu
sehr damit beschäftigt ist, Umweltproteste
oder Avantgarde-Aktionskunst zu organisieren, werden in diesem alternativen
Gemeinschaftszentrum richtig gute Partys
mit Live-Auftritten von Bands aus der ganzen Regiom Venetien gefeiert.

Die Veranstaltungen werden auf Plaka-
ten in der ganzen Stadt und auf der Face-
book-Seite angekündigt.

 ## SHOPPEN

**Castello hat sich als authentisches
Wohnviertel erhalten. Da es verhältnismäßig weit von San Marco und vom
Bahnhof entfernt liegt, sind die Mieten
hier wesentlich günstiger. Deshalb gibt**
es hier zahlreiche Kunsthandwerks-
Ateliers und Galerien, insbesondere an
der Calle del Cafetier, Salizada Sant'Antonin und Via Garibaldi.

☆ ATELIER ALESSANDRO MERLIN — HAUSHALTSWAREN
Karte S. 326 (☏041 522 58 95; Calle del Pestrin 3876; ☺Mo, Di & Sa 10–12 & 15–19, Fr & So
15–19 Uhr; ☗Arsenale) Das Frühstück nackt,
auf einem Pferd sitzend oder oben auf einer
Qualle genießen – Alessandro Merlin malt
all das auf auffällige schwarze und weiße
Cappuccinotassen und -untertassen. Liebhaber homoerotischer Kunst werden in den
ultramaskulinen, gut gebauten, nackten
Typen den Einfluss von Tom of Finland bemerken, doch die Sgraffito-Technik, derer
Alessandro sich auf einigen seiner Werke
bedient, geht auf die Römerzeit zurück.

BRAGORÀ — MODE & ACCESSOIRES
Karte S. 326 (☏041 319 08 64; www.bragora.
it; Salizada Sant'Antonin 3496; ☺Mo–Sa 9.30–
19.30, So 10.30–18.30 Uhr; ☗Arsenale) Das
Bragorà ist ein multifunktionaler Laden:
Geschäft, Servicecenter und kultureller
Treffpunkt. Die Produkte umfassen Strand-
taschen aus Bootssegeln, Spielzeuggondeln
aus Getränkedosen, Gürtel aus Fahrradreifen und Schmuck aus Sprungfedern.

Außerdem gibt es eine ausgezeichnete
Auswahl an witzigen T-Shirts mit venezianischen Mottos und Motiven, man kann
sich sogar selbst eins drucken lassen.

BALLARIN — ANTIQUITÄTEN
Karte S. 326 (☏347 7792492; Calle del Cafetier
6482; ☺Mo–Sa 10–13 & 16–18.30 Uhr; ☗Os-
pedale) Wer nach etwas unverkennbar Venezianischem sucht, sollte in dieser Zau-
berhöhle nachsehen. Valter Ballarin, ein
altmodischer Händler und Restaurator von
Kunsthandwerk, hat ein Händchen dafür,
Stilmöbel, handbemalte Glaswaren, Drucke, Bücher, Spielzeug und Lampen aufzu-
spüren. Das schönste Souvenir ist aber eine
Handvoll bunter mundgeblasener Glasblu-
men von zerlegten Murano-Kronleuchtern.

I TRE MERCANTI — LEBENSMITTEL
Karte S. 326 (☏041 522 29 01; www.itremercanti.
it; Campo de la Guerra 5364; ☺11–19.30 Uhr;
☗San Zaccaria) Dieses ausgezeichnete Ge-
schäft hat Spezialitäten wie italienische
Weine, Olivenöl, Marmelade und Pasta auf
Lager und führt auch sonst jede Menge
essbarer Souvenirs, die man glücklich nach

Hause mitschleppen kann. Die Wahrheit ist jedoch, dass es die meisten Erwerbungen nicht einmal bis vor die Ladentür schaffen. Das liegt vor allem daran, dass die legendären hausgemachten Macarons und die Gläser mit Tiramisu einfach sofort von den Kunden verputzt werden.

PAOLO
BRANDOLISIO   KUNST & KUNSTHANDWERK
Karte S. 326 (☑041 522 41 55; Sotoportego Corte Rota 4725; ⊘Mo–Fr 9–13 & 15–19 Uhr; 🚤San Zaccaria) Neben Marmor und Gold spielt in Venedig auch Holz eine große Rolle, was sich an den zahlreichen Tischlern, Abdichtern, Ruderherstellern und Vergoldern zeigt. Paolo Brandolisio, Meister der Holzschnitzkunst, führt eine alte Tradition weiter und fertigt *forcole* an, die aufragenden, kurvigen Stützteile venezianischer Boote, vor allem von Gondeln, in denen der Riemen (Ruder) gelagert wird. Hergestellt aus Walnuss- oder Kirschholz, wird jede *forcola* eigens für Boot und Gondoliere angefertigt. Auch Miniaturkopien sind in seiner Werkstatt käuflich zu erstehen.

KALIMALA   SCHUHE
Karte S. 326 (☑041 528 35 96; www.kalimala venezia.it; Salizada San Lio 5387; ⊘Mo–Sa 9.30–19.30 Uhr; 🚤Rialto) Schicke Gürtel mit Schnallen aus gebürstetem Stahl, Schultaschen, Männerhandtaschen und kniehohe rote Stiefel: Kalimala macht wunderschöne Lederwaren, die zugleich praktisch und modern sind. Schuhe, Sandalen und Handschuhe werden aus pflanzlich gegerbtem Rindsleder gefertigt, das in einer Farbpalette von Erdtönen bis zu leuchtendem Ultramarinblau gefärbt ist. Angesichts der natürlichen Gerbung und des hochwertigen Leders sind die Preise erstaunlich günstig; handgemachte Schuhe gibt es ab 135 €.

VIZIOVIRTÙ   SCHOKOLADE
Karte S. 326 (☑041 275 01 49; www.viziovirtu. com; Calle Forneri 5988; ⊘10–19 Uhr; 🚤Rialto) In diesem Shop à la „Charlie und die Schokoladenfabrik" arbeitet man sich durch ein süßes Laster Venedigs. Neben Essbarem, bei dessen Anblick man sich buchstäblich die Finger leckt, gibt es hier auch Pestarztmasken zu kaufen. Die mit Ganache gefüllten Schokoladen sind ein Fünf-Gänge-Menü mit Geschmacksrichtungen, beispielsweise von Barolo, Paprika und Balsamico bis zu wildem Fenchel und Earl Grey.

 # AKTIVITÄTEN

⭐ARTEFACT MOSAIC
STUDIO   KUNSTHANDWERK
Karte S. 326 (☑041 877 83 42; www.artefactmosaic. it; Calle del Cafetier 6477a; Anfängerkurse 50–110 €; ⊘Di–So 10–19 Uhr; 🚤San Zaccaria) Nachdem sie die Scuola Mosaicisti del Friuli als Klassenbeste abgeschlossen hatten, zogen Romuald und Alessandra nach Venedig und gründeten hier ihr faszinierendes Mosaikatelier. Aus Mosaiksteinen aus venezianischem Glas in einer Unzahl glitzernder Farben erschaffen sie Unikate, darunter erstaunlich ausdrucksstarke Porträts. Ein Besuch im Atelier lohnt sich unbedingt. Wer Zeit hat, kann sich auch für einen der faszinierenden Workshops anmelden.

Giudecca, Lido & die südlichen Inseln

GIUDECCA | ISOLA DI SAN GIORGIO MAGGIORE | ISOLA DI SAN SERVOLO | ISOLA DI SAN LAZZARO DEGLI ARMENI | LIDO DI VENEZIA | PELLESTRINA

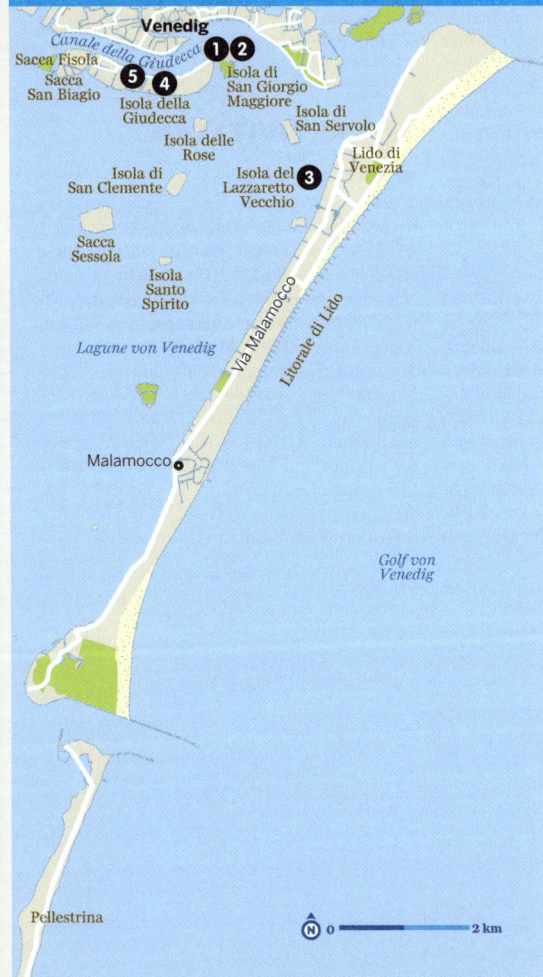

Highlights

❶ Chiesa di San Giorgio Maggiore (S. 156) Das Ambiente von Palladios Kirche auf sich wirken lassen und ihren Campanile erklimmen, um die Aussicht auf San Marco zu genießen.

❷ Fondazione Giorgio Cini (S. 158) Palladios Kreuzgang, Longhenas elegante Bibliothek und eine präzise Nachbildung von Veroneses riesigem Gemälde *Die Hochzeit zu Kana* im Refektorium anschauen, wo es auch ursprünglich hing.

❸ Monastero di San Lazzaro degli Armeni (S. 159) Sich während der Klosterführung durch einen hier lebenden armenischen Mönch interessante Einblicke vermitteln lassen.

❹ Chiesa del Santissimo Redentore (S. 157) In dieser beeindruckenden Kirche voller Kunstwerke dafür danken, dass es Venedig überhaupt noch gibt.

❺ La Palanca (S. 162) In einer der hervorragenden Speiselokale Giudeccas traditionelle venezianische Meeresfrüchte genießen. Es ist zudem noch eine einfache Bar und ein Einheimischentreff zur Mittagszeit.

Mehr Details siehe Karten S. 329 und S. 330.

Die südlichen Inseln erkunden

Andere Städte sind von weitläufigen Vororten umgeben, Venedig dagegen von mittelalterlichen Klöstern, die gleichsam in der blaugrünen Lagune zu schwimmen scheinen. Im Osten und Süden wird die zum Meer ausgerichtete Seite durch Pellestrina und den Lido vor der Adria geschützt, die jahrhundertelang als Bastionen fungierten. Im 19. Jh. entwickelte sich der Lido zum Badeort und Refugium vom urbanen Alltag. Vom Markusplatz ist man mit dem Boot in 15 Minuten dort, viele lassen sich hier im Sommer wochenlang nieder. Im Winter, wenn die meisten Hotels zu sind, wirkt es eher trostlos.

Kleinere Inseln schmücken den Vordergrund, wenn man den unvergesslichen Blick auf San Marco genießt. Sie wurden früher als Klöster, Quarantänestationen, Militärkrankenhäuser und Irrenanstalten genutzt. Auf San Giorgio Maggiore und San Lazzaro degli Armeni sind die Mönche bis heute geblieben, San Servolo ist heute Universität; alle drei sind mit einem Vaporetto verbunden und können leicht erreicht werden. Auf der Isola delle Rose und auf San Clemente stehen heute Luxushotels.

Neben San Giorgio Maggiore liegt Giudecca, Venedigs inoffizielles siebtes *sestiere* (Stadtviertel) – obwohl es ein Teil von Dorsoduro ist. Hierher zog sich der Adel zurück, später wurde es ein Industriegebiet. Heute gelingt ihm der Spagat zwischen Luxus und Ursprünglichkeit.

Lokalkolorit

➜ **Radfahren** Von **Lido on Bike** (☎041 526 80 19; www.lidoonbike.it; Gran Viale Santa Maria Elisabetta 21b, Lido; Fahrradmiete 5/10 € pro 90 Min./Tag; ☺Sommer 9–19 Uhr; 🚊Lido SME) oder Venice Rental Services (S. 286) leiht man sich ein Fahrrad und fährt auf den Radwegen von Lido und Pellestrina, um einen Einblick in das Alltagsleben der Fischer in den Dörfern am Wegesrand zu bekommen.

➜ **Die Gassen der Giudecca** Abseits der Hauptuferpromenade finden sich Parks und Plätze, die von den Einheimischen, egal ob Jung oder Alt, aufgesucht werden.

An- & Weiterreise

➜ **Vaporetto** Die Linien 2, 4.1 und 4.2 halten an allen vier Haltestellen (Sacca Fisola, Palanca, Redentore und Zitelle) auf Giudecca. Die Linie 2 steuert auch die benachbarte Kirche San Giorgio Maggiore an. San Lazzaro und San Servolo erreicht man mit der Linie 20 ab San Zaccaria. Die Linien 1, 5.1, 5.2, 6, 10 und 14 legen alle einen Stopp am Lido SME (Santa Maria Elisabetta), dem Hauptverkehrsknotenpunkt der Insel, ein.

➜ **Autofähre** Linie 17 verbindet Tronchetto mit dem **Lido San Nicolò** und fährt weiter zur Punta Sabbioni.

Top–Tipp

Anstatt sich tapfer in die Schlange für den Campanile des Markusdoms einzureihen, sollte man einen Abstecher zum Glockenturm von San Giorgio Maggiore unternehmen – dieser bietet eine unvergleichbar schöne Aussicht zu einem Bruchteil der Wartezeit und ist dafür sogar noch um 2 € billiger.

✖ Gut essen

➜ La Palanca (S. 162)
➜ Trattoria ai Cacciatori (S. 162)
➜ Trattoria Altanella (S. 162)
➜ Favorita (S. 163)
➜ Magiche Voglie (S. 163)

Details siehe S. 162.

🍷 Nett ausgehen

➜ Skyline (S. 164)
➜ Bar 9 (S. 164)
➜ Osteria da Moro (S. 164)
➜ Essentiale (S. 164)
➜ La Palanca (S. 162)

Details siehe S. 163.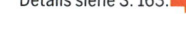

🔒 Schön shoppen

➜ Artisti Artigiani del Chiostro (S. 164)
➜ Fortuny Tessuti Artistici (S. 164)
➜ Casa dei Tre Oci (S. 157)
➜ Le Stanze del Vetro (S. 159)
➜ Mercato della Prigione Femminile (S. 164)

Details siehe S. 164. ➡

HIGHLIGHTS
CHIESA DI SAN GIORGIO MAGGIORE

Die Benediktinerabtei wurde von Andrea Palladio entworfen und 1565–1610 auf einer Insel gegenüber vom Markusdom erbaut. Der Anblick ist einfach überwältigend. Palladio wählte dafür den weißen Stein aus Istrien, der sich so wunderbar von den blauen Gewässern der Lagune absetzt. Der Standort sollte ein visuelles Spektakel schaffen und gleichzeitig den ganzen Nachmittag im Licht der Sonne strahlen.

Außenansicht
Palladios Fassade löste ein Problem, mit dem Sakralbauten der Renaissance zu kämpfen hatten – wie man eine Kirche mit einem zentralen, klassischen Kirchenschiff und niedrigeren Seitenschiffen mit einem dreieckigen Giebelfeld versieht. Palladios Lösung: Er verwendete ein Giebelfeld, um das zentrale Kirchenschiff zu krönen, und ein zweites, niedrigeres Halbgiebelfeld, das beide Seitenschiffe überspannte. Beide verbinden sich zu einem harmonischen Gesamtensemble, wobei markante Dreiviertelsäulen, stark skulptierte Kapitelle und Figurennischen durch ein geschicktes Spiel mit Licht und Schatten für Tiefe sorgen.

Innenraum
Sonnenlicht fällt durch die Fenster und wird durch die weißen Oberflächen reflektiert. Die Böden weisen verschiedenfarbige Steinintarsien auf, die den Blick Richtung Altar lenken. Der Boden mit seinen farbigen Steinen lenkt den Blick zum Altar. Das Erscheinungsbild erinnert an einen römischen Tempel. Zwei Spätwerke von Tintoretto hängen beim Altar. Auf der einen Seite beeindruckt das *Mannawunder*, auf der anderen *Das letzte Abendmahl*.

TOP–TIPP
➡ Am besten nimmt man den Aufzug zur oberen Aussichtsplattform des Glockenturms – der Zutritt ist billiger als beim Campanile des Markusdoms, zudem muss man nicht Schlangen stehen.

PRAKTISCH & KONKRET
➡ Chiesa di San Giorgio Maggiore
➡ Karte S. 54
➡ ☎ 041 522 78 27
➡ www.abbazia sangiorgio.it
➡ Isola di San Giorgio Maggiore
➡ Glockenturm Erw./erm. 6/4 €
➡ ⏱ 9–18 Uhr
➡ 🚤 San Giorgio Maggiore

⚫ SEHENSWERTES

Die Hauptsehenswürdigkeiten auf der südlichen Inselgruppe sind Kirchen und Klöster, darunter einige sehr außergewöhnliche. In manchen Abteien leben auch heute noch Mönche, während andere zu Museen und kulturellen Einrichtungen umfunktioniert wurden.

⚫ Giudecca

Die umstrittene Geschichte der Giudecca beginnt schon mit dem Namen. Der verweist nämlich nicht auf eine historische jüdische Enklave (wie mancherorts in Süditalien), sondern leitet sich vermutlich eher vom venezianischen *zudega* ab, was so viel bedeutet wie „die Gerichteten" und sich auf eine aufständische Adelsfamilie bezieht, die im 9. Jh. hierher verbannt wurde.

Michelangelo floh im Jahr 1529 aus Florenz auf die Giudecca ins freiwillige Exil; bei seiner Ankunft hatten die Adelsfamilien Dandolo, Mocenigo und Vendramin die ehemalige Gefängnisinsel in ein Areal mit Gartenvillen umgestaltet. Als die Adeligen im 18. Jh. dann auf das Festland zogen, um an der Riviera del Brenta ihre Anwesen zu errichten, mussten die gepflegten Gartenanlagen der Giudecca Fabriken, Wohnblöcken und Militärkasernen weichen.

Seit einigen Jahren locken diese großen, aufgelassenen Areale „Exilanten" ganz anderer Art an – Künstler, die sich die horrend hohen Mieten im Zentrum von Venedig nicht mehr leisten können.

Seit 2019 ist offiziell auch vom Giudecca Art District die Rede, der eine Reihe moderner Kunstgalerien umfasst.

CHIESA DEL SANTISSIMO REDENTORE KIRCHE

Karte S. 329 (Kirche des heiligsten Erlösers; www. chorusvenezia.org; Campo del SS Redentore 194, Giudecca; Erw./erm. 3/1,50 €, mit Chorus–Pass gratis; ⏰Mo–Sa 10.30–16.30 Uhr; 🚢Redentore) Die Kirche wurde errichtet, um die Befreiung vom „Schwarzen Tod" – der Pest – in Venedig zu feiern. Vollendet wurde Palladios Il Redentore im Jahr 1592 unter Antonio da Ponte (der mit der Rialtobrücke große Berühmtheit erlangt hatte). Das Thema wird in Paolo Piazzas *Dank Venedigs für die Befreiung von der Pest von 1575–77* (1619), das sich oberhalb der Eingangstür befindet, aufgenommen. Interessant ist

auch Tintorettos *Die Geißelung Christi* (1588) auf dem dritten Altar rechts.

Da man in dieser von den Gezeiten abhängigen Stadt das Überleben nie als Selbstverständlichkeit betrachtet hatte, verleihen die Leute ihrer Dankbarkeit während der Festa del Redentore (S. 22) Ausdruck; seit dem Jahr 1578 pilgern die Venezianer am dritten Wochenende im Juli von der Zattere auf einer wackeligen Pontonbrücke über den Kanal.

CASA DEI TRE OCI GALERIE

Karte S. 329 (📞041 241 23 32; www.treoci.org; Fondamenta de le Zitelle 43, Giudecca; Erw./erm. 12/10 €; ⏰Mi–Mo 10–19 Uhr; 🚢Zitelle) GRATIS Das fantasievolle neugotische „Haus der drei Augen" wurde im Jahr 2000 von der Fondazione di Venezia erworben. Errichtet wurde es im Jahr 1913 von dem Künstler und Fotografen Mario de Maria, der sich die charakteristische Backsteinfassade mit den drei ungewöhnlich geformten Bogenfenstern einfallen ließ. Heute befindet sch dort ein Fotoarchiv; es werden interessante Ausstellungen mit zeitgenössischer Kunst präsentiert, vor allem Fotografien. Der Andenkenladen lohnt sich.

LE ZITELLE KIRCHE

Karte S. 329 (Chiesa di Santa Maria della Presentazione; 📞041 309 66 05; www.gioiellinascostidi venezia.it; Fondamenta de le Zitelle 33, Giudecca; ⏰nach Vereinbarung; 🚢Zitelle) Die Ende des 16. Jhs. von Palladio entworfene und nach seinem Tod erbaute Zitelle war ein Armenhaus für Waisen und arme junge Frauen (*zitelle* bedeutet in der Umgangssprache der Einheimischen „alte Jungfer"). Die Kirchentüren sind selten geöffnet, dafür bekommt man Heilbehandlungen mit Übernachtungen im angrenzenden ehemaligen Armenhaus. Das luxuriöse Bauer Palladio Hotel & Spa (S. 227) hat das originale Bauwerk in kreativer Manier optimiert, ohne jedoch Palladios Entwurf und den ursprünglichen Garten des Kreuzgangs zu verändern.

CHIESA DI SANT'EUFEMIA KIRCHE

Karte S. 329 (Fondamenta Sant'Euphemia; Fondamenta Sant'Eufemia 680, Giudecca; ⏰wechselnde Öffnungszeiten; 🚢Palanca) Vier Heilige werden in der Originalkirche aus dem Jahr 890 verehrt, doch waren die hl. Dorothea, die hl. Thekla und die hl. Erasma längst nicht so beliebt wie die frühchristliche Märtyrerin Euphemia. Sie wurde in Chalcedon (in der heutigen Türkei) hungrigen Löwen zum

Fraß vorgeworfen, doch nachdem sie ihr die Hand abgebissen hatten, weigerten sich die Raubtiere, mehr von ihrem jungfräulichen Fleisch zu fressen – ein hungriger Bär hatte jedoch weniger Skrupel.

Das schlichte venezianisch-byzantinische Gebäude, wie es sich heute präsentiert, datiert aus dem Jahr 1371. Fresken und feine Stuckarbeiten schmücken die Decken des barocken Innenraums.

Auf dem ersten Altar rechts lohnt ein Blick auf das lebhaft wirkende Gemälde von Antonio Vivarini (ca. 1440–1480) aus dem Jahr 1480, das den gelockten hl. Rochus zeigt – strahlend in einem weißen Faltenröckchen mit blauer Strumpfhose – der seine muskulösen, von der Pest vernarbten Schenkel einem Engel präsentiert.

GIUDECCA 795 GALERIE
Karte S. 329 (☎340 8798327; www.giudecca795. com; Fondamenta San Biagio 795, Giudecca;

⊙Di–Fr & So 18–20, Sa 16–20 Uhr; Palanca) **GRATIS** Diese kuriose und einladende Galerie wurde gegründet, um einheimische Künstler aller Couleurs zu fördern. Ausgestellt (und verkauft) werden verschiedenste Arbeiten von etablierten und auch jungen Künstlern; die meisten haben eine starke Bindung an die Stadt Venedig.

GALLERIA MICHELA RIZZO GALERIE
Karte S. 329 (☎0418391711; www.galleriamichela rizzo.net; Fondamenta San Biagio 800q, Giudecca; ⊙Di–Sa 11–18 Uhr; Palanca) **GRATIS** Diese fantastische Galerie für moderne Kunst liegt versteckt in einem alten Industriekomplex und präsentiert schon lange bekannte einheimische Künstler beispielsweise Mariateresa Sartori (geb. 1961); hier werden jedoch auch ausgefallene Ausstellungen von Leuten wie Brian Eno (geb. 1948; u. a. Roxy Music) und dem New Yorker Barry X Ball (geb. 1955) ausgerichtet.

HIGHLIGHTS
FONDAZIONE GIORGIO CINI

Im Jahr 1951 erwarb der Industrielle und Kunstmäzen Vittorio Cini – ein Überlebender des Konzentrationslagers Dachau – die Abtei San Giorgio und ließ sie zum Andenken an seinen Sohn Giorgio, der bei einem Flugzeugabsturz 1949 ums Leben kam, restaurieren. Der umfunktionierte Gebäudekomplex beherbergt heute die Kulturstiftung Cinis; er gilt als Kleinod der Architektur, das das Refektorium und den Kreuzgang Andrea Palladios sowie Baldassare Longhenas monumentale Treppe und Bibliothek aus dem Jahr 1671 einbezieht. Der älteste, noch existierende Teil der Abtei ist der Zypressenkreuzgang, der von Andrea Buora im Jahr 1526 vollendet wurde. Der neueste Teil ist ein verzweigtes Labyrinth im Garten, das zu Ehren des argentinischen Schriftstellers Jorge Luis Borges errichtet wurde.

Veroneses riesiges Gemälde *Die Hochzeit zu Kana* (1563) hing einst in Palladios Refektorium und wurde 1797 von Napoleon gestohlen und in den Louvre gehängt, wo es bis heute zu bewundern ist; seinen Platz nimmt jetzt eine außergewöhnliche, hochaufgelöste, digital gefertigte Kopie in Originalgröße ein.

In der Renaissance finanzierte der florentinische Staatsmann und Bankier Cosimo de' Medici (1389–1464) die Einrichtung einer Bibliothek, die Stiftung setzt sich weiter für die traditionelle Gelehrsamkeit der Benediktiner ein. Die Longhena-Bibliothek wurde vor Kurzem spektakulär restauriert, die eindrucksvolle Bibliothek Nuova Manica Lunga befindet sich heute im ehemaligen Schlaftrakt der Mönche.

TOP–TIPP

➡ Der Komplex kann nur im Rahmen einer einstündigen Führung mit Guide und mehrsprachigem Kopfhörer besichtigt werden.

PRAKTISCH & KONKRET

➡ Karte S. 329, F1
➡ ☎041 271 02 37
➡ www.cini.it
➡ Isola di San Giorgio Maggiore
➡ Erw./erm. 13/10 €
➡ ⊙Führungen April–Nov. tgl. 10–18 Uhr, Dez.–März Mi–Mo bis 16 Uhr
➡ San Giorgio-Maggiore

◉ Isola di San Giorgio Maggiore

CHIESA DI SAN GIORGIO MAGGIORE
KIRCHE

Siehe S. 156.

LE STANZE DEL VETRO
GALERIE

Karte S. 329 (☎041 522 91 38; www.lestanzedel vetro.org; Isola di San Giorgio Maggiore 8; ⊙Do-Di 10–16.30 Uhr, im Sommer länger; 🚤San Giorgio) GRATIS Die „Räumlichkeiten für Glas" gehörten einstmals zu einem Internat und sind heute Ort für ständig wechselnde Ausstellungen, die alle irgendwie mit Glas zu tun haben. Oftmals werden die Ausstellungen mit Glasinstallationen bis nach draußen in den Garten ausgeweitet. Außerdem existiert ein gut aufgestellter Souvenirladen und eine fantastische Sammlung von Büchern über Glaskunst.

◉ Isola di San Servolo

Wer aus dem Vaporetto der Linie 20 von San Zaccaria aussteigt, wird sogleich von der sanften Schönheit dieser kleinen ummauerten Insel ergriffen. Exotische Palmen und altehrwürdige Bäume stehen in den Gärten – und hier und da stößt man auf viele interessante Skulpturen.

Seit dem 9. Jh. waren auf San Servolo Benediktinermönche zu Hause; die auf der Insel heimischen Heilpflanzen ermöglichten den Mönchen 1719 die Gründung einer Apotheke, sodass sie das Militärkrankenhaus der Republik, das sich damals hier befand, besser versorgen konnten. Nicht viel später, genauer gesagt im Oktober 1725, stellte sich der erste „irre" Patient auf San Servolo ein: Lorenzo Stefani. Dies löste unter den Adelsfamilien den Trend aus, ihre erkrankten Angehörigen einweisen zu lassen. In ihren besten Tagen hatte die Irrenanstalt hunderte männlicher Insassen (die psychiatrische Anstalt für Frauen war auf der Isola di San Clemente untergebracht, die heute ein exklusives Hotel ist). Viele der Patienten waren ehemalige Handlanger auf Schiffen und Soldaten, von denen viele schlichtweg traumatisiert waren oder unter den Folgen von Armut und Unterernährung litten.

Die psychiatrische Klinik schloss 1978 ihre Pforten, und in den 1990er-Jahren wurden die Gebäude restauriert und um-

funktioniert. Die Insel ist nun Heimat der Venice International University, der Venice Academy of Fine Arts und der internationalen Abteilung der Università Ca' Foscari di Venezia. Besucher können das Museum besichtigen, die Gärten erkunden und das Café aufsuchen. Mit etwas Glück findet sogar eine Kunstausstellung statt.

MUSEO DEL MANICOMIO
MUSEUM

Karte S. 330 (Museum der Irrenanstalt; ☎041 862 7167; www.museomanicomio.servizimetropolitani. ve.it; Isola di San Servolo; Erw./erm. 6/4,50 €; ⊙ganzjährig. Mo–Fr 10.45 & 14 Uhr, plus Juni–Sept. Fr 15.30–18.30, Sa & So 11.30–18.30 Uhr; 🚤San Servolo) Neben einer ergreifenden Fotoausstellung mit Patientenporträts vor und nach der Behandlung, beherbergt dieses kleine Museum die ganze Palette an Gerätschaften für psychiatrische Behandlungen der damaligen Zeit, darunter Ketten, Handschellen, Käfige für Eisduschen, frühe therapeutische Elektromaschinen und einen seltenen Plethysmographen (der Vorgänger des Lügendetektors). Zur Besichtigung gehört auch eine Apotheke aus dem 18. Jh., eine Kirche und ein Anatomieraum voller Schädel und präparierter Gehirne.

Die Führungen dauern nur rund 30 Minuten, aber im Anschluss hat man noch genügend Zeit, um auf eigene Faust durch das Museum zu schlendern.

◉ Isola di San Lazzaro degli Armeni

Die winzige Insel, auf der sich einst ein Pilgerhospiz der Benediktiner und dann eine Kolonie für Leprakranke befand, wurde armenischen Mönchen übergeben, die 1717 vor der Verfolgung durch die Osmanen geflohen waren. Die gesamte Insel ist bis zum heutigen Tag als Kloster in Betrieb; aus diesem Grund lässt sie sich nur im Rahmen einer Exkursion besichtigen.

MONASTERO DI SAN LAZZARO DEGLI ARMENI
KLOSTER

Karte S. 330 (☎041 526 01 04; Isola di San Lazzaro degli Armeni; Erw./erm. 6/4,50 €; ⊙Führung 15.25 Uhr; 🚤San Lazzaro) Die Führungen auf der historischen Klosterinsel werden in der Regel von einem ihrer mehrsprachigen armenischen Mönche durchgeführt, die dem Renommee der Gelehrteninstitution mehr als gerecht werden. Das Kloster des hl. Lazarus ist eine faszinierende Quelle armeni-

STRÄNDE AM LIDO

Ein fast ununterbrochener Sandstrand erstreckt sich an der dem Meer zugewandten Seite des Lido. Das Wasser ist so seicht, dass der Strand für Kleinkinder ideal ist – für Erwachsene allerdings nicht so sehr. Obwohl das Wasser etwas trübe wirkt, wurde dem Strand die Blaue Flagge zugesprochen; und somit ist gesichert, dass die Wasserqualität gut und zum Schwimmen geeignet ist.

Es gibt nur eine Handvoll Strände, die öffentlich zugänglich sind und nichts kosten. Am einfachsten zu erreichen ist die **Spiaggia comunale** (Karte S. 330; ⬚Lido SME), die man über den **Blue-Moon-Komplex** (Karte S. 330; www.veneziaspiagge.it; Piazzale Bucintoro 1, Lido; ⏲Sommer 10–18.30 Uhr; ♿; ⬚Lido SME) GRATIS erreicht. Die besten kostenlosen Strandabschnitte sind die **Spiaggia di San Nicolò** (☎041 526 02 36; www.veneziaspiagge.it; Viale Umberto Klinger, Lido; Schirm/Liegestuhl 15/7,50 € pro Tag; ⏲8–19.30 Uhr; ▯A), die am nördlichen Ende der Insel gelegen ist, und die WWF Oasi Dunes degli Alberoni (S. 161) am südlichen Ende.

Der Rest der Küste ist in der Hand von *stabilimenti*: Arealen unter Privatmanagement, gesäumt von *capannas* (Hütten), einem Relikt der Badeszene – aus den 1850er-Jahren. Einige dieser Hütten werden jahrein, jahraus von derselben Familie gemietet oder sind für die Gäste der Hotels am Meer reserviert. Die *stabilimenti* verfügen auch über Duschen, Sonnenliegen und Sonnenschirme (13–18 €) sowie kleine Schließfächer. Nach 14.30 Uhr sind die Gebühren ein wenig günstiger.

scher Geschichte, Kunst und Kultur – und für vieles mehr. Bedeutsame Manuskripte aus der mit 170 000 Werken bestückten Bibliothek werden ausgestellt, zu denen auch Raritäten aus dem alten Ägypten, Rom, Sumer und Indien gehören.

Im 18. Jh. etablierten die Mönche hier eine mehrsprachige Druckerpresse und übersetzten zahlreiche wissenschaftliche und literarische Werke ins und aus dem Armenischen. So entstanden ungefähr 3000 Bücher in den verschiedensten Sprachen. Die Führung geht durch den Kreuzgang, das Refektorium, die Bibliothek, das Museum und die glanzvolle Kirche mit einem Deckenfresko von Tiepolo und an einer kopflosen römischen Statue am Wegesrand vorbei. Eine ägyptische Mumie und zwei indische Throne aus dem 15. Jh. sind die etwas merkwürdigen Hauptattraktionen im Saal, der an Lord Byron (1788–1824) erinnern soll; der berühmte englische Dichter verbrachte im Jahr 1816 sechs Monate hier, um den Mönchen bei der Vorbereitung eines englisch-armenischen Wörterbuchs behilflich zu sein. Exzentrisch, wie er war, konnte man ihn oftmals dabei beobachten, wie er von der Insel bis zum Canal Grande schwamm.

Wenn man um 15.10 Uhr den Vaporetto der Linie 20 von San Zaccaria nimmt, kommt man zum richtigen Zeitpunkt zur Führung an. Eine vorherige Buchung ist nicht erforderlich.

⊙ Lido di Venezia

Der Lido ist nicht mehr der glamouröse Tummelplatz von Hollywood-Sternchen und europäischen Adeligen wie einstmals, doch die gepflegten Strände, die verstreut gelegenen Jugendstilgebäude und die Venezianer, die hier in den Sommermonaten unter hübschen bonbonfarbenen Markisen einen Prosecco schlürfen, bürgen an einem heißen Tag für eine interessante Abwechslung. Nach dem entrückten Zentrum von Venedig fühlt sich allerdings so mancher von den Autos und der urbanen Zersiedelung unangenehm berührt – und in den Wintermonaten ist selbst verblichener Glamour Mangelware.

ANTICO CIMITERO ISRAELITICO FRIEDHOF

Karte S. 330 (Alter Jüdischer Friedhof; Riviera San Nicolò, Lido; Führungen 90 €; ▯A) Dieser überwucherte Friedhof war von 1386 bis in das 18. Jh. hinein der jüdische Hauptfriedhof von Venedig. Die Grabsteine sind ganz unterschiedlich gestaltet – von venezianischer Gotik bis hin zu ausgesprochen osmanischen Stilelementen. Manche sind mit dem Bildnis eines Löwen versehen, jedoch nicht dem von San Marco, sondern von Kastilien und León – er kam mit den sephardischen Juden, die ab dem Jahr 1492 aus Spanien vertrieben wurden, nach Venedig. Der Friedhof kann ausschließlich im Rahmen einer Führung besichtigt werden, die das Museo Ebraico (S. 121) veranstaltet; beim Blick durch das Tor erhält man aber schon einen ersten Eindruck.

PALAZZO DEL CINEMA BEDEUTENDES GEBÄUDE

Karte S. 330 (www.labiennale.org; Lungomare Marconi 30, Lido; ▢V) Eugenio Miozzis (1889–1979) kantiger, rationalistischer „Kinopalast" passte zum ehrgeizigen Modernismus der frühen 1930er-Jahre, als der italienische Unternehmer und faschistische Minister Graf Giuseppe di Volpi (1877–1947) recht klug ersann, dass die Filmfestspiele von Venedig die gehobene Tourismusindustrie auf dem Lido beflügeln sollten.

Er war von der Idee ergriffen, Volpis andere modernisierende Projekte wie das Wettfliegen um die Schneider-Trophy, das Casino und ein internationales Motorbootrennen unter einen Hut zu bringen – von denen alle eine neue Sorte von betuchten amerikanischen, englischen und französischen Urlaubern anlocken sollten.

Das Festival wurde im August 1932 auf der Terrasse des Excelsior gegründet und war das erste seiner Art (Cannes war im Jahre 1946 ein relativer Spätzünder) und wandelte den Boom der Filmindustrie in Kapital um. Miozzis Palazzo wurde innerhalb von drei Jahren in Auftrag gegegeben, und die Festspiele wurden im Jahr 1938 an diesen neuen Veranstaltungsort verlegt, wo sie bis heute noch stattfinden.

MALAMOCCO DORF

(Lido; ▢A or B) Wer den Ponte di Borgo überquert, kann die Kanäle und *calli* (Gassen) einer weniger überwältigenden Lagunenstadt erkunden. Malamocco, die Miniaturausgabe von Venedig bis hin zu den mit dem Markuslöwen verzierten mittelalterlichen Fassaden, war von 742 bis 811 die Hauptstadt der Lagune. Danach wurde der Dogensitz zum Rialto verlegt.

WWF OASI DUNES DEGLI ALBERONI NATURRESERVAT

Karte S. 330 (www.dunealberoni.it; Piazzale Bagni Alberoni, Lido; ▢A) GRATIS Direkt an der Südspitze der Insel führen die Hänge des Alberoni-Kiefernwaldes zum wildesten Strandabschnitt des Lido hinunter. Sie ist die Heimat der Wildblumen, des *fratino* (Seeregenpfeifer) und der Meeresschildkröten. Ein etwa 160 ha großes Wald- und Dünengebiet wird von dieser „Oase" geschützt, und die Öffentlichkeit liebt die schattigen Wanderwege, die zum – unpassenderweise – plastikverschmutzten Strand führen. Hunde müssen zu jeder Zeit an der Leine geführt werden.

LIDO-STIL

Von 1857 bis zum Ausbruch des Ersten Weltkriegs avancierte der Lido zum weltweit exklusivsten Ferienort am Meer und ist bis heute vom *stile liberty* (Jugendstil) dieser Zeit geprägt. Spaziergänge zu den extravagantesten Villen lassen sich auf der Website www2.comune.venezia.it/lidoliberty (nur auf Italienisch) herunterladen. Dieser Stil erreichte seinen Höhepunkt im protzigen **Grande Albergo Ausonia & Hungaria** (Karte S. 330; ☎041 242 00 60; www.hungaria.it; Gran Viale Santa Maria Elisabetta 28, Lido; ⬛Lido SME) aus dem Jahr 1907, der außen mit Blumengirlanden geschmückte Engel und Kacheln in einer seltsamen Grünschattierung aufweist.

Der gewitzte Großindustrielle Nicolò Spada (Begründer der italienischen Hotelgruppe CIGA) ließ zwei riesige, extravagante Hotels am Lido erbauen. Das direkt am Strand liegende, von Giovanni Sardi entworfene **Hotel Excelsior** (Karte S. 330; ☎041 526 02 01; www.hotelexcelsiorvenezia.com; Lungomare Marconi 41, Lido; Zi ab 328 €; ☉Mai–Okt.; ✳☎; ▢V) wurde 1908 vollendet und präsentiert sich als venezianisch-maurischer Fantasiepalast mit Räumlichkeiten, die von Mariano Fortuny gestaltet wurden. Das etwas konservativere **Grand Hotel des Bains** (Karte S. 330; Lungomare Marconi 17, Lido; ⬛Lido SME), ein Entwurf von Francesco Marsich, wurde im Folgejahr fertig gestellt und erinnert an die großen luxuriösen Thermalanlagen von Baden-Baden. Thomas Mann setzte diesem Hotel in seiner berühmten Novelle *Der Tod in Venedig* ein literarisches Denkmal; im Jahr 1971 bearbeitete der Regisseur Luchino Visconti die Novelle für den Film, der dann in diesem Hotel gedreht wurde. Heute ist das Hotel des Bains leider mit Brettern vernagelt – ein überdeutliches Zeichen, dass diese Art von Strandhotel inzwischen aus der Mode gekommen ist.

◉ Pellestrina

Südlich vom Lido erstreckt sich in der gleichen lang gezogenen, leicht geschwungenen Form Pellestrina; die Insel erinnert die Besucher daran, wie die Lagune wohl ausgesehen hätte, wenn Venedig nie erträumt worden wäre. Das 11 km lange Eiland beherbergt drei eng verbundene Fischerdörfer – San Pietro in Volta, Porto Secco und Pellestrina –, die sich am Rand des Wassers aneinanderreihen. Hotels, schicke Läden und Sonnenliegen gibt es hier gar nicht, und es ist auch nur eine Handvoll Restaurants und Eisdielen vorhanden – hier sitzen überwiegend ältere Frauen auf der Veranda, Fischer reparieren ihre Netze.

Ein Großteil des Meeresufers von Pellestrina ist von beachtlichen Konstruktionen aus dem 18. Jh. gesäumt, den sogenannten *murazzi*. Für das Auge des modernen Betrachters sind diese wuchtigen Kaimauern auf den ersten Blick so beeindruckend nicht, dennoch handelt es sich um ein Mammutprojekt aus vorindustriellen Zeiten. Angelegt wurden die Mauern, um zu verhindern, dass die Flut in die Lagune eindringt, und auch heute noch leisten sie als Wellenbrecher gute Dienste.

Die Insel ist zum Glück flach und bietet sich daher gut zum Radfahren an. An der der Lagune zugewandten Seite der Insel verläuft ein Fahrradweg, vorbei an bunten Häusern, Dorfkirchen, Bootswerften, verlassenen Industriebauten und Fischerhütten. Auf der anderen Seite der *murazzi* finden sich Sandstrände, aber leider sind sie oftmals voller Plastikmüll, der von der Adria hier angeschwemmt wird.

Die Buslinie 11 verbindet die Vaporetto-Haltestelle Lido SME mit Pellestrina (inkl. kurzer Fahrt mit der Fähre).

 ESSEN

Es wundert wohl niemanden, dass der Schwerpunkt des Essens in dieser Gegend auf Fisch und Meeresfrüchten liegt. Sowohl auf Giudecca als auch am Lido gibt es einige hervorragende Lokale, die der heimischen Küche alle Ehre erweisen. Auf den kleineren Inseln findet man jedoch keinerlei Lokale, es sei denn sie sind einem der privaten Inselhotels angeschlossen.

✖ Giudecca

★LA PALANCA
VENEZIANISCH €€

Karte S. 329 (☎041 528 77 19; www.facebook.com/LaPalancaGiudecca; Fondamenta Sant'Eufemia 448, Giudecca; Gerichte 24–40 €; ⊗Mo–Sa 7–20.30 Uhr; 🕾🖉; 🚢Palanca) Einheimische jeden Alters strömen in diese bescheidene Bar wegen der *cicheti* (venezianische Tapas)*, des Kaffees und des *spritz* (Prosecco-Campari-Cocktail). Aber eigentlich läuft das Lokal zur Mittagszeit zu absoluter Höchstform auf, denn dann kommen überraschend einfallsreiche Speisen wie Schwertfisch-Carpaccio mit Orangenschale sowie rustikalere Gerichte auf den Tisch, so beispielsweise eine köstliche *pasta e fagioli* (Pasta und Bohnensuppe).

In den Sommermonaten wird von den Gästen mit harten Bandagen um jeden freien Tisch am Wasser gekämpft.

★TRATTORIA AI CACCIATORI
VENEZIANISCH €€

Karte S. 329 (☎328 7363346; www.aicacciatori.it; Fondamenta del Ponte Piccolo 320, Giudecca; Gerichte 34–47 €; ⊗Di–So 12–15 & 18.30–22 Uhr; 🕾; 🚢Palanca) Wie man dank des riesigen Gewehrs, das von der Balkendecke herunterbaumelt, erraten kann, ist dieses Restaurant nach jenen Jägern benannt, die einstmals in der Lagune Wasservögel erlegten.

Die Gerichte sind herzhaft, aber durchaus auch raffiniert zubereitet; es kommen sowohl Wild als auch Meeresfrüchte aus der Region auf den Tisch.

★TRATTORIA ALTANELLA
VENEZIANISCH €€

Karte S. 329 (☎041 522 77 80; Calle de le Erbe 268, Giudecca; Gerichte 41–46 €; ⊗Mi–So 12.30–14 & 19.30–21 Uhr; ❋; 🚢Redentore) Das gemütliche Restaurant wurde im Jahr 1920 von einem Fischer und dessen Frau eröffnet und wird bis heute von derselben Familie geführt. Serviert werden klassische venezianische Speisen wie Kartoffel-Gnocchi mit Tintenfisch, gefüllte Calamari und meisterhaft gegrillter Fisch.

In den nostalgischen Räumlichkeiten hängen zahlreiche Gemälde, die vermitteln, dass dieses Restaurant bei Künstlern der Region hoch in Kurs stand und noch immer steht. Auf dem mit Blumen gesäumten Balkon, der über den Kanal hinausragt, befinden sich ebenfalls noch Tische.

✖ Lido di Venezia

MAGICHE VOGLIE GELATO €
Karte S. 330 (📞347 7943992; Gran Viale Santa
Maria Elisabetta 47g, Lido; Waffel 2,50–4,50 €;
⊙März & Okt. Fr–So 14.30–21 Uhr, April–Sept.
10–23 Uhr; 🚆Lido SME) Das beste Eis am
Lido wird jeden Morgen vor Ort in dieser familiengeführten Gelateria gemacht.
Hier haben die Kunden die Qual der Wahl
zwischen neumodischen Sorten, beispielsweise Açai-Beeren und Caja-Frucht, oder
sie entscheiden sich schlicht und einfach
für ein klassisches, tiefrotes Kirsch- oder
sizilianisches Pistazieneis.

GELIDO LATO GELATO €
Karte S. 330 (📞041 839 06 45; www.gelidolato.
it; Via Isola di Cerigo 5, Lido; Eis ab 1,70 €; ⊙12–
23.30 Uhr; 🚆Lido SME) Diese winzige Eisdiele
ist stolz auf ihre frischen Zutaten und interessanten Sorten, beispielsweise Cheesecake
oder Walnuss und Feige. Es gibt im Gelido
Lato auch vegane Möglichkeiten.

EL PECADOR FOOD-TRUCK €
Karte S. 330 (📞324 8373715; Lungomare Gabriele d'Annunzio, Lido; Sandwiches 3–6 €; ⊙April–
Sept. 10–2 Uhr; 🚆Lido SME) Nein, niemand,
der sich beim Anblick dieses roten Doppel-
deckerbusses am Bordstein wundert, leidet
unter einem Hitzschlag. Hier werden die
wohl besten gefüllten Sandwiches des Lido
verkauft. Auch einen *spritz* (Prosecco-Campari-Cocktail), gibt es hier – also einfach
auf dem überdachten Oberdeck Platz nehmen und genießen!

AL MERCÀ VENEZIANISCH €€
Karte S. 330 (📞041 243 16 63; www.osteria
almerca.it; Via Enrico Dandolo 17a, Lido; Gerichte
30–43 €, 3-Gänge-Menü mit Fisch/Fleisch 15/
20 €; ⊙Sommer tgl. 12–14.30 & 18.45–21.30 Uhr,
Winter Do–Sa 12–14.30 & 18.45–21.30 & So 12–
14.30 Uhr; 🚆Lido SME) Das Al Mercà befindet sich am alten Fischmarkt des Lido und
steht vor allem bei Studenten hoch im Kurs,
die wegen der üppigen *cicheti,* der Tische
im Freien und der preisgünstigen offenen
Weine hierherkommen. Man kann an einem
der Tresen einen Happen essen oder sich
einen Stuhl in der *osteria* (einfaches Lokal
mit Wein und kleinen Speisen) schnappen,
um sich eine traditionelle Mahlzeit mit
Meeresfrüchten schmecken zu lassen. An
Wochentagen wird ein Mittagsmenü angeboten, das viel fürs Geld bietet.

TRATTORIA ANDRI VENEZIANISCH €€
Karte S. 330 (📞041 526 54 82; Via Lepanto 21,
Lido; Gerichte 30–38 €; ⊙Di–Sa 18–22, So 12–15
& 18–22 Uhr; 🚆Lido SME) Dieses zauberhafte Fischrestaurant ist bei den Einheimischen sehr beliebt und serviert klassische
venezianische Gerichte, die mit qualitativ
hochwertigen Zutaten zubereitet werden.
In den Sommermonaten empfiehlt es sich,
einen Tisch auf der grünen Veranda vor
dem Haus zu reservieren.

FAVORITA VENEZIANISCH €€€
Karte S. 330 (📞041 526 16 26; Via Francesco Duodo 33, Lido; Gerichte 41–55 €; ⊙Di–So 19–22.30,
Fr–So 12.30–14.30 & 19–22.30 Uhr; 🚗A) Das Favorita punktet seit 1955 mit köstlichen Mittagessen für träge Geister, feinen Flaschen-
weinen und einem makellosen Service. Die
Speisekarte ist voller traditioneller Meeresfrüchtegerichte wie *rombo* (Steinbutt),
gedünstet mit Kirschtomaten und Oliven,
Krabben-*gnochetti* (Mini-Gnocchi) und
klassischem Fischrisotto.

✖ Pellestrina

RISTORANTE DA CELESTE VENEZIANISCH €€€
(📞041 96 73 55; www.daceleste.it; Via Vianelli
625b, Pellestrina; Gerichte 60–80 €; ⊙März–
Okt. Do–Di 12–14.30 & 19–21.15 Uhr; 🚌11) Dieses
einfache Restaurant liegt auf halbem Weg
entlang der Küste von Pellestrina und serviert auf seiner Ponton-Terrasse frischen
Fisch aus der Lagune. Am schönsten ist es
hier bei Sonnenuntergang, wenn der rosa
gefärbte Himmel die funkelnde Lagune
"küsst". Dann führt Rossano seine Gäste durch die besten Tagesangebote, von
Polenta mit winzigen Shrimps bis hin zu
verschiedensten Herzmuscheln, Muscheln,
Jakobsmuscheln, Seespinnen und – die
Spezialität des Hauses – Fischpastete. Eine
Reservierung ist absolut empfehlenswert.

🍷 AUSGEHEN & NACHTLEBEN

**Der Sommer am Lido bringt Strandbars
und Barfußclubs mit sich, zu anderen
Zeiten gibt es hier nur wenig Aufre-
gendes. Passend zu den großen Unter-
schieden auf der Insel, bietet Giudecca
verschiedene gemütliche Lokale für Einheimische, aber auch vornehme Treffs.**

SKYLINE
DACHBAR

Karte S. 329 (☎041 272 33 11; www.skylinebar venice.it; Fondamenta San Biagio 810, Giudecca; ⏱April–Okt. 12–1 Uhr früh, Nov.–März 16–24 Uhr; 🚢Palanca) Die Dachbar des Hilton Molino Stucky begeistert mit ihrem sagenhaften Panoramablick auf Venedig und die Lagune jeden – von den Passagieren der Kreuzfahrtschiffe mit weißen Sneakers bis hin zum Designervölkchen mit einer Sonnenbrille für 300 € auf der Nase. DJs legen das ganze Jahr über am Freitagabend auf sowie im Sommer noch den einen oder anderen Abend, wenn sich die Action zum Sonnendeck und Pool verlagert. Manchmal treten hier auch Livebands auf.

BAR 9
WEINLOKAL

Karte S. 330 (☎347 0301575; Via Lepanto 9; ⏱9.30–0.30 Uhr; 🚢Lido SME) An diesem gemütlichen kleinen Lokal an dem niedlichsten autofreien Stück auf dem Lido kann man sehr viel mögen: Da wären die blanken Steinwände, dann die komplett aus Holz gefertigte Theke und die exzellente Weinkarte. Die außergewöhnlichen *cicheti* sind jedoch der Hauptgrund, weshalb man immer wieder hierher kommt.

OSTERIA DA MORO
WEINLOKAL

Karte S. 329 (☎041 099 58 84; Fondamenta Sant'Eufemia 658, Giudecca; ⏱Mi–Mo 7–23 Uhr; 🖥; 🚢Palanca) In diesem kleinen, eleganten Lokal werden den ganzen Tag über Sandwiches und etwas reichlichere Snacks serviert, hinzu kommt noch eine exzellente Weinauswahl. Die großen Fenster bieten einen herrlichen Blick auf den Giudecca-Kanal.

ESSENTIALE
BAR

Karte S. 330 (☎041 526 13 16; www.essentiale restaurant.com; Via Sandro Gallo 6, Lido; ⏱Di–So 12.30 Uhr–Mitternacht; 🚢Lido SME) Fotos von Sonnenuntergängen sind nirgends so gut möglich wie von der Terrasse der Villa Laguna, einer Villa aus der Habsburger Zeit. Von hier hat man einen herrlichen Blick hinüber nach San Marco vor einem rötlich-rosafarbenen Himmel. Obwohl das Essentiale eher ein Restaurant ist, richtet sich sein Angebot auch an die Gäste, die zum *aperitivo* hierher kommen. Außerdem liegt es sehr günstig zur Fährhaltestelle Lido SME.

DA CRI CRI E TENDINA
BAR

Karte S. 330 (☎041 526 54 28; Via Sandro Gallo 159, Lido; ⏱Mo–Sa 7.30–21, So 8.30–13 Uhr; 🖥A,

B, C) In diese Bar um die Ecke kommt man wegen der venezianischen Weine, Biere vom Fass und einer ganzen Theke voller *cicheti*, die die besten der Insel sein sollen. Am schönsten ist es hier im Sommer, wenn alle Tische draußen stehen, die Einheimischen ihren *spritz* schlürfen und sich im venezianischem Dialekt gegenseitig auf den Arm nehmen. Zur Mittagszeit gibt es eine große Auswahl an gefüllten *panini*.

 # SHOPPEN

Obwohl es an der Hauptshoppingstraße auf dem Lido, der Gran Viale Santa Maria Elisabetta, zahlreiche Geschäfte gibt, scheinen sich diese jedoch hauptsächlich auf betuchte Rentner eingestellt zu haben. Auf Giudecca gibt es einige interessante Kunstgewerbeläden, die in der Region hergestellte Artikel verkaufen.

ARTISTI ARTIGIANI DEL CHIOSTRO
KUNST & KUNSTHANDWERK

Karte S. 329 (Campo San Cosma 620a, Giudecca; ⏱wechselnde Öffnungszeiten; 🚢Palanca) Der Kreuzgang des ehemaligen Klosters der hll. Kosmas und Damian aus dem 15. Jh. wurde zum Standquartier für unabhängige Handwerkskünstler umfunktioniert, die hier nun ihre Werke feilbieten. Alle legen ihre individuellen Öffnungszeiten fest, und es sind auch nicht alle Ateliers öffentlich zugänglich. Wer hier eine Runde dreht, findet traditionelle Maskenhersteller, Buchrestaurateure, Maler, Metallbearbeiter, Glasbläser und Unmengen an Katzen.

FORTUNY TESSUTI ARTISTICI
HAUSHALTSWAREN

Karte S. 329 (☎393 8257651; Fondamenta San Biagio 805, Giudecca; ⏱Mo–Fr 10–18 Uhr; 🚢Palanca) Marcel Proust wurde beinahe ekstatisch, wenn es um die seidigen Baumwollstoffe mit Jugendstilmustern ging. Im Ausstellungsraum dieser noch in Betrieb befindlichen Fabrik können die Besucher in den rund 300 Textildesigns stöbern und Polsterstoffe oder fertige Artikel wie z. B. Kissen erstehen. Wem das alles noch nicht ausreichen sollte, besucht das Museo Fortuny (S. 65).

MERCATO DELLA PRIGIONE FEMMINILE
MARKT

Karte S. 329 (www.rioteradeipensieri.org; Fondamenta de le Convertite 713, Giudecca; ⏱Do

9–12 Uhr; Palanca) Die Einheimischen von Giudecca kommen früh am Morgen hierher, um sich mit Bio-Gemüse aus dem „Garten der Wunder" des Frauengefängnisses einzudecken. Angeboten wird es direkt an einem Stand vor dem Gebäude. Es gibt auch handgemachte Seifen, Shampoos und Feuchtigkeitscremes, die alle vor Ort von den Gefangenen als Teil eines Resozialisierungsprogramms, das von einer gemeinnützigen Kooperative durchgeführt wird, hergestellt werden.

MERCATO SETTIMANALE DEL LIDO MARKT

Karte S. 330 (Area Mercatino delle Quatro Fontane, Lido; Di & Fr 7.30–13 Uhr; Lido SME) Der Markt von Lido bietet am Dienstag ein bisschen von allem und am Freitag auf dem Bauernmarkt ganz spezielle Lebensmittel und sonstige Produkte an.

SPORT & AKTIVITÄTEN

ACQUOLINA COOKING SCHOOL KOCHEN

Karte S. 330 (041 526 72 26; www.acquolina.com; Via Lazzaro Mocenigo 10, Lido; Halb-/Ganztagskurse 170/290 €; ; Lido) Marika Contaldo veranstaltet diese persönlichen Kochkurse in ihrer mit Blumen geschmückten Villa am Lido. Leute mit ernsthaften Ambitionen sollten möglicherweise einen mehrtägigen (Koch)Urlaub in Betracht ziehen, bei dem der Kochunterricht durch diverse Marktbesuche, Kreuzfahrten durch die Lagune und Ausflüge zur Glasfabrik Segusa aufgelockert wird.

Ansonsten werden auch noch halb- oder ganztägige Schnupperkurse angeboten, zu denen auch ein Ausflug zum Rialto-Markt am frühen Morgen gehört.

CIRCOLO GOLF VENEZIA GOLF

Karte S. 330 (041 73 13 33; www.circologolfvenezia.it; Strada Vecchia 1, Lido; Greengebühren wochentags/Wochenende 80/95 €; 9–16 Uhr; A) Dieser Golfclub befindet sich in einem etwa 100 ha großen Areal in Alberoni, das am Südzipfel der Inselliegt. Der ursprüngliche 9-Loch-Platz (heute gibt es einen 18-Loch-Platz, Par 72) wurde im Jahr 1928 vom Profi-Golfspieler Bobby Cruickshank aus Glasgow entworfen und bezieht die Mauern der alten Festung von Alberoni als wesentliches Element einiger Löcher mit ein.

Murano, Burano & die nördlichen Inseln

ISOLA DI SAN MICHELE | MURANO | BURANO & MAZZORBO | TORCELLO | ISOLA DI SAN FRANCESCO DEL DESERTO | SANT'ERASMO | LE VIGNOLE | ISOLA DELLA CERTOSA

Highlights

❶ **Basilica di Santa Maria Assunta** (S. 168) Sich mit den Engeln, Heiligen und Teufeln auf den alten Mosaiken befassen.

❷ **Murano** (S. 169) Den Künstlern in den Vorführräumen auf der Insel bei der Glasbläserei zuschauen, die Geschichte der Glaskunst im Museo del Vetro erkunden und ein Andenken für zu Hause erstehen.

❸ **Burano** (S. 170) Die Spiegelungen der bunten Häuser in den Kanälen betrachten und viel über die Spitzenstickerei erfahren.

❹ **Feste mit Meeresfrüchten** (S. 177) Sich die reiche Beute, die aus der Lagune kommt, in Restaurants wie der Venissa Osteria schmecken lassen. Als Zugabe: den Blick auf Weinberge und den Genuss seltener Weinsorten.

❺ **Basilica dei SS Maria e Donato** (S. 169) Noch mehr goldene Mosaiken, Drachenknochen und ein spektakulärer alter Marmorboden.

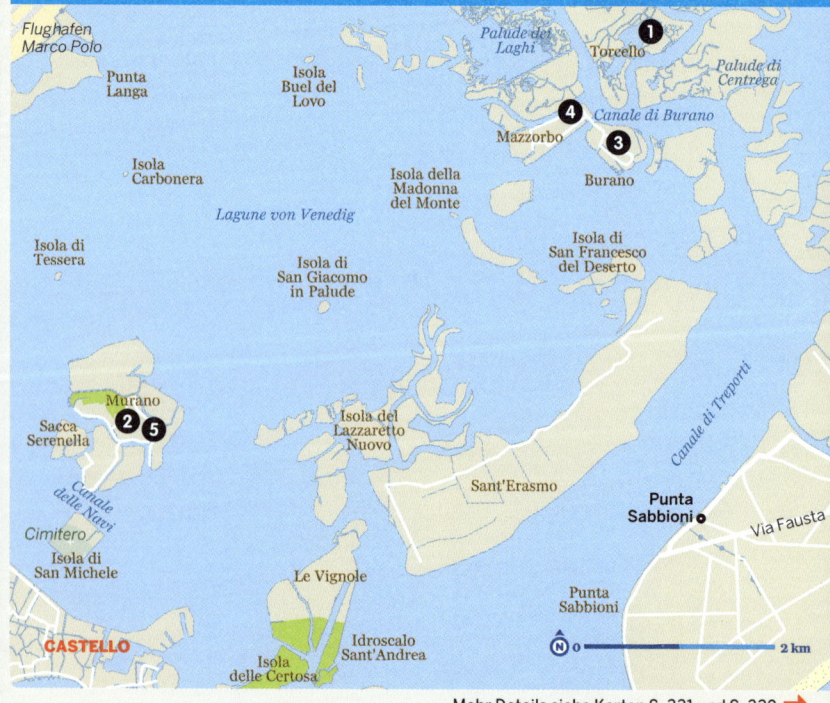

Mehr Details siehe Karten S. 331 und S. 332.

Murano, Burano & die nördlichen Inseln erkunden

Eine Vielzahl von Inseln sprenkelt die nördliche Lagune wie grüne Glasscherben. Der Legende nach flüchteten Bewohner der Stadt Altinum, die von den Hunnen zerstört wurde, nach Torcello. Sie errichteten hier die erste Kirche in der Lagune, Santa Maria Assunta (S. 168), die sie mit Mosaiken ausschmückten. Von Torcello aus besiedelten sie allmählich die benachbarten Inseln, manche ließen sich in der neuen Siedlung Venedig nieder.

Die nördlichsten Inseln liegen bis heute in einer Art Dornröschenschlaf; nur Burano lockt mit seinen bunten Häusern eine nennenswerte Anzahl von Touristen an – und das auch nur tagsüber. Nur ganz wenige machen sich die Mühe, die Brücke nach Mazzorbo zu überqueren; wer es dennoch tut, wird mit köstlichem Essen und sehr gutem Wein der Region belohnt. Nur die Unerschrockenen besuchen das Kloster (S. 173) auf San Francesco del Deserto, in dem die Zeit stillzustehen scheint, oder die Lagunengärten auf Sant'Erasmo und Le Vignole.

Mit Murano, das viel näher an Venedig liegt, ist es ganz andere Geschichte. In den berühmten Glasbläserwerkstätten werden in den glutheißen Brennöfen nach wie vor verschnörkelte Kronleuchter, Trinkbecher und Schmuck angefertigt. Aber selbst auf dieser am meisten besuchten Insel des Nordens tritt nach Einbruch der Dunkelheit Ruhe ein.

Lokalkolorit

➜ **Beschauliches Picknick** Picknicken lässt sich gut auf Certosa, zwischen den Weinreben auf Mazzorbo, auf der Wiese hinter der Basilika auf Torcello oder bei den Ruinen des Forte Sant'Andrea auf Le Vignole.

➜ **Übernachten auf den Inseln** Es ist schön, in einem der wenigen Gasthöfe auf Torcello, Burano oder Mazzorbo zu übernachten und dann die abendliche Beschaulichkeit zu genießen, die sonst nur den Einheimischen vorbehalten ist.

An- & Weiterreise

➜ **Vaporetto** Die Wasserbusse verkehren bis 22 Uhr alle 10 Minuten und danach alle 20 bis 30 Minuten. Auf Murano gibt es sieben Haltestellen, und die Linien 3, 4.1 und 4.2 laufen die meisten davon an. Linie 12 (nach Mazzorbo, Burano und manchmal auch nach Torcello) und Linie 13 (nach Le Vignole und Sant'Erasmo) halten nur am Murano Faro und fahren im Anschluss zu den entfernter gelegenen Inseln weiter. Außer Linie 3 (Direktverbindung zum Bahnhof) halten alle anderen an den Fondamente Nove.

Top-Tipp

Man sollte die weiter draußen gelegenen Inseln zuerst besuchen (die Fahrt mit dem Boot nach Torcello dauert 50 Min.), bevor die *vaporetti* total überfüllt sind, und später nach Murano fahren; am Spätnachmittag gibt es in den Läden auch weniger Touristen. Da Murano nur 10 Min. von Venedig entfernt liegt, kann man problemlos noch einmal dorthin fahren.

 Tolle Fotomotive

➜ Burano (S. 170) Die bunten Häuser, die sich in den Kanälen spiegeln

➜ Basilica di Santa Maria Assunta (S. 168) Der weite Blick vom Glockenturm aus.

➜ Mazzorbo (S. 170) Die Kormorane, die ihre Flügel zum Trocknen ausbreiten.

Details siehe S. 169.➜

Gut essen

➜ Trattoria al Gatto Nero (S. 178)

➜ Osteria al Duomo (S. 177)

➜ Venissa Osteria (S. 178)

➜ Trattoria Maddalena (S. 178)

➜ Acquastanca (S. 178)

Details siehe S. 176.➜

 Schön shoppen

➜ Cesare Toffolo (S. 178)

➜ ElleElle (S. 178)

➜ Emilia (S. 178)

➜ Venini (S. 179)

➜ Fornace Mian (S. 179)

Details siehe S. 178.➜

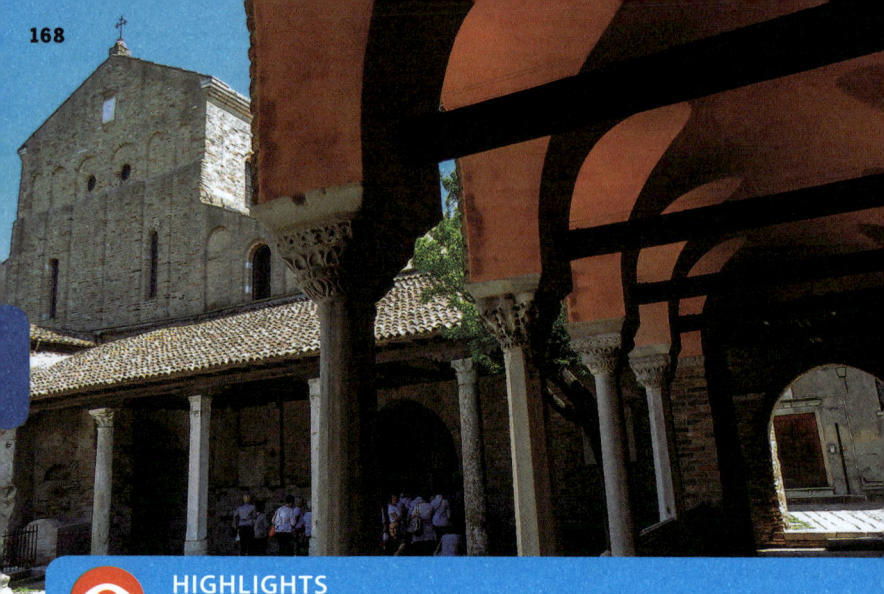

HIGHLIGHTS
BASILICA DI SANTA MARIA ASSUNTA

Die Entscheidungen des Lebens werden in den Mosaiken der Basilica di Santa Maria Assunta klar dargestellt: Entweder man geht auf ein Leben nach dem Tode zu, inmitten einer Heiligenschar und einer glückseligen Madonna mit Kind, oder man steht mit dem Rücken dazu und erwartet den Zorn des Teufels, der sich an dem Schicksal der verlorenen Seelen weidet.
Die seit dem 7. Jh. bestehende ehemalige Kathedrale ist das älteste byzantinisch-romanische Gebäude der Lagune. Die unaufdringliche Backsteinfassade lässt nicht erahnen, welch farbenprächtige Szenen sich im Inneren entfalten.

Maria mit Kind schwebt im **Apsis-Mosaik** über den Aposteln, die auf einem für die Insel Torcello typischen Mohnblumenfeld stehen. Die **Kapelle rechts** ist mit ähnlich alten Mosaiken bedeckt und zeigt Christus, flankiert von zwei Engeln und den Heiligen Augustinus, Ambrosius, Martin und Gregor inmitten symbolischer Pflanzen: Lilien (die für Reinheit stehen), Weizen und Trauben (die für Brot und Wein der Eucharistie stehen) und Mohnblumen (die die Insellandschaft auf Torcello verkörpern).

Auf der rückwärtigen Wand befindet sich ein Mosaik mit der Darstellung des **Jüngsten Gerichts**: Die Adria wird als Meerjungfrau gezeigt, die die verlorenen Seelen auf dem Meer zu Petrus führt, während der Teufel die Waagschalen der Gerechtigkeit antippt und die Gefolgsleute des Antichristen die Verdammten in die Hölle stoßen.

Eine Reihe mit Heiligendarstellungen bilden hoch über dem byzantinischen Lettner eine vergüldete **Ikonostasis**. Der Lettner ist voller Tiere und fantasievoller Kreaturen. Der meisterliche Marmorboden zeigt ineinandergreifende Räder, die das ewige Leben symbolisieren.

TOP-TIPPS

➡ Man sollte den Campanile (5 €) besteigen, um von dort die gute Aussicht über die Inseln zu genießen – und den faszinierenden Blick auf Venedig.

➡ Ein Audioguide (2 €) liefert weitere Infos.

➡ Es werden Kombitickets inkl. Kirche, Campanile, Audioguide und Museum (Mo geschl.) angeboten.

PRAKTISCH & KONKRET

➡ Karte S. 332, C4
➡ ☏041 73 01 19
➡ Piazza Torcello, Torcello
➡ Erw./erm. 5/4 €, inkl. Museum & Campanile 12/10 €
➡ ⏱10.30–17.30 Uhr
➡ ⛴Torcello

🎯 SEHENSWERTES

Von allen Inseln ist Murano diejenige, die am leichtesten zu erreichen ist und wo es am meisten zu besichtigen und zu unternehmen gibt. Die entlegene Insel Torcello bietet allerdings auch ziemlich viele historische Sehenswürdigkeiten und gehört damit zu den faszinierendsten in der nördlichen Lagune. Reisende, die nur nach Torcello übersetzen möchten, dürften sich jedoch ärgern, nicht auch zur hübschen Insel Burano gefahren zu sein. Sie liegt nur einen Katzensprung von Torcello entfernt.

🎯 Isola di San Michele

Dieses malerische, von einer Mauer umgebene Eiland liegt zwischen Murano und Venedig und ist der wichtigste Friedhof der Serenissima. Die *vaporetti* 4.1 und 4.2, die zwischen den Fondamente Nove und Murano verkehren, machen hier halt.

CIMITERO DI SAN MICHELE   FRIEDHOF
(Isola di San Michele; ⊘April–Sept. 7.30–18 Uhr, Okt.–März bis 16.30 Uhr; 🚤Cimitero) GRATIS Bis Napoleon auf der kleinen Insel den städtischen Friedhof anlegte, wurden die Venezianer auf den Gemeindefriedhöfen im gesamten Stadtgebiet beerdigt – was in einem Ort mit derart viel Wasser keine sonderlich gute Lösung war. Heute legen hier Besucher mit einem gewissen Hang zum Morbiden, unverbesserliche Romantiker und Musikliebhaber gern eine kleine Pause ein, um Ezra Pound, Joseph Brodsky, Sergei Diaghilev und Igor Strawinsky ihre Ehre zu erweisen. Im Büro links vom Eingang kann man sich einen Lageplan mitnehmen, um die Grabstätten dieser berühmten Personen leichter zu finden, aber wirklich exakt ist dieser leider nicht.

Der Friedhof hier wird heute noch genutzt; hierher kommen die Einheimischen, um die Gräber ihrer verstorbenen Angehörigen zu besuchen. Aus diesem Grund ist es nicht gestattet, zu fotografieren oder gar ein Picknick zu machen. Das Architekturbüro David Chipperfield leitet die fortschreitende Erweiterung des Friedhofs, wozu u. a. auffällige Kolumbarien (Grabkammern mit übereinander angebrachten Nischen) aus Beton und Basalt gehören.

Vor der Eroberung der Republik Venedig durch Napoleon, war die Insel Sitz eines Kamaldulenserklosters, von dem noch der Kreuzgang erhalten ist, ebenso die **Chiesa di San Michele in Isola** von 1469 (1 €, an Werktagen vormittags geöffnet), eine der ersten Renaissancekirchen Venedigs. Innen finden sich eindrucksvolle, geschnitzte Bossen an Holzdecken. Allerdings lässt sich die Architektur der Kirche am besten von der Fähre nach Murano bewundern.

🎯 Murano

Die Venezianer arbeiten schon seit dem 10. Jh. mit Glas; wegen der Brandgefahr, die mit der Glasbläserei einhergeht, wurde die Industrie jedoch im 13. Jh. auf die Insel Murano verlegt. Und wehe dem Glasbläser, den die Wanderlust gepackt hatte: Die Geheimnisse dieser Zunft wurden so streng gehütet, dass jeder Glasbläser, der die Stadt verlassen wollte, sich des Verrats schuldig machte und damit rechnen musste, hingerichtet zu werden. Heute gehen die Glaskünstler ihrer Arbeit in den Werkstätten auf der gesamten Insel nach; Läden, in denen diese hochwertigen und teuren Erzeugnisse angeboten werden, befinden sich an der Fondamenta dei Vetrai.

Murano ist mit dem Vaporetto von den Fondamente Nove in nicht einmal 10 Min. zu erreichen; die Boote verkehren häufig.

⭐**BASILICA DEI SS MARIA E DONATO**   KIRCHE
Karte S. 331 (www.sandonatomurano.it; Campo San Donato, Murano; ⊘Mo–Sa 9–18, So 12.30–18 Uhr; 🚤Museo) GRATIS Das Thema, um das sich in dieser mittelalterlichen Kirche von Murano alles dreht, ist das Feuer in all seinen Spielarten. Hier beeindruckt ein vergoldetes Glasmosaik in der Apsis, das die Jungfrau Maria darstellt; es wurde in den *fornaci* (Schmelzöfen) auf Murano gefertigt. Und dann wären da auch noch die Knochen eines – feuerspeienden – „Drachen", der hinter dem Altar hängt. Der Überlieferung zufolge wurde das Ungetüm vom hl. Donatus von Arezzo getötet, dessen sterbliche Überreste ebenfalls hier ruhen.

Das zweite Meisterwerk dieser Kirche befindet sich direkt unter den Füßen der Besucher – ein Bodenmosaik im byzantinischen Stil aus dem 12. Jh. mit wellenförmigen geometrischen Mustern und Geiern, Adlern und Pfauen, die kunstvoll in Porphyr, Serpentin und in andere Gesteine eingearbeitet wurden.

GLASBLÄSER BEI DER ARBEIT

Rund um San Marco und Murano bekommt man ständig Flyer in die Hand gedrückt, in denen für Vorführungen von Glasbläsern geworben wird; viele dieser Demonstrationen werden allerdings ausschließlich für Touristengruppen arrangiert. Diese Vorführungen wirken demnach äußerst touristisch, müssen deswegen aber nicht unbedingt schlecht sein; gut sind beispielsweise die Darbietungen von **Glass Cathedral** (Karte S. 331; ✆041 73 69 98; www.santachiaramurano.com; Fondamenta Manin 1; Sommer/Winter 7/5 €; ⛴Colonna). Bei **Guarnieri Vetreria Artistica** (Karte S. 331; ✆041 527 43 70; www.vetreriaguarnieri.com; Fondamenta Serenella 4, Murano; ⏱9–16 Uhr; ⛴Colonna) zahlt man nur die Hälfte, die Vorführung ist aber auch nur halb so lang. Gelegentlich wird auch für „Gratis-Vorführungen" geworben, anschließend bittet man aber oft um eine „Spende" für die Arbeiter, oder man wird im zugehörigen Laden aggressiv bedrängt, unbedingt etwas zu kaufen.

Nur wenige der wirklich guten Glaskünstler bieten überhaupt Führungen an, wer aber bereit ist, einige Tausend Euro für einen Kronleuchter auszugeben, darf sich vielleicht auch in der Werkstatt umschauen.

MUSEO DEL VETRO · MUSEUM

Karte S. 331 (Glasmuseum; ✆041 243 49 14; www. museovetro.visitmuve.it; Fondamenta Giustinian 8, Murano; Erw./erm. 14/11,50 €, mit dem Museumspass gratis; ⏱10–17 Uhr; ⛴Museo) Schon seit 1861 wird Muranos Glaskunst im Palazzo Giustinian – in den Jahren von 1689 bis zur Auflösung der Diözese im Jahr 1805 der Bischofssitz von Torcello – gewürdigt.

Im Obergeschoss werden in insgesamt acht Sälen wunderschöne Objekte präsentiert, die teilweise sogar noch aus dem 5. Jh. v. Chr. stammen.

Im unteren Stockwerk finden im Spazio Conterie in regelmäßigen Abständen Wechselausstellungen statt, auf denen zeitgenössische Glaskunst präsentiert wird. Gleich daneben befindet sich der Museumsladen, in dem eine kleine Auswahl an überaus hochwertigen Glassouvenirs, Schmuck und Kunstbänden erhältlich ist.

CHIESA DI SAN PIETRO MARTIRE · KIRCHE

Karte S. 331 (www.sandonatomurano.it; Fondamenta dei Vetrai, Murano; Museum 2 €; ⛪Kirche Mo–Fr 9–17.30, Sa & So 12–17.30 Uhr, Museum Mo–Fr 10–16 Uhr; ⛴Museo) GRATIS Es lohnt sich eine Pause beim Einkaufen der Glasobjekte einzulegen, um in dieser Kirche aus dem 16. Jh., die Petrus „dem Märtyrer" geweiht ist, das Gemälde *Die Taufe Christi* zu bewundern – das Kunstwerk wird Tintoretto zugeschrieben. Das Pfarreimuseum beherbergt die übliche Sammlung religiöser Kunst, liturgischer Gewänder, Prozessionsutensilien und Reliquiare.

Interessanter ist die außergewöhnliche Vertäfelung (17. Jh.) in der Sakristei mit 33 geschnitzten Figuren, darunter Kaiser Nero mit seiner Leier und ein entsprechend makabrer Prometheus.

◎ Burano & Mazzorbo

Wer sich von all der erhabenen Architektur von Venedig irgendwann vollkommen überwältigt fühlt, den holt Burano mit einem belebenden Farbschock wieder auf den Boden der Tatsachen zurück. Die Fähre der Linie 12, die an den Fondamente Nove ablegt, ist proppevoll mit Amateurfotografen, die sich auf der etwa 50-minütigen Fahrt rüsten, um sich danach in die Seitengassen von Burano zu stürzen, wo sie dann beispielsweise Schnappschüsse von erbsengrünen Socken schießen, die zwischen knallrosa und himmelblauen Häusern zum Trocknen aufgehängt sind.

Burano ist für seine handgeklöppelte Spitze berühmt, die einst die Mieder und Halskrausen der europäischen Aristokratie zierten. Leider kam dieser pompöse Stil wie auch die teure Tischwäsche in den schlechten Zeiten nach dem Zweiten Weltkrieg aus der Mode, und so ging es mit dieser Industrie bergab. Einige Frauen pflegen jedoch noch immer diese Tradition, es sind allerdings nur noch wenige Produktionsstätten verblieben – wobei es durchaus einige beachtliche Ausnahmen gibt. Die meiste Spitze, die in den Geschäften vor Ort feilgeboten wird, ist jedenfalls Importware und wurde maschinell hergestellt.

Wer Lust auf einen Spaziergang hat, sollte die 60 m lange Brücke zu Buranos ruhigerer Schwesterinsel Mazzorbo hinübergehen: Sie ist kaum mehr als ein mit Gras bestandener Hügel und somit ein netter Flecken für ein Picknick oder ein langes, gemütliches Mittagessen. Die Linie 12 hält auch in Mazzorbo, die Linie 9 pendelt zwischen Burano und Torcello.

MUSEO DEL MERLETTO MUSEUM

Karte S. 332 (Spitzenmuseum; ☑041 73 00 34; www.museomerletto.visitmuve.it; Piazza Galuppi 185, Burano; Erw./erm. 5/3,50 €, mit Museumspass gratis; ☺10–17 Uhr; ☻Burano) Das Museum für Spitzen auf Burano erzählt die Geschichte eines Kunsthandwerks, das gesellschaftliche Schranken überschritt und viele Jahrhunderte florierte. Zudem galt es in der Blütezeit der Republik als Inbegriff der Zivilisation. Die Spitzenklöppelei war sowohl kreativer Ausdruck, als auch ein lukratives Kunsthandwerk, obwohl die Fertigkeit mehrmals drohte, verloren zu gehen, weil handgemachte Spitzen immer mal wieder aus der Mode kamen.

CHIESA DI SAN MARTINO KIRCHE

Karte S. 332 (☑041 73 00 96; www.parrocchiadiburano.weebly.com; Piazza Galuppi, Burano; ☺8–12 & 15–19 Uhr; ☻Burano) GRATIS Diese Kirche aus dem 16. Jh. mit einem beunruhigend baufälligen, 53 m hohen Campanile lohnt einen Blick wegen Giambattista Tiepolos *La Crocifissione* (1725; nahe der Rückwand auf der linken Seite)*, ein Gemälde, das Maria mit einem kummervollen, grauen Gesicht zu Füßen des Kreuzes zeigt. Die russische Ikone aus dem 19. Jh. unweit des Hauptaltars ist die *Madonna von Kasan*, ein Meisterwerk der Emailmalerei mit erstaunlich hellen, lebensechten Augen.

CHIESA DI SANTA CATERINA KIRCHE

Karte S. 332 (☑041 73 01 69; www.parrocchiadimazzorbo.weebly.com; Isola di Mazzorbo 32; ☺Sommer 9–19 Uhr, Winter bis 17 Uhr; ☻Mazzorbo) Die romanische Kirche St. Katharina (spätes 13. Jh.) auf Mazzorbo ist das einzige von zehn mittelalterlichen Gotteshäusern auf der Insel, das erhalten ist. Innen ist die Holzdecke interessant, die einer *carena di nave* (Schiffsrumpf) ähnelt; es besteht die berechtigte Chance, dass man die Kirche ganz für sich alleine hat.

⊙ Torcello

Auf der ländlichen Insel Torcello übersteigt die Anzahl der Schafe bei Weitem die der Einwohner – 14 sind es gerade einmal. Das idyllische Eiland war einst eine byzantinische Metropole mit etwa 20 000 Einwoh-

nern, doch die Rivalität mit Venedig und mehrere Malaria-Epidemien in Folge reduzierten systematisch die Bevölkerung. Zudem sind von den ursprünglich neun Kirchen und zwei Abteien nur die Basilica di Santa Maria Assunta (S. 168) und die Chiesa di Santa Fosca (11. Jh.) übrig geblieben

Nicht alle Vaporetto-Verbindungen der Linie 12 legen in Torcello an, doch die die anhalten, bieten dann eine Direktverbindung nach Burano, Mazzorbo, Murano und zu den Fondamente Nove. Die häufiger verkehrende Linie 9 pendelt zwischen Torcello und Burano hin und her.

BASILICA DI SANTA MARIA ASSUNTA KIRCHE

Siehe S. 168.

MUSEO DI TORCELLO MUSEUM

Karte S. 332 (☑041 73 0761; www.museoditorcello.provincia.venezia.it; Piazza Torcello, Torcello; Erw./erm. 3/1,50 €, inkl. Basilica 8/6 €; ☺Di–So 10.30–17.30 Uhr; ☻Torcello) Das Museum, das zwei Gebäude am Platz gegenüber der Basilica di Santa Maria Assunta einnimmt, widmet sich der glorreichen Vergangenheit von Torcello. Das Hauptgebäude, der Palazzo del Consiglio aus dem 13. Jh., präsentiert bedeutende sakrale Kunstwerke, die aus vielen der längst aufgegebenen Kirchen der

Insel geborgen wurden. Der Anbau konzentriert sich auf archäologische Schätze aus der Antike, von denen ein Großteil aus der verlassenen römischen Stadt Altinum (Altino) auf dem Festland stammt.

Die Sammlung beinhaltet winzige Figurinen aus Ägypten, Bronzen der Etrusker, griechische Töpferei und einige hübsche römische Edelsteine.

CHIESA DI SANTA FOSCA · KIRCHE

Karte S. 332 (Piazza Torcello, Torcello; ⏲10–16.30 Uhr; 🚤Torcello) Diese interessante kleine Rundkirche im byzantinischen Stil stammt aus dem 11. Jh. und steht im wahrsten Sinn des Wortes im Schatten der berühmten Basilika von Torcello, mit der sie allerdings durch einen Säulengang verbunden ist. Im Innern präsentiert sich die Kirche verhältnismäßig schmucklos mit schlichten Backsteinwänden, einem Holzdach mit Kuppel und korinthischen Säulen in graufarbigem Marmor.

TRONO D'ATTILA · HISTORISCHE STÄTTE

Karte S. 332 (Attilas Thron; Piazza Torcello, Torcello; 🚤Torcello) Dieser Marmorthron aus dem 5. Jh. soll von Attila, dem Hunnenkönig, genutzt worden sein, als seine Horden Richtung Süden strichen und die römische Stadt Altinum terrorisierten. Tatsächlich erreichten die Hunnen Torcello nie, und auf dem Thron saß in Wahrheit der *magister militum,* der Militärgouverneur der Insel, wenn er Recht sprach.

◉ Isola di San Francesco del Deserto

In Anbetracht der Tatsache, dass die Lagune von Venedig an einer der wichtigsten Zugvogelrouten Europas liegt, scheint es durchaus wahrscheinlich, dass Franz von Assisi – der berühmte Heilige, der der Legende nach den Vögeln predigte – hier nach seiner Reise nach Palästina im Jahr 1220 Zuflucht gesucht haben könnte. Nach dem Tod des Heiligen vermachte Jacopo Michiel, der Besitzer der Insel, die Isola di San Francesco del Deserto dem Franziskanerorden. Im Jahr 1420 wurden die Mönche gezwungen, die Insel aufzugeben (daher ihr Name), denn es wütete die Malaria. Schließlich kehrten sie im Jahr 1856 unter Monsignor Portogruaro wieder zurück, und blieben bis zum heutigen Tag hier.

Wer diese Insel besuchen möchte, muss ein Privatboot mieten oder ein Wassertaxi (etwa 80 bis 100 € hin & zurück für bis zu vier Personen, inklusive 40–60 Min. Wartezeit) nehmen. Eine andere Möglichkeit ist, einen Platz an Bord des Shuttleboots zu buchen, das um 14.30 Uhr von

---

ISOLA DEL LAZZARETTO NUOVO

Seit 1988 machen sich Amateurarchäologen, Universitätsabsolventen und Schulkinder jeden Sommer auf den Weg zur Insel **Lazzaretto Nuovo** (☎041 244 40 11; www.lazzarettonuovo.com; Führung 5 €; ⏲Führungen April–Okt. Sa & So 9.45 & 16.30 Uhr; 🚤Lazzaretto Nuovo), um an einer der faszinierendsten historischen Stätten der Lagune, dem **Tezon Grande**, zu arbeiten.

Die Insel wurde in der Zeit von 1468 bis in die 1700er-Jahre als Quarantänestation der Republik Venedig genutzt, und das Tezon aus dem 16. Jh. ist nach der Corderia in der Arsenale-Werft das größte öffentliche Gebäude der Lagune. Rund um das Gebäude haben Ausgrabungen Einzelzellen zu Tage gefördert, in denen reisende Kaufleute als Vorsichtsmaßnahme gegen die Ausbreitung der Pest 40 Tage ausharren mussten, bevor sie nach Ausräucherung ihrer Waren in die Stadt hineingelassen wurden. Archäologisch tätige Gruppen haben Hunderte von Kunstwerken katalogisiert und fanden großflächige Wandzeichnungen, die von grauenvollen und entbehrungsreichen Reisen aus Zypern und Konstantinopel Zeugnis ablegen.

Angehende Indiana-Jones-Nachahmer können sich bei archäologischen **Sommercamps** (490 € pro Woche inkl. Kost und Logis) auf eine aktive Rolle in der Wiedernutzbarmachung des Lazzaretto freuen.

In den wärmeren Monaten kann man die Insel an Wochenenden im Rahmen einer **Führung**, die sich auf die Geschichte, Archäologie und Natur beschränkt, besuchen. Dazu nimmt man den Vaporetto Nummer 13, der von den Fondamente Nove D um 9.25 oder 16.05 Uhr ablegt, und gibt sein gewünschtes Fahrtziel an.

DIE LAGUNE ERKUNDEN

Wer Venedig richtig verstehen will, kann das nur, wenn er das Flickwerk aus sich wandelndem Watt und Marschland sieht und begreift. Die Unesco hat das erkannt und das etwa 550 km² große Gebiet im Jahr 1987 – das gößte Küstenfeuchtgebiet mit Anschluss ans Mittelmeer – zum Weltnaturerbe erklärt.

Die reichhaltige, einzigartige Flora und Fauna, die von den Gezeiten abhängigen *barene* (Sandmarschen) und Salzmarschen gehören einfach zur Identität der Stadt dazu. Von September bis Januar nisten, tauchen und plantschen in den seichten Stellen des Gewässers mehr als 130 000 Zugvögel, während Fischer das ganze Jahr über ihre Netze und Fallen pflegen, und die städtischen Arbeiter die Kanäle entschlammen und die schwimmenden Inseln aus Schlickgras und Salzkraut, die so wichtig für die Existenz und den Bestand der Lagune sind, verstärken.

Die einfachste und günstigste Art und Weise, die Lagune zu erkunden, ist mit einem Tagesticket für ein Vaporetto von Insel zu Insel zu fahren. Eine Bootsfahrt, wie die, die von **Terra e Acqua** (☏347 4205004; www.veneziainbarca.it; ☉Tagesausflug ab 400 €) angeboten werden, bringt die Passagiere auch in Gegenden, die sonst nur schwer zu errreichen sind, wie z. B. das Inselkloster San Francesco del Deserto (s. unten).

Alternativ kann man ein Boot bei **CBV** (Classic Boats Venice; ☏041 523 67 20; www.classicboatsvenice.com; Isola della Certosa; Leihgebühr für 1/2/3/4/8 Std. 80/130/180/225/295 €; ☉April–Febr. 9–19 Uhr; ⛴Certosa) ⚓ oder bei **Brussa Is Boat** (Karte S. 320; ☏041 71 57 87; www.brussaisboat.it; Fondamenta Labia 331; 7 m langes Boot 43/196 € pro Std./Tag inkl. Treibstoff; ☉Mo–Fr 7.30–17.30, Sa & So bis 12.30 Uhr; ⛴Ferrovia) mieten und auf eigene Faust losschippern. Wer schweißtreibende Arbeit nicht scheut, kann auch bei **Venice Kayak** (☏346 4771327; www.venicekayak.com; Vento di Venezia, Isola della Certosa; halber/ganzer Tag 95/125 €) oder **SUP in Venice** (Karte S. 320; ☏389 9851866; www.supinvenice.com; Fondamenta Contarini 3535; Touren ab 70 €; ☉April–Okt.; ⛴Orto) eine Exkursion durch die Lagune buchen.

Burano ablegt und von **Laguna Fla** (☏347 9922959; www.lagunaflaline.it; hin & zurück 10 €, mind. 4 Pers.) betrieben wird.

CONVENTO DI SAN FRANCESCO DEL DESERTO
KLOSTER

(☏041 528 68 63; www.sanfrancescodeldeserto.it; Isola di San Francesco del Deserto; Spenden erbeten; ☉Di–So 9–11 & 15–17 Uhr) GRATIS Die Franziskanermönche bieten kostenlos Führungen durch ihr abgeschiedenes Inselheim, das noch immer einige der ursprünglichen Elemente aus dem 13. Jh. erhalten hat, darunter z. B. den ersten Kreuzgang.

Da es sich um eine Stätte der Stille und Andacht handelt, werden die Besucher höflichst gebeten, nur mit gedämpfter Stimme zu sprechen, wenn sie durch die beiden Kreuzgänge und in die Kapelle geführt werden, in der der hl. Franziskus selbst gebetet haben soll. Am schönsten sind aber die beschaulichen, vom Duft der Zypressen erfüllten Gartenanlagen mit ihrem traumhaften Blick auf Burano. Es lohnt sich, vorher im Kloster anzurufen und nachzufragen, ob eine Führung stattfindet.

⦿ Sant'Erasmo

Sant'Erasmo wird auch als *orto di Venezia* (Garten Venedigs) bezeichnet, und wer Anfang Mai hierher kommt, sollte die **Festa del Carciofo Violetto** (☉Mai) nicht versäumen, wenn die Insel die erste Ernte der Artischocken mit ihren lila Blüten feiert. Sant'Erasmo ist mit 4,5 km genauso lang wie Venedig, bringt es an der breitesten Stelle allerdings nur auf rund 1 km. Etwa 750 Bauern bestellen hier noch die Felder und versorgen den Markt von Rialto und die Restaurants von Venedig – nicht nur mit Artischocken, sondern auch mit Spargel, Kürbissen und Tomaten.

Die Insel, früher ein ländlicher Rückzugsort der Aristokraten, bietet nun venezianischen Familien ein weitgehend touristenfreies Erholungsgebiet – sie können ihre Boote an den Schlammbänken vertäuen und an den schmalen „Stränden" ein Picknick machen. Eine nur saisonal ge-

Fortsetzung auf Seite 176

Venezianisches Kunsthandwerk

Glas

Die Venezianer stellen schon seit dem 10. Jh. Kristall und Glas her; aufgrund der Feuergefahr wurden die Brennöfen im 13. Jh. aus der Stadt allerdings nach Murano verlegt. Die Geheimnisse der Zunft wurden so streng gehütet, dass jeder Glasbläser, der die Stadt verließ, als Verräter galt und mit dem Tode zu rechnen hatte. Im 15. Jh. setzten die Glashersteller aus Murano dann Maßstäbe weltweit. Jahrhundertelang hatten sie das Monopol bei der Herstellung von Spiegeln, und im 17. Jh. bewirkte ihr Talent, Kristallglas herzustellen, das wie Edelstein glänzte, ein Produktionsverbot falscher Schmuckstücke aus Glas. Die Geschichte dieser Technik sowie das hohe Maß an Kunstfertigkeit werden im **Museo del Vetro** (S. 170) auf Murano präsentiert.

Heute wird die alte Tradition in Form von **Cesare Toffolos Flügelkelchen** (S. 178) und **Davide Pensos mundgeblasenen Glasperlen** (S. 179) hochgehalten, während die modernen Glasdesigns von **Marina e Susanna Sent** (S. 179), **Venini** (S. 179) und von Nason Moretti im **ElleElle** (S. 178) eine Weiterentwicklung der Tradition darstellen.

Papier

Prägung und Marmorierung von Papier nahmen in Venedig im 14. Jh. mit dem aufkommenden Verlagswesen ihren Anfang, doch irgendwann entwickelten die Buchbindetechniken und *Ebru*-Vorsatzblätter (türkisches Marmorpapier) ein Eigenleben. Der Kunsthandwerker **Paolo Olbi** (S. 96) führt die alte venezianische Tradition der Herstellung einzigartiger marmorierter und geprägter Notizbücher

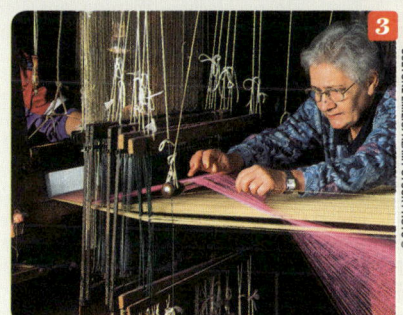

1. Mundgeblasenes Murano-Glas **2.** Stoffmuster von Fortuny **3.** Samtweberei

und Tagebücher weiter, während sich **Gianni Basso** (S. 133) Buchsymbolen des 18. Jhs. bedient, um Visitenkarten im Retro-Look herzustellen.

Textilien

Venezianische Spitze war in der Mode Jahrhunderte lang ein Muss, wie das **Spitzenmuseum** auf Burano (S. 171) bezeugt. **Bevilacqua** (S. 79) webt bis heute luxuriöse Wandteppiche. Als der moderne Meister venezianischer Bohemien-Textilien gilt Fortuny (S. 164); in seinem Showroom auf der Giudecca werden Wandbehänge präsentiert, die nach gehüteten Techniken hergestellt wurden. Die Wände des Ateliers bedecken Porträts von Prominenten, die ihre Corsage zugunsten von Fortunys Delphi-Gewändern abgelegt haben. Im **Venetia Studium** (S. 80) können Boho-Göttinnen diese erstehen.

TOP 5: AUSSERGEWÖHNLICHE SOUVENIRS

➡ Moderne handgewebte Tisch- und Bettwäsche von **Chiarastella Cattana** (S. 77)

➡ Handgedruckte Linolschnitte und Radierungen bei **Plum Plum Creations** (S. 133)

➡ Mundgeblasene Seifenblasen-Halskette von **Marina e Susanna Sent** (S. 179)

➡ Luxuriöse, handgeprägte Abendhandtaschen aus Samt in Gold und Maulbeere und handbemalte Seidenlampen bei **Venetia Studium** (S. 80)

➡ Bronzefigurinen des Löwen vom Markusdom aus der **Gießerei Fonderie Valese** (S. 78)

Fortsetzung von Seite 173

öffnete Bar hinter dem **Strand** (Via dei Forti, Sant'Erasmo; 🚤Capannone) sorgt für die lebensnotwendigen Espresso und die Pizza zum Mittagessen; in der einzigen Unterkunft auf der Insel, Il Lato Azzurro (S. 227), kann man auch Fahrräder ausleihen (5 € für 2 Std., dann 1 € pro Std.).

Der Vaporetto der Linie 13, ab den Fondamente Nove und Murano, legt in Capannone, Chiesa und Punto Vela an. In den Sommermonaten fährt die Linie 18 in Murano und am Lido ab und hält in der Nähe der zum Teil verfallenen **Torre Massimiliana** (Maximilianstum; Via dei Forti, Sant'Erasmo; ⏰unterschiedl. Öffnungszeiten; 🚤Capannone), einer österreichischen Festung aus dem 19. Jh., die manchmal für Kunstausstellungen genutzt wird. Gleich in der Nähe befindet sich ein kleiner Strand.

◉ Le Vignole

Willkommen im ländlichen Bereich von Venedig! Gemeinsam produzierten die beiden Inseln Vignole Vecchie und Vignole Nuove einstmals den Wein für den Dogen. Die gegenwärtig rund 50 Personen zählende Bevölkerung lebt auch heute noch überwiegend von der Landwirtschaft. Wie auf der nahen Insel Sant'Erasmo, so ist auch hier das Land von Feldern, Hainen und Weingärten bedeckt – dazwischen befinden sich die Häuser der hier lebenden Menschen. Der Vaporetto der Linie 13 fährt von den Fondamente Nove via Murano (Haltestelle Faro) nach Le Vignole.

An der Südostspitze der Insel führt eine Landzunge zur etwa 30 m entfernten, mit einer Fußgängerbrücke verbundenen Isola di Sant'Andrea, wo sich die am besten erhaltene Festung der Lagune befindet: **Forte Sant'Andrea** aus dem 16. Jh.

◉ Isola della Certosa

Einstmals bewohnten Kartäusermönche die Insel, denen sie ihren heutigen Namen verdankt. Früher stand auf La Certosa ein prächtiges Kloster mit einer Kirche, die herrliche Kunstwerke schmückten und in der sich die Gräber der Dogen befanden. Doch die ganze Herrlichkeit war schließlich dem Untergang geweiht, als im Jahr 1807 die Mönche auf Befehl von Napoleon

ihre Zellen aufgeben und die Insel verlassen mussten. Schließlich wurde der Kreuzgang des Klosters von Prinz Friedrich Carl Alexander von Preußen aufgekauft und dann in seinem Sommerschloss in Berlin im Jahr 1850 wiederaufgebaut.

Heute wird die Insel dank EU-Geldern und einer öffentlich-privaten Partnerschaft als Jachthafen und grüner Park neu belebt, und zwar unter der Schirmherrschaft von **Vento di Venezia** (☎041 520 85 88; www.ventodivenezia.it; Isola della Certosa; 🚤Certosa). Zum Komplex des Jachthafens gehören ein Hotel, ein Restaurant mit Bar im Freien und ein Segelclub, der Regatten organisiert. In den Sommermonaten gibt es ein Segelcamp für Kinder. Der besondere Reiz der Insel liegt jedoch bei einem Bummel oder Picknick abseits der Massen. Es ist ganz gut möglich, dass man die Wege bis auf einige Leute, die ihre Hunde ausführen, und Jogger, für sich ganz alleine hat.

Die Vaporetto-Linie 4.1/4.2 hält auf Wunsch von 6 bis 20.30 Uhr in Certosa; nach 20.30 Uhr wird die Verbindung von der Linie 5.1/5.2 übernommen.

Um zu signalisieren, dass man von der Insel mitgenommen werden möchte, drückt man den Signalknopf am Anlegeplatz, der dann Bescheid gibt, in welche Richtung man fahren möchte.

✕ ESSEN

Meeresfrüchte gehören zur traditionellen venezianischen Küche, und so ist es auch in diesem Teil der Lagune. Die nördlichen Inseln bieten einige kulinarische Höhepunkte. Deshalb lohnt es sich, etwas Zeit für ein lang ausgedehntes Mittagessen abseits der Touristenmassen der Stadt einzuplanen.

AI BISATEI
VENEZIANISCH €

Karte S. 331 (☎041 73 95 28; Campo San Bernardo 6, Murano; Gerichte 18–27 €; ⏰Do–Di 11.30–15 Uhr; 🚤Venier) Es macht Spaß, dieser nostalgischen Osteria einen Besuch abzustatten, die gern von den Glasbläsern besucht wird, die sich *fritto misto* (gemischtes Frittiertes, Fisch und Meeresfrüchte), Meeresfrüchte-Risotto und *Spaghetti vongole* (mit Venusmuscheln) bestellen. Wer alleine hierherkommt, wird oft an einen Tisch zu einem Einheimischen gesetzt – eine gute Gelegenheit, die Italienischkenntnisse zu

VENISSA: RENAISSANCE AUF MAZZORBO

Während der Renaissance kam der meiste Wein, den die Hautevolee von Venedig goutierte, aus den Weingärten auf den Inseln in der Lagune. Als König der edlen Tropfen galt der Dorona, eine heimische, fast ausgestorbene Rebsorte mit goldenem Schimmer und exquisitem Pfirsich- und Aprikosenbouquet.

Eine verheerende Überschwemmung machte den Dorona-Weinen den Garaus – und der Wein der Dogen ging beinahe verloren. Aber eben nur fast, genauer gesagt, bis Gianluca Bisol, ein Prosecco-Hersteller aus Valdobbiadene, von einem alten Weingut erfuhr, das auf Mazzorbo (S. 170) von mittelalterlichen Mauern umgeben war. Er pachtete das Land von der Stadt und machte sich ans Werk, die Obst- und Gemüsegärten zu sanieren, die mit Ziegelsteinen eingefasste *peschiera* (Fischzucht) wiederzubeleben und die seltene Dorona-Traube mit Hilfe von gerade einmal 88 Weinstöcken, die die damalige Katastrophe auf Torcello überlebt hatten, zu kultivieren.

Nachdem Bisol die Gärten von Venissa wieder auf Vordermann gebracht und sie der Obhut einiger Rentner aus Burano übergeben hatte, wendete er seine Aufmerksamkeit den Bauerngebäuden zu, die er in eine moderne Pension (S. 228) mit sechs Zimmern und in eine Osteria umgestaltete. Seitdem ist im Garten noch ein mit einem Michelin-Stern prämiertes **Restaurant** (Karte S. 332; ☎041 527 22 81; www.venissa.it; Fondamenta Santa Caterina 3, Mazzorbo; Tagesmenü 110–175 €; ⏱12.30 April–Okt. Mi–Mo 12.30–14 & 19.30–21 Uhr; ⛴Mazzorbo) hinzugekommen, und fünf historische Wohnhäuser auf der benachbarten Insel Burano wurden in ein *albergo diffuso* (eine Art „Hoteldorf"), die Casa Burano (S. 227), umgewandelt.

Und der Dorona-Wein? Er ist außergewöhnlich – das zeigen schon die renommierten Weinpreise, die er seit seiner ersten Lese 2010 gewonnen hat. Angesichts der geringen Mengen, die gekeltert werden, und der Tatsache, dass er in einzeln etikettierten und nummerierten Flaschen aus Murano-Glas mit einem geprägten Goldblatt verkauft wird, macht ihn faktisch unbezahlbar. Im Venissa kann man jedoch zum Abendessen ein Glas für nur 25 € probieren – eine lohnende Investition.

testen (soweit vorhanden). Der Service ist freundlich und effizient; das Essen ist zwar einfach, aber richtig lecker.

★ OSTERIA AL DUOMO ITALIENISCH €€
Karte S. 331 (☎041 527 43 03; www.osteriaalduomo.com; Fondamenta Maschio 20–21, Murano; Gerichte 23–46 €; ⏱11–22.30 Uhr; 🛜🅿♿; ⛴Museo) Diese Osteria, die im Jahr 1903 vom Gemeindepfarrer als genossenschaftlicher Gemischtwarenladen eröffnet wurde, ist noch immer im gemeinschaftlichen Besitz von rund 50 Familien aus Murano. Kein Wunder also, dass hier eine freundliche Atmosphäre herrscht und so richtig anständige Teller mit Pasta (der Schwertfisch mit Oliven und Tomatenspaghetti ist exzellent) und vermutlich die beste Pizza in ganz Venedig auf den Tisch kommt. Im Sommer können die Gäste im von einer Mauer umgebenen Garten Platz nehmen.

★ TRATTORIA MADDALENA VENEZIANISCH €€
Karte S. 332 (☎041 73 01 51; www.trattoriamaddalena.com; Fondamenta di Santa Caterina 7b, Mazzorbo; Gerichte 26–46 €; ⏱Fr–Mi 12–15 & 19–21 Uhr; ⛴Mazzorbo) Nur eine Fußgängerbrücke von Buranos Touristenmassen entfernt kann man sich in diesem hübschen Restaurant ganz gemütlich zur Mittagszeit die köstlichen Meeresfrüchte munden lassen. Die Gäste sitzen entspannt am Kanal oder im Garten hinter dem Haus.

Allerdings empfiehlt es sich, vorher anzurufen, denn die Trattoria ist in der Nebensaison eher sporadisch geöffnet.

BUSA ALLA TORRE VENEZIANISCH €€
Karte S. 331 (☎041 73 96 62; Campo Santo Stefano 3, Murano; Gerichte 28–40 €, Tagesmenü 16 €; ⏱11.30–15.30 Uhr; ⛴Faro) Einkaufswütige mit glasigen Augen zieht es in dieses noble Speiselokal, denn es locken die sonnige Lage und das wunderbare Zwei-Gänge-Menü – leider nicht am Sonntag.

Wer auf der Piazza sitzen möchte mit herrlichem Blick auf die Showrooms, die Glasobjekte präsentieren, sollte am besten frühzeitig kommen und sich dann eine saisonale Köstlichkeit aus der Lagune gönnen, beispielsweise die Meeresfrüchtesuppe und *seppie alla veneziana* (Tintenfisch auf venezianische Art in schwarzer Soße).

★TRATTORIA AL GATTO NERO
VENEZIANISCH €€€

Karte S. 332 (☏041 73 01 20; www.gattonero. com; Fondamenta della Giudecca 88, Burano; Gerichte 42–70 €; ⏰Di–So 12.30–15 & 19.30–21 Uhr; 🚤Burano) Man sollte keine ausgefallenen Zaubertricks von dieser „Schwarzen Katze" erwarten – nur exzellente traditionelle Kost. Wer einmal die selbst gemachten *tagliolini* (Bandnudeln) mit Seespinne, die als Ganzes gegrillten Seefische und die sagenhaften selbst gebackenen Kekse probiert hat, wird die Bootsfahrt nach Burano nur noch als geringfügige Unpässlichkeit betrachten. Am besten vorher anrufen und einen Tisch direkt am Kanal reservieren.

★VENISSA OSTERIA
VENEZIANISCH €€€

Karte S. 332 (☏041 527 22 81; www.venissa.it; Fondamenta Santa Caterina 3, Mazzorbo; Gerichte 37–56 €; ⏰April–Nov. tgl. 12–16 & 19–21 Uhr, Dez.–März Do–Mo; 🚤Mazzorbo) Diese vornehme Osteria ist das preiswertere Pendant ihres mit einem Michelin-Stern ausgezeichneten Schwesterlokals und serviert venezianische Klassiker mit moderner Note wie marinierten Fisch, Tagliatelle mit Ente und *bigoli* (dicke Spaghetti mit Vollweizen in einer cremigen Sardellen-Zwiebel-Soße). Dazu ein Glas Dorona, den namhaften goldfarbenen Wein, der nur hier gedeiht.

ACQUASTANCA
VENEZIANISCH €€€

Karte S. 331 (☏041 319 51 25; www.acquastanca. it; Fondamenta Manin 48, Murano; Gerichte 48–54 €; ⏰Mo & Fr 10–16 & 19–22, Di–Do & Sa 10–16 Uhr, im Sommer länger; 🚤Faro) In diesem wunderschönen kleinen Restaurant zeigt sich das Dekor wie auch die Speisekarte von moderner Schlichtheit inspiriert. Auf der Speisekarte stehen überwiegend Gerichte mit Meeresfrüchten, beispielsweise Tintenfisch mit Kichererbsen und Unmengen Pastavarianten.

LOCANDA CIPRIANI
VENEZIANISCH €€€

Karte S. 332 (☏041 73 01 50; www.locanda cipriani.com; Piazza Torcello 29, Torcello; Gerichte 54–69 €; ⏰März–Dez. Mi–Mo 12–15 Uhr, April–Sept. Fr & Sa 18–23 Uhr; 🚤Torcello) Das Locanda wird seit 1935 von der Familie Cipriani betrieben und ist wie Harry's Bar, nur rustikaler. Hinter dem Speiseraum mit seiner Holzbalkendecke befindet sich ein hübscher Garten. Die Küche serviert weiche Gnocchi, perfekt gegarten Fisch und eine Art Schokoladenmousse.

SHOPPEN

Murano-Glas reicht von richtig edlen Stücken bis hin zu völlig absurden Artikeln (beliebt sind Clownfiguren fürs Auto und Papageien auf Bäumen), und wer die Fondamenta dei Vetrai, wo sich die meisten Ausstellungsräume befinden, hinunterläuft, bekommt auch rasch beides zu sehen. Das Verkaufspersonal lässt die Kunden die Stücke auf Anfrage anfassen, allerdings sollte man vorsichtig sein, denn was zu Bruch geht, muss auch bezahlt werden. Auf Burano wird die Via Galuppi von Geschäften gesäumt, die Spitzen anbieten. Man sollte auf das Gütesiegel *fatto a Burano* (made in Burano) und *Vero Artistico Murano* achten, denn bei fast allen Spitzen, die nicht sonderlich teuer sind, handelt es sich um minderwertige Importware. Echte Produkte sind teuer.

★CESARE TOFFOLO
GLAS

Karte S. 331 (☏041 73 64 60; www.toffolo.com; Fondamenta dei Vetrai 37, Murano; ⏰10–18 Uhr; 🚤Colonna) Miniaturen sind das Markenzeichen dieser Murano-Glasbläser, allerdings finden sich hier auch wohlgeformte kobaltblaue Vasen, glänzende schwarze Kerzenhalter und Trinkgläser, die so fein sind, dass sie aussehen, als seien sie aus Luft.

★ELLEELLE
GLAS

Karte S. 331 (☏041 527 48 66; www.elleellemurano. com; Fondamenta Manin 52, Murano; ⏰10.30–18 Uhr; 🚤Faro) Bereits seit den 1950er-Jahren setzt Nason Moretti zauberhaften Modernismus in Glas um, und auch die dritte Generation an Glasdesignern zeigt sich in diesem Vorführraum in Bestform. Alle Stücke sind signiert, darunter eine exquisite Auswahl an handgeblasenen Trinkgläsern, Krügen, Schalen, Vasen, Teelichthalterungen, Dekantern und Lampen.

EMILIA
KUNST & KUNSTHANDWERK

Karte S. 332 (☏041 73 52 99; www.emiliaburano. it; Via Galuppi 205, Burano; ⏰9.30–19 Uhr; 🚤Burano) Doyenne Emilia di Ammendola, Spitzenklöpplerin in dritter Generation, hat ihr Talent an ihre Kinder weitergegeben, die die Familientradition nun in diesem Vorzeigeladen weiterführen; eine weitere Filiale befindet sich in der Calle San Mauro und sogar in Los Angeles. Im Obergeschoss gibt es ein Familienmuseum.

VENINI GLAS

Karte S. 331 (☑041 273 72 04; www.venini.it; Fondamenta dei Vetrai 47, Murano; ☺Mo–Sa 9.30–18 Uhr; ⬚Colonna) Selbst wenn es der Geldbeutel nicht gerade hergibt, ein Objekt bei Venini zu erstehen, sollte man in dieser Galerie vorbeischauen, um Murano-Glas vom Feinsten zu bewundern. Von den großen Häusern ist Venini sicherlich das angesagteste, denn es greift seit den 1930er-Jahren immer wieder moderne Trends auf.

Die beneidenswerte Auswahl wird durch die Zusammenarbeit mit Designergrößen wie Carlo Scarpa, Tadao Ando und Gae Aulenti zusätzlich erweitert.

FORNACE MIAN GLAS

Karte S. 331 (☑041 73 94 23; www.fornace mian. com; Fondamenta da Mula 143, Murano; ☺9.30–17.30 Uhr; ⬚Venier) Augen zu und vorbei am typischen Murano-Kitsch (Pandas und Papageien in Bäumen), und schon ist so ziemlich die beste Auswahl an klassischen Stielgläsern auf der Insel gefunden.

Und wenn gerade nichts Passendes auf Lager ist, wird es auch extra angefertigt und in alle Welt verschickt.

MARINA E SUSANNA SENT STUDIO GLAS

Karte S. 331 (☑041 527 46 65; www.marinae susan nasent.com; Fondamenta Serenella 20, Murano; ☺Mo–Fr 10–17 Uhr; ⬚Colonna) Dieses Geschäft, das sich dem Werk der innovativen Sent-Schwestern widmet, ist so schick wie deren Schmuck. Die Sammlung wird in Farbgruppen präsentiert und ist in Schubfächern fein säuberlich verstaut. Weitere Läden liegen in **Dorsoduro** (Karte S. 322; ☑041 520 81 36; www.marinaesusannasent.com; Campo San Vio 669; ☺10–18.30 Uhr; ⬚Accademia), San Polo und San Marco.

DAVIDE PENSO GLAS

Karte S. 331 (☑041 73 98 19; www.davidepenso. com; Fondamenta Riva Longa 48, Murano; ☺Mo–Sa 10–18 Uhr; ⬚Museo) Davide Penso hat die Kunst der Glasperlenherstellung in schwindelerregende Höhen geführt – Exponate sind im Museo Correr, im Bostoner Fine Arts Museum sowie im San Marco Museum in Japan zu bestaunen. Mit Hilfe der Glasbläsertechnik bekommt jede Glasperle ihre auffällige geometrische Form und wird dann in matten Farben individuell bemalt.

MURANO, BURANO & DIE NÖRDLICHEN INSELN SHOPPEN

Tagesausflüge

Riviera del Brenta S. 181
Hier verbrachten vornehme Venezianer im 18. Jh. in Villen im palladianischen Stil ihre Sommertage.

Padua S. 183
Eine lebhafte Universitätsstadt mit einer Fundgrube an Freskenzyklen aus den Glanzzeiten des Mittelalters.

Vicenza S. 189
Palladios Wahlheimat wird bestimmt durch klassische Zurückhaltung, das Land dagegen schmückt sich mit eleganten Villen.

Im Prosecco-Land S. 193
In dieser oft unterschätzten Region Venetiens genehmigt man sich gern ein Glas *prosecco*.

Verona S. 198
Romeo und Julia waren wohl reine Fiktion, Veronas wahre Geschichte lebt in der römischen Arena und in den romanischen und den Renaissance-Kirchen weiter.

Veronas Weinregion S. 204
Aus dem Valpolicella-Gebiet kommen einige der besten Rotweine Italiens, während aus dem Soave erfrischende Weißweine stammen.

Riviera del Brenta

Entdecken

Rund 300 Jahre lang wurde alljährlich am 13. Juni der Sommer offiziell mit einem Schiffskonvoi auf dem Canal Grande eröffnet – dann setzte sich die Flottille der vornehmen Venezianer in Richtung ihrer Villen am Ufer der Brenta in Bewegung. Ballkleider und Spieltische wurden auf die Frachtkähne geladen für Vergnügungen, die bis zum November währten. Die Ankunft Napoleons 1797 beendete die alljährliche Party. Rund 80 elegante Villen an der Brenta erinnern an jene Zeit; sechs davon sind für die Öffentlichkeit zu unterschiedlichen Zeiten zugänglich.

Das Beste
➜ **Sehenswürdigkeit** Villa Foscari
➜ **Restaurant** Osteria da Conte (S. 183)
➜ **Bar** I Molini del Dolo (S. 183)

Top-Tipp

Alle Villen an der Brenta haben ihre architektonische Schokoladenseite zum Fluss hin ausgerichtet. Auch heute noch erlebt man die Riviera del Brenta am schönsten auf einer Tour mit einem flachen Flusskahn vom Wasser aus.

An- & Weiterreise
➜ **Auto & Motorrad** Autofahrer nehmen die SS11 von Mestre-Venezia kommend Richtung Padua und wechseln dann auf die Autostrada A4 Richtung Dolo/Padua.
➜ **Bus** Der ACTV-Regionalbus 53 (Extraurbane Venezia–Padova) fährt etwa halbstündlich vom Piazzale Roma in Venedig ab und hält auf dem Weg nach Padua an allen bekannten Villen an der Brenta.
➜ **Schiff** Ab Venedig und Padua gibt es organisierte Schiffsausflüge.
➜ **Zug** Die Züge auf der Strecke von Venedig nach Padua halten in Dolo (3,55 €, 25 Min., 1- bis 3-mal stündl.).

Gut zu wissen
➜ **Vorwahl** ☎041
➜ **Lage** 15 bis 30 km westlich von Venedig

◉ SEHENSWERTES

Zahlreiche Besucher entscheiden sich dafür, die Riviera del Brenta mit dem Auto zu erkunden. Wegen des ausgezeichneten Radwegenetzes bieten sich aber auch Ausflüge auf zwei Rädern an.

VILLA FOSCARI   HISTORISCHES GEBÄUDE
(☎041 5203 9662; www.lamalcontenta.com; Via dei Turisti 9, Malcontenta; Erw./erm. 10/8 €; ☉April–Okt. Di, Mi & Fr–So 9–12 Uhr) Die romantischste der Brenta-Villen ist die 1555–1560 von Palladio entworfene, auf der Unesco-Welterbe-Liste stehende Villa Foscari. Sie trägt auch den Namen La Malcontenta nach einer Grande Dame des Foscari-Clans, die angeblich hierher verbannt wurde, weil sie ihren Ehemann betrogen haben soll. Die heiteren und geselligen Salons wirken allerdings nicht wirklich wie eine Strafe. Die Villa war jahrelang verwaist, vor einiger Zeit wurden die Fresken von Giovanni Zelotti (um 1526–1578) aber restauriert und erstrahlen nun wieder in alter Pracht.

VILLA WIDMANN REZZONICO FOSCARI   HISTORISCHES GEBÄUDE
(☎041 42 49 73; https://villawidmann.servizimetropolitani.ve.it; Via Nazionale 420, Mira; Erw./erm. 5,50/4,50€; ☉Mai–Okt. Di–So 10–13 & 13.30–16.30 Uhr) Wer sowohl Gartenarchi-

---

ℹ MIT DEM FAHRRAD AN DER BRENTA ENTLANG

Das malerische Ufer der Brenta ist wie gemacht für nette Fahrradausflüge, bei denen auch Ungeübte mithalten können. Auf 150 km Fahrradwegen kann man sich dabei das ein oder andere kleine Wettrennen mit den Ausflugsbooten liefern. **Veloce** (☎0586 40 42 04; www.rentalbikeitaly.com; Touren rad/Mountainbike/Rennrad pro Tag 20/25/35 €; ☉8–20 Uhr) ist ein freundlicher Fahrradverleih, der in vielen Orten im Veneto Filialen unterhält. Das Angebot umfasst Mountain- und Citybikes, plus aufgeladene GPS-Einheiten (10 €), geführte Touren (80 € pro Person), Pannenhilfe und Tipps auf Englisch zu Routen und örtlichen Restaurants. Die Räder müssen im Voraus gebucht werden.

FLUSSKREUZFAHRTEN

50 Villen gleiten vorbei an den Passagieren von **Il Burchiello** (☐049 876 02 33; www.
ilburchiello.it; Halbtages-Kreuzfahrt Erw./Kind 70/55 €; ☺April–Nov. Di–So), einer modernen Version der Vergnügungsboote, die flussauf- und flussabwärts auf der Brenta
unterwegs waren, um die Aristokraten zu ihren Landhäusern und zurück in die Stadt
zu transportieren. Ganztägige Touren verkehren zwischen Venedig und Padua mit
Halt an den Villen Malcontenta, Widmann (oder Barchessa Valmarana) und Pisani.

In Venedig legen die Schiffe am Pier Pontile della Pietà an der Riva degli Schiavoni ab
(Di, Do & Sa). In Padua starten sie am Anleger Pontile del Portello (Mi, Fr & So). Es gibt
außerdem Halbtagestouren, die an einer oder zwei der Villen anhalten; sie fahren von
Venedig (Di, Do & Sa) und Padua (Mi, Fr & So) nach Oriago und von dort nach Venedig
(Mi, Fr & So) und Padua (Di, Do & Sa). Gebucht wird online.

tektur als auch venezianische Sozialwis-
senschaft studieren möchte, sollte die Villa
Widmann Rezzonico Foscari unmittelbar
westlich von Oriago besuchen. In der aus
dem 18. Jh. stammenden Villa – ursprünglich im Besitz eines persisch-venezia-
nischen Adelsgeschlechts – ist die Endzeit der
Rokoko-Dekadenz eingefangen: Kronleuchter mit Seeungeheuern aus Muranoglas
und ein mit Fresken geschmückter riesiger
Ballsaal inklusive Zuschauergalerie im ersten Stock. Über die Galerie erreicht man
auch den im ersten Stockwerk gelegenen
Damen-Spielsalon, in dem einstmals – so
wird erzählt – mit hohem Einsatz auch Villen verspielt wurden.

VILLA BARCHESSA
VALMARANA
HISTORISCHES GEBÄUDE

(☐041 426 63 87; www.villavalmarana.net; Via
Valmarana 11, Mira; Erw./erm. 6/5 €; ☺März–Okt.
Di–So 10–18 Uhr, Nov.–Feb. Sa & So bis 16.30 Uhr
oder nach Vereinbarung während der Woche) Der
Bau der Villa Barchessa Valmarana wurde
im 17. Jh. von der Aristokratenfamilie Valmarana aus Vicenza in Auftrag gegeben.
In den fantasievollen Fresken der Villa, die
im Jahr 1964 sorgfältig renoviert wurden,
lässt sich noch heute ablesen, wie die Familie damals la dolce vita (das süße Leben)
genossen hat. Heutzutage wird das Gebäude hauptsächlich als Konferenzzentrum
genutzt, ist aber auch für die Öffentlichkeit
zugänglich.

VILLA PISANI
NAZIONALE
HISTORISCHES BAUWERK

(☐049 50 20 74; www.villapisani.beniculturali.it;
Via Doge Pisani 7, Stra; Erw./erm. 10/5 €, nur Gar-
ten 7,50/4,50 €; ☺April–Sept. Di–So 9–20 Uhr,
Okt. Di–So 9–18 Uhr, Nov.–März Di–So 9–17 Uhr)
Um den ständig feiernden venezianischen

Adel an die Kandare zu nehmen und zu
zeigen, wer wirklich das Sagen hatte, ließ
der Doge Alvise Pisani 1774 ein zweites Ver-
sailles erbauen. Die Villa Pisani Nazionale
besitzt insgesamt 114 Zimmer und ist von
einem riesigen Park mit einem Heckenlaby-
rinth und Teichen umgeben, in denen sich
die Herrlichkeit des Dogen widerspiegelt.
Im Haus befinden sich als Besonderheiten
das Badezimmer mit einem kleinen hölzernen Thron, auf dem Napoleon saß; das
durchgelegene Bett, in dem König Vittorio
Emanuele II nächtigte und die Empfangs-
halle, in der sich, paradoxerweise, Mussolini und Hitler im Jahr 1934 unter Tiepolos
Deckenmalerei Die Genien des Friedens
trafen.

VILLA FOSCARINI
ROSSI
HISTORISCHES BAUWERK

(☐049 980 10 91; www.museodellacalzatura.
it; Via Doge Pisani 1/2, Stra; Erw./erm. 7/5 €;
☺April–Okt. Mo–Fr 9–13 & 14–18, Sa & So 14.30–
18 Uhr, Nov.–März Mo–Fr 9–13 & 14–18 Uhr) Gut
betuchten Venezianern wäre es nicht im
Traum eingefallen, ohne ihre bevorzugten
Schuster an die Brenta aufzubrechen – und
riefen so die lokale Tradition der Schuh-
macherei ins Leben. Heute stellen knapp
540 Firmen jährlich etwa 19 Mio. Paar
Schuhe her.

Ihr Wirken wird mit dem **Schuh-Mu-
seum** in dieser Villa aus dem 18. Jh. gewürdigt. Zur Sammlung gehören Slipper
aus dem 18. Jh. und Schuhe, die für die
Schauspielerin und Trendsetterin Marlene
Dietrich hergestellt worden waren. Im Eintritt inbegriffen ist auch der Zugang zur aus
dem 17. Jh. stammenden foresteria (Gästehaus), in der allegorische Fresken von Pietro Liberi und Trompe-l'œil-Malerei von
Domenico de Bruni zu bewundern sind.

⚔ ESSEN & AUSGEHEN

OSTERIA DA CONTE　　　　VENEZIANISCH €€
(☎049 47 95 71; Via Caltana 133, Mira; Mahlzeiten 25–35 €; ⊙Di–Sa 12–14 & 20–22 Uhr) Eine unwirkliche Bastion kulinarischer Raffinesse, fast versteckt unter einer Überführung; das Da Conte bietet eine der interessantesten Weinkarten der Region, außerdem kreative regionale Küche – von Shrimps mit schwarzem Sesam-Kürbis-Püree bis zu Gnocchi mit Kalbsbäckchen-*ragù*. Wenn sie angeboten wird, sollte man das Mahl unbedingt mit der fantastischen *zabaglione* (Weinschaumcreme aus Eigelb, Zucker und Marsala) abschließen.

I MOLINI DEL DOLO　　　　　WEINBAR
(www.molinidolo.com; Via Garibaldi 3, Dolo; Gerichte 20–25 €; ⊙Di–So 10–2 Uhr) Die mit alten Werkzeugen rustikal ausgestattete Weinstube am Fluss befindet sich in einer renovierten Mühle aus dem 16. Jh. Bei einem Kaffee oder einem *vino* aus der Region und einer Auswahl an Käse und Aufschnitt, von *porchetta* bis zu rustikaler *ventricina* (Wurst) aus Süditalien, kann man bei gutem Wetter draußen auf der Terrasse dem Wasserrad Gesellschaft leisten.

Padua

Entdecken

Obwohl es tatsächlich weniger als eine Stunde von Venedig entfernt ist, scheint Padua (Padova auf Italienisch) mit seinen mittelalterlichen Marktplätzen, den Fassaden aus den 1930er-Jahren und der lockeren studentischen Bevölkerung Welten entfernt zu sein. Als mittelalterlicher Stadtstaat und Heimat der zweitältesten Universität Italiens rivalisierte Padua sowohl mit Venedig als auch mit Verona um die regionale Vorherrschaft. Ein außerordentlicher Freskenzyklus spiegelt dieses Goldene Zeitalter wider – dazu gehören Giottos Meisterwerk in der Cappella degli Scrovegni, Menabuois himmlische Zusammenkunft im Baptisterium sowie Tizians *Hl. Antonius* in der Scoletta del Santo. Jahrhundertelang kämpften Padua und Verona um die Vorherrschaft über die Po-Ebene des Veneto. Venedig hielt Padua dann seit 1405 dauerhaft besetzt.

Als militärisch-industrielles Zentrum in strategisch günstiger Lage wurde Padua zu einem Paradeplatz für Mussolini-Reden, zum Ziel alliierter Bombenangriffe und zum geheimen Dreh- und Angelpunkt des italienischen Widerstands (an der Universität). Bis heute ist Padua eine wichtige Industriestadt – im Gewerbegebiet sind über 50 000 Menschen beschäftigt –, eine dynamische Universitätsstadt und ein bedeutendes Pilgerzentrum.

Das Beste

➡ **Sehenswürdigkeit** Cappella degli Scrovegni

➡ **Restaurant** Belle Parti (S. 189)

➡ **Bar** Caffè Pedrocchi (S. 188)

Top-Tipp

Wer Giottos wunderschöne Cappella degli Scrovegni besichtigen möchte, sollte rechtzeitig reservieren. An den Sommerwochenenden und während der Schulferien sollte das am besten einige Wochen im Voraus geschehen.

An- & Weiterreise

➡ **Auto & Motorrad** Padua ist über die verkehrsreiche A4 Turin–Triest oder die A13 Padua–Bologna zu erreichen. Das Stadtzentrum ist Umweltzone (ZTL), Autos dürfen aber hineinfahren, um an den Hotels Gepäck auszuladen. Auf www.par cheggipadova.it gibt es Infos zu sicheren Parkplätzen.

➡ **Zug** Von Venedig ist Padua am einfachsten mit dem Zug zu erreichen (4,35–19 €, 25–50 Min., 1 bis 9-mal pro Std.). Der Bahnhof liegt 500 m nördlich der Cappella degli Scrovegni; von hier fährt eine Straßenbahn ins Stadtzentrum.

Unterwegs vor Ort

➡ Das Fahrrad ist das bevorzugte Verkehrsmittel in Padua. Das Fahrradverleihsystem **GoodBike Padova** (☎800 20 43 03; www. goodbikepadova.it) verfügt über ein Netzwerk von 25 Stationen in der ganzen Stadt. Für die Nutzung muss man sich online anmelden und eine Pauschale von 8/13 € für 24/48 Std. bezahlen.

➡ Vom Bahnhof und vom Busbahnhof aus sind alle Sehenswürdigkeiten leicht zu Fuß zu erreichen, aber auch die einzige Strecke

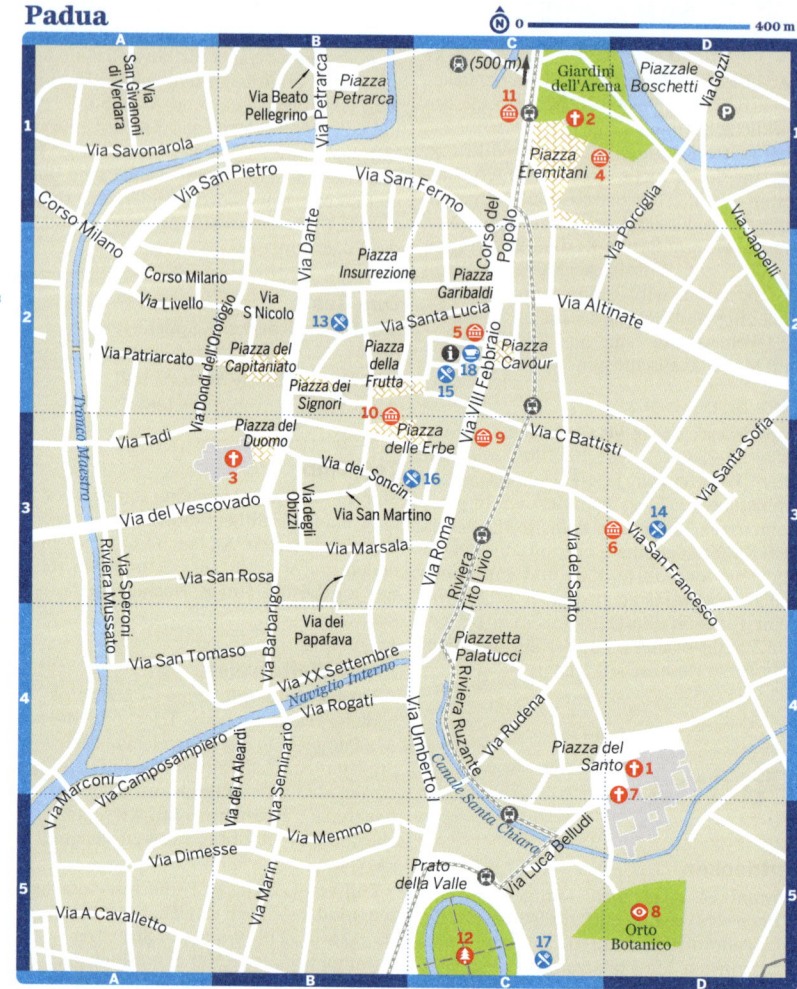

der außergewöhnlichen Straßenbahn auf Gummirädern fährt vom Bahnhof aus im Abstand von höchstens 100 m an den Hauptsehenswürdigkeiten vorbei. Fahrkarten dafür (1,30 €) sind bei Tabakwarenläden und Zeitungskiosken erhältlich.

Gut zu wissen

➡ **Vorwahl** 049

➡ **Lage** 37 km westlich von Venedig

➡ **Touristeninformation** (☎ 049 520 74 15; www.turismopadova.it; Vicolo Pedrocchi; ⊙ Mo-Sa 9–19, So 10–16 Uhr)

◉ SEHENSWERTES

★**CAPPELLA DEGLI SCROVEGNI** KAPELLE (Scrovegni-Kapelle; ☎ 049 201 00 20; www.cappelladegliscrovegni.it; Piazza Eremitani 8; Erw./erm. 13/8 €, Abendöffnung 8/6 €; ⊙ 9–19 Uhr, Abendöffnung 19–22 Uhr) Paduas Version der Sixtinischen Kapelle, die Cappella degli Scrovegni, beherbergt eines der bedeutendsten italienischen Meisterwerke der Renaissance – einen beeindruckenden Freskenzyklus von Giotto. Dante, da Vinci und Vasari – sie alle schreiben Giotto das Verdienst zu, mit seinen zwischen 1303 und 1305 entstandenen Gemälden das Mittel-

Padua

alter beendet zu haben. Seine humanistische Darstellung biblischer Figuren eignete sich besonders gut für die Kapelle, die Enrico Scrovegni als Erinnerung an seinen Vater (dem als Geldverleiher ein christliches Begräbnis versagt wurde) erbauen ließ.

Der einfache Backsteinbau lässt von außen kaum vermuten, welcher Schatz im Inneren verborgen ist. Giotto benötigte zwei Jahre um die Fresken, die die Geschichte Jesu von der Verkündigung bis zur Wiederauferstehung abbilden, fertigzustellen. Scrovegnis Kapelle grenzte ursprünglich an die, 1824 zerstörte, Villa der Familie an – die Stadt Padua erwarb die Kapelle im Jahr 1881.

Giottos bewegender, moderner Ansatz veränderte die Sichtweise der Betrachter: Sie sahen sich nicht länger als demütige Vasallen, sondern als Abbild des Göttlichen, auch wenn sie mit Makeln behaftet waren. Vorher waren die Kirchgänger daran gewöhnt, dass die hoch über ihnen thronenden Heiligen mit ausdruckslosem Blick auf sie starrten; Giotto dagegen malte zum ersten Mal biblische Figuren als Charaktere in einem erkennbaren Umfeld. Zuschauer tratschten darüber, wie eine nicht mehr junge Anna zärtlich Joachim küsst. Und Jesus zwingt Judas zum Wegschauen, als er ihm den verräterischen Kuss gibt. Giotto setzte auch ungewöhnliche Techniken ein, etwa Impasto, den dicken, dreidimensionalen Farbauftrag. Vor dem Besuch der Kapelle bietet ein etwa zehnminütiges Video eine gute Einführung und liefert nützliche Hinweise.

Besucher müssen sich vorher anmelden. Die Eintrittskarten sind erhältlich in den Musei Civici agli Eremitani (S. 188), hier ist auch der Eingang, oder bei der Touristeninformation. Der Besuch der Kapelle dauert 15 bis 20 Minuten (je nach Saison), dazu kommen noch zehn Minuten für das einführende Video. Wer vor der Kapelle noch in die Musei Civici agli Eremitani gehen möchte, sollte eine Stunde vor dem Beginn der Führung eintreffen, ansonsten reichen 15 bis 30 Minuten früher.

⭐ **PALAZZO BO**   HISTORISCHES GEBÄUDE
(☎ 049 827 39 39; www.unipd.it/en/guided tours; Via VIII Febbraio 2; Erw./erm. 7/4 €; ⊙ Startzeit der Führungen auf der Website ersichtlich) Der Renaissance-Palazzo (Herrenhaus) ist der Sitz der geschichtsträchtigen Universität Padua. Gegründet wurde sie von abtrünnigen Gelehrten aus Bologna, die nach größerer intellektueller Freiheit strebten. Seither waren an der Universität einige der größten und umstrittensten Denker Italiens tätig, unter ihnen Kopernikus, Galileo, Casanova und die weltweit erste Frau mit einem Doktortitel in Philosophie, Eleonora Lucrezia Cornaro Piscopia (ihre Statue schmückt das Treppenhaus). Der Zugang ist nur im Rahmen einer 45-minütigen Führung möglich; diese schließt einen Besuch des weltweit ersten **Anatomietheaters** und der Aula Magna (Große Halle) ein, in der Galileo Vorlesungen hielt.

Heute sind im Palazzo Bo die Büros des Rektors, Bibliotheken und die Säle untergebracht, die für Feiern und die Diskussion von Dissertationen genutzt werden. Die historischen Gebäude wurden mehrfach erweitert und umgestaltet, z. B. in den 1930er- und 40er-Jahren durch Italiens großen Architekten des *Razionalismo*, Gio Ponti. Dieser beauftragte im Rahmen der Renovierungsarbeiten Künstler wie Campigli, Pendini und Severini, die Räume mit Fresken auszumalen. Am Eingang des Neuen Hofes steht eine Palinurus-Statue

ⓘ ERMÄSSIGUNGEN

Mit der **PadovaCard** (16/21 € für 48/-72 Std.) können ein Erwachsener und ein Kind unter 14 Jahren die öffentlichen Verkehrsmittel kostenlos nutzen und haben freien Eintritt zu fast allen wichtigen Sehenswürdigkeiten Paduas, inkl. der Cappella degli Scrovegni (zusätzlich 1 € Buchungsgebühr; Reservierung erforderlich). PadovaCards gibt es bei der Touristeninformation, in den Musei Civici agli Eremitani und in den Hotels, die im PadovaCard-Abschnitt der Website (www.turismopadova.it) aufgeführt werden.

von Arturo Martini. Sie ist dem Partisanen Masaccio gewidmet und erinnert an die italienische Widerstandsbewegung.

Beachtenswert sind auch die sechs Stolpersteine, die vor dem Eingang ins Kopfsteinpflaster eingelassen sind. Sie erinnern an jüdische Studenten, die hier verhaftet und nach Auschwitz deportiert wurden.

★ MUSME   MUSEUM

(www.musme.it; Via San Francesco 94; Erw./erm./Kind 10/8/6 €; ◷Di–Fr 14.30–19, Sa & So 9.30–19 Uhr) Paduas Museum der Medizingeschichte bietet eine faszinierende Mischung aus historischen Objekten und Hightech-Exponaten, die den übergroßen Beitrag der Stadt zur Entwicklung der Medizin vom 16. bis 18. Jh. veranschaulicht. Virtuelle Führer, die Paduas berühmteste Ärzte repräsentieren, berichten von den größten Entdeckungen der Universität in thematischen Displays, auf denen dargestellt ist, wie der menschliche Körper funktioniert, versagt und behandelt wird. Die Reise endet in einem Anatomietheater, das dem originalen Theater im Palazzo Bo nachempfunden ist. Dort liegt ein riesige Puppe auf einem Seziertisch, bereit für eine Untersuchung in *augmented reality*.

Außerdem atmet das Gebäude geradezu Geschichte. Hier war das erste öffentliche Krankenhaus der Stadt, San Francesco il Grande, untergebracht, finanziert von der wohlhabenden Erbin Sibilia de'Cetto und Baldo Bonafari da Piombino, erbaut 1414. Es ersetzte das mittelalterliche Hospize und kann mit Fug und Recht als das erste Krankenhaus bezeichnet werden, in dem Medizinstudenten am Bett des Patienten

die klinische Praxis erlernten; auf diese Weise wurden die Grundlagen für die moderne, akademische Herangehensweise an die Medizin gelegt.

Unter den großen Namen derer, die hier studierten, forschten und lehrten sind Andrea Vesalius, der Vater der modernen Anatomie, Giovanni Morgagni, Vater der modernen Pathologie, Prospero Alpini, ein bahnbrechender Botaniker, Präfekt des Botanischen Gartens und der Vater der modernen Pharmakologie, sowie Santorio Santorio, der Arzt und Erfinder, der quantitative Experimente in die Medizin einführte und etliche medizinische Instrumente für physiologische Messungen entwickelte, wie z. B. das Thermometer. Das Haus ist halb Wissenschaftszentrum, halb Museum und wegen der gut verständlichen Aufbereitung in jedem Fall bestens geeignet für Leute mit Kindern.

PRATO DELLA VALLE   PARK

(Prato della Valle) Am Südrand der Altstadt liegt dieser ungewöhnliche, elliptische Park, der früher als öffentlicher Sportplatz diente. Heute genießen hier die Einwohner ein paar Sonnenstrahlen, und Studenten büffeln für ihre Prüfungen. Der Park ist von einem schmalen Kanal umschlossen, an dem 78 Statuen historischer Persönlichkeiten Paduas stehen; außerdem sind zehn leere Sockel zu sehen. Dort standen einst zehn venezianische Dogen – Napoleon ließ sie 1797 nach der Besetzung Venedigs entfernen.

ORTO BOTANICO   PARK

(☏049 827 39 39; www.ortobotanicopd.it; Via dell'Orto Botanico 15; Erw./erm. 10/8 €, mit PadovaCard 5 €; ◷April–Sept. Di–So 9–19 Uhr, Okt. bis 18 Uhr, Nov.–März bis 17 Uhr) Paduas Orto Botanico wurde 1545 von der medizinischen Fakultät der Universität angelegt, um die medizinischen Eigenschaften seltener Pflanzen zu untersuchen. Inzwischen steht der weltweit erste und älteste botanische Garten auf der Welterbeliste der Unesco. Der älteste Baum, „Goethepalme" genannt, wurde 1585 angepflanzt; er wird in der *Italienischen Reise* des deutschen Dichters erwähnt. Noch immer dient der Garten Studien- und Forschungszwecken; heute konzentriert man sich aber stärker auf die Bewahrung seltener indigener Pflanzen und den Erhalt der biologischen Vielfalt, die im Hightech-**Garten der Biodiversität** gefeiert wird.

BASICLICA DI SANT'ANTONIO · KIRCHE

BASILICA DI SANT'ANTONIO · KIRCHE

(Il Santo; ☏049 822 56 52; www.basilicadelsan to.org; Piazza del Santo; ⊙Mo–Sa 6.20–18.45, So 6.20–19.45 Uhr) GRATIS Mit dem Bau der riesigen Kirche, einer Pilgerstätte und der Grabstätte des hl. Antonius von Padua (1193–1231), wurde 1232 begonnen. Der Bau weist verschiedene Stilelemente auf: ein gotischer Ziegelbau mit zahlreichen Kuppeln und voller Schätze aus der Renaissance. Hinter dem Hochaltar unterstreichen neun strahlenförmig gruppierte Kapellen einen breiten Wandelgang mit der **Cappella delle Reliquie** (Reliquienkapelle), in der sich die Reliquien des hl. Antonius befinden.

Im linken Querschiff drängen sich Besucher, die die **Cappella del Santo** betreten möchten. Hier befindet sich das Grabmal des hl. Antonius, das über und über mit Danksagungen und Fürbitten für erfolgte Heilungen und Hilfe beim Wiederfinden von Verlorenem bedeckt ist. Die Kapelle ist ein lichterfüllter Bau mit neun Paneelen, die in außergewöhnlichen Reliefs anschaulich das Leben des hl. Antonius beschreiben. Die Paneele werden den in Padua geborenen Brüdern Lombardo zugeschrieben, sie wurden um 1510 vollendet.

Andere vollendete Werke sind das lebensgroße Kruzifix des veronesischen Meisters Altichiero da Zevio in der mit Fresken geschmückten **Cappella di San Giacomo** aus den 1360er-Jahren, u. a. das wundervolle, 1528 geschaffene Sakristeifresko des hl. Antonius, der zu einem verzauberten Fisch predigt, das ein Schüler von Girolamo Tessari malte, und die Hochaltarreliefs (15. Jh.) des florentinischen Renaissancekünstlers Donatello (für die Besichtigung den Wärter um Einlass bitten).

Durch das südliche Portal geht es in das angrenzende Kloster mit fünf wunderbaren, stillen Kreuzgängen. Der älteste (13. Jh.) ist der **Chiostro della Magnolia**, der seinen Namen von dem beeindruckenden Baum in der Mitte erhielt. Im Kloster gibt es auch einen Laden mit Ikonen und Antonius-Souvenirs für Pilger.

ORATORIO DI SAN GIORGIO & SCUOLA DEL SANTO · KIRCHE

(☏049 822 56 52; www.santantonio.org; Piazza del Santo; Erw./erm. 5/4 €; ⊙April–Sept. Di–So 9–13 & 14–18 Uhr, Okt.–März bis 17 Uhr) An jedem anderen Ort würden der Freskenzyklus im Oratorio di San Giorgio und die Gemälde in der Scoletta del Santo als Hauptsehenswürdigkeiten gelten, doch in Padua müssen sie mit Giottos Meisterwerken in der Scrovegni-Kapelle konkurrieren. Das bedeutet, dass man die wunderbaren Fresken von Altichiero da Zevio und Jacopo Avanzi aus dem 14. Jh., die die Heiligen Georg, Lucia und Katharina darstellen, meist ganz allein betrachten kann. Die Tiziangemälde in der *scuola* (Bruderschaftshaus) im Stockwerk darüber bekommt man jedoch nur selten in einer so ruhigen Atmosphäre zu sehen.

DUOMO · KATHEDRALE

(Basilica Cattedrale di Santa Maria Assunta; ☏049 65 69 14; Piazza Duomo; Baptisterium 3 €; ⊙Mo–Fr 7–12 & 16–19.30, Sa 7–19, So 8.30–20 Uhr, Baptisterium 10–18 Uhr) Paduas Kathedrale, die nach einem stark veränderten Entwurf Michelangelos erbaut wurde, kann mit ihrer Ziegelfassade und dem ganz in Weiß gehaltenen symmetrischen Kirchenschiff keine wirkliche Konkurrenz für ihre Rivalin an der Piazza San Marco in Venedig sein. Ein kurzer Besuch lohnt sich wegen des modernen Kruzifixes und der Skulpturen von Giuliano Vangi im Chorraum, bevor man das angrenzende **Baptisterium** aus dem 13. Jh. anschaut. Dieses Juwel romanischer Baukunst glänzt mit Fresken von Giusto de' Menabuoi, auf denen biblische Szenen zu erkennen sind. Hunderte Heilige versammeln sich in der Kuppel, als ob sie für ein Foto zum Schulabschluss posierten. Sie tauschen Blicke aus und schauen verstohlen auf die Madonna.

PALAZZO DELLA RAGIONE · HISTORISCHES GEBÄUDE

(☏049 820 50 06; Piazza delle Erbe; Erw./erm. 6/4 €; ⊙Feb.–Okt. Di–So 9–19 Uhr, Nov.–Jan. bis 18 Uhr) Auf den vornehmen Doppelplatz (einer ist der Obst-, der andere der Gemüsemarkt) wird das alte Padua sichtbar. Zwischen beiden Teilen steht der dreigeschossige gotische Palazzo della Ragione, der 1218 errichtete Gerichtshof der Stadt. In Il Salone (großer Saal) stellen Fresken der Giotto-Gehilfen Giusto de' Menabuoi und Nicolò Miretto die astrologischen Theorien des Professors Pietro d'Abano aus Padua dar, mit Bildern, die die Monate, Jahreszeiten, Heilige, Tiere und bekannte Persönlichkeiten der Stadt repräsentieren (nicht unbedingt in dieser Reihenfolge).

MUSEO DEL RISORGIMENTO E DELL'ETÀ CONTEMPORANEA · MUSEUM

(☏049 878 12 31; Galleria Pedrocchi 11; Erw./erm. 4/2 €; ⊙Di–So 9.30–12.30 & 15.30–18 Uhr) Seit

AUF ZUM MARKT!

Eine der vergnüglichsten Beschäftigungen in Padua (Padova) besteht darin, die Märkte auf der **Piazza delle Erbe** und der **Piazza della Frutta** zu durchstöbern, die im Wesentlichen noch genauso funktionieren wie im Mittelalter. Zwischen ihnen liegt der älteste überdachte Markt Europas, untergebracht im gotischen Palazzo della Ragione (S. 187). Unter den Arkaden des *palazzo* (Herrenhaus) – vor Ort **Sotto il Salone** genannt – tummeln sich spezialisierte Schlachter, Käseproduzenten, Fischverkäufer, *salumerie* (Wurst und Feinkost) und Stände mit frischer Pasta. Die Märkte sind jeden Tag außer Sonntag ganztägig geöffnet, die beste Zeit für einen Bummel ist aber der Vormittag.

1831 war der klassizistische Bau ein beliebter Treffpunkt von Stendhal und anderen Kaffeeliebhabern der Gesellschaft von Padua. Auch heute noch wird im **Caffè Pedrocchi** (☑049 878 12 31; www.caffepedrocchi. it; Via VIII Febbraio 15; ☺So–Do 8–24, Fr & Sa bis 1 Uhr) im Erdgeschoss starker Kaffee (der Herzklopfen verursachen kann) und *caffè corretto* (Kaffee mit Grappa) serviert. Im beeindruckenden ersten Stockwerk – Exponate aus altägyptischer Zeit bis hin zur Kaiserzeit – befindet sich das Museum, das die regionale und nationale Geschichte vom Fall Venedigs im Jahr 1797 bis zur republikanischen Verfassung 1848 in Originaldokumenten und -bildern widergibt.

MUSEI CIVICI AGLI EREMITANI   MUSEUM

(☑049 820 45 51; Piazza Eremitani 8; Erw./erm. 10/8 €; ☺Di–So 9–19 Uhr) Im Erdgeschoss des Klosters sind Ausstellungsstücke aus Paduas römischer und vorrömischer Zeit zu sehen, dazu gehören zerbrechliche Glaswaren, chirurgische Instrumente aus römischer Zeit und etruskische Bronzefiguren. Im oberen Stockwerk befindet sich eine interessante Ausstellung aus dem 14. bis 18. Jh. mit Werken von Bellini, Giorgione, Tintoretto und Veronese. Zu den besonders beachtenswerten Exponaten gehören ein riesiger Gobelin aus Brüssel sowie ein aus dem 18. Jh. stammendes Gemälde von Giorgio Fossati, das eine frühe Ansicht des Prato della Valle (S. 186) zeigt.

PALAZZO ZUCKERMANN   KUNSTGALERIE

(☑049 820 56 64; Corso Garibaldi 33; Erw./erm. 10/8 €; ☺Di–So 10–19 Uhr) Das Erdgeschoss und das erste Stockwerk des aus dem frühen 20. Jh. stammenden Palazzo Zuckermann beherbergen das **Museo d'Arti Applicate e Decorative**, dessen vielseitige Sammlung dekorativer und angewandter Kunst mehrere Jahrhunderte umfasst und Besteck, Möbel, Mode und Schmuck präsentiert. Im zweiten Stockwerk befindet sich das **Museo Bottacin**, eine Schatztruhe, in der kunstvoll gearbeitete alte Münzen und Medaillen präsentiert werden sowie eine kleine Sammlung von Gemälden und Skulpturen aus dem 19. Jh.

 ESSEN

Dank der spektakulären Wochenmärkte und der anspruchsvollen Einwohner ist Padua mit ausgezeichneten und preisgünstigen Osterien (zwanglosen Tavernen oder Esslokalen) und traditionellen Restaurants gesegnet. Auch Streetfood ist hier beliebt; viele Stände in der Markthalle verkaufen Snacks.

DALLA ZITA   STREETFOOD €

(☑65 49 92; Via Gorizia 12; Snacks 4,50–6,50 €, Kaffee 1 €; ☺Mo–Fr 9–20 Uhr) Die nicht ausgeschilderte Bar ist so klein, dass nur etwa fünf Personen Platz haben. Hier kann man gut auf die Schnelle etwas zu sich nehmen. Das große Angebot an Sandwiches steht auf vielen bunten Zetteln an der Wand; wer Italienisch kann oder viel Geduld hat, kann sich *panini* nach Wunsch machen lassen. In der Mittagspause ist es sehr voll.

ZAIRO   ITALIENISCH €

(☑049 66 38 03; www.zairo.net; Prato della Valle 51; Pizzas 4–9,40 €, Gerichte 25 €; ☺Di–Sa 12–14.30 & 19–1 Uhr) Das Fresko über der Küchentür des mitreißenden, absolut kitschigen Restaurants/Pizzeria stammt von 1673, allerdings kommen die meisten Gäste wegen der großen Speisekarte mit günstigen Pizzas. Das Lokal bietet sich wunderbar für eine Pause nach dem Besuch des nahe gelegenen Prato della Valle Parks an.

⭐ DA NANE DELLA GIULIA   OSTERIA €€

(☑049 66 07 42; Via Santa Sofia 1; Mahlzeiten 25–30 €; ☺Mi–So 12.30–14 & 19–24 Uhr; 🖊) Wer den blutroten, von Kerzen erhellten Speisesaal der ältesten Taverne von Padua betritt, fühlt sich unmittelbar in eine andere Zeit versetzt. Unter der Gewölbedecke stehen dunkle Holztische, die Speisekarte richtet sich nach dem saisonalen und regionalen Angebot. Darauf stehen traditionelle Gerichte wie Huhn in rotem Grappa mit Pancetta und Polenta sowie Vegetarisches wie weißer Spargel, Zucchini und lokale Käsesorten.

OSTERIA DEI FABBRI
OSTERIA €€

(☑049 65 03 36; Via dei Fabbri 13; Gerichte 30 €; ☺12–15 & 19–23 Uhr, So abends geschl.) Rustikale Holztische, gefüllte Weingläser und eine Speisekarte, die nur eine Seite mit herzhaften Gerichten umfasst – die Osteria dei Fabbri bleibt bodenständig. Angeboten werden köstliche *zuppe* (Suppen), beispielsweise die süße rote Zwiebelsuppe, aber auch schmackhafte Fleischgerichte wie Schweinshaxe aus dem Ofen mit Marsala, Sultaninen und Polenta.

★ BELLE PARTI
ITALIENISCH €€€

(☑049 875 18 22; www.ristorantebelleparti.it; Via Belle Parti 11; Gerichte 50 €; ☺Mo–Sa 12.30–14.30 & 19.30–22.30 Uhr) Erstklassige saisonale Zutaten, tadellose Weine und ein (fast) tadelloser Service verschmelzen in dem mit einem Stern ausgezeichneten Restaurant zu einem unvergesslichen Erlebnis. Der Gastraum ist üppig mit Antiquitäten aus dem 18. Jh. und Gemälden aus dem 19. Jh. dekoriert. Die Spezialität sind natürlich Meeresfrüchte, zu den Spitzengerichten gehört das beeindruckende *gran piatto di crudità di mare* (Platte mit rohen Meeresfrüchten). Zum Essen macht man sich schick; Reservierung ist notwendig.

Vicenza

Entdecken

Als Palladio einen repressiven Arbeitgeber in seiner Heimatstadt Padua verließ, hätte kaum jemand gedacht, dass der einfache Steinmetz innerhalb weniger Jahrzehnte nicht nur seine neue Heimatstadt verändern würde, sondern sogar die europäische Architekturgeschichte. Glücklicherweise erkannte ein ortsansässiger Graf in den 1520er-Jahren sein Talent und schickte ihn zum Studium antiker Ruinen nach Rom.

VICENZA JAZZ

Das größte alljährliche Ereignis in Vicenza ist das **Jazzfestival** (☑0444-22 15 41; www.vicenzajazz.org; ☺Mitte Mai), das Mitte Mai eine Woche lang im Teatro Olimpico und an mehreren anderen Veranstaltungsorten stattfindet. Dann treten die bedeutendsten italienischen Jazzmusiker auf.

Als er nach Vicenza zurückkehrte, begann der Autodidakt damit, seine außergewöhnlichen Gebäude zu errichten – Bauwerke, die Raffinesse und rustikale Einfachheit verbinden, Klassizismus und kühne Neuerungen. Sein Genie verwandelte Vicenza und die Villen der Umgebung in ein einziges großes Unesco-Weltkulturerbe. Und dennoch bietet die viertgrößte Stadt im Veneto mehr als nur elegante Säulengänge und Balustraden – dynamische Ausstellungen, Bars und Restaurants sorgen für den nötigen modernen Schwung.

Das Beste
→ **Sehenswürdigkeit** La Rotonda
→ **Restaurant** Al Pestello (S. 192)
→ **Bar** Bar Borsa (S. 193)

Top-Tipp
Palladios Teatro Olimpico wurde für Liveauftritte entworfen – und das ist immer noch die beste Art, die komplexen Harmonien des Raumes zu erfahren.

An- & Weiterreise
→ **Zug** Von Venedig aus ist Vicenza am einfachsten mit dem Zug zu erreichen (6,50–18 €, 45–80 Min., bis zu 5-mal stündl.). Bahnverbindungen gibt es auch nach Padua und Verona.

→ **Auto & Motorrad** Vicenza liegt unweit der A4 zwischen Mailand und Venedig; die SR11 verbindet Vicenza mit Verona und Padua. Am Rand der Altstadt gibt es mehrere größere Parkplätze, darunter die Tiefgarage Park Verdi gleich nördlich des Bahnhofs (Zufahrt von der Viale dell' Ippodromo). Echtzeit-Angaben zu freien Parkplätzen sind unter www.aimmobilita. it/it/mobilita/auto/parcheggi_a_sbarra zu finden.

Vicenza

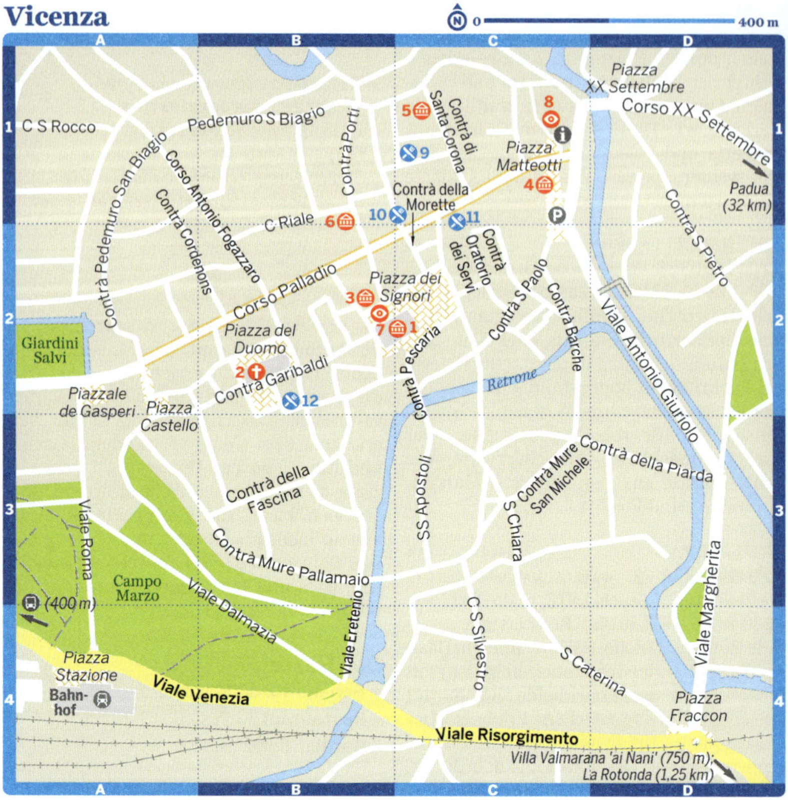

[Map of Vicenza with grid coordinates A–D / 1–4, showing streets and numbered points of interest]

N 0 — 400 m

C S Rocco
Pedemuro S Biagio
Contrà Pedemuro San Biagio
Corso Antonio Fogazzaro
Contrà Cordenons
Contrà Porti
Piazza XX Settembre
Corso XX Settembre
Contrà Santa Corona
Piazza Matteotti
Padua (32 km)
Contrà S Pietro
Contrà della Morette
C Riale
Contrà del Servi
Contrà Oratorio del Servi
Corso Palladio
Piazza dei Signori
Giardini Salvi
Piazza del Duomo
Contrà Garibaldi
Contrà Pescaria
Contrà S Paolo
Contrà S Barche
Viale Antonio Giuriolo
Retrone
Piazzale de Gasperi
Piazza Castello
Contrà della Fascina
SS Apostoli
Contrà Mure San Michele
Contrà della Piarda
S Chiara
Viale Roma
Contrà Mure Pallamaio
Viale Dalmazia
Viale Eretenio
C S Silvestro
Viale Margherita
Campo Marzo
(400 m)
Piazza Stazione
Bahn-hof
Viale Venezia
S Caterina
Piazza Fraccon
Viale Risorgimento
Villa Valmarana 'ai Nani' (750 m); La Rotonda (1,25 km)

Gut zu wissen

→ **Vorwahl** 0444

→ **Lage** 62 km westlich von Venedig

→ **Touristeninformation** (0444 32 08 54; www.vicenzae.org; Piazza Matteotti 12; 9–17.30 Uhr)

⦿ SEHENSWERTES

★ LA ROTONDA   HISTORISCHES GEBÄUDE

(049 879 13 80; www.villalarotonda.it; Via della Rotonda 45; Erw./Kind Villa & Gärten 10/5 €, Gärten 5 €/frei; Villa Mitte März–Mitte Nov. Mi & Sa 10–12 & 15–18 Uhr, Gärten ganzjährig Di–So 10–12 & 15–18 Uhr) Egal, wie man es auch sehen mag, diese Villa ist ein echter Blickfang: Die namengebende Kuppel bedeckt einen quadratischen Grundriss mit identischen Kolonnaden an allen vier Seiten. Dies ist eines der am meisten bewunderten Bauwer-

ke Palladios, das die Architektur in ganz Europa und in den USA beeinflusst hat, so etwa Thomas Jeffersons Landgut Monticello nahe Washington. Der runde Mittelsaal im Inneren ist bis in die hoch aufragende Kuppel mit Trompe-l'œil-Fresken ausgeschmückt. Die Buslinie 8 (1,30 €, 2 € wenn man im Bus bezahlt) fährt vom Bahnhof in Vicenza ab, man kann auch zu Fuß zur Villa gehen (etwa 25 Min.).

★ PALAZZO LEONI MONTANARI   MUSEUM

(800 578875; www.gallerieditalia.com; Contrà di Santa Corona 25; Erw./erm. 5/3 €, mit MuseumCard frei; Di–So 10–18 Uhr) Eine außergewöhnliche Ansammlung von Schätzen erwartet die Besucher im Palazzo Leoni Montanari, dazu gehören antike Keramik aus Magna Graecia (in der Antike griechische Siedlungsgebiete in Süditalien) sowie prächtige Salons, angefüllt mit Canalettos geheimnisvollen Lagunenlandschaften und Pietro Longhis ironischen Genrebildern aus

Vicenza

dem 18. Jh. Eine Neuerwerbung ist Agostino Fasolatos verblüffende Skulptur *Der Fall der widerspenstigen Engel*, die aus einem einzigen Block Carrara-Marmor gehauen wurde und nicht weniger als 60 Engel und Teufel in einem erbitterten Kampf darstellt. Das absolute Prunkstück des Museums ist aber die herausragende Sammlung 400 russischer Ikonen.

★ TEATRO OLIMPICO   THEATER
(📞0444 96 43 80; www.teatrolimpicovicenza.it; Piazza Matteotti 11; Erw./erm. 11/8€, mit MuseumCard frei; ⊗Sept.–Juni Di–So 9–17 Uhr, Juli & Aug. 10–18 Uhr) Hinter einem ummauerten Garten glänzt ein Renaissance-Juwel – das Teatro Olimpico, mit dessen Bau Palladio im Jahr 1580 begann und das von den römischen Amphitheatern inspiriert wurde. Nach Palladios Tod vollendete Vincenzo Scamozzi das elliptische Theater und schuf eine Bühne, die sich an der Stadt Theben im klassischen Griechenland orientiert und durch perspektivische Bauten den Eindruck einer sich zum Horizont erstreckenden Stadt erweckt.

PALAZZO CHIERICATI   MUSEUM
(📞0444 22 28 11; www.museicivicivicenza.it; Piazza Matteotti 37/39; Erw./erm. 7/5€; ⊗Sept.–Juni Di–So 9–17 Uhr, Juli & Aug. Di–So 10–18 Uhr) Vicenzas städtisches Kunstmuseum ist in einem der schönsten Bauten Palladios

untergebracht; der Entwurf stammt aus dem Jahr 1550. Im Erdgeschoss, das für Wechselausstellungen genutzt wird, liegt die **Sala dal Firmamento** (Saal des Firmaments) mit einem Deckenfresko von Domenico Brusasorci. Es zeigt Diana mit einem so leicht geschürzten Helios, dass manch ein Besucher erröten könnte. Zu den Highlights in den Galerien im Obergeschoss zählen Anthonis van Dycks Allegorie *Die vier Lebensalter* und Alessandro Maganzas bemerkenswert modernes *Porträt der Maddalena Campiglia*.

PALLADIO MUSEUM   MUSEUM
(Palazzo Barbaran; 📞0444 32 30 14; www.palladiomuseum.org; Contrà Porti 11; Erw./erm. 8/6€, mit MuseumCard frei; ⊗Di–So 10–18 Uhr) Wer mehr über den Architekten Andrea Palladio und sein Vermächtnis erfahren möchte, sollte sich die mit Fresken geschmückten Räume dieses modernen Museums ansehen. Zu den Ausstellungsstücken gehören historische Kopien von Palladios gefeierten *Quattro libri dell'architettura* (Vier Bücher über Architektur; 1570), faszinierende Modelle seiner viel gepriesenen Palazzi und Villen sowie Videos, in denen Experten über verschiedene Aspekte der genialen Handwerkskunst dieses Einzelgängers diskutieren.

PIAZZA DEI SIGNORI   PLATZ
Das Herzstück des historischen Vicenza ist die Piazza dei Signori. Durch sein charakteristisches Spiel mit Licht und Schatten hat Palladio den umliegenden Regierungsgebäuden eine Atmosphäre der Leichtigkeit verliehen. Bögen aus blendend weißem Piovene-Stein (ein lokaler Kalkstein) rahmen die schattigen Doppelarkaden der Basilica Palladiana; auf der gegenüberliegenden Seite der Piazza krönen weißer Stein und Stuck die Kolonnade aus freiliegendem roten Ziegelstein der 1571 entworfenen **Loggia del Capitaniato**.

BASILICA PALLADIANA   GALERIE
(📞0444 22 21 22; ww.museicivicivicenza.it; Piazza dei Signori; Basilika Erw./erm. 4/2 €, Ausstellungen 10–13 €; ⊗Di–So 10–16 Uhr) Die Basilica Palladiana, in der erstklassige Wechselausstellungen stattfinden, wird von einer riesigen Kupferkuppel gekrönt, die an den Rumpf eines gekenterten Schiffs erinnert. In dem Gebäude, das nach dem Vorbild einer römischen Basilika entworfen wurde, befanden sich die Gerichte und der Rat der

TAGESAUSFLÜGE VICENZA

Vierhundert. Palladio erhielt den Auftrag 1549 mit viel Glück – der Rat entschied sich mehr als 50 Jahre nach dem Einsturz des alten Bauwerks für den Entwurf des damals noch unbekannten Palladio. Dazu gehörte auch eine Umstrukturierung des ursprünglichen Palazzo aus dem 15. Jh. und das Hinzufügen der hoch aufstrebenden, doppelten Arkadenbögen, die von den dorischen und ionischen Säulen getragen werden. Gekrönt wird die Konstruktion von hoch aufragenden Statuen.

MUSEO DEL GIOIELLO — MUSEUM

(☎0444 32 07 99; www.museodelgioiello.it; Piazza dei Signori; Erw./erm. 8/6 €; ◷Mo–Fr 15–19, Sa & So 11–19 Uhr) Vicenzas Fachkompetenz in Sachen Schmuck reicht bis 600 v. Chr. zurück; damals stellten die Vicentini Gewandnadeln, sog. Fibeln, her. Diese jahrhundertealte Tradition feiert das elegante Museum innerhalb der Basilica Palladiana. Wechselnde Ausstellungen von historischem und modernem Schmuck präsentieren mit Juwelen besetzte Begräbniskreuze aus dem 7. Jh., Gürtel aus Seide und Gold aus dem 15. Jh., Modeschmuck der 1920er-Jahre und Avantgarde-Kreationen von Visionären wie Evart Nijland und Lucy Sarneel.

VILLA VALMARANA „AI NANI" — HISTORISCHES BAUWERK

(☎0444 32 18 03; www.villavalmarana.com; Via dei Nani 8; Erw./erm. 10/6 €; ◷März–Okt. 10–18 Uhr) Von La Rotonda führt ein schöner, 500 m langer Fußweg zur klassizistischen, eleganten Villa Valmarana „ai Nani", die ihren Spitznamen nach den 17 Zwergenstatuen („ai Nani") entlang der Gartenmauer erhielt. Im Inneren befinden sich die im 18. Jh. von Giambattista Tiepolo und seinem Sohn Giandomenico gemalten Fresken. Giambattista stattete den Palazzina-Flügel mit seinen bekannten mythologischen Darstellungen aus, sein Sohn malte die ländlichen, Karnevals- und chinesischen Themen, die die *foresteria* (Gästehaus) schmücken.

DUOMO — KATHEDRALE

(Cattedrale di Santa Maria Annunciata; Piazza del Duomo; ◷7.30–20 Uhr) GRATIS Der Bau der Kathedrale von Vicenza nach einem Entwurf von Lorenzo di Bologna begann im späten 15. Jh. Mitte des 16. Jhs. verlieh Andrea Palladio dem unvollendeten Bau eigene Akzente, namentlich die Kuppel, die derjenigen des römischen Pantheons nachempfunden

ist. Abgesehen von der rosafarbenen Fassade ist die heutige schlichte Kathedrale eine Rekonstruktion aus dem 20. Jh.; der ursprüngliche Bau wurde im Zweiten Weltkrieg durch Bomben schwer beschädigt.

ESSEN & AUSGEHEN

Vicenzas historisches Zentrum ist voller stimmungsvoller Tavernen, belebter Cafés und Bars, auch einige sehr gute moderne Restaurants umwerben die zahlungskräftige Kundschaft. Das typische Gericht der Stadt ist, einigermaßen überraschend, *bacalà alla vicentina*: getrockneter Kabeljau in Milch mit Sardellen.

★SÒTOBOTEGA — VENEZIANISCH €

(☎0444 54 44 14; www.gastronomiailceppo.com; Corso Palladio 196; Gerichte 25 €, Degustationsmenü 26 €; ◷11.30–15.30 Uhr) Wer Hunger hat, geht entweder in das bekannte Feinkostgeschäft **Gastronomia Il Ceppo** (Gerichte pro 100 g ab 2,50 €; ◷Di–Sa 8–19.45, So 9–16 Uhr), um sich Verpflegung fürs Picknick zu holen, oder ein Stockwerk tiefer in den Keller. Hier findet man sensationelle Gerichte, beispielsweise *bigoli* (eine Nudelart) mit dem *sugo* (Soße) des Tages oder den fantastischen Klassiker *bacalà alla vicentina*, Vicenzas berühmtes Kabeljau-Gericht. Im Weinkeller liegen etwa 500 zumeist italienische Weine und der gläserne Fußboden gibt den Blick auf einen alten römischen Fußweg sowie die Fundamente einer Wohnstätte aus dem 11. Jh. frei.

RESTAURANT RIGHETTI — VENEZIANISCH €

(☎0444 54 31 35; www.selfrighetti.it; Piazza del Duomo 3; Mahlzeiten 10–15 €; ◷Mo–Fr 12–15 & 19–24 Uhr) Das ungewöhnliche Selbstbedienungsrestaurant bietet ein ehrliches, täglich wechselndes Menü mit lokalen Pasta- und Fleischgerichten zu umwerfenden Preisen (*primi* 4 €, *secondi* 5 €), dazu gibt es Salat, Dessert und günstigen Wein. Obwohl es viele Plätze gibt, muss man zu den Hauptzeiten Schlange stehen. Leider spricht niemand Englisch.

★AL PESTELLO — VENEZIANISCH €€

(☎0444 32 37 21; Contrà San Stefano 3; Mahlzeiten 35 €; ◷Mo & Mi–Fr 19.30–23.45, Sa & So 12.30–14 & 19.30–23.45 Uhr; ☎) Im gemütlichen Al Pestello wird eine verblüffende, weniger bekannte *cucina vicentina* serviert mit Spezialitäten wie *la panà* (Brotsuppe), *brasato d'asino* (in Rotwein geschmortes Eselfleisch) und *bresaola* (luftgetrockneter Rinderschinken)-Röllchen, gefüllt mit Mascarpone oder mit Grappa aromatisiertem Grana Padano. Verwendet werden meist regionale Zutaten, beispielsweise Trüffeln aus den Colli Berici. Die Auswahl an seltenen *digestivi* ist groß. Reservierung erforderlich.

⭐**FUORIMODENA**   EMILIANISCH **€€**
(☎0444 33 09 94; www.fuorimodena.it; Contrà San Gaetano da Thiene 8; Mahlzeiten 40–45 €; ⊙Di–So 19.30–23.30 Uhr; ❋) 200 km liegen zwischen Vicenza und Modena, aber wer dieses Restaurant betritt, kann die feinste Küche der Emiglia-Romagna genießen – dank Lorenzo Roncaccioli, dessen Großeltern 1949 hierher übersiedelten. Auf den exquisiten Culatello di Zibello DOP (32 Monate gereifter Schinken) folgt Pasta *passatelli* mit Zocca-Kastanien und Safran, und ein köstliches Perlhuhn mit cremiger Polenta und gegrilltem Fenchel.

BAR BORSA   BAR
(☎0444 54 45 83; www.barborsa.com; Basilica Palladiana, Piazza dei Signori 26; ⊙Mo 18–2, Di-So 10–2 Uhr; ☎) Mit jeder Art von Schnickschnack eingerichtet sowie flackerndem Kerzenlicht bietet das schicke Borsa alles, was man möchte – von Kaffee und Säften bis zu *aperitivo* und Cocktails. Das ebenfalls gute Essen reicht vom Frühstück über Brunch, Mittagessen und Snacks bis zum Abendessen. Freitag und Samstag legen DJs auf, sonst fast jeden Abend Jazz-Sessions.

Im Prosecco-Land

Entdecken
Das Gebiet zwischen Conegliano und Valdobbiadene im Alpenvorland ist der ganze Stolz des Veneto. Von den mit Weinstöcken bepflanzten Hängen in dieser Gegend stammt der Prosecco, ein trockener frischer Weißwein, der als *spumante* (schäumend), *frizzante* (moussierend) und in stillen Varianten erzeugt wird. 2009 wurde der Prosecco aus Conegliano in den DOCG-Status

(kontrollierte und garantierte Herkunftsbezeichnung) erhoben, die höchste Qualitätsstufe für italienischen Wein.

Am besten plant man eine Verkostungstour entlang der Strada del Prosecco von Conegliano nach Valdobbiadene ein. Italiens älteste Weinroute deckt auf 60 km 120 Winzer ab.

Das Beste
→ **Sehenswürdigkeit** Villa di Masèr (S. 197)
→ **Restaurant** Due Mori (S. 198)
→ **Weinkellerei** Cantina Bisol (S. 195)

Top-Tipp
La Strada di Prosecco führt durch hügelige Weinberge von Conegliano nach Valdobbiadene und zu einigen der besten Weingüter der Region. Die gut gemachte Website (www.coneglianovaldobbiadene.it) bietet neben einer Route auch Hintergrundinformationen zum Prosecco und zu Sehenswürdigkeiten entlang der Strecke.

An- & Weiterreise
→ **Auto** Mit einem fahrbaren Untersatz kann man das Gebiet am einfachsten erkunden und Weingüter sowie *agritourismi* besuchen.
→ **Zug** Von Venedig muss man zum Bahnhof Mestre. Von dort fahren 2- bis 3-mal stündl. Züge nach Conegliano (5,10 €, 50 Min.).

Gut zu wissen
→ **Vorwahl** 0423
→ **Lage** Conegliano liegt 53 km nördlich von Venedig; Bassano del Grappa liegt 58 km nördlich von Venedig
→ **Touristeninformation** (☎0438 2 12 30; Via XX Settembre 132; ⊙Di & Mi 9–13, Do–So 9–13 & 14–18 Uhr)

◉ SEHENSWERTES

◉ Conegliano
Wer jemals die Gemälde von den lieblichen Madonnen und Heiligen des hier geborenen Giovanni Battista Cima (alias Cima da Co-

negliano) gesehen und bewundert hat, hat bei der Ankunft in Conegliano wahrscheinlich eine Art Déjà-vu-Erlebnis. Die Stadt, malerisch auf einem Hügel im Voralpenland drapiert, und die umgebende Landschaft waren Giovannis Standardhintergrund; angesichts der zeitlosen ländlichen Idylle ist das kein Wunder. Bis heute ist Conegliano eine verschlafene Landgemeinde geblieben. Sie ist der Ausgangspunkt der ältesten Weinstraße Italiens, **La Strada del Prosecco** (The Prosecco Road; www.conegliano valdobbiadene.it).

CASTELLO DI CONEGLIANO　　　KASTELL

(Piazzale San Leonardo; ⊙24 Std.) GRATIS Auf der steilen Calle Madonna della Neve, die einem intakten Abschnitt der Stadtmauer aus dem 13. Jh. folgt, geht es hinauf zum Gipfel. Dort überragt der letzte erhaltene Turm von Coneglianos Kastell aus dem 10. Jh. eine attraktive Gartenanlage. In dem Turm ist ein kleines Museum (Erw./erm. 2,50/1,50 €) untergebracht, aber das eigentliche Highlight ist der Blick auf die Hügellandschaft rundum. Dieser Ort eignet sich auch hervorragend, um die Picknickdecke auszubreiten oder einen entspannten Nachmittag in Gesellschaft eines guten Buches zu verbringen.

DUOMO　　　KIRCHE

(Duomo di Santa Maria Annunziata e San Leonardo; Via XX Settembre 42; ⊙10–12 & 15–19 Uhr) GRATIS Der Dom in Conegliano hat an und für sich wenig Interessantes zu bieten, wären da nicht noch einige Frühwerke venezianischer Künstler. Besonders beachtenswert ist dabei ein 1492/93 entstandenes Altarbild des lokalen Meisters Cima da Conegliano.

⊙ Asolo

Wegen seiner Panoramalage am Hang wird Asolo auch „Stadt der 100 Ausblicke" genannt. Der Ort mit den mittelalterlichen Stadtmauern ist seit Langem, auch bei Schriftstellern beliebt. Robert Browning kaufte hier ein Haus, aber die wichtigste lokale Berühmtheit ist Caterina Corner, die ehemalige Königin von Zypern, die im 15. Jh. die Stadt, das Schloss (wird heute als Theater genutzt) und das umliegende Land als Ausgleich für ihre Abdankung erhielt. Sie wurde alsbald Königin der einheimischen Künstler und veranstaltete literarische Salons, die u. a. den Gelehrten und späteren Kardinal Pietro Bembo protegierten.

ROCCA　　　RUINEN

(☏329 8508512; €2; ⊙April–Juni, Sept. & Okt. Sa & So 10–19 Uhr, Juli & Aug. Sa & So 10–12 & 15–19 Uhr, Nov.–März Sa & So 10–17 Uhr) Hoch oben auf dem Monte Ricco, mit einem wunderbaren Blick auf das Zentrum von Asolo, befinden sich die massigen Ruinen einer Festung aus dem 12. bis frühen 13. Jh. Die immer noch sichtbare Zisterne wurde zwischen dem 13. und 14. Jh. erbaut, von den restaurierten Stützmauern bietet sich ein atemberaubendes Panorama über die sanften grünen Hügel und die schneebedeckten Berge bis zur ausgedehnten und fruchtbaren Po-Ebene. Bei Redaktionsschluss war die Festung wegen Renovierungsarbeiten geschlossen.

MUSEO CIVICO DI ASOLO　　　MUSEUM

(☏0423 95 23 13; www.asolo.it; Via Regina Cornaro 74; Erw./erm. 5/4 €; ⊙Sa & So 9.30–12.30

DIE WAHRHEIT ÜBER PROSECCO

Schon die alten Römer tranken Prosecco. Zur damaligen Zeit „Pucino" genannt, wurde er von Aquileia, wo er aus Trauben aus dem Carso gekeltert wurde, direkt an den Hof der Kaiserin Livia verschifft. Im 16. Jh., zur Zeit der Republik Venedig, verpflanzte man die Rebstöcke an die sonnigen Hänge nördlich des Flusses Piave zwischen den Ortschaften Valdobbiadene, Conegliano und Vittorio Veneto.

Ein guter Prosecco ist an der strohgelben Farbe mit einem Stich in Grünliche zu erkennen. Die Bläschen sollten klein und zahlreich sein und sich im Glas lange halten. Der Geruch erinnert an weiße Früchte und frisch gemähtes Gras, der Geschmack ist frisch und aromatisch. Die Charakteristika sind nicht besonders langlebig, deshalb sollte man Prosecco nicht allzu lange aufbewahren. Besser, man trinkt ihn, solange er jung und spritzig ist.

WEINGÜTER

Prosecco-Land ist eine zutiefst ländliche Region, die sich in eine weite Schleife des Flusses Piave zwischen den Ortschaften Conegliano, Vittorio Veneto und Valdobbiadene schmiegt. Schmale Landstraßen winden sich durch ein Mosaik von Weinanbauflächen, die meisten werden als kleine Familienbetriebe bewirtschaftet. Weinproben, die von Montag bis Samstag vereinbart werden können, sollten im Voraus gebucht werden, und man braucht ein eigenes Fahrzeug, um zu den Weingütern zu gelangen. Alternativ können Reiseveranstalter in Venedig, Padua und Asolo dabei helfen, einen Besuch zu organisieren.

Cantina Bisol (☎0423 90 47 37; www.bisol.it; Via Follo 33, Santo Stefano di Valdobbiadene; ☺Mo–Sa 10–13 & 15–18, So 10–13 Uhr) 21 Generationen der Familie Bisol haben sich seit 1542 ins Zeug gelegt, um den weltbesten Prosecco zu erzeugen. Ihre Weinberge, die bedeutendsten in der Region, liegen an einem der Sonne zugewandten Steilhang. Das macht sie zum perfekten Standort für die Glera-Traube. Verkostungen werden in den stimmungsvollen unterirdischen Weinkellern veranstaltet. Ihre Prestige-Label sind die preisgekrönten Cartizze Dry und Jeio Brut.

Azienda Agricola Barichel (☎0423 97 57 43; www.barichel.it; Via Roccat e Ferrari 12, Valdobbiadene) Wie der verlorene Sohn ist der Ultramarathonläufer und Winzer Ivan Geronazzo zum Weinberg seines Großvaters in Valdobbiadene zurückgekehrt, nachdem er jahrelang für größere Hochleistungsweingüter gearbeitet hatte. Hier kümmert er sich von Hand um 7 ha, die bis zu 60 000 Flaschen Prosecco von blasser strohgelber Farbe und mit Aromen von Apfel und Pfirsich in den Varianten still, *frizzante*, extra dry und brut hervorbringen. Die Preise liegen bei 5 bis 8 € pro Flasche.

Azienda Agricola Frozza (☎0423 98 70 69; www.frozza.it; Via Martiri 31, Colbertaldo di Vidor; ☺Mo–Sa 8.30–12.30 Uhr) Galera-Trauben werden seit Jahrhunderten an diesem sonnigen Hang bei Colbertaldo angebaut, und seit 1870 haben sechs Generationen der Familie Frozza sie gepflegt. Das Ergebnis: Prosecco mit bemerkenswerten Aromen und von ebensolcher Komplexität. Der Brut von 2011 ist ein besonders guter Jahrgang. Fruchtige Aromen werden von einem gut strukturierten, mineralreichen Körper untermalt. Die Preise pro Flasche liegen bei 5 bis 8 €. Weinproben sollten vorab gebucht werden.

Vignaioli Contra Soarda (☎0424 50 55 62; www.contrasoarda.it; Strada Soarda 26, San Michele di Bassano del Grappa; Weinprobe pro Pers. 25 €; ☺Mo–Do 18.30–23, Fr & Sa 17.30–24 Uhr; ☎) Grappa ist nicht der einzige Grund für einen Besuch in Bassano: Es gibt hier auch hervorragende Weingüter, z. B. das Contra Soarda. Es liegt in einem vulkanischen Gebiet am Beginn des Valsugana-Tals. Die bodenständigen Garganega-, Marzemino- und Grupello-Weine dieses Winzers haben schon Preise gewonnen, ebenso wie der umweltfreundliche Keller, der in den Hang hineingebaut wurde.

& 15–18 Uhr) Im Museo Civico kann man die römische Vergangenheit Asolos kennenlernen und durch eine kleine Sammlung von Gemälden schlendern, dazu gehören auch einige Porträts des venezianischen Malers Jacopo Tintoretto (1518–1594). Außerdem gibt es in diesem Museum auch Räume, die der beliebten italienischen Schauspielerin Eleonora Duse (1858–1924) und der britischen Forschungsreisenden und Reiseschriftstellerin Freya Stark (1893–1993) gewidmet sind, die sich zwischen ihren Streifzügen durch Vorderasien gerne nach Asolo zurückzog.

VILLA FREYA GÄRTEN
(☎0423 56 54 78; www.bellasolo.it; Via Forestuzzo; Erw./erm. 3/2 €; ☺1. & 3. Sa in jedem Monat, Aug. & Dez. geschl.) Wenn sie nicht gerade die entferntesten Ausläufer der fast menschenleeren Sandwüste Rub al-Chali auf der Arabischen Halbinsel erkundete oder mit künftigen arabischen Staatsoberhäuptern verhandelte, zog sich die legendäre Forschungsreisende und Reiseschriftstellerin Freya Stark nach Asolo zurück und pflegte hier ihre Blumengärten. Natürlich brachte sie von ihren Reisen exotische Pflanzenarten mit. Diese gedeihen immer noch an den

ABSTECHER

GYPSOTHECA ET MUSEO ANTONIO CANOVA

Antonio Canova war Italiens Meister der klassizistischen Skulptur. Er erweckte Marmor zum Leben. Seine faszinierende Modelliertechnik kann man in der wunderschönen **Gypsotheca** (☎0423 54 43 23; www.museocanova.it; Via Canova 74, Possagno; Erw./erm. 10/6 €; ⊙Di–Sa 9.30–18, So bis 19 Uhr) bewundern, die 1957 von dem modernistischen Architekten Carlo Scarpa gestaltet wurde. In den Räumlichkeiten enthüllen Gipsabgüsse den mühseligen Prozess, über den Canova zu seinen glänzenden, scheinbar mühelosen Marmorskulpturen gelangte. Grobe Tonmodelle werden zu Gipsfiguren, die dann dazu dienen, die Arbeit am finalen Marmorblock minutiös mit kleinen Nägeln vorzuplanen.

Nach dem Besuch der Gypsotheca können die Besucher zu Canovas Wohnhaus hinübergehen oder einfach den wunderschönen Garten und sein Belvedere (Aussichtspunkt) genießen.

sonnigen Hängen, die ursprünglich Teil einer römischen Theateranlage waren. Der Ticketpreis schließt eine Führung durch **BellAsolo** (☎0423 56 54 78; Via Schiavonesca Marosticana 15; englischsprachiger Führer halber/ganzer Tag 130/230 €) um 10 und 11 Uhr ein.

⦿ Bassano del Grappa

Bassano del Grappa liegt zauberhaft am Ufer des Flusses Brenta, der sich seinen Weg von den Hügeln des Voralpenlands durch die Ebenen des Veneto bis zur Lagune von Venedig bahnt. Die Stadt ist berühmt für die gleichnamige Spirituose, Grappa – ein Destillat aus den Pressrückständen der Weinherstellung. Darüber hinaus gibt es viel zu genießen in dieser hübschen Stadt im Veneto mit ihrer Palladio-Architektur und dem historischen Stadtkern.

Von 1404 bis 1815 stand Bassano unter venezianischer Herrschaft und war lange Zeit eine Stadt mit blühendem Wirtschaftsleben; im 18. Jh. wurde die ortsansässige Druckerei Remondini zur größten in Europa. Aber die strategische Lage, der Bassano seinen ökonomischen Erfolg verdankte, rückte die Stadt in beiden Weltkriegen an die vorderste Front. 1928 wurde der Name der Stadt zu Ehren der Tausenden Soldaten, die in der Schlacht am Monte Grappa gefallen waren, in Bassano del Grappa geändert.

★SACRARIO MILITARE DEL MONTE GRAPPA
GEDENKSTÄTTE

Keine Schlacht definiert Italiens Kampf im Ersten Weltkrieg besser als die Schlacht am Monta Grappa 1917/18. Obwohl sie nach den Schlachten von Caporetto und Isonzo erheblich geschwächt waren, leisteten die italienischen Gebirgsbrigaden auf diesem kahlen Berg heroischen Widerstand und brachten schließlich den Vormarsch von Österreich-Ungarn zum Stillstand. In den erbitterten Kämpfen starben 22 910 Soldaten, deren sterbliche Überreste in dieser Gedenkstätte auf dem Berggipfel beigesetzt wurden. Bronzeplaketten erinnern an die Gefallenen.

Das monumentale Ossarium aus faschistischer Zeit, 1935 von Giovanni Greppi und Giannino Castiglioni entworfen, imitiert die Berghänge in fünf konzentrischen Steinringen, die in Form einer Pyramide aufeinandergeschichtet sind. Gekrönt wird das Bauwerk von einem kleinen Sanktuar, der **Madoninna del Grappa**. Italienische und österreichisch-ungarische Soldaten sind in Nischen beigesetzt, die in den Stein gehauen wurden; allerdings sind beide Seiten durch eine Längsachse voneinander getrennt, die **Strada Eroica** (Heldenstraße) genannt wird.

Besondere Aufmerksamkeit gilt dem Grab, das mit dem Namen Peter Pan gekennzeichnet und oft mit Blumen und Spielzeug geschmückt ist. Auch wenn über diesen 21-jährigen österreichischen Soldaten kaum etwas bekannt ist, spricht die ergreifende Verbindung zwischen ihm und dem immer jungen, fiktionalen Charakter für sich: Beide werden auf dem Monte Grappa, der vor Ort Alpe Madre (Mutteralpe) genannt wird, immer jung bleiben.

In der Nähe der Gedenkstätte liegt eine Höhle mit einer Skulptur von Augusto Murer, genannt *Al Partigiano*. Sie wurde 1974 in Erinnerung an die Partisanen des Zweiten Weltkriegs errichtet, die ebenfalls am Monte Grappa Zuflucht suchten und von Nazis, die sich nach der Unterzeichnung des Waffenstillstands zurückzogen, bei lebendigem Leib verbrannt wurden.

Die Gedenkstätte liegt 32 km nordöstlich von Bassano del Grappa. Sie ist nur mit dem Auto zu erreichen.

★ PALAZZO STURM   MUSEUM

(☎0424 51 99 40; www.museibassano.it; Via Schiavonetti 40; Erw./erm. 5/3,50 €; ⊙Mo–Sa 9–13 & 15–18, So 10–19 Uhr) Der hübsche Palazzo Sturm liegt oberhalb der Brenta. Er wurde Mitte des 18. Jhs. von dem wohlhabenden Industriellen und Seidenhändler Vincenzo Ferrari erbaut, der ihn von dem Veroneser Maler Giorgio Anselmi mit barocken Fresken ausschmücken ließ. Vor diesem schwülstigen Hintergrund in Pastellfarben präsentieren sich eine dauerhafte Sammlung extravaganter (und fremdartiger) historischer Keramiken und ein faszinierendes Exponat, das Bassanos weltberühmte Drucker, die Remondinis, ehrt. Neben einer detaillierten Beschreibung des Druckvorgangs gibt es erstaunliche Radierungen und Holzschnitte von Dürer, Mantegna und Tiepolo.

PONTE DEGLI ALPINI   BRÜCKE

Palladios fotogene gedeckte Holzbrücke aus dem Jahr 1569 überspannt den Fluss. Sie erscheint fragil, ist aber klugerweise so konstruiert, dass sie im Frühling der Schmelzwasserflut vom Monte Grappa standhalten kann. In Kriegszeiten war sie stets von strategischer Bedeutung. Napoleon schlug hier sein Lager auf und während des Zweiten Weltkriegs wurde die Brücke bei Kriegshandlungen zerstört, nur um nach Friedensschluss von den italienischen Gebirgsjägern wiederaufgebaut zu werden, die sie zudem als ihr Emblem übernahmen.

POLI MUSEO DELLA GRAPPA   MUSEUM

(☎0424 52 44 26; www.poligrappa.com; Via Gamba 6; ⊙Museum 9–19.30 Uhr, Destillerieführungen Mo–Fr 9–13 & 14–18 Uhr) `GRATIS` In diesem interaktiven Museum kann man die hochprozentige Herstellung über vier Jahrhunderte erkunden, dazu gehören Verkostungen und die Möglichkeit einer Besichtigung der angesehenen Brennerei Poli (Führungen online buchen; 3 € pro Pers.) Obwohl Grappa in ganz Italien hergestellt wird – und minderwertige Erzeugnisse sogar noch außerhalb des italienischen Stiefels – wird er hier im Veneto mindestens seit dem 16. Jh. produziert. Tatsächlich gab es in Venedig im Jahr 1601 sogar ein Institut für Grappa-Brenner!

MUSEO CIVICO   MUSEUM

(☎0424 51 99 01; www.museibassano.it; Piazza Garibaldi 34; Erw./erm. 7/5 €; ⊙10–19 Uhr) Das

---

ABSTECHER

VILLA DI MASÈR

Die aus dem 16. Jh. stammende **Villa di Masèr** (Villa Barbaro; ☎0423 92 30 04; www.villadimaser.it; Via Cornuda 7, Maser; Erw./erm. 9/7 €; ⊙April–Okt. Di–Sa 10–18, So 11–18 Uhr, Nov.–März Sa & So 11–17 Uhr; 🅿) ist völlig zu Recht Weltkulturerbe, denn sie ist ein eindrucksvolles Denkmal der venezianischen *bea vita* (schönes Leben). Entworfen wurde sie vom unnachahmlichen Andrea Palladio, dessen erhabene, elegante Außengestaltung im Inneren durch Paolo Veroneses wilde, einfallsreiche Trompe-l'œil-Malerei aufgegriffen wird. Weinreben klimmen in der Stanza di Baccho die Wände hoch; ein Wachhund hütet die bemalte Tür der Stanza di Cane (Zimmer des Hundes) und in einer Nische des freskengeschmückten großen Salons hat der Maler scheinbar seine bespritzten Schuhe und seinen Besen vergessen.

Bis in die 1850er-Jahre wurden die Weine der Villa unter den Kolonnaden gelagert. Als die Weinproduktion dann erweitert wurde, bauten die Giacomellis eine separate Cantina, in der man Verkostungen (4,50 € pro Person) und ein leichtes Mittagessen buchen kann (6,50–9,50 € pro Person). Das Gut liegt im Herzen des Montello und Colli Asolani DOC Gebietes, zu den angebotenen Weinen gehören der preisgekrönte Manzoni Bianco und das Aushängeschild der Villa, Maserino Rosso. Beide werden nach strengen umweltschonenden Regeln angebaut.

Die Villa liegt in einem Weinbaugebiet 7 km nordöstlich von Asolo.

Museo Civico von Bassano del Grappa ist wunderbar um den Kreuzgang des Convento di San Francesco gelegen. Es wurde im Jahr 1828 vom Naturforscher Giambattista Brocchi gestiftet und beherbergt eine umfangreiche archäologische Sammlung, außerdem 500 Gemälde, unter denen sich auch Meisterwerke wie die 1545 gemalte *Flucht nach Ägypten* des Künstlers Jacopo da Ponte, genannt Bassano, befinden.

 ESSEN

Bei vielen *Agriturismi* in dieser Gegend kann man sehr gut essen, aber es gibt auch viele andere Restaurants und Osterie in den Ortschaften zwischen Valdobbiadene und Conegliano.

AGRITURISMO DA OTTAVIO   VENEZIANISCH €
(☏0423 98 11 13; Via Campion 2, San Giovanni di Valdobbiadene; Mahlzeiten 15–20 €; ⊗Sa, So & feiertags 12–15 Uhr, Sept. geschl.; ℗) Zum Prosecco wird typischerweise *soppressa,* eine frische lokale Salami, serviert, während der prickelnde *spumante* den Gaumen reinigt und den Mund erfrischt. Nirgendwo lässt sich das besser testen als bei Ottavio, wo alles, was auf den Tisch kommt, von der Familie Spada hausgemacht ist, einschließlich *soppressa* und Prosecco.

OSTERIA ALLA CANEVA   VENEZIANISCH €
(☏335 5423560; Via G Matteotti 34, Bassano del Grappa; Gerichte 20–30 €; ⊗Mi–So 9.30–15 & 17.30–24, Mo 9.30–15 Uhr) Das beliebte Lokal ist ganz vom alten Schlag und präsentiert sich mit aufgehängten Töpfen, zerschrammten Holztischen und Stammgästen quer durch die Generationen, die das rustikale regionale Essen mit dem einen oder anderen Glas *vino* von lokalen Winzern wie Vigneto Due Santi di Zonta hinunterspülen. Das Speisenangebot tendiert zu Pökelfleisch und Pastagerichten wie Fettuccine mit Artischocken. Wer nur eine Kleinigkeit essen möchte, liegt mit *baccala cicheti* (Snacks mit Stockfisch) genau richtig.

AL CASTELLO   CAFÉ €€
(☏0438 2 23 79; www.ristorantealcastello.it; Piazzale San Leonardo 7, Conegliano; Mahlzeiten 30–40 €; ⊗Mi–So 12.15–14.15 & 19.30–22, Mo 12.15–14.15 Uhr) Wegen der Kombination aus gutem italienischen Essen und unglaublicher Aussicht auf die Hügellandschaft rundum ist dieses Café auf dem Gelände des *castello* den Weg vom Zentrum auf den Berg durchaus wert. Am besten geht man gleich aufs Ganze, dazu gehört Ente *tagliata* (gegrillte Fleischscheiben) mit Orangensoße oder Dorsch Vicentina.

LOCANDA BAGGIO DA NINO   VENEZIANISCH €€
(☏0423 52 96 48; www.locandabaggio.it; Via Bassane 1, Asolo; Mahlzeiten 30–40 €; ⊗Mi–So 12.30–14.30 & Di–So 19.30–22 Uhr) Asolos bestes Restaurant wird von der Familie Baggio geführt, die jeden Gast persönlich begrüßt und dafür sorgt, dass nur die besten Zutaten in ihrer Küche verwendet werden. Auf der Speisekarte stehen Spanferkel, Perlhuhn, Pizza, Tintenfisch und Lamm. Außerdem stellt die Familie sogar eigene Souvenirs her, ebenso einheimische Produkte, die man hier erwerben kann.

★ **DUE MORI**   ITALIENISCH €€€
(☏0423 95 09 53; www.2mori.it; Piazza Gabriele D'Annunzio 5; Mahlzeiten 40–50 €; ⊗Di–So 12.30–14.30 & 19.30–21.30 Uhr) Wenn es je einen Tisch mit Aussicht gegeben hat, so steht er im Speisesaal des Due Mori mit seinen bodentiefen Fenstern und Blick auf Asolo und die geschichteten Hügellandschaften des Veneto. Und auch das Essen ist keine Enttäuschung. Verfeinerte rustikale Gerichte werden auf einem mit Holz befeuerten Herd zubereitet, was wunderbar tiefe Aromen erzeugt. Zu empfehlen sind beispielsweise die Ravioli mit Ricotta oder das reichhaltige Perlhuhn-*ragù.*

Verona

Entdecken

Verona ist hauptsächlich im Zusammenhang mit William Shakespeares Tragödie *Romeo und Julia* bekannt und zieht eine internationale Touristenschar an, die die hübschen Plätze und das Straßengewirr auf der Suche nach den Spuren der jungen Liebenden durchkämmt.

Doch neben dem Wandeln auf den Spuren der Verliebten und der Renaissance-Romantik bietet Verona ein geschäftiges Stadtzentrum, das dominiert wird von dem riesigen, bemerkenswert gut erhaltenen Amphitheater aus dem 1. Jh., in dem alljährlich in den Sommermonaten das berühmte Opernfestival stattfindet. Dazu kommen zahlreiche Kirchen, mehrere faszinierende Brücken über die Etsch, regionale Weine und Lebensmittel aus dem Hinterland des Veneto sowie beeindruckende Kunst – all das macht Verona zu einer der interessantesten Städte Norditaliens. Und es liegt gar nicht weit vom herrlichen Gardasee entfernt.

Das Beste
➡ **Sehenswürdigkeit** Römische Arena (s. rechts)
➡ **Restaurant** Locanda 4 Cuochi (S. 204)
➡ **Weinbar** Antica Bottega del Vino (S. 204)

Top-Tipp
Die **VeronaCard** (für 24/48 Std. 20/25 €; www.veronatouristoffice.it) ist bei Sehenswürdigkeiten, in Tabakwarenläden und zahlreichen Hotels erhältlich und ermöglicht den kostenlosen Zugang zu den meisten größeren Monumenten und Kirchen, unbegrenzte Nutzung der städtischen Busse und ermäßigte Karten zu ausgewählten Konzerten sowie Opern- und Theaterproduktionen. Wer sich die vier Hauptkirchen, Duomo, San Zeno, Sant'Anastasia und San Fermo, ansehen möchte, sollte gleich ein **Gesamtticket** (Erw./erm. 6/5 €, gültig bis Ende Dezember) kaufen. Darin enthalten ist ein Audioguide in sechs Sprachen.

An- & Weiterreise
➡ **Auto & Motorrad** Verona liegt an der Kreuzung der Autobahnen A4 (Turin–Triest) und A22. Das historische Zentrum ist autofrei, allerdings dürfen Hotelgäste hineinfahren, um ihr Gepäck auszuladen.
➡ **Bus** Der Bahnhof für die Überlandbusse befindet sich vor dem Bahnhof. Busse fahren nach Padua, Vicenza und Venedig.
➡ **Zug** Veronas Bahnhof Porta Nuova ist ein wichtiger Haltepunkt im italienischen Zugverkehr mit direkten Verbindungen zu vielen norditalienischen Städten, dazu gehören Venedig (9,50–25 €, 70 Min. bis 2¼ Std., 1- bis 4-mal stündl.), Padua und Vicenza.

Gut zu wissen
➡ **Vorwahl** 045
➡ **Lage** 120 km westlich von Venedig

➡ **Touristeninformation** (☎045 806 86 80; www.veronatouristoffice.it; Via degli Alpini 9; ⊙Mo–Sa 8–19, So 10–18 Uhr)

◎ SEHENSWERTES

★ RÖMISCHE ARENA   RUINEN
(☎045 800 32 04; Piazza Brà; Erw./erm. 10/-7,50 €; ⊙Di–So 8.30–19.30, Mo 13.30–19.30 Uhr) Das aus rosafarbenem Marmor im 1. Jh. erbaute römische Amphitheater überstand das Erdbeben im 12. Jh. und wurde zum legendären Freiluft-Opernhaus der Stadt mit Sitzplätzen für rund 30 000 Zuschauer. Die Arena kann ganzjährig besichtigt werden, am schönsten ist sie jedoch während des Opernfestivals (S. 45) im Sommer. In den Wintermonaten finden Konzerte im **Teatro Filarmonico** (☎045 800 28 80; www.arena.it; Via dei Mutilati 4; Karten ab 25 €) statt. Von Oktober bis Mai beträgt der Eintritt am ersten Sonntag im Monat lediglich 1 €.

Die Arena war immerhin das achtgrößte Amphitheater im Römischen Reich und entstand noch vor dem Kolosseum in Rom; von außen ist aber keine Spur des unglaublichen Innenraums auszumachen. Durch die düsteren antiken Innengänge – sie sind breit genug, um mit dem Wagen eines Gladiators hindurchzufahren – führt der Weg in die gewaltige, sonnenbeschienene Steinarena, mindestens 50 Sitzreihen erheben sich rund um den riesigen ovalen Innenraum. Besucher sollten daran denken, dass das Amphitheater komplett offen ist; bei Regenwetter macht ein Besuch nicht besonders viel Spaß.

★ GIARDINO GIUSTI   PARK
(☎045 803 40 29; http://giardinogiusti.com; Via Giardino Giusti 2; Erw./erm. 8,50/5 €; ⊙9–19 Uhr) Gegenüber dem historischen Zentrum liegt auf der anderen Seite des Flusses diese Gartenanlage, die als Meisterwerk der Landschaftsgestaltung in der Renaissance gilt. Sie wurde nach der Adelsfamilie benannt, die sich seit der Öffnung der Anlage für das Publikum im Jahr 1591 um deren Pflege und Erhaltung gekümmert hat. Die Bepflanzung ist eine italienische Mischung aus in Form geschnittenen und natürlich gewachsenen Pflanzen, dazu kommen große Zypressen. Einer von ihnen hat Johann Wolfgang von Goethe in seiner *Italienischen Reise* ein literarisches „Denkmal" gesetzt.

Verona

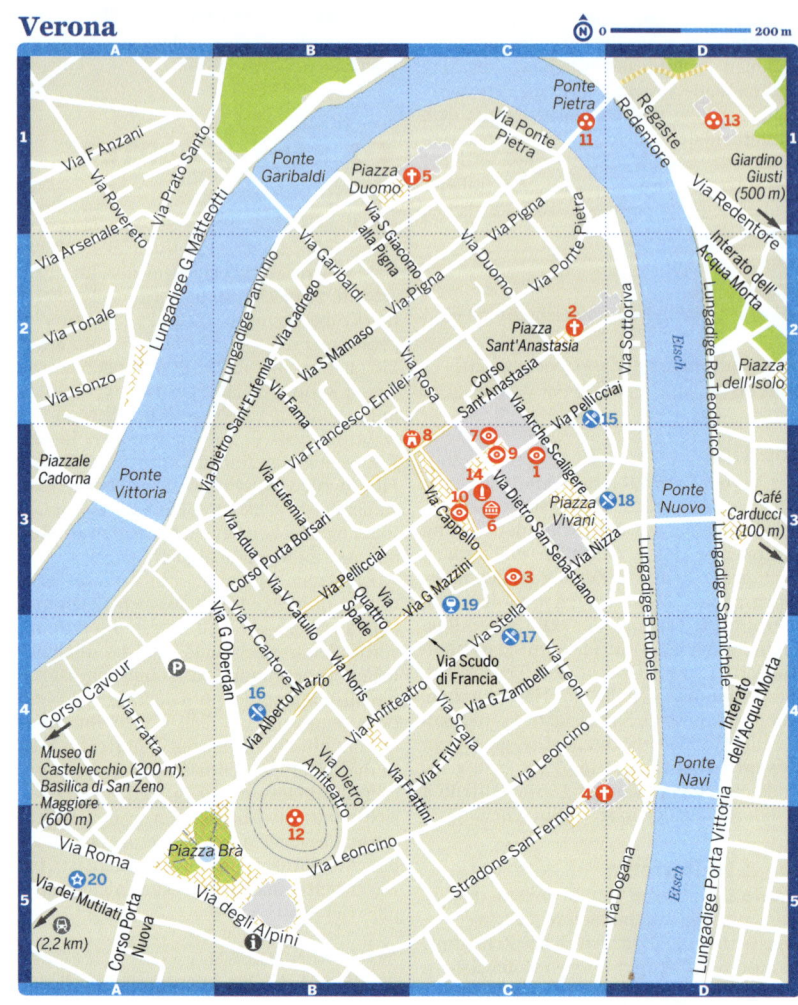

Der Legende nach bleiben Liebende, die sich in dem kleinen Labyrinth finden, für immer zusammen. Während man vom *belvedere* (Aussichtspunkt), der im hinteren Teil des Gartens liegt, auf die Stadt blickt, kann man seinem Schatz Zärtlichkeiten ins Ohr flüstern. Was ist schon die Casa di Giulietta – hier finden die wirklichen Romanzen statt.

★ GALLERIA D'ARTE MODERNA ACHILLE FORTI
GALERIE

(Palazzo della Ragione; ☑ 045 800 19 03; https://gam.comune.verona.it; Cortile Mercato Vecchio; Erw./erm. 4/2,50 €, inkl. Torre dei Lamberti

8/5 €; ☉ Di–Fr 10–18, Sa & So 11–19 Uhr) Im Schatten der Torre dei Lamberti steht der romanische Palazzo della Ragione, in dem sich Veronas Schmuckstück, die Galerie für moderne Kunst, befindet. Über die gotische **Scala della Ragione** (Treppe der Vernunft) erreicht man die Sammlung von Gemälden und Skulpturen, die den Zeitraum zwischen 1840 und 1940 umfasst und einflussreiche italienische Künstler wie Giorgio Morandi und Umberto Boccioni zeigt. Unter den zahlreichen Highlights befinden sich auch Francesco Hayez' fesselndes Porträt *Meditazione* (Meditation), Angelo Dall'Ocas eindringliches *Foglie ca-*

Verona

denti (Fallende Blätter) und Ettore Berladinis mit schwarzem Humor gemaltes Bild *I vecchi* (Alte Männer).

Das architektonische Glanzstück des Museums ist die gewölbte **Cappella dei Notai** (Kapelle der Notare), die überquillt von biblischen Szenen aus dem späten 17. und frühen 18. Jh., gemalt von Alessandro Marchesini, Giambattista Bellotti, Santo Prunati und Louis Dorigny.

⭐ **MUSEO DI CASTELVECCHIO**   MUSEUM
(☎045 806 26 11; https://museodicastelvecchio.comune.verona.it; Corso Castelvecchio 2; Erw./erm. 6/4,50 €, mit VeronaCard frei; ⊙Mo 13.30–19.30, Di–So 8.30–19.30 Uhr) Das Castelvecchio, das zur Etsch hin mit Schwalbenschwanzzinnen bewehrt ist, wurde in den 1350er-Jahren von Cangrande II. erbaut. Die Festung erlitt durch Napoleon und später durch Bombenabwürfe im Zweiten Weltkrieg schwere Schäden, wurde dann aber durch den Architekten Carlo Scarpa quasi neu erfunden: Er führte Brücken über freiliegende Fundamente, füllte klaffende Lücken mit Glaselementen und stellte auf einem Betonsteg über dem Innenhof eine Statue von Cangrande I. auf. Die Anlage beherbergt heute diverse Sammlungen von Statuen, Fresken, Schmuck, mittelalterlichen Objekten und Gemälden.

Scarpas moderne Gestaltung der Innenräume ist nach dem streng mittelalterlichen äußeren Erscheinungsbild wirklich eine Überraschung und liefert eine Kontrastkulisse für die Exponate. Zu den Highlights zählen wunderschöne Glasobjekte aus dem 14. Jh., der Pisanello-Raum mit seinen gut

erhaltenen Fresken, die Sammlung flämischer Kunst und die Arbeiten Veroneser und venezianischer Maler der Renaissance. Überall ist das Wappen der Cangrandes zu sehen – Cangrande bedeutet „großer Hund", und tatsächlich zeigt das Wappen zwei Hunde, die eine Leiter hinaufklettern! Nach dem Besuch der Ausstellung lohnt es sich, den Festungswall zu erklimmen; von dort hat man einen schönen Blick auf den Fluss und die alten Stadtbefestigungen.

TORRE DEI LAMBERTI   TURM
(☎045 927 30 27; Via della Costa 1; Erw./erm. inkl. Galleria d'Arte Moderna Achille Forti 8/5 €, mit VeronaCard 1 €; ⊙Mo–Fr 10–18, Sa & So 11–19 Uhr) Der 84 m hohe Wachturm, eine der beliebtesten Attraktionen Veronas, bietet einen Panoramablick auf die Stadt und die nahe gelegenen Berge. Der Bau wurde im 12. Jh. begonnen und 1463 beendet – zu spät, um die anrückenden Venezianer zu erspähen. Die beiden Glocken im achteckigen Glockenturm tragen immer noch ihre alten Namen: Rengo rief früher zu den Sitzungen des Stadtrats, Marangona warnte die Einwohner bei Feuer. Zwei Drittel des Weges hinauf transportiert ein Fahrstuhl die Besucher, die restlichen Stockwerke müssen sie zu Fuß bewältigen.

**BASILICA DI SAN ZENO
MAGGIORE**   BASILIKA
(www.basilicasanzeno.it; Piazza San Zeno; 3 €; ⊙März–Okt. Mo–Sa 8.30–18, So 12.30–18 Uhr, Nov.–Feb. Mo–Sa 10–13 & 13.30–17, So 12.30–17 Uhr) Die Basilika mit der gestreiften Fassade aus Ziegeln und Stein, ein Meisterwerk

ℹ️ FAHRRADTOUREN

Simonetta Bike Tours
(☎045 222 65 29; www.simonettabike
tours.it) hat die verschiedensten
pedalgetriebenen Ausflüge rund um
Verona im Programm, einer davon
umfasst eine Radtour und Rafting auf
der Etsch. Der Veranstalter arrangiert
auch längere Radtouren im Veneto,
am Gardasee und in den Dolomiten.
Eine dreistündige Fahrradtour rund um
Verona kostet 35 € pro Person.

romanischer Architektur, wurde zu Ehren
des Schutzpatrons der Stadt errichtet. Ein
mit Blumen gefüllter Kreuzgang führt zum
Kirchenschiff – einem riesigen Raum mit
Fresken aus dem 12. bis 15. Jh. Sorgfältige
Restaurierung hat dem Altar mit Mantegnas 1457–1459 entstandenem Gemälde *Die
Erhabenheit der Jungfrau* zu neuem Glanz
verholfen. Die Malerei ist perspektivisch
so ausgefeilt, dass der Betrachter denkt,
es hingen Girlanden mit frischen Früchten
hinter dem Thron Marias.

Unter dem Rosettenfenster, das das
Glücksrad darstellt, befinden sich fein aus-
gearbeitete Bronzetüren aus dem 12. Jh.
Eine davon zeigt eine Teufelsaustreibung,
bei der ein Dämon aus dem Mund einer
Frau gezerrt wird. Unter dem Hauptaltar
befindet sich eine dunkle Krypta, in der
steinerne Gesichter aus mittelalterlichen
Kapitellen blicken und der Leichnam des
hl. Zeno in einem gläsernen Sarg ruht.

CHIESA DI SAN FERMO   KIRCHE
(Stradone San Fermo; 3 €, mit VeronaCard frei;
🕐März–Okt. Mo–Sa 10–18, So 13–18, Nov.–Feb.
bis 17 Uhr) Die Chiesa di San Fermo am in
Richtung Fluss führenden Ende der Via
Leoni ist genau genommen zwei Kirchen
in einer: Franziskanermönche errichteten
im 13. Jh. die gotische Kirche direkt über
dem ursprünglichen romanischen Bau aus
dem 11. Jh. Im Innern der großen gotischen
Kirche fällt besonders die großartige ge-
zimmerte *carena di nave* ins Auge, eine
Deckenkonstruktion, die an einen umgekehrten Schiffsrumpf erinnert. Im rechten
Querschiff sind Fresken aus dem 14. Jh. zu
sehen, darunter Fragmente, die Episoden
aus dem Leben des hl. Franziskus darstellen. Vom Kreuzgang führt eine Treppe zu
der romanischen Kirche darunter.

CASA DI GIULIETTA   SEHENSWERTES GEBÄUDE
(Julias Haus; ☎045 803 43 03; Via Cappello 23;
Erw./erm. 6/4,50 €, mit VeronaCard frei; 🕐Mo
13.30–19.30, Di–So 8.30–19.30 Uhr) Julias
Haus ist ein einziges Spektakel, allerdings
aus Gründen, die man nicht unbedingt erwartet – wer den Innenhof an der Via Cappello betritt, trifft auf eine Menge junger
Menschen aus aller Herren Länder, die sich
auf dem kleinen Raum zusmmendrängen,
um Selfies mit der blank geriebenen Bronzefigur der Julia zu machen. Die Mauern
sind bis in 2 m Höhe mit Liebesbriefchen
behängt, viele sind mit Kaugummi ange-
klebt. Darüber befindet sich der berühmte
Balkon, auch vor diesem „romantischen
Hintergrund" fotografieren sich die Touristen wechselseitig.

Das Haus an sich ist den Eintrittspreis
nicht wert – es ist praktisch leer, aber mit
Besuchern überschwemmt, die kaum die
enge Treppe passieren können. Nur ein
paar interessante Exponate sind hier zu finden, darunter das Bett aus Zeffirellis Film
von 1968 und einige Renaissancegewänder.
Der Souvenirladen gegenüber erreicht den
Gipfel des herzförmigen Kitsches.

PIAZZA DELLE ERBE   PLATZ
Die Piazza delle Erbe war ursprünglich
ein römisches Forum, heute ist sie umgeben von geschäftigen Cafés und einigen
der prächtigsten Gebäuden Veronas. Dazu
gehört auch der elegante barocke **Palazzo
Maffei** am nördlichen Ende, in dem sich
mehrere Geschäfte befinden. Direkt neben
der Piazza befindet sich der monumentale
Bogen **Arco della Costa**, an dem seit Mitte
des 18. Jhs. eine Walrippe befestigt ist und
noch immer herunterhängt. Der Legende
nach soll sie auf die erste gerechte Person
fallen, die unter ihr hindurchgeht. Doch
noch immer hängt sie da, obwohl seitdem
so viele Päpste, Könige und Politiker durch
das Tor gegangen sind.

PIAZZA DEI SIGNORI   PLATZ
Veronas wunderschöner Freiluftsalon ist
von eleganten Renaissance-Palazzi umgeben. Die bedeutendsten sind der **Palazzo
degli Scaligeri** (alias Palazzo Podestà) aus
dem 14. Jh., die Residenz des Cangrande I.
Della Scala, die **Loggia del Consiglio** mit
ihren Arkaden, im 15. Jh. als Sitzungssaal
für den Stadtrat errichtet, und der **Palazzo
della Ragione** aus Ziegeln und Tuffstein erbaut. In der Mitte des Platzes steht ein berühmtes **Dante**-Denkmal; der Dichter fand

in Verona einen Zufluchtsort, nachdem er im Jahr 1302 aus Florenz vertrieben worden war.

Die meisten Gebäude an der Piazza sind nicht öffentlich zugänglich, aber man kann den **Palazzo della Ragione** aus dem 12. Jh. besuchen, er liegt links, wenn man vom Arco della Costa herkommt. Im Inneren hat seit April 2014 eine moderne Kunstgalerie ihren Platz. Vor dem benachbarten **Palazzo del Capitano** liegt ein Platz mit Kopfsteinpflaster, auf dem zwei riesige runde Glasfenster in den Boden eingelassen sind. Sie geben den Blick auf die Ausgrabungen römischer und mittelalterlicher Untergeschosse frei. Im Nordosten ragen die **Arche Scaligere** (Via Arche Scaligere) auf, die reich geschmückten gotischen Grabmale der Familie Della Scala.

BASILICA DI SANT'ANASTASIA BASILIKA

(www.chieseverona.it; Piazza di Sant'Anastasia; 3 €, mit VeronaCard frei; ☺März–Okt. Mo–Sa 9–18, So 13–18 Uhr, Nov.–Feb. bis 17 Uhr) Die gotische Basilica di Sant'Anastasia stammt aus dem 13. bis 15. Jh. und ist Veronas größte Kirche. Sie besitzt eine wunderbar geschmückte Gewölbedecke und ist ein Vorzeigeprojekt Veroneser Kunst. Die schiere Menge an Fresken ist überwältigend, man sollte auf gar keinen Fall Pisanellos bilderbuchhaftes Fresko *Hl. Georg und die Prinzessin* über dem Eingang zur **Pellegrini-Kapelle** übersehen. Das trifft auch auf das Weihwasserbecken zu, das der Vater von Paolo Veronese, Gabriele Caliari, im Jahr 1495 gefertigt hatte und das einen Buckligen darstellt.

DUOMO KATHEDRALE

(Cattedrale Santa Maria Matricolare; ☎045 59 28 13; Piazza Duomo; 3 €, mit VeronaCard frei; ☺März–Okt. Mo–Sa 10–17.30, So 13.30–17.30 Uhr, Nov.–Feb. bis 17 Uhr) Veronas Kathedrale aus dem 12. Jh. ist ein beeindruckendes romanisches Bauwerk. An der Westseite finden sich die glupschäugigen Statuen von Roland und Oliver, den Paladinen Karls des Großen – ein Werk des mittelalterlichen Künstlers Nicolò. An der nüchternen Fassade deutet nichts auf die wunderbaren Fresken aus dem 16. und 17. Jh. im Inneren hin, die Engel im Trompe-l'œil-Stil darstellen. Links des Kirchenschiffes befindet sich die vom Renaissancekünstler Jacopo Sansovino entworfene **Cartolari-Nichesola-Kapelle** mit einer strahlenden *Himmelfahrt* von Tizian.

PONTE PIETRA ARCHÄOLOGISCHE STÄTTE

(Via Ponte Pietra) Nördlich des Stadtzentrums liegt diese Brücke, ein schlichtes, aber bemerkenswertes Zeugnis für die Liebe der Italiener zu ihrem künstlerischen Erbe. Zwei Bögen der Brücke stammen noch aus der Zeit der Römischen Republik im 1. Jh. v. Chr., die anderen drei wurden im 13. Jh. ersetzt. Die antike Brücke blieb bis 1945 fast völlig intakt, erst die abziehenden deutschen Truppen sprengten sie in die Luft. Aber die Bevölkerung holte die Fragmente wieder aus dem Fluss heraus und baute die Brücke in den 1950er-Jahren Stein für Stein wieder auf.

TEATRO ROMANO E MUSEO ARCHEOLOGICO ARCHÄOLOGISCHE STÄTTE

(☎045 800 03 60; Regaste Redentore 2; Erw./erm. 4,50/3 €, mit VeronaCard frei; ☺Di–So 8.30–19.30, Mo 13.30–19.30 Uhr) Direkt nördlich des Stadtzentrums befindet sich das **Teatro Romano di Verona**. Es wurde im 1. Jh. geschickt in die Hügel gebaut, so dass von diesem strategischen Punkt eine Flussbiegung überwacht werden kann. Im hinteren Teil des Theaters führt ein Aufzug zu einem ehemaligen Kloster, in dem sich heute eine interessante Sammlung griechischer und römischer Exponate befindet.

ESSEN

★PASTICCERIA FLEGO CAFÉ €

(☎045 803 24 71; www.pasticceriaflego.com; Via Stella 13; Gebäck 1,30–1,60 €; ☺Di–So 7.30–19.30 Uhr) Der Goldstandard für Gebäck in Verona ist das Flego. Dort stehen morgens mindestens zehn verschiedene Sorten Croissants zur Wahl, darunter das himmlische Myrtenbeeren-Croissant, außerdem gibt es den klassischen Risino, einen typischen Veroneser Kuchen, der mit Reis gebacken wird. Auch der Kaffee und die Macarons sind hier besonders gut. Mittags gibt es eine Auswahl an herzhaften Blätterteigsnacks, Salaten und Sandwiches.

HOSTARIA LA VECCHIA FONTANINA TRATTORIA €

(☎045 59 11 59; www.ristorantevecchiafontanina.com; Piazzetta Chiavica 5; Mahlzeiten 20–25 €; ☺10.30–15.30 & 18.30–23 Uhr) Mit den Tischen auf der winzigen Piazza, den gemütlichen Räumen und köstlichem Essen unterscheidet sich das mit altem Schnickschnack dekorierte Restaurant von den Konkurrenten. Die Speisekarte bietet typisch Veroneser Gerichte, außerdem ungewöhnliche Kombinationen wie *bigoli con ortica e ricotta affumicata* (dicke Spaghetti mit Nesseln und geräuchertem Ricotta) sowie mehrere himmlisch schmeckende Desserts. Meistens muss man anstehen, um einen Platz zu bekommen.

★ CAFÉ CARDUCCI · BISTRO €€

(☎ 045 803 06 04; www.cafecarducci.it; Via Carducci 12; Mahlzeiten 25–45 €; ⊙ Mo–Sa 7–15 & 17–23 Uhr; ✱) In dem bezaubernden Bistro im Stil der 1920er-Jahre können sich die Gäste in den von Spiegeln gesäumten Innenräumen entspannen, an weiß eingedeckten Tischen, auf denen nicht nur Kerzen stehen, sondern auch Teller mit ausgezeichneter süßer Salami und lokalen Käsesorten. Die Speisekarte kommt genauso klassisch daher wie die Einrichtung, es gibt Risotto in einer Amarone-Reduktion und schwarzen Reis mit Muscheln. In der Kirschensaison sollte man das Sahneeis mit in Grappa getauchten Bigarreau-Kirschen nicht verpassen.

★ LOCANDA 4 CUOCHI · ITALIENISCH €€

(☎ 045 803 03 11; www.locanda4cuochi.it; Via Alberto Mario 12; Gerichte 40 €, 3-Gang-Menü 43 €; ⊙ 12.30–14.30 & 19.30–22.30 Uhr, Mo & Do mittags geschl.; ☎) Die offene Küche, die kultivierte Atmosphäre und die erstklassigen Köche lassen große Dinge von der Locanda der „4 Köche" erwarten. Kulinarische Luftsprünge stehen aber erst an zweiter Stelle nach den erstklassigen Produkten, die mit Können und dem gewissen Etwas verarbeitet werden. Ob es das perfekte knusprige Spanferkel mit Lakritzkruste ist oder der krönende Abschluss bestehend aus Gianduja-Ganache mit Sesamstreuseln und Banane – die Küche ist wirklich beeindruckend.

★ PESCHERIA I MASENINI · FISCH & MEERESFRÜCHTE €€€

(☎ 045 929 80 15; www.imasenini.com; Piazzetta Pescheria 9; Gerichte 40–50 €; ⊙ 12.40–14 & 19.40–22 Uhr, So abends & Mo geschl.) An der Piazza, auf der früher Veronas römischer Fischmarkt abgehalten wurde, bietet das dezent beleuchtete Masenini heute die kreativsten und modernsten Fischgerichte Veronas an. Zu den gewagten Kombinationen gehören frisches Seebarsch-Carpaccio mit pikantem grünen Apfel und rosa Pfeffer, Gnocchi mit schwarzer Tinte mischen sich mit Hummer-*ragù* oder in Scheiben geschnittene Gelbschwanzmakrele wird kombiniert mit gehackten Mandeln, Honig, Spinat und Himbeeren.

AUSGEHEN & NACHTLEBEN

Die Piazza delle Erbe ist von Cafés und Bars umringt und füllt sich am frühen Abend mit einer feierfreudigen Menschenmenge. Alternativ geht es an den Fluss auf einen *spritz* mit Aussicht. Wer es weniger touristisch mag, überquert am besten den Ponte Nuova nach Veronetta, wo Studenten und Einheimische gerne abhängen.

★ ANTICA BOTTEGA DEL VINO · WEINLOKAL

(☎ 045 800 45 35; www.bottegavini.it; Vicolo Scudo di Francia 3; ⊙ 11–1 Uhr) *Vino* steht an erster Stelle in der historischen, beeindruckenden Weinstube (im Keller befinden sich ungefähr 18 000 Flaschen), allerdings lassen die leinengedeckten Tische auch etwas Gutes für den Magen erahnen. Der Sommelier empfiehlt gerne einen guten Jahrgang zum geschmorten Esel, Kabeljau à la Vicenza oder Leber auf venezianische Art – einige der besten Weine hier werden extra für diese wunderbare *bottega* abgefüllt.

Veronas Weinregion

Entdecken

Eine Fahrt durch die Umgebung von Verona ist wie eine Unterrichtsstunde über guten Wein. Im Norden und Nordwesten liegen die Valpolicella-Anbaugebiete, die schon vor der Ankunft der Römer existierten, nach Osten Richtung Vicenza sind die Weißweinerzeuger des Soave zu finden.

Das Beste

➜ **Sehenswürdigkeit** Villa della Torre

➜ **Restaurant** Enoteca della Valpolicella (S. 208)

➜ **Weingut** 1898 Cantina di Soave (S. 206)

IMAGESEF/SHUTTERSTOCK ©

Kirche in Valpolicella (S. 207)

Top-Tipp

Für Besucher ohne Auto bietet **Pagus** (327 7965 380; www.pagusvalpolicella.net; Via San Giuseppe 18; Gruppentour halber Tag 75–95 €, ganzer Tag 120–140 €; Mo–Fr 10–13 & 14–18, Sa bis 13 Uhr) Touren nach Valpolicella und Soave an, die regelmäßig in Verona starten. Dazu gehören Fahrten zu ungewöhnlichen ländlichen Orten, improvisierte Streifzüge, Mittagessen in örtlichen Restaurants und natürlich Weinproben. Auch maßgeschneiderte Touren sind möglich.

An- & Weiterreise

→ **Auto & Motorrad** Um ins Valpolicella-Gebiet zu kommen, wird ein Auto benötigt. Und auch wenn das Soave mit dem öffentlichen Nahverkehr erreichbar ist, kann man die Weinberge der Umgebung nur mit dem Auto erreichen. Valpolicella liegt 20 km nordwestlich von Verona und wird über die SP1 und SP4 erreicht; nach Soave fährt man 40 Minuten ostwärts auf der A4/E70.

Gut zu wissen

→ **Vorwahl** 045
→ **Lage** Soave und Valpolicella liegen 85 km bzw. 140 km westlich von Venedig
→ **Touristeninformationen Soave** (045 619 07 73; www.soaveturismo.it; Piazza Foro Boario I; Di–Fr 10–16, Sa & So bis 14 Uhr); **Valpolicella** (045 770 19 20; www.valpoli cellaweb.it; Via Ingelheim 7, San Pietro in Cariano; Mo–Fr 9–13 Uhr)

 SEHENSWERTES & AKTIVITÄTEN

◉ Soave

Soave liegt östlich von Verona. Es ist für einen Tagesausflug leicht zu erreichen und hat neben den gleichnamigen DOC (Denominazione di Origine Controllata)-Weißweinen eine Bilderbuchumgebung zu bieten. Die Stadt ist vollständig von mittelalterlichen Befestigungen umschlossen, darunter sind 24 bewehrte Wachtürme, die eine mittelalterliche Burg schützen. Wein ist der wichtigste Grund für einen Besuch; Verkostungen werden das ganze Jahr über angeboten.

CASTELLO DI SOAVE   BURG
(045 768 00 36; www.castellodisoave.it; Erw./erm. 7/4 €; April–Okt. 9–12 & 15–18.30 Uhr, Nov.–März bis 12 & 14–16 Uhr) Die Burg errichteten die Scaliger (italienisch Scaligero) – in dieser Familie, die von 1260 bis 1387 die Herren von Verona stellten, war der Brudermord nicht unüblich. Das Bauwerk besteht heute aus einer Villa der Früh-Renaissance, grasbewachsenen Höfen, den Überresten einer romanischen Kirche und dem Mastio (einem Wehrturm, der auch als Verlies genutzt wurde): Hier wurde bei Restaurierungsarbeiten ein Berg aus menschlichen Knochen freigelegt. Highlight des Castello ist aber für die meisten Besucher der Blick von den Aussichtspunkten auf den Mauern über die sanften Hügel der Umgebung.

TAGESAUSFLÜGE VERONAS WEINREGION

ℹ WEINGÜTER IN DER REGION VALPOLICELLA

Genauere Angaben zu Weingütern, Restaurants und Themenrouten sind unter www.stradadelvinovalpolicella. it zu finden.

⭐ 1898 CANTINA DI SOAVE   WEIN

(☎045 613 98 45; www.cantinasoave.it; Via Covergnino 7; ⊙Mai–Sept. Mo–Sa 9–19 Uhr, Okt.–April Mo–Sa 8.30–12.30 & 14.30–19 Uhr) Ein Besuch dieser Kooperative von 2000 Soave-Winzern, die sich seit mehr als einem Jahrhundert bewährt hat und einst offizieller Lieferant des italienischen Königshofs war, gehört einfach zum touristischen Pflichtprogramm. Sie liegt in dem kleinen Weiler Borgo Rocca Sveva an der Burgmauer. Besucher können die Weinkeller, den Weinladen und den botanischen Garten besichtigen. Führungen sollte man im Voraus buchen.

⭐ SUAVIA   WEIN

(☎045 767 50 89; www.suavia.it; Via Centro 14, Fittà; ⊙Mo–Fr 9–13 & 14.30–18.30, Sa bis 13 Uhr & nach Vereinbarung) Soave-Weine sind eigentlich nicht für ihre Komplexität bekannt, doch die innovative Kellerei Suavia, die 8 km außerhalb von Soave liegt (zu erreichen ist sie über die SP39), hat die Weinbaulandschaft in den letzten Jahren verändert. Den preisgekrönten DOC Monte Carbonare Soave Classico mit seinem mineralischen, salzig-frischen Abgang sollten sich Weinliebhaber nicht entgehen lassen. Es empfiehlt sich, Führungen im Voraus zu buchen!

AZIENDA AGRICOLA COFFELE   WEIN

(☎045 768 00 07; www.coffele.it; Via Roma 5; Weinprobe 12–25 €; ⊙Mo–Sa 9.30–19.30, So 10–13 & 14–19 Uhr) Gegenüber der Kirche in der Altstadt befindet sich das familiengeführte Weingut, in dem man zitronig-pikanten DOC Soave Classico und einen eleganten, samtigen DOC Coffele Ca' Visco Classico probieren kann. Die Familie vermietet außerdem auch Zimmer in den Weinbergen, die einige Kilometer außerhalb des Ortes liegen. Die Weinproben sollten unbedingt im Voraus gebucht werden; im Winter mindestens einen Tag vor dem gewünschten Termin, in den Sommermonaten sogar eine Woche vorher.

◉ Valpolicella

In diesem Weinbaugebiet, das sich in den lessinischen Hügeln nördlich von Verona und östlich des Gardasees erstreckt, wird schon seit Urzeiten Wein hergestellt, seit die alten Griechen ihre *Passito*-Technik (die Verwendung teils getrockneter Weintrauben) einführten und dadurch fantastische Aromen schufen, die wir immer noch im Amarone und im Recioto aus dieser Region genießen.

Das Tal liegt an den Ausläufern des Monte Lessini und profitiert vom guten Mikroklima, das durch den gewaltigen Lago di Garda im Westen und die kühlen Winde von den Alpen im Norden entsteht. Kein Wunder, dass sich die veronesischen Adelsfamilien am Wochenende hierher zurückzogen. In vielen der noblen Villen befinden sich heute Weingüter, wie in der außergewöhnlichen Villa della Torre, andere wurden zu idyllischen Gasthäusern und Hotels umgebaut.

⭐ VILLA DELLA TORRE HISTORISCHES BAUWERK

(☎045 683 20 70; www.villadellatorre.it; Via della Torre 25, Fumane; Führungen durch die Villa 10 €; mit Weinprobe & Imbiss 30–40 €; ⊙Führungen Mo–Sa 11 & 16 Uhr nach Voranmeldung; 🅿) Das Schmuckstück in der Krone der Allegrini ist diese historische Villa aus der Mitte des 16. Jhs., die von dem Intellektuellen und Humanisten Giulio della Torre errichtet wurde. Mehrere Stararchitekten trugen zum Bau mit bei: Das klassisch beeinflusste Peristyl und der Fischteich werden Giulio Romana (er ist auch für den Palazzo Te in Mantua verantwortlich) zugeschrieben, die Kapelle Michele Sanmicheli und die riesigen, an aufgerissene Münder erinnernden Kamine stammen von Bartolomeo Ridolfi und Giovanni Battista Scultori.

VILLA SEREGO ALIGHIERI   WEINGUT

(☎045 770 36 22; www.seregoalighieri.it; Via Giare 277, Località Gargagnago; Führung & Weinprobe 18 €; ⊙nach Vereinbarung) Italiens großer, mittelalterlicher Dichter Dante Alighieri floh vor falschen Korruptionsvorwürfen aus Florenz und fand in Verona Unterschlupf und den Schutz der Familie Scala. Nachdem sich die Familie im Veneto niedergelassen hatte, erwarb der Sohn Pietro 1353 eine prächtige Villa, Casal dei Ronchi. Sie befindet sich bis heute im Familienbesitz und bildet das Weingut Villa Serego.

Führungen über den Besitz und das Weingut, die vorab vereinbart werden müssen, lohnen sich allein schon, um die faszinierende Geschichte zu hören.

PIEVE DI SAN GIORGIO KIRCHE

(www.infovalpolicella.it; Piazza della Pieve 22, San Giorgio di Valpolicella; ☉Sommer 7–20 Uhr, Winter 8–17 Uhr) GRATIS Das kleine, auf einem Berg gelegene Dorf San Giorgio, etwa 6 km nordwestlich von San Pietro in Cariano, besitzt eine mit Fresken und einem Kreuzgang ausgestattete romanische Kirche aus dem 8. Jh. Nicht alt genug? Im kleinen Garten links sind noch die Überreste eines antiken römischen Tempels zu erkennen.

PIEVE DI SAN FLORIANO KIRCHE

(Via della Pieve 49, Località San Floriano; ☉7.30–19.30 Uhr) GRATIS Das Gotteshaus, das als eine der attraktivsten romanischen Kirchen der Region gilt, datiert ins 10. bis 13. Jh. zurück. Besonders eindrucksvoll ist der Kreuzgang, eine friedliche Oase aus Stein mit einer wirklich altertümlichen Atmosphäre.

★ DAMOLI WEIN

(☎340 8762680; www.damolivini.com; Via Jago di Mezzo 5, Negrar; Weinprobe pro Person 30 €; ☉nach Vereinbarung) Die Familie Damoli baut seit 1623 in Negrar Wein an, zuerst als Pächter, dann als Besitzer eines eigenen kleinen Weinguts. Ihre Leidenschaft zeigt sich in ihren klassischen Amarones und den dreistündigen Verkostungen, bei denen Lara Damoli jedes Detail im Produktionsprozess erläutert. Der preisgekrönte Checo-Wein ist mit 30 € extrem preisgünstig.

★ GIUSEPPE QUINTARELLI WEIN

(☎045 750 00 16; giuseppe.quintarelli@tin.it; Via Cerè 1, Negrar; Weinprobe pro Person 30 €; ☉nach Vereinbarung) Der verstorbene Giuseppe Quintarelli hat der Region Valpolicella einen Platz auf der Weltkarte des Weins verschafft. Sein Weingut hat Maßstäbe gesetzt und wird inzwischen von seiner Tochter Fiorenza und ihrer Familie geführt. Quintarellis herausragender Amarone in limitierter Produktion – verwendet werden dafür Corvina-, Corvinone-, Rondinella-, Cabernet-, Nebbiolo-, Croatina- und Sangiovese-Trauben – ist ein Heiliger Gral für ernsthafte Weinliebhaber. Wenn man bedenkt, wie teuer und schwer erhältlich die Weine dieses Erzeugers sind, bieten die Verkostungen für 30 € ein fantastisches Preis-Leistungs-Verhältnis.

ALLEGRINI WEIN

(☎045 683 20 11; www.allegrini.it; Via Giare 9/11, Fumane; Weingutführung pro Person 60 €; ☉nach Vereinbarung) Die Familie Allegrini baute bereits im 16. Jh. in Fumane, Sant'Ambrogio und San Pietro Wein an. Besonders stolz ist man hier auf die *cru*-Weine, die aus Corvina- und Rondinella-Trauben von den La-Grola-Hängen (La Poja, La Grola und Palazzo della Torre) gekeltert werden. Führungen zu den sechs verschiedenen Anbaugebieten der Allegrinis informieren detailliert über Terroir und Kultivierung. Weinproben werden in der historischen Villa della Torre (S. 206) aus dem 16. Jh. veranstaltet.

VILLA MOSCONI BERTANI WEIN

(☎045 602 07 44; www.mosconibertani.it; Via Novare, Arbizzano; Führung 9 €, Weinprobe 22–35 €; ☉Weinprobe & Führung So–Fr 14 & 16, Di-So auch 10 Uhr) Das hübsche Weingut, das in einem kleinen Landsitz untergebracht ist, bietet Weinproben und Führungen durch das klassizistische Gebäude an. Das historische Bauwerk prunkt mit einem reich mit Fresken versehenen Saal, der ursprünglich für Opernaufführungen gedacht war. Besucher haben die Wahl zwischen vier Verkostungen, zu den meisten gehören erstklassige Valpolicella-Weine wie Lepia Soave DOC, Amarone Classico DOCG und Torre Pieve Chardonnay. Eine Reservierung ist zu empfehlen.

ZÝMĒ WEIN

(☎045 770 11 08; www.zyme.it; Via Cà del Pipa 1, San Pietro in Cariano; Weinprobe 20 €; ☉Laden Mo–Sa 9–18, Weinproben nach Vereinbarung) Das preisgekrönte Weingut besticht durch seine markante moderne Architektur und den aus einem alten Steinbruch gehauenen Weinkeller. Celestino Gaspari, der das Gut 2003 gegründet hat, ist ein Träumer, der für seine großartigen Cuvées bekannt ist. Am berühmtesten ist Zýmēs charakteristischer Harlequin, ein opulenter IGP Wein aus 15 regionalen Traubensorten (elf rote, vier weiße). Weitere bemerkenswerte Weine sind u. a. Kairos und Oseleta. Die Weinverkostungen müssen im Voraus gebucht werden.

FRATELLI VOGADORI WEIN

(☎328 9417228; www.amaronevalpolicella.org; Via Vigolo 16, Negrar; Weinprobe pro Person 25 €; ☉Mo–Sa 8–12 & 13–18, So 8–12 Uhr; ☎) 🖉 Die namengebenden Brüder (*fratelli*) Vogadori keltern ihre Bio-Weine aus ungewöhnlichen einheimischen Traubensorten wie Oseleta und Negrara. Das Ergebnis: der wunderbar vollmundige Amarone Riserva Forlago (2004) und der zu Recht berühmte 2007er Recioto della Valpolicella, der einfach teuflisch gut zu dunklem Schokoladenkuchen passt. Weinproben gleich an der Tür zum Weinkeller werden den ganzen Tag über veranstaltet, vorab buchen! Es werden auch Zimmer vermietet (DZ 70 €).

MASSIMAGO WEIN

(☎045 888 01 43; http://massimago.com; Via Giare 21, Mezzane di Sotto; Weinprobe 10–30 €, ⏱Mo–Fr 9–20 Uhr, Weinprobe nach Vereinbarung) Den Spitzenplatz unter den Erneuerern des Weinbaus in Valpolicella nimmt die dynamische Camilla Chauvenet ein, die das Weingut als gerade einmal 20-Jährige übernommen hat und seither leichtere, modernere Versionen der Klassiker herausbringt, darunter ein ungewöhnlicher Rosé und eine Schaumweinvariante. Das hauseigene **Boutiquehotel** mit vier Zimmern (DZ 100–140 €, 4-Pers.-Apartment 180–200 €) ist so elegant und raffiniert wie die Weine. Zu einer Weinprobe, die vorzugsweise auf den Nachmittag gelegt wird, kann man sich telefonisch oder per E-Mail anmelden.

MONTECARIANO CELLARS WEIN

(☎045 683 83 35; www.montecariano.it; Via Valena 3, San Pietro in Cariano; Weinprobe pro Person 25 €; ⏱Mo–Fr 9–12.30 & 15–17 Uhr nach Vereinbarung) Der preisgekrönte Amarone von diesem Weingut in der Ortschaft San Pietro in Cariano, unweit der zentralen Piazza San Giuseppe, ist einen Besuch wert.

TEZZA WEIN

(☎045 55 02 67; www.tezzawines.it; Stradella Maioli, Valpantena; Weinprobe pro Person 15–25 €; ⏱Weinprobe nach Vereinbarung) An das historische Kerngebiet von Valpolicella grenzt das schöne Tal Valpantena an. Hier bewirtschaften die Brüder Tezza 25 ha mit einem Mix aus traditionellen und modernen Methoden. Ein Teil der Weinstöcke ist in hoher Pergolapflanzung angebaut, sodass sie vor Sonne und Feuchtigkeit geschützt sind und Weine von großer Intensität erzeugen, die tanninhaltig und ungewöhnlich trocken sind.

VALENTINA CUBI WEIN

(☎045 770 18 06; www.valentinacubi.it; Località Casterna 60, Fumane; Weinprobe 20 €; ⏱Mo–Fr 9.30–12.30 & 15–18, Sa bis 13 Uhr nach Vereinbarung; ♿) ✆ Die namengebende Valentina Cubi beschreitet mit ihrem hochmodernen, 10 ha großen, zertifizierten Bio-Weingut neue Wege. Cubi nutzt biodynamische Methoden und erzeugt, abhängig von der Qualität der Jahresernte, einen der wenigen "natürlichen", sulfatfreien Valpolicellas. Wer die Sache aus der Nähe betrachten möchte, der kann sich gleich in einem der schicken Zimmer auf dem Gut einmieten (DZ 120 €).

ESSEN

TRATTORIA ALLA ROCCA TRATTORIA €

(☎045 768 02 35; Corso Vittorio Emanuele II 155, Soave; Mahlzeiten 15–20 €; ⏱Di–Sa 12–14 & 19–20.15, So 19–20.15 Uhr) Das ebenso günstige wie gut gelaunte Alla Rocca wird meist La Bigoleria genannt, weil es sich auf die charakteristische Pasta der Region konzentriert. Die *bigoli* werden mit einem Dutzend verschiedener Soßen serviert. Die langsam gegarte Wildschweinsoße ist besonders lecker und reichhaltig.

★ENOTECA DELLA VALPOLICELLA VENEZIANISCH €€

(☎045 683 91 46; www.enotecadellavalpolicella.it; Via Osan 47, Fumane; Mahlzeiten 25–35 €; ⏱Di–Sa 12–14.30 & 19–24, So bis 15 Uhr) Feinschmecker kommen gerne in den Ort Fumane, wenige Kilometer nördlich von San Pietro in Cariano gelegen. Hier wurde ein altes Bauernhaus zu einem rustikalen, aber eleganten Restaurant umgebaut. Am besten verlässt man sich auf die Empfehlungen der Besitzer Ada und Carlotta, die ihre Gäste über die Tagesspezialitäten, die aus frischen, lokalen Produkten bestehen, informieren.

★OSTERIA NUMERO UNO OSTERIA €€

(☎045 770 13 75; www.osterianumero1.com; Via Flaminio Pellegrini 2, Fumane; Mahlzeiten 20–30 €; ⏱Do–Mo 12–14.30 & 19–22.30 Uhr) Eine Osteria wie sie im Buche steht, mit einer Holztheke, an der sich Winzer in Arbeitskleidung drängeln, während aus der Küche ein köstlicher Duft hereinzieht. Die Valpolicella-Weine (etwa 120 verschiedene) kosten pro Glas zwischen 2 und 5 € für einen guten Amarone. Dazu passen Speck oder gefüllte Ente mit wildem Knoblauch und Gnocchi.

TRATTORIA CAPRINI　　　TRATTORIA €€

(📞045 750 05 11; www.trattoriacaprini.it; Via Zanotti 9, Torbe; Gerichte 30 €; ⊙Do–Di 12–14.30 & 19–22 Uhr) Ein Stückchen nördlich von Negrar befindet sich in dem Dörfchen Torbe die familiengeführte Trattoria Caprini. Hier gibt es solide Leckereien, die man sich auch zu Hause wünschen würde. Vieles ist hausgemacht, so auch die köstliche *lasagnetta* mit handgefertigter Pasta und das *ragù* aus Rindfleisch, Tomaten, Steinpilzen und *finferlo*-Pilzen. Im Untergeschoss kann man neben dem Feuer der ehemaligen Bäckerei *(pistoria)* etwa 200 verschiedene Sorten Valpolicella kosten.

LOCANDA LO SCUDO　　　ITALIENISCH €€

(📞045 768 07 66; www.loscudo.vr.it; Via Covergnino 9; Mahlzeiten 35 €; ⊙Di–Sa 12–14.30 & 19.30–22.30, So bis 14.30 Uhr; ☎) Gleich außerhalb der mittelalterlichen Stadtmauern von Soave liegt Lo Scudo – eine Mischung aus Landgasthof und Hochleistungsgastronomie. Zu den Klassikern mit Kultstatus gehört das Risotto mit Jakobsmuscheln und Steinpilzen, aber genauso unwiderstehlich sind – sofern sie auf der Tageskarte stehen – die hervorragenden Tortelloni gefüllt mit Kürbis, Grana Padano, Zimt, Senf und Amaretto, gekrönt mit knusprig frittiertem Salbei.

TAGESAUSFLÜGE VERONAS WEINREGION

Der große Palladio

Geht es um Bildbände zum Thema Architektur, dann stellt so schnell keiner Andrea Palladio in den Schatten. Beim Betrachten seiner Villen treten plötzlich die eigenen womöglich beengten Wohnverhältnisse in den Hintergrund und man befindet sich auf einer Art Streifzug durch harmonischere Gefilde. Die Natur wird von Symmetrien bestimmt, römische Rigorosität wird durch den Reiz des Rustikalen gemildert. Palladio gelang es, die Klassik aufzugreifen, ohne sie zu kopieren, und dabei Gebäude zu schaffen, die einladend, nützlich und von unvergleichlicher Eleganz zugleich waren. Von London bis St. Petersburg gleicht sein Werk einer Anleitung für Architekten, wobei seine „Quattro Libri" seine Theorien geschickt verbreiteten und somit Europas Verhältnis zur Architektur prägten.

Und doch war Palladio, als er 1538 30 Jahre alt wurde, kaum mehr als ein talentierter Steinmetz in Vicenza. Sein großer Durchbruch kam, als der Adelige Giangiorgio Trissino sein Potenzial erkannte. Er machte Palladio mit dem Werk des römischen Architekturtheoretikers Vitruvius bekannt und schickte ihn nach Rom (1545–1547), um dort die Bauwerke der Antike und auch die Werke, z. B. Michelangelos Kuppel des Petersdoms, zu skizzieren.

Auf diesen Reisen muss wohl etwas Mysteriöses passiert sein, denn als Palladio nach Vicenza zurückkehrte, machte er sich für einen neuen Denkansatz in der Architektur stark – einen, der auf der Relation von Größenverhältnissen beruhte, um räumliche Harmonie zu schaffen. Wie bei Pallas Athene, der Göttin der Weisheit, nach der Palladio sich nannte,

1. Teatro Olimpico (S. 191) **2.** Basilica Palladiana (S. 191) **3.** La Rotonda (S. 190)

schienen seine Vorstellungen seinem Denken in ausgereifter Form zu entspringen. Sein Streben nach Perfektion stand nie im Widerspruch zu seinem Sinn fürs Praktische. Da es ihm an Geld fehlte, um San Giorgio Maggiore mit Marmor auszukleiden, ließ er sich eine sogar noch bessere Lösung einfallen: bescheidene Stuckwände, die das Gotteshaus mit einer ätherischen Sanftheit erfüllen. Notlagen bereiteten Innovationen den Weg.

Eine palladianische Villa dominiert niemals die Landschaft. Palladio setzt seine Zeichen taktvoll, als habe er nur die Naturkräfte des Terrains gebündelt und sie in eine ideale Antwort transponiert. Seine Villa La Rotonda krönt eine Erhebung in der Landschaft. Und wenn man die Villa vor Ort betrachtet, scheint sie sich ganz zwangsläufig aus der Landschaft zu ergeben.

HIGHLIGHTS: PALLADIO

Basilica Palladiana (S. 191) Eine Kunstgalerie, ähnlich einer römischen Basilica. **La Rotonda** (S. 190) Palladios inspiriertester Entwurf, der auf der ganzen Welt Nachahmer fand. **Villa di Masèr** (S. 197) Eine cremefarbene Villa in grüner Umgebung: Palladios schönste Komposition. **Villa Foscari** (S. 181) Die dem Fluss zugewandte Fassade mit ionischen Säulen lenkt Auge und Geist gen Himmel. **Teatro Olimpico** (S. 191) Palladios visionäres elliptisches Theater.

 # Schlafen

Venedig war einst bekannt für heruntergekommene Hotels, in die sich englische Dichter zum Sterben zurückzogen. Heute peppen Frühstückspensionen und Boutiquehotels die Paläste auf. In der Hochsaison sind die guten Hotels schnell ausgebucht. Im Sommer weichen Gäste gern auf den Lido aus, wo die Preise erschwinglicher sind und man sich nach einem heißen Tag im Rialto-Viertel beim Schwimmen abkühlen kann.

Mehr Unterkünfte denn je

Venedig bietet eine Fülle von Luxushotels. Auch die Anzahl der Boutiquehotels nimmt zu. Gleichzeitig hat das Internet dazu beigetragen, dass Einheimische ihre Häuser (oder Zimmer) vermieten können. Für Budgetreisende gibt es viele Hostels (*foresterie*). Einige der Mehrbettzimmer haben sogar Kanal- oder Gartenblick. Im Sommer werden auch Studentenunterkünfte vermietet.

Location, Location, Location

Obwohl Venedig eine überschaubare Stadt ist, kann es zeitraubend sein, sich in den Menschenmengen und auf langsamen *vaporetti* (Wasserbusse) fortzubewegen. Wichtig ist die Nähe zum Canal Grande oder zu einer *vaporetto*-Haltestelle, auch wenn sich in San Marco die schönsten Sehenswürdigkeiten befinden und die *sestieri* (Viertel) Dorsoduro, Cannaregio und Castello die besten Restaurants und Bars bieten. Wer Geld sparen möchte, quartiert sich auf der Giudecca, auf Murano und dem Lido ein.

Saisonpreise

In der Nebensaison – November, Anfang Dezember und Januar bis März – können Besucher mit einem Preisnachlass von bis zu 20 % rechnen. Ausgenommen sind die Tage um Neujahr, Karneval und Ostern.

Die Hotelbetreiber richten ihre Preisgestaltung in der Regel nach Saison, Wochentagen und italienischen Feiertagen oder ganz nach Belieben. Die Direktbuchung (telefonisch oder über die Website des Hotels) kommt meistens viel günstiger, denn dafür spart man sich die Gebühren, die von den Online-Anbietern erhoben werden.

Ausstattung

Venezianische Zimmer sind im Allgemeinen eher klein. Vor allem in den alten Palazzi ist damit zu rechnen, dass sie mitunter auch dunkel und schlecht geschnitten sind. Wenn nicht anders angegeben, verfügen die Zimmer über ein eigenes Bad. Konferenzräume sind selbst in feinen Hotels oft nur schlecht ausgestattet. Nur wenige große Hotels verfügen über einen Pool – die meisten davon liegen am Lido oder auf privaten Inseln. WLAN steht zunehmend häufiger zur Verfügung, in Räumen mit dicken Mauern funktioniert der Empfang allerdings nicht immer.

Es ist nicht alles Gold, was glänzt

Nicht alle Hotels geben Grund zum Jubeln: In manchen sind die Zimmer eng, abgewohnt und zugig, häufig verbunden mit einem lahmen Service. Besonders trostlos sind viele der günstigen und mittelklassigen Unterkünfte in der Bahnhofsgegend – mitunter trotz der guten Kommentare im Internet. Vorsicht ist auch geboten, wenn sich die Hotels mit Zimmern im „venezianischen Stil" brüsten. In manchen Fällen schmücken echte Antiquitäten und Lüster aus Muranoglas die Zimmer, manchmal handelt es sich aber auch um einen kitschigen Abklatsch, der nicht einen Hauch des früheren Charmes ausstrahlt.

Top-Tipps

Hotel Nani Mocenigo Palace (S. 219) Nobel-Suiten in einem Dogenpalast.

Cima Rosa (S. 222) Schicker Rückzugsort mit luxuriösen Suiten und Ausblick auf den Canal Grande.

Al Ponte Antico (S. 224) Ein in Seide gehüllter Palazzo mit traumhaftem Blick auf die Rialtobrücke.

Corte di Gabriela (S. 216) Moderne Innenräume, eingerahmt von der Eleganz des 19. Jh.

Novecento (S. 216) Vornehmer Rückzugsort mit Bohème-Schick, ideal für heutige Marco Polos.

Rosa Salva Hotel (S. 216) Venezianischer Stil mit modernem Touch in San Marco.

Gut & Günstig

€

B&B San Marco (S. 224) Zimmer in einem venezianischen Wohnhaus mit Kanalblick.

Ca' Barba (S. 220) Hübsche, holzgetäfelte Zimmer und ein freundlicher Herbergsvater.

Casa Burano (S. 227) Gemütliches Wohnen in einem Fischerhäuschen.

€€

Giardino dei Melograni (S. 223) Helle, moderne Räume mit Kanalblick im Herzen des Ghetto.

Locanda Fiorita (S. 215) Boutiquehotel mit eleganten Zimmern und von Blauregen bewachsenen Terrassen.

Residenza de L'Osmarin (S. 225) Ein B&B mit Steppdecken und feudalem Frühstück.

Hotel Bucintoro (S. 225) Holzgetäfelte, gemütliche Zimmer mit Blick aufs Wasser.

€€€

Gritti Palace (S. 216) Kunstvolle Suiten im feinstem Palast am Canal Grande.

Hotel Nani Mocenigo Palace (S. 219) Fresken und seidenbehangene Zimmer in einem Palast aus dem 15. Jh.

Palazzo Abadessa (S. 224) Fresken, Kanalblick und ein nach Lilien duftender Garten.

Hotel Moresco (S. 219) Luxus abseits der ausgetretenen Pfade am ruhigen Rio Novo.

Schöne Designhotels

Palazzo Cristo (S. 226) Ein Maßstab für modernen venezianischen Luxus.

Corte di Gabriela (S. 216) Designergrößen führen das Palastleben ins 21. Jh.

DD724 (S. 219) Design-Unterkunft mit moderner Kunst.

Romantische Unterkünfte

Al Ponte Antico (S. 224) Ein Haus am Canal Grande, das auch Casanova geliebt hätte.

Oltre Il Giardino (S. 221) Mühelose Eleganz mit einer skurrilen Künstlerseele.

Ai Cavalieri di Venezia (S. 225) Venezianische Opulenz, Papageienterrasse und Wellnessbereich auf dem Dach.

Unterkünfte mit Tradition

Gritti Palace (S. 216) Renommiertes Hotel voller üppiger Details.

Hotel Nani Mocenigo Palace (S. 219) Gotischer Palast aus dem 15. Jh. mit Garten.

Palazzo Abadessa (S. 224) Freskenverzierter Palast von 1540; ideal für eine Romanze.

GUT ZU WISSEN

Preise

Die Preise beziehen sich auf ein Doppelzimmer mit Bad. Wenn nicht anders angegeben, ist das Frühstück inbegriffen.

€	unter 110 €
€€	110–200 €
€€€	über 200 €

Reservierung

➡ Für Aufenthalte am Wochenende, in der Hauptsaison oder bei großen Events früh buchen.

➡ Die besten Hotels oder solche mit gutem Preis-Leistungs-Verhältnis sind gefragt: früh buchen!

➡ Auf den Websites gibt es oft Onlineangebote.

➡ In der Hochsaison mindestens 72 Stunden vor der Ankunft die Buchung bestätigen lassen.

Anreise zum Hotel

➡ Möglichst bei Tageslicht ankommen, um sich nicht zu verlaufen.

➡ Wegbeschreibung zum Hotel plus guten Stadtplan mitnehmen.

➡ Wassertaxis können sich lohnen, wenn man nachts ankommt oder viel Gepäck hat.

Frühstück

Außer in den Unterkünften der oberen Preisklasse ist das Frühstück eher zweckmäßig ausgerichtet. *Affittacamere* (private Vermieter) bieten grundsätzlich kein Frühstück an. Zum Glück findet sich jedoch fast an jeder Straßenecke ein gutes Café.

Wohin zum Übernachten?

STADTVIERTEL	PRO	KONTRA
San Marco	Historische und Designhotels in zentraler Lage, optimal für Sightseeing und Shoppen.	Oft kleine, dunkle Zimmer; Straßen sind morgens voll und laut; wenige preiswerte gute Restaurants.
Dorsoduro	Lebendige Kunst- und Studentenszene mit Designhotels unweit der Museen und Refugien entlang der Zattere.	Der Lärm der Studentenszene am Campo Santa Margherita ist bis 2 Uhr weithin zu hören, vor allem an Wochenenden.
San Polo & Santa Croce	Preiswerte, geräumige B&Bs und üppig ausgestattete Boutiquehotels mit guter Küche, Rialto-Markt, ideal zum Ausgehen; Nähe zu Bahn und Bus.	Im Gassengewirr kann man sich leicht verlaufen; der Fußweg zu den Sehenswürdigkeiten und zum nächsten Vaporetto-Anleger kann weit sein.
Cannaregio	Venedigs bestes Angebot an stimmungsvollen B&Bs und Hotels; Nähe zu Bahnhof und Bushaltestellen; Happy-Hour-Szene am Kanal und Restaurants mit einheimischen Gästen.	Langer Fußweg oder Vaporetto-Fahrt bis zu San Marcos Sehenswürdigkeiten; Bahnhof und Rialto nur zu Fuß erreichbar.
Castello	Weniger touristisch; gute und günstige Unterkünfte unweit von San Marco und dem Park.	Weit weg von den Hauptattraktionen und nur wenig Service.
Giudecca, Lido & die südlichen Inseln	Gutes Preis-Leistungs-Verhältnis; im Sommer zu Fuß erreichbare Strände; weniger Touristen.	Abseits des Geschehens, vor allem abends; Abhängigkeit von teuren Vaporetti.
Murano, Burano & die nördlichen Inseln	Murano ist abseits der Touristenströme, aber nur 10 Minuten von Cannaregio. Die äußeren Inseln sind stark abgelegen, aber ausgezeichnet für ein Gourmet-Wochenende.	Wenig Speise- und Ausgehmöglichkeiten. Die äußeren Inseln sind ziemlich weit weg von Venedig; sehr ruhig in der Nebensaison.

PHILIP LEE HARVEY/LONELY PLANET ©

Lido di Venezia (S. 160)

🛏 San Marco

⭐ LOCANDA FIORITA — BOUTIQUEHOTEL €€
Karte S. 312 (✆041 523 47 54; www.locanda
fiorita.com; Campiello Novo 3457a; DZ 80–180 €;
❄🅿; 🚉San Samuele) Nur wenige Budget-
unterkünfte können sich mit diesem
Zehn-Zimmer-Hotel messen. Die Terrassen
sind blumenbewachsen und aus den Zim-
merfenstern hat man eine traumhafte Sicht
auf die Chiesa di Santo Stefano. Die kleinen
Zimmer sind stilvoll im venezianischen Stil
eingerichtet, mit stoffbehangenen Wänden
von Rubelli und zeitgemäßer Möblierung.
Zimmer 10 besitzt eine private Terrasse.
Köstlichen *aperitivo* gibt es auf der Dachterrasse des benachbarten B&B Bloom
(gleiche Geschäftsleitung) und Frühstück
in Campiello Novo.

ALBERGO SAN SAMUELE — HOTEL €€
Karte S. 312 (✆041 520 51 65; www.hotelsan
samuele.com; Salizada San Samuele 3358; DZ
140–175 €, EZ/DZ ohne Bad 96/105 €; @🅿;
🚉San Samuele) Diese ordentliche und
freundliche Unterkunft bietet zehn Zimmer
zu ganz akzeptablen Preisen. (drei Zimmer
haben allerdings kein eigenes Bad) mit Terrazzofußböden und komfortablen Betten.
Es gibt keine Klimaanlage und auch kein
Frühstück, aber kostenlos Tee und Kaffee.
Am nahe gelegenen Campo San Stefano
sind aber viele Cafés zu finden.

B&B AL TEATRO — B&B €€
Karte S. 312 (✆333 9182494; www.bedandbreak
fastalteatro.com; Fondamenta de la Fenice 2554;
DZ ab 170 €; 🅿; 🚉Giglio) Um eines der drei
Zimmer in Eleonoras Elternhaus aus dem
15. Jh. zu ergattern, muss man früh buchen,
denn es liegt ganz nah am Opernhaus La
Fenice und unterm Fenster erschallt der
Chor vorbeifahrender, singender *gondolieri*. Innen trifft die Eleganz der Alten Welt
auf einen minimalistischen Stil mit weißen
Bettlaken und Lüstern aus Muranoglas.
Eleonora serviert jeden Morgen Frühstück
und gibt bei frisch gebrühtem Kaffee Empfehlungen für den Tag.

HOTEL FLORA — HOTEL €€
Karte S. 312 (✆041 520 58 44; www.hotelflora.
it; Calle dei Bergamaschi 2283a; EZ/DZ ab 150/
170 €; ❄🅿; 🚉Giglio) Das über und über mit
dichtem Efeu bewachsene Hotel liegt in
einer Seitengasse der glamourösen Calle
Larga XXII Marzo. Mit einem Brunnen

im Garten, eleganten Zimmern, einer hübschen Teestube und gutem Frühstücksan-
gebot stellt das Flora die Nobelhotels in
der Nachbarschaft klammheimlich in den
Schatten. In den Gästezimmern stehen
holzgeschnitzte Betten mit weichen Mat-
ratzen und flauschigen Bettdecken. An den
Wänden hängen antike Spiegel. Angeglie-
dert ist ein gekacheltes Bad mit vielen Annehmlichkeiten. Mit Damast ausgekleidete
Superior-Zimmer gehen zum Garten raus.
Kinderwagen sowie Zwischenmahlzeiten
für Kinder sind kostenlos; auch die Organisation eines Babysitters ist möglich.

AI BARETERI — PENSION €€
Karte S. 312 (✆041 523 22 33; www.bareteri.it;
Calle di Mezzo 4966; DZ 150–185 €; ❄🅿; 🚉Ri-
alto) Die Aussicht ist nicht gerade attraktiv
und die Einrichtung veraltet, dafür befindet sich dieses wunderbare alte Haus in
guter Lage, in einer ruhigen hinteren Gasse
auf halbem Weg zwischen Rialto und Piazza San Marco. Die zwölf gut gepflegten
Zimmer haben Terrazzofußböden und eigene Badezimmer; allerdings sind die Dusch-
kabinen etwas gewöhnungsbedürftig, da
der Boden nach dem Duschen unter Wasser
steht.

GIÒ & GIÒ — B&B €€
Karte S. 312 (✆347 3665016; www.giogiovenice.
com; Calle de le Ostreghe 2439; DZ ab 150–160 €,
EZ ab 200 €; ❄🅿; 🚉Giglio) Dezenter Barock
klingt wie ein Widerspruch in sich, es gibt
ihn aber: Bettgestelle aus Wurzelholz,
seidene Vorhänge in Perlgrau, polierter
Parkettfußboden und angestrahlte Kunstwerke. In der Gemeinschaftsküche wartet
bei Bedarf ein abgepacktes Frühstück. Das
Haus liegt ideal für Piazza San Marco an
einem Seitenkanal; Gäste in den Zimmern
mit Blick auf den Gondelanleger werden
morgens vom lauthals gesungenen *„Volare,
oh-oh-oooooh!"* geweckt.

REZIDENZA CORTE ANTICA — B&B €€
Karte S. 312 (✆335 1863555; www.residenzacor
teantica.com; Calle Frutarol 2876; DZ 160–200 €;
❄🅿; 🚉Accademia) Nach einer geschmack-
vollen Renovierung sind die alten Holzbalken und das steinerne Treppenhaus dieses
historischen venezianischen Hauses freigelegt, das sich, versteckt in einer kleinen
Gasse, am äußeren Ende des Viertels San
Marco befindet. Jedes der drei romantischen Gästezimmer ist einfach ausgestattet mit Holzdielen, Murano-Kronleuchtern

und Betten in antikem Look – darunter befindet sich sogar ein nostalgisches Himmelbett.

⭐ GRITTI PALACE HOTEL €€€

Karte S. 312 (☎041 79 46 11; www.thegrittipalace.com; Campo di Santa Maria del Giglio 2467; Zi. ab 874 €; ❄️📶; 🚤Giglio) Die Gäste des Gritti Palace am Canal Grande brauchen ihre Balkone überhaupt nicht zu verlassen, um auf Sightseeing-Tour zu gehen. Dieser berühmte Dogenpalast von 1525 kann mit Zimmern zum Canal Grande hinaus protzen, die mit Seidendamastbettwäsche von Rubelli, antiken Chaiselongues, Stuckdecken, handbemalten Frisiertischen und Badezimmern in seltenem Marmor bestückt sind.

⭐ CORTE DI GABRIELA HOTEL €€€

Karte S. 312 (☎041 523 50 77; www.cortedigabriela.com; Calle dei Avvocati 3836; Zi. ab 300 €; ❄️📶; 🚤Sant'Angelo) Das Corte di Gabriela ist ein Palazzo aus dem 19. Jh., aber es ist nichts Altes oder Traditionelles an den elf Zimmern. Sie spielen gekonnt mit den historischen Gegebenheiten des Palastes und kombinieren Deckenfresken und Terrazzofliesen mit zeitgenössischem Design, Lackierungen für höchste Ansprüche und einer modernen Farbpalette. Der Innenhof mit dem Blauregen ist sehr romantisch. Das üppige Frühstück sucht seinesgleichen in Venedig.

⭐ NOVECENTO BOUTIQUEHOTEL €€€

Karte S. 312 (☎041 241 37 65; www.novecento.biz; Calle del Dose 2683/84; DZ ab 215 €; ❄️📶; 🚤Giglio) Das Novecento wird schon seit mehr als 50 Jahren von der Romanelli-Familie betrieben. Die neun Zimmer sind alle vom Designer Mario Fortuny inspiriert und unterschiedlich ausgestattet, teils mit türkischen Kelimkissen, Samtvorhängen und geschnitzten Bettgestellen. In der Hotelbar kommen die Gäste schnell miteinander ins Gespräch, das Frühstück wird im hübschen Garten eingenommen.

⭐ ROSA SALVA HOTEL BOUTIQUEHOTEL €€€

Karte S. 312 (☎041 241 33 23; www.rosasalvahotel.it; Calle Fiubera 951; DZ ab 205 €; ❄️📶; 🚤San Marco) Das Hotel wird von derselben Familie geführt wie die angesehene Konditorei Rosa Salva nebenan. Die erstklassige Unterkunft verfügt über zeitgenössisch eingerichtete Zimmer mit schönen Parkettböden, großen, bequemen Betten, edlen Vorhängen und geräumigen Schränken. Zum Frühstück wird eine Auswahl an großartigen Backwaren gereicht, die aus dem benachbarten Café stammen. Ausgezeichneter Service.

B&B BLOOM & SETTIMO CIELO B&B €€€

Karte S. 312 (☎340 1498872; www.bloom-venice.com; Campiello Santo Stefano 3470; DZ 110–260 €; ❄️📶; 🚤Sant'Angelo) Das Bloom nimmt die oberste Etage eines historischen Gebäudes mit Blick auf Santo Stefano ein. Es bietet schicke Zimmer in leuchtendem karminroten, fuchsien- und goldfarbenen Damast, lederbezogene Bettgestelle und ein Frühstück auf der Sonnenterrasse. Unten liegt das angegliederte Settimo Cielo (Sieb-

---

VERMIETUNG VON FERIENWOHNUNGEN

Das Mieten von Ferienwohnungen boomt in Venedig, vor allem wegen der Buchungsportale wie Airbnb und Vrbo. Obwohl oder gerade weil diese Online-Plattformen so erfolgreich sind, ist diese Form der Kurzzeitvermietung zum Politikum geworden. Stadtbewohner beklagen sich, dass sie aus der Altstadt vertrieben werden, da die Vermieter aus reiner Profitgier lieber an Touristen vermieten.

Kurzzeitvermietungen sind vor allem für Gruppen und Familien kostengünstig – aber man sollte darauf achten, dass der Hauswirt auch als Vermieter zugelassen ist und nicht gleich mehrere Mietwohnungen zweckentfremdet. Ein gute Möglichkeit ist es, die Home-Sharing-Website Fairbnb (S. 220) zu nutzen; ein Vermittler, der weniger die profit-orientierten Unternehmer unterstützt und dafür mehr auf soziales Engagement setzt.

Man sollte eher Viertel außerhalb des überlaufenen Zentrums in Betracht ziehen, u. a. Cannaregio, Castello, Dorsoduro, Giudecca und Murano. Zudem sollte man sich im Vorfeld über bestimmte Sachverhalte, z. B. über Lärm, Begehbarkeit und Barrierefreiheit, informieren, auch weil viele Apartments keine Aufzüge haben. In der Regel muss die Touristengebühr separat bezahlt werden, und zwar bar.

Foyer im Gritti Palace (S. 216)

ter Himmel). Beide Unterkünfte teilen sich das oberste Stockwerk mit der Bibliothek und dem Salon sowie die fabelhafte Dachterrasse, von der man den Campo Santo Stefano überblickt.

CA' DEL NOBILE HOTEL €€€

Karte S. 312 (☎041 528 34 73; www.cadelnobile. com; Rio Terà de le Colonne 987; DZ 209–369 €; ❄️📶; 🚤Rialto) Mach Platz, Casanova – die Ca' del Nobile ist eine sehr romantische Bleibe. Im Casanova-Zimmer mit den blanken Backsteinwänden steht ein Himmelbett. Zur gemütlichen Ausstattung der Standardzimmer gehören Deckenbalken und Schlittenbetten; in den Deluxe-Zimmern ist zusätzlich noch Platz für eine Liege und ein Kinderbett.

🛏️ Dorsoduro

CA' DEL BROCCHI HOTEL €

Karte S. 322 (☎041 522 69 89; www.cadelbroc chi.it; Rio Terà San Vio 470; Zi./Suite ab 89/149 €; ❄️📶; 🚤Spirito Santo) Die Ca' del Brocchi liegt in einer ruhigen Nebenstraße in Dorsoduros Museumsviertel. Die kleinen Zimmer sind im elegant-üppigen Barockstil eingerichtet – Quasten, Polstermöbel und stoffbespannte Wände. Die Zimmer im unteren Stockwerk haben Fenster in Lukengröße; die Zimmer mit Gartenblick sind die bessere Wahl, sie verfügen auch über Balkone und/oder Jacuzzi. Für Familien gibt es Babysitting-Service und Wiegen.

LE TERESE B&B €

Karte S. 322 (☎041 523 17 28; www.leterese.com; Campiello Tron 1902; Zi. 100 €; ❄️📶; 🚤Santa Marta) Das Duo Antonella und Mauro lädt ein in ihren Kornspeicher aus dem 18. Jh. am Rio Terese, um hier das Leben der Einheimischen kennenzulernen. Es gibt nur zwei Zimmer mit Blick auf den Kanal. Beide sind stilvoll eingerichtet mit hellen Themenwänden und Perserteppichen. Das große, mit Marmorfliesen ausgestattete Bad wird gemeinschaftlich genutzt, was jedoch dazu beiträgt, dass man sich wie zu Hause fühlt.

SILK ROAD HOSTEL €

Karte S. 322 (☎388 1196816; www.silkroad hostel.com; Calle Corteloto 1420e; B/EZ/DZ ab 49/66/110 €; 📶; 🚤San Basilio) In diesem sauberen, lockeren Hostel mit Gemeinschaftsküche und glücklicherweise ohne Ausgehsperre lässt es sich gut wohnen. Es liegt am Giudecca-Kanal, zwei der vier luftigen Schlafräume (ein gemischter Saal, einer nur für Frauen) bieten Blick aufs Wasser. Es gibt auch Einzelzimmer und Gemeinschaftsbadezimmer. In der Nähe liegen ein Supermarkt, Cafés und eine Vaporetto-Haltestelle.

LA CHICCA B&B €€

Karte S. 322 (☎041 522 55 35; www.lachicca-ve nezia.com; Calle Franchi 644; DZ 170 €; ❄️📶; 🚤Accademia) Dieses elegante B&B ist eingezwängt zwischen drei Museen – Accademia, Peggy Guggenheim und Punta della

Dogana –, dennoch ist in den Zimmern dieses eleganten B&Bs nicht mehr zu hören als das muntere Geplätscher des Kanals am Ende der Gasse. Die Gastgeber Sabrina und Massimo sind sehr hilfsbereit und ihre mit venezianischem Damast und Terrazzofliesen ausgestatteten Gästezimmer sind geräumig.

HOTEL GALLERIA

HOTEL €€

Karte S. 322 (☎041 523 24 89; www.hotelgalleria.it; Campo de la Carità 878a; EZ/DZ ab 123/152 €; ☎; ⬚Accademia) Das klassische Hotel nimmt ein Stockwerk in einer Villa aus dem 18. Jh. ein, die direkt am Canal Grande an der Ponte dell'Accademia liegt. Die Zimmer sind mit geblümten Seidentapeten und eindrucksvollen Stilmöbeln ausgestattet. Besonders die Zimmer 7 und 9, kleine Doppelzimmer mit schönem Blick auf den Canal Grande, sollte man auf jeden Fall im Voraus buchen. Zimmer 10 ist für vier Personen geeignet und hat ein originales Deckenfresko. Das Frühstück wird auf dem Zimmer serviert.

CA' DELLA CORTE

B&B €€

Karte S. 322 (☎041 71 58 77; www.cadellacorte.com; Corte Surian 3560; Zi. ab 135 €; ⬚⬚; ⬚Piazzale Roma) Leben wie die Venezianer können die Gäste in diesem Wohnhaus aus dem 16. Jh. Es gibt einen mit Fresken ausgestatteten Salon, ein Musikzimmer mit Klavier, eine Selbstbedienungsbar und eine kleine Dachterrasse. Wer möchte, bekommt sein Frühstück aufs Zimmer gebracht. Besonders schön sind die Mansarden mit Holzbalkendecken, die Superior-Zimmer mit Kronleuchtern oder die Feng-Shui-Öko-Zimmer. Sportlich interessierte Typen können sich beim Personal nach den Möglichkeiten zum Segeln, Tennisspielen und Reiten am Lido erkundigen; das Buchen von Babysitting und Shiatsu-Massage sind ebenfalls möglich.

CORTE VECCHIA

B&B €€

Karte S. 322 (☎335 7449238; www.cortevecchia.net; Rio Terà San Vio 462; EZ/DZ ab 80/123 €; ⬚⬚; ⬚Spirito Santo) Das stilvolle Corte Vecchia ist ein echtes Schnäppchen und liegt dabei nur einen Katzensprung von den Museen Peggy Guggenheim, Accademia und Punta della Dogana entfernt. Es gibt ein Einzelzimmer mit Bad sowie zwei geräumige Doppelzimmer – eines mit Bad, das andere mit externem Badezimmer. Sie alle sind schlicht, aber hübsch, mit zeitge-

mäßen und altmodischen Gegenständen ausgestattet. Der Gemeinschaftsraum ist angenehm ruhig.

DORSODURO461

B&B €€

Karte S. 322 (☎041 528 61 72; www.dorsoduro461.com; Rio Terà San Vio 461; EZ/DZ 100/130 €; ⬚⬚; ⬚Spirito Santo) Silvias und Francescos häusliches B&B liegt gleich um die Ecke vom Peggy-Guggenheim-Museum. In den Regalen des Frühstücksraums stapeln sich zahllose Bücher, Antiquitäten und Designobjekte. Die drei Gästezimmer – alle mit eigenem Bad – sind überwiegend mit venezianischen Möbeln aus dem 18. und 19. Jh. eingerichtet.

LA CALCINA

HOTEL €€

Karte S. 322 (☎041 520 64 66; www.lacalcina.com; Fondamenta Zattere ai Gesuati 780; EZ/DZ ab 104/135 €; ⬚⬚⬚; ⬚Zattere) Das kleine Hotel hat eine luftige Dachgartenterrasse für das morgendliche Frühstück, ein Restaurant am Kanal und einen Panoramablick auf Palladios Redentore-Kirche jenseits des Giudecca-Kanals. Antike Schränke und Brokatdecken sind Standard in den mit Parkettfußboden ausgestatteten Gästezimmern. Die Badezimmer sind sauber, aber langweilig, ohne jeden Esprit. Zimmer mit Blick aufs Wasser sollte man im Voraus reservieren – besonders das Zimmer Nr. 2, in dem John Ruskin seinen Klassiker *The Stones of Venice* (1876; Die Steine von Venedig) schrieb.

LOCANDA SAN BARNABA

HOTEL €€

Karte S. 322 (☎041 241 12 33; www.locanda-sanbarnaba.com; Calle del Traghetto 2786; EZ/DZ ab 115/175 €; ⬚⬚; ⬚Ca' Rezzonico) Dieser Palazzo aus dem 16. Jh. bietet die perfekte Kulisse für romantische Intrigen. Der große Salon zeichnet sich durch Fresken, einen versteckten Innenhof und Schränke aus, die eine Geheimtreppe verbergen. Hier sollte man um das romantische Zimmer Poeta Fanatico mit den Holzdeckenbalken oder das Campiello mit Blick auf den benachbarten Glockenturm bitten. Das Superior- Zimmer Il Cavaliere e la Dama lohnt sich wegen der Deckenfresken aus dem 18. Jh. und hat sogar einen Balkon über dem Kanal.

PENSIONE ACCADEMIA VILLA MARAVEGE

HOTEL €€

Karte S. 322 (☎041 521 01 88; www.pensioneaccademia.it; Fondamenta Bollani 1058; EZ/DZ ab 111/164 €; ⬚⬚⬚; ⬚Accademia) Wer durch das mit Efeu bewachsene Tor dieser unweit des Canal Grande liegenden Gartenvilla aus dem 17. Jh. tritt, vergisst, dass er sich nur einen Block von der Accademia entfernt befindet. Obwohl einige der 27 Gästezimmer recht klein sind, sind alle elegant, mit Parkettfußboden, antiken Schreibtischen und funkelnden Bädern ausgestattet – eines hat sogar einen Ausblick auf den Kanal. Im Sommer gibt es ein Frühstücksbüfett im Freien.

★ HOTEL MORESCO BOUTIQUEHOTEL €€€
Karte S. 322 (☑041 244 02 02; www.hotelmoresco venice.com; Fondamente del Passamonte 3499; Zi./Suite ab 223/372 €; ✳🤝; 🚤Piazzale Roma) Ein kostenloses Glas Prosecco beim Einchecken und jeden Tag eine *aperitivo*-Stunde im Garten zeigen, wie gastfreundlich der Service in diesem hübschen Hotel ist. Die Zimmer sind gut in Schuss mit feinen Stoffen, hochwertigen Tapeten, vornehmen Sofas und gepflegten, modernen Bädern. Das Personal hilft, wo es kann.

★ DD724 DESIGNHOTEL €€€
Karte S. 322 (☑041 277 02 62; www.thechar minghouse.com; Ramo da Mura 724; EZ/DZ ab 160/308 €; ✳🤝; 🚤Accademia) Ein Schwarm schwarzer Schmetterlinge aus Spitze begrüßt die Gäste in diesem künstlerisch gestalteten Zufluchtsort, der etwas versteckt hinter dem Guggenheim-Museum liegt. Im Haupthaus befinden sich sechs luxuriös eingerichtete Zimmer, drei weitere sind im nahen Nebengebäude. Von einigen genießt man sogar einen Blick in den Garten des Peggy-Guggenheim-Museums und der Campanile von San Marco erhebt sich in der Ferne.

★ HOTEL NANI MOCENIGO PALACE HOTEL €€€
Karte S. 322 (☑041 520 01 45; www.hotelnani mocenigo.com; Fondamenta Nani 960; EZ/DZ ab 163/200 €; ✳🤝; 🚤Accademia) In diesem gotischen Palast aus dem 15. Jh. kann man sich fühlen wie ein Doge. Kein Wunder, denn dieser Palazzo gehörte auch einem berühmten venezianischen Staatsoberhaupt: Agostino Barbarigo; dieser beauftragte den Bau eines der bedeutendsten Gebäude an der Piazza San Marco. Dieses prächtige Hotel, ganz in der Nähe der Accademia gelegen, verfügt über geschmackvoll möblierte Zimmer und reizvolle Gemeinschaftsbereiche, u. a. gibt es einen versteckt gelegenen Garten.

CA' MARIA ADELE BOUTIQUEHOTEL €€€
Karte S. 322 (☑041 520 30 78; www.camaria adele.it; Rio Terà dei Catecumeni 111; Zi./Suite ab 462/770 €; 🚤Salute) Wer bei Venedig an herrschaftliche Häuser mit samtigen Goldtapeten, verrückten Lüstern aus Muranoglas und mit Marmor ausgestattete Bäder denkt, ist in diesem dekadenten Boutiquehotel genau richtig. Es liegt ruhig mit Blick auf den Kanal und bietet einen eindrucksvollen persönlichen Service. Es wundert nicht, dass es auf der Terrasse im zweiten Stock viele Liebespaare gibt.

PALAZZO VENEZIANO HOTEL €€€
Karte S. 322 (☑041 277 87 19; www.palazzo veneziano.com; Fondamenta Zattere al Ponte Longo 1413; Zi./Suite ab 210/323 €; ✳🤝; 🚤San Basilio) Dieses große Hotel liegt direkt am Giudecca-Kanal, hinter dem Gebäude verläuft der Rio del Ognissanti. Einige der schicken Zimmer besitzen eine Terrasse mit Spa-Pool. Die Bar ist sehr gemütlich, in der wärmeren Jahreszeit sitzt man im Freien unter kupfernen Palmen.

CA' PISANI DESIGNHOTEL €€€
Karte S. 322 (☑041 240 14 11; www.capisanihotel. it; Rio Terà Antonio Foscarini 979a; Zi./Suite ab 206/316 €; ✳🤝; 🚤Accademia) Sich stilvoll entspannen: Das geht in diesem Hotel hinter der Accademia mit luxuriösen Schlittenbetten, Jacuzzis und begehbaren Schränken. Stimmungsvolle Beleuchtung, schalldichte Wände und viel Dekor in den unten liegenden Zimmern eignen sich gut für eine Romanze. Familien werden die Zimmer mit dem Schlafboden im Obergeschoss schätzen. Für die venezianischen Winter lockt hier ein im Haus befindliches türkisches Dampfbad, wohingegen der Sommer zum Sonnenbaden auf der Dachterrasse und zum Frühstück auf der Veranda einlädt. Ein stilles und recht elegantes Haus voller Antiquitäten.

NH RIO NOVO HOTEL €€€
Karte S. 322 (☑041 275 35 11; www.nh-hotels. com; Calle Larga Ragusei 3489e; Zi. ab 230 €; ✳; 🚤Piazzale Roma) Das Backsteingebäude aus den 1950er-Jahren hat klare, weiße Zimmer, einige mit Kanalblick. Die Gemeinschaftsbereiche sind modern und geräumig mit gemütlichen Sofas. Die Frühstücksbar wirkt sehr einladend. Das Rio Novo liegt in einer ruhige Gasse, aber unweit vom Verkehrsknotenpunkt Piazzale Roma. Ohne Frühstück spart man etwa 35 €.

MIET- UND BUCHUNGSSERVICE

➡ **Luxrest Venice** (Karte S. 326; ☑041 296 05 61; www.luxrest-venice.com; Ponte del Pistor 5990, Castello) Sorgfältig kuratierte, handverlesene Auswahl an Apartments.

➡ **Lonely Planet** (lonelyplanet.com/italy/venice/hotels) Empfehlungen von kompetenten Autoren, User-Feedback, Buchungsmaschine.

➡ **Venice Prestige** (www.venicepres tige.com) Die großartigsten venezianischen Apartments in aristokratischen Palästen in bester Stadtlage.

➡ **Views on Venice** (☑041 241 11 49; www.viewsonvenice.com) Eine umfassende Auswahl an Apartments, die wegen ihres Charakters und der Aussicht ausgewählt wurden.

➡ **Fairbnb Venice** (https://fairbnb.coop/venice) Eine Home-Sharing-Plattform, die mit 50 % der Buchungsgebühren heimische Projekte unterstützt.

🛏 San Polo & Santa Croce

⭐**CA' BARBA** B&B €

Karte S. 316 (☑328 2144979; www.cabarba.com; Calle Ca' Michiel 1825; Zi./Suite/Apt. ab 106/123/166 €; ✳☎; 🚤Rialto Mercato) Versteckt gelegen in einer ruhigen Gasse in der Nähe des Rialto-Marktes bietet dieses B&B ein außergewöhnlich gutes Preis-Leistungs-Verhältnis. Die geräumigen Zimmer haben Holzbalkendecken, Schwarz-Weiß-Fotografien an den Wänden, moderne Badezimmer, Kaffeemaschinen und große TV-Geräte. Allmorgendlich wird ein Frühstückskorb aufs Zimmer gebracht. Alessandro, der Gastgeber, hilft gerne mit Tipps und Ratschlägen aus, auch mit Büchern über Venedig kann er dienen.

AL GALLION B&B €

Karte S. 316 (☑041 524 47 43; www.algallion.com; Calle Gallion 1126; Zi. 75–110 €; ☎; 🚤Riva de Biasio) Einige Brücken weiter, an den Bahnhofshotels warten müde Touristen an den Rezeptionen – aber in diesem Haus aus dem 16. Jh. wird im Wohnzimmer geplaudert und genussvoll ein Tässchen Espresso geschlürft. Das weiß getünchte Gästezimmer

(das man in zwei oder sogar vier Räume teilen kann) ist hübsch, mit Schreibtischen aus Walnussholz, freundlichen gelben Bettdecken und Terrazzofliesen. Das Badezimmer befindet sich am Ende des Korridors.

HAVEN HOSTEL HOSTEL €

Karte S. 316 (☑347 0268037; www.havenhostel.com; Campo San Tomà 2846; EZ 50 €; ⊙Juli & Aug.; ☎; 🚤San Tomà) Während des Studiensemesters ist das Haven das Wohnheim der Studenten der Universität Ca' Foscari, im Sommer ist die Tür für Reisende offen. Die Zimmer sind ziemlich spartanisch eingerichtet und manchmal stickig heiß, allerdings haben die Doppelzimmer ein Bad. Es gibt auch eine Gemeinschaftsküche, einen Speiseraum und einen Gemeinschaftsraum mit TV und eingeschränktem WLAN.

L'IMBARCADERO HOSTEL €

Karte S. 316 (☑329 1350271; http://imbarcadero.hostelvenice.net; Calle Zen 1268; B 51 €; ☎; 🚤Riva de Biasio) Dieses freundliche Hostel in Santa Croce liegt fünf Gehminuten vom Bahnhof entfernt und bietet etwas abgewohnte, aber komfortable Schlafsäle (gemischt und nur für Frauen) mit Einzelbetten und manchmal auch Ausblick auf den Canal Grande. Im Preis inbegriffen sind Küchenbenutzung und WLAN.

⭐**AL PONTE MOCENIGO** HOTEL €€

Karte S. 316 (☑041 524 47 97; www.alpontemocenigo.com; Fondamenta Rimpetto Mocenigo 2063; Zi. 144–191 €; ✳☎; 🚤San Stae) Das Haus liegt gleich beim Canal Grande, nur wenige Schritte von der Vaporetto-Haltestelle. San Stae entfernt. Gute Restaurants und eine Handvoll Museen liegen in der Nähe. Diese kleine Oase ist über eine kleine Brücke erreichbar und bietet elegante Gästezimmer mit Kronleuchtern aus Muranoglas, die die hohen Holzbalkendecken hübsch illuminieren, Himmelbetten, goldgeränderte Schränke und Sitzmöglichkeiten. Man sollte um die Zimmer mit Blick auf den Rio San Stae oder den Innenhof bitten.

⭐**IL GIARDINO DI GIULIA** B&B €€

Karte S. 316 (☑041 200 77 86; www.ilgiardinodigiulia.com; Salizada de la Chiesa 965; EZ/DZ 70/120 €; ✳☎; 🚤Riva de Biasio) Die drei beschaulichen Gästezimmer im unteren Stockwerk dieses turmähnlichen Hauses haben Holzbalkendecken und antikes Mobiliar – und jedes steht unter einem anderen Motto: Meer, Rockmusik oder Marcello

Mastroianni. All dies sind Themen, die dem mitteilsamen Eigentümer Marco Busetto von Bedeutung sind. Das Frühstück ist für ein B&B großartig.

OLTRE IL GIARDINO BOUTIQUEHOTEL €€

Karte S. 316 (☎041 275 00 15; www.oltreilgiardino-venezia.com; Fondamenta Contarini 2542; DZ/Suite ab 180/280 €; ✳❄; ⛴San Tomà) In dieser Gartenvilla, in der Alma Mahler, die Witwe des Komponisten, in den 1920er-Jahren gewohnt hat, werden Träume wahr. Die sechs Gästezimmer und Suiten mit hohen Decken liegen hinter einem dicht bewachsenen Garten versteckt. Hier verbindet sich der Zauber der Geschichte mit modernem Komfort: Zu Intarsienschreibtischen des Komponisten, Lüstern und Pokerstühlen aus dem 19. Jh. gesellen sich Flachbildschirme und Designerbäder. Draußen blühen Granatapfelbäume.

CA' DELLA SCIMMIA APARTMENT €€

Karte S. 316 (☎342 8508498; www.myvenice apartment.com; Calle de la Scimia o de la Spade 230; Apt. ab 182 €; ⛴Rialto Mercato) Die Lage in einer Nebengasse – nur wenige Schritte vom Rialto-Markt und der Rialtobrücke entfernt – ist einfach großartig. Die vier Apartments sind modern und hübsch möbliert und mit Koch- und Waschmöglichkeiten ausgestattet; allerdings verfügt nur eines über eine erwähnenswerte Aussicht.

CAMPIELLO ZEN B&B €€

Karte S. 316 (☎041 71 03 65; www.campiellozen. com; Rio Terà 1285; Zi. ab 180 €; ✳❄; ⛴Riva de Biasio) In den Hotels könnte man den Eindruck gewinnen, jeder Venezianer lebt in niedlichen, pinkfarbenen Salons mit überladenen Brokat-Polstermöbeln. Dass dies aber ganz anders ist, zeigt uns dieses B&B, ein traditionelles Familienhaus mit gemütlichen Betten, hübschen alten Schränken, eigenartigen Nischen und jeglichen modernen Annehmlichkeiten, vor allem in den Badezimmern. In praktischer Nähe zur Bahn und zum Vaporetto, aber glücklicherweise abseits der Touristenpfade.

SANTA CROCE BOUTIQUE HOTEL BOUTIQUEHOTEL €€

Karte S. 316 (☎041 740 112; www.santacroce boutiquehotel.com; Campo Nazario Sauro 980; Zi./Suite ab 181/334 €; ✳❄; ⛴Riva di Biasio) Trotz der Nähe zum Bahnhof und zur Bushaltestelle befindet sich dieses Hotel in ruhiger Lage. Es gibt nur 15 Zimmer und Suiten, geschmackvoll möbliert mit Samt, Seide und Muranoglas sowie gepflegten Design-Badezimmern. Der Hinterhof ist ein wunderbarer Rückzugsort, während die luxuriöse Bar Erfrischungen anbietet. Das aufmerksame Personal sorgt für einen angenehmen Aufenthalt der Gäste.

CA' ANGELI BOUTIQUEHOTEL €€

Karte S. 316 (☎041 523 24 80; www.caangeli.it; Calle del Traghetto de la Madoneta 1434; EZ/DZ/Suite ab 166/175/227 €; ✳❄; ⛴San Silvestro) Muranoglaslüster, ein Louis-XIV-Sofa und Engelsfiguren aus dem 16. Jh., die bei der Namensgebung des Hauses Pate gestanden haben, setzen den feinen Ton in diesem restaurierten Palazzo am Kanal. Die Gästezimmer sind geräumig, manche haben Terrazzofußböden. Der Frühstücksraum wartet mit Blick auf den Canal Grande auf.

CA' ZUSTO BOUTIQUEHOTEL €€

Karte S. 316 (☎041 524 29 91; www.hotelca zustovenezia.it; Campo Rielo 1359; EZ/DZ/Suite ab 90/118/211 €; ✳❄; ⛴Riva di Biasio) Gotik trifft in diesem Palast auf Pop. Das venezianisch-byzantinische Äußere verhüllt ein farbenprächtiges, wildes Inneres. Der Designer Gianmarco Cavagnino tischt 22 in leuchtendem Streifenmuster gehaltene, haremsähnliche Suiten auf, die nach türkischen Prinzessinnen benannt sind. Schöne Säulentischchen stehen neben barocken Betten, die eines Paschas würdig wären. In den Deluxe-Zimmern besänftigen Jacuzzis erschöpfte Lieblinge.

LA VILLEGGIATURA B&B €€

Karte S. 316 (☎041 524 46 73; www.lavilleggiatu ra.it; Calle dei Botteri 1569; Zi./Suite ab 159/199 €; ✳❄; ⛴Rialto Mercato) Sechs große, sonnendurchflutete Zimmer und Suiten sind mit voller Begeisterung rund um verschiedene Opern- und historische Themen dekoriert. Die erlesensten Zimmer liegen im *piano nobile* (Hauptetage) und bieten hübsche Aussichten, extragroße Betten und großzügige Badezimmer mit Badewanne. Das Frühstück wird am Gemeinschaftstisch serviert, wo die Gäste von den warmherzigen Gastgebern umsorgt werden.

HOTEL AL DUCA DI VENEZIA HOTEL €€

Karte S. 316 (☎041 812 30 69; www.alducadive nezia.com; Salizada del Fontego dei Turchi 1739; Zi./Apt. ab 150/200 €; ✳❄; ⛴San Stae) Zimmer ganz in roten Damast gehüllt und mit

Muranoglaslüstern ausstaffiert, erinnern an den Schick venezianischer Bordelle. Vielleicht ist das ja eine Reminiszenz an die Kurtisanen, die einst die Seitenstraßen des Rialto beherrschten. In den familienfreundlichen Apartments mit Kitchenette bekommt man den Blick eines Insiders auf Venedig. Sie liegen ganz praktisch unweit des Campo San Giacomo dell'Orio mit seinen Happy Hours. Die Rezeption ist rund um die Uhr besetzt. Auf Wunsch können Babysitting, Wäscheservice und rollstuhlgerechte Zimmer organisiert werden.

PENSIONE GUERRATO
HOTEL €€

Karte S. 316 (📞041 522 71 31; www.hotelguerra to.com; Calle Drio la Scimia 240a; Zi. 150 €, ohne Bad 100 €, Apt. 160–280 €; ✳🐾📶; 🚤Rialto Mercato) Das Gebäude aus dem Jahr 1227 diente einst als Herberge für Ritter und Kaufleute. In den hübschen Gästezimmern ist heute noch der Sinn fürs Historische sichtbar – einige haben Fresken oder bieten einen Blick auf den Canal Grande. Glänzende, moderne Badezimmer, die erstklassige Lage zum Rialto-Markt und die hilfsbereiten Eigentümer runden das attraktive Paket ab. Den Eigentümern gehören zusätzlich noch drei preislich interessante Apartments mit Küche und Schlafräumen für vier bis acht Personen.

HOTEL AL SOLE
HOTEL €€

Karte S. 319 (📞041 244 03 28; www.alsolehotels. com; Fondamenta Minotto 134–136; EZ/DZ/Suite ab 117/135/216 €; ✳@📶; 🚤Piazzale Roma) Dieser prachtvolle gotische Palast aus dem 15. Jh. ist heute ein traditionelles, familiengeführtes Hotel. Die Einrichtung ist zwar ein wenig altmodisch, dafür sind die Zimmer gemütlich und geräumig. Es gibt einen hübschen Innenhof und Kanalblick aus manchen Zimmern.

⭐CIMA ROSA
B&B €€€

Karte S. 316 (📞041 099 52 71; www.cimarosave nezia.com; Calle e Corte Dandolo 1958; Zi./Suite ab 225/365 €; ✳📶; 🚤San Stae) Obwohl viele B&Bs versprechen, dass man bei ihnen das wahre Leben Venedigs kennenlernen kann, wird das im Cima Rosa in den nördlichen Ausläufern von Santa Croce besonders deutlich. Es gibt in diesem Palazzo aus dem 15. Jh. nur eine Suite und zwei Doppelzimmer, allesamt mit Holzbalkendecke und Ausblicken auf den Canal Grande. Das Frühstück wird in der stylishen Lounge unten im Haus serviert und Eigentü-

merin Brittany plant für ihre Gäste gerne auch mal eine Stadtbesichtigung mit Insider-Tipps.

⭐HOTEL CANAL GRANDE
HOTEL €€€

Karte S. 319 (📞041 244 01 48; www.hotel canalgrande.it; Campo San Simeon Grande 932; EZ/DZ/Suite ab 208/215/288 €; ✳📶; 🚤Riva de Biasio) Die 24 verschwenderisch eingerichteten Zimmer verteilen sich auf einen Palazzo am Canal Grande und ein etwas schlichteres Gebäude einige Häuser weiter. Es gibt Himmelbetten, mit Damast bespannte Wände und Wandleuchter aus Muranoglas. Und selbst die Fernsehgeräte übersieht man aufgrund der vergoldeten venezianischen Spiegel. Beim Frühstück hat man einen romantischen Blick auf den Kanal.

HOTEL PALAZZO VENART
HOTEL €€€

Karte S. 316 (📞041 523 37 84; www.palazzoven art.com; Calle Tron 1961; Zi./Suite ab 319/697 €; ✳📶; 🚤San Stae) Dieser glanzvolle Palazzo aus dem 16. Jh. liegt am Canal Grande. Zum Haus gehören ein versteckter Garten und ein Michelin-prämiertes Restaurant. Die 18 Zimmer und Suiten sind üppig und geschmackvoll eingerichtet – mit viel Samt, Gold und Marmor. Eine ideale Destination für einen romantischen Trip.

PALAZZO BARBARIGO
DESIGNHOTEL €€€

Karte S. 316 (📞041 74 01 72; www.palazzobar barigo.com; Calle Corner 2765; Zi./Suite ab 252/351 €; ✳📶; 🚤San Tomà) Das Barbarigo ist schick und verlockend und hat 18 vornehme Gästezimmer, die moderne Eleganz mit Ränkespiel verbinden – man denke an dunkle, moderne Möbel, kostbare Samtstoffe, Lampen mit Fransen und die eigentümliche Chaiselongue. Ob man sich nun für eine Suite mit Blick auf den Canal Grande entscheidet oder für ein Standard-Zimmer zum Rio di San Polo hinaus, man kann sich in den gepflegten Bädern aalen, ein königliches Frühstück einnehmen und den flinken, aufmerksamen Service genießen.

🏨 Cannaregio

WE CROCIFERI
HOSTEL €

Karte S. 320 (📞041 528 61 03; www.we-gastame co.com; Campo dei Gesuiti 4878; EZ/2BZ/Apt. ab 30/80/109 €; ✳📶; 🚤Fondamente Nove) Dieses Hostel war ursprünglich ein Kloster, das dann in eine Kaserne umgewandelt wurde. Im Unterschied zur bombastischen Gesuiti-Kirche nebenan ist es hier eher minimalistisch eingerichtet: weiß getünchte Zimmer mit Blick auf einen Kreuzgang. Das Jahr über wird es als Studentenwohnheim genutzt. Hier herrscht eine freundliche Atmosphäre und es gibt ein Café (Frühstück ist nicht inklusive), eine Bar, einen Wäscheraum und eine Gemeinschaftsküche. Auf der Pinnwand am Eingang werden interessante Events und Konzerte aufgelistet.

CA' DOGARESSA BOUTIQUEHOTEL €

Karte S. 320 (☎041 275 94 41; www.cadogaressa.com; Fondamenta di Cannaregio 1018; DZ 85–130 €; ✳@🛜; 🚤Guglie) In diesem familiengeführten Hotel am Kanal herrscht viel venezianischer Charme. Die Zimmer haben Prinzessinnenbetten, vergoldete Spiegel, Kronleuchter und moderne Bäder. Der Ausblick von der Dachterrasse und im Sommer das Frühstück am Kanal sind unvergessliche Momente. Ein Anbau um die Ecke kann als Apartment mit drei Schlafzimmern, die jedoch auch als Einzelzimmer angeboten werden, gemietet werden; Frühstück gibt es nicht und die Bäder werden gemeinschaftlich genutzt.

★LOCANDA CA' LE VELE B&B €€

Karte S. 320 (☎041 241 39 60; www.locandalevele.com; Calle de le Vele 3969; DZ/Suite 122–148/165–183 €; ✳🛜; 🚤Ca' d'Oro) Die Gasse ist ruhig und das Haus mag nüchtern aussehen, aber im Inneren strahlt es überall in venezianischem Glamour. Die sechs Gästezimmer überraschen mit Terrazzofußböden, Damaststoffen, Wandleuchtern aus Muranoglas und goldverzierten Betten mit aufdringlichen Decken. Kanalblick kostet extra.

★GIARDINO DEI MELOGRANI HOTEL €€

Karte S. 320 (☎041 822 61 31; www.pardesrimonim.net; Campo del Ghetto Nuovo 2874; DZ/3BZ 160–200/230–260 €; ◷Feb.–Dez.; ✳🛜; 🚤Guglie) Der „Garten der Granatäpfel" wird von Venedigs jüdischer Gemeinde geführt, der auch alle Einkünfte zukommen. Es ist ein strahlendes, koscheres Haus direkt im Herzen des Jüdischen Viertels. Man muss jedoch nicht Jude sein, um eines der 20 hellen und modernen Zimmer mit Pflanzengemälden genießen zu dürfen. Einige haben Kanalblick, während andere zum Campo hinausgehen. Für Familien geeignet sind die brandneuen Apartments mit drei Schlafzimmern, die auch im Ghetto liegen.

3749 PONTE CHIODO B&B €€

Karte S. 320 (☎041 241 39 35; www.pontechiodo.it; Calle de la Rachetta 3749; DZ 130–180 €; ✳🛜; 🚤Ca' d'Oro) Dieses zauberhafte kleine B&B bietet sechs süße Zimmer mit Stilmöbeln, Kanalblick und einem eigenen Garten vor dem Haus. Seinen Namen hat es von der Brücke an der Hintertür – die einzige der Stadt ohne Geländer. Alle Brücken in Venedig waren einst wie diese, aber dann fielen zu viele Betrunkene ins Wasser, sodass die Regierung neue Sicherheitsmaßnahmen beschloss.

ALLO SQUERO B&B €€

Karte S. 320 (☎041 523 69 73; www.allosquero.it; Corte dello Squero 4692; DZ 120 €; 🛜; 🚤Fondamente Nove) Eine Nacht in dieser historischen Gondel-*squero* (Werft), die in ein B&B mit Garten umgewandelt wurde, ist sehr empfehlenswert. Unter den Fenstern zweier Zimmer gleiten die Gondeln vorbei. Alle Zimmer haben ein eigenes Bad, allerdings. ist eines nur vom Flur aus zugänglich. Die Gastgeber Andrea und Hiroko geben bei einem Cappuccino und einem reichhaltigen Frühstück in dem dufterfüllten Garten voller Blauregen Insider-Tipps zur Erkundung der Stadt. Wiegen und Kinderbettchen sind verfügbar.

CA' POZZO HOTEL €€

Karte S. 320 (☎041 524 05 04; www.capozzoinn.com; Calle de Ca' Pozzo 1279; DZ 125–140 €; ✳@; 🚤Guglie) In diesem Hotel mit minimalistischem Schick kann man sich wunderbar von der Reizüberflutung der Stadt erholen. Es liegt am Ende einer Sackgasse nahe dem historischen Ghetto. Die gepflegten, modernen Zimmer sind mit „Plattformbetten", abstrakter Kunst und einer würfelförmigen Badezimmereinrichtung ausgestattet.

CASA BASEGGIO B&B €€

Karte S. 320 (☎348 3432069; www.casabaseggio.it; Fondamenta dell'Abazia 3556; DZ 110–125 €; 🛜; 🚤Orto) Venexianárse (Werde venezianisch) in diesem Privathaus, das in ein B&B verwandelt wurde und in einer stillen Ecke von Cannaregio ganz ideal zu den wichtigsten Lokalen für die Happy Hour liegt. Das Haus ist in einem Flügel der Abtei Misericordia untergebracht. Vom Schlafzimmer im ersten Stock blickt man durch die Zypressen in den Klostergarten. Außer den beiden Zimmern im oberen Stock gibt es eine abgeschlossene Wohnung im Erdgeschoss zu mieten.

STUDENTENUNTERKÜNFTE

Von Juli bis Mitte September kann man über **Hostels Club** (☎041 524 67 42; www.hostelsclub.com) Studentenunterkünfte mieten. Zur Verfügung stehen Einzel-, Doppel- und Dreibettzimmer. Die Preise liegen zwischen 35 und 45 € pro Person und Nacht. Die zur Verfügung stehenden Studentenwohnheime liegen in Cannaregio, Castello, San Polo, Dorsoduro und Giudecca.

HOTEL LA FORCOLA   HOTEL €€

Karte S. 320 (☎041 524 14 84; www.laforcola hotel.com; Calle del Magazzen 2353; EZ/DZ 100–130/150–200 €; ※🛜; 🚤San Marcuola) Ruhig gelegenes, familiengeführtes Hotel mit Blick auf den San-Marcuola-Kanal. Die 23 Zimmer sind im neoklassischen Stil eingerichtet, mit gestreiften Tapeten, cremefarbenen Vorhängen und satinglänzenden Bettbezügen. Die Suiten sind geräumiger und haben einen schöneren Ausblick. Im kleinen Speiseraum treppabwärts wird ein großzügiges Frühstücksbüfett aufgebaut. Das Personal ist freundlich und hilfsbereit.

★AL PONTE ANTICO   BOUTIQUEHOTEL €€€

Karte S. 320 (☎041 241 19 44; www.alponten tico.com; Calle de l'Aseo 5768; DZ 330 €; ※🛜; 🚤Rialto) Wie das Ankleidezimmer einer Kurtisane ist dieser Palazzo aus dem 16. Jh. in Damasttapeten, schwere Seidengardinen und dicke Plüschteppiche gehüllt. Eine lächelnde Dame empfängt ihre Gäste an einer gepolsterten goldenen Rezeption und flitzt hoch in die großen, unverfroren üppigen Zimmer mit so viel Gold und Glitter, dass auch Ludwig XIV. zufrieden gewesen wäre. Abends erblüht auf der Terrasse Romantik pur, eingerahmt von herrlichen Blicken auf die Rialto-Brücke.

★PALAZZO ABADESSA   BOUTIQUEHOTEL €€€

Karte S. 320 (☎041 241 37 84; www.abadessa. com; Calle Priuli 4011; DZ 225–335 €; ※🛜; 🚤Ca' d'Oro) Am Abend wirkt dieses Hotel in einem prächtigen venezianischen Palazzo von 1540 wie verzaubert. Das Personal schüttelt die Kissen auf, bietet den Gästen fast übereifrig Prosecco an, besorgt Wassertaxis für die Fahrt zur Oper und hilft auch mit, unwiderstehliche Heiratsanträge zu arrangieren. Die klassischen Gästezimmer

sind mit riesigen Betten, mit Seidendamast bespannten Wänden, Lampen aus Muranoglas und Deckenbalken ausgestattet. In den Superior-Zimmern gibt es Fresken und Frisiertische aus dem 18. Jh. sowie Ausblicke auf den Kanal. Das Frühstück wird im von Bäumen beschatteten und von Lilienduft durchdrungenen Garten serviert.

EUROSTARS RESIDENZA CANNAREGIO   HOTEL €€€

(☎041 524 43 32; www.eurostarshotels.co.uk; Calle dei Riformati 3210a; DZ 195–280 €; ※🛜; 🚤Sant'Alvise) Das Hotel, ein ehemaliger Konvent mit wunderschönem Klostergarten am Kanal Sant'Alvise, gehört zur Eurostars-Kette. Die Räume mit nackten Backsteinwänden und Holzdeckenbalken sind modern möbliert, die Betten mit weißer Leinenwäsche überzogen. Es gibt auch miteinander verbundene Familienzimmer, Babysitting-Service und behindertengerechte Räume.

🛏 Castello

★AI TAGLIAPIETRA   B&B

Karte S. 326 (www.aitagliapietra.com; Salita Zorzi 4943; EZ 70 €, DZ 75–110 €; 🛜; 🚤San Zaccaria) Ai Tagliapietra ist genau das, was man von einem B&B erwartet: Es hat eine gute Lage und ist gastfreundlich, schlicht, gemütlich und preisgünstig. Hinzu kommt noch der wunderbare Gastgeber Lorenzo. Er weiß genau, was seine Gäste wünschen: Es gibt einen guten Kaffee, ein leckeres Frühstück und ausgezeichnete Empfehlungen. Nur drei einfache, aber hübsche Zimmer stehen zur Verfügung, deshalb empfiehlt es sich, frühzeitig zu buchen.

B&B SAN MARCO   B&B €

Karte S. 326 (☎041 522 75 89; www.realvenice.it; Fondamente San Giorgio dei Schiavoni 3385l; Zi. mit/ohne Bad 135/105–135 €; ※; 🚤San Zaccaria) Alice und Marco heißen ihre Gäste herzlich in ihrem Hause gegenüber der mit Carpaccio-Fresken verzierten Scuola Dalmata willkommen. Das Apartment im dritten Stock (kein Aufzug!) hat Parkettfußboden und große Fenster. Es ist mit Antiquitäten der Familie ausgestattet und bietet einen fotogenen Ausblick über die Terrakottadächer und Kanäle. Die Gastgeber des San Marco wohnen oben, sodass sie jederzeit zur Verfügung stehen, um den Gästen gute Tipps zu geben.

ALLOGGI BARBARIA B&B €

Karte S. 326 (☎041 522 27 50; www.alloggibar baria.it; Calle de le Capucine 6573; DZ 75–125 €; ✴☎; ⬤Ospedale) Diese *pensione* liegt nicht weit von der Fondamente Nove entfernt und ist nicht leicht zu finden. Das macht jedoch gewissermaßen auch ihrem Charme aus – genauso wie die Gäste, die sich morgens beim Frühstück auf einem gemeinsamen Balkon treffen. Die sechs verfügbaren Zimmer sind einfach, aber ordentlich, hell und luftig.

⭐ RESIDENZA DE L'OSMARIN B&B €€

Karte S. 326 (☎347 4501440; www.residenza delosmarin.com; Calle Rota 4960; DZ 170–250 €; ✴☎; ⬤San Zaccaria) Dieses B&B ist sehr zu empfehlen, insbesondere auch im Hinblick auf seine günstige Lage nur 300 m von der Piazza San Marco entfernt. Die Zimmer – eines davon besitzt eine Dachterrasse und ein anderes verfügt über eine Terrasse zum Hof hinaus – sind originell ausgestattet mit Steppdecken, bemalten Schränken und Stilmöbeln. Die freundlichen Gastgeber bereiten den Gästen ein herzliches Willkommen mit feudalem Frühstück mit selbst gemachten Kuchen, Brioche und Schinken-Käse-Platten.

HOTEL BUCINTORO BOUTIQUEHOTEL €€

Karte S. 326 (☎041 528 99 09; www.hotelbucin toro.com; Riva San Biasio 2135a; DZ 130–260 €; ☎; ⬤Arsenale) Am südlichen Ende der Riva San Biasio liegt dieses bescheidene Hotel mit seinen 20 Zimmern, von denen man eine spektakuläre Aussicht genießt. Die Räume gleichen Schiffskabinen mit dunkler Holzvertäfelung, an den Wänden hängen Bilder mit maritimen Motiven. Die hübschen Badezimmer weisen Marmorfarben auf.

CA' DEI DOGI BOUTIQUEHOTEL €€

Karte S. 326 (☎041 241 37 51; www.cadeidogi.it; Corte Santa Scolastica 4242; EZ/DZ 95–125/165–250 €; ✴☎; ⬤San Zaccaria) Selbst die nahe gelegene Seufzerbrücke dämpft nicht die gute Stimmung im sonnengelben Hotel Ca' dei Dogi. Seine Zimmer mit Blick auf den Kreuzgang des benachbarten Klosters sind modern und praktisch ausgestattet. Mit ihren schrägen Holzbalken und Kommoden, die wie Überseekoffer aussehen, erinnern sie an Schiffskajüten. Die Bäder sind von oben bis unten mit Mosaiksteinen gefliest – besonders empfehlenswert ist das Zimmer mit Terrasse und Jacuzzi.

HOTEL SANT'ANTONIN HOTEL €€

Karte S. 326 (☎041 523 16 21; www.hotelsant antonin.com; Fondamenta dei Furlani 3299; DZ 165–250 €; ✴☎; ⬤San Zaccaria) In diesem Palazzo aus dem 16. Jh. am Ufer eines Kanals nahe der griechischen Kirche lässt es sich wie ein Adliger leben. Großartige Proportionen bieten viel Licht, es gibt geräumige Zimmer und tolle Terrazzofußböden, mit Geranien bepflanzte Balkone, Decken mit Fresken und eindrucksvolles Mobiliar. Wenn man die steinerne Treppe hinuntergeht, tritt man in einen der größten privaten Gärten der Stadt mit einer hübschen Steinpergola und einem plätschernden Brunnen.

PALAZZO SCHIAVONI APARTMENT €€

Karte S. 326 (☎041 241 12 75; www.palazzoschia voni.com; Fondamente dei Furlani 3288; 1-Bett-Apt. ab 160 €; ✴☎; ⬤San Zaccaria) Dieser Palazzo aus dem 15. Jh. wurde in ein Apartmenthotel umgewandelt, viele Stilmöbel und zeitgenössische Objekte tragen zu den Annehmlichkeiten bei. Die Apartments verfügen auch über eine Küche und großzügige Wohnräume.

AI CAVALIERI DI VENEZIA HOTEL €€€

Karte S. 326 (☎041 241 10 64; www.hotelaicava lieri.com; Calle Borgolocco 6108; DZ 260–440 €; ✴☎; ⬤Rialto) Dieses luxuriöse Palazzo-Hotel ist voller venezianischem Glamour, aber dennoch rutscht es nicht in die Vulgarität ab. Die Zimmer sind mit vergoldeten Tapeten aus Seidendamast und funkelnden Lüstern aus feinstem Muranoglas ausgestattet – auf zwei Seiten des Hauses gibt es Kanalblick.

HOTEL DANIELI HOTEL €€€

Karte S. 326 (☎041 522 64 80; www.danieli hotelvenice.com; Riva degli Schiavoni 4196; DZ 485–1200 €; ✴☎; ⬤San Zaccaria) So exzentrisch und luxuriös wie Venedig selbst ist auch dieses berühmte Hotel. Seit mehr als einem Jahrhundert zieht das Danieli künstlerisch angehauchte Bohemiens, Adlige und ihre millionenschweren Geliebten in seinen Bann. Der Hotelkomplex umfasst drei markante Gebäude: Die *casa vecchia* (altes Haus) mit Zimmern voller Fresken und Antiquitäten stammt aus dem 14. Jh. und wurde für den Dogen Enrico Dandolo gebaut; die von oben bis unten vergoldete *casa nuova* (neues Haus) und das Danielino, ein Gebäude aus der Zeit des italienischen Faschismus mit modernem Luxusdesign.

Farbenfrohe Fassaden in Burano (S. 170)

PHILIP LEE HARVEY/LONELY PLANET ©

PALAZZO CRISTO
APARTMENT €€€

Karte S. 326 (☎331 4299308; https://palazzocristo.com; Campo SS Giovanni e Paolo 6805a; Suite ab 450 €; ☎; ⚓Fondamenta Nove) Dieser umwerfende Palazzo hat drei extravagante Suiten im Angebot mit herrlichem Ausblick auf die Scuola Grande di San Marco. Obwohl aus dem 13. Jh. stammend, sind die Suiten gelungene Beispiele für luxuriöses, zeitgemäßes Design mit modernem, schickem Mobiliar.

AQUA PALACE
LUXUSHOTEL €€€

Karte S. 326 (Palazzo Scalfarotto; ☎041 296 04 42; www.aquapalace.it; Calle de la Malvasia 5492; DZ 180–340 €; ✳☎; ⚓Rialto) Das Aqua Palace mit seinem exotischen Flair und den polierten Farben Gold, Bronze und Grau ist eine aufregende Mischung aus modernen Annehmlichkeiten und fernöstlicher Romantik. Die Suiten verfügen über eine Größe, die für Aristokraten angemessen wäre, viele edle, schwere Stoffe und aristokratisch anmutende Marmorbäder. Mit einer eigenen Anlegestelle für Gondeln ist dieses Hotel ein geeigneter Ort für romantische Stunden zu zweit.

🛏 Giudecca, Lido & die südlichen Inseln

VILLA VENICE MOVIE
HOTEL €

Karte S. 330 (☎041 73 15 98; www.villavenicemovie.com; Via Lorenzo Marcello 26b; Zi. ab 79 €; ✳☎; 🚗A, B, C, V) In den sechs Zimmern dieses Hotels hängen rote Kronleuchter aus Plexiglas, u. a. sind Tapeten mit dem Antlitz von Audrey Hepburn zu sehen oder Porträts von Grace Kelly. Kein Wunder, das Haus befindet sich schließlich unweit des Palazzo del Cinema, daher ist die Obsession für die Leinwandgöttinnen sehr gut nachvollziehbar. Den Hausgästen stehen auch ausreichend Fahrräder zur kostenlosen Nutzung zur Verfügung.

CAMPLUS LIVING REDENTORE
HOSTEL €

Karte S. 329 (☎041 522 53 96; www.camplusliving.it; Calle de le Cape 194, Giudecca; EZ/DZ 56/76 €; ☎; ⚓Redentore) Das strenge Klosterleben der Kapuzinermönche von Redentore wurde sicherlich etwas angenehmer durch den schönen Ausblick aus den Zellen auf den Garten hinaus. Nach der Renovierung gibt es nun 50 einfache Zimmer mit Bad. Vorhanden sind außerdem auch noch eine Küche und eine praktische Waschgelegenheit. Während des Semesters wohnen Studenten im ersten Stock, im Sommer dagegen sind hier ausschließlich Touristen anwesend.

GENERATOR
HOSTEL €

Karte S. 329 (☎041 877 82 88; www.generatorhostels.com; Fondamenta de la Croce 86, Giudecca; B/Zi. ab 36/153 €; ✳@☎; ⚓Zitelle) Das Generator hat ein schrilles, modernes Innenleben, darunter ein märchenhaft überkandidelt-kitschiges Bar-Restaurant mit einer verrückten Tapete, Lüstern aus Muranoglas und einem Pooltisch. Eine Sitzecke am Fenster ist am schönsten – und man wacht unter Umständen sogar mit einem Blick auf San Marco auf. Bettzeug, Decke und Kopfkissen werden gestellt; das Frühstück kostet 6,50 € extra (eine Küche gibt es nicht).

CAMPING SAN NICOLÒ CAMPINGPLATZ €

(☎041 526 74 15; www.campingsannicolo.com; Via dei Sanmicheli 14, Lido; Campingplatz pro Zelt/Caravan 15/55 €; ☺Mai–Sept.; ☐A) Dieser kleine, aber saubere Campingplatz liegt in einer schönen Ecke der Insel und bietet Platz für Zelte und Wohnmobile. Fahrräder, Zelte, Schlafsäcke und Wohnwagen können hier auch gemietet werden.

★AL REDENTORE DI VENEZIA APARTMENT €€

Karte S. 329 (☎041 522 94 02; www.alredentoredivenezia.com; Fondamenta del Ponte Longo 234a, Giudecca; Apt. ab 163 €; ☀☎; ☒Redentore) Die acht gut gepflegten Apartments verbinden moderne Annehmlichkeiten mit Möbeln in antikem Stil. Hier kann man sich in Marmorbädern, zwischen hochwertigen Kissen, mit erstklassigen Pflegeprodukten im Bad und bei einer himmlischen Aussicht übers Wasser bis nach Dorsoduro und San Marco voll und ganz entspannen.

VILLA INES B&B €€

Karte S. 330 (☎041 526 72 26; www.villa-ines.com; Via Lazzaro Mocenigo 10, Lido; Zi./Suite ab 120/170 €; ☺März–Okt.; ☐☀☎; ☒Lido SME) Diese exemplarische Villa im Liberty-Stil wird von einem Garten umgeben. Sie gehört der Familie Seguso, einer der berühmtesten Glasbläserdynastien für Muranoglas. Entsprechend exklusiv ist daher auch die Ausstattung: Seguso-Lüster, riesige Betten, Flachbildschirme und Jacuzzi-Bad. Gastgeberin Marika ist außerdem eine Chefköchin und betreibt auf demselben Gelände die Kochschule Acquolina (S. 165). Im Falle einer Direktbuchung ist das Frühstück inklusive.

JW MARRIOTT VENICE HOTEL €€€

(☎041 852 13 00; www.jwvenice.com; Isola delle Rose; Zi./Suite ab 352/572 €; ☀☎☒) Das venezianische Marriott-Hotel steht auf einer 16 ha großen Privatinsel, 20 Minuten von der Piazza San Marco entfernt (ein Privat-Shuttle steht den Gästen zur Verfügung). Obwohl das moderne, minimalistische Design der Innenräume und der Zimmer extrem elegant ist, ist der Wellnessbereich auf dem Dach (drinnen und draußen) mit den himmlischen Liegen und freiem Blick über die Lagune das, was alles andere noch in den Schatten stellt. Dieser Wellnessbereich und das wunderbare Restaurant sind auch für Nicht-Hotelgäste zugänglich.

BAUER PALLADIO HOTEL & SPA HOTEL €€€

Karte S. 329 (☎041 520 70 22; www.palladiohotelspa.com; Fondamenta de le Zitelle 33, Giudecca; Zi./Suite ab 250/350 €; ☺März–Okt.; ☀☎; ☒Zitelle) Auf geht's in ein freundlich wirkendes, von Palladio entworfenes ehemaliges Armenhaus mit einem eigenen Bootsservice à la James Bond nach San Marco und einem hervorragenden Wellnessangebot. Viele der gemütlichen Zimmer bieten Gartenterrasse oder Kanalblick.

BELMOND HOTEL CIPRIANI HOTEL €€€

Karte S. 329 (☎041 24 08 01; www.belmond.com; Fondamenta de le Zitelle 10, Giudecca; Zi. ab 810 €; ☺April–Okt.; ☀☎☒; ☒Zitelle) Das sündhaft teure Cipriani bietet 95 Luxuszimmer und -suiten – alle mit eigenem Balkon mit Blick auf den üppigen Blumengarten – dazu noch den besten Swimmingpool der Stadt und ein Restaurant mit Michelinstern.

🛏 Murano, Burano & die nördlichen Inseln

CASA BURANO HÄUSCHEN €

(☎041 527 22 81; www.casaburano.it; Burano; Zi./Suite ab 108/144 €; ☀☎) Die bonbonfarbenen Häuschen auf Burano sind berühmt und gehören zu den Betreibern des Weinresorts Venissa (S. 177), die die fünf Häuschen in ein *albergo diffuso* umgewandelt haben. Es gibt keine Rezeption; man wird am Fähranleger abgeholt und zum Häuschen geführt. Die Zimmer sind geräumig und schick, ein Frühstückskorb wird täglich geliefert.

IL LATO AZZURRO B&B €

(☎041 523 06 42; www.latoazzurro.it; Via dei Forti 13, Sant'Erasmo; B/EZ/DZ 35/60/88 €; ☎; ☒Capannone) Auf Venedigs Garteninsel Sant'Erasmo schläft man inmitten von Artischocken in einem Landhaus mit rotem Dach, rund 25 Minuten per Boot von der Innenstadt Venedigs entfernt. Geräumige Gästezimmer mit schmiedeeisernen Betten gehen auf eine umlaufende Veranda hinaus. Die Mahlzeiten sind überwiegend hausgemacht, es gibt Fahrräder und die Lagune schwappt am Ende der Gasse ans Ufer – anfällige Gäste sollten Insektenschutz im Reisegepäck haben.

★VILLA LINA B&B €€

Karte S. 331 (☎041 73 90 36; www.villalinavenezia.com; Calle Dietro gli Orti 12, Murano; Zi.

ab 160 €; ❄🔊; 🖭Colonna) Die Villa Lina aus dem 16. Jh. auf dem Gelände der Glaswerke Nason Moretti zu finden, ist so, als wenn man zufällig auf ein wunderbares Geheimnis stößt. Das Wohnhaus von Carlo Nason und seiner Frau Evi hat den Touch der 1950er-Jahre und ist in Carlos Glasdesign gehalten. Die Zimmer sind groß, komfortabel und modern. Der Blumengarten grenzt direkt an den Serenella-Kanal.

★MURANO PALACE HOTEL €€

Karte S.331 (☎041 73 96 55; www.murano palace.com; Ramo dei Vetrai 77, Murano; Zi. 110–195 €; ❄🔊; 🖭Faro) Fabelhaftes Design zu einem guten Preis bekommen die Gäste in diesem B&B, in dem Edelsteinfarben dominieren. Lüster aus Muranoglas beleuchten hohe Räume mit Holzböden. In der Minibar gibt es kostenlose Getränke und Snacks. So einmalig wie die Ausblicke auf den Kanal ist das Shoppen in den vielen Läden der Glaskünstler in der Nähe. Doch nach Geschäftsschluss um 18 Uhr herrscht eine geradezu gespenstische Ruhe.

VENISSA WINE RESORT GASTHAUS €€

Karte S.332 (☎041 527 22 81; www.venissa. it; Fondamenta di Santa Caterina 3, Mazzorbo; Zi./Suite ab 153/216 €; ❄🔊; 🖭Mazzorbo) Ein wahres Schlemmerparadies inmitten der Weinberge finden Gourmets auf dem Landgut Venissa. Außerdem befinden sich unter dem Dach des Bauernhofes sechs Zimmer im skandinavischen Schick.

LOCANDA CIPRIANI GASTHAUS €€€

Karte S.332 (☎041 7301 50; www.locandaci priani.com; Piazza Torcello 29, Torcello; EZ/DZ/Suite 140/240/300 €; 🕐 März–Dez.: Mi–Mo; ❄; 🖭Torcello) Seit dieser rustikale Weinladen im Jahr 1934 von Giuseppe Cipriani, dem Gründer von Harry's Bar, in einen Landgasthof verwandelt wurde, hat sich hier nicht viel verändert. Die sechs geräumigen Zimmer erinnern eher an Suiten. Es gibt hier eine gut bestückte Bibliothek und bequeme Sessel anstelle von Fernsehern. Sehr inspirierend ist Ernest Hemingways Lieblingszimmer Santa Fosca mit den original knarrenden Eichendielen und einem Balkon, der den Blick auf den schönen Garten ermöglicht.

Venedig & Venetien verstehen

Venedig aktuell

Wie es scheint, hätte jeder gern ein Stückchen von Venedig – die Touristen mit ihren Selfiestangen, ausländische Unternehmer, eigennützige Politiker und nicht zuletzt das steigende Wasser der Adria ... Und so segelt La Serenissima auf unruhiger See weiter ins 21. Jh., neuen Herausforderungen entgegen. Wie verträgt sich beispielsweise die Attraktivität dieser Stadt mit ihrer empfindlichen Struktur, und wie bewahrt man seine Individualität in einer zunehmend homogeneren globalisierten Welt?

Die schönsten Filme

Casino Royale (2006) James Bond auf dem Canal Grande.

Pane e Tulipani (Brot & Tulpen; 2000) Eine Hausfrau beginnt in Venedig ein neues Leben.

Casanova (1976) Fellinis berühmter Film mit Donald Sutherland in der Rolle des Verführers.

Wenn die Gondeln Trauer tragen (1973) In Nicolas Roegs Thriller wird ein Paar in Venedig von den Geistern seiner Vergangenheit heimgesucht.

Tod in Venedig (1971) Luchino Viscontis Verfilmung der Novelle von Thomas Mann über Liebe, Alter und Tod (Musik von Gustav Mahler).

Die besten Bücher

Stabat Mater (Tiziano Scarpa; 2009) Hat in Italien einen wichtigen Literaturpreis gewonnen; die Geschichte spielt in Antonio Vivaldis Waisenkinder-Orchester.

Venice Revealed (Paolo Barbaro; 2001) Ein sehr intimes Porträt der Stadt – und ein leidenschaftliches Plädoyer für ihre Rettung.

Ufer der Verlorenen (Joseph Brodsky; 1992) Der Dichter und Nobelpreisträger schreibt über sein Venedig.

Venice, an Interior (Javier Marías; 1988) Geschichte und Fantasie haben das Venedig von heute geschaffen.

#Venexodus

Mit der Entspanntheit ist es unter den Venezianern vorbei, seit die Touristenflut – 25 Mio. Menschen pro Jahr – die Stadt überschwemmt. Den verbliebenen 53 835 Einwohnern (1976 waren es 102 000!) bietet ihre Heimat kein reizvolles Leben mehr: Die Löhne sind niedrig, Wohnraum ist kaum erschwinglich, die Infrastruktur zerfällt, der Einfluss der Bürger auf die Politik ist gering und die Lebensqualität sinkt. Hauptproblem ist der Mangel an Wohnraum; junge Venezianer sind gezwungen, ihre Insel zu verlassen und aufs Festland nach Mestre zu ziehen. Dort wohnen 40 000 Pendler. Die Freigabe des Wohnungsmarktes 2013 und die wachsende Bedeutung von Immobilien-Websites hatten zur Folge, dass der Anteil freier Mietwohnungen gesunken ist, während die Preise steigen. Denn wenn Touristen bereit sind, für ein Apartment im Zentrum 1000 € pro Woche zu zahlen, bleibt kaum ein Anreiz, Einheimischen die gleiche Wohnung für ein Viertel dieses Preises zu geben. Steigende Immobilienpreise haben auch zum Verschwinden wichtiger Geschäftszweige beigetragen. 2019 meldete die Handwerkerinnung, dass 50 Prozent der Kleinbetriebe verschwunden seien; dem gegenüber steht ein 38-prozentiger Anstieg bei Fastfood-Läden. Auf dem Rialto-Markt haben nur 29 Stände überlebt (1994 waren es noch 104), sodass die Existenz dieses Marktes bedroht scheint. Schulen, Bibliotheken und Krankenhäuser sind unterfinanziert; gleichzeitig verschleudert die Stadt wertvolles Tafelsilber (Inseln, Parks und Paläste), um Schulden zu tilgen.

Venedig vor der Unesco

Neu gegründete Organisationen stemmen sich gegen diese Entwicklung, darunter Venessia (www.venessia.com), Generazione90 (www.facebook.com/generazione90), Venezia Cambia (www.veneziacambia.

org), Gruppo 25 Aprile (www.gruppo25aprile.org) und We Are Here Venice (https://weareherevenice. org); ihr Ziel ist es, den Fokus der Öffentlichkeit und Politik auf Venedigs Probleme zu richten. Ihre Hauptforderung: Die Zweckentfremdung von Wohnraum müsse beendet, Kreuzfahrtschiffe sollten aus der Lagune verbannt werden, Anzahl und Geschwindigkeit von Schiffen seien zu regulieren; und man verlangt ein Tourismuskonzept. All diese Bemühungen haben dazu geführt, dass die Welt auf die Probleme der Stadt schaut. 2015 legte Icomos, ein internationales Gremium, das die Unesco berät, eine vernichtende Studie vor und empfahl, Venedig wieder herabzustufen; man forderte die Aufnahme der Stadt in die Liste der Bedrohten Weltkulturerbestätten, sofern die Verwaltung nicht ein Konzept für den Schutz der Stadt und ihrer Lagune vorlege. Als Reaktion verkündete Bürgermeister Brugnaro einen auf 457 Mio. Euro angelegten Plan, die Stadt neu zu beleben. Bis heute fehlt es noch an konkreten Aktivitäten, aber immerhin kam es zur Renovierung einiger Brücken und Kanalufer und zur Wiederaufnahme der vernachlässigten Wartung der Wasserläufe. Hinzu kommen Sperren an der Piazza San Marco, die im Falle von Überfüllung zeitweise geschlossen werden kann. 2019 wurden Tagesausflügler mit einer Sondersteuer von sechs bis zehn Euro belegt, und ab 2021 gilt ein Verbot für Kreuzfahrtschiffe von über 55 000 t im Canale della Giudecca. Da der politische Streit über die Schutzmaßnahmen anhält, appellierte Bürgermeister Brugnaro 2019 selbst an die Unesco, seine Stadt auf die Rote Liste zu setzen.

Erste Erfolge

Die meisten Venezianer halten die geplanten Maßnahmen zwar für nicht ausreichend, sie erkennen aber zumindest, dass die Arbeit bürgerschaftlicher Organisationen erste Früchte trägt – befördert durch ein wachsendes globales Bewusstsein für Umweltfragen und Nachhaltigkeit. Ohnehin war Venedig so etwas wie eine Pionierin in Sachen Nachhaltigkeit; junge Venezianer hoffen, an diese Tradition anknüpfen zu können. Anzeichen dafür sind neue Initiativen wie Fairbnb Venice, Venezia Autentica, Design.Ve, die Vermietung klassischer Elektroboote durch CBV, die Gründung des Kunstviertels Giudecca oder die Eröffnung des Ocean Space. Hotels wie Novecento und Flora ermuntern zum Verzicht auf Plastik, indem sie ihren Gästen Karten mit Trinkwasserbrunnen überreichen und zum Gebrauch nachfüllbarer Wasserflaschen auffordern. Beide Hotels hoffen, den Plastikflaschenverbrauch auf diese Weise um 36 000 Stück pro Jahr reduzieren zu können. Auch Gäste können ihren Beitrag leisten: Sie sollten in registrierten Unterkünften absteigen, in einheimischen Restaurants essen, Produkte venezianischer Handwerker kaufen und auch die überfüllten Touristenstätten meiden.

Wenn in Venedig 100 Menschen lebten, wären …

14 jünger als 18 Jahre
60 zwischen 18 und 64 Jahren
26 65 Jahre oder älter

Herkunft
(% der Bevölkerung)

91 Italien
3 Osteuropa
1 Südasien
1 Ostasien
4 Sonstige Länder

Einwohner pro km²

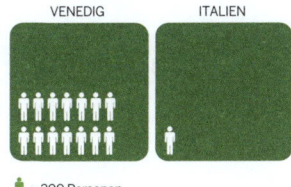

VENEDIG ITALIEN

≈ 200 Personen

Geschichte

Seit Jahrhunderten beherrschte Venedig mit Diplomatie und mächtiger Flotte den Handel im Mittelmeerraum. Als die Seemacht Venedig ihren Zenit überschritten hatte, gab die Stadt sich deswegen aber auf der Weltbühne noch lange nicht geschlagen. Stattdessen wurde sie selbst zur Bühne, zu der Menschen aus der ganzen Welt strömen, um wunderbare Gemälde, barocke Musik oder Opern zu genießen, um frei denkende Menschen und unvergleichliche Feste kennenzulernen. Während seiner tausendjährigen ereignisreichen Geschichte hat sich die Stadt nicht nur über Wasser gehalten, sondern sich immer wieder auf die neue Lage eingestellt.

Vom Sumpf zur Seemacht

Ein Malariasumpf scheint ein merkwürdiger Ort zur Gründung eines Reichs zu sein, es sei denn, die Umstände sprechen dafür. Die Venetier beherrschten schon seit mindestens 800 Jahren die nördliche Adria, sie waren seit 49 v. Chr. römische Bürger geworden und nicht sonderlich kriegerisch. Vom 5. bis 6. Jh., als Westgoten, Hunnen und Lombarden Städte Venetiens, wie Altinum und Aquileia, zu plündern begannen, flohen viele Bewohner der Region in die düsteren Sümpfe der Lagune. Sie siedelten zunächst auf der Insel Torcello und breiteten sich auf die umliegenden Inseln aus, bis sie schließlich auch zum Rivoalto (das bedeutet „hohes Ufer" und wird zu Rialto verkürzt) kamen.

Die jungen Inselgemeinden wählten Tribune und bildeten schließlich einen losen Bund. Nachdem Kaiser Justinian 540 die Nordostküste Italiens dem Heiligen Römischen Reich einverleibt hatte, wählte Venetia (ungefähr das heutige Venetien) Repräsentanten für die byzantinische Regionalregierung in Ravenna, die der zentralen Herrschaft in Konstantinopel unterstand. Als die Macht von Byzanz im 8. Jh. zurückging, nutzte Venedig die Gelegenheit zur Unabhängigkeit.

726 wählten die Einwohner Venedigs Orso Ipato zu ihrem ersten *dux* (lat.: Führer) bzw. Dogen im venezianischem Dialekt. Er war der erste von 118 gewählten Dogen, die Venedig über mehr als 1000 Jahre regieren sollten. Wie einige seiner Nachfolger versuchte auch Orso seine Machtstellung in eine Erbmonarchie umzuwandeln. Er wurde wegen

ZEITACHSE	1500 v. Chr.	452 n. Chr.	7.–9. Jh.
	Keltische Stämme treffen vermutlich aus dem heutigen Anatolien ein und besiedeln Venetien.	Die Hunnen unter Führung von Attila plündern die Städte Aquileia und Altinum auf dem römischen Festland. Deren Bewohner suchen Schutz auf den Inseln der Lagune.	Beginn der Glasmanufaktur auf Torcello; meisterhafte Herstellung byzantinischer Glasmosaiken für den Dom.

Übertretung seiner Befugnisse ermordet. Zunächst war niemand in der Lage, das brisante Amt des Dogen lange auszuüben: Orsos Nachfolger Teodato verlegte 742 die Hauptstadt nach Malamocco, wurde aber kurz darauf abgesetzt. Nach und nach verwandelte sich das Amt des Dogen in ein Wahlamt, das von zwei Ratsmitgliedern und dem Arengo (einer Volksversammlung) kontrolliert wurde.

Als die Franken 809 in die Lagune einfielen, wurden sie vom gut organisierten Widerstand unter Agnello Partecipazio überrascht. Er hatte sich in den flachen Gewässer um Rivoalto verschanzt, das für seetüchtige Schiffe praktisch unpassierbar war, wenn sie das Gewirr an Fahrrinnen in der Lagune nicht kannten. Partecipazio wurde dank seines Erfolgs 809 zum Dogen gewählt; er ließ eine Festung errichten, an deren Stelle später der Dogenpalast stehen sollte. So wurde die Inselgruppe um Rivoalto zum Brennpunkt der Bautätigkeit. Man legte Land trocken, befestigte es mit Holzpfeilern und schichtete Erde auf; schon bald wuchs Venedig aus seinem sumpfigen Umland empor.

Strategisches Geschick

Nachdem erst einmal für festen Boden unter den Füßen gesorgt war, kümmerten sich die Venezianer auch um die Festigung ihrer Geschäftsinteressen. Als der geschickte Diplomat Pietro II. Orseolo 991 zum Dogen gewählt wurde, erklärte er die Neutralität Venedigs zwischen dem westlichen Heiligen Römischen Reich und dem östlichen Byzantinischen Reich von Konstantinopel. Auf diese Weise gewann er das mittelalterliche Äquivalent der meistbegünstigten Nation von beiden rivalisierenden Reichen.

Selbst zu Beginn der Kreuzzüge behielt La Serenissima, die Republik Venedig, ihre strategische Neutralität bei und handelte auch weiterhin mit muslimischen Herrschern von Syrien bis Spanien – während vom venezianischen Hafen die Kreuzfahrer ausliefen, um das Heilige Land der muslimischen Kontrolle zu entreißen. Die Kreuzfahrer brauchten Schiffe, und Venedig stach die Rivalen Genua und Pisa aus, indem es im Arsenale (S. 137) das erste Fließband der Welt in Betrieb nahm, das ein Kriegsschiff pro Tag fertigen konnte. Ansonsten zog es La Serenissima allerdings vor, sich aus dem Getümmel herauszuhalten, und nahm nur gelegentlich an Flotteneinsätzen der Kreuzfahrer teil – und das fast immer nur gegen verbesserte Handelsbefugnisse, denn das Geschäftliche ging immer vor.

Der byzantinische Kaiser Manuele I. Comnenus nutzte die Rivalität zwischen Venedig und Genua und inszenierte 1171 einen Überfall auf Konstantinopels Genueser Kolonie, den er den Venezianern aus Konstantinopel in die Schuhe schob. Diese wurden prompt in Ketten gelegt.

726	828	957	1094
Orso Ipato wird als erster gewählter Doge, und zwar ohne Konstantinopels Zustimmung, eingesetzt. Die Byzantiner halten dessen Wahl für eine Rebellion. Ipato wird 737 ermordet.	Der Legende nach wird der Leichnam des Evangelisten Markus aus Alexandria nach Venedig geschmuggelt. Markus wird zum Schutzpatron von Venedig bestimmt.	Kaiser Otto der Große erkennt die wichtigsten Handelsrechte Venedigs an, schließt aber Byzanz vom lukrativen Handel aus.	Die Basilica di San Marco wird fertiggestellt. Die spektakuläre Chiesa d'Oro (Goldene Kirche) verherrlicht die Pracht Venedigs, den hl. Markus und die besten Künstler der Stadt.

DER GESTOHLENE HEILIGE

Venedig besaß im 9. Jh. alle Eigenschaften einer unabhängigen Handelsmacht – viele Häfen, eine verteidigungsfähige Lage gegen Zugriffe Karls des Großen und der Franken, eine Führung zur Beilegung unvermeidlicher Handelskonflikte – aber keinen glorreichen Schrein, der Venedigs Platz in der Welt markierte. Also tat Venedig, was jede ehrgeizige, gottesfürchtige Mittelalterstadt getan hätte: Es besorgte sich einen Schutzheiligen. Unter der byzantinischen Herrschaft war dies zunächst der hl. Theodor (San Teodoro), später dann der hl. Markus. Einer lokalen Legende zufolge soll der Evangelist Markus (San Marco) die Laguneninseln einmal besucht haben, wobei ihm ein Engel prophezeite, dass sein Leichnam einst hier ruhen werde. Also beschlossen einige venezianische Kaufleute, die Prophezeiung zu erfüllen.

828 stahlen venezianische Schmuggler die Gebeine des hl. Markus aus seinem Grab im ägyptischen Alexandria und verbargen den hochverehrten Leichnam, so heißt es, in einem Fass mit Schweinefleisch, um die muslimischen Zollbeamten abzuschrecken. Venedig holte die besten Handwerker aus Byzanz und anderen Regionen in die Stadt, um für diese Reliquie eine Kirche des Dogen als Schrein zu bauen, der die Besucher mit der Macht und dem Glanz Venedigs beeindrucken sollte. Die üblichen mittelalterlichen Bauverzögerungen in Form von Aufständen und Feuer zerstörten dreimal die äußeren Mosaiken und schwächten das Fundament. Die Gebeine des hl. Markus wurden während dieser Zeit zweimal verlegt. (Heute ruhen sie sicher in ihrem Sarkophag im Hauptaltar der Basilica di San Marco; S. 58.) Schon während der Bauzeit der Basilica wurde der geflügelte Löwe des Evangelisten offiziell als Wappentier der venezianischen Rebublik eingeführt. Er war ein Symbol für die Loslösung Venedigs von Konstantinopel und für die Rolle des hl. Markus als Schutzheiliger eines unabhängigen Reiches.

Venedig entsandte eine Flotte zur Hilfe, doch die Mannschaft infizierte sich über Schiffsratten mit der Pest, und die Schiffe dümpelten heimwärts, ohne auch nur einen Schuss abgegeben zu haben.

Auch von Land aus wurde Venedig nun bedroht. Friedrich I. Barbarossa, Kaiser des Heiligen Römischen Reiches, wollte Italien und den Papst zur Anerkennung seiner Oberhoheit zwingen. Doch nach mehreren Angriffen erkannte Barbarossa, dass Norditalien nicht so einfach zu beherrschen war. Als seine Armee 1167 von der Pest heimgesucht wurde, musste sich Barbarossa nach Pavia zurückziehen. Dort erfuhr er schließlich, dass 15 italienische Stadtstaaten, einschließlich Venedig, den Lombardenbund gegen ihn geschlossen hatten. Barbarossa erlitt eine spektakuläre Niederlage und, wurde zu allem Überfluss auch noch exkommuniziert. Die Venezianer begriffen, dass sie nur mit einem Heiligen Krieg und nicht mit mehreren gleichzeitig fertig werden konnten

1096	1105	1172	1203–1204
Der byzantinische Kaiser Alexios I. Komnenos übergibt Dalmatien an die Republik Venedig.	Venedig verliert die dalmatinischen Städte Zadar, Trogir und Split an die Ungarn. Die Auseinandersetzungen um die kroatischen Städte halten die nächsten 40 Jahre an.	Venedig setzt einen Maggior Consiglio (Großen Rat) ein, der eine Art kommunale Bürgerregierung darstellt und die Machtbefugnisse des Dogen einschränkt.	Doge Dandolo verspricht, Kreuzzügler ins Heilige Land zu bringen, wendet sich dann aber nach Konstantinopel und kehrt mit reicher Beute nach Venedig zurück.

und überzeugten mittels geschickter Diplomatie Papst Alexander III. und den reumütigen Kaiser, 1177 in Venedig Frieden zu schließen. Nach dem Frieden von Venedig hatten alle Zeit, sich in neue Konflikte zu stürzen.

Ein listiger Doge

In Sachen Gewieftheit konnte selbst der gerissenste venezianische Kaufmann nicht mit dem Dogen Enrico Dandolo konkurrieren. Der tattrige 90-jährige Doge, der schon Jahre zuvor sein Augenlicht verloren hatte, mag den Franken, die sich um Venedigs Unterstützung im Vierten Kreuzzug bemühten, anfangs als leichtes Überzeugungsopfer erschienen sein. Doch der Doge war ein harter Verhandlungspartner: Venedig bot an, eine Flotte für 20 000 Kreuzfahrer zu bauen, aber nur gegen 84 000 Silbermark – etwa das Doppelte des Jahreseinkommens des damaligen englischen Königs.

Im folgenden Jahr tauchte nur ein Drittel der geplanten fränkischen Streitkräfte auf, deren Führer allerdings nicht zahlen konnten. Venedig hatte die Schiffe jedoch parat und somit seine Seite des Geschäfts eingehalten. Um die Restschuld abzudecken, schlug Dandolo vor, dass die Kreuzfahrer auf dem Weg nach Palästina den Venezianern bei ein paar Kleinigkeiten in eigener Sache unter die Arme griffen. Dazu gehörte der Einmarsch in Dalmatien und im Jahr 1203 ein Abstecher nach Konstantinopel, der ein Jahr dauern sollte. Während dieses Zeitraums wurde die Stadt von venezianischen und fränkischen Truppen gründlich geplündert.

Dandolo verkündete schließlich, dass Konstantinopel nun für die Christenheit eingenommen sei (obwohl die Stadt auch vorher schon christlich war) und erklärte sich im Alter von 96 Jahren zum „Herrn über ein Viertel und ein halbes Viertel des Römischen Reichs" von Byzanz – ein Titel, der Venedig komfortable drei Achtel der Beute einbrachte, darunter auch die monumentalen vergoldeten Bronzepferde in der heutigen Basilica di San Marco (S. 58). Die venezianischen Schiffe zogen es vor, mit voller Beuteladung nach Hause zu segeln, anstatt ihre christliche Pflicht zu erfüllen. Die Franken brachen allein auf zu den Kreuzzügen.

Venedig gegen Genua

Der Marionettenkaiser, den Doge Dandolo auf den Thron von Konstantinopel gesetzt hatte, hielt sich nicht lange: Schon bald verschworen sich die Genueser mit den Byzantinern zum Sturz des venedigfreundlichen Regimes. Als Konstantinopel, oder die davon übrig gebliebenen Teile, Venedig entrissen war, peilten die Venezianer entferntere Gefilde

Byzantinischer Glanz

Basilica di San Marco (San Marco)

Basilica di Santa Maria Assunta (Torcello)

Basilica dei SS Maria e Donato (Murano)

Wer eines Vergehens gegen den Dogen überführt wurde, wurde niedergeknüppelt oder enthauptet. Abgetrennte Köpfe wurden auf Säulen vor dem Dogenpalast zur Schau gestellt und diverse andere Körperteile exakt für drei Nächte und vier Tage (danach begannen sie zu riechen) in den *sestieri* (Stadtvierteln) ausgestellt.

1205	1212	1271	1297
Ohne den Schutz des Byzantinisches Reiches fällt Ragusa (Dubrovnik) an Venedig, das 153 Jahre lang die Stadt beherrscht.	Venedig erobert Kreta und setzt sich gegen die alte Rivalin Genua durch. Die Lagunenstadt herrscht mehr als 450 Jahre über die Insel.	Die Kaufleute Niccolò und Matteo Polo brechen nach Shangdu auf. Sie kehren 1295 zurück. Marcos Berichte über das Leben an Kublai Khans Hof werden zur Sensation.	Mit der Schließung des Großen Rates wird die Mitgliedschaft des Maggior Consiglio auf die männlichen Angehörigen der Adelsfamilien beschränkt. Es entsteht eine erbbedingte Elite.

an. Nach der Reise des Venezianers Marco Polo 1271–1291 erstreckten sich Venedigs Handelswege bis nach China. Der Startschuss für den Rivalen Genua zum Handel mit der Neuen Welt sollte noch auf sich warten lassen, und so warf Genua ein neidisches Auge auf Venedigs Gewürz- und Seidenstraßen.

1372 kam es schließlich zwischen Genua und Venedig zum Streit über einen Vorfall auf Zypern. Es folgte ein achtjähriger Seekrieg, der Venedig schwer belastete. Zu allem Übel brach in den 1370er-Jahren die Pest in Venedig aus. Genuas Verbündete Padua und Ungarn ergriffen die Gelegenheit und nahmen die venezianischen Hoheitsgebiete auf dem Festland ein. 1379 tauchte eine Genueser Flotte vor dem Lido auf. Die venezianischen Kriegsschiffe des Kommandanten Carlo Zeno befanden sich zur selben Zeit gerade auf Patrouillenfahrt im Mittelmeer, sodass die Stadt ungeschützt einer feindlichen Übermacht gegenüberstand.

Die Genueser jedoch machten einen strategischen Fehler: Statt ins Land einzufallen, versuchten sie die Bevölkerung auszuhungern. Die Venezianer hatten für just diesen Fall genug Korn gespeichert und bauten Tag und Nacht neue Schiffe und Verteidigungsanlagen um die Inseln. Der venezianische Kommandant Vettor Pisani trat mit allen zur Verfügung stehenden Kräften zu einem Gegenangriff auf die Genueser Flotte an – aber seine Truppenstärke reichte nicht aus. Es schien keine Hoffnung mehr für Venedig zu geben, bis am Horizont Schiffe mit der Flagge des Markuslöwen auftauchten: Carlo Zeno war zurückgekehrt. Venedig vertrieb die Genueser, errang wieder die Kontrolle über die Adria und herrschte schließlich über ein Gebiet, das von Dalmatien bis Bergamo reichte.

Ratten & die Rettung

Venedig war eine nicht zu übersehende Seemacht, und so herrschte in den Häfen täglich reger Schiffsverkehr. Die Schiffe waren beladen mit Seide, Gewürzen und einem unfreiwilligen Importgut: Ratten voller Flöhe, die, was damals noch niemand wusste, die Beulenpest übertrugen. 1348 brach die Pest aus, als sich die Stadt immer noch von einem Erdbeben erholte, das Häuser zerstört und den Canal Grande entwässert hatte. Bald starben täglich bis zu 600 Menschen, und auf den Kanälen ertönte von den Barkassen der Leichenbestatter der jammervolle Ruf: *"Corpi morti! Corpi morti!"* (Gebt eure Toten heraus!). Innerhalb eines Jahres waren mehr als 50 000 Venezianer verstorben.

In jener Zeit war nicht bekannt, wie sich die Krankheit verbreitete. Venedig jedoch ergriff eine beispiellose Maßnahme und ernannte drei Gesundheitsbeamte, um die Krise in den Griff zu bekommen. Es stellte sich heraus, dass Ausbrüche stets mit der Ankunft von Schiffsladungen

---

1271 brechen die Kaufleute Niccolò und Matteo Polo nach Shangdu (Xanadu) auf, zusammen mit Niccolòs 17-jährigen Sohn, Marco. Sie kehren 1295 zurück. Marcos Berichte über ihre Erlebnisse und das Leben an Kublai Khans Hof (*Il milione* oder *Die Reisen des Marco Polo*) werden in Europa zur Sensation.

1444 brach die Rialtobrücke (die zweite nach der Ersterbauung) unter der Last der Zuschauer, die einen Hochzeitszug auf dem Wasser beobachteten. Es dauerte 148 Jahre, bis die jetzige Steinbrücke von Antonio da Ponte fertiggestellt war.

1309	1310	1348–1349	1403
Venedig widersetzt sich den Befehlen der Kirche und wird exkommuniziert. Reichtum und Macht der Venezianer bringen Rom zum Einlenken.	Nach einer fehlgeschlagenen Verschwörung wird ein provisorischer Gerichtshof, der Consiglio dei Dieci, eingesetzt; der Rat weitet seine Machtbefugnisse im Lauf der Zeit immer weiter aus.	Bei einem Pestausbruch sterben etwa 60 % der Bevölkerung. Ärzte stellen fest, dass die Hafengegend mit ihren Ratten am schlimmsten betroffen ist.	Venedig richtet die ersten Quarantänestationen der Welt ein und rettet damit viele Menschen vor der Beulenpest.

zusammenfielen. Also beschloss Venedig 1403 Vorsichtsmaßnahmen und leitete alle Schiffe aus infizierten Gegenden zu einer Insel namens Lazaretto Vecchio am Rand der Lagune um. Bevor irgendein Schiff die Stadt anlaufen durfte, musste es sich einer Inspektion unterziehen. Die Passagiere wurden dazu angehalten, eine *quarantena* abzuwarten, einen 40-tägigen Zeitraum, um sicherzugehen, dass keine Symptome der Pest auftraten. Damals entstand also die erste Quarantänestation der Welt, und Venedig konnte die Ausbrüche der Pest und anderer Infektionskrankheiten durch diese frühen Vorsorgemaßnahmen auf ein Minimum reduzieren.

Während die Pest auf dem italienischen Festland vor 1500 noch weitere 50-mal ausbrach, schien Venedig auf wundersame Weise verschont zu bleiben. Die Gläubigen der Stadt schrieben ihre Errettung göttlicher Vorsehung zu und bauten zum Dank zwei prachtvolle Kirchen: die Chiesa Il Redentore (S. 157) und die Basilica di Santa Maria della Salute (S. 86).

Händler & Schnüffler

Wie sein architektonisches Wahrzeichen, die Basilica di San Marco, war das venezianische Reich außerordentlich kosmopolitisch und multikulturell. Venedig hatte ein Händchen dafür, Neuankömmlinge jeglicher Nation und jeglichen Glaubens zu Handelspartnern mit gemeinsamem Credo zu machen: Solange jeder zu Geld kommt, spielen kulturelle Grenzen keine Rolle. Dalmatiner, Armenier, Türken, Griechen und Deutsche lebten am Canal Grande Tür an Tür, und jüdische sowie muslimische Flüchtlinge und andere in Europa verfolgte Gruppen ließen sich in bereits bestehenden Gemeinden in Venedig nieder.

Der Handel sorgte für eine gemeinsame Grundlage. Auf dem Gipfel der Seemacht bauten 16 000 Arbeiter in 300 Werften im Arsenale pro Tag eine Galeere. Mitte des 15. Jhs. war Venedig dank der Handelsmacht eingehüllt in goldene Mosaiken, raschelnde Seide und Weihrauch. Bei Handelsstreitigkeiten oder Fehden zwischen Nachbarn bewahrte La Serenissma dank eines ausgefeilten politischen Systems aus Kontrollen, Machtausgleich und verwickelten Verfahren zur Dogenwahl den Frieden. Der Doge führte den Vorsitz über Ratsangelegenheiten.

Unter dem roten Samtmäntelchen der herrschenden Elite verbarg Venedig jedoch eine eiserne Hand. Venedigs undurchsichtiger Geheimdienst, der Consiglio dei Dieci (Zehnerrat), durchkreuzte Verschwörungen mittels einer Heerschar von Spionen in ganz Venedig und auch in wichtigen europäischen Städten. Die Herrschenden hatten auch keine Skrupel, die eigenen Bürger zu bespitzeln, um die Machtverhältnisse im Gleichgewicht zu halten. Prozesse, Folter und Hinrichtung fanden

---

Bei der Planung der Festlichkeiten zum Empfang von König Heinrich III. von Frankreich 1574 übertrafen sich die Venezianer selbst. Glasbläser führten ihre Kunstfertigkeit auf Flößen vor, als die Barke des Königs in die Lagune einfuhr; es gab zahlreiche weiß gekleidete venezianische Schönheiten, ein Festmahl für 1200 Personen und Dekorationen, die von Palladio, Veronese und Tintoretto geschaffen worden waren.

1420	1470	1492	1494
König Ladislaus von Neapel verkauft 1409 seine Rechtsansprüche auf Dalmatien für 100 000 Dukaten an die Serenissima. Venedig übernimmt damit erneut die Kontrolle über diese Region.	Zypern ist die neueste Eroberung Venedigs, das sich nun von Bergamo im Landesinnern, an der Adria entlang bis zur Ägäis erstreckt.	Die Entdeckung der Neuen Welt durch Christoph Kolumbus ist der Auftakt für das Zeitalter der Entdeckungen – und für Venedigs langen Marsch in die Bedeutungslosigkeit,	Aldo Manuzio gründet eine Druckerei. Venedigs Ruf erlebt einen Aufschwung, u. a. durch Dantes *Göttliche Komödie*. 1500 wird nahezu jedes sechste Buch in Venedig gedruckt.

meist im Geheimen statt. Im Vergleich mit den Nachbarn blieb Venedig jedoch eine Oase der Toleranz.

Freundliche Feinde

Auch wenn Konstantinopel von den Venezianern geplündert worden war oder sich mit Genua gegen Venedig verbündet hatte: Krieg hinderte die beiden Seemächte über Jahrhunderte hinweg nicht daran, miteinander einen blühenden Handel zu treiben. Als Konstantinopel 1453 an die Osmanen fiel, setzte sich der Handel mit Venedig reibungslos fort. Die rivalisierenden Mächte schienen sich recht gut zu verstehen; die venezianische Sprache war im östlichen Mittelmeerraum weit verbreitet und wurde in Dalmatien bis ins 19. Jh. benutzt.

Als 1571 Süleyman der Prächtige Zypern einnahm, sah Venedig die eigene Seemacht bedroht und verbündete sich mit dem Kirchenstaat, mit Spanien und sogar mit dem Erzrivalen Genua, um den osmanischen Sultan in Schach zu halten. Im gleichen Jahr vertrieb eine gewaltige Flotte der Verbündeten (die meisten Schiffe stammten aus Venedig) die Türken aus Lepanto in Griechenland. Sebastiano Venier

VENEDIGS „EHRBARE KURTISANEN"

Venedigs *cortigiane oneste* wurden hoch gelobt, sehr gut bezahlt und regelrecht verehrt, d. h. sie waren keine gewöhnlichen Huren. Eine „ehrbare Kurtisane" wurde nicht so genannt, weil sie ihre Dienste zu einem fairen Preis anbot, sondern weil sie über gute Umgangsformen, Bildung und Humor verfügte, Eigenschaften, die auch dem Ansehen ihres Gönners zugutekamen. *Cortigiane oneste* waren durchaus nicht immer schön oder jung, aber sie waren sehr gebildet und beeindruckten ihre Bewunderer durch Gedichte, Musik, philosophische Einsichten und treffende Bemerkungen zu gesellschaftlichen Themen. Manche Familien, die in bescheidenen Verhältnissen lebten, sparten im 16. Jh. nicht an der Bildung ihrer Töchter. So war eine vorteilhafte Heirat möglich oder eine Laufbahn, in der eine kluge Frau als *cortigiana onesta* eine Bezahlung verlangen konnte, die 60-mal höher lag als die einer Straßendirne (*cortigiana di lume*).

Die Damen verleugneten ihr Metier nicht, 1565 wurde sogar eine Liste der 210 besonders angesehenen Kurtisanen (*piu honorate cortigiane*) veröffentlicht. Darin wurden Kontaktdaten genannt, aktuelle Tarife und ob direkt an den Diener der Kurtisane, ihre Mutter oder sogar ihren Ehemann zu zahlen war. Eine *cortigiana onesta* konnte in der venezianischen Gesellschaft durchaus die offizielle Geliebte von mehreren Bewunderern sein, die sie für ihre Gesellschaft und nicht für einzelne Dienstleistungen oder stundenweise bezahlten. Die Kurtisane erhielt ein Pauschalhonorar. Syphilis war ein Berufsrisiko und es gab spezielle Krankenhäuser für die betroffenen Frauen.

1498	1501	1508	1516
Der Portugiese Vasco da Gama segelt um das Kap der Guten Hoffnung. Vom transatlantischen Handel sind viele venezianische Kaufleute ausgeschlossen.	Der Magistrato alle Acque wird eingesetzt, um das empfindliche Gleichgewicht in der Lagune zu erhalten und zu regulieren, denn darauf basieren Sicherheit und Wohlstand der Stadt.	Das Heilige Römische Reich, der Kirchenstaat, Spanien und Frankreich verbünden sich in der Liga von Cambrai gegen Venedig. Der Krieg ändert die Verhältnisse allerdings nicht wesentlich.	Ein Erlass legt fest, dass die jüdischen Einwohner in einer genau festgelegten Zone leben müssen. Sie heißt Ghetto und wird nach Mitternacht von Wachen geschlossen.

LEBEN NACH DEM LUSTPRINZIP

Zeit und Ort für die Geburt eines Hedonisten waren äußerst günstig; Im 18. Jh. hatte sich Venedig zur Hauptstadt der Lustbarkeiten in Europa entwickelt. Giacomo Casanova (1725–1798) wurde früh zur Erziehung in fremde Hände gegeben, während seines Jurastudiums in Padua wurde er zum Spieler und Lebemann auf der Suche nach Liebesabenteuern. Mit 17 machte er seinen Universitätsabschluss und schlug eine Laufbahn als Priester in Venedig ein. Aber die Jagd nach Abenteuern wurde schon bald zum Hauptberuf. Wegen seines Charmes war er bei reichen Gönnern herzlich willkommen, aber auch in den Betten der Ehefrauen, Geliebten und Töchter.

Venedig war ein Ort der Ausschweifungen, doch ein paar politische Einschränkungen gab es dennoch. Als durchaus staatsfeindlich galt Casanovas Geplänkel mit der Freimaurerei und seine Lektüre verbotener Bücher. Nach einem Abend mit dem französischen Botschafter und zwei Nonnen wurde Casanova mit der vagen Begründung der „Schmähungen gegen die Religion" verhaftet und in die Bleikammern geworfen, das gefürchtete Gefängnis im Dogenpalast. Er wurde zu fünf Jahren Haft in einer von Flöhen verseuchten Zelle verurteilt und beschwerte sich deshalb bitterlich. Casanova floh schließlich über das Dach der Zelle, gelangte so in den Palast und schlenderte an den Wachen vorbei in den Morgen hinein.

Casanova floh nach Paris, um dort sein Glück zu machen, und wurde für kurze Zeit französischer Spion. Aber seine Neigung zu Eskapaden brachte ihn immer wieder in Schwierigkeiten. In Deutschland ging ihm das Geld aus, in Polen überlebte er ein Duell, er wurde Vater mehrerer Kinder, die er im Stich ließ und zog sich in England eine Geschlechtskrankheit zu. Spät in seinem Leben kehrte er als Berühmtheit nach Venedig zurück und war dort als Spion tätig, wurde aber wegen einer satirischen Schrift über den Adel ins Exil geschickt. Er landete als Bibliothekar in einem abgelegenen Schloss in Böhmen, wo er anfing, aus reiner Langeweile seine Memoiren zu schreiben. Diese enden mit den Worten: „Ich kann sagen, ich habe gelebt."

und seine venezianische Flotte kehrten mit 100 türkischen Frauen als Kriegstrophäen zurück.

Der Legende nach sollen die Türken nach Einnahme der Insel Paros auch Cecilia Venier-Baffo gefangen genommen haben. Sie war anscheinend eine außereheliche Tochter aus dem venezianischen Adelshaus Venier, eine Nichte des Dogen und vermutlich eine Cousine Sebastianos (der in Lepanto kämpfte). Cecilia wurde die Lieblingsfrau des Sultans Salim II. in Konstantinopel. Als er 1574 starb, übernahm sie die Herrschaft als Nurbanu Sultan (Prinzessin des Lichts); sie war eine ergebene Brieffreundin der englischen Königin Elisabeth I. und von Katharina von Medici in Frankreich. Dem Historiker Alberto Toso Fei zufolge begünstigte sie die venezianischen Interessen derart, dass der veneziani-

1571	1575–1576	1630	1669
Venedig und die Heilige Liga der katholischen Staaten besiegen das osmanische Reich in der Seeschlacht von Lepanto, zum Teil auch wegen der besseren Ausrüstung.	Viele Menschen fallen der Pest zum Opfer, u. a. auch Tizian. Die Quarantäne trägt zur Eindämmung bei. Tintoretto widmet Rochus, dem Schutzpatron der Pestkranken, einen Gemäldezyklus.	Die Pest tötet ein Drittel der Bevölkerung. Da nur noch wenige führende Persönlichkeiten übrig bleiben, gestattet man reichen Venezianern, sich in den Adel einzukaufen.	Die venezianische Kolonie Kreta fällt an die osmanischen Türken, dennoch treiben beide Mächte weiter Handel miteinander, trotz einiger Ermahnungen aus Rom.

sche Senat besondere Mittel bereitstellte, um ihre Wünsche nach lokalen Spezialitäten zu erfüllen, ob nun Schoßhunde oder goldene Kissen. Genua war über diese Günstlingswirtschaft keineswegs erfreut. 1582 wurde sie vergiftet, mutmaßlich von Genueser Attentätern.

Das Zeitalter der Dekadenz

Während Italiens Stadtstaaten sich noch gegeneinander verschworen, begannen politisch-strategische Heiraten die Bündnisse zwischen Frankreich, England und dem Habsburger Reich zu festigen. Da sich Venedigs Einfluss gegenüber den europäischen Großstaaten auf dem Sinkflug befand und die Stadt das Meer an Piraten und Osmanen verloren hatte, schlugen die Venezianer einen anderen Kurs ein und eroberten Europa mit Charme.

Sensationen & Skandale

Venedigs Hauptattraktionen waren Feste, Musik, Kunst und Frauen. Nonnenklöster in Venedig hielten Soireen, die jenen in den *ridotti* (Salons) gleichkamen, und der Karneval wurde bis zu drei Monate lang gefeiert. Claudio Monteverdi bekam 1613 das Amt des Chorleiters von San Marco und führte mehrstimmige Harmonien und historische Opern mit populären tragikomischen Szenen ein. Durch Monteverdis Stil setzte sich die Oper durch: Ende des 17. Jhs. präsentierte die Stadt 30 Opern in einer Saison.

Die neuen Orchester brauchten Musiker, ein Problem, für das Venedig eine schlaue Lösung hatte: Waisenmädchen. Die Umstände sorgten für eine beispiellose Zahl von venezianischen Waisen: Da gab es zum einen Pest, zum anderen skandalöse Maskenbälle und eine blühende Prostitution. Die *ospedaletti*, die Waisenhäuser, wurden üppigst von anonymen Spendern finanziert, und die großen Barockmusiker Antonio Vivaldi und Domenico Cimarosa traten als Konzertmeister der Waisenorchester hervor. Der venezianische Staat übernahm die Versorgung und die musikalische Ausbildung der Waisenmädchen, die wiederum ihren Unterhalt durch öffentliche Konzerte und Wohltätigkeitsgalas der *ospedaletti* verdienten. Fremde Würdenträger, denen ein Waisenkonzert gegeben wurde, erhielten den guten Rat, den Waisen Trinkgelder zu geben: Man wisse nie, wessen uneheliche Tochter sonst beleidigt würde.

Papst & Doge: ein Machtkampf

Rom hat Venedig wiederholt heftig kritisiert, weil christliche Themen aus irdischer, sprich venezianischer Sicht dargestellt und in Kirchen flotte Melodien gespielt wurden. Solche Tadel beeindruckten Venedig

---

Einige Venezianer, die bei der Plünderung von Zadar und Konstantinopel während des 4. Kreuzzugs dabei waren, wurden 1202 von der Kirche exkommuniziert. Fünfmal zwischen 1284 und 1606 sprach der Papst gegen die gesamte Stadt einen Bann aus (die Spendung der Sakramente wurde eingeschränkt), weil sie sich öffentlich einigen Anordnungen widersetzt hatte.

1703 wird Antonio Vivaldi Kapellmeister am venezianischen Mädchenkonservatorium der Pietà, wo er zahlreiche Werke komponiert. 1709 wird er entlassen, aber 1711 wieder eingestellt; letztendlich zum Wohle der Stadt.

1718	**1797**	**1807**	**1814**
Venedig und Österreich schließen mit dem Osmanischen Reich den Frieden von Passarowitz und teilen die Küsten unter sich auf. Venedig überlassen sie ein paar Ionische Inseln.	Napoleon erobert die Republik Venedig. Die Ausgrenzung der venezianischen Juden wird aufgehoben.	Napoleon vertreibt Orden aus Venedig, um Widerspruch zu ersticken. Einige Kirchen werden später neu geweiht. Viele von ihnen sind allerdings bis heute zweckentfremdet.	Österreich erobert Venedig und stellt mit Tausenden von Soldaten Ordnung her. Die Häuser erhalten Nummern und es werden hohe Steuern eingeführt.

eher wenig. Im späten 16. Jh. gab es das Gerücht, dass Kardinal Camillo Borghese auf den venezianischen Gesandten in Rom, Leonardo Donà, nicht gut zu sprechen war. Die beiden sollen sogar in den geheiligten römischen Hallen heftig aneinander geraten sein. Der Kardinal zischte, dass er, wenn er Papst wäre, ganz Venedig exkommunizieren würde. Donà erwiderte verärgert, er werde die Exkommunikation ignorieren.

Das Schicksal wollte es, dass beide zu hohen Ehren aufstiegen: Der Kardinal wurde 1606 Papst Paul V. und der Gesandte wurde Doge. Rom hatte nie akzeptiert, dass Venedig darauf bestand, bis zu einem gewissen Umfang die Kontrolle über kirchliche Angelegenheiten selbst zu behalten. Als Rom Ausbaupläne in venezianischen Kirchen umsetzen wollte, stellte die Stadt Venedig fest, dass aufgrund der Baugesetze dazu ihre Zustimmung notwendig sei. Papst Paul V. schickte umgehend eine päpstliche Bulle und exkommunizierte den Stadtstaat. Der Doge Donà tat das, was er angekündigt hatte: Er ignorierte die Bulle und befahl allen Kirchen auf venezianischem Boden, die Tore offen zu halten. Eigentlich hätte jede Kirche dauerhaft schließen müssen, ihr Eigentum wäre eingezogen und die Geistlichen ins Exil geschickt worden.

Der venezianische Mönch und Philosoph Paolo Sarpi schaffte es schließlich, die Argumentation Venedigs überzeugend zu begründen. Deren Recht zur Selbstbestimmung käme direkt von Gott und nicht von Rom. Aus Angst, durch die Exkommunikation noch mehr Kirchenbesitz in Venedig zu verlieren und um die Gefahr zu verringern, dass sich andere katholische Gebiete der Meinung Sarpis anschließen könnten, hob Papst Paul V. seine Bulle schließlich auf.

Der Machtkampf war damit aber keineswegs für alle Zeiten beendet: Venedig veranlasste 1767 eine offizielle Wirtschaftsprüfung über 11 Mio. Golddukaten, die in der vorigen Dekade als Steuergelder an Rom gegangen waren, und beschloss den Schaden zu begrenzen: 127 Klöster und Abteien wurden in Venetien geschlossen. Dadurch halbierte sich die Anzahl der Geistlichen, und Millionen Dukaten konnten in die Staatskasse Venedigs umverteilt werden.

Rote Lichter, weiße Witwen & Grauzonen

Die römische Geistlichkeit kritzelte noch immer blindwütig ihre Missbilligungen, als venezianische Trends klammheimlich die Salons in Europa eroberten. Die verschwenderische Kleidung, die wahnwitzigen Plateauschuhe von bis zu 50 cm Höhe und die maskulinen Haartollenfrisuren der venezianischen Frauen schockierten den europäischen Adel, der die Stadt besuchte. Venedig schließlich fühlte sich genötigt, ein Luxusgesetz einzuführen, das Frauen verbot, männliche Frisuren und protzige Juwelen auf tiefen Dekolletés zu tragen. Venezianische Da-

Venedigs ehemalige Leprakolonie von San Lazzaro degli Armeni wurde zum Kloster, das 1717 von armenischen Flüchtlingen gegründet wurde. Der mit Fresken ausgeschmückte Palazzo Zenobio ist ein armenisches Kulturzentrum geblieben und ein beliebter Aufführungsort für Konzerte und Karnevalsveranstaltungen.

Viele Venezianer ließen die Masken des Anstands komplett fallen und lebten ganzjährig mit ihren Geliebten zusammen und bedachten uneheliche Erben in ihren Testamenten. Bis zum 18. Jh. kümmerten sich 40 % des venezianischen Adels nicht um die Formalitäten einer Eheschließung.

1836	1846	1848	1866
Ein Feuer zerstört Venedigs Opernhaus, aber aus der Asche erhebt sich schon bald ein neues. Als 1996 La Fenice (Phönix) erneut niederbrennt, wird das Gebäude originalgetreu nachgebaut.	Der erste Zug überquert die neue Eisenbahnbrücke zwischen Venedig und dem Festland. Für die Erbauung des Bahnhofs werden Kirchen abgerissen,	Daniele Manin führt einen Aufstand gegen die Österreicher an und erklärt Venedig für 17 Monate zur Republik. Die Österreicher nehmen die Stadt 1849 erneut ein.	Venedig und Venetien treten dem neuen Königreich Italien bei. Die Einigung Italiens ist aber erst vollbracht, als Rom mit dem Kirchenstaat 1870 zur Hauptstadt Italiens erklärt wird.

Landmarken einer multikulturellen Stadt

Das jüdische Ghetto (Cannaregio)

Museo delle Icone (Castello)

Scuola Dalmata di San Giorgio degli Schiavoni (Castello)

Monastero di San Lazzaro degli Armeni (südliche Inseln)

Fondaco dei Tedeschi (San Marco)

men beschwerten sich beim Dogen und beim Papst mit dem Ergebnis, dass die Einschränkungen zurückgenommen wurden.

Gegenüber den rückläufigen Einnahmen aus dem Handel und dem Wertverlust des venezianischen Dukaten im 16. Jh. brachten die Freudenhäuser Venedigs viel zu viel wertvolles ausländisches Geld ein, um sie zu verbieten. Stattdessen entschied sich Venedig für Regulierung und Besteuerung. Anstatt in den finsteren Straßen im Rialto alle Hüllen fallen zu lassen, durften die Prostituierten ihre Handelsgüter nur in Fenstern von der Taille aufwärts präsentieren oder auf dem Fensterbrett sitzend ihre nackten Beine zeigen. Venedig schrieb vor, dass die Damen der Nacht in Gondeln mit roten Lichtern zu fahren hätten, um sich von den Edelfrauen zu unterscheiden, die sich zunehmend wie Prostituierte kleideten. Ende des 16. Jhs. gab es in der Stadt 12 000 registrierte Prostituierte, die buchstäblich ein Rotlichtviertel bildeten.

Jenseits der roten Lichter rund um die Rialtobrücke trafen Besucher des 16. bis 18. Jhs. auf ausgedehnte Grauzonen der venezianischen Sitten. Da sich freigeistige, finanziell unabhängige venezianische Frauen Liebhaber erlaubten, war der Begriff *cortigiana* (Kurtisane) in gewisser Weise verwässert. Venedigs „weiße Witwen", deren Ehemänner monate- oder jahrelang auf See waren, nahmen sich gut aussehende *cicisbei* (Diener), um ihre Bedürfnisse zu befriedigen. Nicht ganz zufällig verfielen venezianische Damen gelegentlich einem plötzlichen religiösen Eifer mit anschließender dreimonatiger Abgeschiedenheit.

Von der Besatzung zur Revolution

Als 1797 Napoleon eintraf, war Venedigs Bevölkerung durch Pest und andere Ursachen von 190 000 im 16. Jh. auf knapp 140 000 Menschen gesunken. Venezianische Kriegsschiffe konnten zwar ein französisches Schiff am Lido abwehren, doch als Napoleon klarmachte, dass er die Stadt bei Widerstand zerstören würde, verfügte der Maggior Consiglio (Große Rat) das Ende der Republik. Der Doge legte seine Amtsmütze ab und erklärte: „Ich werde sie nicht mehr benötigen." So viel Feigheit erboste die aufständischen Bürger, aber französische Truppen erstickten den Aufruhr und plünderten anschließend systematisch die Stadt.

Napoleon beherrschte Venedig zwar im Verlauf von etwa elf Jahren nur zeitweilig, aber die Auswirkungen seiner Herrschaft sind noch immer ersichtlich. Er schnappte sich jedes venezianische Meisterwerk, das nicht niet- und nagelfest war. Napoleon hob die Beschränkungen für das jüdische Ghetto auf, er legte manche Kanäle trocken und erweiterte die Straßen, um Truppen- und Warenbewegungen zu erleichtern. Napoleons Herrschaft über Venedig ging 1814 zu Ende, die Stadt fiel an

Der Magistrato alle Acque war das zweitwichtigste Amt in der Republik. Die Entscheidungen des Magistrats waren Gesetz, sobald es um die Lagune ging.

1895	1907	1918	1932
Venedig veranstaltet die erste Biennale, um seine Rolle als international stilprägende Stadt wieder geltend zu machen. Andere Nationen werden zur Beteiligung eingeladen.	Unter italienischer Regierung wird der Magistrato alle Acque Teil des Ministeriums für öffentliche Bauten, und die betrieblichen Funktionen werden dem Consorzio Venezia Nuova übertragen.	Österreichisch-ungarische Flugzeuge werfen fast 300 Bomben auf Venedig, treffen aber nicht, weswegen kaum Schäden oder Opfer zu beklagen sind.	Viele halten das erste Filmfestival der Welt für wenig lohnend, doch Greta Garbo, Clark Gable, die Weltpresse und 23 000 Kinobesucher legen den Grundstein für eine Erfolgsgeschichte.

Österreich. Zwei Jahre später war ein Viertel der venezianischen Bevölkerung mittellos.

Österreich hatte jedoch große Pläne für Venedig und erwartete von den verarmten Venezianern, dass sie die Rechnung dafür übernahmen. Sie mussten österreichischen Soldaten Unterkunft gewähren, die sich in ihrer Freizeit auf den *campi* mit ihrer neuen Erfindung, dem *spritz* (einem Cocktail aus Prosecco und Bitterlikör), amüsierten. Danach wieder den Weg nach Hause zu finden war in den venezianischen *calli* (Gassen) gar nicht so einfach, also führten die Österreicher Straßennummern ein. Um den Schiffszugang für Truppenverstärkung und Nachschub zu erleichtern, baggerten sie die Einfahrten zur Lagune aus und bauten 1841 eine Eisenbahnbrücke – alles mit venezianischen Arbeitskräften und venezianischen Sondersteuern. Für den Bau des neuen Bahnhofs 1846 wurden *scuole*, Klöster, ein Palast und jene Kirche abgerissen, die den Leichnam der hl. Lucia barg.

Unter der österreichischen Herrschaft fiel die Bevölkerungszahl von 138 000 auf 99 000 Einwohner. Als 1848 ein junger Rechtsanwalt namens Daniele Manin der venezianischen Marionettenregierung Reformen vorschlug, wurde er ins Gefängnis geworfen – was zu einem Volksaufstand gegen die Besatzer führte, der 17 Monate dauern sollte. Österreich reagierte mit Beschuss und Blockade der Stadt. Im Juli eröffnete Österreich ein 24 Tage andauerndes Geschützfeuer, das ca. 23 000 Granaten auf die Stadt und auf die hungernde und von Cholera geschwächte Bevölkerung niederregnen ließ. Manin konnte schließlich eine Kapitulation mit der Garantie aushandeln, dass die Österreicher keine Vergeltungsmaßnahmen ergriffen. Die Demütigung durch die österreichische Unterdrückung schwärte jedoch weiterhin. Als sich dann 1866 die Gelegenheit bot, stimmten die Menschen Venedigs und Venetiens für den Beitritt zum neuen unabhängigen Königreich Italien unter König Vittorio Emanuele II.

Leben in Kriegszeiten

Das prächtige Venedig erhielt im 19. Jh. allmählich ein Alltagsgesicht. Auf der Giudecca, am Rand von Cannaregio, bei Mestre und Padua siedelten sich immer mehr Industrie- und bei Vicenza und Treviso Textilbetriebe an. Aufgrund der wachsenden Industrialisierung wurde Venedig als Hafen für feindliche Staaten immer interessanter. Als die österreichisch-ungarischen Streitkräfte auf Venedig zumarschierten, sahen sie sich mit der Gegenwehr der italienischen Marine konfrontiert. Zwei Tage, nachdem Italien 1915 Österreich den Krieg erklärt hatte, begannen Luftangriffe auf die Stadt, die mit Unterbrechungen bis Kriegsende

Einer der beliebtesten italienischen Comic-Klassiker, *Corto Maltese* (erstmals 1967 erschienen) von Hugo Pratt, erzählt von dem weitgereisten Kapitän, der in dem Album *Venezianische Legende* (1977) versucht, die Geheimnisse in den *calli* (Gassen) aufzuklären.

John Julius Norwichs *History of Venice* (1982) ist eine fesselnde Darstellung über Venedig als Seemacht. Peter Ackroyds *Venice: Pure City* (2009; Venedig – Die Biographie, 2012) ist eine Liebeserklärung an die Stadt. Joanne M. Ferraros *Venice: History of the Floating City* (2012) hat einen eher intellektuellen Ansatz.

GESCHICHTE LEBEN IN KRIEGSZEITEN

1933	1943	1948	1955
Mussolini eröffnet die Ponte della Libertà (Freiheitsbrücke) zwischen Mestre und Venedig. Der 3,85 km lange zweispurige Damm ist der einzige Zugang nach Venedig mit Auto oder Bus.	256 jüdische Venezianer werden von den deutschen Nazis aus dem Ghetto in Konzentrationslager transportiert. Ein Denkmal auf dem Campo del Ghetto Nuovo erinnert an die Opfer.	Peggy Guggenheim trifft in Venedig ein. Sie holt den Futurismus aus dem Faschismus zurück und setzt sich für den venezianischen abstrakten Expressionismus ein.	Venedig eröffnet das erste Museum Italiens zur jüdischen Geschichte, das Museo Ebraico. Es ermöglicht den Zutritt zu den alten Synagogen im Ghetto und zum Friedhof auf dem Lido.

1918 fortgesetzt wurden. Venedig hatte Glück, diese Angriffe verursachten nur geringe Schäden und forderten wenige Opfer.

Als Mussolini nach dem Ersten Weltkrieg an die Macht kam, war er entschlossen, Venetien in eine moderne Hochburg der Industrie und in eine vorbildliche faschistische Gesellschaft zu verwandeln (obwohl Venedig für seine lässige Einstellung bekannt war). Mussolini ließ eine Straße vom Festland nach Venedig bauen und verband die Stadt enger mit dem restlichen Italien. Während die größten faschistischen Kundgebungen Italiens mit bis zu 300 000 Teilnehmern in Padua stattfanden, trafen sich Widerstandsführer in den Parks der Stadt, um Aufstände in ganz Norditalien zu planen. Als Mussolinis Macht während des Zweiten Weltkriegs in der Region schwächer wurde, schlossen sich die Partisanen den Alliierten an, um Venetien von der faschistischen Herrschaft zu befreien.

Venedig überstand die alliierten Bombenangriffe, deren Ziel vor allem die Industriebetriebe auf dem Festland waren, relativ unbeschadet und wurde 1945 von neuseeländischen Truppen befreit. Doch die Massendeportation der seit Jahrhunderten ansässigen jüdischen Gemeinde hatte die Stadt bis ins Mark getroffen. Als Venetien begann, sich nach dem Krieg wieder wirtschaftlich zu erholen, zogen viele Venezianer auf das Festland, nach Mailand oder in die Wirtschaftszentren der Nachkriegszeit. Die legendäre Lagunenstadt schien im Sumpf zu versinken, unfähig, eine Kontinuität zwischen der grandiosen Vergangenheit und der jüngeren Geschichte herzustellen, und unsicher darüber, wie es weitergehen sollte.

Als weltoffene Hafenstadt war in Venedig immer viel los. Heute beherbergt die Stadt im täglichen Durchschnitt rund 144 000 Menschen (Einwohner und Besucher zusammen), was sogar weniger ist als die 190 000 Bewohner der Stadt in ihrer Spitzenzeit im 16. Jh.

Venedig über Wasser halten

Jeder, der nach Venedig kommt, wird von der Einzigartigkeit der Stadt überwältigt. Nur wenige Besucher bedenken jedoch, dass auch die Lagune, in der sie liegt, absolut einzigartig ist, zumal es sich um die einzige Lagune der Welt handelt, die ihr Gleichgewicht seit über 1000 Jahren bewahrt hat.

Herr des Wassers

Eine Lagune ist per definitionem ein instabiles System, das einerseits zu Erosion und andererseits durch hineinfließende, sandreiche Flüsse zu Verschlammung und Verlandung neigt. Um diesen beiden Schicksalen entgegenzuwirken hat die Republik Venedig all ihre Kräfte und ihr technisches Know-how mobilisiert und sie in die Obhut des 1501 gegründeten Magistrato alle Acque (Herr des Wassers) gegeben. Diese besonders ermächtigte Behörde hatte die vollständige Verantwortung für den Erhalt der Lagune.

1966	1973	1978	1996
Fluten in Rekordhöhe verursachen große Schäden. Freunde Venedigs aus aller Welt tun sich zusammen, um die Stadt und ihre Schätze vor dem angeschwemmten Schlamm zu retten.	Italien erlässt das erste Gesetz eigens für Venedig. Es beinhaltet eine Garantie für den Schutz des städtischen Siedlungsraums und den Fortbestand der Lagune.	Der Patriarch von Venedig, Kardinal Albino Luciani, wird zur Überraschung vieler Beobachter zum Papst gewählt. Papst Johannes Paul I. stirbt nach nur 33 Tagen im Amt.	La Fenice brennt zum zweiten Mal bis auf die Grundmauern nieder. Die Stadt baut bis 2003 für 90 Mio. Euro eine Replik des Opernhauses aus dem 19. Jh.

Vom 14. bis 16. Jh., als die Flüsse Brenta, Sila und Piave mit ihren mitgeführten Sedimenten die Lagune zu verschlammen drohten, ordnete die Behörde eine Umleitung dieser Flüsse an. Später, im 18. Jh., ersannen sie den Bau der eindrucksvollen *murazzi* (Schutzmauern) von Pellestrina. Damit Ebbe und Flut die Abwässer der Stadt wirksam aufnehmen konnten, wurden die drei Öffnungen zum Meer gerade weit genug offen gelassen; Schiffe mussten Kanonen und Lasten in Pola und am Lido entladen, um das Gewicht so zu reduzieren, dass sie durch die *ghebbi* (Kapillarkanäle) navigieren konnten, die die Stadt sowohl vor Feinden als auch vor der eindringenden Flut schützten. Jeder, der *briccole* (Navigationsstangen) ohne Erlaubnis versenkte, wurde direkt ins Gefängnis geworfen. 1505 setzte der Senat eine Strafe von 100 Dukaten (eine kolossal hohe Summe) gegen jedes unerlaubte Herumhantieren an der Lagune fest. Durch dieses umsichtige Vorgehen überlebte die Lagune nicht nur, sondern blühte regelrecht auf.

In *Die Flügel der Taube* (1902) lernen sich ein adretter Betrüger und eine schwerkranke, reiche Erbin in Venedig kennen – mit tragischen Konsequenzen. Dieser Roman zählt zu den besten Werken von Henry James.

Als die Republik 1797 unterging, zerfiel auch dieser einheitliche Umgang mit der Lagune. Stattdessen führten napoleonische, österreichische und italienische Regierungen neue Systeme ein, die Privatisierungen förderten. Ein Drittel der Lagune wurde für landwirtschaftliche Zwecke und die Fischwirtschaft freigegeben, und 1917 wurde das Industriegebiet Marghera errichtet. Um großen Lastschiffen Zugang nach Marghera zu ermöglichen, wurde 1925 ein tiefer Kanal, der Vittorio Emanuele, gegraben und Mitte der 1960er-Jahre zwei weitere Kanäle hinzugefügt: der Malamocco-Marghera-Kanal und der Canale dei Petroli.

Als die Flächen zur Aufnahme von Hochwasser und das Netz der wasseraufnehmenden Kapillarkanäle reduziert wurden, erhöhte sich das Problem der *acque alte* (Hochwasser) enorm. 1966 trat dann eine katastrophale Flut ein. Stundenlang erreichte das Wasser Marken, die 2 m über dem Meeresspiegel lagen, und die Welt fürchtete, dass Venedig vollständig in den Fluten versinken könnte. Fünfzig Organisationen aus aller Welt taten sich zusammen, um die Stadt zu retten. Sie stellten 50 Mio. € zur Verfügung, um 1500 Wiederherstellungsprojekte zu finanzieren. Die Unesco fürchtete den drohenden Verlust und verlieh Venedig 1987 den Status des Weltkulturerbes.

Moderne Lagunenpolitik

Viel wichtiger für die Stadt war, dass Italien 1973 ein Gesetz eigens für Venedig erließ, worin der italienische Staat die lebensnotwendige Aufgabe akzeptierte, die Lagune zu erhalten, damit die Stadt vor einer Umweltkatastrophe geschützt bleibt. Es gab viele Debatten, Studien wurden in Auftrag gegeben und man einigte sich darauf, dass jede wei-

2012	2014	2019	2019
Die Venezianer protestieren gegen die Kreuzfahrtschiffe unter dem Slogan „No Grandi Navi" (Keine großen Schiffe). Im Folgejahr blockieren sie den Giudecca-Kanal.	MO.S.E. versinkt in Skandalen. Der Bürgermeister der Stadt Giorgio Orsoni wird verhaftet, der Stadtrat wird abgesetzt und die altehrwürdige Behörde des Magistrato alle Acque wird aufgelöst.	Die Stadtverwaltung kündigt eine Gebühr für Tagestouristen an; das „Eintrittsgeld" soll vor allem in die Reinigung der Stadt fließen, die unter dem massiven Touristenansturm leidet.	Bei ungewöhnlich großen Flutwellen im November werden mehr als 80 Prozent der Stadt unter Wasser gesetzt. Dass MO.S.E. noch nicht fertig ist, erweist sich als schwerer Nachteil.

Der Regisseur Luchino Visconti verfilmt die Thomas-Mann-Novelle, in der die Hauptfigur die Züge Gustav Mahlers trägt. *Tod in Venedig* (1971), ein Drama über platonische Liebe und Todessehnsucht, wird ein großer Erfolg.

tere Reduktion des Lagunengebietes verboten werden sollte. Der Plan, ein drittes Industriegebiet zu errichten, wurde verworfen. Stattdessen wurden Ideen diskutiert, wie man die steigende Kraft der Gezeiten regulieren könnte.

Es wurde entschieden, ein System von Sperren in Auftrag zu geben (genannt MO.S.E.–Modulo Sperimentale Elettromeccanico) – und zwar an den drei Öffnungen der Lagune. Zweck der Sperren war es, das Eindringen von Hochwasser in Zeiten der Flut zu verhindern. Die anfänglichen Kosten wurden auf 1,5 Mrd. € geschätzt und als Fertigstellungsjahr wurde 1995 festgelegt. Seitdem folgten Jahrzehnte der Kontroversen, die 2014 in der Aufdeckung eines Riesenkorruptionsskandals ihren Höhepunkt fanden, was u. a. zur Verhaftung des Bürgermeisters führte. Damit war die wissenschaftliche Stichhaltigkeit der Idee dahin und es folgte die Auflösung des 500 Jahre alten Magistrato alle Acque, der ebenfalls in den Skandal verwickelt war. Einige Experten führten an, dass ein mechanisches System wie MO.S.E. keine geeignete Lösung für ein dynamisches System wie eine Lagune sei, die stetiger Regulierung und einer wirkungsvollen einheitlichen Umweltplanung bedürfe, wie sie die Republik einst zur Verfügung gestellt hatte. MO.S.E. soll nun bis 2022 fertig gestellt sein; die Kosten sind mittlerweile auf über 5,5 Mrd. € angewachsen.

Aber während die Wirksamkeit von MO.S.E. in der Öffentlichkeit mit Skepsis beobachtet wird, droht Venedig seit Langem eine andere Flutwelle – der Tourismusboom. Schon 1999 machten allein die Kreuzfahrtpassagiere 100 000 Besucher im Jahr aus. 2012 sprachen die Hafenbehörden bereits von 2,26 Millionen Besuchern. Als Protest machten sich die Einwohner der Stadt in Ruderbooten und Gondeln auf, um den Giudecca-Kanal symbolisch gegen das Einfahren von Schiffen zu blockieren, da diese die Fundamente ihrer Stadt bedrohen. Ihr Anliegen wurde von der Unesco aufgenommen; diese drohte damit, Venedig auf die Liste der bedrohten Welterbestätten zu setzen, falls die großen Schiffe nicht verbannt würden. Die Protestierenden erreichten einen Teilerfolg: 2017 wurde verkündet, dass in vier Jahren übergroße Schiffe (über 96 000 Bruttoregistertonnen) im industriell geprägten Hafen von Marghera anlegen müssten; nur Schiffe unter 55 000 Bruttoregistertonnen dürften den Giudecca-Kanal befahren. Umfragen besagen jedoch, dass die Venezianer am liebsten alle Schiffe verbannt sehen möchten.

Der Stadt fehlt zutiefst die engagierte, zentrale Regentschaft der Republik – die Lagune ist heutzutage von vier Provinzen und der Politik und Finanzkraft von neun verschiedenen Stadträten abhängig. Venedig muss außerdem in Sachen Museen, Flughafen, Bahnhof und Hafen über direkte Zuwendungen der Nationalregierung verhandeln. Folglich verfallen die Stadt und ihre Lagune weiter. Venedig sinkt etwa 2 mm pro Jahr in die Tiefe. Der Boden der Lagune, auf dem Venedig erbaut ist, wird langsam vom Meer ausgewaschen, sodass die Lagune sich in eine Bucht verwandeln könnte und die Stadt damit entweder Gefahr läuft, abzusinken oder durch unterspülte Fundamente einfach im Wasser zusammenzustürzen.

Architektur

Also was genau ist eigentlich venezianische Architektur? Jeder hat da so seine Lieblingsepoche in der bunten Architekturgeschichte der Stadt, und es lässt sich kaum auf einen Nenner bringen, welcher Moment für Venedig der entscheidende war. Der britische Schriftsteller und Kunsthistoriker John Ruskin schwärmte im 19. Jh. von der venezianischen Gotik und fand Palladio scheußlich; die Palladianer lehnten den Barock ab. Anhänger des Rokokos hielten den anrüchigen Liberty-Stil am Lido – eine Spielart des Jugendstils – für skandalös; und so ziemlich jeder wendete sich gegen die Tendenz der Industrie, Venedig seines Zierrats zu entledigen. Seit der neueste Architekturtrend in Richtung kreative Umnutzung geht, erlebt nun alles ein Comeback.

Meisterwerke der Ingenieurskunst

Im Lauf der Jahrhunderte hat sich die Architektur in Venedig zu einer verwirrenden Komposition aus Materialien, Stilrichtungen und Einflüssen entwickelt, was zur Folge hat, dass man das eigentlich entscheidende Merkmal kaum übersieht: Alles ist ins Wasser gebaut. Tausende Holzpflöcke wurden in die Lagune gerammt, um die Steinfundamente zu stützen. Darauf wurden elegante Ziegelbauten mit rustikalen Holzbalkendecken, niedrigen *sotoportegi* (Durchgänge) und erhabenen Loggien, prächtigen Wassertoren und versteckten *corti* (Innenhöfe) errichtet. Anstatt diese typisch venezianischen Strukturelemente zu verdecken, heben moderne Architekten sie nun wieder hervor. Nach diesem Prinzip gestaltete die Fondazione Giorgio Cini (S. 158) ein Kloster in ein Kulturzentrum um, Tadao Andō machte aus dem Zollamt an der Punta della Dogana (S. 88) eine Galerie für zeitgenössische Kunst, und Renzo Piano funktionierte die historischen Magazzini del Sale (Salzlagerhäuser) für die Fondazione Vedova (S. 90) in eine Galerie mit Wechselausstellungen um. Seit die originalen, die Last tragenden Stützen und das Mauerwerk offen der allgemeinen Bewunderung ausgesetzt sind, wirkt die neu-alte Architektur von Venedig frischer und vitaler denn je.

Die herrlichsten Sakralbauten
....
Basilica di San Marco (San Marco)
....
Basilica di Santa Maria della Salute (Dorsoduro)
....
Chiesa di Santa Maria dei Miracoli (Cannaregio)
....
Schola Spagnola (Cannaregio)

Venezianisch-byzantinischer Stil

Die vielen ästhetischen Vorzüge Venedigs mögen ungerecht erscheinen, haben jedoch eine lange Geschichte: Das kosmopolitische Flair bewirkte vom 7. Jh. an, dass die Architektur Venedigs einen Spitzenrang einnahm. Als Venedig noch ein zusammengewürfelter, morastiger Außenposten mit Flüchtlingsbehausungen war, florierte die nahe Insel Torcello bereits als byzantinisches Handelszentrum mit etwa 20 000 bis 30 000 Einwohnern.

Ihr spiritueller Mittelpunkt war die Basilica di Santa Maria Assunta (S. 168); das Gotteshaus sieht aus der Ferne wie eine Basilika im byzantinischen Stil aus, die in Ravenna ausgeborgt wurde. Doch es lohnt ein genauerer Blick: Die Apsiden aus dem 7. bis 9 Jh. weisen romanische Bögen auf, und die Ikonostase, die das Zentralschiff vom Presbyterium trennt, stammt aus einer orthodoxen Kirche. Zur Blütezeit Torcellos hätten Kaufleute aus Frankreich, Griechenland und der Türkei hier von ihren Schiffen gehen und den Gottesdienst besuchen können – und sie hätten sich wie zu Hause gefühlt. Und um kundzutun, dass die Besucher in ein mächtiges Handelszentrum gelangt waren, schillert Santa Maria Assunta nur so vor goldenen Mosaiken aus dem 12. und 13. Jh.

Ausgrabungen lassen darauf schließen, dass es auf Torcello Glashütten gab, die aus dem 7. Jh. stammten. Die Schmelzöfen waren die ganze Nacht in Betrieb, um Tausende von winzigen Glas-Plättchen *(tesserae)* herzustellen, aus denen dann die sagenhafte *Jungfrau Maria,* die über dem Altar schwebt, geschaffen wurde – ganz zu schweigen vom Mosaik *Das Jüngste Gericht* mit seinen beunruhigenden Motiven wie züngelndem Höllenfeuer an den zuckenden Füßen der Verdammten.

Der Durchbruch des byzantinischen Stils

Als Venedig im 9. Jh. endgültig mit Byzanz brach, benötigte es ein Wahrzeichen, mit dem sich die Stadt unterscheiden konnte, und eine Plattform, um das goldene Zeitalter des Seehandels einzuläuten. Die Basilica di San Marco (S. 58) fängt Venedigs Ambitionen mit fünf großzügigen Kuppeln samt Goldmosaiken ein, die vereinzelte Sonnenstrahlen wie ein Feuerwerk im Kirchenraum brechen. Selbst heute noch löst dieser Anblick ein hörbares Raunen bei den zahllosen Bewunderern aus dem In- und Ausland aus. Die Basilika wurde im 9. Jh. dreischiffig gebaut; nach einem Brand kamen zwei Flügel hinzu, deren Grundriss ein griechisches Kreuz ausbildet – ein Entwurf, der von der Apostelkirche in Konstantinopel übernommen wurde.

Die besten Kunsthandwerker aus dem gesamten Mittelmeerraum wurden engagiert, um die sagenhafte Wirkung der Basilika ins Unermessliche zu steigern. Vom 11. bis zum 13. Jh. schufen sie sowohl meisterhafte Marmorreliefs über den romanischen Eingangsbögen als auch kunstvolle Steinböden mit Intarsien aus bunten Halbedelsteinen, die geometrische, islamische Muster sehen lassen.

Die Basilika war die offizielle Kapelle des Dogen. Jedes Mal, wenn Venedig durch Handel oder Krieg neues Territorium hinzugewann, wurde der Anteil des Dogen an der Beute hier ausgestellt – daher die Wände aus polychromem Marmor, der in Ägypten gestohlen wurde, und die römischen Bronze-Pferde aus dem 2. Jh., die 1204 aus dem Hippodrom in Konstantinopel geraubt wurden. Die Innenausstattung der Basilika vollzog im Lauf der Jahrhunderte einen Wechsel von der Gotik zur Renaissance, doch die Botschaft an die Würdenträger, die das Gotteshaus besuchten, blieb unverändert: Gott mag der himmlische Ruhm gebühren, doch die irdische Macht liegt in den Händen des Dogen.

Romanische Architektur

Im 10 Jh. war die romanische Architektur in ganz Westeuropa das große Thema – von der Lombardei bis in die Toskana, von Südfrankreich bis Nordostspanien und ab dem frühen 11. Jh. auch nach Deutschland bis England. An Materialien kamen einfacher Backstein bis hin zu feinstem Marmor zum Einsatz, und Rundbögen, Tonnengewölbe, dreischiffige Grundrisse und beschauliche Kreuzgänge prägten von da an die frühmittelalterliche Kirchenarchitektur. Der nüchterne, klassische Stil bedeutete eine bewusste Bezugnahme auf das Römische Reich und die frühchristlichen Märtyrer, die für ihren Glauben alles geopfert hatten. Doch für den Fall, dass die Architektur diese Botschaft nicht zu vermitteln vermochte, wurden auch noch skulptierte Reliefs ergänzt, die an jedem Eingangsportal das Heldentum der Heiligen verkündeten – und bei den Ungläubigen die Furcht vor dem Teufel schürten, und zwar mit

Nach den Brücken sind die *poggi* (Brunnenköpfe) das häufigste Architekturelement in Venedig. Bevor das Aquädukt errichtet wurde, sammelten und filterten mehr als 6000 Brunnen das Regenwasser für den öffentlichen Bedarf. Selbst heute noch, wenn es während der Happy Hour in den *bacari* (Bars) zu voll wird, treffen sich die Leute gern zum Plaudern und Bechern an den rund 600 verbliebenen alten Brunnen.

Hilfe von Engeln und Dämonen, die in den gruseligen Krypten in die Steinkapitelle gemeißelt waren.

Als Venedig im 13. Jh. zur Seemacht aufstieg, wurden viele kleinere byzantinische und frühromanische Gebäude abgerissen, um Platz für die Grandezza der Gotik zu schaffen. Die schönsten Beispiele für die Kunst der Romanik in Venetien – ja vielleicht in Norditalien – sind die Basilica di San Zeno Maggiore (S. 201) aus dem 12. bis 14. Jh. in Verona sowie das romanische Baptisterium mit einer Fülle herrlicher Fresken in Padua. In Venedig selbst hat sich die Schlichtheit der Romanik in der Chiesa di San Giacomo dell'Orio erhalten.

Venezianische Gotik

Himmelhohe Turmspitzen und Strebepfeiler ragten im 12. Jh. über Paris auf und ließen das übrige Europa plötzlich vergleichsweise klein und gedrungen erscheinen. Schon bald versuchte jede Hauptstadt Europas, Paris mit eigenen Wunderwerken der Gotik zu übertreffen. Charakteristisch waren die scheinbar filigranen Kreuzgewölbe, die jedoch das Gewicht der Steinmauern verteilten und Öffnungen für die großen Buntglasfenster ermöglichten.

Europas mittelalterliche Großmächte bedienten sich dieses prächtigen, internationalen Architekturstils, um ihren Glanz und Status zu demonstrieren. Venedig überbot seine Nachbarn dann allerdings nicht an Höhe, sondern indem es seine eigene Spielart der Gotik erfand. Jahrhundertelang hatte Venedig Handelsbeziehungen am Mittelmeer mit Partnern aus dem Libanon bis Nordafrika gepflegt. Der beständige Austausch von Baumaterialien, technischen Neuerungen und ästhetischen Idealen führte zu einer Art kreativer Kreuzbefruchtung in der Architektur des Westens und des Nahen Ostens. Anstatt Fenster mit einem einfachen Spitzbogen zu gestalten, wie er in Frankreich und Deutschland üblich war, ergänzte Venedig bei seinen Bögen eine sich elegant verjüngende, maurische Verzierung in der Form eines Kleeblatts (Dreipass genannt), die zum Kennzeichen der venezianischen Gotik avancierte – das schönste Beispiel ist die Fassade der Ca' d'Oro (S. 123) – neben zahlreichen weiteren Bauten entlang des Canal Grande.

Backsteingotik

Während in der Toskana – wie auch in Frankreich und Deutschland – Marmor für die gotischen Kathedralen verwendet wurde, bevorzugte Venedig einen strengeren, rationaleren Stil aus geschickt eingesetztem Backstein und einem lateinischen Kreuz als Grundriss, der beispielsweise bei I Frari (S. 104) zum Tragen kam, einer Kirche, die 1443 nach hundertjähriger Bauzeit vollendet wurde, aber auch bei dem 1430 geweihten Zanipolo (S. 139). Die reicher geschmückte Backsteinkirche Madonna dell'Orto (S. 123) wurde auf Fundamenten aus dem 10. Jh. errichtet, ihre Fassade jedoch von 1460 bis 1464 mit weißen, filigranen Porphyr-Ornamenten aufgelockert. Der weiße Stein, der den roten Backstein akzentuiert, geht möglicherweise auf Einflüsse aus dem Nahen Osten zurück: Dieser Stil wird im Jemen gepflegt, zu dem der Venezianer Marco Polo im 13. Jh. Handelsbeziehungen aufbaute.

Gotische Profanbauten

Gotische Architektur war so kompliziert und kostspielig, dass sie in der Regel den Kirchen reicher Gemeinden vorbehalten blieb – doch Venedig kam zu einem anderen Schluss: War die Gotik gut genug für Gott, so war sie es auch für den Dogen. Und so wurde der Palazzo Ducale

Die Venezianer vermeiden es nach Möglichkeit, zwischen den Säulen von San Marco herumzuspazieren, denn dort wurden früher Verbrecher hingerichtet. Einer Legende zu Folge ereilt jeden, der zwischen den Säulen herumstreift, ein vorzeitiges Ende. So wurde Marin Falier acht Monate, nachdem er zwischen den Säulen durchgegangen war, um das Amt des Dogen anzunehmen, enthauptet.

(S. 61), ein seltener, extravaganter Profanbau, ab 1340 im prächtigen venezianisch-gotischen Stil errichtet; die Verschönerungen und Erweiterungen dauerten bis Ende des 15. Jhs. an. Der Palast war gerade vollendet, als ein Feuer 1577 durch das Gebäude fegte und Venedig vor eine schwierige Entscheidung stellte: Sollte es den Palast im originalen *goticofiorito* (gotischer Flamboyantstil) wiederaufbauen oder auf die gerade in Mode gekommene Renaissance setzen, wie von Palladio und seinen Anhängern propagiert? Die Wahl fiel auf die Gotik, doch anstelle von Backstein verwendete man für die Fassade ein Puzzle aus weißem istrischem Stein und rosa Veroneser Marmor und versah das Gebäude mit einer eleganten, erhabenen, weißen Loggia zum Canal Grande hinaus.

Der Dogenpalast ist natürlich ein Prachtexemplar, doch viele venezianische Adelige lebten im 14. Jh. auch nicht gerade schäbig. Selbst ohne die ursprüngliche Vergoldung ist die Ca' d'Oro (S. 123) eine At-

DIE STRITTIGSTEN BRÜCKEN IN VENEDIG

Ponte di Calatrava Die zeitgenössische Brücke des spanischen Architekten Santiago Calatrava zwischen dem Piazzale Roma und dem Bahnhof heißt offiziell Ponte della Costituzione („Brücke der Verfassung") und wurde im Jahr 1999 für rund 4 Mio. € in Auftrag gegeben. Ein Jahrzehnt lang stand sie abwechselnd als unnötig, unpassend, nicht behindertengerecht sowie als Tortur für jeden, der mit Gepäck unterwegs ist, in der Kritik. Die Brücke kostete schließlich mehr als drei Mal so viel, wie ursprünglich veranschlagt, und wurde auch von Privatleuten finanziell gesponsert – was ihr den Spitznamen „Benetton-Brücke" einbrachte.

Ponte di Rialto Die originale Holzbrücke aus dem Jahr 1255 brannte 1310 während eines Aufstands ab, die Ersatzbrücke brach unter den Menschenmassen zusammen, die 1444 einem Hochzeitszug zuschauten. Im Jahr 1551 konnte der Staat das Geld für eine von Palladio, Sansovino und Michelangelo geplante Steinbrücke nicht zusammenbringen, und so bekam Antonio da Ponte im Jahr 1588 den Auftrag. Die Kostenüberschreitung war enorm: Als sich das Mauerwerk setzte, bekam die Brücke Risse, und einer Legende zu Folge konnte da Ponte die Rialto-Brücke 1592 nur durch einen Pakt mit dem Teufel fertigstellen.

Ponte dei Pugni („Brücke der Fäuste") Auf dieser Brücke in Dorsoduro wurden regelmäßig Grabenkämpfe zwischen den Nicolotti, den Einwohnern aus Nordvenedig, und den Castellani aus dem Süden ausgetragen. Die tödlichen Schlägereien entwickelten sich zu Vollkontakt-Boxkämpfen mit Startblöcken an den Eckpunkten der Brücke. Am Ende der Wettkämpfe stürzten die Kontrahenten dann blutig und verschrammt in den Kanal. König Heinrich III. von Frankreich fand an diesem Spektakel offensichtlich großen Gefallen, doch als der Brauch schließlich in eine tödliche Messerstecherei ausartete, wurde er im Jahr 1705 verboten.

Ponte delle Tette Die „Tittenbrücke" bekam ihren Namen Ende des 15. Jhs. Damals wurden die Prostituierten animiert, was sie „hatten" in den Fenstern der Gebäude oberhalb der Brücke zur Schau zu stellen, anstatt mit ihrem „Vorbau" auf den Straßen Werbung zu machen. Der damaligen Logik zu Folge sollte auf diese Weise ein drastischer Anstieg der Sodomie unterbunden werden.

Ponte dei Sospiri Die von Antonio Contino 1600 erbaute Brücke mit dem von Lord Byron verliehenen Spitznamen Seufzerbrücke verbindet die oberen Etagen des Palazzo Ducale mit den Prigione Nuove (neue Gefängnisse). Byrons Vorstellung nach stießen die zum Tode verurteilten Häftlinge, wenn sie einen letzten Blick durch die Fenster der Brücke auf das schöne Venedig warfen, einen Seufzer aus – durch die mit Steinmetzarbeiten verzierten Fenster ist die Lagune aber eigentlich kaum zu sehen, wie man bei einer Führung furch den Palazzo Ducale unschwer feststellen kann.

traktion am Canal Grande. Der typische Palazzo einer venezianischen Adelsfamilie verfügte über ein Wassertor, das Booten Zugang zum Hof oder Erdgeschoss verschaffte; der feudale Empfangssaal befand sich im Allgemeinen im *piano nobile* (vornehme erste Etage). Der besagte *piano nobile* sollte auf Besucher großen Eindruck machen. Das Sonnenlicht fiel durch die doppelt so hohen Loggiafenster und mit Balustraden versehenen Balkone herein. Das zweite Stockwerk ließ häufig eine elegante Arkade sehen, über der sich venezianisch-gotische Marmorbögen und Dreipassfenster befanden. Zinnen krönten den Dachrand wie eine kapriziöse Tiara.

Renaissance

Jahrhundertelang ragten gotische Kathedralen hoch auf und richteten den Blick und die Hoffnungen der Gläubigen gen Himmel. Doch als die Renaissance eine Ära der Vernunft und des Humanismus einläutete, gestaltete sich die Architektur wieder erdverbundener und rationaler. Venedig sprang nicht gleich auf diese radikal neue Weltsicht aus der Toskana an, doch der Wiederbelebung klassischer Ideale wurde dank der Universität Padua und der Verlagshäuser in Venedig bald zum Durchbruch verholfen.

Mit dem Studium der klassischen Philosophie ging eine neue Wertschätzung für die streng klassische Ordnung, die harmonische Geometrie und für Proportionen mit menschlichen Maßstäben einher. Ein frühes Paradebeispiel in Venedig ist die Chiesa di Santa Maria dei Miracoli (S. 124) aus dem Jahr 1489, eine kleine Kirche und ein großer Wurf des Bildhauers und Baumeisters Pietro Lombardo (um 1435–1515) und seiner Söhne Tullio und Antonio. Außen ist das Gotteshaus mit mehrfarbigem, geädertem Marmor verkleidet, der offensichtlich von der Schlackenhalde der Basilica di San Marco „ausgeborgt" wurde; der gleichförmige Rhythmus der korinthischen Säulen schafft Ordnung. Der komplett marmorne Kirchenraum lässt eine erfreuliche Fülle von schön gearbeiteten Skulpturen sehen, und die Kassettendecke ist voll von Heiligenporträts in venezianischen Gewändern der Epoche. Mit diesem intimen und gefälligen Gotteshaus ist die Kirchenarchitektur wieder auf die Erde zurückgekehrt.

Mehr als 1000 Jahre Architekturgeschichte werden auf der kurzen Fahrt auf dem Canal Grande abgedeckt, der von 200 Palästen gesäumt wird. Die Baustile reichen von venezianischer Gotik mit maurischen Einflüssen (Ca' d'Oro) über Barock (Chiesa di Santa Maria della Salute), Klassizismus (Palazzo Grassi), Modernismus (Stazione di Santa Lucia) bis hin zu zeitgenössischer Architektur (Ponte di Calatrava).

Sansovinos humanistische Architektur

Der in Florenz geborene und in der klassischen Architektur Roms gut beschlagene Jacopo Sansovino (1486–1570) war als Venedigs *proto* (offizieller Stadtbaumeister) ein Genie der Renaissance. Seine besten Werke verdeutlichen nicht nur den Wandel in der Ästhetik, sondern auch den grundlegenden Umbruch im Denken. Während in der Gotik eine enorm hohe Turmspitze mit einem krönenden Kreuz als das Ideal galt, ist seine Biblioteca Nazionale Marciana (S. 69) ein Paradebeispiel für ein Bauwerk der Renaissance: ein niedriges Monument mit Flachdach, das sich der Gelehrsamkeit verschrieben hat und mit den Statuen bedeutender Männer geschmückt ist.

Bedeutende Männer sind auch das Thema von Sansovinos Scala dei Giganti im Palazzo Ducale (S. 61), einer Treppe, die venezianischen Würdenträgern vorbehalten war und deren Symbolgehalt unmissverständlich verdeutlicht, dass die Höhen der Macht nur der erreicht, der auf den Schultern von Giganten steht.

Anstatt nach dem Himmel zu streben, suchte die Renaissance-Architektur den Horizont. Sansovino veränderte mit seinen 15 Gebäuden die Skyline von Venedig, darunter die herrlich heitere Chiesa di San Francesco della Vigna (S. 143), die Palladio mit einer Säulenfassade vollendete; der Skulpturenschmuck stammt von Pietro und Tullio

252

HANI SANTOSA/SHUTTERSTOCK ©

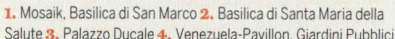

1. Mosaik, Basilica di San Marco 2. Basilica di Santa Maria della Salute 3. Palazzo Ducale 4. Venezuela-Pavillon, Giardini Pubblici

CANADASTOCK/SHUTTERSTOCK ©

Meisterwerke der Architektur

Basilica di San Marco

Wenn Engel und Piraten gemeinsam ein Architekturbüro gründen würden, bestünde die Chance auf ein weiteres Bauwerk wie den **Dom von Venedig** (S. 58). Heilige tänzeln auf Zehenspitzen über die Goldmosaiken in den Kuppeln, vergoldete Pferde, die in Konstantinopel gestohlen wurden, galoppieren auf der Loggia, und der Marmor stammt als „Langzeitleihgabe" aus Syrien und Ägypten.

Basilica di Santa Maria della Salute

Die **weiße Kuppel** (S. 86) trotzt der Schwerkraft dank tausender Holzpfähle, die das Bauwerk stützen. Die Pflöcke schaffen ein geniales Fundament für Baldassare Longhenas Meisterwerk aus weißem istrischen Stein, das Einflüsse von mystischen Kabbala-Zeichen aufweist.

Palazzo Ducale

Großartiger als dieser **rosafarbene Palast** (S. 61) könnte ein Rathaus nicht sein. Andere mittelalterliche Städte behielten die Anmut der Gotik den Kathedralen vor, doch Venedig scheute keine Mühen, Würdenträger und potenzielle Geschäftspartner mit Marmor und vergoldeten Treppen zu beeindrucken.

Biennale-Pavillions

Die internationalen Beziehungen sahen nie besser aus als in den **Giardini Pubblici** (S. 140), in denen die Biennale-Pavillons stehen, um die architektonische Identität von Ungarn (futuristische Folklorehütte) bis Korea (kreativer Industriekomplex) zu reflektieren. Als venezianischer Vertreter der Moderne stiehlt Carlo Scarpa mit seinem Venezuela-Pavillon jedoch allen die Schau.

Chiesa di Santa Maria dei Miracoli

Pietro Lombardo und seine Söhne wirkten Wunder und schufen diese mit Marmor verkleidete kleine **Kirche** (S. 124), ein Meisterwerk der Renaissance.

Lombardo. Zum Glück wurde allerdings eines der ambitioniertesten Projekte Sansovinos nie realisiert: Sein Plan, die Piazza San Marco in ein römisches Forum umzugestalten.

Renaissance-Paläste

Dass die Renaissance Venedig erfasst hatte, wurde an Veränderungen am Canal Grande erkennbar: Gotische Spitzbögen wichen entspannteren Rundbögen, wiederkehrende geometrische Formen und klassische Ordnung ersetzten den gotischen Dreipass, und die Paläste erhielten Blöcke aus roh behauenem Rustika-Marmor als Fundament.

Ein Trendsetter der Renaissance war der in Bergamo geborene Mauro Codussi (auch Coducci; um 1440–1504), dessen ansprechender klassischer Formenkanon bei Kirchen, der Torre dell'Orologio (Uhrturm; S. 65) aus dem 15. Jh. sowie mehreren Palästen am Canal Grande gleichermaßen zum Tragen kam, darunter die Ca' Vendramin Calergi, heute besser bekannt als das Casinò di Venezia (S. 132).

Michele Sanmicheli (1484–1559) stammte aus Verona, arbeitete aber wie Sansovino in Rom bis zu seiner Entlassung im Jahr 1527. Die Republik Venedig beauftragte ihn daraufhin mit dem Bau der Wehranlagen der Stadt, darunter das Forte Sant'Andrea auf Le Vignole, auch bekannt als Castello da Mar (Meeresburg). Sogar Sanmichelis Arbeiten für private Auftraggeber zeugen von imposanter römischer Grandezza; der Palazzo Grimani (erbaut 1557–1559) am Canal Grande mit einem Triumphbogen im Erdgeschoss passt jedenfalls besser zu seiner heutigen Funktion als städtisches Berufungsgericht als zu einem Lustschloss des 16. Jhs. Sanmicheli wird gelegentlich auch der Renaissance-Palazzo Grimani (S. 141) in Castello zugeschrieben, und zwar zusammen mit Sansovino – doch der venezianische Renaissance-Patriarch Giovanni Grimani scheint sein Zuhause vorwiegend als adäquate klassische Kunsthalle für seine Sammlung antiker römischer Plastik geplant zu haben, die sich heute im Museo Correr (S. 69) befindet.

Palladio

Als der Barock die klaren Linien der Renaissance mit Zierrat und Geschnörkel zu überziehen begann, verweigerte sich der in Padua geborene Palladio (1508–1580), eigentlich Andrea di Pietro della Gondola, genannt Palladio, diesem Trend und legte damit den bedeutenden Grundstein für die moderne Architektur. Seine Fassaden sind ein offenes Buch der klassizistischen Architektur, beruhend auf den Grundformen der Geometrie – ein dreieckiger Ziergiebel ruht auf runden Säulen über dem Rechteck einer Treppe. Die elegante Fassade von San Giorgio Maggiore (S. 156) und Il Redentore (S. 157) weist somit eine zwingende immanente Logik auf.

Der Kunsthistoriker John Ruskin, der die Renaissance-Architektur im Allgemeinen verabscheute und Palladio im Besonderen, schimpfte vehement über San Giorgio Maggiore in seinem dreibändigen Werk *The Stones of Venice* (1851–53): „Es ist wohl kaum möglich, einen Entwurf zu ersinnen, der grobschlächtiger, barbarischer und kindischer in der Konzeption, serviler in der Nachahmung, abgeschmackter im Ergebnis und verachtenswerter unter jedem rationalen Gesichtspunkt sein könnte." Worauf man allerdings nichts geben sollte. Palladios blendend weiße Fassaden aus istrischem Stein sehen aus der Ferne möglicherweise etwas gleichförmig aus, doch aus der Nähe gewinnen sie an Charakter: Gewölbte Decken und anmutige Leichtigkeit nehmen den Barock und die klassische Moderne vorweg.

Der palladianische Baustil fand auch außerhalb Italiens Verbreitung, u.a. in den USA. Beispiele dafür sind die Rotunda der University of Virginia und die klassizistischen Proportionen des Weißen Hauses.

Barock & Klassizismus

In anderen Teilen Europas haftete der Barockarchitektur etwas Oberflächliches an: ein Konglomerat aus Verspieltheit und Spannung ohne die unterschwellige Vernunft oder Würde der Renaissance. Doch am Canal Grande machte die überschäumende Stimmung des Barock Sinn. Die Partypaläste aus weißem Stein mit überreichen Ornamenten sahen wie schwimmende Hochzeitstorten aus. Baldassare Longhena (1598–1682) übernahm die Rolle des Stadtbaumeisters zu einem Zeitpunkt, als Venedig nach den überstandenen Pestepidemien hörbar einen Seufzer der Erleichterung ausstieß. Und er setzte mit der weißen Kuppel der Basilica di Santa Maria della Salute (S. 86) einen architektonischen Kontrapunkt gegen die dunklen Zeiten der Stadt.

Ein weiteres von Longhena entworfenes Schmuckstück ist die Ca' Rezzonico (S. 87), ein Wunderwerk aus sonnigen Salons, die sagenhafte Decken von Tiepolo zieren. Auf Grund der erhabenen Grandezza und geheimnisvollen Geometrie im Innern der Schola Spagnola (Spanische Synagoge; S. 122) im Ghetto wird das Bauwerk vielfach ebenfalls Longhena zugeschrieben.

Klassizismus & Napoleon

Aller Ornamentik zum Trotz verlor Venedig nie völlig den Bezug zu den Harmonien der Renaissance, und so kam schließlich im 18. Jh. der monumentale Klassizismus in Mode. Inspiriert von Palladio schuf Giorgio Massari (um 1686–1766) die Chiesa dei Gesuati als dramatische Bühne für Tiepolos Trompe-l'œil-Decken. Er erbaute den anmutigen Palazzo Grassi (S. 69) mit Salons, die sich um einen von Arkaden umgebenen, zentralen Lichthof gruppierten, und vollendete Longhenas Ca' Rezzonico am Canal Grande.

Napoleon brach 1797 wie ein Berserker über Venedig herein, entschlossen, das Gesicht der Stadt zu verändern. Als Erstes ordnete er an, Sansovinos Chiesa di San Geminiano abzureißen, um dort ein Monument zu errichten, das ihn selbst ehrte: die Ala Napoleonica (heute das Museo Correr) von Giovanni Antonio Selva (1753–1819). Napoleon ließ ein ganzes Viertel mit vier Kirchen dem Erdboden gleichmachen, um Platz für seine Giardini Pubblici (S. 140) und die Via Garibaldi in Castello zu schaffen.

Obwohl Napoleon nur elf Jahre über Venedig herrschte, tauchten in der ganzen Stadt französische Boulevards auf, wo zuvor Kirchen gestanden hatten. Sant'Angelo, San Basilio, Santa Croce, Santa Maria Nova, Santa Marina, San Mattio, San Paterniano, San Severo, San Stin, Santa Ternita und San Vito und viele andere Gotteshäuser verschwanden unter dem ehrgeizigen französischen Herrscher.

Das 20. Jahrhundert

Nachdem die Barockbauten auf der Giudecca abgerissen worden waren, damit Fabriken und die Ferrovia (Bahnhof) erbaut werden konnten, brauchte die Stadt Jahrzehnte, um sich von diesem Schock zu erholen. Venedig kehrte zur *venezianità* des 19. Jhs. zurück – der Neigung, auf typische Elemente der venezianischen Architektur aus vielerlei Epochen zurückzugreifen: ein gotischer Dreipassbogen hier, eine Barockkuppel dort. Anstatt diese disparaten Architekturelemente in Harmonie zu bringen, drapierte man die Innenräume üppig mit Seidendamast

---

Venedigs Brücke zum Festland wurde 1841 bis 1846 von den Österreichern auf Kosten der einheimischen Steuerzahler erbaut, um Truppen und Proviant per Eisenbahn transportieren zu können. Die Brücke hat eine Spannweite von 2,7 km und ruht auf 222 Bögen. Ursprünglich war unter den Pfeilern Sprengstoff angebracht, der im Notfall gezündet werden sollte.

ARCHITEKTUR BAROCK & KLASSIZISMUS

Die beeindruckendste moderne Architektur

Pavillons der Biennale (Castello)

Punta della Dogana (Dorsoduro)

Negozio Olivetti (San Marco)

Fondazione Giorgio Cini (Southern Islands)

Palazzo Grassi (San Marco)

aus und erleuchtete sie stimmungsvoll mit Murano-Lüstern. Dieses stilistische Durcheinander schien das Ende der einst so ruhmreichen Architektur Venedigs zu bedeuten.

Vom beschwingten Jugendstil zum nüchternen Baustil des Faschismus

Nach beinahe einem Jahrhundert, in dem französische und österreichische Einflüsse dominierten, entfesselte Venedig am Lido mit dem *stile Liberty* (Liberty-Stil oder italienischer Jugendstil) einen dekadenten Bohemien-Stil. Schmiedeeiserne Pflanzen rankten sich um die Balkone der Villen am Strand, und die wildesten Fantasien brachen sich bei den Grandhotels Bahn, beispielsweise Giovanni Sardis zwischen 1898 und 1908 errichtetem Excelsior (S. 161) im byzantinisch-maurischen Stil oder Guido Sullams Grande Albergo Ausonia & Hungaria, das im Jahr 1907 eröffnet wurde. Eklektische Rückgriffe auf japanische Kunst, organische Muster aus der Natur und vergangene venezianische Stilrichtungen verliehen den Gebäuden am Lido ein kosmopolitisches Flair mit *Stile-Liberty*-Kacheln, Buntglas, Schmiedeeisen und Wandmalereien.

In den 1930er-Jahren war die Jugendstilbegeisterung aber definitiv aus und vorbei. Die Faschisten hatten am Lido das Sagen – und zwar in Form eines streng funktionalen Neoklassizismus, der sogar bei Bauten, die der Unterhaltung dienten, zur Anwendung kam, beispielsweise dem 1937/1938 erbauten Palazzo del Cinema (S. 161) und dem **ehemaligen Casinò**. Faschistische Architektur macht sich auch in der Innenstadt von Venedig immer wieder einmal bemerkbar; gute Beispiele sind das Hotel Bauer (S. 227) und der Erweiterungsbau des Hotel Danieli (S. 225), die eigentlich einen architektonischen Widerspruch verkörpern: das streng faschistische Luxus-Deko-Hotel.

Scarpas klassische Moderne

Mit der Biennale kam neue, internationale Architektur nach Venedig, doch die klassische Moderne blieb überwiegend eine importierte Stilrichtung, bis sie schließlich der venezianische Architekt Carlo Scarpa (1906–1978) für sich entdeckte. Anstatt klare, moderne Linien zu kreieren, legte Scarpa häufig die darunterliegenden Strukturelemente frei und fügte unerwartete poetische Details hinzu.

So imitieren im Negozio Olivetti (S. 68) Mosaiken und Wasserkanäle auf dem Boden die *acqua alta* (Hochwasser), eine schwebende Treppe lässt sich scheinbar mühelos erklimmen, und interne Balkone ragen mitten in der Luft wie Sprungbretter ins Nichts. Scarpas Venezuela-Pavillon aus Betonplatten war seiner Zeit ein halbes Jahrhundert voraus und stiehlt während der Biennale oft den Filmen die Schau.

Anhänger der klassischen Moderne pilgern bis zu Scarpas Brion-Grabmal (Tomba Brion) in der Nähe von Asolo und zum Museo di Castelvecchio (S. 201) in Verona. Kleinere Werke von Scarpa lassen sich in Venedig allenthalben bewundern: der ehemalige Kartenschalter der Biennale in der Gestalt einer Grille, der Eingang und der Garten des Palazzo Querini Stampalia, die geringfügigen Umbauten an den Gallerie dell'Accademia (S. 83), die elegante *boiserie* (Vertäfelung) in der Aula Mario Baratto in der Ca' Foscari sowie das verspielte Haupttor vom Tolentini-Konventsgebäude, heute Sitz der Università Iuav di Venezia.

Venedig heute

Die Moderne hatte natürlich auch ihre Kritiker, und zwar vor allem unter den Befürwortern der Denkmalpflege. Doch als Venedig 1966 von

Ein kurioser Freizeitspaß in Venedig sind Wetten, welcher Backstein-*campanile* (Glockenturm) wohl als Nächster den sich verschiebenden *barene* (Schlammbänken) zum Opfer fallen könnte – allerdings sollte man nicht auf den schiefen Turm von San Giorgio dei Greci setzen, denn der neigt sich bereits seit 1592. Übrigens: Der *campanile* von San Marco stand bis zu seinem Einsturz 1902 kerzengerade da.

einem schweren Hochwasser getroffen wurde, legten Architekturfans auf der ganzen Welt ihre Meinungsverschiedenheiten nieder und halfen Venedig, die Palazzi zu retten und die Fundamente in der gesamten Stadt zu verstärken. Mit Unterstützung der Unesco und Spendengeldern von 24 angeschlossenen Organisationen weltweit, konnte Venedig in 40 Jahren mehr als 1500 Restaurationsprojekte vollenden.

Heute ist die Stadt offen für ein breiteres Spektrum an Stilrichtungen, dennoch lassen kontroverse Diskussionen nie lang auf sich warten. Zu den strittigen Projekten, die nie über das Reißbrett hinauskamen, zählen beispielsweise ein Studentenheim (1953) am Canal Grande von Frank Lloyd Wright, die Pläne Le Corbusiers für ein Krankenhaus in Cannaregio (1964), Louis Kahns Palazzo-dei-Congressi-Projekt (1968) für die Giardini Pubblici sowie das Palais Lumière aus dem Jahr 2011, ein dreiflügeliger Wolkenkratzer, den der Modeschöpfer Pierre Cardin und sein Architekt und Neffe Rodrigo Basilicati vorschlugen. Dieser für den Porto Marghera, ein Industriegebiet auf dem Festland, geplante Bau mit 60 Stockwerken stieß in Venedig auf starken Widerstand; viele Venezianer führten an, dass das überdimensionale, futuristische Gebäude in der historischen Lagune total fehl am Platz sei. Alt triumphierte auch über Neu bei der Rekonstruktion von La Fenice im Jahr 2003. Man entschied sich für eine rund 90 Mio. Euro teure Replik des Opernhauses aus dem 19. Jh. und nicht für die avantgardistischere, modernisierte Variante der vor wenigen Jahren verstorbenen Architektin Gaetana „Gae" Aulenti (1927–2012).

Das Alte ist das neue Neue

Trotz aller Einschränkungen, die durch die Geschichte, die strengen Baugesetze und die Herausforderungen, die durch Materialien, die mit dem Boot herangeschafft, mit dem Kran hochgehievt und mit einem Schubkarren herangekarrt werden müssen, bedingt sind, ist eine erstaunliche Anzahl an Projekten in Venedig zu Vorzeigeobjekten der modernen Architektur avanciert.

Der am Massachusetts Institute of Technology ausgebildete, italienische Architekt Cino Zucchi leitete die kreative Umnutzung der Giudecca im Jahr 1995 durch seine Umgestaltung von ehemaligen Backsteinlagerhäusern aus dem 19. Jh. und Lagerhallen am Meer in Kunstzentren und Lofts mit Ateliers ein. Zehn Jahre später fanden ein dreieckiger Bunker und Bombenlager aus dem Zweiten Weltkrieg zu ihrer neuen Bestimmung als Teatro Junghans (S. 272), einem Hotspot für experimentelles Theater.

Das in London stationierte Architekturbüro David Chipperfield hauchte der Friedhofsinsel San Michele mit seinen gepflegten, zeitgenössischen Erweiterungen neues Leben ein. Dazu zählt das Haus der Toten, ein kühner, mit Basalt verkleideter Bestattungskomplex mit vier offenen Höfen. Am beeindruckendsten ist der Hof der vier Evangelisten. Er lässt eine schwarze Betonkolonnade sehen; die Wände und Böden der Höfe weisen Intarsien mit Texten aus dem Evangelium auf. Als nächstes Stadium des Projekts ist eine neue Insel geplant, die neben der bereits vorhandenen entstehen soll. Durch einen Kanal getrennt, soll diese zusätzliche Insel Gärten auf Meeresspiegel und diverse elegante, skulptierte Mausoleen beherbergen.

Unterdessen wird die Wiedergeburt des Künstlerischen von der Fondazione Giorgio Cini durch den Wiederaufbau des Klosters (S. 158) auf der Isola di San Giorgio Maggiore betrieben – die Insel wurde zu einem internationalen Kulturzentrum umfunktioniert. Zu den zahlreichen Highlights zählen ein Irrgarten hinter dem ursprünglichen Kreuzgang, der dem argentinischen Schriftsteller Jorge Luis Borges gewidmet ist, sowie ein Dormitorium (Schlafsaal), das in eine geisteswissenschaftliche Bibliothek umfunktioniert wurde, die nun Baldassare Longhenas naturwissenschaftliche Bibliothek aus dem 17. Jh. ergänzt. Auf der anderen Seite des Canale di San Marco werden die historischen Schiffswerften des Arsenale (S. 137) ständig ausgebaut; die mittelalterlichen Montageschuppen fungieren nun als attraktive Biennale-Kunstgalerien.

Der französische Milliardär und Kunstsammler François Pinault beauftragte den japanischen Architekten des Minimalismus Tadao Andō, zwei historische Gebäude für seine Sammlung zeitgenössischer Kunst umzufunktionieren. Anstatt den Originalcharakter des Gebäudes zu untergraben, verdeutlichte Andōs sorgsame Umnutzung die physische Stärke von Giorgio Massaris klassizistischem Palazzo Grassi (S. 69) aus dem Jahr 1749 in San Marco und der Zollhäuser an der Punta della Dogana (S. 88) aus dem 17. Jh. in Dorsoduro. Um die Ecke der Punta della Dogana erfand der mit dem Pritzker-Preis ausgezeichnete Architekt Renzo Piano die Magazzini del Sale neu, nämlich als Ausstellungsräume der Fondazione Vedova (S. 90), einer Kunststiftung, die sich dem abstrakten venezianischen Maler Emilio Vedova (1919–2006) verschrieben hat. Ähnlich wie bei Andōs Ansatz, greift auch Renzo Pianos Umgestaltung den Charakter des Originalgebäudes auf; die Dachstühle und Ziegelwände sind integraler Bestandteil der Modernisierung. Im Rahmen dieser klaren historischen Vorlage ergänzte Piano respektvoll moderne Elemente. Etwas wirklich ganz Besonderes ist ein modernes Transportsystem mit zehn Roboterarmen, das die Kunstwerke der Galerie wie ein Kuratorenteam aus Robotermenschen turnusmäßig auswechselt. Pianos Umgestaltung ist nur passend: Einst war das Salzmonopol Venedigs sein teuerster Schatz, doch nun sind seine Ideen sein größtes Kapital.

Kultur und Kommerz gehen in der relativ neuen Umnutzung des holländischen Architekten Rem Koolhaas Hand in Hand, dem nur ein paar Schritte von der Rialto-Brücke in San Marco entfernten Fondaco dei Tedeschi (S. 79; 2016 fertiggestellt). Der Palazzo aus dem 16. Jh. war das ehemalige Quartier deutscher Kaufleute; seit seiner Modernisierung beherbergt er ein Kaufhaus, eine öffentlich zugängliche Dachterrasse sowie ausgewiesene öffentliche Räumlichkeiten und Kulturareale. Der in der Presse immer wieder betonte Einbezug nichtkommerzieller Bereiche in das Projekt sollte die Gegner besänftigen, die der Auffassung waren, dass die Umgestaltung des historischen Gebäudes zu einem Geschäft das historische Erbe Venedigs unterminiere.

Kunst & Kultur

Bereits im 13. Jh. hatte Venedig etwas schier Unmögliches vollbracht: den Aufbau einer ruhmreichen Seemacht in einer flachen Lagune. Doch Venedigs Vorherrschaft währte nicht lange. Ab dem 14. Jh. dezimierte die Pest wiederholt die Bevölkerung der Stadt, neue Handelsrouten in die Neue Welt ließen Venedig und seine Steuereintreiber links liegen und um die Mitte des 15. Jh. beherrschte das Osmanische Reich den adriatischen Raum. Nachdem Venedig nicht mehr länger mit Reichtum und Macht auftrumpfen konnte, feierte es seine Siege auf sanfteren Ebenen, nämlich in Kunst, Musik, Theater und Dichtung.

Bildende Künste

Allein schon die riesige Anzahl der Meisterwerke, mit denen Venedig aufwarten kann, verwundert. Liegt die Ursache dieser Kunstflut womöglich in der Zusammensetzung des Wassers? Sicher nicht, die Gründe sind einfacher: Von jeher bemühte sich Venedig, seine Künstler nicht am Hungertuch nagen zu lassen. Wohlhabende Bürger, Stadt und Kirche sorgten mit langfristigen Aufträgen für ein Gefühl von Sicherheit. Künstler erhielten auch die außergewöhnliche Möglichkeit, neuartige Kunstwerke ohne Beeinflussung zu schaffen, indem sich Venedig beharrlich weigerte, die Zensurerlasse der Inquisition umzusetzen. Anstatt jung, bettelarm und in Ungnade gefallen zu sterben, wurden beispielsweise Tizian und Giovanni Bellini mehr als 80 Jahre alt und schufen noch großartige Spätwerke. Das parallel verlaufende innovative Schaffen von jungen und alten Künstlern führte zur Gründung von individuellen Schulen der Malerei in Venedig, wie sie weder im restlichen Italien noch im übrigen Europa zu finden sind.

Frühe venezianische Malerei

Schon auf den ersten Blick sind an den Mosaiken der Basilica di San Marco (S. 58) und Santa Maria Assunta (S. 168) in Torcello die grundlegenden Elemente der frühen venezianischen Malerei zu erkennen: Große Augen und ein ernster Gesichtsausdruck zeichnen die überlebensgroßen Heiligenfiguren aus, die vor goldenem Hintergrund oder über gotischen Thronen zu schweben scheinen. Byzantinische Einflüsse manifestieren sich in Paolo Venezianos (ca. 1300–1365) um 1325 geschaffenem Gemälde *Madonna mit dem Kind und zwei Verehrern* in der Gallerie dell'Accademia (S. 83): Wie Bühnenarbeiter, die einen Theatervorhang teilen, ziehen zwei Engel die Enden eines mit Sternen übersäten, roten Umhangs auseinander und enthüllen eine königliche Madonna mit einem goldenen Jesuskind und zwei winzigen Besuchern.

Zu Beginn des 15. Jh. brachen venezianische Maler mit der byzantinischen Tradition. Das Gemälde *Madonna mit dem Kinde* (ca. 1455) von Jacopo Bellini (um 1400–1470) in der Accademia spricht gewiss alle Eltern an: Mit strahlenden Augen setzt das Jesuskind seinen mit einer Sandale bekleideten Fuß auf eine Balkonbrüstung, während die offensichtlich übermüdete Maria das Kind geduldig vom

Die in die venezianischen Fassaden eingemeißelten geflügelten Löwen sind das Symbol des hl. Markus, des Schutzpatrons Venedigs; allerdings besaßen einige eine ominöse Funktion. Im 16. Jh. ließ der Consiglio dei Dieci (Rat der Zehn) *bocche dei leoni* (Löwenmäuler) installieren – steinerne Löwenköpfe mit Schlitzen. Diese dienten als Briefkästen, um Denunziationsschreiben einzuwerfen, in denen man anonym Nachbarn wegen möglicher Vergehen vom Fluchen bis zur Verschwörung beschuldigen konnte.

Sims zurückzieht. Andrea Mantegna (1431–1506) aus Padua trieb den Blickwinkel der Renaissance ins Extreme. In seinen biblischen Szenen reagieren die Umstehenden angesichts eines Wunders oder Märtyrertods mit Schock, Ehrfurcht, Zorn und sogar mit unangemessenem Lachen.

Als der toskanische Maler Gentile da Fabriano in seinen Werken den Übergang von der Spätgotik zum Realismus der Renaissance vollzog, lebte er gerade in Venedig. Offensichtlich beeinflusste er den jungen auf der Insel Murano geborenen Maler Antonio Vivarini (um 1415–1480), dessen Polyptychon *Passion* in der Ca' d'Oro (S. 123) ein imposantes Pathos ausstrahlt. Antonios jüngerer Bruder Bartolomeo Vivarini (um 1432–1499) schuf ein reizvolles Altarbild für I Frari (S. 104). Es zeigt, wie ein Jesuskind sich aus den Armen der Madonna windet, die fest auf ihrem marmornen Renaissancethron sitzt.

Venedigs rot glühende Renaissance

Jacopo Bellinis Söhne verwendeten ein neues Malmittel, das die venezianische Malerei revolutionieren sollte: Ölfarben. Das *Kreuzeswunder auf der Brücke von San Lorenzo* (1500) von Gentile Bellini (1429–1507) in der Accademia zeigt Mönche, die eine Kreuzreliquie, die während einer Prozession in den Kanal gefallen ist, aus dem Wasser herausholen. Viele Zuschauer beobachten das Geschehen mit Erstaunen. Einen völlig anderen Weg ging Giovanni Bellini (um 1437–1516) bei seinem Gemälde *Mariä Verkündigung*, das ebenfalls in der Accademia hängt. Mit leuchtendem Rot und Orange lenkt er die gesamte Aufmerksamkeit auf die einsame, kniende Madonna. Der in Eile eintreffende Engel trägt ein zerknittertes Gewand.

Venedigs große Gilde der Hofmaler brachte einige der größten Namen der Kunstgeschichte hervor. Es begann mit Giovanni Bellinis beiden Schülern Giorgione (1477–1510) und Tizian (um 1488–1576). Die beiden schufen zusammen die Fresken, die einst die Fassade des Fondaco dei Tedeschi bedeckten. Nur noch wenige Bruchstücke dieser Wandmalereien sind im Palazzo Grimani erhalten. Der blutjunge Tizian arbeitete damals unter Giorgiones Anleitung. Giorgione war ein typischer Mann der Renaissance und schrieb auch Gedichte und komponierte; außerdem wird ihm die Erfindung der Staffelei zugeschrieben. Er bevorzugte es, aus der Inspiration heraus zu malen, ohne im Vorfeld irgendwelche Skizzen anzufertigen. Auf diese Weise entstand 1508 sein geheimnisvolles, von Leonardo da Vinci beeinflusstes Gemälde *La tempesta* (Das Gewitter), das in den Gallerie dell'Accademia zu sehen ist.

Als Giorgione mit 33 Jahren verstarb (vermutlich an der Pest), vollendete Tizian einige seiner Werke – doch schon bald ging der junge Tizian völlig eigene Wege mit Pinselstrichen, die seinen Figuren Lebendigkeit und Eigenleben einhauchten. Sein Werk *Hl. Markus auf dem Thron* in der Basilica di Santa Maria della Salute (S. 86) zeigt Tizian um 1510 als maßvollen, methodischen Maler. Doch nachdem er Michelangelos expressives *Jüngstes Gericht* gesehen hatte, legte Tizian alle Fesseln ab. In seinem Werk, der *Pietà* von 1576, rieb er sogar mit bloßen Händen die Farbe auf die Leinwand.

Auch wenn Tizian viele Meisterwerke geschaffen hat, ist seine 1518 vollendete *Assunta* (Mariä Himmelfahrt) in I Frari von faszinierender Vollkommenheit, die auf eine geheimnisvolle Weise den Raum sonnengleich erhellt. Vittore Carpaccio (ca. 1460–1526) stand mit seinen blutroten Tönen in großer Konkurrenz zu Tizians Rot – nach ihm ist die Vorspeise aus hauchdünn geschnittenem, rohem Rindfleisch benannt – Tizians *Assunta* begründete jedoch für alle Zeiten Venedigs Ruf, Wiege herrlich leuchtender Farben zu sein.

Wegweisende venezianische Malkunst

Das Gastmahl im Hause des Levi (Veronese; Gallerie dell'Accademia)
....
Mariä Himmelfahrt (Tizian; I Frari)
....
Das Gewitter (Giorgione; Gallerie dell'Accademia)
....
Madonna mit Kind und den Heiligen Katharina und Maria Magdalena (Giovanni Bellini; Gallerie dell'Accademia)

TOP 5: KÜNSTLER, DIE ZEITWEISE IN VENEDIG LEBTEN

Albrecht Dürer (1471–1528) verließ 1494 seine Heimatstadt Nürnberg, um nach Venedig zu reisen. Hier hoffte er, jene Experimente mit Perspektive und Farbe kennenzulernen, über die ganz Europa sprach. Giovanni Bellini nahm ihn unter seine Fittiche. Nach seiner Heimkehr 1495 begann Dürer, sich vom Maler der Gotik zum Künstler der Renaissance zu entwickeln. Als er sich im Jahr 1505 erneut in Venedig aufhielt, wurde er als Visionär gefeiert.

William Turner (1775–1851) zog es drei Mal nach Venedig: 1819, 1833 und 1840. Ihn faszinierte die ehemalige Handelsmacht, die wie sein Heimatland England, auch die Meere beherrscht hatte. Turners verschwommene Porträts der Stadt sind Studien zu den unterschiedlichen Lichtverhältnissen im Verlauf des Tages. „Mein Stil ist die Atmosphäre", erklärte er dem Kunstkritiker John Ruskin. Während Ruskin dem künstlerischen Ansatz Beifall spendete, ernteten Turners Werke in London viel herbe Kritik.

James McNeill Whistler (1834–1903) Der amerikanische Maler kam im Jahr 1879 nach Venedig – pleite und erschöpft nach einer gescheiterten Verleumdungsklage gegen den Kunstkritiker John Ruskin. Im Verlauf seiner überaus produktiven Arbeit an Bildern und Ansichten der Lagunenstadt erlangte er seine Energie und seinen Pinselstrich wieder. Im Jahr 1880 kehrte er mit einer beeindruckenden Mappe nach London zurück, die sein Ansehen wiederherstellen sollte.

John Singer Sargent (1856–1925) war ein amerikanischer Maler, der sein Leben lang Venedig bewunderte. Bereits in jungen Jahren besuchte er die Lagunenstadt, in der er dann in den Jahren zwischen 1880 und 1913 zeitweise lebte. Sargents gute Kenntnisse der Stadt spiegeln sich in seinen Gemälden wider. Sie zeigen nicht nur vertraute Panoramen aus ungewöhnlichen Perspektiven, sondern rücken wenig beachtete Monumente in den Vordergrund.

Claude Monet (1840–1926) Der französische Maler tauchte 1908 in Venedig auf und fand sofort impressionistische Anregungen in der Architektur, die sich im Dunst und flirrenden Licht der Lagune aufzulösen schienen. Trotz seiner Behauptung, dass die Stadt einfach zu schön sei, um gemalt zu werden, malte er während seines kurzen Aufenthalts immerhin 37 Bilder.

Ganz ohne Manieren: Venedigs Manieristen

Einige Experten der Kunstgeschichte sehen nach wie vor eine Art Arbeitsteilung zwischen Venedig und Florenz – Venedig sorgte für die Farbe, Florenz für die Ideen. Doch auch die venezianische Schule entwickelte eine Menge Ideen, die sie allerdings immer wieder in Schwierigkeiten brachte. Tizians Wirken ließ sich kaum übertreffen, aber keinesfalls zu leugnen sind die markanten Einflüsse des Venezianers Jacopo Robusti, genannt Tintoretto (1518–1594), und des aus Verona stammenden Paolo Cagliari, genannt Paolo Veronese (1528–1588).

Ein Crashkurs in Sachen Tintoretto beginnt in der Chiesa della Madonna dell'Orto, die seine Pfarrkirche war und den ruhigen Hintergrund für das aktionsreiche, im Jahr 1546 gemalte *Jüngste Gericht* bildet. Als waschechter Venezianer stellt Tintoretto das Jüngste Gericht als große türkisblaue Flutwelle dar, gegen die sich die verlorenen Seelen vergebens stemmen. Ein Engel stürzt sich ins Wasser, um einen letzten Menschen zu retten. Dieses fesselnde Motiv nahm Tintoretto im Obergeschoss der Scuola Grande di San Rocco wieder auf. Rund 15 Jahre lang malte er für San Rocco (S. 102); seine biblischen Szenen lesen sich beinahe wie eine Graphic Novel. Tintoretto bediente sich manchmal besonderer Effekte, um sein Anliegen verständlich zu machen. Er intensivierte seine Farben mit einem vor Ort in großen Mengen verfügbaren Material, nämlich fein gemahlenem Glas.

Veroneses Farben besitzen eine ganz eigene Brillanz. Dieser Tatsache verdankte er nicht nur Aufträge aus dem Palazzo Ducale (S. 61), sondern er durfte sich auch in der Chiesa di San Sebastiano (S. 88) austoben. Allerdings brachten ihn seine Darstellungen mitunter in Schwierigkeiten, z. B. bei dem Auftragswerk *Das letzte Abendmahl*. Als er dieses Meisterwerk beendet hatte, sah die Szenerie verdächtig nach einer venezianischen Abendgesellschaft aus. Die wie Venezianer gekleideten Apostel mischten sich ungeniert unter türkische Händler, jüdische Gäste, Serviermädchen, bettelnde Schoßhündchen und – das größte Schock – unter deutsche Protestanten. Prompt verlangte die Inquisition, das Bild zu ändern. Veronese weigerte sich dabei jedoch, die beleidigenden Deutschen zu entfernen, und revidierte kaum einen Pinselstrich – nur einen anderen Namen gab er seinem Werk: *Gastmahl im Hause des Levi* (heute in den Gallerie dell'Accademia). Venedig stand zu dieser Entscheidung und verhalf so der künstlerischen Freiheit zu einem frühen Sieg.

Zur nächsten Generation der Manieristen gehörte Jacopo Palma il Giovane (1544–1628), der Tizians letztes Werk, die *Pietà*, posthum vollendete. In seinen eigenen Werken verband er Tizians frühen Naturalismus mit Tintorettos Dramatik. Ein weiterer Tizian-Anhänger, der Tintorettos theatralische Lichteffekte übernahm, war Jacopo da Ponte aus Bassano del Grappa, genannt Jacopo Bassano (1517–1592). Bassanos Werk ist ein so großer Kontrast und so großes Drama, dass man auf den ersten Blick staunt, wie schwarzsamtige Gemälde in den Gallerie dell'Accademia der Chiesa di San Giorgio Maggiore (S. 145) und dem Museo Civico in Bassano del Grappa landen können.

Und jetzt ins Barock

Bis zum 18. Jh. musste Venedig mehrere Pestepidemien durchstehen und sich von seinen Weltmachtambitionen endgültig verabschieden. Doch die Stadt schulterte ihre schlimme Lage mehr als einmal mit einigem Galgenhumor. Pietro Longhi (1701–1785) bereitete nicht nur hochtragende Themen, sondern meist boshaft-geistreiche Satiren des venezianischen Alltagslebens. Giambattista Tiepolo (1696–1770) bannte klassische Themen auf schwindelerregende Deckenfresken, in denen die überbordende Strahlkraft des Rokoko aufscheint. In der Ca' Rezzonico (S. 87) lassen sich die großen Talente beider Künstler bewundern, beispielsweise in jenem Saal, der sich ausschließlich den Salon-Szenen von Pietro Longhi widmet, und in Tiepolos meisterhaften Trompe-l'œil-Szenen an einigen Decken.

Anstatt Päpste auf dem Thron zu malen, verewigte die Porträtistin Rosalba Carriera (1675–1757) ihre Modelle aus der feinen Gesellschaft auf Tabakdosen. Sie malte auch mit Pastellfarben und gilt als Vorreiterin der Pastellmalerei. Ihre Porträts in der Ca' Rezzonico bewegen sich auf einem schmalen Grat zwischen Tiepolos Schmeichelei und Longhis Satire. Bei ihren Modellen enthüllt sie jede Eigenheit, seien es Augenzwinkern oder auch Fältchen.

Gegen Ende des 18. Jhs. versöhnte Tiepolos Sohn Giandomenico Tiepolo (1727–1804) die brütende Theatralik der Manieristen mit seines Vaters Pastellschönheiten. Sein früher, zwischen 1747 und 1749 gemalter *Kreuzweg* in der Chiesa di San Polo (S. 106) zeichnet in hellen Farben, die den Hohn in den Gesichtern von Jesu Folterknechten hervorheben, ein vernichtendes Bild von der Menschheit. Etwas lockerer präsentiert sich Giandomenico bei der Arbeit an den Fresken der Villa Valmarana ai Nani (S. 192) außerhalb von Vicenza, die er mit seinem Vater ausführte. Die Wände überzogen sich mit chinesischen Motiven, ländlichen Szenen und farbenprächtigen Karnevalsfiguren.

Die Vedutisten

Viele venezianische Künstler richteten im 18. Jh. ihren Blick weg vom Himmel hin auf die heimische Landschaft. Giovanni Antonio Canal, genannt Canaletto (1697–1768), avancierte zum führenden Künstler der *vedutisti* (Landschaftsmaler). Jeder, der seine detailgenauen *vedute* (Ansichten) von Venedig bewundert, mag sich vorstellen, dass der Maler nach der Arbeit von Krämpfen in den Händen geplagt war. Die Ähnlichkeit zwischen seinem Werk und Fotografien ist verblüffend. Tatsächlich arbeitete Canaletto mit einem Vorläufer der Fotokamera, der sogenannten *camera obscura*, die er als Zeichenhilfe nutzte. In diesem Instrument reflektierte das eindringende Licht das Bild auf einer Glasscheibe, die Canaletto abmalte. Sobald er die Umrisse festgehalten hatte, konzentrierte er sich darauf, sie mit exakt gemalten Details zu füllen: von den Algen der Lagune bis zu den Hüten der Passanten.

Als eine Art Postkarte des reichen Mannes ließen sich die *vedute* ausgezeichnet an die damaligen Venedigbesucher verkaufen. Der englische Sammler John Smith nahm Canaletto in England unter seine Fittiche und machte ihn mit unzähligen potenziellen Auftraggebern bekannt. Dies brachte jedoch mit sich, dass heute nur wenige Werke Canalettos in Venedig zu sehen sind; einige befinden sich in den Gallerie dell'Accademia und der Ca' Rezzonico sowie auf dem Festland in Vicenzas Palazzo Leoni Montanari (S. 190).

Canalettos Neffe Bernardo Bellotto (1721–1780) bezog ebenfalls eine *camera obscura* in seinen Malprozess mit ein, allerdings basierten seine expressionistisch wirkenden Landschaften auf starkem *chiaroscuro* (Hell-Dunkel-Kontraste). Seine Gemälde hängen in der Accademia neben Arbeiten von Francesco Guardi (1712–1793). Auf eine impressionistische Weise zeigt Guardi Venedigs Schönheit, die sich in der Lagune widerspiegelt. Zu den letzten großen *vedutisti* zählte die venezianische Impressionistin Emma Ciardi (1879–1933). Sie verewigte Venedigs Mysterien in schimmerndem Dunst. Ihre Werke sind in der Ca' Rezzonico und Ca' Pesaro (S. 107) ausgestellt.

Ein gutes Geschäft: Venedigs Grabskulpturen

Venedigs Leistungen in der Malerei werden nur von den Meisterwerken seiner Bildhauer übertroffen. An Beschäftigung für Bildhauer mangelt es in dieser Stadt wahrlich nicht. Dazu zählt nicht nur die Gestaltung der Altäre in rund 200 Kirchen, auch der feuergefährdete Palazzo Ducale musste innerhalb von 300 Jahren mehrmals neu aufgebaut werden. Und nicht zu vergessen die unzähligen Grabmäler für all die vornehmen Herrschaften mit politischer Karriere. Alter, Pest oder Intrigen setzten ihrem Leben mitunter ein ziemlich abruptes Ende. Die letzte Ruhestätte des Dogen Marco Corner ist ein Wandgrabmal in der Zanipolo (S. 139). Das ausladende Monument mit dem wie schlafend wirkenden Dogen in gewaltiger Größe hat der Bildhauer Nino Pisano (um 1310–1368) aus Pisa gestaltet. Für einen Dogen, der weniger als drei Jahre im Amt war, erscheint das aufwendige Werk allerdings reichlich übertrieben.

Doch auch der Venezianer Pietro Lombardo (1435–1515) und seine Söhne Tullio (1460–1532) und Antonio (1458–1516) schufen heroische, Monumente für Dogen mit kurzer Amtszeit, z. B. für diese drei: Nicolò Marcello amtierte nur von 1473 bis 1474, Pietro Mocenigo von 1474 bis 1476 und Andrea Vendramin von 1476 bis 1478. Vendramins Grabmal, ein vergoldetes Monument aus Marmor, stellte wahrscheinlich Tullio, der im wahrsten Sinne des Wortes an allen Ecken und Enden sparte, fertig. Dabei sparte er förmlich an jeder Ecke: Figuren arbeitete er nur noch als Halbreliefs aus und von Marco Corners Grabmal schlug

Sammlungen moderner Kunst

Peggy Guggenheim Collection (Dorsoduro)

Ca' Pesaro (Santa Croce)

Fondazione Giorgio Cini (Isola di San Giorgio Maggiore)

Museo Fortuny (San Marco)

KUNST & KULTUR BILDENDE KÜNSTE

Turbantragende Figuren tauchen überall in Venedig auf, an den Ecken des Campo dei Mori, an diamantenbesetzten Juwelen bei Sigfrido Cipolato und als Stützelemente an Grabmälern in I Frari. Fälschlicherweise werden sie als „Mori" (Mohren) bezeichnet. Sie stellen aber ganz unterschiedliche Figuren dar: Venezianer aus dem griechischen Morea, türkische Piraten oder rudernde afrikanische Sklaven auf Handelsschiffen.

er kurzerhand ein paar Teile weg, um Platz für Vendramin zu schaffen. Tullios Stärke bestand in der Gestaltung von Gesichtern in idealtypischer Schönheit.

Der wohl berühmteste Bildhauer aus Venetien ist Antonio Canova (1757–1822). In seinem pyramidenförmigen Grabmal in der Frari-Kirche sollte eigentlich Tizian ruhen. Doch am Ende wurde das Meisterwerk Canovas eigenes Grab. Beeindruckend sind die Darstellungen: Trauernde mit tief gebeugten Häuptern klammern sich in ihrem Schmerz aneinander und bemerken nicht, dass ihre Gewänder (die beinahe schon transparent wirken) herunterrutschen. Sogar der geflügelte Löwe des hl. Markus (San Marco) krümmt sich vor Gram. Canovas Perfektion im Umgang mit Marmor zeigt sich nicht nur in diesem Werk, sondern auch in den schimmernden Statuen von Orpheus und Eurydike im Museo Correr (S. 69). Erreichen konnte er diese Perfektion dadurch, dass er grobe Entwürfe in Gips modellierte, die man im Museo Canova (S. 196) unweit des Bergstädtchens Asolo in der Provinz Treviso (Venetien) sehen kann.

Venezianischer Modernismus

Napoleons Italienfeldzug von 1797 war für Venedig und seine Kunstschätze eine Katastrophe. Während der Zeit des Königreichs Italien (1805–1814) – dessen Staatsoberhaupt Napoleon war – wurden Kirchen abgerissen und Kunstschätze systematisch geplündert. Einige Werke erhielt Venedig später wieder zurück, darunter die Bronzepferde der Basilica di San Marco. Genau genommen gehören diese Pferde nach Istanbul, Venedig hatte sie einst aus Konstantinopel geraubt. Venedig blieb auch weiterhin ein Höhepunkt der Grand Tour (klassische Bildungsreise). Maler, die in Scharen nach Venedig kamen, schufen unvergessliche Stadtansichten.

Nach Venedigs Beitritt zum neu vereinten Italien im Jahr 1866 leistete ein berühmter Sohn der Stadt, Francesco Hayez (1791–1882), einen prägnanten Beitrag zur Kunstszene der jungen Nation. Der venezianische Maler erfüllte seine Aufgabe mit Gesellschaftsporträts unterschiedlichster Art. Am besten in Erinnerung geblieben sind jedoch seine romantischen, von unverblümter Sexualität geprägten Werke wie *Rinaldo und Armida* (1814) in den Gallerie dell'Accademia.

Venedig scheute sich nie, sich selbst zu vermarkten. Und so veranstaltete die Stadt 1895 ihre erste Biennale, um Venedigs stilprägender Rolle in der globalen Kunstszene wieder Geltung zu verschaffen. Zugleich ging es darum, der Brutalität der industriellen Revolution ein maßgebliches und hoffnungsfreudiges Zeichen entgegenzusetzen. Ein Gartenpavillon warb auf eine harmlose Weise fleißig für die italienische Kunst. Man sah hauptsächlich hübsche Damen und schöne Blumen und hübsche Damen, die schöne Blumen trugen. Im Jahr 1907 traten dann auch andere Länder mit eigenen Pavillons auf. Doch die Biennale behielt die Kontrolle in der Hand. 1910 musste ein Werk von Picasso aus dem spanischen Pavillon entfernt werden aus Sorge, seine Modernität könne beim Publikum Anstoß erregen.

Die Antwort auf diesen Konservativismus kam aus den Reihen der venezianischen Maler, die mit modernen Stilelementen experimentierten. Die Fürstin Felicita Bevilacqua La Masa unterstützte Ausstellungen junger Künstler und gab ihren Werken ein Zuhause. Sie stiftete der Stadt 1902 mit der Ca' Pesaro ein Museum für moderne Kunst. Ein führender Künstler in der Ca' Pesaro war Gino Rossi (1884–1947), dessen brillante Blautöne und kraftvoller Symbolismus Gauguin, Matisse und die Fauvisten in Erinnerung rufen. Später wandte er sich dem Kubismus zu. Rossi, der oft der venezianische van Gogh genannt wird, verbrachte viele Jahre in psychiatrischen Kliniken, wo er auch starb. Ein anderer wichtiger Vertreter der Ca'-Pesaro-Gruppe war der Bildhauer Arturo Martini (1889–1947), dessen Arbeiten in der Ca' Pesaro von der grobkantigen Terrakotta-Skulptur *Prostitute* (ca. 1913) bis zur radikal stromlinienförmigen Gesso-Büste von 1919 reichen.

Vom Futurismus zur Fluidität

Filippo Tommaso Marinetti (1876–1944) warf im Jahr 1910 ganze Bündel seines Manifests von der Torre dell'Orologio, um eine neue Vision der Kunstformen zu propagieren: den Futurismus. Seine Forderung, Venedig (eine „prachtvolle Wunde der Vergangenheit") zu vernichten und durch eine neue Industriestadt zu ersetzen, hätte ihm in der Ära der Dogen eine Anklage wegen Ketzerei eingebracht. Die Futuristen setzten auf Industrie und Technik mit ihrem von Maschinen und konsequenter Funktionalität inspirierten Erscheinungsbild. Mussolini vereinnahmte diesen Stil in den 1930er-Jahren für seine Vision von einem monolithischen, modernen Italien. Der Futurismus blieb mit den von Mussolini brutal aufgezwungenen Dogmen verbunden, bis sich in Venedig eine Heldin der Avantgarde seiner annahm: die Kunstsammlerin Peggy Guggenheim, eine Amerikanerin, die vor den Nationalsozialisten fliehen musste. Sie erkannte im Futurismus die Fluidität und den Fluss des modernen Lebens.

Zahlreiche regimekritische Künstler opponierten gegen Mussolinis kantige Ästhetik. Emilio Vedova (1919–2006) schloss sich der Künstlergruppe Corrente an, die in einer Zeitschrift offen gegen faschistische Tendenzen aufbegehrte. Im Jahr 1940 wurde das Magazin von den Faschisten verboten. Nach dem Zweiten Weltkrieg wandte sich Vedova der abstrakten Malerei zu. Seine größeren Werke befinden sich in den Magazzini del Sale (S. 90) und werden dort im robotergestützten ständigen Wechsel gezeigt. Giovanni Pontini (1915–1970), ursprünglich ein Arbeiter, betrieb das Malen als Hobby, bis er 1947 Werke von Kokoschka, van Gogh und Rouault kennenlernte. Sie inspirierten ihn zu seinen eigenen Gemälden mit ausdrucksstarken Fischerszenen, die heute in der Peggy Guggenheim Collection (S. 85) zu sehen sind.

Der Venezianer Giuseppe Santomaso (1907–1990) entzog sich der Starrheit des Faschismus, indem er grenzenlos abstrakte Landschaften malte. Die Faszination von Starrem und Fließendem als gegensätzliches Paar prägte auch die Arbeiten des Avantgardekünstlers Fabrizio Plessi (geb. 1940). Der Videokünstler wurde in Bologna geboren und studierte einst in Venedig. Bekannt wurde Plessi in den 1970er-Jahren mit seinen Experimenten in der *Arte povera* (Arme Kunst). Aus den einfachsten Materialien entwickelte er Multimedia-Installationen, die Venedigs Lebenselixier einbanden: das Wasser.

Das Zentrum zeitgenössischer Kunst

Obwohl die aufsehenerregende Biennale Venedig wieder ins Blickfeld der Kunstwelt gerückt hat, haben es die einheimischen Künstler sehr schwer, sich gegen die vielen internationalen Superstars aus der Kunstszene durchzusetzen. Doch Venedigs Kunstschulen blühen auf und eine Auswahl an kleinen, unabhängigen Galerien präsentiert unablässig einheimische Talente.

Die Insel Giudecca ist das Zentrum einer lebendigen Szene, die 2019 zur Giudecca Art District Gallery erklärt wurde. Zu den wichtigen Veranstaltungsorten zahlen Giudecca 795 (S. 157), Galleria Michela Rizzo (S. 158) und **Spazio Punch** (Karte S. 329; www.spaziopunch.com; Fondamenta San Bagio 800o, Giudecca; ⏰wechselnde Öffnungszeiten; 🚤Palanca); die Letztere zeigt Werke der Collage- und Video-Künstlerin Lucia Veronesi. Zu den weiteren erwähnenswerten Künstlern zählen Mariateresa Sartori, Thomas Braida, Maria Morganti und der in Bulgarien geborene Stefan Popdimitrov, der interessante Multimediawerke in seiner Studio-Galerie in Castello herstellt.

Musik

Zur Blütezeit ihres Handelsimperiums besaß die Serenissmia angestellte Musiker, darunter den flämischen Komponist Adrian Willaert (um 1490–1562), der 35 Jahre lang die Capella Ducale leitete. Als dann im 17. und 18. Jh. harte Zeiten anbrachen, entdeckte Venedig seine musikalische Berufung.

Bei schrumpfenden Einnahmen aus dem Handel fasste die Stadt den närrischen Beschluss, in die musikalische Erziehung von Waisenmädchen zu investieren. Dies brachte unvorstellbare Gewinne. Einer der Maestri, die angestellt wurden, diese Orchester zu führen, war Antonio Vivaldi (1678–1741). In den 30 Jahren seines Engagements komponierte er Hunderte von Konzerten und machte die venezianische Barockmusik in ganz Europa bekannt. Besucher verbreiteten die Nachricht von den außergewöhnlichen Darbietungen der Waisenmädchen. Venedigs guter Ruf als Stadt der musikalischen Unterhaltung zog wohlhabende Damen und Herren der Gesellschaft an. Heutige Venedig-Besucher können Musik und Oper in nahezu den gleichen Veranstaltungsorten erleben wie zu Vivaldis Zeiten. In Palazzi, Kirchen und *ospedaletti* (Waisenhäusern) wie La Pietà, in dem Vivaldi einst arbeitete, wird teils noch auf Originalinstrumenten aus dem 18. Jh. musiziert.

Klassische Musik

Bereit zum Barock'n'Roll? Klassische venezianische Musiker haben eine Wiederbelebung der „Alten Musik" vom Mittelalter über die Renaissance und den Barock eingeleitet. Sie wird in historisch genauen Arrangements und *con brio* (mit Feuer) auf Originalinstrumenten gespielt. Venezianische Barockmusik stand in jener Zeit für musikalische Rebellion. Sie wandte sich offen gegen die Edikte aus Rom, die bestimmten, welche Instrumente eine Predigt begleiten durften und welche Melodien und Rhythmen dazu geeignet waren, die Moral zu heben. Die Venezianer blieben weiterhin stur und spielten in ihren Kirchen weiterhin auf Saiteninstrumenten. Sie sangen die derben Lieder der *opera buffa* mit und schrieben Kompositionen, die sowohl gefühlvoll als auch sinnenfreudig waren.

Die heutige Fehleinschätzung, Barockmusik sei eine nette Begleitmusik für eine Hochzeitszeremonie, wird von Ensembles der alten Musik förmlich niedergeschmettert. Vivaldis Werk umfasst an die 500 Konzerte, darunter die allseits beliebten *Vier Jahreszeiten*. Fast jeder erkennt sie sofort, als Hintergrundmusik in Hotellobbys oder als Klingeltöne – doch wer hat schon jemals akustisch so richtig wahrgenommen, wie die Blitze des Sommergewitters einschlagen.

Die Aufführungsorte in Venedig selbst geben dann noch einmal das ihre dazu. Der Vergnügungspalast Palazzetto Bru Zane (S. 116) ist nun fertig restauriert und kann seine ursprüngliche Funktion wieder übernehmen: Konzerte, die die Zuhörer ins Schwärmen bringen, und das mit zwinkernder Zustimmung von Sebastiano Riccis ausgelassenen Engeln, die als Fresken zuschauen. Empfehlenswert sind Aufführungen des venezianischen Barockkomponisten Tomaso Albinoni (1671–1750/51), besonders die herausragenden *Sinfonie e concerti a 5*. Wer allerdings mehr die Avantgarde unter der klassischen Musik liebt, sollte nach Werken von Bruno Maderna (1920–1973) oder Luigi Nono (1924–1990) Ausschau halten.

Venedig ist in puncto Musik mehr als nur Vivaldi. Der Venice Jazz Club veranstaltet ganzjährig Benefizabende, und beim Jazz Festival im Juli hat man vielleicht das Glück, dass man bei einem Auftritt des venezianischen Saxofonisten und Komponisten Giannantonio De Vincenzo oder beim venezianischen Trompeter und Musikwissenschaftler Massimo Donà landet.

VENEDIGS BESTSELLERAUTORINNEN

Während Werke von Frauen im übrigen Europa kaum Verleger fanden, avancierten Venezianerinnen zu prominenten und erfolgreichen Autorinnen in allen möglichen Fachgebieten von Mathematik bis Politik. Noch heute sind Werke von über hundert venezianischen Autorinnen des 15. bis 18. Jh. lieferbar. Dazu zählen:

Die Philosophin Isotta Nogarola (ca. 1418–1466) wurde in Verona geboren. Sie galt als Wunderkind, weil sie bereits in ihrer Jugend mit Philosophen der Renaissance korrespondierte. Ihre Schriften wurden größtenteils in Rom und Venedig gedruckt. Im Jahr 1439 wurde sie von einem anonymen Kritiker angegriffen. Dieser behauptete „eine wortgewandte Frau ist niemals keusch". Schließlich beschuldigte er sie des Inzests. Nogarola setzte jedoch ihre Korrespondenz mit führenden Humanisten und dem venezianischen Diplomaten Ludovico Foscarini fort. 1453 veröffentlichte sie ein einflussreiches Traktat, das man als frühe feministische Abhandlung bezeichnen kann: In einem Dialog zwischen Adam und Eva behauptete sie, beide seien für die Vertreibung aus dem Paradies verantwortlich, denn Frauen und Männer seien gleich.

Die Musikerin und Dichterin Gaspara Stampa (1523–1554) war eine typische Intellektuelle der Renaissance und berühmt als Lautenspielerin und Organisatorin literarischer Salons. Als Dichterin veröffentlichte sie petrarkische Sonette, die sie stets unverblümt einem ihrer zahlreichen Liebhaber widmete. Historiker führen Debatten, womit Stampa ihren Lebensunterhalt verdient hatte, bevor sie eine erfolgreiche Autorin wurde. Einige behaupten, sie sei eine Kurtisane gewesen.

Die Schriftstellerin Sara Copia Sullam (1592–1641) war eine jüdische Intellektuelle, die im literarischen Salon von Venedigs Accademia degli Incogniti eine führende Rolle spielte. Man bewunderte sie wegen ihrer Gedichte und der temperamentvollen Korrespondenz mit einem Mönch aus Modena. Ein Kritiker beschuldigte sie, die Unsterblichkeit der Seele zu leugnen. In den Augen der Inquisition war das Ketzerei, die mit dem Tode bestraft wurde. Innerhalb von zwei Tagen antwortete Sullam mit einem Traktat über die Unsterblichkeit, das schließlich zum Bestseller avancierte. Sullams veröffentlichte Schriften gelten als Schlüsselwerke der frühen modernen Literatur Italiens.

Dr. Elena Lucrezia Cornaro Piscopia (1646–1684), ebenfalls ein Wunderkind, war weltweit die erste Frau, die jemals einen Doktortitel erwarb. Sie erhielt ihn im Jahr 1678 von der Universität Padua. Dort erinnert heute eine Statue an die ehemalige Studentin. Eine Gedenktafel an Venedigs Rathaus würdigt ihren produktiven Beitrag zum intellektuellen Leben der Stadt. Sie starb bereits mit 38 Jahren an Tuberkulose.

Oper

Die heutigen TV-Shows zur Suche nach Supertalenten kann man nicht mit Venedigs Geschick bei der Entdeckung von Talenten vergleichen, so z. B. Claudio Monteverdi (1567–1643), der der Kapellmeister der Basilica di San Marco war und dessen Werk der Kunstgattung Oper zum Durchbruch verhalf. Heute sind Operninszenierungen in La Fenice (S. 70) und überall in der Stadt in Konzertsälen und in Palazzi zu sehen – allerdings benötigte man bis zum Jahr 1637 eine Einladung, um einer Oper beizuwohnen. Opern und die meisten Kammerkonzerte waren dem Adel vorbehalten und wurden in privaten Salons aufgeführt.

Das änderte sich im 17. Jh., als Venedig die Tore der ersten öffentlichen Opernhäuser öffnete. Zwischen 1637 und 1700 wurden 358 Opern in 16 Theatern aufgeführt, ein Angebot, das die musikalischen Bedürfnisse der 140 000 Einwohner voll und ganz erfüllte.

Monteverdi komponierte die beiden herausragenden Opern jener Ära, *Il ritorno d'Ulisse in patria* (Die Heimkehr des Odysseus) und *L'incoronazione di Poppea* (Die Krönung der Poppaea); beiden Werken sind eine erstaunlich komplexe Handlung mit Haupt- und Nebensträngen, ausgeprägte Charaktere und kraftvolle Musik gemeinsam. Die Kritik hätte damals nicht positiver ausfallen können: Monteverdi wurde mit allen Ehren in I Frari beigesetzt. Francesco Cavalli (1602–1676) war Sänger unter Monteverdi in der Basilica di San Marco und entwickelte sich später mit 42 Kompositionen zu einem herausragenden Vertreter der italienischen Oper im 17. Jh. Baldassare Galuppi (1706–1785) belebte zusammen mit dem Dichter und Librettisten Carlo Goldoni (1707–1793) die *opera buffa* (komische Oper) durch Erfolge wie *Il filosofo di campagna* (Der Philosoph auf dem Lande).

Literatur

Im 15. Jh. nahm die Geschichte eine überraschende Wende, die der Seemacht Venedig dazu verhalf, sich nun auch zu einer Verlagsstadt zu entwickeln. Johannes Gutenberg druckte im Jahr 1455 mit Hilfe beweglicher Lettern die Bibel. Venedig zählte zu den Ersten, die diese bahnbrechende Technik übernahmen und brachte den ersten gedruckten Koran heraus. In den 1470er-Jahren waren venezianische Druckpressen in Betrieb und es dauerte nicht lange, bis Anwälte Klagen wegen Urheberrechtsverletzungen einreichten. Venedigs Verleger ließen nicht nur religiöse Texte drucken, sondern auch Geschichtsbücher, Gedichte, Lehrbücher, Theaterstücke, Partituren und Manifeste.

Pietro Bembo (1470–1547), ein Schriftsteller der Frührenaissance, war zugleich Bibliothekar, Geschichtsschreiber, Diplomat und Lyriker. In seiner Gedichtsammlung *Rime* (Verse; 1530) definierte er das Konzept der platonischen Liebe, außerdem verlieh er der italienischen Grammatik eine feste Struktur. Bembo arbeitete gemeinsam mit Aldo Manuzio an einer Innovation, die das Lesen revolutionierte und das Lernen demokratisierte: die Aldinen. Sie führten erstmals Kursivschrift ein und waren quasi die ersten Paperbacks. Eine solche Ausgabe gab es auch für Dantes *La divina commedia* (Die göttliche Komödie). Um 1500 war eines von sechs in Europa veröffentlichten Büchern in Venedig gedruckt.

Dichtung

Der aus Venetien stammenden Francesco Petrarca (1304–1374) verhalf mit seinen Sonetten dem italienischen Umwerben einer Geliebten zu einem Riesenerfolg. Der auf Italienisch und Latein schreibende Dichter verlieh sowohl dem Rhythmus als auch dem Reim seiner Sonette eine strenge Struktur. Innerhalb von 14 Zeilen beschreiben zwei Vierzeiler die Sehnsucht und ein Sechszeiler die Art ihrer Erfüllung. Und jedes Sonett enthält nicht mehr als fünf Reime, um die idealisierte Laura zu umwerben. Einfacher wäre es gewesen, dieser Laura Schokolade zu schenken, denn sie erwiderte seine Gefühle nicht ...

Posthum avancierte Petrarca zum Idol von Rilke, Byron, Mozart und von Venedigs *cortigiane oneste* („intellektuelle Kurtisane"). Tullia d'Aragona (1510–1556) schrieb geistreiche petrarkische Sonette, die den Männern den Verstand raubten: Adlige verrieten Staatsgeheimnisse und Könige riskierten ihren Thron, nur um sie heiraten zu können.

Mit Scharfsinn verfasste und mit Leidenschaft vorgetragene Gedichte konnte einem Herrn ein Rendezvous mit einer von Venedigs Kurtisanen der Luxusklasse einbringen – alternativ aber auch den Tod oder Amtswürden in Venedig. Leonardo Giustiniani (1388–1446), Mitglied des Consiglio dei Dieci (Rat der Zehn) schrieb, sofern er nicht gerade Nachbarn ausspionierte, Gedichte, *Canzonette* (Lieder) und *Strambotti* (Stanze, Gedichtform aus acht elfsilbigen Verszeilen). Seine Werke verfasste er in einem eleganten, vom Italienischen beeinflussten Vene-

---

Um den Lesern sein *Inferno* zu verdeutlichen, verglich Dante es um 1307 mit Venedigs Arsenal: stinkende Teerfässer, funkensprühende Hämmer und höllischer Lärm von 16 000 Arbeitern, die rund um die Uhr an den legendären Fertigungsstraßen der Schiffswerft schufteten.

zianisch. Giorgio Baffo (1694–1768), ein Freund von Casanova, schrieb schlüpfrige Oden, die anderswo seine politische Karriere beeinträchtigt hätten – aber in Venedig brachte er es bis zum Senator. Wer seine obszöne Poesie kennenlernen möchte, geht in die **Taverna da Baffo** (Karte S. 316; ☎041 524 20 61; www.tavernadabaffo.com; Campiello Sant'Agostin 2346; ☉12–23 Uhr; ☎; ⌷San Tomà), wo seine Verse oft am späteren Abend lauthals gesungen werden.

Ugo Foscolo (1778–1827), einer der größten Dichter Italiens, studierte in Padua und kam als junger Mann zu einer Zeit politischer Umbrüche nach Venedig. Mit einer im Jahr 1797 gedichteten Ode an Napoleon warf der junge Foscolo all sein literarisches Gewicht in die Waagschale, weil er hoffte, damit die Republik Venedig wiederzubeleben. Später trat er sogar in die französische Armee ein – Napoleon aber hielt Foscolo für gefährlich. Im Jahr 1816 emigrierte der Dichter nach London, wo er bis zu seinem Tod bleiben sollte.

Memoiren

In der Realität verlief das Leben an der Lagune schon immer exotischer als in der Dichtung. Daher erreichten die Memoirenschreiber geradezu frühe Bestsellererfolge. Der Venezianer Marco Polo (um 1254–1324) erzählte in den Jahren 1298/99 Rustichello da Pisa seine Abenteuer, die er auf seinen Reisen durch Zentralasien und China erlebte. Die von Pisa aufgezeichneten Berichte erschienen als Buch unter dem Titel *Il milione* (Die Reisen des Marco Polo, um 1299). In einer Zeit, in der es noch keine Druckerpresse gab und jedes Buch von Hand kopiert werden musste, erlangte es Bestsellerstatus. Im Laufe der Zeit wurden manche Details offensichtlich ausgeschmückt, dennoch sind beispielsweise Marco Polos Erzählungen über den Hof von Kublai Khan höchst spannend.

Ein Reisender heutiger Zeit, Paolo Barbaro (1922–2014), schildert in seinem Buch *Venezia: La Città Ritrovata* (1998) einen umgekehrten Kulturschock, den er erlebte, als er nach längerer Abwesenheit in die Lagunenstadt zurückkehrte.

Besonders gut verkauften sich Memoiren, in denen Sex und ein Hauch von Skandal eine Rolle spielen: Die „ehrenwerte Kurtisane" Veronica Franco (1546–1591) poussierte hemmungslos in ihren Bestseller-Memoiren. Doch in puncto Prahlerei kann es niemand mit den Erinnerungen von Casanova (1725–1798) aufnehmen. Francesco Gritti (1740–1811) parodierte die dekadente venezianische Aristokratie mit herrlich bösartigem Dialekt in seinen *Poesie in dialetto Veneziano* (Gedichte auf Venezianisch). Der venezianischen Memoiren-Mode setzte er mit seiner überspitzten *La mia storia ovvero Memorie del Signor Tommasino. Scritte da lui medesimo. Opera narcotica del Dottor Pifpuf* (Meine Geschichte, das heißt die Memoiren des Signor Tommasino. Von ihm selbst geschrieben. Ein einschläferndes Werk von Doktor Pifpuf) ein satirisches Denkmal. Moderne Skandale, Korruption und einige exzentrische Venezianer stehen im Mittelpunkt von John Berendts (geb. 1939) *Die Stadt der fallenden Engel*. Das Werk ist ein fesselnder Bericht über das Leben in Venedig nach dem Feuer, durch das La Fenice im Jahr 1996 niederbrannte.

Moderne Literatur

Einige venezianische Autoren stehen noch immer ganz oben auf der Liste zeitgenössischer italienischer Literatur. Die zeitlose Wahrheit von Camillo Boitos 1883 erschienen Novelle *Senso* (Gefühl), die eine komplizierte Geschichte von Liebe und Betrug im österreichisch besetzten Venedig erzählt, war ein ideales Sujet für die filmische Umsetzung durch den Regisseur Luchino Visconti im Jahr 1954. Die in Venedig

Die venezianische *grande dame* Isabella Teotochi Albrizzi aus dem 18. Jh. war quasi mit ihrem Literatursalon verheiratet: Als ihr Mann eine Arbeitsmöglichkeit im Ausland fand, ließ sie ihre Ehe annullieren und blieb in Venedig, um ihre Besprechungen zur Poesie mit Unterstützung ihres neuen Ehemanns, ihrem ergebenen *cicisbeo* (Diener und Liebhaber), fortzuführen.

lebende amerikanische Krimi-Schriftstellerin Donna Leon (geb. 1942) fand in der geheimnisvollen Stadt eine perfekte Kulisse für ihren Commissario Guido Brunetti. Er ermittelt in der Halbwelt der venezianischen Subkultur, angefangen bei Inselfischern *(Das Gesetz der Lagune)* bis hin zu Umweltaktivisten *(Wie durch ein dunkles Glas)*. Die Krone der venezianischen Literaturszene gebührt jedoch Tiziano Scarpa (geb. 1963), der im Jahr 2009 den Premio Strega gewann. Italiens höchste literarische Auszeichnung wurde Scarpa für *Stabat Mater* verliehen. Die Geschichte erzählt von einem venezianischen Waisenmädchen, das bei Antonio Vivaldi das Geigenspiel erlernt.

Film

In den 1980er-Jahren errechnete das venezianische Filmarchiv, dass die Stadt in der einen oder anderen Form in 380 000 Filmen vorgekommen sei – in Spielfilmen, Kurzfilmen, Dokumentationen und anderen Werken, die in der Casa del Cinema (S. 116) archiviert sind und vorgeführt werden. Venedigs fotogene Schauseite ist zugleich Segen und Fluch. Die Stadt ist so einzigartig, dass sie sich nicht als unauffälliger Hintergrund eignet – sie stiehlt sogar den fotogensten Hauptdarstellern die Show (das entschuldigt den Thriller *The Tourist* von 2010 nur teilweise).

Da Casanovas Eskapaden und einige Shakespeare-Dramen in Venedig spielen, lag es nahe, die Filmversionen dieser klassischen venezianischen Geschichten in der Lagunenstadt zu realisieren. Was Casanova angeht, sind zwei hervorragende Filme über den Schürzenjäger zu erwähnen: Alexandre Volkoffs 1927 gedrehter *Casanova* und Federico Fellinis mit Donald Sutherland in Szene gesetzter *Fellinis Casanova* (1976). Im Jahr 1995 verfilmte Oliver Parker seine Version von *Othello*, aber diese reicht nicht an das 1952 entstandene Meisterwerk von Orson Welles heran, dessen *Othello* nur zum Teil in Venedig und größtenteils in Marokko gedreht wurde. Auch spätere Adaptionen dieses Kinoklassikers konnten sich mit dem Original nicht messen. Michael Radfords 1994 gedrehter *Der Kaufmann von Venedig* bot sogar Al Pacino in der Rolle des Shylock auf. Der schwedische Regisseur Lasse Hallström setzte 2005 *Casanova* mit einem charmant verwuschelt-verwegenen Heath Ledger in der Titelrolle in Szene.

Venedig als Schauplatz für Action spielt in *Indiana Jones und der letzte Kreuzzug* (1989), *Die Liga der außergewöhnlichen Gentlemen* (2003) sowie in den James-Bond-Streifen *Liebesgrüße aus Moskau* (1963), *Moonraker* (1979) und *Casino Royale* (2006) eine Rolle. Bei Letzterem kam Computeranimation beim Finale am Canal Grande zum Einsatz.

Nach dem Zweiten Weltkrieg entdeckte Hollywood Venedigs romantisches Flair: Die Stadt war 1955 Kulisse für Katharine Hepburns späte italienische Liebe in David Leans 1955 gedrehtem *Traum meines Lebens*. Venedigs prachtvolle Kulisse entschädigte für einige seltsame Gesangseinlagen in Woody Allens romantischer Musicalkomödie *Everyone Says I Love You* (1996). Doch der erste Preis der venezianischen Liebesfilme gebührt Silvio Soldinis *Pane e tulipani* (Brot und Tulpen; 2000). Der Film erzählt von einer italienischen Hausfrau, die in Venedig ein neues Leben beginnt und ihren Verfolger, einen Krimi-lesenden Klempner, geschickt immer wieder austrickst.

Häufiger als gut scheinen in Venedig gedrehte Liebesgeschichten furchtbar schlecht auszugehen. In *Tod in Venedig*, den Luchino Visconti 1971 nach einer Novelle von Thomas Mann drehte, wird Liebe zur Besessenheit und das Gleiche passiert in *Der Trost von Fremden* (1990). Das Liebespaar Natasha Richardson und Rupert Everett folgt darin aus unerklärlichen Gründen dem durch und durch unheimlichen Christopher Walken durch die düsteren Gässchen Venedigs. Eine bessere Umsetzung eines weniger bedeutenden Romans lieferte *Die Flügel der Taube* (1997) nach der Erzählung von Henry James. Der Film wurde vornehmlich in Großbritannien gedreht, wenngleich der Hintergrund hinter Helena Bonham Carters Haarpracht kaum noch zu erkennen ist. In der Verfilmung von Evelyn Waughs Roman *Brideshead Revisited* (Wiedersehen mit Brideshead; 2008), mit Emma Thompson, Matthew Goode und Ben Whishaw, spielen einige Szenen in Venedig.

Venedig tat sein bestes, Kinogänger immer wieder ordentlich zu schockieren, so geschehen etwa in Nicolas Roegs fesselndem *Wenn die Gondeln Trauer tragen* (1973) mit Julie Christie, Donald Sutherland und einem unheimlichen und verderbten Venedig. *Gefährliche Schönheit – Die Kurtisane von Venedig* (1998) ist schlüpfriger, aber auch schlechter; die Gelegenheit, das Venedig des 16. Jhs. durch die Augen einer Kurtisane zu zeigen, wurde verpasst.

Die Premieren einiger großer Filmproduktionen finden in Venedig statt, und zwar während der Internationalen Filmfestspiele (S. 22).

Seine erste Filmrolle spielte Venedig 1897 in den Kindertagen des Kinos in dem Kurzfilm *Panoramic View of Venice* (Ein Panoramablick auf Venedig). Für Dreharbeiten erwies sich Venedig jedoch als schwierig und zu teuer. Und so wurden die Venedigszenen in Filmklassikern wie *Ich tanz mich in dein Herz hinein* mit dem Gespann Fred Astaire und Ginger Rogers im Studio in Hollywood gedreht.

Theater

Ganz Venedig ist ein Theater. Ganz gleich, wann man die Stadt besucht, es läuft immer irgendeine Aufführung. Wer sich an einem beliebigen Platz niederlässt, erlebt die Facetten und Charaktere der *commedia dell'arte* (mit maskierten Archetypen) und *opera buffa* in ganz gewöhnlichem Alltag: Studenten, die ihren Abschluss feiern, stoßen torkelnd Runde um Runde auf ihren Erfolg an. Kinder heulen, weil ihnen ihr Eis in den Kanal gefallen ist. Nachbarn tauschen beim Wäscheaufhängen ungeniert quer über die *calle* (Gasse) den neuesten Klatsch und Tratsch aus. Wer Venedig einmal so gesehen hat, wird seine scheinbar unerschöpfliche Innovationskraft in Sachen Theater mit ganz anderen Augen sehen.

Commedia dell'Arte

In der Karnevalszeit ergreifen die Regeln der *commedia dell'arte* Besitz von der Stadt. Ganz Venedig ist maskiert, extravagant kostümiert und exzentrisch agierend auf der Straße unterwegs. Auch wenn es heute wunderlich erscheint, war die Commedia dell'Arte jahrhundertelang Italiens alles beherrschende Theaterform. Wissenschaftler sehen ihren Einfluss in einigen von Molières komödiantischen Szenen sowie Shakespeares romantischen Handlungen: Shakespeare wäre allerdings schockiert gewesen, wenn er erfahren hätte, dass Frauenrollen in Italien in der Regel von Frauen gespielt wurden. Doch nach einigen Jahrhunderten wirkte selbst die *commedia dell'arte* ermüdend, und so ist es kaum verwunderlich, dass Venedig im 18. Jh. genug hatte von witzigen Einlagen und zunehmend derben Späßen. Anspruchsvolle Improvisationen waren nur noch zur Farce reduziert; das Theater hatte seinen subversiven Schwung verloren.

Komödie & Opera Buffa

Als das Publikum die *commedia dell'arte* satt hatte, betrat Carlo Goldoni (1707–1793), ein ehemaliger Handlanger eines Arztes, zeitweiliger Anwalt und brillanter Librettist, die Szene und bot einige ernsthafte tragische Opern an. Doch von seinen rund 160 Schauspielen und etwa 80 Libretti sind vor allem seine Texte für die *opera buffa* in Erinnerung geblieben. Es sind seine schonungslosen Sozialsatiren, die offenbar bis heute nichts an Aktualität eingebüßt haben: Kampf der Geschlechter, eine selbstgefällige Schickeria, die auch ihr Fett abbekommt, und die Unmöglichkeit, den Chef zufriedenzustellen.

Goldoni war ein unbeschwerter Mensch, aber er war kein Leichtgewicht: Sein komödiantisches Genie und seine geschickten Wortspiele veränderten das italienische Theater grundlegend. Seine *Pamela* (1750) war das erste Theaterstück, das komplett auf Masken verzichtete; seine

Charaktere ließen sich nicht klar in Gut und Böse zuordnen, jeder war unvollkommen, und das oftmals auf sehr komische Weise. Die meisten einnehmenden Rollen waren für Frauen und *castrati* (männliche Countertenöre mit Sopranstimme) vorgesehen, angefangen mit seinem im Jahr 1735 geschriebenem Frühwerk, der Adaption von Apostolo Zenos *Griselda* (nach Boccaccios *Das Dekameron* und mit der Partitur von Vivaldi) bis zum gefeierten *Le donne vendicate* (Die Rache der Frauen) von 1763. Dessen Auftraggeberin war die Prinzessin Cecilia Mahony Giustiniani (1741–1789). Dabei geht es um zwei Frauen, die einen angeberischen Chauvinisten mit eher harmlosem Schwertgeplänkel, aber tödlichen Wortspielen auf den rechten Weg bringen.

Ein venezianischer Dramatiker fand das allerdings überhaupt nicht lustig: Carlo Gozzi (1720–1806) fand Goldonis Komödien über das Verhalten der Mittelschicht platt und nüchtern. Daher brachte er 1761 eine bissige Parodie über Goldoni auf die Bühne. Davon angewidert, floh Goldoni nach Frankreich und kehrte nie wieder nach Venedig zurück. Gozzi verzeichnete mit seinen szenischen Märchen nur bescheidene Erfolge. Eins dieser Stücke inpirierte Puccini zu seiner Oper *Turandot*. Doch Gozzis fantastische Szenarien hatten wenig Bestand und so wandte er sich letztlich doch der Komödie zu.

Goldoni indessen durchlebte in Frankreich schwere Zeiten. Seine von Ludwig XVI. ausgesetzte Pension entfiel mit dem Beginn der Revolution. Goldoni starb verarmt, aber auf Fürsprache seiner französischen Kollegen erhielt wenigstens seine Witwe eine Rente vom französischen Staat.

Theater & Oper heute

Doch wer zuletzt lacht, lacht am besten: Während Gozzis Werke nur selten aufgeführt werden, stehen Goldonis Stücke im Repertoire des wichtigsten Theaters der Stadt, des Teatro Goldoni (S. 76), an erster Stelle, gefolgt von Shakespeare. Das opulente Interieur dieses Schmuckkästchens wird nur noch vom Opernhaus La Fenice übertroffen. Neben La Fenice zählt das Teatro Malibran (S. 132) zu den bedeutendsten Opernhäusern der Stadt. Avantgarde-Ensembles und experimentelles Theater wie das **Teatro Junghans** (Karte S. 329; ☏041 241 19 74; www.accademiateatraleveneta.com; Campo Junghans 494b, Giudecca; Preise variieren; 🚹; 🚢Redentore) und Laboratorio Occupato Morion (S. 152) bringen auch neue Theaterstücke, Aktionskunst und Choreografie auf die Bühnen der Stadt.

Die Biennale Teatro (www.labiennale.org/en/theatre) ist eine Vorzeigebühne für experimentelles Theater und knüpft an die 400 Jahre alte venezianische Tradition an, in Sachen Theater immer wieder Neues und Riskantes zu probieren. Sie wird in ungeraden Jahren abgehalten und währt gut zwei Wochen (ab Ende Juli).

Die bedrohte Lagune

Ibisse hocken auf den Felsvorsprüngen, frische Krabben aus der Lagune werden in die *pescaria* (Fischmarkt) geschleppt, und die Farbe des Wassers changiert zwischem dunklem Türkis und oxidiertem Silber: Das Leben in der Lagune ist etwas Besonderes, aber auch besonders empfindlich. Blickt man über die Wasserfläche hinweg zum fernen Horizont der Adria, erscheint das Gewässer wie ein Teil des Mittelmeers. Mit ihrer genau ausbalancierten Mischung aus Salz- und Süßwasser, mit den Sandbänken und Marschen ist die Lagune aber ein einzigartiges Ökosystem.

Was ist eigentlich die Lagune?

Die Lagune ist eine 550 km² große flache Schüssel, in der die Gezeiten des Mittelmeers auf das Süßwasser von Flüssen aus den Alpen treffen. Sie wird durch eine schmale, bogenförmige Landzunge, die aus mehreren Inseln besteht, vom offenen Meer abgeschirmt. Zwischen Punta Sabbioni und Chioggia gibt es drei *bocche di porto* (Hafenzugänge), durch die das Mittelmeerwasser in die Lagune eintritt. Wenn die Winde des Sirocco hohe Wellen in den Golf von Venedig treiben oder wenn stehende Wellen sich an der Adriaküste brechen, ist Hochwasser (*acqua alta* genannt) beinahe unausweichlich. Diese gelegentlichen Hochwasserereignisse reinigen die Lagune von überschüssigem Schlick und sorgen für ein ausgeglicheneres Verhältnis zwischen Süßwasser und Meerwasser in der Bucht.

Seit 1930 sind schätzungsweise 20 % der Vögel und 80 % der Lagunenflora verschwunden, und die Klarheit des Lagunenwassers hat sich um 60 % verschlechtert.

Die Lagune von Venedig ist das zweitgrößte Feuchtgebiet (Watt und Marschland) Europas und das größte im Mittelmeer. Sein äußerst produktives Ökosystem bietet rund 200 000 Vögeln und einer einzigartigen Flora und Fauna eine Heimat.

Im Lauf der Zeit veränderten sich nicht nur die Umweltbedingungen, sondern auch das Aussehen der Lagune ständig weiter; ein Phänomen, was aber grundsätzlich für Lagunen gilt. Bei der Lagune von Venedig handelt es sich immerhin um die einzige erhaltene aus einem ganzen System aus Mündungslagunen, das in römischer Zeit von Ravenna bis nach Triest reichte. Tatsächlich kommt das Wort *laguna* (Lagune) aus dem Venezianischen.

Bedrohte Natur & durch Menschen verursachte Herausforderungen

Seit der Zeit der Republik sorgten menschliche Erfindungen dafür, dass die Lagune den mächtigen Naturgewalten standhalten konnte. Das so zerbrechliche Gleichgewicht zu erhalten, wurde jedoch im postindustriellen Zeitalter zunehmend schwierig. In den 1920er-Jahren entwickelte sich Marghera am südlichen Ende der Lagune zu einem Industriegebiet, insbesondere mit Chemiefabriken und Ölraffinerien. Aufgrund geringer Umweltauflagen flossen Dioxine und Schwermetalle ins Wasser, die dann das zarte Ökosystem radikal störten. Obwohl die strengen Umweltgesetze diese Praktiken in den 1980er-Jahren beendeten, wird die Lagune noch immer beeinträchtigt von nicht-biologisch abbauba-

HOCHWASSERALARM

Der Alarm, der aus 16 Sirenen der Stadt ertönt, ist eine Warnung, dass innerhalb von zwei bis vier Stunden mit *acqua alta* zu rechnen ist. Dann schauen sich die meisten Venezianer von November bis April den 48-Stunden-Gezeitenbericht von Centro Maree auf www.comune.venezia.it/maree an, um vor Hochwasser gewarnt zu sein. Ein Alarm bedeutet auch nicht gleich eine Notsituation, denn das Hochwasser kann rasch wieder verschwinden und betrifft manchmal auch nur die tiefer gelegenen Teile der Stadt.

Ein Dauerton (bis 110 cm über Normalnull): Kaum der Rede wert; dafür unterbricht niemand seinen Feierabend in der Bar.

Zwei anschwellende Töne (bis 120 cm): Mag sein, dass man für den Heimweg *stivali di gomma* (Gummistiefel) benötigt.

Drei anschwellende Töne (ca. 130 cm): Auf der Website des Centro Maree nachschauen, wo *passarelle* (höher gelegte Holzstege) eingesetzt werden.

Vier anschwellende Töne (140 cm und mehr): Jetzt schließen die Läden vorzeitig, und jeder schützt seine Türen vor eindringendem Wasser.

rem Schmutz aus diesem Gebiet, der dazu beiträgt, dass Phytoplankton und Makroalgen nur so wachsen.

Zusätzlich wurden in den 1960er-Jahren tiefe Kanäle ausgebaggert, um modernen Tankern den Zugang nach Marghera zu verschaffen. Der Kanal, über den der größte Schaden hereinkam, war der 12 m tiefe und 100 m breite Canale dei Petroli, denn die Durchfahrt großer Schiffe hat zu starken über laufenden Strömungen in der Lagune geführt. Die Strömungen lassen die *ghebbi* (Kapillarkanäle) mehr und mehr verlanden und waschen die Sandbänke aus, die seit ewigen Zeiten die Kraft der ankommenen Flut milderten. In einem Bericht von 2006 über deren Zerstörung, behauptete Lidia Fersuoch, Präsidentin der Nicht-Regierungsorganisation Italia Nostra Venezia (www.italianostra venezia.org), dass die Sandbänke der Lagune „genauso schützenswert seien wie die Kirchen und Paläste der Stadt".

Als die küstennahen Industriebetriebe in den 1960er-Jahren vermehrt Brunnen bohrten, begann der Grundwasserspiegel auf dem Festland zu sinken. Das wiederum hatte zur Folge, dass sich der *caranto* (die Lehmschicht in der Sohle der Lagune) absenkte. Zusätzlich führte die Reduktion der Salzmarschen von ehemals 255 km² im 17. Jh. auf nur mehr 47 km² im Jahr 2003 dazu, dass der Wind ohne Widerstand große Wellen aufpeitschen kann, die das Lagunenbett weiter destabilisieren. Die Auswirkung von all diesen Erscheinungen ist Folgendes: ein stetig erodierendes Gebilde, in dem die Sedimente ausgewaschen werden, wodurch die Lagune langsam in eine Meeresbucht umgewandelt wird und damit eine kritische Gefahr für die Stadt darstellt.

Zu diesem gezeichneten komplexen Bild gesellt sich noch der Klimawandel, der sich allmählich auch in der Lagune bemerkbar macht; der Anstieg der Temperaturen und zunehmende Gehalt von CO_2 im Wasser führen zu einem sauren und sauerstoffarmen Milieu – ein Faktor, der sich noch verschlimmern wird, wenn die Lagune weiter mit dem System MO.S.E. vom Meer isoliert wird. Außerdem hat eine kürzlich veröffentlichte bathymetrische Studie (Bathymetrie = Meeresbodenvermessung) des Italienischen Instituts für Meeresforschung (Ismar-Cnr) ergeben, dass eine beträchtliche Abtragung rund um die MO.S.E.-Senkkästen und -Bauplattformen zu verzeichnen ist und ebenso gezeitenbedingte Sedimentablagerungen in den Kanälen. Die Sedimentbildung im Canal dei Petroli (der Aushub zwischen 2004 und 2012 betrug 7 Mio.

Die Unesco hat prognostiziert, das der Meeresspiegel bis zum Ende des 21. Jh. zwischen 26 und 100 cm gestiegen sein wird. Die Stadt Venedig könne aber nur einen Anstieg von 50 cm überstehen.

m³) ist so groß, dass P.A.L.A.V., die Regionalbehörde für die die Lagune, im Dezember 2018 die Bewehrung der Kanaldämme mit Spundwänden genehmigt hat, da sonst die Erosion und der Verlust an Land beschleunigt werden würde.

Mobile Hochwassersperren (MO.S.E.)

Das brisanteste Thema der letzten drei Jahrzehnte ist das mobile Hochwassersperrsystem namens MO.S.E. (Modulo Sperimentale Elettromeccanico; experimentelles elektromechanisches Modul). Die 78 aufblasbaren Sperren sind 30 m hoch und 20 m breit und sollen die drei *bocche di porto* (Öffnungen) zur Lagune verschließen, wann immer der Meeresspiegel bedrohlich ansteigt. Seit diesem Vorschlag im Jahre 1988 werden sowohl Wissenschaftler als auch das Management des Projekts von kontroversen Debatten verfolgt. Höhepunkt dieser Diskussionen war 2014, als ein Korruptionsskandal aufgedeckt wurde, in den der Bürgermeister, der Hauptvertragspartner (Consorzio Venezia Nuova) und die für die Lagune verantwortliche Regierungsbehörde (Magistrato alle Acque) verwickelt waren.

Obwohl MO.S.E. ursprünglich 1995 fertiggestellt werden sollte, sind die Arbeiten daran noch immer im Gange und ein vorläufiges Fertigstellungsdatum wurde nun auf das Jahr 2022 angesetzt. Inzwischen sind die Kosten von 1,5 Milliarden Euro auf knapp 6 Milliarden Euro angewachsen. Zusätzlich zu dem Korruptionsskandal von 2014, der der Glaubwürdigkeit des Projekts sehr geschadet hat, geben die Befürworter zu, dass es auch nur eine temporäre Lösung darstellt, weil das Problem der fortschreitenden Erosion damit nicht angegangen wird. Und wenn der Meeresspiegel oft genug über 110 cm ansteigt, müssten das Sperrwerk so oft geschlossen werden, dass sie die ganze Lagune gefährden.

Zudem haben Tests, die 2013 mit den Sperren durchgeführt wurden, gezeigt, dass es dabei auch Probleme gibt. Die Fluttore konnten zwar gut aufgerichtet werden, aber wegen der Bildung von Schmutz und Ablagerungen nicht wieder abgesenkt werden. Weiterhin heißt es in einem Bericht des Ministeriums für Infrastruktur von 2017, dass es Probleme mit dem Verschleiß an kritischen Gelenkkomponenten gebe, die schneller korrodiert seien als angenommen (ein Grund: Die Lackschicht ist anfälliger für die Rostbildung). Manche Fluttore bei Treporti und Malamocco sind befallen von Muscheln und Seepocken. Beunruhigender ist aber das Absinken zwischen den Senkkästen, das die Position der Fluttore beeinträchtigt. Zudem fürchten die Einheimische die enormen Kosten und fragen sich, woher die 50 bis 80 Millionen Euro, die pro Jahr für den Erhalt und die Steuerung des Systems nötig sind, kommen sollen, wenn es denn jemals funktionsfähig sein wird.

Bei einer Umfrage im Juni 2017, ob man große Kreuzfahrtschiffe komplett aus der Lagune verbannen sollte, haben 99 % der befragten Venezianer (18 000 Personen) dafür gestimmt

Jedes Kreuzfahrtschiff produziert so viele Emissionen wie 14 000 Autos. Im Oktober 2016 war die einzige Umweltauflage für Kreuzfahrtschiffe, dass sie Treibstoff tanken, der 1,5 % Schwefel enthält (das sind 1500-mal mehr, als die Grenzwerte an Land zulassen).

No Grandi Navi (Keine großen Schiffe)

Hochwasser stellt keineswegs die einzige Bedrohung dar. Die Fundamente von Venedig sind Angriffen ausgesetzt, die es nie zuvor gegeben hat, darunter die Wellen schneller Motorboote und riesiger Kreuzfahrtschiffe sowie Umweltverschmutzung. Mischen sich Schmutz und Schlick in flachen Gewässern, beginnt das Algenwachstum; Algen bedrohen die Fundamente der Bauten und verdrängen andere Lebewesen. Der Anstieg des Salzgehalts in der Lagune führt zu vermehrter Korrosion der steinernen Fundamente und bedroht die einzigartige Aquakultur in der Lagune.

Kreuzfahrtschiffe, die in den Bacino di San Marco (rund 600 pro Jahr) einfahren, haben zu weiteren Bedrohungen der Umwelt beigetragen. Die Sorge darum ist so groß, auch weil die Unesco im Jahr 2017 Venedig auf die Liste ihrer bedrohten Weltkulturerbestätten gesetzt hat. Kritiker wie das Komitee No Grandi Navi (Keine großen Schiffe) wenden sich auch aus Umweltgründen gegen das Einfahren von Kreuzfahrtschiffen in die Lagune. Die ARPAV (www.arpa.veneto.it), die regionale Behörde für Umweltschutz in Venetien, hat verdeutlicht, dass Kreuzfahrtschiffe der wichtigste Verursacher von Luftverschmutzung in Venedig sind. Außerdem hat das Krebsinstitut Venetien mitgeteilt, dass Lungenkrebs und Atemwegserkrankungen in Venedig und Mestre statistisch deutlich höher liegen.

Dagegen behauptet die Hafenbehörde, dass die Kreuzschifffahrtsindustrie ein wichtiger Garant von Arbeitsplätzen und Einkünften sei, die 3 bis 4 % des Bruttosozialprodukts der Stadt generiert. Fincantieri, ein italienisches börsennotiertes Unternehmen mit der wichtigsten Werft in Marghera, ist eine der größten Schiffsbaufirmen der Welt (mit ca. 7700 Beschäftigten).

Ende 2017 beschloss der Comitatone (unter Vorsitz des Verkehrsministers) endlich die Verbannung aller Kreuzfahrtschiffe über 55 000 Bruttoregistertonnen aus dem San-Marco-Becken. Anstelle dessen müssen sie in die Lagune bei Malamocco einfahren (am äußersten Ende vom Lido die Venezia) und im Hafen von Marghera anlegen. Schiffe mit 55 000 bis 96 000 Bruttoregistertonnen dürfen weiterhin den Vittorio-Emanuele-Kanal bis zum Kreuzfahrt-Terminal von Venedig nehmen; nur kleinere Schiffe unter 55 000 Bruttoregistertonnen dürfen den Giudecca-Kanal befahren. Der Haken ist: Diese Maßnahmen werden erst 2021 in Kraft treten, nachdem in Marghera das notwendige Hafenterminal entstanden ist.

Praktische Informationen

Verkehrsmittel & -wege

ANREISE

Die meisten Besucher reisen mit dem Zug nach Venedig, allerdings werden mittlerweile verstärkt auch Flugzeuge und die kontrovers diskutierten Kreuzfahrtschiffe genutzt. Man kann auch mit Fernreisebussen oder mit dem Auto nach Venedig fahren. Im letzteren Fall parkt man das Fahrzeug allerdings am westlichen Stadtrand und muss zu Fuß oder per *vaporetto* (Wasserbus) in die City weiterreisen.

Flüge, Busreisen und Bahnfahrten können online auf lonelyplanet.com/bookings gebucht werden.

Flughafen Marco Polo

Der wichtigste internationale Flughafen der Stadt ist der **Flughafen Marco Polo** (✆Fluginformationen 041 260 92 60; www.veniceairport.it; Via Galileo Gallilei 30/1, Tessera), der 12 km östlich von Mestre in Tessera liegt.

Im Flughafenterminal finden sich Fahrkartenschalter für die Wassertaxis und den Wasserbustransfer von Alilaguna, ein Geldautomat, Wechselstuben, eine **Gepäckaufbewahrung** (die ersten 6 Std. 6 € pro Gepäckstück, jede weitere Std. 0,30 €, Fahrräder 14 € für 24 Std.; ☺5–21 Uhr) und eine **Touristeninformation** (✆041 24 24; www.veneziaunica.it;

Ankunftshalle, Flughafen Marco Polo; ☺8.30–19.00 Uhr) von Venezia Unica, in der man vorbestellte Zeitfahrkarten und einen Stadtplan mitnehmen kann.

Alilaguna-Flughafenshuttle

Alilaguna (✆041 240 17 01; www.alilaguna.it; Flughafentransfer, einfache Fahrt 15 €) betreibt drei Wassertaxi-Linien, die zwischen dem Flughafen und verschiedenen Vierteln der Stadt verkehren. Die Fahrt kostet nach Murano 8 € und 15 € zu allen anderen Landebrücken. Die Passagiere dürfen ein Gepäckstück und ein Handgepäck dabei haben. Jedes weitere Gepäckstück kostet zusätzlich 3 €. Die Fahrt dauert zu den meisten Zielen in der Stadt 45 bis 90 Minuten, zur Piazza San Marco braucht es etwa 1¼ Stunden. Hier die Linien:

Linea Blu (Blaue Linie) Hält in Murano, am Fondamente Nove, am Lido, in San Marco, an der Stazione Marittima und an einigen weiteren Stationen dazwischen.

Linea Rossa (Rote Linie) Hält in Murano, am Lido, in San Marco, Giudecca und an der Stazione Marittima.

Linea Arancia (Orange Linie) Hält an den Fondamente Nove und Ponte delle Guglie in Cannaregio, in Rialto und San Marco; fährt auf dem Canal Grande.

Bus

ACTV (Azienda del Consorzio Trasporti Veneziano; ✆041 272 2111; http://actv.avmspa.it/en) Bus 5 verkehrt zwischen dem Flughafen Marco Polo und dem Piazzale Roma (8 €, 30 Min., 4-mal pro Std.), hält aber unterwegs nicht überall. Alternativ kann man für 14 € ein kombiniertes Bus + Vaporetto-Ticket kaufen, mit dem man die Busfahrt und eine einfache Fahrt mit dem Vaporetto machen kann (allerdings innerhalb von 90 Minuten).

ATVO (Karte S. 319; ✆0421 59 46 71; www.atvo.it; Piazzale Roma 497g; ☺6.40–19.30 Uhr; ⛴Piazzale Roma) betreibt einen direkten Busverkehr zwischen dem Flughafen und dem **Piazzale Roma** (Karte S. 319) (8 €, 25 Min., alle 30 Min. von 8 Uhr bis Mitternacht). Am Piazzale Roma nimmt man die ACTV-Vaporetti, um in die verschiedenen Stadtviertel zu gelangen.

Landtaxi

Ein Taxi vom Flughafen zum Piazzale Roma kostet 40 €; der **Taxistand** (Karte S. 319) befindet sich beim **Busbahnhof** (Karte S. 54). Von dort aus kann man entweder ein *vaporetto* nehmen oder in ein **Wassertaxi** (Karte S. 319; Fondamente Cossetti) an den nahe gelegenen Fondamente Cossetti steigen.

Wassertaxi

Die Anleger für die Wasserfahrzeuge ins historische Stadtzentrum liegen etwa zehn bis fünfzehn Gehminuten von der Ankunftshalle entfernt. Der Weg führt durch einen höher gelegenen Gang im Gebäude, den man im ersten Stock des Terminals erreicht. Gepäckwagen können bis zum Anleger mitgenommen werden (1 € Pfand).

Private Wassertaxis können an den Schaltern des **Consorzio Motoscafi Venezia** (☎041 240 67 12; www.motoscafivenezia.it; ☉Mo–Fr 9–18 Uhr) oder bei **Venezia Taxi** (☎info 328 238 96 61; www.veneziataxi.it) in der Ankunftshalle oder direkt am Anlegedock reserviert werden. Private Taxis kosten ab 110 € für bis zu vier Fahrgäste inkl. dem gesamten Gepäck. Jeder weitere Fahrgast (bis zu max. 12 oder 16 Pers.) muss einen kleinen Aufpreis bezahlen.

Wer nicht in einer größeren Gruppe reist, kann sich auch mit mehreren Leuten den **Venice Shuttle** teilen. Das ist ein Sammelwassertaxi und kostet ab 25 € pro Person mit einem Aufpreis von 6 € für eine Nachtfahrt. Hierfür sollte man die Plätze online auf www.venicelink.com reservieren. In den Booten finden maximal acht Personen und bis zu zehn Gepäckstücke Platz.

Wer sich für ein Sammeltaxi entscheidet, muss damit rechnen, dass es erst dann losgeht, wenn das Wassertaxi voll ist und dass nur offizielle Haltestellen in der Stadt angefahren werden, an denen man aussteigen kann. Nur die privaten Transferanbieter steuern die Hotels direkt an.

Flughafen Treviso

Ryanair und einige andere Billigfluglinien steuern den **Flughafen Treviso** (☎0422 31 51 11; www.trevisoairport.it;

Via Noalese 63) an, der rund 5 km südwestlich von Treviso und 26 km von Venedig entfernt liegt (1 Std. Fahrt).

Bus

Barzi Bus Service (☎0422 68 60 83; www.barziservice.com) hat die direkteste Verbindung nach Tronchetto in Venedig (12 €, 40 Minuten, 1- oder 2-mal pro Std., von 8.15 bis 20.50 Uhr). Von dort nimmt man den People Mover zum Piazzale Roma. Fahrkarten gibt es im Bus oder am Schalter in der Ankunftshalle.

Azienda Trasporti Veneto Orientale (ATVO;☎0421 59 44; www.atvo.it) bietet eine Verbindung nach Mestre und zum Piazzale Roma in Venedig an (12 €, 1 Std., 1- oder 2-mal pro Std., von 8 bis 21.55 Uhr), nimmt aber eine weniger direkte Strecke als Barzi Bus Service.

Landtaxi

Taxis vom Flughafen Treviso nach Venedig kosten 80 €.

Zug

Mobilità di Marca (☎Callcenter 840 011222; www.mobilitadimarca.it) ist die Betreibergesellschaft der Stadtbusse in Treviso . Linie 6 verbindet den Flughafen Treviso mit dem Bahnhof Treviso (1,30 €, 20 Min., 2- bis 3-mal pro Std, von 5.25 bis 22.30 Uhr). Von da an gibt es dann häufige Verbindungen zum Bahnhof Santa Lucia in Venedig (3,55 €, 30–40 Min., jede halbe Std.).

Bahnhof Venezia Santa Lucia

Züge fahren regelmäßig zum **Bahnhof Santa Lucia** (www.veneziasantalucia.it; Fondamenta Santa Lucia) in Venedig, der innerhalb der Stadt als „Ferrovia" ausgeschildert ist. Im Bahnhof gegenüber von Gleis 3 gibt

es ein **Touristenbüro** (Karte S. 320; ☎041 24 24; www.veneziaunica.it; ☉7–21 Uhr; ⛴Ferrovia), wo man einen Stadtplan und Fahrkarten für den Vaporetto bekommt. Zusätzlich gibt es gegenüber von Gleis 1 eine **Gepäckaufbewahrung** (☎041 78 55 31; Stazione Venezia Santa Lucia; ☉6–23 Uhr).

Regionalzüge, die Venedig mit Venetien verbinden, verkehren häufig, sind sehr zuverlässig und erstaunlich preiswert. Reiseziele in der Nähe sind Padua (4,35 €, 25–50 Min., 3- bis 4-mal die Std.) und Verona (9,23 €, 1¾ Std., 3- bis 4-mal die Std.). In diese Städte fahren auch Hochgeschwindigkeitszüge von Le Frecce, diese eignen sich jedoch besser für entfernter gelegene Orte wie Mailand (ab 28 €, 2½ Std.) und Rom (ab 50 €, 3¾ Std.).

Zugtickets sind erhältlich an Fahrkartenautomaten im Bahnhof, online auf www.trenitalia.it und www.raileurope.com oder im Reisebüro. Beim Kauf einer Zugfahrkarte sollte man darauf achten, den richtigen Bahnhof zu wählen, nämlich Venezia Santa Lucia (VSL) im Zentrum Venedigs oder Venezia Mestre auf dem Festland.

Vor dem Einstieg entwertet man die Karte in den orangefarbenen Maschinen auf den Bahnsteigen. Wer das nicht tut, bekommt ein sofort fälliges, hohes Bußgeld aufgebrummt, wenn der Schaffner die Fahrkarten im Zug kontrolliert.

Vaporetti (S. 284) fahren vom Bahnhof Santa Lucia in alle Teile Venedigs (60 € ins Stadtzentrum). Direkt vor dem Bahnhof gibt es einen Wassertaxistand – sehr praktisch, wenn man viel Gepäck hat.

Bahnhof Venezia Mestre

Auf dem Festland, direkt auf der anderen Seite des

KLIMAWANDEL & REISEN

Der Klimawandel stellt eine ernsthafte Bedrohung für unsere Ökosysteme dar. Zu diesem Problem tragen Flugreisen immer stärker bei. Lonely Planet sieht im Reisen grundsätzlich einen Gewinn, ist sich aber der Tatsache bewusst, dass jeder seinen Teil dazu beitragen muss, die globale Erwärmung zu verringern.

Fliegen & Klimawandel

Fast jede Art der motorisierten Fortbewegung erzeugt CO_2 (die Hauptursache für die globale Erwärmung), doch Flugzeuge sind mit Abstand die schlimmsten Klimakiller – nicht nur wegen der großen Entfernungen und der entsprechend großen CO_2-Mengen, sondern auch, weil sie diese Treibhausgase direkt in den hohen Schichten der Atmosphäre freisetzen. Die Zahlen sind erschreckend: Zwei Personen, die von Europa in die USA und wieder zurückfliegen, erhöhen den Treibhauseffekt in demselben Maße wie ein durchschnittlicher Haushalt in einem ganzen Jahr.

Emissionsausgleich

Die englische Website www.climatecare.org und die deutsche Internetseite www.atmosfair.de bieten sogenannte CO_2-Rechner. Damit kann jeder Einzelne ermitteln, wie viel Treibhausgase seine Reise produziert. Das Programm errechnet den zum Ausgleich erforderlichen Betrag, mit dem Reisende nachhaltige Projekte zur Reduzierung der globalen Erwärmung unterstützen können, beispielsweise Projekte in Indien, Honduras, Kasachstan und Uganda.

Lonely Planet unterstützt gemeinsam mit Rough Guides und anderen Partnern aus der Reisebranche das CO_2-Ausgleichsprogramm von climatecare.org.

Alle Reisen von Mitarbeitern und Autoren von Lonely Planet werden ausgeglichen. Auf der Homepage des Verlages – www.lonelyplanet.com – gibt es weitere wichtige Informationen zu diesem Thema.

Kanals von Venedig aus gesehen, befindet sich der Bahnhof **Venezia Mestre** (www.veneziamestre.it; Piazzale Pietro Favretti). Züge und ein ATVO-Shuttlebus verkehren zwischen den beiden Bahnhöfen. Die Fahrtzeit von Santa Lucia nach Mestre (oder umgekehrt) beträgt zehn bis zwölf Minuten.

Vom Bahnhof starten auch die Hochgeschwindigkeitszüge Le Frecce und Italo, die Venedig mit Rom, Mailand und Florenz verbinden. Eurocity-Züge fahren von hier aus auch nach München.

Innerhalb des Bahnhofsgebäudes befinden sich eine Touristeninformation, Schalter zum Geldwechseln und eine Möglichkeit zur **Gepäckaufbewahrung** (Viale Stazione, Mestre; 6 € pro Gepäckstück in den ersten 5 Std., für die nächsten 6 Std. 0,90 €, danach 0,40 € pro Std. ☺8–20 Uhr).

Venezia Terminal Passeggeri

Die zahlreichen Kreuzfahrtschiffe legen an Venedigs wichtigstem Seehafen **Venezia Terminal Passeggeri** (Karte S. 54; ☎041 240 30 00; www.vtp.it; Marittima Fabbricato 248) an, der abgelegen am westlichen Ende von Santa Croce zwischen dem Tronchetto und dem Piazzale Roma liegt.

Der Terminal ist zwar mit dem Auto erreichbar, aber die Fahrzeuge müssen auf der nahe gelegenen Isola del Tronchetto geparkt werden. Die meisten der großen Kreuzfahrtschiffe, die im Hafen vertäut sind, stellen ihren Passagieren ohnehin als Service meist einen kostenlosen Bus- oder Bootsshuttle für ihre Ausflüge und Besichtigungstouren in die Innenstadt und wieder zurück zur Verfügung.

Alilaguna-Bootsshuttle

Die Blaue und die Rote Linie, die von **Alilaguna** (☎041 240 17 01; www.alilaguna.it; Flughafentransfer einfache Fahrt 15 €) betrieben werden, verbinden den Kreuzfahrtterminal mit San Marco (einfache Fahrt 8 €, 15 Min.), dem Lido (einfache Fahrt 10 €, 45 Min.) und weiteren Haltestellen, die dazwischen liegen. Die Linien führen außerdem auch zum Flughafen Marco Polo weiter (einfache Fahrt 15 €, 2 Std.).

Bus

Ein häufig verkehrender Shuttlebus pendelt zwischen dem Kreuzfahrtterminal und dem Piazzale Roma. Während der Kreuzfahrtsaison verkehrt er von Montag bis Samstag alle 15 bis 20 Minuten. Gleiches gilt dann, wenn gerade ein großes Schiff im Hafen liegt.

Taxis & Wassertaxis

Die Kosten für Taxis zum Flughafen liegen zwischen 30 und 40 €. Alternativ können sie die Passagiere mitsamt ihrem Gepäck die 900 m bis zum Piazzale Roma bringen (rund 5 €), von wo aus die Reisenden dann einen Flughafenbus nehmen können.

Ein Wassertaxi direkt zum Hotel kostet rund 90 €.

Kabinenbahn

Die **People Mover Monorail** (www.avmspa.it; Piazzale Roma; 1,50 € pro Fahrt; ⏱Mo–Sa 7.10–22.50, So 8.40–20.50 Uhr) verbindet den Kreuzfahrtterminal mit dem Piazzale Roma. Sie benötigt für diese Strecke weniger als zwei Minuten und verkehrt während der Woche bis 23 Uhr.

Terminal San Basilio

Der **Terminal San Basilio** (Alte Stazione Marittime; Fondamenta Zattere Al Ponte; 🚢San Basilio) ist ein kleiner Fährhafen auf der Südseite von Dorsoduro und ist für die Hochgeschwindigkeitsboote der **Venezia Lines** (☎041 847 09 03; www.venezialines. com; ⏱Mai–Sept. tgl. 9–17 Uhr, Okt.–April Mo–Fr; 🚢San Basilio) von Kroatien und Slowenien bestimmt, die in den Sommermonaten hier verkehren.

Vaporetto

Die Vaporetto-Linie 2 verbindet den Terminal San Basilio mit Tronchetto, dem Piazzale Roma sowie San Zaccaria.

Terminal Fusina

Der **Terminal Fusina** (☎041 547 01 60; www.terminalfusina. it; Via Moranzani 79, Fusina) liegt auf dem Festland etwa 12 km südlich von Mestre und fertigt kleine Fähren von und nach Griechenland ab. Es finden vier Fahrten pro Woche statt, die von den **Anek Lines Italia** (☎041 528 65 22; www.anekitalia.com; Via Dell'Elettronica, Fusina) durchgeführt werden. Die Boote legen in Griechenland in den Häfen von Igoumenitsa (Schlafsaalbetten 150 €; 25½ Std.) und Patras (Schlafsaalbetten ab 150 €; 32 Std.) an.

Vaporetto

Um von Venedig nach Fusina zu gelangen, nimmt man am besten den Vaporetto der Circolare Lineafusina ab Zattere (8 €, 25 Min., stdl.) oder ab Alberoni (8 €, 35 Min., alle 2 Std.) am Südende des Lido.

Auto & Motorrad

Wer mit dem Auto oder Motorrad nach Venedig fahren möchte, nimmt am besten die häufig stark befahrene A4 (Trieste–Turin), die durch Mestre führt. Von Mestre aus nimmt man die Ausfahrt „Venezia". Jenseits des Ponte della Libertà müssen die Autos an dem Parkplatz am Piazzale Roma oder auf der Isola del Tronchetto zurückbleiben. Achtung: Besucher müssen an Wochenenden mit deftigen Parkgebühren und langen Verkehrsstaus rechnen.

Autofähre

Die Autofähre Nr. 17 transportiert Fahrzeuge von Tronchetto zum Lido (Fahrzeuge bis 4 m und Motorräder 13 €; der Fahrer ist nicht im Preis inbegriffen).

Parken

Die Parkgebühren beginnen in Venedig bei 3,50 € pro Stunde und kosten maximal 32 € (5–24 Stunden). Zu den Stoßzeiten sind die Parkplätze komplett belegt. Man kann allerdings auf www. veneziaunica.it einen Parkplatz vorbuchen.

Um all diese Scherereien zu umgehen und zudem noch preiswerter davonzukommen, sollte man sein Auto in Mestre parken und dann mit dem Bus oder dem Zug in die Innenstadt fahren. Dabei sollten unbedingt vorher immer sämtliche Wertgegenstände aus dem Auto entfernt werden.

Einen Überblick über die verschiedenen Parkmöglichkeiten in Venedig und in Mestre, inklusive Preise und Anfahrtsbeschreibungen, bietet die Website http:// avm.avmspa.it/en.

Garage Europa Mestre (☎041 95 92 02; www.garageeuropa-mestre.com; Corso del Popolo 55; 15 € pro Tag; ⏱8–22 Uhr) Verfügt über 300 Plätze; der ACTV-Bus 4 nach/von Venedig

---

AN DEN LANDUNGSSTEGEN

An den Haltestellen der Vaporetti ist die Orientierung zuweilen etwas schwierig. Daher sollte man die Schilder an den Landungsstegen beachten, damit man auch in die richtige Linie einsteigt. An den größeren Haltestellen, beispielsweise Ferrovia, Piazzale Roma, San Marco und Zattere gibt es oftmals zwei verschiedene Anlegestellen für ein und dieselbe Vaporetto-Linie, wobei die Boote dann allerdings in entgegengesetzte Richtungen ablegen.

Der Wirrwarr an den Haltestellen an der Piazza San Marco ist ganz besonders knifflig. Sollte das Boot nicht direkt an der Piazza San Marco anlegen, ist das noch kein Grund zur Panik: Es wird dann höchstwahrscheinlich an der San Zaccaria direkt hinter dem Palazzo Ducale anhalten.

ACTV-ZEITKARTEN

Die ACTV Tourist Travel Cards ermöglichen Touristen ein unbegrenztes Fahren mit den Vaporetti (Wasserbusse) und Lido-Bussen für folgende Zeitblöcke:

24 Stunden 20 €
48 Stunden 30 €
72 Stunden 40 €
Eine Woche 60 €

hält direkt vor dem Parkhaus; zum Bahnhof Mestre sind es etwa 1,3 km zu Fuß. Hier findet man die preiswertesten Stundentarife.

Autoremissa Comunale (☎041 272 73 07; www.veneziaunica.it; Piazzale Roma 496; Autos über/unter 185 cm 29/26 € pro Tag; ⊙24 Std.; ⬆Piazzale Roma) Hat 2152 Plätze und ist damit das größte Parkhaus am Piazzale Roma. Bei Online-Reservierungen sind Ermäßigungen möglich; für Fahrer mit Behinderungen ist das Parken für bis zu zwölf Stunden kostenlos.

Garage San Marco (☎041 523 22 13; www.garagesanmarco.it; Piazzale Roma 467f; 32 € für 24 Std., über Nacht 17–4 Uhr früh 15 €; ⊙24 Std.; ⬆Piazzale Roma) Hat 900 Plätze; Gäste bestimmter Hotels bekommen Ermäßigungen.

Parking Sant'Andrea (☎041 272 7304; www.avmspa.it; Piazzale Roma; 7 € für bis zu 2 Std.; ⊙24 Std.) Hat 100 Plätze; ideal für Kurzzeitparker.

Interparking Venezia Tronchetto (Parkplatz Tronchetto; ☎041 520 75 55; www.veniceparking.it; Isola del Tronchetto; 3/6/11/21 € pro 1/2/3/24 Std.; ⊙24 Std.; ⬆Tronchetto) Verfügt über etwa 3960 Plätze; die größte Parkgarage mit den preiswertesten Gebühren für 24 Std. Vaporetti fahren von dort direkt zur

Piazza San Marco, der People Mover bietet Verbindungen zum Piazzale Roma und dem Kreuzfahrtterminal.

UNTERWEGS VOR ORT

Das Hauptverkehrsmittel in der Stadt sind Vaporetti. (Wasserbusse). Sie fahren häufig und sind recht bequem, aber leider auch sehr teuer. In der Hauptsaison können sie überfüllt sein. Oftmals ist es schneller, einfach zu Fuß zum anvisierten Ziel zu gehen. Autos und Fahrräder sind am Lido und auf Pellestrina erlaubt. Wer etwas mehr Geld ausgeben möchte, kann sich auch für die zauberhafteste Fortbewegungsvariante entscheiden: eine Fahrt mit der Gondel oder einem privaten Wassertaxi.

Vaporetto

ACTV (Azienda del Consorzio Trasporti Veneziano; ☎041 272 2111; http://actv.avmspa.it/en) betreibt den gesamten öffentlichen Verkehr, inklusive der Wasserfahrzeuge. Obwohl der Service sehr gut funktioniert und pünktlich ist, sind die Boote auf den Hauptrouten schnell überfüllt, besonders an Karneval und in der Hauptsaison. Die einfache Fahrt kostet 7,50 €.

Die Fährdienste zwischen den Inseln, wie etwa nach Murano, Torcello, zum Lido und zu anderen Laguneninseln, werden meist von größeren *motonave* (großen Vaporetti) übernommen.

Um die täglichen Fahrten planen zu können, die Fahrpläne zu studieren und Fahrkarten zu kaufen, empfiehlt sich die nützliche Vaporetto-App daAaB (www.daaab.it). Wer sein Ticket mit Hilfe dieser App besorgt, kann es einfach auf dem Handy lassen und dieses dann statt einer gedruckten Fahrkarte an den Sperren abscannen lassen.

Fahrkarten

Venezia Unica (☎041 24 24; www.veneziaunica.it) ist die Hauptverkaufsstelle für die Fahrkarten im öffentlichen Nahverkehr. Fahrkarten für die Vaporetti gibt es in Buden an den meisten Landungsstegen. Hier findet man außerdem kostenlose Fahr- und Linienpläne. Tickets und Zeitkarten, die für mehrere Tage gültig sind, können auch online gekauft werden.

Wer den Vaporetto häufiger benutzen will (mehr als drei Fahrten), sollte eine ACTV Tourist Travel Card (s. links) kaufen – sonst wären für jede einzelne Fahrt 7,50 € zu entrichten. Die Zeitkarte, für eine unbegrenzte Anzahl von Fahrten während eines fest definierten Zeitraums, ist mit der Entwertung des Tickets gültig. Bevor man ein Boot besteigt, sollte man keinesfalls vergessen, die Fahrkarte an den dafür vorgesehenen gelben Apparaten abzustempeln. Die Karte muss vor jeder Fahrt eingelesen werden, auch wenn sie schon zuvor entwertet wurde. Ohne gültigen Fahrausweis sind sofort 59 € Bußgeld (plus die 7,50 € Fahrgeld) zu bezahlen. Es werden keine Ausnahmen gemacht.

Fahrgäste im Alter von 14 bis 29 Jahren mit gültiger Rolling Venice Card (S. 289) können in Touristenbüros ein Drei-Tage-Ticket für 22 € erwerben.

Strecken

Mit dem Vaporetto Nr. 1 geht es im Zickzackkurs vom Piazzale Roma oder vom Bahnhof aus den Canal Grande hinunter nach San Marco und weiter zum Lido. Ein idealer Einstieg für Venedigbesucher, die es nicht eilig haben! Vaporetto Nr. 17 transportiert Fahrzeuge vom Tronchetto bei der Piazzale Roma zum Lido.

Wie oft die Vaporetti fahren hängt von der jeweiligen Linie und der Tageszeit ab. Vaporetto Nr. 1 fährt tags-

PREISWERTE VERGNÜGEN AUF DEM CANAL GRANDE

Ein *traghetto* ist der Gondelservice, den die Einheimischen nutzen, um den Canal Grande zu überqueren (die Brücken liegen oft weit auseinander). Die Fahrten mit den *traghetti* kosten nur 2 € für Nicht-Venezianer und fahren in der Regel zwischen 9 und 18 Uhr, einige Linien allerdings nur bis mittags. Wichtige Verbindungen mit dem *traghetto* finden sich am Campo San Marcuola, Rialto-Markt, Riva del Vin, San Tomà, an der Ca' Rezzonico und am Palazzo Pisani Gritti. Dieser Dienst kann allerdings auf allen Strecken und zu allen Zeiten eingeschränkt sein.

über in der Regel alle 10 Minuten; die Linien 4.1 und 4.2 verkehren nur alle 20 Minuten. Die Zeiten für die Nachtfahrten können schon einmal bis zu einer Stunde auseinanderliegen. Auf manchen Linien ist bereits gegen 21 Uhr Feierabend – also ist es besser, vor der Fahrt den Fahrplan genau zu studieren.

Hier die wichtigsten Vaporetto-Linien mit ihren Haupthaltestellen:

Nr. 1 Piazzale Roma–Ferrovia–Canal Grande (alle Haltestellen)–Lido und zurück (5 bis 23.30 Uhr, 7–22 Uhr alle 10 Min.).

Nr. 2 Rundfahrt: San Zaccaria–Redentore–Zattere–Tronchetto–Ferrovia–Rialto–Accademia–San Marco.

Nr. 3/DM Der „Diretto Murano" verbindet den Piazzale Roma und den Bahnhof mit allen fünf Haltestellen auf Murano.

Nr. 4.1 Rundfahrt: Murano–Fondamente Nove–Ferrovia–Piazzale Roma–Redentore–San Zaccaria–Fondamente Nove–San Michele–Murano (6–22 Uhr, alle 20 Min.).

Nr. 4.2 Rundfahrt in umgekehrter Richtung (6.30–20.30 Uhr, alle 20 Min.).

Nr. 5.1 & 5.2 fahren dieselbe Strecke, aber in jeweils umgekehrter Richtung: Lido–Fondamente Nove–Riva de Biasio–Ferrovia–Piazzale Roma–Zattere–San Zaccaria–Giardini–Lido.

Nr. 6 Rundfahrt mit wenigen Haltestellen; wird nur werktagsbefahren: Piazzale Roma–Santa Marta–San Basilio–Zattere–Giardini–Sant'Elena–Lido.

Nr. 8 Giudecca–Zattere–Redentore–Giardini–Lido (verkehrt nur von Mai bis Anfang Sept.).

Nr. 9 Torcello–Burano und zurück (7–20.45 Uhr, alle 30 Min.).

Nr. 11 Ein aufeinander abgestimmter, stündlich verkehrender Bus- und Vaporetto-Service vom Lido nach Pellestrina und Chioggia.

Nr. 12 Fondamente Nove–Murano–Mazzorbo–Burano–Torcello und zurück.

Nr. 13 Fondamente Nove–Murano–Vignole–Sant'Erasmo–Treporti und zurück.

Nr. 16 Verbindet Fusina Terminal mit Zattere.

Nr. 17 Autofähre Tronchetto–Lido und zurück.

Nr. 18 Murano–Sant'Erasmo–Lido und zurück (fährt nicht so häufig und nur in den Sommermonaten).

Nr. 20 San Zaccaria–San Servolo–San Lazzaro degli Armeni und zurück. Im Sommer wird auch am Lido Halt gemacht.

N Nachtlinie; hält überall, etwa auf der Giudecca, am Canal Grande, in San Marco, am Piazzale Roma und an den Bahnhöfen (23.30 bis 4 Uhr, alle 40 Min.).

NMU (Notturno Murano) Eine weitere Nachtlinie von den Fondamente Nove nach Murano (hält überall).

NLN (Notturno Laguna Nord) Eine dritte Nachtlinie, die wenig häufig zwischen den Fondamente Nove, Murano, Burano, Torcello und Treporti verkehrt.

Gondel

Auf einer Gondelfahrt bietet sich ein ganz besonderes Bild der Stadt. Tagsüber kostet eine 40-minütige Fahrt 100 € (von 19 bis 8 Uhr kostet sie für 35 Min. 100 €); Trinkgeld oder Gesang sind darin noch nicht enthalten. Eine 20 Minuten längere Fahrt kostet tagsüber 40 und nachts 50 € mehr. Bei bewölktem Wetter oder am Mittag kann man versuchen, Sonderpreise auszuhandeln. Um unerwartete Aufschläge zu vermeiden, empfiehlt es sich, sich vor Antritt der Fahrt hinsichtlich der zeitlichen Begrenzung und möglicher Gesangseinlagen abzusprechen.

Gondeln liegen an *stazi* (Haltestellen) am Canal Grande und in der Nähe der großen Sehenswürdigkeiten sowie an Touristen-Hotspots bereit, können aber auch telefonisch bei **Ente Gondola** (☑ 041 528 50 75; www.gondola venezia.it) gebucht werden.

Gondolas 4 All (Karte S. 319; ☑ 328 2431382; www. gondolas4all.com; Fondamente Cossetti; 80 € für 30 Min.; ☑ Piazzale Roma) ist von der Gesellschaft der Gondolieri unterstütztes Unternehmen, bietet Gondelfahrten für Rollstuhlfahrer in eigens zu diesem Zweck umgebauten Gondeln an. Entsprechende Einsteigemöglichkeiten gibt es an einem der rollstuhlgeeigneten Anlegestellen am Piazzale Roma.

Wassertaxi

Lizenzierte Wassertaxis sind zwar eher ein kostspieliges Fortbewegungsmittel, erweisen sich aber als sehr vorteilhaft, wenn man Gefahr läuft, zu spät zur Oper zu kommen oder sehr viel Gepäck mit sich führt. Die Fahrpreise werden entweder per Taxameter ermittelt oder vorher ausgehandelt. Die offiziellen Tarife beginnen bei einem Grundpreis von 15 € plus 2 € pro Minute. Es werden 5 € extra berechnet, wenn das Taxi seine Fahrgäste direkt vom Hotel abholt. Zusätzliche Kosten von 10 € entstehen bei Nachtfahrten (22 bis 6 Uhr). Bei viel Gepäck (mehr als 5 Teile) kostet es 5 € pro weiterem Gepäckstück. Für jede zusätzliche Person (mehr als vier Pers.), werden 10 € mehr berechnet. Wer das Wassertaxi durch das Hotel oder ein Reisebüro rufen lässt, muss ebenfalls mit einem Aufpreis rechnen. Ein Trinkgeld ist nicht erforderlich.

Die Wassertaxis sind deutlich mit einer Zulassungsnummer auf gelbem Streifen gekennzeichnet. Die offiziellen Wassertaxistände befinden sich am Flughafen, am Bahnhof und vor dem **Piazzale Roma** (Karte S. 319; Fondamente Cossetti) und am Tronchetto.

Selbst wenn man es als Fahrgast eilig hat, sollte man den Taxifahrer nicht antreiben, denn schnelles Fahren löst *motoschiaffi* (Heckwellen) aus, die dazu führen, dass die antiken Fundamente geschädigt werden.

Boot

Freizeitkapitäne können die Lagune (aber nicht den Canal Grande oder die Kanäle im historischen Zentrum) mit einem gemieteten Boot befahren. Ein Bootsführerschein ist nicht erforderlich, aber man muss eine Probefahrt machen, um zu beweisen, dass man das Boot auch tatsächlich manövrieren und einparken kann; wer eine Tagesfahrt plant, sollte sich die vier Bootstankstellen in Venedig auf der Karte zeigen lassen.

Die Boote können bei **Brussa** (Karte S. 320; ☎041 71 57 87; www.brussaisboat. it; Fondamenta Labia 331; 7 m langes Boot inkl. Treibstoff 43/196 € pro Std./Tag; ☺Mo–Fr 7.30–17.30, Sa & So bis 12.30 Uhr; ⏚Ferrovia) in Cannaregio und bei **Venice Rental Services** (☎388 8888842; www.scooterrent venice.com; Via Perasto 6b, Lido; Fahrräder/E-Bikes/Motorroller/Auto/Boote ab 10/20/35/40/200 € pro Tag; ☺9–19 Uhr; ⏚Lido SME) am Lido gemietet werden. Für eher romantische Fahrten kann man alternativ auch ein traditionelles San-Pietro-Flachbodenboot mit Elektromotor von **CBV** auf Murano ausleihen (Classic Boats Venice; ☎041 523 67 20; www. classicboatsvenice.com; Isola della Certosa; 1/2/3/4/8 Std. 80/150/180/225/295 €; ☺April–Feb. 9–19 Uhr; ⏚Certosa) ✎.

Fahrrad

Fahrradfahren ist in der Innenstadt streng verboten. Auf den größeren Inseln Lido und Pellestrina ist das Radfahren jedoch eine gute Möglichkeit, um alles zu erkunden und auch die entfernter liegenden Strände aufzusuchen. **Lido on Bike** (☎041 526 80 19; www.lidoon bike.it; Gran Viale Santa Maria Elisabetta 21b, Lido; Leihräder 5/10 € für 90 Min./Tag; ☺Sommer 9–19 Uhr; ⏚Lido SME) und **Venice Rental Services** (☎388 8888842; www.scooterrentvenice.com; Via Perasto 6b, Lido; Fahrräder/ E-Bikes/Motorroller/Autos/ Boote ab 10/20/35/40/200 € pro Tag; ☺9–19 Uhr; ⏚Lido SME) liegen beide an der Vaporetto-Haltestelle; man muss sich für das Leihen des Rades ausweisen können.

Am Lido gibt es auch das elektronische Rad-Sharing-System **Bike Sharing Venezia** (☎800 655300; www.bicin citta.com; Lido; Registrierung 20 € inkl. 5 € Guthaben, 1/2 Std. gratis/1 €, jede weitere Std. 2 €; ⏚Lido SME), das man eigenständig aktivieren kann. Um es nutzen zu können, muss man sich online registrieren.

Für einen Radausflug nach Venetien wendet man sich am besten an **Veloce** (☎0586 40 42 04; www.rental-bikeitaly.com; Touren-/Mountain-/Rennrad 20/25/35 € pro Tag; ☺8–20 Uhr), die GPS-Geräte (10 €), geführte Touren (80 € pro Pers.), Routenvorschläge auf Englisch und Restaurants sowie einen praktischen Bring- und Abholservice von Bahnhöfen und Hotels anbieten. Die Fahrräder müssen im Voraus reserviert werden.

Auto & Motorrad

Naturgemäß ist Venedig eher keine Autostadt, aber am Lido und auf Pellestrina sind Autos erlaubt, und zu den entlegenen Orten Venetiens gelangt man natürlich am besten im eigenen Fahrzeug. Die hier aufgeführten Mietwagenfirmen haben ihre Büros bzw. Schalter sowohl am Piazzale Roma als auch am Flughafen Marco Polo.

Einige Firmen betreiben auch Niederlassungen im oder am Bahnhof Mestre: **Avis** (☎041 523 73 77; www. avis.com; Piazzale Roma 496g; ☺Mo–Sa 8.30–15.30 Uhr; ⏚Piazzale Roma), **Europcar** (☎041 523 86 16; www.europcar.it; Piazzale Roma 496; ☺Mo–Fr 8.20–12.30 & 14–18, Sa 8.30–12.30, So 9–12 Uhr; ⏚Piazzale Roma). **Hertz** (☎041 528 40 91; www. hertz.it; Piazzale Roma 496; ☺Mo–Fr 8.30–12.30 & 14.30–17.30, Sa 8.30–12.30 Uhr; ⏚Piazzale Roma).

Motorroller gibt es auf dem Lido bei **Venice Rental Services** (☎388 8888842; www.scooterrent venice.com;

Via Perasto 6b, Lido; Fahrräder/ E-Bikes/Motorroller/Autos/ Boote ab 10/20/35/40/200 € pro Tag; ⊘9–19 Uhr; ⬚Lido SME) zu leihen. In anderen Städten Venetiens sind eher Fahrräder als Motorräder das bevorzugte Fortbewegungsmittel.

Kabinenbahn

Venedigs **People Mover** (www.avmspa.it; Piazzale Roma; 1,50 € pro Fahrt; ⊘Mo–Sa 7.10–22.50, So 8.40–20.50 Uhr) ist eine seilgezogene, rollstuhlgerechte Kabinenbahn, die zwischen den Parkplätzen auf der Insel Tronchetto und dem Kreuzfahrtschiffterminal und dem Piazzale Roma hin- und herpendelt. Sie verkehrt alle sieben Minuten. Die Fahrstrecke beträgt nur 800 m. Fahrkarten kauft man an den Automaten am Bahnhof.

VERKEHRSMITTEL & -WEGE UNTERWEGS VOR ORT

Allgemeine Informationen

Ermäßigungen & Dauerkarten

Das Portal der Touristeninformation Venezia Unica listet einige Dauerkarten und Ermäßigungen auf, die maßgeschneidert für die verschiedenen Bedürfnisse der Kunden sind und die online gekauft werden können. Zu den Ermäßigungen und Dauerkarten gehören folgende:

➡ Land- und Wassertransfer zum Flughafen und Kreuzfahrtschiffterminal;

➡ ACTV-Zeitkarten für Touristen;

➡ Kombikarte für Museen und Kirchen;

➡ Parken;

➡ freies WLAN überall in der Stadt;

➡ vorab bezahlter Zutritt zu öffentlichen Toiletten.

Wer eine Dauerkarte online kauft, druckt einen Voucher mit Reservierungsnummer aus (PNR) und nimmt diesen mit. Dann legt man ihn einfach bei den verschiedenen Sehenswürdigkeiten am Eingang vor und wird dann eingelassen.

Um öffentliche Verkehrsmittel zu nutzen, muss man sich eine kostenlose Karte besorgen (dazu benötigt man den PNR-Code), die dann mit dem Guthaben geladen ist, das man vorab gekauft hat. Dies kann man an den Automaten des ACTV am **Flughafen Marco Polo**

(☑ Fluginformation 041 260 92 60; www.veniceairport.it; Via Galileo Galilei 30/1, Tessera) tun, an den Fahrkartenschaltern der Vaporetti-Haltestellen und in den Büros von Venezia Unica.

Chorus-Pass

Die Gemeinschaft aller Kirchen der Stadt bieten einen sogenannten **Chorus-Pass** (Erw./Stud. unter 29 Jahren 12/8 €), mit dem man ein Jahr lang jeweils ein Mal jede der 16 historischen Kirchen Venedigs (außer I Frari) betreten kann. Ohne diesen Pass kostet die Besichtigung einer jeden dieser Kirchen bereits 3 €. Diese Pässe werden in den Kartenschaltern aller Kirchen verkauft; die Erlöse werden zum Erhalt und für die Renovierungen der Kirchen eingesetzt.

City-Pässe

Bei Venezia Unica gibt es den Silber-, Gold- und Platin-Pass. Für eifrige Touristen, die mindestens vier bis sieben Tage zur Verfügung haben, sind die folgenden Pässe am sinnvollsten:

City-Pass (Erw./Junior 6–29 Jahre 39,90/29,90 €) Sieben Tage gültig; ermöglicht den Eintritt in den Dogenpalast, 12 städtische Museen und die 16 Chorus-Kirchen. Zudem kommt man damit gratis ins Casino.

City-Pass für San Marco (Erw./erm. 28,90/21,90 €)

Dieser Ausweis ist eine abgespeckte Form des City-Passes und ist gültig für den Dogenpalast, vier städtische Museen an der Piazza San Marco sowie für drei Kirchen auf dem Chorus-Rundweg.

Museumspässe

Der **Civic Museumspass** (Erw./erm. 24/18 €) ist sechs Monate gültig und gewährt einen jeweils einmaligen Eintritt in elf städtische Museen, darunter den Palazzo Ducale, die Ca' Rezzonico, Ca' Pesaro, den Palazzo Mocenigo, das Museo Correr, das Museo del Vetro (Glasmuseum) auf Murano und das Museo del Merletto (Klöppelspitzenmuseum) auf Burano. Kurzurlauber bevorzugen vielleicht den Pass für die **Museen an der Piazza San Marco** (Erw./erm. 20/-13 €), der für vier Museen rund um die Piazza San Marco (Palazzo Ducale, Museo Correr, Museo Archeologico Nazionale und Biblioteca Nazionale Marciana) gültig ist. Erhältlich ist er in jedem städtischen Museum und dem Touristenbüro und online bei Venezia Unica.

Andere Kombitickets

Kunstbegeisterte, die die Ca' d'Oro und den Palazzo Grimani besuchen wollen, sollten sich ein **Kombiticket** (Erw./18 bis 25/unter 18 Jahren 10/4 €/gratis) nehmen, Gültigkeit: drei Monate.

Ein kombiniertes Ticket für den Palazzo Grassi und die Punta della Dogana kostet 18/15 € (Erw./erm.).

Beide Tickets können direkt in den jeweiligen Museen erworben werden.

Rolling Venice Card

Besucher zwischen 6 und 29 Jahren sollten sich für 6 € diese Rabattkarte kaufen (erhältlich in Touristenbüros und den meisten ACTV-Kartenverkaufsstellen des öffentlichen Nahverkehrs). Zusätzlich dazu kann man sich eine Zeitkarte (für 72 Stunden; 22 €) besorgen und hat dann Ermäßigungen beim Flughafentransfer, in Museen, Sehenswürdigkeiten und kulturellen Veranstaltungen.

ISIC

Eine **International Student Identity Card** (Internationaler Studentenausweis; www.isic.org) kann ermäßigte Eintrittspreise in einigen Sehenswürdigkeiten bedeuten, aber eigentlich sind die Vergünstigungen damit in Venedig nur in beschränktem Umfang möglich.

Feiertage

Für die Menschen in Venedig gilt, dass die Hauptferienzeit im Sommer liegt (Juli und besonders August), aber auch zwischen Weihnachten und Neujahr und über Ostern. Restaurants, Geschäfte und die meisten anderen Anbieter von Freizeitaktivitäten schränken ihre Öffnungszeiten auch rund um den Ferragosto (Mariä Himmelfahrt; 15. August) ein.

Capodanno/Anno Nuovo (Neujahr) 1. Januar

Epifania/Befana (Dreikönige) 6. Januar

Pasquetta/Lunedì dell'Angelo (Ostermontag) März/April

Giorno della Liberazione (Jahrestag der Befreiung) 25. April

Festa del Lavoro (Tag der Arbeit) 1. Mai

Festa della Repubblica (Tag der Republik) 2. Juni

Ferragosto (Mariä Himmelfahrt) 15. August

Ognissanti (Allerheiligen) 1. November

Immaculata Concezione (Unbefleckte Empfängnis) 8. Dezember

Natale (1. Weihnachtstag) 25. Dezember

Santo Stefano (2. Weihnachtstag) 26. Dezember

Frauen unterwegs

Unter den Hauptreisezielen Italiens gehört Venedig zu den für Frauen sichersten, wenn man der offiziellen Kriminalitätsstatistik glauben kann. Zu den Hauptärgernissen gehört allenfalls das Angesprochenwerden durch andere Reisende auf der Piazza San Marco oder an den Stränden des Lido. Darauf reagiert man am besten mit einem *„Non mi interessa"* („Ich bin nicht interessiert") oder dem alles abwehrenden, genervten Verdrehen der Augen.

Geld

Es gibt überall in der Stadt Geldautomaten. Kreditkarten werden in den meisten Hotels, B&Bs und Geschäften angenommen. Um Geld zu wechseln, benötigt man einen Ausweis oder Reisepass.

Trinkgeld

➔ **Cafés und Bars** Die meisten Italiener lassen nur ein kleines Wechselgeld zurück (0,10 bis 0,20 € ist völlig in Ordnung).

➔ **Hotels** Mindestens 2 € pro Gepäckstück oder Nacht für Gepäckträger, Zimmermädchen oder -service.

➔ **Öffentliche Verkehrsmittel** Trinkgelder kann man für guten Service in Gondeln und in Wassertaxis geben, vor allem dann, wenn auch gesungen wurde.

➔ **Restaurants** Ein Trinkgeld von 10 % ist Standard – allerdings sollte man prüfen, ob nicht schon ein Trinkgeld auf der Rechnung ausgewiesen oder im *coperto* (Gedeck) enthalten ist.

Medizinische Versorgung

Der Standard der medizinischen Versorgung ist in Venedig in der Regel hoch, allerdings ist das öffentliche System manchmal etwas umständlich. Wer vor der Reise gut plant, erspart sich hinterher Probleme. Man sollte Medikamente in deren Originalverpackungen von zu Hause mitbringen. Ein unterschriebener und mit Datum versehener Arztbrief, in dem der eigene Gesundheitszustand und die verordneten Medikamente mitsamt ihren Inhaltsstoffen aufgeführt sind, ist ebenfalls eine gute Idee.

Bei einer erforderlichen Notfallbehandlung geht man am besten direkt in die Abteilung *pronto soccorso* (Notaufnahme) eines öffentlichen Krankenhauses (mit Ausweis/Pass und der Europäischen Krankenversicherungskarte EHIC). Bei kleineren Gesundheitsproblemen helfen auch Apotheker gerne weiter.

Die Öffnungszeiten von medizinischen Einrichtungen variieren, aber die meisten haben Montag bis Freitag von 8 bis 12.30 und 16 bis 20 Uhr geöffnet und samstags von 9 bis 12 Uhr. Vom 15. Juni bis zum 15. September können Touristen unter der Nummer 041 530 0874 einen diensthabenden Arzt erreichen.

Umfassende Informationen zu allen medizinischen Dienstleistungen sind auch auf www.healthvenice.com zu finden.

TIPPS FÜR REISENDE MIT BEHINDERUNG

➡ Man sollte seine Reise im Vorhinein gut planen, so etwa Führungen, Fremdenführer und Unterkunft, sodass man vor Ort keine Zeit dafür verschwenden muss.

➡ Die Hotelunterbringung muss gut überlegt werden, denn manche Teile der Stadt sind besser zu erreichen als andere. Man sollte prüfen, ob der Weg von der nächsten Vaporetto-Haltestelle zum Hotel ohne Brücken zu bewältigen ist.

➡ Von Oktober bis März gibt es in der Stadt manchmal *acqua alta* (Hochwasser). Dann sind Teile der Stadt überflutet. In diese Zeit sollte man seine Reise besser nicht legen, oder beim Hotel erfragen, ob die unmittelbare Umgebung betroffen ist. Das Hochwasser kann auch den Zugang zu den *Vaporetto*-Haltestellen betreffen.

➡ Den Stadtplan „Accessible Venice" auf der Website von Venezia Unica (S. 291) ausdrucken.

➡ Bei der Ankunft oder im Vorhinein online eine Travel Card (S. 284) oder ermäßigte Mehrfachkarte für Behinderte besorgen.

➡ Vielleicht einen zugelassenen Tourenguide von Best Venice Guides (S. 29) engagieren, wie z. B. Luisella Romeo von See Venice (S. 29). Sie kennen die Stadt mit all ihren Sehenswürdigkeiten wie ihre Westentasche und können faszinierende Rundgänge und -fahrten zusammenstellen, die genau auf die Bedürfnisse der Reisenden abgestimmt sind.

➡ Der Eintritt in die zwölf städtischen und sechs staatlichen Museen der Stadt ist für Menschen mit Behinderung inkl. einer Begleitperson gratis.

Notfallkliniken

Erste Hilfe Piazza San Marco (Erste-Hilfe-Einrichtung; Procuratie Nuove 63/65, Piazza San Marco; ◷8–20 Uhr) Diese gut ausgestattete Erste-Hilfe-Station ist vor allem auf die Behandlung vonTouristen ausgelegt; führt Diagnosen und kleinere OPs durch und stellt außerdem Rezepte und Überweisungen ins Krankenhaus aus.

Erste Hilfe Piazzale Roma (Erste-Hilfe-Einrichtung; Piazzale Roma 496; ◷8–20 Uhr; ⛴Piazzale Roma) Bietet ganz ähnliche Hilfestellungen wie die Erste-Hilfe-Station am Markusplatz, darunter kleinere OPs und die Verschreibung von Medikamenten.

Guardia Medica (☑041 238 56 00) Dieser Nachtdienst in Venedig ist an Wochentagen von 8 bis 20 Uhr erreichbar und an Tagen vor einem Feiertag (inkl. Sonntag) bis 8 Uhr am folgenden Tag.

Ospedale dell'Angelo (☑041 965 71 11; www.ulss12.ve.it; Via Paccagnella 11, Mestre) Rie-

siges, modern ausgestattetes Krankenhaus; befindet sich auf dem Festland.

Ospedale SS Giovanni e Paolo (Karte S. 54; ☑041 529 43 11; www.aulss3.veneto.it; Campo Zanipolo 6777; ⛴Ospedale) Das größte Krankenhaus der Stadt; für Notfälle und Zahnbehandlungen. Der Zugang erfolgt vom Wasser aus, und zwar in der Nähe der Vaporetto-Haltestelle Ospedale.

Notfall

Kranken-wagen	☑118
Polizei	☑112
Vorwahl von Venedig	☑041

Öffnungszeiten

Die hier angegebenen Öffnungszeiten dienen zur allgemeinen Orientierung und können im Einzelfall deutlich davon abweichen. Dies trifft insbesondere auf Geschäfte, Bars und Restaurants zu.

Banken Montag bis Freitag 8.30 bis 13.30 und 15.30 bis 17.30 Uhr, die Öffnungszeiten variieren jedoch; einige Banken haben auch am Samstagvormittag geöffnet.

Geschäfte Montag bis Samstag 10 bis 13 und 15.30 bis 19 Uhr (oder 16 bis 19.30 Uhr).

Restaurants 12 bis 14.30 und 19 bis 22 Uhr.

Supermärkte Montag bis Samstag 9 bis 19.30 Uhr.

Reisen mit Behinderung

Mit Hunderten von Brücken und endlosen Treppen ist Venedig sicher nicht der angenehmste Ort für Menschen mit Behinderungen. Aber die Stadt hat sich in den letzten Jahren sehr bemüht, die Situation zu verbessern. Die Stadtverwaltung konstatiert heute, dass 70 % des Stadtzentrums für Menschen mit eingeschränkter Bewegungsfähigkeit barrierefrei und die meisten der Hauptsehenswürdigkeiten mit öffentlichen Verkehrsmitteln zu erreichen sind. Auf https://europe forvisitors.com/venice/articles/accessible_venice.htm gibt es einen informativen Artikel zum Thema, wie man mit Rollstuhl, Gehhilfen oder Krücken die Stadt dennoch genießen kann.

Wer eine offensichtliche Behinderung hat und/oder einen Behindertenausweis vorlegen kann, kommt in viele Museen und Galerien kostenlos hinein. Das gilt auch für die Begleitperson. Allerdings gilt es immer zu bedenken, dass die Stadt wegen ihrer historischen (und geschützten) Baustruktur nicht immer für einen barrierefreien Zugang zu allen Bereichen einer Sehenswürdigkeit sorgen kann. Manchmal ist einfach keine Möglichkeit da, einen Aufzug oder eine Rampe einzubauen.

Unterwegs vor Ort & in der Umgebung

Das **Büro zur Hilfe für Menschen mit Behinderungen** (Sala Blu; ☎800 906 060; Stazione Venezia Santa Lucia; ⌚6.45–21.30 Uhr) befindet sich an Gleis 4 im Bahnhof Santa Lucia von Venedig.

Praktisch alle Stadtbusse, darunter die, die auf dem Lido und zwischen der Stadt und dem Festland verkehren, haben einen rollstuhlgerechten Einstieg. Auch die Kabinenbahn People Mover ist rollstuhlgerecht.

Den Stadtplan „Accessible Venice" kann man auf **Venezia Unica** (www.veneziaunica.it) ausdrucken und er ist auch in der Touristinfo erhältlich. Der Plan zeigt jeweils die Gebiete rund um eine Wasserbus-Haltestelle, die ohne Brückenbenutzung zugänglich sind.

Die meisten Vaporetti (kleine Passagierfähren) verfügen über einen behindertengerechten Einstieg. Die Vaporetto-Linien 1 und 2, die auf dem Canal Grande verkehren, bieten jeweils Platz für vier Rollstühle. Die Linien 4.1/4.2 und 5.1/5.2 haben nur für einen einzigen Rollstuhl Platz. Linie 12 nach Murano, Burano und Torcello sowie die LN-Autofähre zum Lido sind ebenfalls rollstuhlgerecht.

Fahrgäste mit Rollstuhl können an den ACTV-Fahrkartenschaltern und in den Büros von Hellovenezia eine einfache Fahrkarte für den stark ermäßigten Preis von 1,50 € kaufen. Jedes Ticket ist 75 Minuten gültig und gilt inklusive einer Begleitperson.

Private Behindertenfahrten auf der Straße oder per Wassertaxis organisiert **Sanitrans** (☎041 523 9977; www.sanitrans.net; Fondamenta Guglie (Fondamenta de Cannaregio) 1091/A; 🚏Guglie). Sie stellen auch Gehhilfen bereit.

Reisebüros für Reisende mit Behinderung

Gondolas 4 All (Karte S. 319; ☎328 2431382; www.gondolas4all.com; Fondamente Cossetti; 80 € für 30 Min.; 🚏Piazzale Roma) Rollstuhlfahrer mit handbetriebenen Rollstühlen (nicht jedoch die mit elektrischen) können heutzutage auch das für Venedig so typische Verkehrsmittel nutzen. Es empfiehlt sich dazu, das Buchungsformular auf ihrer italienischsprachigen Website zu verwenden.

L'Altra Venezia (www.laltravenezia.it; Rundgänge 70 € pro Std., thematische Führungen ab 200 €, Bootstouren ab 400 €) bietet Halbtags- und Ganztagsrundfahrten durch die Stadt und die Lagune in eigens für diesen Zweck umgebauten Booten, die bis zu sieben Personen (und maximal vier Rollstühle) aufnehmen können. Die Fahrten werden nur mit einem Bootsführer oder einem Fremdenführer durchgeführt. An Bord oder alternativ auch in einem venezianischen Restaurant gibt es unterwegs ein Mittagessen, das im Preis inbegriffen ist.

Rome & Italy (☎06 4425 8441; www.romeanditaly.com/tourism-for-disabled; Via Giuseppe Veronese 50; ⌚9–20 Uhr) Ein etabliertes Reisebüro mit einer Abteilung für Behindertentourismus, das zwei maßgeschneiderte Halbtagestouren zum Dogenpalast und zur Insel Torcello anbietet; dazu noch behindertengerechte Übernachtungsmöglichkeiten, Ausrüstungsgegenstände und Fahrzeugverleih.

Accessible Italy (www.accessibleitaly.com) Eine gemeinnützige Firma in San Marino, die sich auf Urlaubsdienste für Reisende mit Behinderungen spezialisiert hat. Dazu gehören Dienstleistungen wie Ausrüstungs- und Autoverleih sowie die Vermittlung von Hilfspersonen. In Venedig bietet sie mehrtägige Einzel- und Gruppentouren und Touren nach Maß an.

Sage Traveling (www.sagetraveling.com) Ein in den USA ansässiges Reisebüro, das für Reisende mit Behinderung maßgeschneiderte Touren in Europa anbietet. Auf seiner Website finden sich ein detaillierter Reiseführer Venedig für Menschen mit Behinderung, in dem man Tipps zur Benutzung des Vaporetto und der

PRAKTISCH & KONKRET

➜ **Maße & Gewichte** Für Maße und Gewichte gilt das metrische System.

➜ **Rauchen** ist in allen geschlossenen öffentlichen Räumen (von Bars bis zu Aufzügen, von Büros bis zu Zügen und Hotelzimmern) untersagt.

Wassertaxis findet, aber auch Ratschläge zu Rundgängen, Bootsausflügen und Hotels für Menschen mit Behinderung.

Infos im Internet für Reisende mit Behinderung

Auf der Seite von **Venezia Unica** (www.veneziaunica. it/en/content/accessible-venice) findet sich eine Seite für Reisende mit Behinderung mit interessanten Infos, darunter zur Anreise, einem Stadtplan mit Tipps sowie Infos zu Gondelfahrten, öffentlichen Verkehrsmitteln und Rollstuhlverleihstellen. Die am besten auf die Interessen von Behinderten ausgerichtete Touristeninformation ist die an der **Piazza San Marco** (Karte S. 312; ✆041 24 24; Piazza San Marco 71f; ◷9–19 Uhr; ⚓San Marco).

Village for All (www.village forall.net) Führt vor Ort Prüfungen touristischer Einrichtungen in Italien und in San Marino durch. Die meisten der mehr als 70 Einrichtungen sind Übernachtungsanbieter von Campingplätzen bis hin zu Spitzenhotels.

See Venice (www.seevenice. it) In ihrem Blog beschreibt die venezianische Fremdenführerin Luisella Romeo einige hervorragende behindertengerechte Rundwege durch die Stadt. Siehe www.seevenice. it/en/accessible-venice-tours-wheelchair und www.seevenice. it/en/more-tours-about-accessible-venice-wheelchair. Die von Lonely Planet veröffentlichten Reiseführer *Accessible Travel* können kostenlos von http:// lptravel.to/AccessibleTravel hergeunterladen werden.

Schwule & Lesben

Homosexualität ist in Italien legal und wird im Allgemeinen in Venedig und in Venetien toleriert. ArciGay (www.

VERORDNUNGEN & TOURISTENSTEUERN

Der boomende Tourismus bringt zunehmend mehr Besucher in die Stadt und hat zu immer respektloserem und unangemessenerem Verhalten gegenüber den ohnehin schon lange leidenden Bewohnern geführt. Nun hat die Stadt verschiedenste Aktivitäten verboten. Einige sind ganz offensichtlich, so wie Müllwegwerfen, Grafittisprühen und Plakateankleben. Andere sind weniger offensichtlich. So ist es beispielsweise verboten, sich irgendwo auf den Plätzen oder Straßen der Stadt hinzuzusetzen und ein Picknick auszupacken. Das Schwimmen in den Kanälen ist strengstens untersagt; Gleiches gilt für das Radfahren oder Herumlaufen im Stadtzentrum mit nacktem Oberkörper oder in Badekleidung. Störende Hobbyfotografen dürfen die Brücken der Stadt nicht mehr verstopfen und Junggesellenabschiede dürfen draußen nur noch tagsüber oder an Wochenenden stattfinden. Mitgebrachter Alkohol darf nicht mehr zwischen 20 und 8 Uhr auf den Straßen konsumiert werden.

Die Behörden kennen auch keinen Spaß bei der Durchsetzung dieser Regeln. 2019 mussten das zwei ahnungslose deutsche Rucksackreisende erleben, als sie mit einem Bußgeld von 950 € belegt und aus der Stadt geschickt wurden, weil sie einen tragbaren Gaskocher nur wenige Meter von der geschäftigen Rialto-Brücke angemacht hatten, um sich einen Kaffee zu brühen.

Außerdem ist eine neue Touristensteuer in Kraft getreten, die auch Tagesreisende betrifft (für Übernachtungsgäste gab es schon zuvor eine Steuer). Die Höhe dieser Steuer wechselt übers Jahr, steigt aber in der absoluten Hochsaison auf 10 €.

arcigay.it) ist die nationale Organisation für Schwule, Lesben, Bisexuelle und Transsexuelle und gibt Informationen über die entsprechende Szene in ganz Italien heraus. Die Website www. gay.it (auf Italienisch) ist sehr hilfreich und listet alle Veranstaltungen für Schwule und Lesben im ganzen Land auf, allerdings ist die Auswahl für Venedig darin eher dürftig. Ein umfangreicheres Angebot für Schwule und Lesben bietet die Stadt Padua. Hier befindet sich auch die nächstgelegene LGBT-Organisation, **Arci-Gay Tralaltro** (✆049 876 24 58; www.tralaltro.it; Corso Garibaldi 41; ◷18–21.30 Uhr, nur für unter 30-Jährige, Di 9–11 Uhr).

Sicher reisen

➡ Vorsicht ist auf den rutschigen Ufern des Kanals und den Steinbrücken geboten, insbesondere nach Regen und *acque alte* (Hochwasser).

➡ Venedig ist für Kinder keinesfalls sicher. Nur wenige Kanalufer und Brücken haben ein Geländer, und in den meisten gotischen Palästen gibt es gefährlich spitze Ecken und Kanten.

➡ Selbst wenn man nachts alleine unterwegs ist, ist die Stadt sehr sicher – allerdings treiben Gelegenheitsdiebe, insbesondere in und an den Bahnhöfen von Venedig und Mestre, ihr Unwesen.

→ Niemals in den Kanälen schwimmen, denn noch immer werden etwa 30 % der städtischen Abwässer in die Kanäle geleitet.

Steuern & Erstattungen

Übernachtungsgäste müssen 3,50 bis 5 € Touristensteuer pro Person für bis zu fünf Nächte (jede weitere Nacht ist kostenlos) bezahlen. Kinder zwischen zehn und 15 Jahren die Hälfte. Kinder unter zehn und Hostels sind davon ausgenommen.

Bei Einkäufen von über 155 € wird eine Mehrwertsteuer (IVA) von rund 22 % aufgeschlagen.

Strom

Type F
230V/50Hz

Telefon

Die Ländervorwahl für Italien lautet 39. Die Ortsvorwahl für Venedig ist die 041. Die Ortskennung ist fester Bestandteil der Nummer und muss bei jedem Telefonat mitgewählt werden. Gebührenfreie Nummern

heißen hier *numeri verdi* und beginnen üblicherweise mit der 800.

Toiletten

→ In den meisten Bars und Cafés gibt es Toiletten nur für zahlende Gäste.

→ In manchen Toiletten gibt es keine WC-Brillen (selbst in Damentoiletten) und manchmal auch keine Sitztoilette.

→ Insgesamt 19 öffentliche Toiletten (1,50 €) sind in der Nähe von Sehenswürdigkeiten zu finden (erkennbar an Schildern wie „WC", „Toilette"). Sie sind in der Regel von 7 bis 19 Uhr geöffnet (im Winter schließen sie manchmal eher). Alle sind auch für Menschen mit Behinderungen geeignet. Man kann von https://wctoilettevenezia.com. eine App herunterladen, die die Lage der Toiletten angibt.

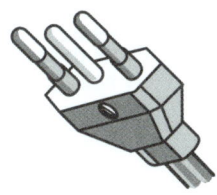

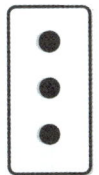

Type L
220V/50Hz

Touristeninformation

Venezia Unica (☏041 24 24; www.veneziaunica.it) betreibt alle Touristeninformationen in Venedig. Hier gibt es Infos zu Sehenswürdigkeiten, Rei-

serouten, Verkehrsmitteln, Veranstaltungen und Ausstellungen. Dauerkarten können online vorreserviert werden.

Touristinfos

Casa del Turismo (☏041 37 06 01; www.jesolo.it; Piazza Brescia 13, Jesolo; ◷Mo–Fr 8.30–18.30, Sa & So 9–18 Uhr; 🚍23a)

Flughafen Marco Polo (☏041 24 24; www.veneziaunica.it; Ankunftshalle, Flughafen Marco Polo; ◷8.30–19 Uhr)

Piazzale Roma Garage ASM Tourist Office (Karte S. 319;☏041 24 24; www.veneziaunica.it; Garage ASM, L1, Piazzale Roma 496u; ◷7–20 Uhr; 🚤Piazzale Roma)

Piazzale Roma Tourist Office (Karte S. 319; ☏041 24 24; www.veneziaunica.it; ACTV office, Piazzale Roma; ◷7–20 Uhr; 🚤Piazzale Roma Santa Chiara)

San Marco Tourist Office (Karte S. 312; ☏041 24 24; www.veneziaunica.it; Piazza San Marco 71f; ◷9–19 Uhr; 🚤San Marco)

Stazione Santa Lucia Tourist Office (Karte S. 320; ☏041 24 24; www.veneziaunica.it; ◷7–21 Uhr; 🚤Ferrovia)

Visa

Staatsbürger der Europäischen Union und der Schweiz benötigen für einen Aufenthalt in Italien kein Visum. Weitere Infos auf der Website des Außenministeriums (www.esteri.it).

Zeit

Italien liegt in derselben Zeitzone (MEZ) wie Deutschland, Österreich und die Schweiz. Am letzten Sonntag im März werden die Uhren um einen Stunde vor und am letzten Sonntag im Oktober wieder zurückgestellt.

Sprache

In ganz Italien wird ein Standarditalienisch gesprochen, doch die Regionaldialekte sind in vielen Teilen des Landes wesentlicher Bestandteil der Identität, so auch in Venedig. Hier hört man viel Venezianisch oder aber Standarditalienisch mit einer für die Region typischen Sprachmelodie; das Venezianische gehört übrigens als lokale Ausprägung zur venetischen Sprache, einem norditalienischen Dialekt. Mit normalem Italienisch wird man jedoch überall gut verstanden. Diese Hochsprache wird auch im vorliegenden Kapitel zugrundegelegt.

Die Laute im gesprochenen Italienisch sind den deutschen Lauten recht ähnlich. Wer die farbigen Aussprachehilfen in diesem Buch deutsch ausspricht, wird verstanden. Die betonten Silben erscheinen in kursiver Schrift. Man sollte beachten, dass ein „g" mit nachfolgendem Vokal oft dsch (mit weichem „sch") ausgesprochen wird, wie z.B. in dem englischen Namen „John", und dass das r ein stark gerollter Laut ist. Die italienischen Konsonanten werden stark und betont ausgesprochen, Doppelkonsonanten noch stärker wie z. B. in *sonno* son·no (Schlaf) gegenüber *sono* so·no (Ich bin).

GRUNDLEGENDES

Im Italienischen gibt es wie im Deutschen zwei Wörter zur Anrede – die höfliche Form *Lei* läi wird zur Anrede von Fremden, höherstehenden Personen oder älteren Leuten benutzt. Gegenüber Bekannten oder jüngeren Leuten benutzt man die Anrede *tu* tu.

NOCH MEHR ITALIENISCH

Noch mehr Italienisch und nützliche Wendungen finden sich im Lonely Planet *Sprachführer Italienisch*. Man kann sich auch Lonely Planets iPhone Phrasebooks im Apple App Store besorgen.

Im Italienischen sind ähnlich wie im Deutschen alle Nomen und Adjektive entweder Maskulinum oder Femininum. Das Gleiche gilt für den dazugehörigen Artikel *il/la* il/la (der/die) und *un/una* un/u·na (ein/eine).

In diesem Kapitel sind die höflichen/informellen und maskulinen/femininen Formen, wo nötig, mit angegeben und durch einen Schrägstrich abgetrennt. Die Abkürzungen lauten: „höf./inf." and „m/f".

Hallo.	*Buongiorno.*	buon·*dschor*·no
Auf Wiedersehen.	*Arrivederci.*	ar·ri·ve·*der*·tschi
Ja./Nein.	*Sì./No.*	si/no
Entschuldigen Sie.	*Mi scusi.* (höf.)	mi *skuu*·si
Entschuldige.	*Scusami.* (inf.)	*sku*·sa·mi
Tut mir leid.	*Mi dispiace.*	mi dis·*pia*·tsche
Bitte. (In einer Bitte)	*Per favore.*	per fa·*vo*·re
Danke.	*Grazie.*	*gra*·tsje
Bitte. (Beim Geben)	*Prego.*	*pre*·go

Wie geht es Ihnen/Dir? *Come sta/stai?* (höf./inf.)	*ko*·me sta/stai
Gut. Und Ihnen/Dir? *Bene. E Lei/tu?* (höf./inf.)	*be*·ne e läi/tuu
Wie heißen Sie? *Come si chiama?* (höf.)	*ko*·me si *kia*·ma
Ich heiße ... *Mi chiamo ...*	mi *kia*·mo ...
Sprechen Sie/Sprichst Du Deutsch? *Parla/Parli tedesco?* (höf./inf.)	*par*·la/*par*·li te·*des*·ko
Sprechen Sie/Sprichst Du English? *Parla/Parli inglese?* (höf./inf.)	*par*·la/*par*·li in·*glä*·se
Ich verstehe nicht. *Non capisco.*	non ka·*pi*·sko

Eier	uova	*uo*·va
Fisch	pesce	*pe*·sche
Nüsse	noci	*no*·tschi
(rotes) Fleisch	carne (rossa)	*kar*·ne (*ro*·sa)

MINI-SPRACHFÜHRER

Um im Italienischen zurechtzukommen, sollte man diese einfachen Wendungen mit eigenen Worten kombinieren:

Wann geht (der nächste Flug)?
A che ora è — a ke *o*·ra e
(il prossimo volo)? — (il *pros*·si mo *vo*·lo)

Wo ist (der Bahnhof)?
Dov'è (la stazione)? — *do*·ve (la sta·*tsio*·ne)

Ich suche (ein Hotel).
Sto cercando — sto tscher·*kan*·do
(un albergo). — (un al·*ber*·go)

Haben Sie (eine Karte)?
Ha (una pianta)? — a (*u*·na *pian*·ta)

Gibt es hier (eine Toilette)?
C'è (un gabinetto)? — tsche (un ga·bi·*net*·to)

Ich hätte gern (einen Kaffee).
Vorrei (un caffè). — vo·*räi* (un ka·*fe*)

Ich möchte gerne (ein Auto mieten).
Vorrei (noleggiare — vo·*räi* (no·le·*dscha*·re
una macchina). — u na ma·*ki*·na)

Darf ich (hereinkommen)?
Posso (entrare)? — *po*·so (en·*tra*·re)

Könnten Sie mir bitte (helfen)?
Può (aiutarmi), — puo (a·ju·*tar*·mi)
per favore? — per fa·*vo*·re

Muss ich (einen Sitzplatz reservieren)?
Devo (prenotare — *de*·vo (pre·no·*ta*·re
un posto)? — un *po*·sto)

ESSEN & TRINKEN

Ich möchte gerne *Vorrei* — vo·*räi*
einen Tisch *prenotare un* — pre·no·*ta*·re un
reservieren für ... *tavolo* — *ta*·vo·lo

Was würden Sie empfehlen?
Cosa mi consiglia? — *ko*·sa mi kon·*si*·lja

Welche Zutaten sind in diesem Gericht?
Quali ingredienti — *kwa*·li in·gre·*djen*·ti
ci sono in — tschi *so*·no in
questo piatto? — *kwe*·sto *pia*·to

Was ist die Spezialität der Region?
Qual'è la specialità — kwa·*le* la spe·tscha·li·*ta*
di questa regione? — di *kwe*·sta re·*dscho*·ne

Das war lecker!
Era squisito! — *e*·ra skwi·*si*·to

Prosit!
Salute! — sa·*lu*·te

Die Rechnung bitte.
Mi porta il conto, — mi *por*·ta il *kon*·to
per favore? — per fa·*vo*·re

Ich esse kein/e/en... *Non mangio ...* — non *man*·dscho...

Wichtige Wörter

Abendessen	cena	*tsche*·na
Bar	locale	lo·*ka*·le
Café	bar	bar
Flasche	bottiglia	bot·*ti*·lja
Frühstück	prima colazione	*pri*·ma ko·la·*tsio*·ne
Gabel	forchetta	for·*ket*·ta
Getränkekarte	lista delle bevande	*li*·sta *del*·le be·*van*·de
Glas	bicchiere	bi·*kje*·re
heiß	caldo	*kal*·do
kalt	freddo	*fred*·do
Lebensmittelladen	alimentari	a·li·men·*ta*·ri
Löffel	cucchiaio	ku·*kia*·jo
Markt	mercato	mer·*ka*·to
Messer	coltello	kol·*te*·lo
mit	con	kon
Mittagessen	pranzo	*pran*·dso
ohne	senza	*sen*·tsa
Restaurant	ristorante	ri·sto·*ran*·te
Speisekarte	menù	me·*nu*
Teller	piatto	*piat*·to
vegetarisches (Essen)	vegetariano	ve·*dsche* ta·*ria*·no
würzig	piccante	pik·*kan*·te

Fleisch & Fisch

Austern	ostriche	*o*·stri·ke
Calamares/Tintenfisch	calamari	ka·la·*ma*·ri
Ente	anatra	*a*·na·tra
Fisch	pesce	*pe*·sche
Fleisch	carne	*kar*·ne
Forelle	trota	*tro*·ta
Hering	aringa	a·*rin*·ga
Hühnchen	pollo	*pol*·lo
Hummer	aragosta	a·ra·*gos*·ta
Jakobsmuscheln	capasante	ka·pa·*san*·te
Kalb	vitello	vi·*tel*·lo
Krabbe/Garnele	gambero	*gam*·be·ro
Lachs	salmone	sal·*mo*·ne
Lamm	agnello	a·*njel*·lo

Meeresfrüchte	*frutti di mare*	*frut*·ti di *ma*·re
Miesmuscheln	*cozze*	*ko*·tse
Pute	*tacchino*	ta·*ki*·no
Rind	*manzo*	*man*·dso
Schwein	*maiale*	ma·*ja*·le
Shrimp	*gambero*	*gam*·be·ro
Thunfisch	*tonno*	*to*·no

Obst & Gemüse

Ananas	*ananas*	*a*·na·nas
Apfel	*mela*	*me*·la
Blumenkohl	*cavolfiore*	ka·vol·*fio*·re
Bohnen	*fagioli*	fa·*dscho*·li
Erbsen	*piselli*	pi·*sel*·li
Frühlingszwiebeln	*lenticchie*	len·*ti*·kje
Gemüse	*verdura*	ver·*du*·ra
Gurke	*cetriolo*	tsche·tri·o·lo
Karotte	*carota*	ka·*ro*·ta
Kartoffeln	*patate*	pa·*ta*·te
Kohl	*cavolo*	*ka*·vo·lo
Nüsse	*noci*	*no*·tschi
Obst	*frutta*	*frut*·ta
Orange	*arancia*	a·*ran*·tscha
Paprikaschote	*peperone*	pe·pe·*ro*·ne
Pfirsich	*pesca*	*pe*·ska
Pflaume	*prugna*	*pru*·nia
Pilze	*funghi*	*fun*·gi
Spinat	*spinaci*	spi·*na*·tschi
Tomaten	*pomodori*	po·mo·*do*·ri
Weintrauben	*uva*	*u*·va
Zitrone	*limone*	li·*mo*·ne
Zwiebeln	*cipolle*	tschi·*pol*·le

Andere Nahrungsmittel

Brot	*pane*	*pa*·ne
Butter	*burro*	*bur*·ro
Eier	*uova*	*uo*·va
Eis	*ghiaccio*	*gia*·tscho
Essig	*aceto*	a·*tsche*·to
Honig	*miele*	*mje*·le
Käse	*formaggio*	for·*ma*·dscho
Marmelade	*marmellata*	mar·mel·*la*·ta
Nudeln	*pasta*	*pas*·ta
Öl	*olio*	*o*·lio
Pfeffer	*pepe*	*pe*·pe

Reis	*riso*	*ri*·so
Salz	*sale*	*sa*·le
Sojasauce	*salsa di soia*	*sal*·sa di *so*·ja
Suppe	*minestra*	mi·*nes*·tra
Zucker	*zucchero*	*tsu*·ke·ro

Getränke

Bier	*birra*	*bir*·ra
(alkoholfreies) Getränk	*bibita*	*bi*·bi·ta
Kaffee	*caffè*	kaf·*fe*
Milch	*latte*	*lat*·te
Rotwein	*vino rosso*	*vi*·no *ros*·so
(Orangen) Saft	*succo (d'arancia)*	*suk*·ko (da·*ran*·tscha)
Tee	*tè*	te
(Mineral) Wasser	*acqua (minerale)*	*a*·kua (mi·ne·*ra*·le)
Weißwein	*vino bianco*	*vi*·no *bian*·ko

NOTFÄLLE

Hilfe!	*Aiuto!*	a·*ju*·to
Lassen Sie mich in Ruhe!	*Lasciami in pace!*	la·scha·mi in *pa*·tsche
Ich habe mich verirrt.	*Mi sono perso/a. (m/f)*	mi *so*·no *per*·so/a
Rufen Sie die Polizei!	*Chiami la polizia!*	*kia*·mi la po·li·*tsi*·a
Rufen Sie einen Arzt!	*Chiami un medico!*	*kia*·mi un *me*·di·ko
Wo sind die Toiletten?	*Dove sono i gabinetti?*	*do*·ve *so*·no i ga·bi·*net*·ti
Ich fühl mich schlecht.	*Mi sento male.*	mi *sen*·to *ma*·le

Schilder

Entrata/Ingresso	Eingang
Uscita	Ausgang
Aperto	offen
Chiuso	geschlossen
Informazioni	Information
Proibito/Vietato	verboten
Gabinetti/Servizi	Toiletten
Uomini	Herren
Donne	Damen

ZAHLEN

1	uno	*u*·no
2	due	*du*·e
3	tre	tre
4	quattro	*kwa*·tro
5	cinque	*tschin*·kwe
6	sei	säi
7	sette	*set*·te
8	otto	*ot*·to
9	nove	*no*·we
10	dieci	*dje*·tschi
20	venti	*wen*·ti
30	trenta	*tren*·ta
40	quaranta	kwa·*ran*·ta
50	cinquanta	tschin·*kwan*·ta
60	sessanta	ses·*san*·ta
70	settanta	se·*tan*·ta
80	ottanta	ot·*tan*·ta
90	novanta	no·*wan*·ta
100	cento	*tschen*·to
1000	mille	*mi*·le

SHOPPEN & SERVICE

Ich möchte gerne ... kaufen
Vorrei comprare ... vo·*räi* kom·*pra*·re ...

Ich schaue mich nur um.
Sto solo guardando. sto *so*·lo guar·*dan*·do

Wie viel kostet dies?
Quanto costa questo? *kwan*·to kos·ta *kwe*·sto

Das ist zu teuer.
È troppo caro/a. (m/f) e *trop*·po ka·ro/a

Können Sie etwas vom Preis ablassen?
Può farmi lo sconto? puo *far*·mi lo *skon*·to

Da ist ein Fehler in der Rechnung.
C'è un errore nel conto. tsche un e·*ro*·re nel *kon*·to

Geldautomat	Bancomat	*ban*·ko·mat
Postamt	ufficio postale	uf·*fi*·tscho pos·*ta*·le
Touristen-information	ufficio del turismo	u·*fi*·tscho del tu·*ris*·mo

UHRZEIT & DATUM

Wie spät ist es?	Che ora è?	ke o·ra e
Es ist ein Uhr.	È l'una.	e *lu*·na
Es ist (zwei) Uhr.	Sono le (due).	so·no le (*du*·e)
Halb (zwei).	(L'una) e mezza.	(*lu*·na) e *me*·dsa
morgens	di mattina	di mat·*ti*·na
abends	di sera	di *se*·ra

gestern	ieri	*je*·ri
heute	oggi	o·dschi
morgen	domani	do·*ma*·ni
Montag	lunedì	lu·ne·*di*
Dienstag	martedì	mar·te·*di*
Mittwoch	mercoledì	mer·ko·le·*di*
Donnerstag	giovedì	dscho·we·*di*
Freitag	venerdì	we·ner·*di*
Samstag	sabato	*sa*·ba·to
Sonntag	domenica	do·*me*·ni·ka

Januar	gennaio	dschen·*na*·jo
Februar	febbraio	feb·*bra*·jo
März	marzo	*mar*·tso
April	aprile	a·*pri*·le
Mai	maggio	*ma*·dscho
Juni	giugno	*dschu*·nio
Juli	luglio	*lu*·lio
August	agosto	a·*gos*·to
September	settembre	set·*tem*·bre
Oktober	ottobre	ot·*to*·bre
November	novembre	no·*vem*·bre
Dezember	dicembre	di·*tschem*·bre

UNTERKUNFT

Ich möchte gerne ein Zimmer buchen.
Vorrei prenotare una camera, per favore. vo·*ray* pre·no·*ta*·re u·na ka·*me*·ra per fa·vo·re

Ist das Frühstück inbegriffen?
La colazione è compresa? la ko·la·*tsio*·ne e kom·*pre*·sa

Wie viel kostet es pro ...?	Quanto costa per ...?	*kwan*·to *kos*·ta per ...
Nacht	una notte	u·na *not*·te
Person	persona	per·*so*·na
Bad	bagno	*ba*·njo
Campingplatz	campeggio	kam·*pe*·dscho
Doppelzimmer	camera doppia	ka·me·ra do·pia
Einzelzimmer	camera singola	ka·me·ra sin·go·la
Hotel	albergo	al·*ber*·go
Jugendherberge	ostello della gioventù	os·*tel*·lo de·la dscho·wen·*tu*
Klimaanlage	aria condizionata	*a*·ria kon·di·tsio·*na*·ta
Pension	pensione	pen·*sio*·ne

VERKEHR

Wann fährt ... ab/kommt ... an?
A che ora a ke o·ra

	parte/ arriva ...?	par·te/ a·ri·va ...
Bus	l'autobus	lau·to·bus
Fähre	il traghetto	il tra·get·to
Flugzeug	l'aereo	la·e·re·o
Schiff	la nave	la na·ve
Stadtfähre	il vaporetto	il va·po·ret·to
Zug	il treno	il tre·no
Bahnhof	stazione ferroviaria	sta·tsio·ne fe·ro·viar·ja
Bahnsteig	binario	bi·na·rio
Bushaltestelle	fermata dell'autobus	fer·ma·ta del au·to·bus
Fahrkartenschalter	biglietteria	bi·ljet·te·ri·a
Fahrplan	orario	o·ra·rio
... Ticket	un biglietto ...	un bi·ljet·to
einfaches	di sola andata	di so·la an·da·ta
Rückfahr-	di andata e ritorno	di an·da·ta e ri·tor·no

Hält er in ...?
Si ferma a ...? si fer·ma a ...

Sagen Sie mir bitte, wenn wir nach ... kommen.
Mi dica per favore mi di·ka per fa·vo·re
quando arriviamo a ... kwan·do a·ri·via·mo a ...

Ich möchte hier aussteigen.
Voglio scendere qui. vo·lio schen·de·re kwi

Ich möchte gerne	Vorrei	vo·räi
mieten	noleggiare	no·le dscha·re
ein ...	un/una ... (m/f)	un/u·na ...
Auto	macchina (f)	mak·ki·na
Fahrrad	bicicletta (f)	bi·tschi·klet·ta
Motorrad	moto (f)	mo·to
Luftpumpe bicicletta	pompa della	pom·pa del·la bi·tschi·klet·ta
Benzin	benzina	ben·dsi·na
Helm	casco	kas·ko
Mechaniker	meccanico	mek·ka·ni·ko
Tankstelle	stazione di servizio	sta·tsio·ne di ser·vi·tsio

Ist dies die Straße nach ...?
Questa strada porta a ...? kwe·sta stra·da por·ta a ...

(Wie lange) Kann ich hier parken?
(Per quanto tempo) (per kwan·to tem·po)
Posso parcheggiare qui? pos·so par·ked scha·re kwi

Ich habe einen Platten.
Ho una gomma bucata. o u·na gom·ma bu·ka·ta

Ich habe kein Benzin mehr.
Ho esaurito la o e·sau ri·to la
benzina. ben·dsi·na

WEGWEISER

Wo ist...?
Dov'è ...? do·ve ...

Wie lautet die Adresse?
Qual'è l'indirizzo? kwa·le lin·di·ri·tso

Könnten Sie das bitte aufschreiben?
Può scriverlo, puo skri·ver·lo
per favore? per fa·vo·re

Könnten Sie mir das zeigen (auf der Karte)?
Può mostrarmi puo mos·trar·mi
(sulla pianta)? (sul·la pian·ta)

An der Ecke	all'angolo	al·lan·go·lo
gegenüber	di fronte a	di fron·te a
geradeaus	sempre diritto	sem·pre di·ri·to
hinter	dietro	dje·tro
links	a sinistra	a si·ni·stra
nahe	vicino	vi·tschi·no
neben	accanto a	ak·kan·to a
rechts	a destra	a de·stra
vor	davanti a	da·van·ti a
weit weg	lontano	lon·ta·no

VENEZIANISCH

Mit ein paar Brocken Venezianisch – der in Venedig geläufigen Ausprägung der venetischen Sprache – kann man sich bei seinen Zuhörern beliebt machen. Um bei lockeren Bar- und Restaurantgesprächen mithalten zu können, versucht man einfach, diese Wörter ins Italienische einzustreuen:

Ja, mein Herr!	Siorsi!
Oh nein!	Simènteve!
Und ob!	Figuràrse!
Welch ein Glück!	Bénpo!
Perfekt.	In bròca.
Willkommen!	Benvegnù!
Prosit!	Sanacapàna!
Vorsicht!	Òcio!
Billiger Wein	brunbrùn
Glas Wein	ombra (wörtlich: Schatten)
Kneipenbummel	giro di ombra (wörtlich: Runde des Schattens)
Venzianisch werden	Venexianàrse
Venzianisch	venexiano/a (m/f)
Ihr (umgangssprachl.)	voàltri

SPEISEKARTE

alla busara venezianische Garnelensauce

anatra Wildente aus der Lagune

baccala mantecato pürierter Kabeljau

bigoli venezianische Vollkornnudeln

branzino Seebarsch

bruscandoli Wildhopfenknospen

canoce mantis Garnele

capasanta/canastrelo große/kleine Jakobsmuscheln

carpaccio dünn geschnittene rohe Rindfleischscheiben

castraure Baby-Artischocken von der Insel St. Erasmo

cicchetti venezianische kleine Häppchen, ähnlich wie spanische Tapas

contorni Gemüsegerichte

crostini Brotchips

crudi venezianisches Sushi

curasan Croissant

dolci Süßspeisen

dolci tipici venexiani typisch venezianische Süßspeisen

fatto in casa hausgemacht

fegato alla veneziana in Streifen geschnittene Leber, leicht geröstet mit Zwiebeln und einem Spritzer Rotwein

filetto di San Pietro Fisch mit

Artischocken- oder Radichiotrevisano

fritole süß Frittiertes

fritto misto e pattatine leicht frittierte Meeresfrüchte und Kartoffeln

frittura frittierte Meeresfrüchte

gnochetti Mini-Gnocchi

granseola Seespinne

krapfen Krapfen, Berliner

latte di soia Sojamilch

lingue di suocere Keks; „Schwiegermutterzungen"

macchiatone Espresso mit viel Milch

margherite ripiene all'astice com sugo di pesce ravioli mit Hummerfleisch gefüllte Ravioli in Fischsauce

moeche Weichschalenkrabben

moscardini Baby-Oktopus

mozzarella di bufala frischer Büffelmilch-Mozarella

orechiette Nudeln, die wie „kleine Ohren" geformt sind

pan dei dogi „Dogenbrot"; mit Haselnüssen gespickte Kekse

panino belegtes Brot

pastine gefülltes Kleingebäck

peoci Muscheln

pizza margherita Pizza mit Tomaten, Mozarella und Basilikum

pizzette Mini-Pizzas

polpette Fleischbällchen, Frikadellen

radicchio trevisano zarter roter Radicchio

risotto di pesce Fischrisotto

saor Venedigs würzige Marinade

sarde Sardinen

sarde in saor in würziger Zwiebelmarinade gebratene Sardinen mit Pinienkernen und Sultaninen

senza limone ohne Zitrone

seppie Tintenfisch

seppie in nero Tintenfisch in eigener Tinte

sfogio Seezunge

sopressa venzianische milde Salami

sopressa crostini milde Salami auf Toast

sorbetto Sorbet

spaghetti alla búsera Spaghetti mit Shrimpsoße

surgelati gefroren

tramezzini weiche Brotscheiben mit mayonaisehaltigen Aufstrichen

verdure Gemüse

zaletti Maismehlkekse mit Sultaninen

zuppa di pesce gehaltvolle Meeresfrüchtesuppe

Hinter den Kulissen

....

WIR FREUEN UNS ÜBER EIN FEEDBACK

Post von Reisenden zu bekommen ist für uns ungemein hilfreich – Kritik und Anregungen halten uns auf dem Laufenden und helfen, unsere Bücher zu verbessern. Unser reiseerfahrenes Team liest alle Zuschriften genau durch, um zu erfahren, was an unseren Reiseführern gut und was schlecht ist. Wir können solche Post zwar nicht individuell beantworten, aber jedes Feedback wird garantiert schnurstracks an die jeweiligen Autoren weitergeleitet, rechtzeitig vor der nächsten Nachauflage.

Wer Ideen, Erfahrungen und Korrekturhinweise zum Reiseführer mitteilen möchte, hat die Möglichkeit dazu auf **www.lonelyplanet.com/contact/guidebook_feedback/new**. Unter **www.lonelyplanet.de/kontakt** erreichen uns Anmerkungen speziell zur deutschen Ausgabe.

Hinweis: Da wir Beiträge möglicherweise in Lonely-Planet-Produkten (Reiseführern, Websites, digitale Medien) veröffentlichen, ggf. auch in gekürzter Form, bitten wir um Mitteilung, falls ein Kommentar nicht veröffentlicht oder ein Name nicht genannt werden soll. Wer Näheres über unsere Datenschutzpolitik wissen will, erfährt das unter www.lonelyplanet.com/-privacy

....

DANK DER AUTOREN
Peter Dragicevich

Ich kann es immer noch kaum fassen, dass ich meine Arbeitszeit in einer so magischen Stadt wie Venedig verbringen darf – und dafür habe ich Anna Tyler zu danken. Ein großer Dank geht außerdem an Jo-Ann Titmarsh für ihre angenehme Begleitung und hervorragende Tipps und für die vielen neuen Attraktionen, die sie bereits kannte. Mein ganz besonderer Dank gilt meinem lieben Freund Bain Duigan, der mich zumindest im Geiste begleitet hat.

Paula Hardy

Mille grazie an all die kreativen und begeisterten Menschen, die mich an ihrem Wissen teilhaben ließen. In Venedig waren das: Luisella Romeo, Gioele und Heiby Romanelli, Emanuele dal Carlo, Valeria Duflot, Sebastian Fagarazzi, Fabio Carrera, Jo-Ann Titmarsh, Alice Braveri und Anat in der Comunità Ebraica di Venezia. Und Rob, vielen Dank dafür, dass du meine Liebe zum *bel paese* teilst.

QUELLENNACHWEIS

ÜBER DIESES BUCH

Dies ist die 5. deutsche Auflage von Venedig & Venetien, basierend auf der mittlerweile 11. englischen Auflage von *Venice & the Veneto*. Verfasst wurde diese Auflage von Peter Dragicevich und Paula Hardy. Für die 10. Auflage waren Paula Hardy, Peter Dragicevich und Marc Di Duca verantwortlich, für die 9. Auflage Cristian Bonetto und Paula Hardy. Im Verlag wurde das Buch betreut von:

Programmleitung Anna Tyler
Redaktionsleitung Elizabeth Jones
Leitung der Kartografie Anthony Phelan
Projektredaktion Bruce Evans
Layout Brooke Giacomin, Jessica Rose

Redaktionsassistenz Victoria Harrison, Helen Koehne, Jodie Martire, Charlotte Orr, Susan Paterson, Gabrielle Stefanos, Simon Williamson
Kartografie Hunor Csutoros
Bildredaktion für den Umschlag Naomi Parker
Dank an Alexandra Bruzzese, Gemma Graham, Martin Heng, Joe Revill, Sophia Seymour, Jo-Ann Titmarsh, Brana Vladisavljevic

Register

Siehe auch Teilregister:

✕ **ESSEN S. 305**

🍷 **AUSGEHEN & NACHTLEBEN S. 306**

☆ **UNTERHALTUNG S. 306**

🔒 **SHOPPEN S. 306**

🏃 **SPORT & AKTIVITÄTEN S. 307**

🛏 **UNTERKUNFT S. 307**

⚘ **AUSGEHEN & NACHTLEBEN**

☆ **UNTERHALTUNG**

🛍 **SHOPPEN**

Sehenswertes 000
Karten **000**
Abbildungen **000**

Lonely Planet Magazin

Diagnose Fernweh? Dagegen hilft die Lektüre des Lonely Planet Magazins. Jede Ausgabe steckt voller Reisetipps & Reportagen über Europa und die weite Welt – mit spektakulären Fotos, die Lust auf Abenteuer machen. Reinblättern, sich inspirieren lassen – und Koffer packen!

FOTO: JUSTIN FOULKES

Das neueste Lonely Planet Magazin ist jetzt im Handel erhältlich. Du möchtest lieber jede Ausgabe direkt nach Erscheinen bequem nach Hause geliefert bekommen? Dann abonniere jetzt über: *lonelyplanet.de/magazin/zeitschrift/abo*

Cityatlas Venedig & Venetien

Sehenswertes

- Strand
- Vogelschutzgebiet
- Buddhistisch
- Burg/Schloss/Palast
- Christlich
- Konfuzianisch
- Hinduistisch
- Islamisch
- Jainistisch
- Jüdisch
- Denkmal
- Museum/Galerie/Hist. Gebäude
- Ruine
- Sento-Bad/Onsen
- Shintoistisch
- Sikhismus
- Taoistisch
- Weingut/Weinberg
- Zoo/Naturschutzgebiet
- andere Sehenswürdigkeit

Aktivitäten, Kurse & Touren

- Bodysurfing
- Tauchen
- Kanu/Kajak
- Kurse/Touren
- Ski fahren
- Schnorcheln
- Surfen
- Schwimmbad/Pool
- Wandern
- Windsurfen
- andere Aktivität

Schlafen

- Schlafen
- Camping

Essen

- Essen

Ausgehen & Nachtleben

- Ausgehen & Nachtleben
- Café

Unterhaltung

- Unterhaltung

Shopping

- Shoppen

Information

- Bank
- Botschaft/Konsulat
- Krankenhaus/Arzt
- Internet
- Polizei
- Post
- Telefon
- Toilette
- Touristeninformation
- andere Information

Landschaft

- Strand
- Hütte
- Leuchtturm
- Aussichtsturm
- Berg/Vulkan
- Oase
- Park
- Pass
- Picknickplatz
- Wasserfall

Bevölkerung

- Hauptstadt (National)
- Hauptstadt (Staat/Provinz)
- Stadt/Großstadt
- Ort/Dorf

Verkehrsmittel

- Flughafen
- Grenzübergang
- Bus
- Cable Car/Seilbahn
- Radfahren
- Fähre
- MRT-Station/Metro-St.
- Monorail
- Parkplatz
- Tankstelle
- Skytrain/S-Bahn-Station
- Taxi
- Bahnhof/Zugstrecke
- Tram/Straßenbahn
- U-Bahn-Station
- andere Verkehrsmittel

Hinweis: Nicht alle hier aufgeführten Symbole sind auf den Karten dieses Buches zu finden.

Verkehrswege

- Mautstraße
- Autobahn/Freeway
- Hauptstraße
- Nebenstraße
- Landstraße
- Verbindungsstraße
- unbefestigte Straße
- Straße in Bau
- Platz/Mall/Fußgängerzone
- Treppe
- Tunnel
- Fußgängerübergang
- Spaziergang
- Wanderung mit Abstecher
- Pfad/Wanderweg

Grenzen

- Internationale Grenze
- Bundesstaat/Provinz
- umstrittene Grenze
- Regional/Vorort
- Seepark
- Klippen
- Mauer

Gewässer

- Fluss, Bach
- periodischer Fluss
- Kanal
- Wasser
- Trocken-/Salz-/period. See
- Riff

Flächen

- Flughafen/Flugpiste
- Strand/Wüste
- Friedhof (christlich)
- Friedhof (andere Religion)
- Gletscher
- Watt
- Park/Wald
- Sehenswertes (Gebäude)
- Sportanlage
- Sumpf/Mangrove

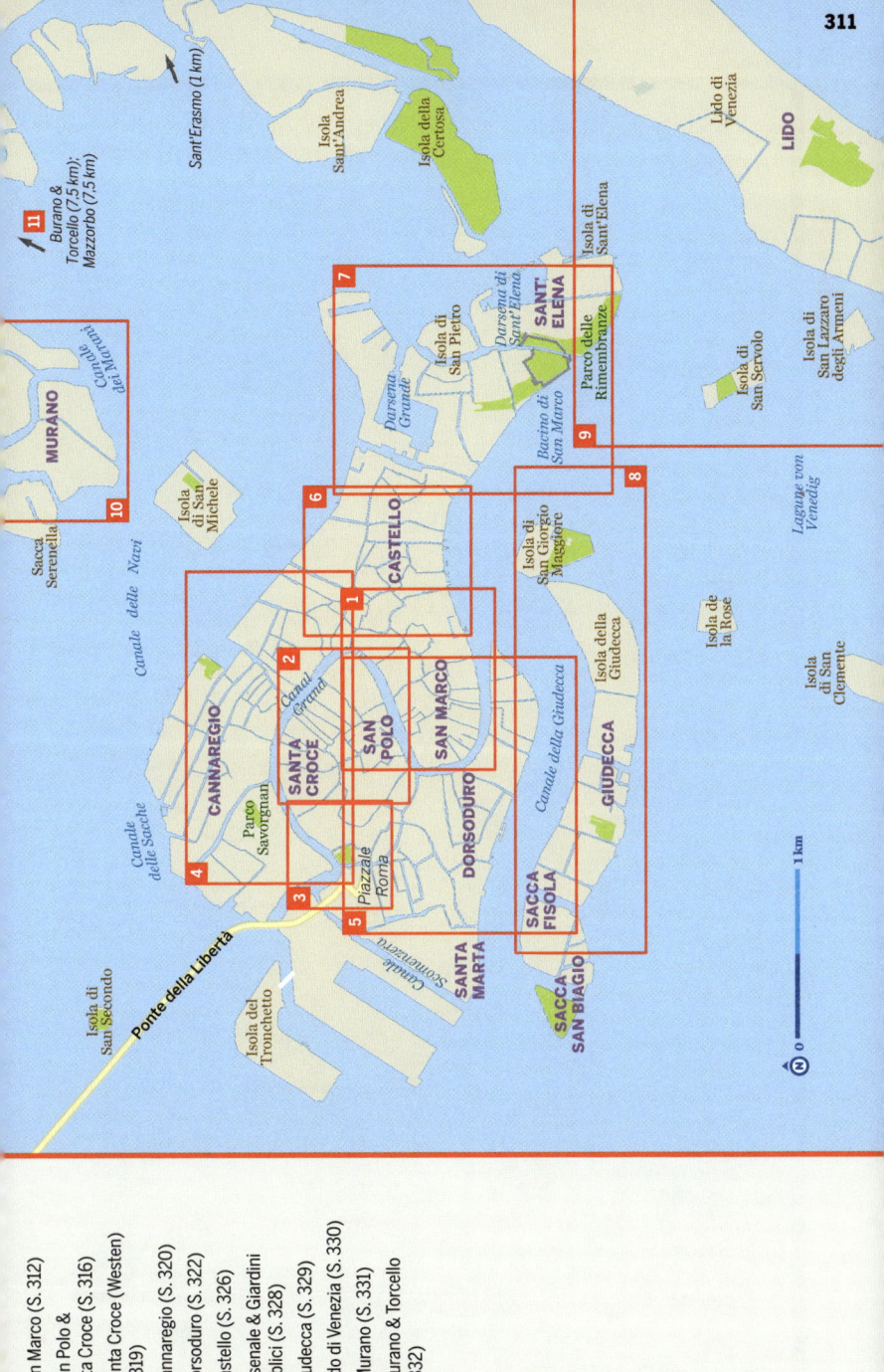

Burano &
Torcello (7,5 km);
Mazzorbo (7,5 km)

Sant'Erasmo (1 km)

11

Isola
Sant'Andrea

Isola della
Certosa

Lido di
Venezia

LIDO

MURANO

Canale dei Murani

10

Sacca
Serenella

Isola di San
Michele

Canale delle Navi

7

Darsena
Grande

Isola di
San Pietro

Darsena di
Sant'Elena

**SANT'
ELENA**

Isola di
Sant'Elena

Parco delle
Rimembranze

Isola di
San Servolo

Isola di
San Lazzaro
degli Armeni

6

CASTELLO

Bacino di
San Marco

9

Isola di
San Giorgio
Maggiore

8

Laguna von
Venedig

1

2

CANNAREGIO

Canal Grande

**SANTA
CROCE**

**SAN
POLO**

SAN MARCO

Isola della
Giudecca

Isola della
Giudecca

Isola de
la Rose

Isola
di San
Clemente

Parco
Savorgnan

4

DORSODURO

Canale della Giudecca

GIUDECCA

3

Piazzale
Roma

5

Canale delle Sacche

Canale della Scomenzera

**SANTA
MARTA**

**SACCA
FISOLA**

**SACCA
SAN BIAGIO**

Ponte della Libertà

Isola di
San Secondo

Isola del
Tronchetto

1 km

0

N

Legende s. S. 314

SAN MARCO

s. Karte S. 316

s. Karte S. 322

s. Karte S. 322

SAN POLO

DORSODURO

Canal Grande

Rio di San Agostin
C d Chiesa
C Ca' Dona
C d Forno
C Rio Terà
Rio Terà
C Rio Terà
Rio di San Stin
C T Traghetto
Rio di San Tomà
San Tomà
C de le Carrozze
C de le Carrozze
Ramo Grassi
Palazzo Grassi
Campo S Samuele
San Samuele
Saliz Malipiero
C Mocenigo Ca' Vecchia
C Lezze
Saliz S Samuele
Saliz S Samuele
C del Zotti
C de le Botteghe
C d Muneghe
C de le Orbi
Corte del Duca Sforza
Rio del Duca
C Vitturi
C Giustinian
Accademia (Ostseite)
Campo de la Carità
Ponte dell'Accademia
Accademia (Westseite)
Canal Grande

C Larga
C Pezzana
C Corner
Campo San Polo
C Moro
Saliz S Polo
Rio di San Polo
C dei Nomboli
C della Madoneta
C T Tiepolo
Sant'Angelo
Corte dell'Albero
Corte Lucatello
Piscina S Samuele
C del Pestrin
Campo Santo Stefano
C del Spezier
Rio di San Vidal
Campo di S Vidal
Rio dell'Orso
Rio del Santissimo
C del Dose da Ponte

s. Karte S. 316
Rio di San Cassiano
R Albrizzi
Rio del Becarie
C Raspi
C del Galizzi
Ponte Storte
Rio Terà S Aponal
Campo Sant'Aponal
C del Perdon
C Dolera
Campo S Silvestro
Rio dei Meloni
San Silvestro
C Cavalli
C Traghetto
Campo S Beneto
Rio di S Luca
C dei Avvocati
Rio Terà de la Mandola
Rio Terà dei Assassini
C de la Mandola
C de la Madonna
C d Caffettier
Campo S Anzolo
C del Cristo
C Caotorta
Rio di Ca' Santi
C Va in Campo
Rio di Sant'Angelo
C dei Frati
Rio de la Verona
C de la Verona
Cllo de la Fenice
La Fenice
Campo S Fantin
Campo S Maurizio
Campo di Santa Maria del Giglio
Rio di Santa Maria
C di Santa Maria del Giglio
C del Pestrin
Rio di San Maurizio
Rio del Giglio
C Gritti
Santa Maria del Giglio Traghetto
Giglio

5
50
58
57
77
25
85
47
32
79
12
43
59
87
9
17
19
72
68
70
86
14
11
62
82
55
63
73
83
35
49
78
2
23
31
15
81
46
37
74
69
71
64
48
41

SAN MARCO *Karte s. S. 312*

SAN MARCO

Legende s. S. 318

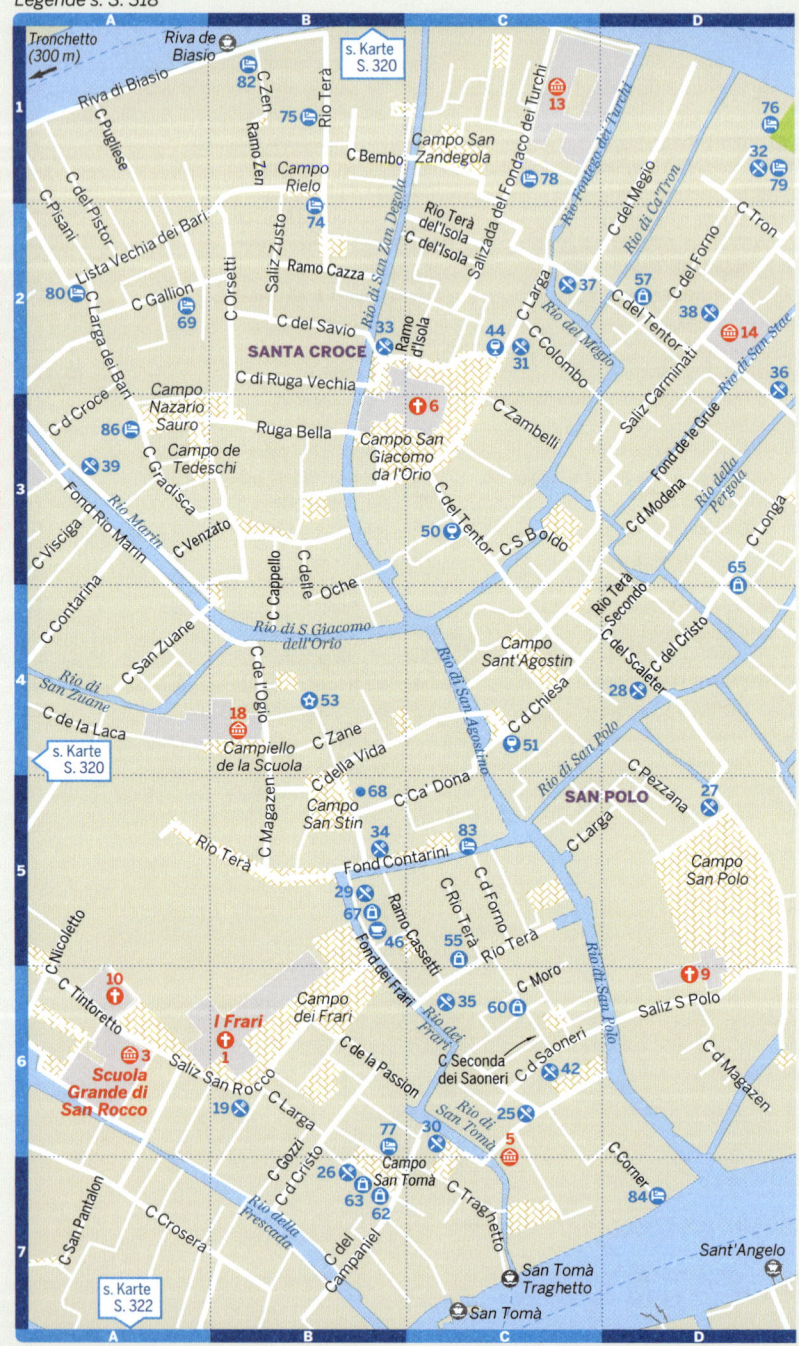

SAN POLO & SANTA CROCE

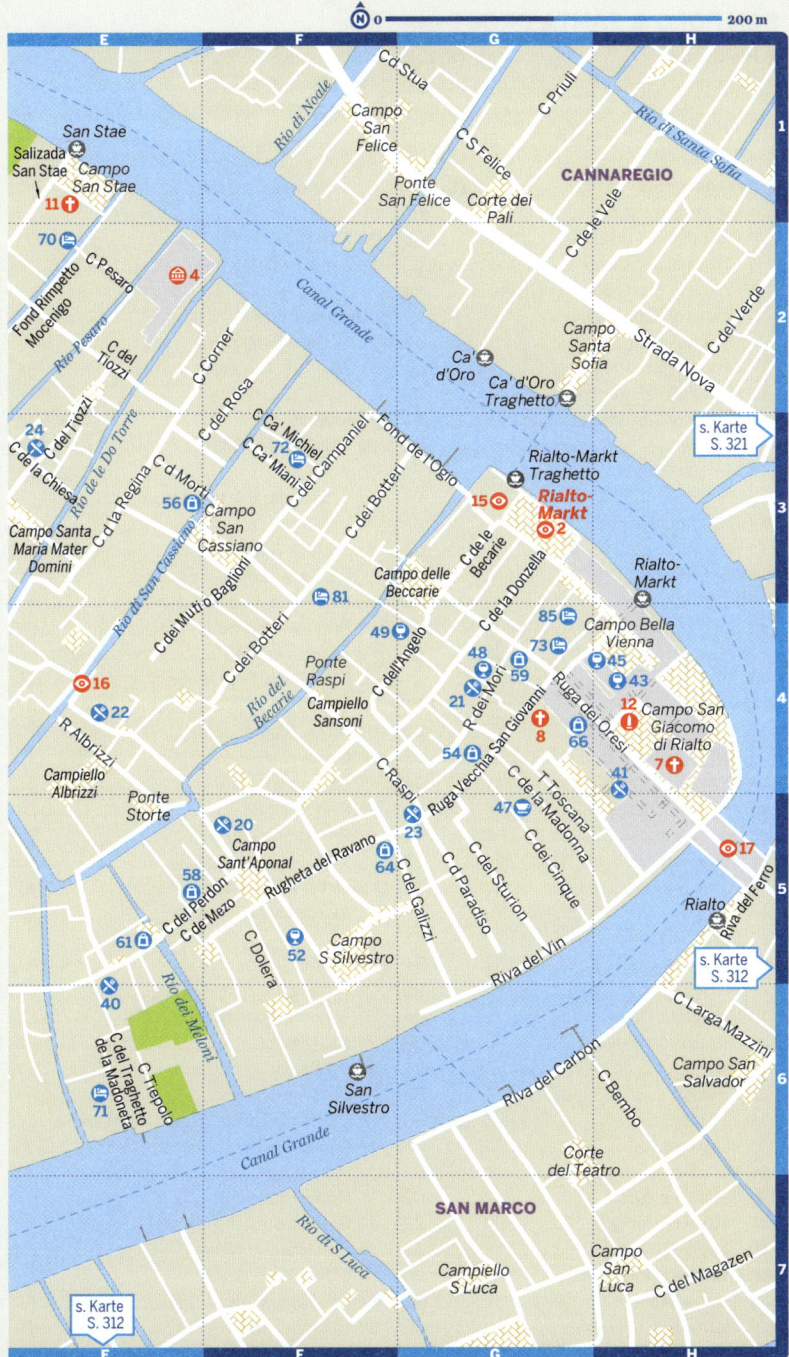

N 0   200 m

CANNAREGIO

San Stae
Salizada San Stae
Campo San Stae
11
70
Fond Rimpetto Mocenigo
C P esaro
4

Cd Stua
Campo San Felice
C S Felice
C Priuli
Rio di Noale
Rio di Santa Sofia

Ponte San Felice
Corte dei Pali
C de le Vele
C del Verde

Canal Grande

C Corner
C del Tiozzi
Rio Pesaro
C de la Regina
C del Tiozzi
24
C de la Chiesa
Rio de le Do Torre
C del Rosa
C d Morti
C Ca'Michiel
C Ca'Mani
72
C del Campaniel
Fond de l'Ogio
C del Botteri

Ca' d'Oro
Ca' d'Oro Traghetto
Campo Santa Sofia
Strada Nova
s. Karte S. 321

Rialto-Markt Traghetto
15
Rialto-Markt
2

56
Campo San Cassiano
Rio di San Cassiano
C de le Becarie
C de la Donzella
Rialto-Markt

Campo Santa Maria Mater Domini
C del Mufti o Bagioni
81
Campo delle Beccarie
85
Campo Bella Vienna

C dei Botteri
49
C dell'Angelo
48
73
45

Ponte Raspi
Campiello Sansoni
Rio del Becarie
21
R dei Mori
59
Ruga dei Oresi
43
12
Campo San Giacomo di Rialto
7

16
22
R Albrizzi
54
Ruga Vecchia San Giovanni
C de la Madonna
8
66
T Toscana
41

Campiello Albrizzi
Ponte Storte
C Raspi
47
17

20
Campo Sant'Aponal
23
Rugheta del Ravano
64
C del Galizzi
C d Paradiso
C del Sturion
C del Cinque

58
C del Perdon
C de Mezo
Rialto
Riva del Ferro

61
C Dolera
52
Campo S Silvestro
Riva del Vin
s. Karte S. 312

40
Rio dei Meloni
C Larga Mazzini

C del Traghetto de la Madoneta
C Tiepolo
71
San Silvestro
Riva del Carbon
C Bembo
Campo San Salvador

Canal Grande
Corte del Teatro

SAN MARCO

Rio di S Luca
Campiello S Luca
Campo San Luca
C del Magazen

s. Karte S. 312

SAN POLO & SANTA CROCE *Karte s. S. 316*

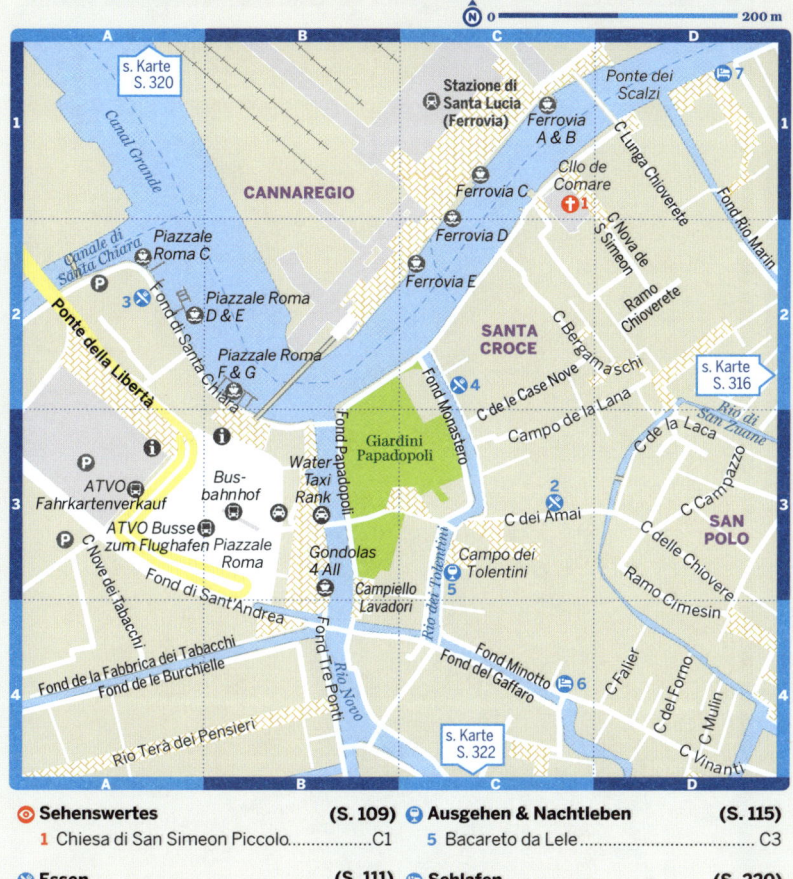

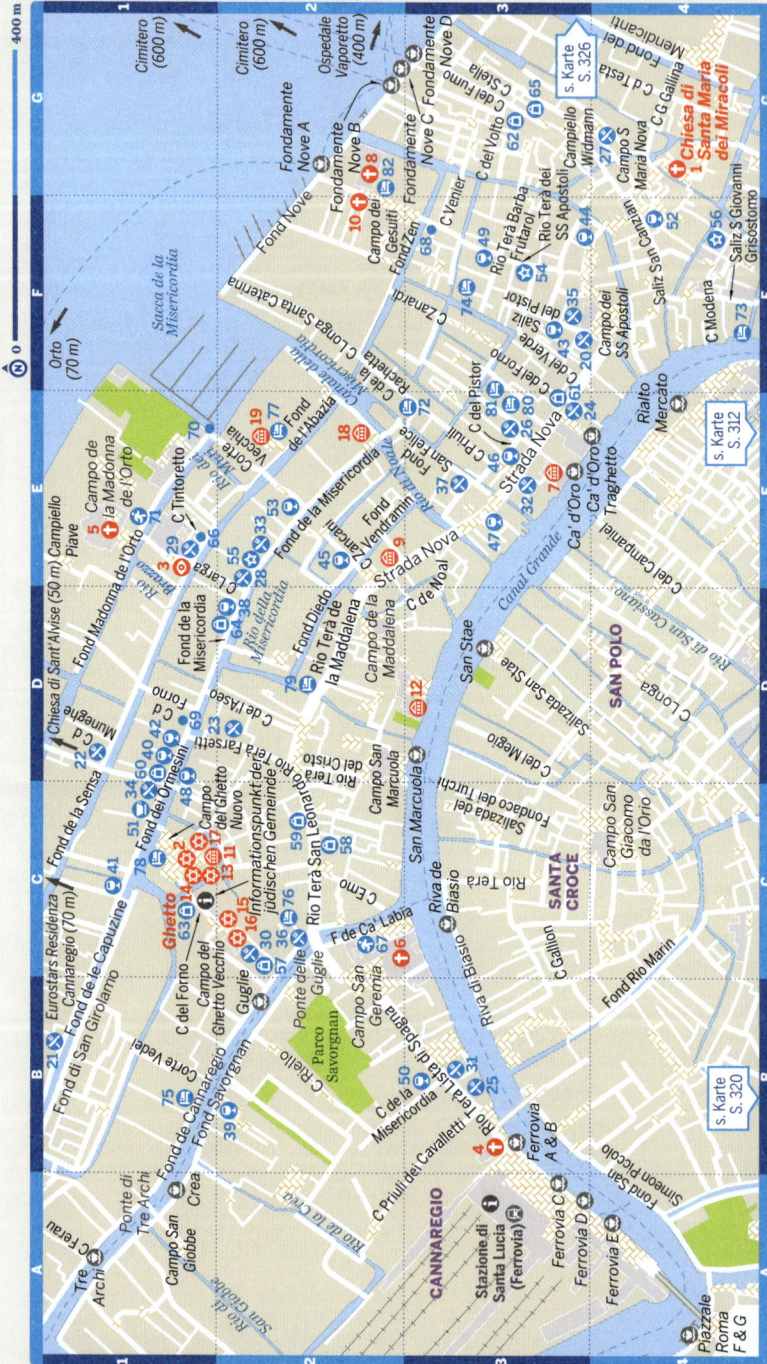

CANNAREGIO

CANNAREGIO

CANNAREGIO

DORSODURO

Legende s. S. 324

A | B | C | D

s. Karte
S. 319

P

P

Piazzale
Roma

P

Giardini
Papadopoli

s. Karte
S. 320

1

Canale di Santa Maria Maggiore

Fond di Sant'Andrea

Rio Nuovo

SANTA
CROCE

C Drio l'Archivio

Fond de le Burchielle

Rio Terà dei Pensieri

Rio della Cazziola

Fond della Caziola

44

C de la
Cereria

Fond del Gaffaro

F del Passamonte

Rio Novo

60

C de la
Sbiaca

53

Salizada San
Pantalon

Campiello
Mosca

C d Preti
Crosera

36

32

24

27

2

Fond de Ca' Rizzi

Fond delle Procuratie

Fond del Rio Novo

66

Rio San
Pantalon

8

Campo S
Pantalon

35

C de la
Madonna

Ponte
Rosso

Corte Contarini

C Reniero
Pistor

34

31

C d
Caffettier

C d Forno

C d
Saoneri

C de la Madonna

Fond dei Cereci

C dei Giardini

C Ragusei

Rio Briati

Rio Rossa

Fond Foscarini

33

Campo
Santa
Margherita

3

La Tecia Vegana
(160 m)

Rio Terà
dei Sechi

Fond de l'Arzere

21

Fond Briati
Fond Socorso

Campo dei
Carmini

13

s. Vergrößerung

Campo San
Barnaba

Fond de le Terese

C Rielo

26

Fond Barbarigo

Fond San
Sebastian

DORSODURO

Rio di San Barnaba

Fond Gheradini

64

7

Fond di Lizza

9

Campo de
l'Anzolo Rafael

C de l' Avogaria

C Lunga San Barnaba

C d
Degolin

Rio Malpaga

Fond de la
Toletta

23

4

Fond dei Bari

C Nave

10

C Balastro

Rio Terà
Ognissanti

Fond de la Romite

Fond di Borgo

Banchina di San Basegio

Saliz San Basegio

C de la Chiesa

Fond Ognissanti

Fond Bonlini

Terminal
San Basilio

28

69

67

Corte
Canal

Rio di Ognissanti

5

San Basilio

Fond Zattere al Ponte Longo

15

Tronchetto

Sacca Fisola

Canale della
Giudecca

6

SACCA
FISOLA

Laguna
Veneta

Molino
Stucky

C Larga dei
Lavraneri

Fond San Biagio

Palanca

7

Fond de le Convertite

Fond Sant Eufemia

s. Karte
S. 329

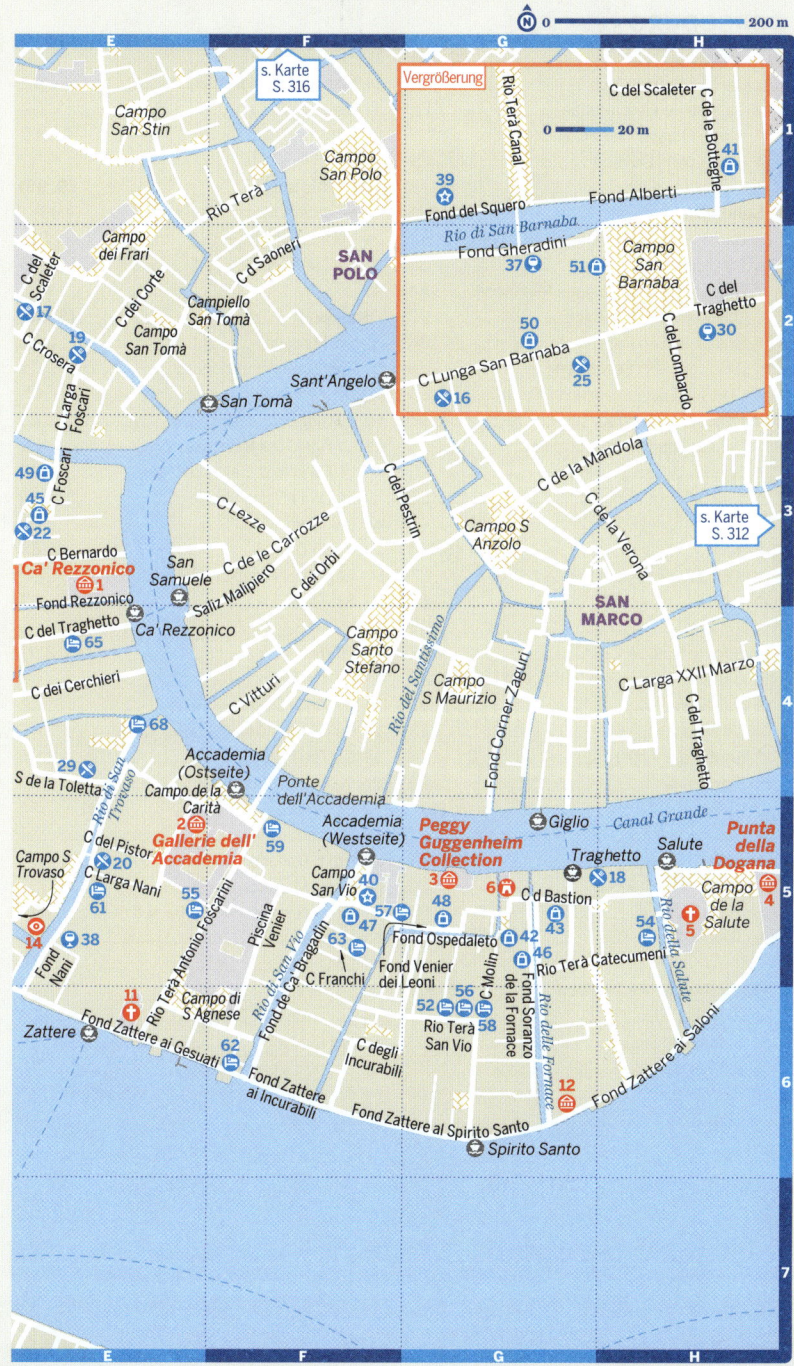

0   200 m

N

E   F   G   H

s. Karte
S. 316

Vergrößerung

C del Scaleter
C de le Botteghe

41

0   20 m

1

Campo
San Stin

Rio Terà Canal

Fond Alberti

Campo
San Polo

39
Fond del Squero

Rio di San Barnaba

C del
Scaleter

Rio Terà

C dei Frari

C d Saoneri

**SAN
POLO**

Fond Gheradini
37   **51**

Campo
San
Barnaba

C del
Traghetto

Campo
dei Frari

C dei Corte

Campiello
San Tomà

17   **19**

Campo
San Tomà

50

C del
Lombardo

30

C Crosera

C Larga
Foscari

Sant'Angelo

San Tomà

C Lunga San Barnaba

16   **25**

2

C Foscari

C Lezze

C del Pestrin

Campo S
Anzolo

C de la Mandola

C de la Verona

s. Karte
S. 312

3

49
45
22

C Bernardo

Ca' Rezzonico
1
Fond Rezzonico

C del Traghetto

San
Samuele

Ca' Rezzonico

C de le Carrozze

C del Orbi

Saliz Malipiero

Campo
Santo
Stefano

Rio di Santissimo

Campo
S Maurizio

C de la Verona

**SAN
MARCO**

C Larga XXII Marzo

C del
Traghetto

4

65

C dei Cerchieri

68

C Vitturi

Campo
S Maurizio

Fond Corner Zaguri

29

S de la Toletta

Accademia
(Ostseite)

Campo de la
Carità

Ponte
dell'Accademia

Accademia
(Westseite)

**Peggy
Guggenheim
Collection**

Giglio

Canal Grande

**Punta
della
Dogana**

Rio di San Trovaso

C del Pistor

20

C Larga Nani

2
**Gallerie dell'
Accademia**
59

Campo
San Vio

40

3   **6**

C d Bastion

Traghetto

18

Salute

5

Campo S
Trovaso

55

Piscina
Venier

57
47

48

43

54

Campo
de la
Salute

4

61

14   **38**

Rio di San Vio

Rio di Ca Bragadin

C Franchi

Fond Venier
dei Leoni

Fond Ospedaleto

63

42
46

Rio Terà Catecumeni

Rio della Salute

5

11

Fond Zattere ai Gesuati

Campo di
S Agnese

62

C degli
Incurabili

52   **56**
58

C Molin

Rio Terà
San Vio

Fond Soranzo
de la Fornace

Rio delle Fornace

12

Fond Zattere ai Saloni

6

Fond
Nani

Zattere

Fond Zattere
ai Incurabili

Fond Zattere al Spirito Santo

Spirito Santo

7

E   F   G   H

DORSODURO *Karte s. S. 322*

DORSODURO

CASTELLO

Legende s. S. 325

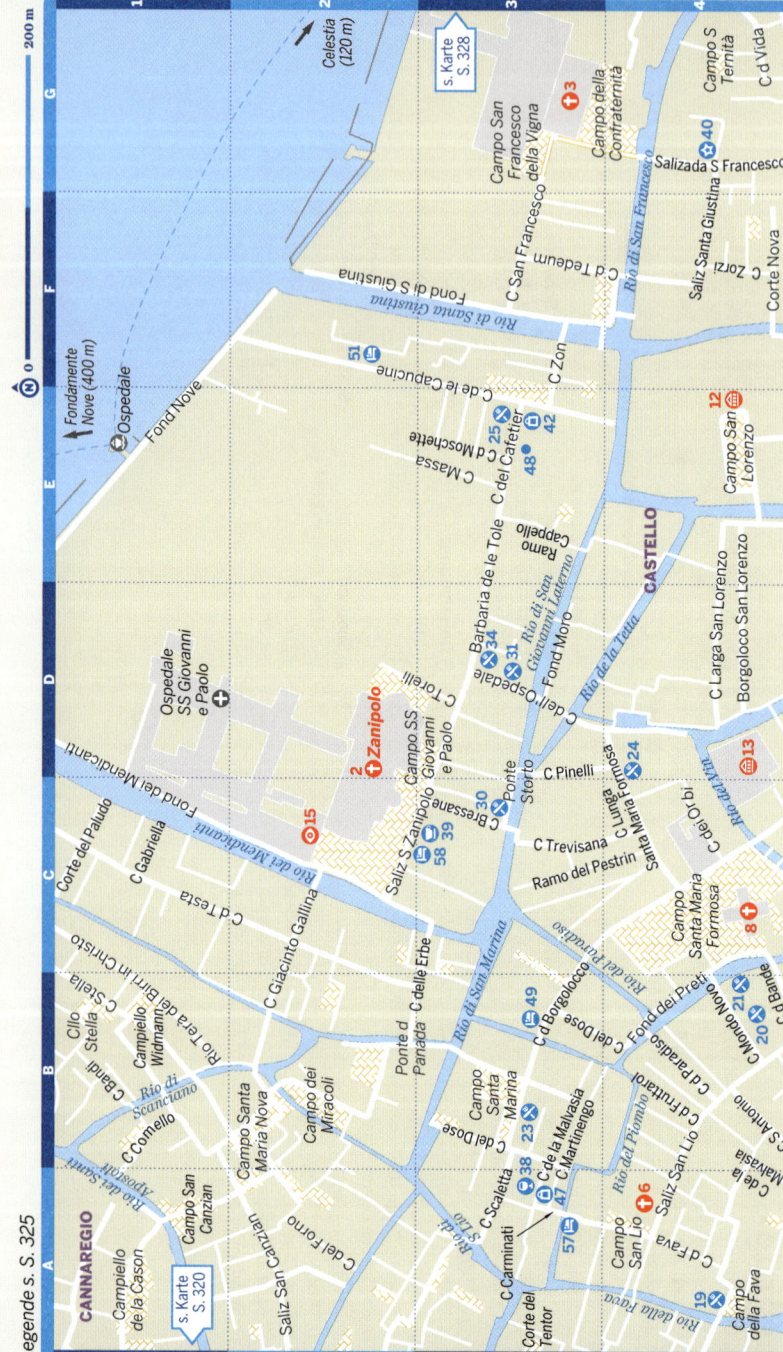

200 m

N 0

s. Karte S. 328

Celestia (120 m)

Fondamente Nove (400 m)
Ospedale

CANNAREGIO

s. Karte S. 320

s. Karte S. 325

Campiello de la Cason

Campo San Canzian

Cllo Stella

C Stella

C Bandi

C Cornello

Rio di Scanciano

Campiello Widmann

Rio Terà dei Birri in Christo

C Giacinto Gallina

C d Testa

C Gabriella

Corte del Paludo

Fond dei Mendicanti

Ospedale SS Giovanni e Paolo

Saliz S Zanipolo

C Testa

Campo Santa Maria Nova

Campo dei Miracoli

Ponte d Panada

C delle Erbe

Rio dei Santi Apostoli

Saliz San Canzian

C del Forno

Rio di S Lio

C Scaletta

C Carminati

Corte del Tentor

C del Dose

Rio di Sant Marina

Campo Santa Marina

C del Dose

C de la Malvasia

C Martinengo

57

38

23

47

Rio dei Bongolooso

C d Bongolooso

C del Dose

Rio del Paradiso

49

Campo Santa Maria Formosa

C Lunga Santa Maria Formosa

C Trevisana

Ramo del Pestrin

C Pinelli

C del O' bi

Rio del Pestrin

Fond dei Preti

C d Frutariol

C d Paradiso

Rio del Piombo

C Monde Novo

21

20

C d Banbe

Saliz San Lio

C de la Malvasia

C S Antonio

Campo San Lio

6

C d Fava

Campo della Fava

19

Rio della Fava

Rio di Santa Giustina

Fond di S Giustina

C de le Capucine

51

C Massa

C d Caffetier

25

42

48

C d Moschette

Ramo Cappello

Barbaria de le Tole

Rio di San Giovanni Laterna

Fond Moro

34

31

30

Bressana

C T Orelli

Campo SS Giovanni e Paolo

2 Zanipolo

15

58 39

Ponte Storto

C del Ospedale

Rio de la Tana

CASTELLO

C Larga San Lorenzo

Borgoloco San Lorenzo

Campo San Lorenzo

12

13

Rio di S Severo

Rio di S Lorenzo

C del O' bi

24

8

Campo San Francesco della Vigna

C San Francesco della Vigna

C d Tedeum

Rio di San Francesco

Campo della Confraternità

3

Salizada S Francesco

40

Saliz Santa Giustina

C Zon

C Zorzi

Corte Nova

Campo S Ternità

C d Vida

Campo San Lorenzo

Campo Santa Maria Formosa

C Bande

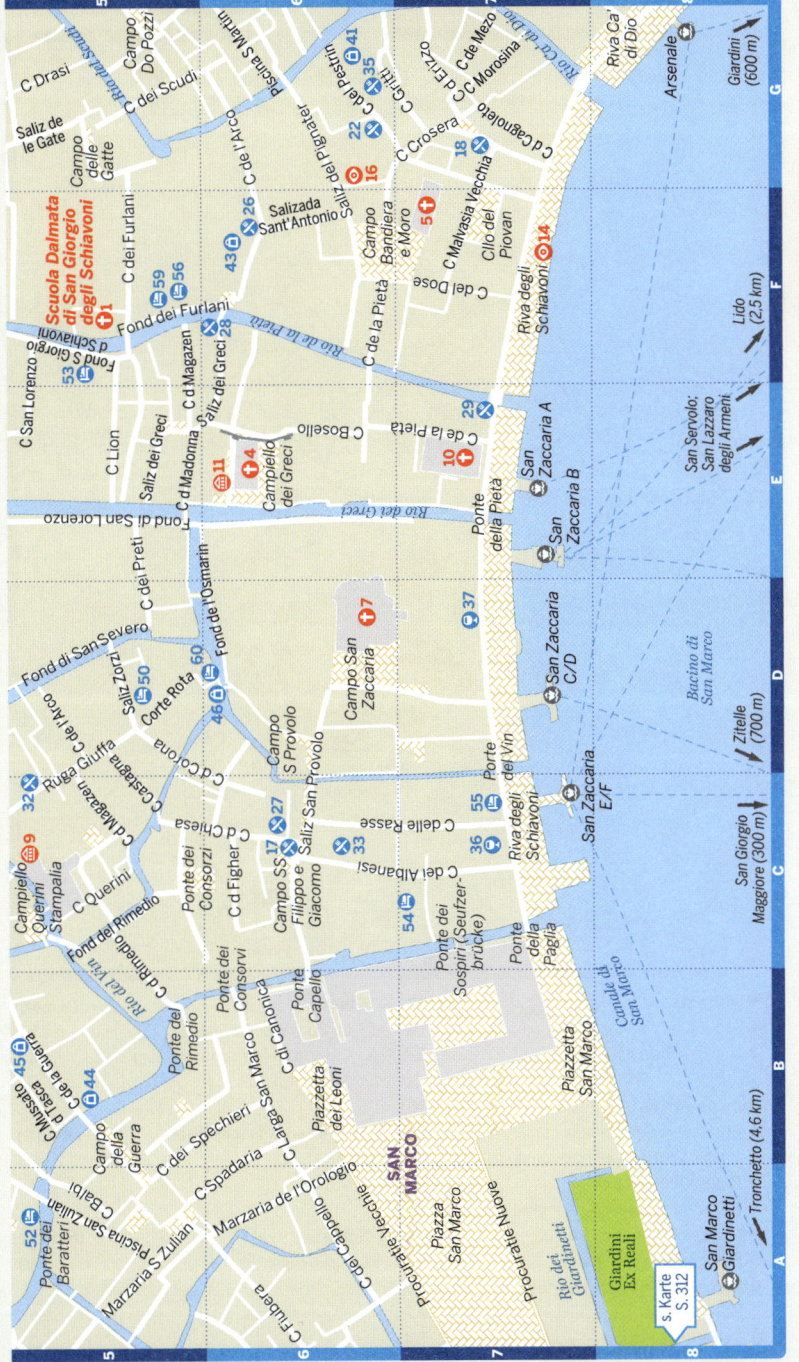

⊙ Highlights (S. 137)

⊙ Sehenswertes (S. 136)

⊗ Essen (S. 146)

☎ Ausgehen & Nachtleben (S. 150)

🛏 Schlafen (S. 225)

GIUDECCA

MURANO

BURANO & TORCELLO

Die Autoren

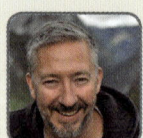

Peter Dragicevich
Dorsoduro; San Polo & Santa Croce; Giudecca, Lido & die südlichen Inseln; Murano, Burano & die nördlichen Inseln

Nach einer erfolgreichen Karriere in kleinen Zeitungs- und Zeitschriftenredaktionen sowohl in seinem Heimatland Neuseeland als auch in Australien hängte Peter schließlich den Job an den Nagel und machte sich auf die Suche nach den Wurzeln seiner Familie in Europa. Während der letzten zehn Jahre hat er Dutzende Reiseführer für Lonely Planet über alle möglichen Reiseziele verfasst, die er allesamt ins Herz geschlossen hat. Mittlerweile lebt er wieder im neuseeländischen Auckland, auch wenn er beruflich häufig anderswo unterwegs ist. Peter hat außerdem die Kapitel über Geschichte, Architektur und Kunst verfasst.

Paula Hardy
San Marco; Castello; Cannaregio; Tagesausflüge

Paula Hardy ist freiberufliche Reisejournalistin und Redaktions-Consultant. Ihre Arbeiten für Lonely Planet haben sie bereits in die Zeltstädte der Nomaden im afrikanischen Afar-Dreieck geführt, zu den Strandhütten auf den Seychellen und in den Gritti Palace am Canal Grande von Venedig. In mehr als zwei Jahrzehnten hat sie an über 30 Lonely Planets mitgeschrieben, außerdem war sie fünf Jahre lang in der Redaktion tätig. Momentan ist sie häufig in Mailand, Venedig und Marrakesch unterwegs, immer auf der Suche nach neuen Hotels, schicken Bars und angesagten Kunsthandwerkern. Kontakt mit ihr aufnehmen kann man unter www.paulahardy.com. Von Paula stammen in diesem Band auch das Kapitel „Venedig & Venetien aktuell" sowie das Kapitel über die bedrohte Lagune, außerdem die „Reiseplanung" und die Praktischen Informationen.

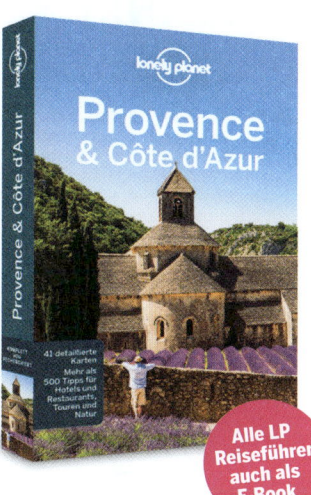

Alle LP Reiseführer auch als E-Book

Lonely Planet Reiseführer

berichten ehrlich über Land und Leute, erklären Hintergründe und geben ausführliche praktische Informationen für alle, die selbstständig unterwegs sein wollen. Sie führen zu spannenden Adressen für jedes Budget.

www.lonelyplanet.de

Mit vielen Infos zu Reisezielen in aller Welt, aktuellen Reportagen und zum Austausch mit Gleichgesinnten rund ums Thema Reisen.

 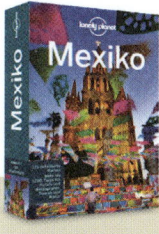  

Länder

- Arabische Halbinsel, Oman
- Argentinien
- Australien
- Brasilien
- Chile & Osterinsel
- China
- Costa Rica
- Dänemark
- Deutschland (Best of)
- Dominikanische Republik
- Dubai & Abu Dhabi
- Ecuador
- Estland, Lettland, Litauen
- Europa (Top-Ziele)
- Frankreich
- Indien
- Iran
- Irland
- Island
- Israel, Palästina
- Italien
- Japan
- Kambodscha
- Kanada
- Kolumbien
- Kroatien
- Kuba
- Laos
- Malta & Gozo
- Marokko
- Mauritius, Réunion & Seychellen
- Mexiko
- Myanmar
- Namibia & Botsuana
- Nepal
- Neuseeland
- Niederlande
- Norwegen
- Peru
- Philippinen
- Portugal
- Schweden
- Schweiz
- Skandinavien
- Spanien
- Sri Lanka
- Südafrika
- Südamerika
- Südostasien
- Taiwan
- Tansania
- Thailand
- USA
- Vietnam
- Welt
- Zentralamerika
- Zypern

Regionen

- Andalusien
- Australien Ostküste
- Bali & Lombok
- Cornwall & Devon
- Dolomiten
- England
- Florida
- Hawaii
- Indien Süden & Kerala
- Kalifornien
- Kanarische Inseln
- Kreta
- Mallorca
- Neapel & Amalfiküste
- Provence & Côte d'Azur
- Sardinien
- Schottland
- Sizilien
- Thailand, Inseln und Strände
- Toskana
- USA Osten
- USA Südwesten
- USA Westen
- Wales

Städte

- Amsterdam
- Bangkok
- Barcelona
- Beijing
- Berlin
- Budapest & Ungarn
- Chicago
- Dublin
- Hongkong
- Istanbul
- Kapstadt & Garden Route
- London
- Madrid
- Miami & Die
- New York
- Paris
- Prag & Tsche Republik
- Rio de Janeir
- Rom
- San Francisc
- Shanghai
- Singapur
- St. Petersburg
- Vancouver
- Venedig & Venetien
- Wien

Reise-Sprachführe

- Englisch
- Französisch
- Italienisch
- Japanisch
- Mandarin
- Portugiesisch
- Spanisch
- Thai

DIE LONELY PLANET STORY

Ein uraltes Auto, ein paar Dollar in den Hosentaschen und Abenteuerlust, mehr brauchten Tony und Maureen Wheeler nicht, als sie 1972 zu der Reise ihres Lebens aufbrachen. Diese führte sie quer durch Europa und Asien bis nach Australien. Nach mehreren Monaten kehrten sie zurück – pleite, aber glücklich –, setzten sich an ihren Küchentisch und verfassten ihren ersten Reiseführer *Across Asia on the Cheap*. Binnen einer Woche verkauften sie 1500 Bücher und Lonely Planet war geboren. Heute unterhält der Verlag Büros in Melbourne (Australien), London und Oakland (USA) mit über 600 Mitarbeitern und Autoren. Sie alle teilen Tonys Überzeugung, dass ein guter Reiseführer drei Dinge tun sollte: informieren, bilden und unterhalten.

Lonely Planet Global Limited
Digital Depot
The Digital Hub
Dublin D08 TCV4
Ireland

Obwohl die Autoren und Lonely Planet alle Anstrengungen bei der Recherche und bei der Produktion dieses Reiseführers unternommen haben, können wir keine Garantie für die Richtigkeit und Vollständigkeit dieses Inhalts geben. Deswegen können wir auch keine Haftung für eventuell entstandenen Schaden übernehmen.

Verlag der deutschen Ausgabe:
MAIRDUMONT, Marco-Polo-Str. 1, 73760 Ostfildern,
www.lonelyplanet.de, www.mairdumont.com,
lonelyplanet-online@mairdumont.com

Chefredakteurin deutsche Ausgabe: Birgit Borowski

Redaktion und technischer Support: CLP Carlo Lauer & Partner, Valley

Übersetzung: Beatrix Gehlhoff, Christiane Gsänger, Robert Kutschera, Dr. Annegret Pago, Dr. Thomas Pago, Jutta Ressel M. A., Beatrix Thunich, Christiane Radünz

An früheren Auflagen hat außerdem mitgewirkt: Sara Walczyk

Venedig & Venetien
5. deutsche Auflage April 2020, übersetzt von *Venice & the Veneto 11th edition*, Januar 2020, Lonely Planet Global Limited

Deutsche Ausgabe © Lonely Planet Global Limited, April 2020

Fotos © wie angegeben 2020

Printed in Poland

MIX
Papier aus verantwortungsvollen Quellen
FSC® C018236